O IMPÉRIO MARÍTIMO PORTUGUÊS
1415-1825

Título original:
The Portuguese Seaborne Empire 1415-1825

Texto © C.R. Boxer, 1969
Prefácio © C.R. Boxer, 1991

Tradução:
Inês Silva Duarte

Revisão:
Pedro Bernardo

Introdução:
© Diogo Ramada Curto e Edições 70 Lda., 2011

Capa de FBA
© The Bridgeman Art Library/ AIC

Depósito Legal nº .335383/11

Biblioteca Nacional de Portugal – Catalogação na Publicação

BOXER, C. R., 1904-2000

O império marítimo português : 1415-1825. - Reimp. - (Extra-colecção ; 47)

ISBN 978-972-44-1602-1

CDU 165
81

ISBN da 2ª edição: 978-972-44-1098-2
ISBN da 1ª edição: 972-44-0846-9

Paginação, impressão e acabamento:
PAPELMUNDE
para
EDIÇÕES 70, LDA.
em
Novembro de 2011 (1977)

Direitos reservados para todos os países de língua portuguesa
por Edições 70

EDIÇÕES 70, Lda.
Rua Luciano Cordeiro, 123 – 1º Esqº - 1069-157 Lisboa / Portugal
Telefs.: 213190240 – Fax: 213190249
e-mail: geral@edicoes70.pt

Esta obra está protegida pela lei. Não pode ser reproduzida,
no todo ou em parte, qualquer que seja o modo utilizado,
incluindo fotocópia e xerocópia, sem prévia autorização do Editor.
Qualquer transgressão à lei dos Direitos de Autor será passível
de procedimento judicial.

C. R. BOXER
O IMPÉRIO MARÍTIMO PORTUGUÊS
1415-1825

INTRODUÇÃO DE DIOGO RAMADA CURTO

70

NOTA À EDIÇÃO PORTUGUESA

Advertência ao leitor

Nesta edição de O Império Marítimo Português, *revista e corrigida, entendeu-se manter os textos da "Introdução", da autoria de J. H. Plumb, e do "Prefácio", este a cargo do autor, ainda que esses mesmos textos contenham, a espaços, referências obviamente datadas para o leitor deste novo milénio. Convirá, no entanto, ter presente que a edição inglesa data de 1969, não podendo o texto, por isso, considerar os factos históricos que determinaram o fim do Império português, pelo que evidenciam considerações que devem ser devidamente contextualizadas. Contudo, por uma questão de rigor editorial, decidimos incluí-los na íntegra.*

Uma história conservadora do Império marítimo português?

Quando em 1969 Charles Boxer publicou *The Portuguese Seaborne Empire 1415-1825* (*O Império Marítimo Português 1415-1825*) ([1]), vivia-se em Portugal a denominada "Primavera marcelista" (1968-1970). Esperanças existiam que pudesse acontecer uma transição da ditadura para a democracia. Alguns anos tinham decorrido desde a edição de duas das obras mais controversas de Boxer, publicadas na sequência do rebentar da guerra colonial em Angola, em 1961: *Race Relations in the Portuguese Colonial Empire, 1415-1825* (Oxford: Clarendon Press, 1963) e *Portuguese Society in the Tropics. The Municipal Councils of Goa, Macao, Bahia and Luanda, 1510-1800* (Madison: The University of Wisconsin Press, 1965) ([2]). Controversas, entenda-se, pelas implicações políticas escondidas nas análises históricas propostas, comparando as diferentes áreas do denominado Império marítimo português. No estudo de 1963 sobre as raças, o historiador inglês demonstrou a existência recorrente de modos de discriminação racial, os quais eram pouco compatíveis com a famigerada capacidade integradora, plasticidade e propensão para a miscigenação dos portugueses nos trópicos. Estabelecia-se, assim, um desacordo frontal entre as ideias de Boxer e

---

([1]) A primeira edição do livro em Portugal data de 1977, tendo sido o terceiro título publicado na colecção «Textos de Cultura Portuguesa», de Edições 70.

([2]) O livro de 1963 era uma versão alargada de "The Colour Question in the Portuguese Empire, 1415-1825" (The Raleigh Lecture on History - British Academy 1961), *Proceedings of the British Academy*, vol. XLVII (1961), pp. 112-138.

I

O IMPÉRIO MARÍTIMO PORTUGUÊS

as do sociólogo brasileiro Gilberto Freyre, sendo que as ideias deste último foram aproveitadas por um regime envolvido numa guerra colonial e, por isso mesmo, interessado em projectar no passado a justificação dos seus projectos coloniais. Da polémica que *Race Relations in the Portuguese Colonial Empire, 1415-1825* gerou, sobretudo da resistência que suscitou junto dos círculos mais afectos a Salazar, existem inúmeros elementos. Está, sobretudo, por verificar o rumor, lançado pelos círculos oficiais ligados a Salazar, de que a obra era expressão de um ressentimento do autor pela falta de pagamentos do próprio regime. Mas o que, por ora, interessa reter é que um historiador tão conservador como Charles Boxer chegou mesmo a ser perseguido pelo Estado português. Tudo isto, imagine-se, por ter ousado pôr em causa a excepcional maneira portuguesa de estar nos trópicos, ao dar a conhecer as dinâmicas do racismo em que o Império fora fértil.

De um outro sentido, diametralmente oposto, se mostrou o estudo de Boxer sobre os municípios e as respectivas vereações dos concelhos. Para reconstituir o seu significado mais profundo, será necessário ter em conta que a partir dos anos 50 dois grandes debates políticos caracterizaram a história do império colonial português, cuja identidade se encontrava em fase de revisão através do recurso a expressões como ultramar, além-mar, espaço português ou províncias ultramarinas (³). Afonso Rodrigues Queiró, professor catedrático da Universidade de Coimbra e um dos juristas com responsabilidades na concepção corporativa e ultramarina do Estado Novo, escreveu a este respeito algumas das páginas mais perversas. Nelas, considerou que os processos de anticolonialismo e descolonização, então em curso e tidos como inevitáveis, não se aplicavam a Portugal, dado o carácter excepcional da presença ultramarina dos portugueses (⁴). Porventura tão importante como o tópico do luso-tropicalismo, nos círculos oficiais, foi a invenção de uma suposta tradição política portuguesa fundada na descentralização e na autonomia, ambas representadas pela força política das elites locais (⁵). Luso-tropicalismo e descentralização foram, talvez, os dois

---

(³) As resoluções tomadas pelas Nações Unidas, desde 1945, levaram à formação de alternativas à noção de colónia, a qual implicava um tipo de controlo internacional a que Portugal pretendia escapar, cf. J. M. da Silva Cunha, *O Caso Português perante as Nações Unidas*, sep. de *Ultramar*, n.º 4 (1961).

(⁴) *Portugal e a Descolonização*, sep. de *Estudos*, vol. I, n.º 38 (Coimbra, 1961).

(⁵) Marcello Caetano, *Razões da Presença de Portugal no Ultramar* (Lisboa, 1970), p. 24: [...] anunciei nos discursos que fiz em África os pontos fundamentais da nossa política: consolidação das sociedades multirraciais que cultivamos e das quais está ausente toda e qualquer discriminação de cor, raça, ou religião; *autonomia progressiva do governo das províncias*, de acordo, segundo a Constituição, com o respectivo estado de desenvolvimento e os seus recursos próprios; participação crescente das populações nas estruturas políticas e administrativas; fomento dos territórios com ampla abertura à iniciativa, à técnica, ao capital de todos os países sob a única condição de se proporem valorizar a terra e a gente, e não explorá-las" [itálico nosso]. J. M. da

UMA HISTÓRIA CONSERVADORA DO IMPÉRIO MARÍTIMO PORTUGUÊS?

argumentos principais, as duas teses, de uma ideologia colonial oficial construída desde a década de 50, com a qual se pretendia escamotear o evidente racismo colonial e desviar as atenções internacionais relativas às mais diversas formas de trabalho forçado. Sem esquecer que, a partir do rebentar da guerra em Angola, a defesa de uma política de "concentração de poderes" e, claro está, de militarização do Estado colonial se traduziu em inúmeros projectos destinados a aterrorizar as populações

---

Silva Cunha, *Descentralização e autonomia na tradição ultramarina de Portugal*, sep. de *Garcia de Orta, Revista da Junta de Investigações do Ultramar*, vol. 19, nos. 1-4 (Lisboa, 1971), pp. 3-4: "Quem conhece a história do direito público e da administração do ultramar sabe que tem sido preocupação dos Poderes Públicos em todas as épocas acompanhar a evolução das províncias (e procurar ir até à frente dela), adaptando os sistemas políticos e administrativos às realidades do seu meio social para que este possa contar com o apoio de instituições que lhe não tolham o desenvolvimento, antes o incentivem, permitindo que os responsáveis pela administração disponham de instrumentos de direcção adequados e facultando às populações maior intervenção na gestão das coisas públicas. Constitui excepção a esta regra um curto período da nossa história, a partir das revoluções do princípio do século passado, em que as doutrinas individualista e liberal nascidas do ideário de 1789 levaram a tentar implantar um regime político-administrativo que, em relação ao ultramar, se caracterizava pela eliminação de todos os particularismos dos sistemas administrativos e das leis nele vigentes, que deveriam ser os mesmos em todo o território nacional. Foi uma experiência curta e desastrosa, logo abandonada quando um contacto mais directo com as realidades mostrou aos responsáveis que os territórios nacionais fora da Europa só podiam governar-se com leis que tivessem em conta a especialidade dos seus meios humano, geográfico e económico. Foi uma verdade que se impôs à brilhante geração de administradores e oficiais de África do século passado, em que avultam nomes como os de António Enes, Mouzinho de Albuquerque, Eduardo Costa, Paiva Couceiro e Aires de Ornelas [...]". *Ibidem*, p. 13: "Esta tradição só se quebrou com a influência das doutrinas liberais (essas, sim, de origem estrangeira e que estranhamente alguns parecem querer pôr de novo em prática!)". J. M. da Silva Cunha, *O progresso de Angola continua. Discurso proferido pelo Ministro do Ultramar... no acto de posse do governador-geral de Angola, Eng. Fernando Augusto Santos e Castro, no salão nobre do Ministério do Ultramar, em 20 de Outubro de 1972* (Lisboa: Agência Geral do Ultramar, 1972), p. 11: "terá v: Ex.ª também de a todos garantir participação na vida pública, consoante os seus méritos e aptidões. Terá de criar condições que assegurem que as instituições políticas e administrativas (entre as quais assumem posição de especial relevo, como verdadeiras escolas de formação de políticos e de administradores, os órgãos locais de administração autárquica), possam desempenhar, em toda a sua plenitude, as funções que as leis lhes atribuem". No cumprimento do mesmo programa de invenção de uma tradição, destacam-se, desde a década de 50, os trabalhos eruditos de António Alberto Banha de Andrade, por exemplo, *O Regimento do fundador de Benguela (1615) e o sentido humano e científico dessa "Conquista"*, sep. de *Stvdia*, n.º 33 (Lisboa, Centro de Estudos Históricos Ultramarinos, 1971). Entre muitos outros, veja-se o parecer anterior do historiador monárquico e conservador Gastão de Melo Matos, "Factores da Restauração no Brasil", *Independência – Revista de Cultura Lusíada*, ano XVIII, n.º 19 (Dezembro 1958), pp. 14-15: "[...] Há, porém, entre todos os factores do império o elemento comum e característico da lusitanidade que provinha, como dissemos da sua própria constituição, mas que durante a união com Castela se reforçara presumivelmente com o afluxo dos portugueses que abandonavam a metrópole, para se fixar em ponto onde sentissem menos a influência anti-nacional dos *covachuelistas* castelhanos ou, pior ainda, dos portugueses que visavam a centralização governamental. Esse elemento faz a Restauração nas Conquistas, e as dificuldades internas que encontra são menores ainda que as existentes em Portugal. As tendências absolutistas das secretarias foram em Portugal uma simples capa que se rasgou ao primeiro sacão; nas colónias nem tanto chegaram a ser. As velhas ideias portuguesas (e peninsulares) estavam mais livres de peias nas Conquistas do que na metrópole".

O IMPÉRIO MARÍTIMO PORTUGUÊS

e a exercer sobre elas uma sistemática "acção psicológica" (⁶). Ao longo da década de 60, em boa medida contra a existência da referida tradição política de descentralização, acrescentou-se, ainda, a doutrina relativa à necessidade de um Estado forte, capaz de levar a cabo uma missão civilizadora de desenvolvimento, único tipo de acção que poderia justificar a presença portuguesa em África (⁷). Este breve inventário de linhas de orientação política não ficaria completo sem uma última referência aos estudos antropológicos e de contacto de culturas, que permitiam dar a conhecer grupos de indígenas, na sua configuração tribal; a constatação do seu baixo nível de civilização, próprio de povos selvagens ou primitivos incapazes de auto-governo, justificava que fossem tutelados, competindo ao Estado colonial assimilar essas mesmas entidades políticas (⁸).

Se, no seu estudo sobre a discriminação racial, Boxer pusera em causa um dos temas caros ao regime de Salazar, ao dedicar-se ao estudo dos municípios parecia reaproximar-se dele. Claro que o historiador inglês estava bem a par das ricas discussões ocorridas no Brasil acerca do papel das câmaras: funcionaram elas como representantes do povo ou simplesmente de uma oligarquia egoísta e que se autoperpetua? Estariam investidas de autonomia ou não passariam de mera caixa de ressonância de governadores e vice-reis? (⁹). De qualquer forma, o modo

---

(⁶) Adriano Moreira, *Concentração de Poderes. Discursos proferidos pelo Ministro do Ultramar Prof. Dr. Adriano Moreira, em 31 de Maio e 17 de Junho, nos actos de posse do governador-geral de Moçambique, Contra-Almirante Manuel Maria Sarmento-Rodrigues e do governador-geral de Angola, General Venâncio Augusto Deslandes* (Lisboa: Bertrand, 1961).

(⁷) Adérito Sedas Nunes, "Prefácio", in Alfredo de Sousa, *Economia e sociedade em África* (Lisboa: Livraria Moraes, 1965). Está por fazer uma recolha sistemática das doutrinas modernizadoras e dos discursos respeitantes à necessidade do progresso determinado pela acção governativa, a título de exemplo, cf. J. M. da Silva Cunha, *Obras públicas condição do progresso. Discurso do Ministro do Ultramar, em 31 de Outubro de 1966, na posse do secretario provincial de Obras Públicas e Comunicações de Moçambique*, sep. do *Boletim Geral do Ultramar* (Lisboa: Agência Geral do Ultramar, 1966); Idem, *Os deveres dos governadores. Discurso proferido em Lisboa, no dia 20 de Maio de 1968, pelo Ministro do Ultramar, Prof. Dr. Joaquim M. da Silva Cunha, na cerimónia de posse do novo governador da Guiné, Brigadeiro António Sebastião Ribeiro de Spínola* (Lisboa: Agência Geral do Ultramar, 1968).

(⁸) Adriano Moreira, *A Unidade política e o estatuto das populações. Conferência proferida pelo subsecretário de Estado da Administração Ultramarina..., na Faculdade de Letras da Universidade de Coimbra, em 18 de Março de 1960, por iniciativa da Associação Académica desta Universidade* (Lisboa: Bertrand, 1961). Como exemplo de estudo monográfico: Jorge Dias, *Os Macondes de Moçambique*, vol. I – *Aspectos históricos e económicos* (Lisboa: Junta de Investigações do Ultramar, Centro de Estudos de Antropologia Cultural, 1964; volume reeditado em 1998, com importante estudo introdutório de Rui M. Pereira).

(⁹) Charles Boxer, *The Golden Age of Brazil 1695-1750* (Los Angeles: University of California Press, 1962) [*A Idade do Ouro do Brasil* (São Paulo Companhia Editora Nacional, 1969), pp. 170-171]. Está por fazer a história da conotação das câmaras municipais enquanto instrumentos de representação política. Capistrano de Abreu confessou o seu cepticismo a respeito da relevância das mesmas, conforme pode ser documentado numa das suas cartas a Lúcio de Azevedo (Rio de Janeiro, 25 de Janeiro de 1917), in *Correspondência de Capistrano de Abreu*, ed. José Honório Rodrigues, vol.

IV

UMA HISTÓRIA CONSERVADORA DO IMPÉRIO MARÍTIMO PORTUGUÊS?

como os portugueses organizaram a suas instituições, construindo um sistema cruzado de controlo, no interior da qual haveria espaço para a representação política das elites locais, brancas ou portuguesas, surgia como uma espécie de modelo da Rodésia de Ian Smith, independente desde 1965 ([10]). Publicada no mesmo ano, a história dos municípios nos trópicos pode ser lida como uma espécie de projecção ou de forma de legitimação pelo passado das discussões ocorridas em Angola no início dos anos 60. Boxer andara por Luanda nesse período, a pesquisar nos arquivos. Mas a sua erudição não deixava de corresponder a preocupações políticas contemporâneas, que iam dos modelos de descolonização branca às ideias que circulavam no interior dos círculos mais politizados das elites angolanas. Tudo isto tendo no horizonte uma aproximação ancestral a modelos de governo baseados na auto-representação e favorecidos pela administração colonial britânica.

No exercício empreendido até aqui, existe uma dupla preocupação: a de relacionar as obras de Boxer com o seu correspondente contexto político, procurando perceber de que forma a sua erudição e análises históricas foram influenciadas por escolhas políticas, num quadro fortemente marcado pela guerra colonial; e a preocupação em identificar avanços e recuos por parte de um autor, cujo conservadorismo e apego às tradições dificilmente podiam fazer dele um herói da luta anticolonial. Significativa é, a este mesmo respeito, a leitura de *The Golden Age of Brazil 1695-1750* (1962) – é que também será possível ler esta mesma obra como um espelho da sociedade que os Portugueses criaram nos trópicos, num quadro marcado pelos massacres e violências perpetrados em

---

II (Rio de Janeiro: Instituto Nacional do Livro, 1954), p. 28. Na mesma linha, pronunciaram-se Caio Prado Júnior, *Formação do Brasil Contemporâneo*, 3.ª ed. (São Paulo: Brasiliense, 1948) pp. 348 e ss.; Oliveira Viana, *Instituições Políticas Brasileiras*, vol. I (Rio de Janeiro: José Olympio, 1948), p. 165; Raymundo Faoro, *Os donos do poder: Formação do Patronato Político Brasileiro*, vol. I (São Paulo: Editora Globo, 1991; 1.ª ed., 1958), pp. 207-211, 267. Tal ponto de vista tinha antecedentes, por exemplo, nas comparações entre o papel das câmaras nos impérios português e britânico, conforme se pode ver em J. A. Ismael Gracias, *Decreto de 1 de Dezembro de 1869. Carta orgânica das Instituições administrativas nas Províncias Ultramarinas* (Nova Goa: Imprensa Nacional, 1894), pp. 124-125. Frente a este ponto de vista, vários foram os historiadores portugueses que, remontando à inspiração de Alexandre Herculano, defenderam o papel crucial das câmaras portuguesas como expressão de uma burguesia empreendedora e de uma representação política, ora democrática ora oligárquica, cf. Jaime Cortesão, *O Ultramar Português depois da Restauração* (Lisboa: Portugália, 1971, mas compilando textos muito anteriores), pp. 40-41 (a propósito de Macau).

([10]) James Duffy, *Portugal's African territories: Present Realities* (Nova Iorque: Carnegie Endowment for International Peace, Occasional Paper, n.º 1, 1962), pp. 25-26: "The first attempt to restore order in Angola – the announcement of impending administrative reforms which would lead to limited autonomy – apparently convinced neither the African opposition nor critics abroad, but it aroused the white settlers in Angola and brought them to support whatever repressive measures the government is presently taking in Angola" [«A primeira tentativa para restaurar a ordem am Angola – o anúncio de reformas futuras que levariam a uma autonomia limitada – pelos vistos não convenceu nem a oposição africana nem os críticos estrangeiros, embora tenha inquietado os colonos brancos e os levasse a apoiar quaisquer medidas repressivas que o governo tome em Angola»].

V

O IMPÉRIO MARÍTIMO PORTUGUÊS

Angola, a partir de 1961. Sem outros rodeios, a questão que se coloca, se devolvermos este último livro ao contexto em que foi publicado, pode ser formulada nos seguintes termos: se os projectos coloniais para Angola, nomeadamente os desenvolvidos pelo Estado e pelos poderes públicos, pretendiam criar em África um novo Brasil, como poderia ser pensada historicamente uma sociedade como a brasileira? A resposta dada por Boxer era limitada ao período que correspondia à descoberta das minas de ouro e de diamantes, mas tinha pelo menos a vantagem de fugir às ideias feitas de integração e cordialidade. Vejamos alguns exemplos, com base nas análises oferecidas a partir da Bahia: a multidão de escravos negros dos quais dependia a vida urbana e a das lavouras revelava que o Brasil tinha alma africana; a Igreja, sobretudo com as suas práticas de culto mais exteriores, procurava enquadrar a custo esta mesma população, no que coincidia com determinadas tradições rituais africanas; mas as preocupações em manter a ordem nem sempre se concretizavam da melhor maneira, pois eram os próprios membros do clero baiano que prevaricavam e pouco se podia fazer com uma população de colonos composta por indesejáveis e degredados; paralelamente, os castigos infligidos sobre os escravos eram frequentes, existindo numerosos exemplos de escravas que viviam da prostituição a mando das suas senhoras, o que além de se constituir em obstáculo à formação de famílias acabava por produzir crianças não desejadas, que vinham por sua vez a alimentar a hoste de vadios e criminosos, marginais à sociedade ([11]). Como poderia, nestas condições, uma sociedade escravocrata, como era historicamente o Brasil, servir de modelo para o que se passava em África?

Após as oscilações de sentido representadas pelo estudo sobre a discriminação racial (1963) e a valorização do papel dos municípios no sistema político imperial (1965), como interpretar o livro de síntese sobre o Império marítimo português (1969)? Será que este último pode ser lido como uma espécie de compromisso, adequado aos tempos de abertura da primavera marcelista? O que equivale a perguntar: poderá o livro que agora se reedita ser considerado, do ponto de vista do contexto político português em que surgiu, como uma espécie de recuo do autor ao seu tradicional conservadorismo liberal e moderado, só muito brevemente posto em causa no início da década de 60? Tudo parece indicar que foi assim que sucedeu, pois o historiador inglês, elevado ao estatuto de protagonista da luta anticolonial em 1963, acabou por recuperar algumas das teses mais conservadoras com evidentes implicações para a história imperial portuguesa ([12]).

([11]) *Idem, ibidem*, pp. 147, 151, 151, 160-161.

([12]) Do ponto de vista dos círculos afectos a Salazar, o caso de Boxer diferencia-se do de James Duffy, cujas obras e provavelmente falta de colaboração constituíram uma ameaça permanente, sobretudo pela influência que tiveram nos círculos de tomada de decisão norte-americanos,

UMA HISTÓRIA CONSERVADORA DO IMPÉRIO MARÍTIMO PORTUGUÊS?

No prefácio de abertura à primeira edição do livro que agora se reedita (1969), o grande historiador inglês que foi J. H. Plumb sublinhou ter Boxer demonstrado serem falsas as ideias de Freyre quanto à ausência de preconceitos raciais no Império português. Porém há que registar as diferenças de tom, uma maior moderação nas críticas e no modo de apresentação dos argumentos, em comparação com as sínteses anteriormente publicadas pelo autor ([13]). De facto, na síntese de 1963, Boxer começara por opor à suposta tolerância dos séculos de ocupação "moura" da Península, prolongada durante a Reconquista, uma imagem generalizada do ódio, intolerância e falta de compreensão entre raças. Em 1969, porém, passou a reconhecer ter havido pelo menos um período, no século XIII, em que se celebravam ritos cristãos, muçulmanos e judeus, na mesquita de Santa Maria la Blanca de Toledo. De igual modo, admitiu que, pelo menos até ao século XV, se tinha assistido a momentos de tolerância e da chamada convivência ibérica. Fora, sobretudo, a partir do século XV que a intolerância e o ódio entre credos religiosos se teriam intensificado, sem que tal fosse mero apanágio dos cristãos. Ou seja, os muçulmanos também mostraram o seu horror e desprezo em relação aos cristãos. Paralelamente, um dos modos de relativizar os ódios e crueldades cultivados em Portugal consistiria em atender ao facto de a própria Europa medieval ter servido, a respeito de tais comportamentos, de cruel e dura escola.

Se as diferenças entre a síntese de 1963 e a mais desenvolvida de 1969 sugerem uma crítica mais matizada de Boxer às posições de Freyre, o prólogo do livro que agora se reedita também investe num outro debate de sentido bem diverso. Já na síntese de 1963, Boxer se distanciara das teses de António Sérgio e Jaime Cortesão – historiadores republicanos e democratas atraídos pelas ideias de modernização, para quem a formação de Portugal estaria nas actividades marítimas (o sal, a pesca, o comércio externo, as repúblicas marítimas, etc.) ([14]). Por exemplo, reconhecera que, apesar de no final do século XV os pilotos

---

cf. deste último, *Portuguese Africa* (Cambridge, Mass.: Harvard University Press, 1959); *Portugal in Africa* (Harmondsworth: Penguin Books, 1962); *Portugal's African territories: Present Realities* (Nova Iorque: Carnegie Endowment for International Peace, Occasional Paper, n.º 1, 1962); *A Question of Slavery: Labour Policies in Portuguese Africa and the British Protest, 1850-1920* (Oxford: Clarendon Press, 1967).

([13]) De notar que a síntese *The Portuguese Seaborne Empire 1415-1825* (Londres: Hutchinson, 1969, 2.ª ed., Harmondsworth: Penguin Books, 1973; Manchester: Carcanet, 1991) constitui uma versão alargada de *Four Centuries of Portuguese Expansion, 1415-1825: a succint survey* (Joanesburgo: Witwaterstrand University Press, 1961, reeditado em 1963, 1965 e 1968), e que por sua vez tinha sido precedida de uma síntese relativa à presença portuguesa no Oriente, "The Portuguese in the East 1500-1800", in Harold V. Livermore, ed., *Portugal and Brazil: an Introduction* (Oxford: Clarendon Press, 1953), pp. 185-247.

([14]) António Sérgio, *Introdução Geográfico-sociológica à História de Portugal* (Lisboa: Sá da Costa, 1973).

VII

O IMPÉRIO MARÍTIMO PORTUGUÊS

conseguirem calcular com precisão científica a sua localização no mar, muitos eram os que continuavam a basear-se apenas na experiência. Contudo, no prólogo ao livro de 1969, o historiador inglês clarificou melhor a sua posição: o Portugal medieval era uma sociedade cuja estratificação social e base económica eram determinadas pela agricultura e trabalho rural; as actividades marítimas, segundo o geógrafo Orlando Ribeiro citado pelo autor, não foram mais do que limitadas, fragmentárias e intermitentes. Neste sentido, bem podia Vitorino Magalhães Godinho – outro dos poucos autores também citados por Boxer no prólogo do livro que agora se reedita – chamar a atenção para o grande dinamismo da marinha comercial portuguesa e sua intervenção no comércio internacional entre 1385 e 1456; porém, não se poderia concluir, a partir de tal constatação com fundamentação quantitativa, que Portugal tinha em 1415 uma classe comercial ou uma burguesia, autónomas em relação ao poder feudal. Boxer distanciava-se, assim, das teses republicanas e democratas inspiradas em Sérgio, Cortesão e Godinho, que atendiam às dinâmicas marítimas e do comércio externo, protagonizadas por essa espécie de arquétipo dos valores da cidadania constituído pelos grupos burgueses e mercantis. Simultaneamente, servindo-se da autoridade académica atribuída a Orlando Ribeiro –, aliás um dos grandes defensores e propagadores do luso-tropicalismo inspirado em Freyre – retomava os velhos temas do Portugal medieval, rural nas suas tradições, que Lúcio de Azevedo e os integralistas tinham colocado no centro da sociedade medieval portuguesa [15].

Para compreender os motivos da expansão portuguesa, Boxer sugeria que razões económicas, políticas e religiosas se encontravam misturadas, sem se poderem separar. Por isso, haveria que ter em conta quatro motivos: zelo de cruzada sancionado por uma série de bulas papais, desejo de alcançar as fontes do ouro da Guiné, a busca do Preste João, e a das especiarias. Aos motivos que influenciaram o comportamento, juntavam-se factores objectivos, a começar pelo facto de Portugal ter conseguido reunir no século XV as condições de reino unido e pacífico, sem guerras civis de relevo, para se lançar num empreendimento ultramarino; ao contrário do que acontecera em França, Inglaterra, no resto da Península Ibérica ou em Itália. Como funcionara objectivamente a expansão no reinado de D. João II, um rei que poderia ser considerado

---

[15] Em relação às preocupações mais propriamente sociológicas de Boxer, no prólogo a este livro, quanto à estrutura de uma sociedade essencialmente rural, pode também dizer-se que não andavam as suas ideias longe das que, alguns anos antes, expusera Gilberto Freyre, quando se distanciara das preocupações analíticas centradas em pontos de vista jurídicos ou, no sentido oposto, privilegiando o económico. Em contraponto a estas duas tendências, Freyre insistia numa conceptualização da sociedade focada nos aspectos sociológicos e antropológicos propriamente ditos, cf. do autor, *Problemas Brasileiros de Antropologia*, 3.ª ed., pref. de Gonçalves Fernandes (Rio de Janeiro: Livraria José Olympio, 1962), p. XIII.

um "imperialista entusiástico e de visão»? A Coroa reservava para si o monopólio da importação de ouro, escravos, especiarias e marfim, bem como da exportação de cavalos, tapeçarias, têxteis, cabedal, utensílios de latão, etc. Contudo, tratava-se de um monopólio que só existia no papel, pois os contratos de cedência do comércio a particulares eram frequentes e a dependência relativa aos produtos estrangeiros destinados a alimentar o mesmo comércio também. Se o ouro da Guiné cunhado em Lisboa ajudou à entrada de Portugal nos circuitos monetários internacionais e a pagar pelos cereais de que o reino tanto necessitava, foi o tráfico de escravos que financiou a expansão pela costa africana. Estimava-se em 150 000 o número de escravos traficados pelos portugueses no século XV; os quais eram, na sua maioria, resultado de capturas e de guerras intestinas, a ponto de se dever considerar que o comércio esclavagista suscitou um estado permanente de violência; porém, apesar das relações dos Portugueses com as tribos africanas variarem de área para área, os contactos eram amistosos, pois eram estabelecidos com a colaboração tanto dos chefes africanos, como dos denominados lançados. Sobre estes últimos, comerciantes e degredados em boa parte assimilados pelos nativos instalados nos rios da Guiné, Boxer esclareceu que não existia propriamente uma política da Coroa favorecedora da sua miscigenação, mas sim algumas medidas persecutórias por fugirem à fiscalidade da Coroa. Diferente era a situação na Costa do Ouro, correspondente à região do Benim. Neste caso, os sistemas políticos africanos impediam que os Portugueses penetrassem no interior, tendo que se ficar pela costa; os Portugueses permaneceram ali encerrados nas suas fortalezas, criando poucas ou nenhumas possibilidades para a actuação de lançados, como sucedia na Guiné. Com esta descrição do que se passava nos contactos dos Portugueses em África, Boxer exprimia as suas dúvidas relativas: à eficácia de uma política monopolista protagonizada pela Coroa (a exemplo do que já fizera Magalhães Godinho em *Os Descobrimentos e a Economia Mundial*); e à existência de uma deliberada política de miscigenação protagonizada pelos lançados. Ao mesmo tempo, considerava que o financiamento da expansão tivera nas mercadorias europeias, nos escravos e no ouro africanos as suas principais fontes. Finalmente, punha a tónica nas configurações sociais e políticas locais, considerando, por um lado, que os fluxos do tráfico eram alimentados pelos interesses das elites africanas, num ciclo em que o comércio suscitava a violência endémica. Por outro lado, a penetração e o tipo de contactos dos Portugueses com os africanos pareciam ter estado dependentes, acima de tudo, do modo como estes se encontravam organizados localmente.

A mesma preocupação em reconstituir as dinâmicas internas das sociedades com as quais os Portugueses entraram em contacto prolonga-se pela análise dos chamados mares asiáticos. Da Costa Leste

O IMPÉRIO MARÍTIMO PORTUGUÊS

de África, em conexão estreita com a Arábia e a Índia, até ao Japão e Timor no Sudeste Asiático são analisadas as sociedades em função da sua penetração nos circuitos da navegação e das especiarias, durante o século XVI. A Índia, por exemplo, apresentava-se dividida na parte norte, governada por muçulmanos e com uma população hindu muito numerosa, já desde antes da invasão mogol; o Decão incluía cinco sultanatos muçulmanos em conflito entre si e também, mais a Sul, com o grande império de Bisnaga; as regiões costeiras do Canará e do Malabar, mais a Sul, estavam divididas entre pequenos rajás hindus, entre os quais o Samorim de Calecute parecia ser o mais importante. Na Índia, o Sul era mais hindu do que o Centro e o Norte, mas albergava muitas comunidades de comerciantes árabes e muçulmanos. A viagem pelas diferentes regiões continuava, registando Boxer como é que a influência chinesa se estendera à Península Malaia e ao arquipélago da Indonésia; a importância de entrepostos como Malaca, a exemplo do que sucedia em Ormuz no Golfo Pérsico com a redistribuição de produtos de luxo e, neste último caso, de cavalos que de Goa passavam a Bisnaga; e o modo como a dinastia Ming desistira da sua própria expansão marítima, iniciada na primeira metade do século XV. As redes de mercadores que operavam por todos os mares que uniam Sofala ou Ormuz a Cantão não eram constituídas apenas por árabes, mas por muitos outros grupos de comerciantes muçulmanos do Gujarate, Malabar, Coromandel e Bengala, bem como por mercadores hindus, como sucedia com os mercadores de origem tâmil que ligavam a Costa do Coromandel a Malaca e ao Sudeste Asiático.

Neste contexto, como explicar as conquistas dos Portugueses? Um factor principal de contornos porventura bem tradicionais parece dominar as explicações ensaiadas por Boxer: a tenacidade e determinação dos invasores, apoiada por uma inevitável superioridade dos navios portugueses, conjugada com guerras e rivalidades entre os diferentes potentados e por um certo desprezo dos governantes asiáticos pelas guerras no mar. O império, centrado numa aspiração a monopolizar o comércio da pimenta, concretizou-se numa cadeia de fortes dispersos de Sofala a Nagasáqui, unidos por um força naval que se debateu sempre com a falta de recursos em navios e tripulação. O plano e as conquistas de Afonso de Albuquerque, que aspirara à conquista de quatro fortalezas, acabaram por levar, no decurso do século XVI, ao domínio de cerca de quarenta fortes. Quanto às actividades missionárias na Ásia, até à chegada a Goa dos primeiros jesuítas em 1542, não parece terem sido feitos esforços sistemáticos de conversão. Só na década de 1540 é que se iniciou, em Goa, a destruição em massa de templos hindus. Em 1567, a reunião de um concílio provincial em Goa marcou a definição das principais linhas de uma política missionária baseada na necessidade de recorrer à força para a expansão do catolicismo. Neste sentido,

X

UMA HISTÓRIA CONSERVADORA DO IMPÉRIO MARÍTIMO PORTUGUÊS?

Boxer sustentou que "o império marítimo português na Ásia pode ser descrito como uma empresa militar e marítima moldada numa forma eclesiástica".

No Atlântico Sul, implantou-se progressivamente um sistema de capitanias, articulando elementos feudais com capitalistas. Tratava-se de um sistema que começara por ser aplicado aos Açores e à Madeira, e que teve menos sucesso em Cabo Verde e Angola (1575), mas que no Brasil foi ensaiado pela primeira vez em 1534. Paralelamente, as tentativas destinadas a criar um sistema de plantação da cana de açúcar na Bahia e em Pernambuco debateram-se com questões relativas ao fornecimento de escravos ameríndios; isto na altura em que o fornecimento de mão de obra escrava de proveniência africana começou a funcionar, pela primeira vez, nas ilhas de S. Tomé e Príncipe. Segundo Boxer, a posição dos Portugueses em relação aos índios caracterizava-se por um certo equilíbrio: "se, na sua maioria, os colonos encaravam os ameríndios como uma fonte explorável e descartável de força de trabalho, houve também uma certa assimilação inter-racial intermitentemente pacífica" (cap. IV, p. 104). Exploração e assimilação, eis os dois termos de uma narrativa equilibrada como pretendia ser a de Boxer. A mesma tensão entre processos de natureza muito diversa podia ser aplicável a Angola: por um lado, haveria que pensar nos projectos de missionação e de colonização concebidos em função desse território, por outro numa espécie de força que sempre se opôs a tais projectos e que tinha como epicentro a formação de um mercado de escravos à escala do Atlântico. No último quartel do século XVI, rumaram ao Novo Mundo entre 10 000 e 15 000 escravos africanos, a maior parte dos quais provenientes de Angola,.

A intenção de empreender uma história global do império português – atenta a disputas e conflitos – encontra-se bem reflectida na interpretação de Boxer relativa ao século XVII. Ao contrário da historiografia mais nacionalista, que tendia – e tende – a considerar o domínio filipino a razão de todos os males sucedidos ao Império português desde finais de Quinhentos, o autor defendeu um argumento mais equilibrado. É que, se o Império português foi atacado pelos Holandeses depois de ter sido estrategicamente visto como a parte mais fraca do Império de Filipe II e seus sucessores, os Portugueses – nomeadamente os grupos de cristãos-novos e de judeus – também penetraram o Império espanhol. Tal processo teria mesmo levado, em 1623, os inquisidores de Madrid a considerarem com inegável exagero que haveria no Peru mais judeus portugueses do que colonos espanhóis. Foi no Oriente que os Holandeses – de início sujeitos a um embargo por parte dos portos da Península Ibérica – se revelaram vitoriosos. A sua capacidade militar, sobretudo a liderança dos seus chefes, mostrou-se bem superior à dos Portugueses. Assim, os Holandeses substituíram-se aos Portugueses em Nagasáqui, a

XI

O IMPÉRIO MARÍTIMO PORTUGUÊS

partir de 1639. Malaca foi conquistada em 1641. Os Portugueses abandonaram definitivamente Ceilão dezassete anos depois. Em 1663, foi a vez de Cochim ser tomada pelos Holandeses. Mas importa também registar os falhanços destes últimos quanto à conquista de Macau e para expulsar os Portugueses de Solor e Timor. Na impossibilidade de se apoderarem de Moçambique, os Holandeses acabaram por fundar a sua própria colónia no Cabo. Por sua vez, no Atlântico, S. Jorge da Mina foi tomada em 1638, e Luanda em 1641, tendo esta última cidade sido recuperada por uma força luso-brasileira em 1648.

Se os Portugueses foram derrotados na Ásia pelos Holandeses, o mesmo não se pode dizer do Brasil, onde a recuperação de Pernambuco em 1654 representou uma grande vitória. As razões profundas que explicam as vitórias no Atlântico e, apesar de tudo, a resistência na Ásia terão de ser encontradas naquilo que poderíamos denominar de identidade colonial portuguesa. Esta terá sido bem percebida pelo governador de Batávia, Van Dieman, em 1642, na forma do apêgo das gentes portuguesas às colónias, a ponto de se esquecerem do regresso à metrópole. Haveria, também, que considerar o facto de o português, ou um crioulo nele inspirado, se ter tornado na língua franca do comércio e da comunicação, a ponto de ser falado mesmo em Batávia por escravos e criados oriundos de Bengala. Mas terão sido a política e as práticas de miscigenação dos Portugueses, seguidas desde o tempo de Albuquerque, que mais contribuíram para a criação desse apego. A ausência de mulheres portuguesas, só muito marginalmente compensada pelo envio das chamadas órfãs do rei, explicam de um ponto de vista demográfico a necessidade de tais ligações. Todavia, Boxer considerava ser necessário não idealizar demasiado tais ligações, uma vez que o valor das mulheres na cultura lusitana, por comparação com a holandesa, estava em geral ligado à sua submissão ou clausura. Ora, foi esta mesma cultura de relacionamento entre sexos que conduziu a situações de degradação para as mulheres que mantiveram relações com os portugueses. Como elemento constitutivo dessa mesma identidade colonial, Boxer considerava ainda a religião. Pese embora o recurso a métodos de conversão baseados no uso da coerção e violência, e apesar do muito reduzido impacto que teve o catolicismo na Índia e na China, tendo sido nulo nas sociedades islamizadas, os missionários portugueses superaram os calvinistas holandeses ([16]). Mas, mais uma vez, será preciso não esquecer que os missionários também se viram envolvidos em operações comerciais. Foi o que aconteceu com os jesuítas não só no Japão, mas também na costa oriental de África. Religião e comércio eram, por isso, duas faces da mesma moeda.

([16]) Sobre os limites da propaganda calvinista no Oriente, cf. Boxer, *The Dutch Seaborne Empire 1600-1800* (Londres: Hutchinson, 1965), p. 156.

UMA HISTÓRIA CONSERVADORA DO IMPÉRIO MARÍTIMO PORTUGUÊS?

No Brasil, será possível detectar um conflito constante entre jesuítas e colonos, tendo em vista a liberdade das populações ameríndias. A Coroa portuguesa, segundo Boxer, teria tido um "percurso vacilante", apesar de pretender surgir muitas vezes ao lado dos jesuítas. A este respeito, Vieira, Antonil (ou, mais correctamente, Andreoni) e Benci surgiam como os jesuítas mais importantes. Porém, ao contrário do que aconteceu desde meados do século XVI com Las Casas, nenhum deles, a começar pelo próprio Vieira, se preocupou com a escravização dos africanos. Tão-pouco se encontra em português o equivalente ao trabalho do jesuíta Alonso de Sandoval, o qual num livro publicado em 1627 antecipou muitos dos argumentos dos abolicionistas. A fim de explicar por que razão os escravos africanos formaram desde o final do século XVI o maior contingente de mão-de-obra das plantações de açúcar e tabaco localizadas em Pernambuco, Bahia e Rio de Janeiro, Boxer considerou que eles se revelaram mais resistentes às doenças e mais capazes de aceitar a disciplina do trabalho, do que os índios que viviam ainda na Idade da Pedra. Trata-se de um argumento discutível, na medida em que encontra em determinados factores biológicos e naturais a justificação para a escravização das populações, a qual deixa de ser considerada como o resultado das iniciativas dos próprios colonos ([17]).

A colonização do Brasil é vista, antes de mais, nos seus aspectos económicos e sociais. Plantações e tráfico de escravos são, pois, faces da mesma moeda, completada pelo longo processo de penetração no interior, a cargo de paulistas e vaqueiros. A sumária caracterização dos paulistas, demasiado pobres para dependerem dos escravos africanos, e obrigados a escravizar os ameríndios, inclui o facto de eles próprios terem geralmente sangue ameríndio e, em muitos dos casos, preferirem falar o tupi ao português. Em finais do século XVII, a crise do açúcar que afectava toda a economia portuguesa acabou por encontrar uma saída tanto nas exportações de vinho para Inglaterra, reguladas pelo célebre Tratado de Methuen de 1703, como na descoberta pelos paulistas das minas de ouro em 1695. Esta última descoberta começou, desde logo, a atrair muitos colonos à região de Minas Gerais e suscitou uma reacção contraditória da parte das autoridades coloniais. Temia-se o exemplo das minas de prata do Peru, as quais não tinham conduzido ao florescimento económico da Espanha. Assim, em 1709, assistiu-se ao rebentar de uma autêntica guerra civil entre paulistas e emboabas, vindos de Portugal e de outras partes do Brasil, tendo os últimos acabado

---

([17]) As críticas suscitadas por este tipo de argumento foram sumariadas mais recentemente por David Arnold, *The Problem of Nature: environment, culture and European expansion* (Oxford, Cambridge, Mass.: Blackwell, 1996), em crítica a Alfred W. Crosby, *The Columbian Exchange; Biological and Cultural consequences of 1492* (Westport, Conn.: Greenwood Publsihing Co., 1972), idem, *Ecological Imperialism: the biological expansion of Europe, 900-1900* (Cambridge, New York: Cambridge University Press, 1986).

O IMPÉRIO MARÍTIMO PORTUGUÊS

por vencer. Os paulistas foram então empurrados, cada vez mais, para o interior, para as regiões de Goiás e Mato Grosso, onde foram descobertas novas minas. Na década de 1720, foram também descobertas minas de diamantes em Minas Gerais. A Guerra dos Emboabas justificou um envolvimento cada vez maior da Coroa no controlo das populações, mas também dos quintos. Um dos aspectos que se manteve constante na economia brasileira, depois da descoberta das minas, foi a sua dependência da mão-de-obra escrava. Assistiu-se, então, a uma intensificação da procura e os fornecimentos de Angola e Benguela tiveram de ser completados com um retorno aos mercados de escravos da Guiné. Enfim, estas incursões no interior acabaram por ser integradas política e diplomaticamente, tendo Portugal conseguido, sucessivamente pelo Tratado de Madrid de 1750 e pelo de Santo Ildefonso de 1777, estabelecer os limites da fronteira do Brasil com os territórios espanhóis.

Segundo Boxer, a política colonial do consulado de Pombal (1755--1777) pode ser analisada a partir de quatro eixos principais: intervencionismo da Coroa nas mais diversas áreas da vida colonial; controlo do comércio colonial através da fundação de companhias monopolizadoras; abolição, em princípio, das distinções de raça ou cor; e abolição da Companhia de Jesus. As medidas de Pombal inscreveram-se numa tradição centralizadora, mas parecem reforçá-la, a ponto de a Coroa ter tido de responder a "petições patéticas de viúvas obscuras vivendo no interior do Brasil". Contudo, o facto de a administração colonial ter ficado submersa em tantas matérias e ter acabado por se revelar incapaz de tomar decisões não pode ser considerado uma especificidade de Portugal: exemplos da mesma incapacidade burocrática encontram-se também no interior do Império Britânico em inícios do século XIX. Trata-se de um argumento que tem como evidente contraponto a necessidade de reflectir sobre a autonomia possível no interior de um sistema colonial. Quanto à criação de companhias comerciais, com as quais as autoridades portuguesas pretendiam reproduzir o modelo holandês e inglês, a lista dos insucessos foi, em parte, contrariada por Pombal. No entanto, a melhor administração conseguida por via das companhias continuou a ser afectada pelo contrabando e pelos interesses privados de oficiais corruptos, cuja justificação se encontra talvez nos seus baixos salários. Quanto à abolição das diferenças de tratamento, a par da abolição da escravatura na metrópole, é de notar o seu carácter moderno. Por exemplo, a necessidade de formar um clero indígena levou Pombal a decretar que todos os vassalos asiáticos passassem a ter o mesmo estatuto do que os brancos nascidos em Portugal. A mesma igualdade foi concedida aos ameríndios. A grande excepção terá recaído sobre os africanos, que continuaram a ser vistos como inferiores. Contudo, estas medidas, promulgadas no papel, conheceram fortes resistências por parte de governadores e oficiais coloniais. Quanto à expulsão dos

XIV

jesuítas, Boxer considerava que os seus efeitos foram desastrosos, sobretudo na Ásia, e só poderiam ser explicados por um condenável fanatismo do próprio Pombal. No entanto, em termos de política educativa, a expulsão inaugurou o fim da preponderância eclesiástica e o início da secularização da educação em Portugal. Porém, mais importante do que todas as tentativas para resumir as ideias de Boxer a respeito das medidas tomadas no tempo de Pombal, é reparar na valorização das acções dos grandes homens na história. No caso de Pombal, a sua simples evocação seria porventura análoga à do Infante D. Henrique, Vasco da Gama e Salazar...

A crise económica do ouro, diamantes e açúcar, que afectou a segunda parte do ministério de Pombal, foi ultrapassada durante o governo de D. Maria I (1777-1792), devido à situação de prosperidade comercial, conseguida à custa de uma política de neutralidade, após a Independência dos Estados Unidos da América (1776). Contudo, as ideias revolucionárias e independentistas foram sufocadas em Minas Gerais, precisamente em 1789. O descontentamento em relação à metrópole imperava, e logo se intensificaram os rumores da mudança da corte para o Brasil. A independência do Brasil, na perspectiva portuguesa, veio a realizar-se em 1825.

Se na reconstituição ensaiada até aqui a ordem seguida obedeceu a um critério cronológico, atento à especificidade de cada período quer no Oriente, quer no Atlântico, uma segunda parte deste livro encontra-se organizada pelos grandes temas considerados característicos do Império português: as frotas da Índia e do Brasil; a organização eclesiástica baseada no Padroado e nas missões; os preconceitos raciais; o modo como se organizavam os poderes locais e as elites em Câmaras e Misercórdias; como operava ao rés-do-solo um império militarizado, dependente da capacidade de mobilização de soldados, incluindo neles contingentes de degredados, penetrado na Ásia por lógicas mercantis e no Brasil pelas plantações e valores nobiliárquicos dos senhores de engenho; as relações entre mercadores, as lógicas de monopolização e de controlo fiscal desenvolvidas pela coroa, e o contrabando com os estrangeiros; a centralidade de uma cultura eclesiástica à escala do Império, a qual do Renascimento ao Iluminismo pouca abertura demonstrou em relação às ideias europeias; e, por último, o enquistamento nos valores e correntes do sebastianismo, messianismo e nacionalismo. No entanto, de todo este inventário de temas – onde estão presentes por diversas vezes os preconceitos raciais e os modos de exploração dos escravos em que o Império marítimo português foi fértil – sublinha-se, mais uma vez, o elogio dos valores da tenacidade e da tradição política portuguesas. Ou seja, Boxer pôs a tónica numa espécie de conservadorismo fundado na autonomia das instituições representativas locais, ou seja, na Câmara e na Misericórdia, e no elogio das virtudes da tenacida-

XV

de, protagonizadas por indivíduos cujas acções concretas nada tinham que ver com as grandes estruturas, nomeadamente do ponto de vista económico. Nas suas palavras:

A maneira como o Conselho Municipal e a Santa Casa da Misericórdia se adaptaram a meios tão variados e exóticos desde o Brasil ao Japão, mantendo no entanto laços tão estritos com as suas origens medievais europeias, exemplifica bem o conservadorismo e a tenacidade dos Portugueses no ultramar (cap. XII, *in fine*).

Diogo Ramada Curto
Lisboa, 2011

AGRADECIMENTOS

Agradeço reconhecidamente ao senhor Fred Hall e ao corpo directivo da Biblioteca Newberry, de Chicago, por me terem autorizado a reproduzir a nau portuguesa do atlas atribuído a Sebastião Lopes (1565), que faz parte da Colecção Ayer, exposta nessa Biblioteca. Os secretários da Sociedade Hakluyt deram-me amavelmente autorização para reproduzir o mapa-esboço da Carreira da Índia *e para fazer citações dos textos das* Viagens de Peter Mundy, História Trágico-Marítima, Viagens e Controvérsias de Frei Domingos Navarrete *e de outras obras publicadas por esta editora. A Editora da Universidade de Witwatersrand permitiu-me também incluir neste livro passagens do meu* Four Centuries of Portuguese Expansion, 1415-1825: A Succint Survey, *publicado pela primeira vez em Joanesburgo em 1961 e reeditado em 1963, 1965 e 1968.*

O bibliotecário e o pessoal da Biblioteca Lilly, da Universidade de Indiana, de forma generosa, facilitaram-me um acesso sem restrições aos seus tesouros e autorizaram-me a incluir neste livro citações da correspondência inédita dos missionários espanhóis da Ordem de Santo Agostinho na China Meridional (1680-1720), e de outras fontes. Tenho também de agradecer aos directores e pessoal dos arquivos portugueses e brasileiros onde trabalhei em várias datas e locais, estando esse agradecimento expresso na Bibliografia. Tenho de mencionar de modo especial os responsáveis pelo departamento Ashridge do Public Records Office, de Londres, por me terem facilitado a consulta da correspondência dos enviados e cônsules britânicos em Lisboa, no período que vai de 1660 a 1750. Agradeço também ao senhor Eulálio Pimenta da Cunha e à senhora Nellie Figueira, da

Biblioteca Nacional do Rio de Janeiro, por me terem amavelmente cedido um conjunto de reproduções dos desenhos coloridos de Carlos Julião, de 1785.

Apresento, finalmente, os meus agradecimentos a David Hoxley, que desenhou os mapas, e ao Prof. J. D. Fage, que me autorizou a basear os mapas 4 e 5 no material do seu Atlas of African History, *publicado por Edward Arnold.*

PREFÁCIO

Como C. R. Beazley observou há uns setenta anos, o primeiro império colonial moderno, a dominação portuguesa nas costas e nos mares da África e da Ásia, é, em certo sentido, mais interessante do que qualquer outro dos posteriores. E isto porque, como Beazley afirmou, esteve ligado, essencial e particularmente, aos começos da expansão marítima da Europa e da cristandade que, acima de tudo o mais, separa o mundo medieval do moderno. Desde a época de Beazley tornou-se, também, manifesto que o primeiro império colonial moderno promete ser o mais duradouro, uma vez que ainda mantém uma posição forte na África tropical, de onde todos os outros já se retiraram. Mas o império português ainda existente em África é, sobretudo, um desenvolvimento das últimas duas ou três gerações e a sua história requer um tratamento separado. O presente livro pretende sintetizar as vicissitudes e as realizações do antigo império marítimo português, patentes do Magrebe às Molucas e ao Mato Grosso, anteriormente ao reconhecimento, por Portugal, da independência do Brasil, em 1825. Pretende, também, ter constantemente presentes as interacções entre os territórios mais importantes desta constelação longínqua de impérios e a metrópole, situada practicamente na costa ocidental europeia. Ao fazê-lo, talvez ajude a explicar não só as razões pelas quais Portugal foi o pioneiro da expansão marítima europeia, mas também o modo como conseguiu conservar uma porção tão grande do seu império quando outras potências mais fortes surgiram em cena.

Introdução

por J. H. PLUMB

O Império Português é um dos maiores enigmas da história. Por volta de 1480, os Portugueses tinham atingido o extremo sul da costa africana e, ao mesmo tempo, atravessado a imensidão do Atlântico para colonizarem os Açores; é provável que, nesta altura, os seus intrépidos pescadores, juntamente com os bascos e bretões, estivessem já instalados nos mares agitados e abundantes em peixe da Terra Nova. A Índia e a América pareciam destinadas a pertencer-lhes; na verdade, se os Portugueses tivessem dado ouvidos a Colombo, teriam dominado os três continentes antes de qualquer outra nação da Europa. Colombo e a Espanha negaram-lhes o que a sorte parecia ter-lhes destinado; mesmo assim, em meados do século XVI, os Portugueses dominavam uma parte do mundo e do comércio superior a qualquer outro país. A África, com as cadeias de postos comerciais e de fortes que chegavam ao Oriente e, ao Sul, às costas ocidentais; o domínio de grandes portos em Ormuz e Goa deu-lhes o controlo do valioso comércio do golfo Pérsico e do oceano Índico. Feitorias em Ceilão e na Indonésia colocaram o comércio das especiarias nas suas mãos. Firmemente estabelecidos na China e no Japão, traziam para a metrópole navios carregados com as sumptuosidades do Oriente – sedas, porcelana, laca. O sonho que obcecara os homens no tempo do príncipe Henrique, o Navegador, *tornara-se uma realidade. Esses primeiros exploradores hesitantes, assaltados pelo perigo e perseguidos pela morte, traçaram as grandes rotas comerciais, com barcos cada vez maiores, a abarrotar de gente e de mercadorias, que, através de tempestades e de calmarias, seguiam imponentemente o seu caminho até aos impérios orientais. Mas a sua empresa tinha despertado a Europa, e um século*

O IMPÉRIO MARÍTIMO PORTUGUÊS

após as suas descobertas Holandeses e Ingleses mordiam-lhes os calcanhares, sanguinários e vorazes. Inundaram a Europa com especiarias, e o Império Português desmoronou-se. E a sua queda foi tão meteórica quanto fora a sua ascensão. Em breve restavam-lhes apenas fragmentos não lucrativos no Oriente e na África Ocidental e alguns entrepostos comerciais – Luanda e Moçambique na África, Goa na Índia, Timor na Indonésia, e Macau perto de Cantão.

O Brasil, o maior território que os Portugueses conseguiram manter, perderam-no no século XIX, Goa apenas há uma década, o resto mantém-se. De todos os grandes impérios ocidentais, só o português subsiste em extensão significativa. Neste século, Portugal não cedeu voluntariamente nenhuma das suas possessões; os próprios Indianos foram obrigados a usar a força para os expulsar de Goa. E Portugal é, uma vez mais, o maior império da Europa Ocidental: foi o primeiro e é o último. A inércia e a continuidade no meio de vastas revoluções sociais e políticas são fenómenos raros na história. Mas esta qualidade de sobrevivência não é a única característica estranha do império marítimo português. De facto, o Império Português coloca uma série de questões embaraçosas ao historiador. Por que razão esta nação pequena, bastante pobre e culturalmente atrasada, situada na costa sudoeste da Europa, foi tão espantosamente bem-sucedida nesse grande século de empreendimentos que começou por volta de 1440? E por que razão se tornou este êxito uma pálida sombra de si mesmo no curto espaço de cinquenta anos? E, o que é ainda mais estranho, por que é que a posse de um império não actuou como um catalisador para Portugal? Na Holanda, na Inglaterra, em Espanha e em França a posse de um império actuou como um fermento, não só na vida económica e política da nação, mas também na sua vida cultural, na sua literatura, na ciência e na arte. Em Portugal, Lisboa expandiu-se e Camões escreveu Os Lusíadas. É evidente que houve maior prosperidade do que a que teria havido se Portugal continuasse apenas dependente dos vinhos e da pesca. Mas, além de Camões, há muito poucos escritores, arquitectos, pintores ou cientistas cujos nomes sejam conhecidos, a não ser por especialistas. O impacto cultural do Império Português, se bem que não possa ser ignorado, é estranhamente superficial. E, à medida que uma pessoa lê a história arrebatadora dos Descobrimentos portugueses, exposta com tanto brilhantismo pelo Professor Boxer, estes porquês insistentes avolumam-se cada vez mais.

Na realidade, Portugal tinha algumas vantagens naturais. Durante toda a sua existência, havia vivido do mar. A sua costa rochosa, batida pelo Atlântico, aonde vão desaguar os rios que nascem no interior montanhoso, tinha, desde sempre, sido a porta aberta para um mundo mais vasto, criando uma dura e hábil raça de marinheiros, que não se deixava atemorizar pelas tempestades do oceano. Desde remo-

INTRODUÇÃO

tos tempos, o comércio e o lucro foram marítimos e, com o Mediterrâneo dominado pelos Venezianos, Genoveses, Catalães e Árabes, o Atlântico era a única área vasta aberta aos Portugueses. Com a queda do poderio árabe devido às derrotas infligidas pelos Espanhóis, aumentaram, no século XV, as oportunidades de os empreendedores Portugueses explorarem o comércio da costa ocidental africana. No entanto, essa exploração foi, desde o princípio, disfarçada com o zelo religioso e, indubitavelmente, também apoiada numa genuína curiosidade científica. Esta última não deve ser subestimada – a curiosidade é uma força coerciva, quando desperta, e, combinada com a rivalidade entre os capitães das naus, levou-os cada vez mais longe, em direcção ao Sul. Esta fascinação reflectiu-se nos homens que arrastou para os Descobrimentos portugueses – italianos, judeus de Maiorca e, até, alguns escandinavos. Mas foi esta mistura de paixões profundas – cobiça e ferocidade, inexoráveis e insaciáveis, combinadas com uma paixão religiosa austera, indiscutível e dedicada até à morte – que arrastou implacavelmente os Portugueses até aos mares tórridos e fervilhantes que envolviam as costas da África tropical e outras zonas ainda mais distantes. A cobiça pelas riquezas e o fervor por Deus nunca estiveram em conflito, nem foram inconscientes: para alguns, como foi o caso do Infante D. Henrique, a religião era mais importante do que o comércio, embora não deixassem de querer ouro, de traficar em escravos e não desdenhassem a riqueza, que consideravam uma bênção de Deus. E o que se passava com o Infante passava-se com outros: pioneiros portugueses arrancavam os negros nus das suas canoas, trocavam cavalos por jovens núbeis e traziam-nos para o mercado de escravos de Lisboa, onde encontravam compradores ávidos. Esta combinação de cobiça e devoção tem sido sempre considerada a principal força motriz não apenas dos Portugueses, mas também dos Espanhóis – e, mesmo em menor escala, dos Ingleses, Franceses e Holandeses; de facto, a sua repetição banalizou de tal forma o conceito que se torna fácil subestimar a ferocidade, a selvajaria, a força compulsiva que arrastaram estes homens impiedosos.

Infelizmente para o Oriente, os Portugueses eram herdeiros da destreza técnica longamente acumulada da última fase da Idade Média. Os Árabes e os Judeus tinham-nos dotado com astrolábios e mapas; a arte da construção naval fora estimulada pelo vasto oceano cujo desafio havia incentivado o fabrico de navios que, se bem que considerados pesados, segundo os padrões do século XVII, eram maravilhas de manobrabilidade e, armados com a melhor artilharia produzida pela Europa, levavam facilmente a melhor sobre os juncos e pangaios do oceano Índico. Ao mesmo tempo, e não é exagero afirmar a importância deste facto, o fascínio pela observação exacta caracterizava a maioria dos grandes exploradores portugueses. Traçavam as suas

O IMPÉRIO MARÍTIMO PORTUGUÊS

rotas nas cartas com uma exactidão espantosa: anotavam cuidadosamente os animais, a vegetação, os minérios e as raças desconhecidas que iam encontrando, à medida que desciam a costa de África. Nada foi deixado ao acaso nos seus descobrimentos. Foram deliberados, bem programados e audaciosamente executados: uma alta inteligência técnica foi posta ao serviço de Deus e do lucro. E o resultado foi um assalto selvagem e pirático, como o mundo nunca testemunhara, aos deslumbrantes e ricos impérios orientais – o que não parece, no entanto, ter perturbado a consciência de nenhum capitão português, porquanto esses orientais eram pagãos, negros, mouros, turcos, que possuíam, como um desses capitães escreveu, «a maldade de todos os homens maus».

Assim, os Portugueses não se sentiam envergonhados por contar as histórias das suas pilhagens. Como eles narram, bombardeavam ao mínimo pretexto os ricos e prósperos portos da África, da Pérsia e da Índia, incendiando as casas, saqueando os armazéns, massacrando os habitantes. Degolavam as tripulações dos pangaios islâmicos capturados, amarrando alguns prisioneiros à ponta da verga, para servirem de alvo nos exercícios de tiro, cortando as mãos e os pés de outros e enviando barcos carregados com esses bocados ao chefe local, com uma nota a dizer-lhe que os utilizasse para fazer caril. Não poupavam mulheres nem crianças. Nos primeiros tempos, roubavam quase tanto como comerciavam. Destruíram as rotas há muito estabelecidas que ligavam o Extremo Oriente e o Islão numa teia de comércio mutuamente lucrativo e em larga medida pacífico. E os filhos de Cristo seguiam esta senda de sangue, construindo as suas igrejas, missões e seminários, porque, afinal, a rapina era uma cruzada: por muito grande que fosse a recompensa de Vasco da Gama, de Albuquerque, de Pacheco e dos outros neste mundo, a sua glória seria ainda maior no outro.

Se bem que a maioria dos clérigos e missionários que seguiam os capitães do oceano se sentisse feliz a construir igrejas, a receber os seus impostos, a distribuir caridade sem julgar muito severamente a licenciosidade dos seus chefes militares, o mesmo zelo cruel que arrastava os capitães nunca abandonou inteiramente os homens de Deus, tanto em Lisboa como no Oriente. Os reis de Portugal desperdiçaram homens e tesouros nas inóspitas regiões da Abissínia, na esperança de reconciliarem os Coptas com a Igreja romana, mas a inflexibilidade da sua atitude, combinada com uma acção militar desorganizada, bem depressa desfez esse sonho. Durante algum tempo, graças à devoção fanática dos jesuítas, tiveram maior êxito no Japão e no Brasil: no Japão, as doutrinas cristãs serviram um objectivo político e social, o que permitiu aos jesuítas uma influência considerável sobre os Japoneses, enquanto no Brasil a protecção que os jesuítas dispensaram aos índios convertidos constituiu uma das raras situações brilhantes de

INTRODUÇÃO

toda a história do Império Português. Os jesuítas, treinados pela admirável educação que recebiam, perseguiam com avidez a complexidade das culturas desconhecidas que iam descobrindo no Extremo Oriente e na América do Sul. E se a sua contribuição em relação aos estudos orientalistas nunca foi tão grande como a dos jesuítas franceses que seguiram os seus passos, não pode, no entanto, ser desprezada nem subestimada – como tem acontecido – as suas viagens de exploração geográfica. António de Andrade penetrou no Tibete, Bento de Goes dedicou cinco anos a percorrer a distância entre Goa e a China, e o padre Lobo, quase duzentos anos antes de Livingstone, aventurou-se penosamente pela África. De facto, a maior contribuição intelectual que os Portugueses, através das suas viagens marítimas, proporcionaram à Europa, foi o conhecimento geográfico e a exactidão náutica. As suas cartas e rotas eram as melhores da Europa. Os Portugueses foram, na realidade, os descobridores dos impérios marítimos europeus. Ainda mais claramente do que os Espanhóis, demonstraram a eficácia de uma nau armada com canhões, não só contra os povos primitivos da África mas também contra os portos e impérios bem fortificados do Oriente. E, assim, o Oriente ficou à mercê da Europa. As carracas, a transbordar de despojos – pimenta, canela, macis, sedas, pérolas e rubis –, despertavam a cobiça da Europa. Os Portugueses abriram a brecha através da qual se precipitaram os chacais, para se saciarem à vontade. Poucos historiadores europeus serão capazes de assumir as consequências do bárbaro ataque ocidental à Índia e ao Oriente, ataque esse que destruiu as redes comerciais e culturais, que dividiu reinos, desfez políticas e arrastou a China e o Japão para um isolamento hostil. Se bem que não se possa deixar de admirar o heroísmo e a resistência da maior parte dos capitães portugueses, demonstrados passo a passo pela lúcida narrativa do Professor Boxer, não deve, por outro lado, esquecer-se o seu contributo para a sangrenta carnificina que se lhe seguiu.

A posse do império, desastrosa para o Oriente e um vicioso exemplo de pirataria seguido, com excessiva prontidão, pelos seus imitadores europeus, trouxe muito poucos benefícios a Portugal. Enriqueceu a monarquia, proporcionou a Lisboa uma prosperidade morna que nunca mais viria a perder e ofereceu por vezes uma carreira, e mais frequentemente uma sepultura, aos membros da classe média. Mas os seus dias de grandeza acabaram depressa. Os tempos épicos da pilhagem cederam lugar a uma exploração rígida e ineficaz que se tornou cada vez mais inerte, à medida que as décadas e os séculos foram passando. Até na arte da navegação e na construção de navios os Portugueses foram ultrapassados, primeiro pelos Holandeses, a seguir pelos Ingleses, e, depois, pelos restantes países da Europa Ocidental. Permaneceram fiéis às antigas carracas, construindo-as ainda maiores e mais

O IMPÉRIO MARÍTIMO PORTUGUÊS

pesadas: e, assim, o mar cruel fez a sua colheita. Um profundo conservadorismo e uma profunda relutância em ajustarem-se a um mundo em evolução tornaram-se as características fundamentais dos Portugueses. O Império Espanhol pode ter-se tornado artrítico, mas o Português possuía a rigidez de um cadáver. Na primeira época heróica da aventura, em que a curiosidade e a cruzada se manifestam com maior evidência do que a crueldade, o Infante D. Henrique rodeou-se de alguns dos mais reputados intelectuais do seu tempo: uns eram judeus, outros de ascendência moçárabe; desde que fossem competentes em náutica, cartografia e matemática, eram bem-vindos à sua corte e objecto da sua protecção. A mesma liberalidade indulgente, sobretudo em relação aos judeus, persistiu até ao reinado de D. Manuel, mas as forças da Contra-Reforma (e, acima de tudo, a Inquisição) erradicaram inexoravelmente qualquer indivíduo contaminado pela fé judia e fecharam a sete chaves o espírito dos homens.

O Império Português, rígido, ortodoxo, decadente, a apodrecer como uma antiga ruína no calor tropical, subsistiu pela inércia. Na turbulência dos tempos modernos, encontrou apologistas que pensaram ter descoberto nele características mais liberais do que as dos outros grandes impérios mais florescentes. O Império podia estar moribundo, decadente, corrupto, mas, pelo menos, não alimentava preconceitos raciais. Os historiadores citavam orgulhosamente a mistura de raças no Brasil, os seminaristas de cor em Goa, a felicidade doméstica dos oficiais portugueses dando livre curso à sua lascívia, em zonas do interior de Moçambique e de Angola. E o grande historiador brasileiro Gilberto Freyre ajudou a consolidar esta lenda no seu belo livro acerca da escravatura no Brasil; mas o Professor Boxer mostra quão falsa é esta crença. A documentação que utiliza é imensa e conclusiva. Os Portugueses eram extremamente racistas em África, em Goa e no Brasil: de facto, em Goa considerava-se mesmo que uma ama nativa contaminava o bebé que amamentasse. E lembremo-nos de que, no século XVI, Portugal possuía, na metrópole, um número de escravos muito superior ao de qualquer outro país da Europa; estima-se que cerca de 10% da população lisboeta fosse escrava. E Lisboa possuía, sem sombra de dúvida, o mercado de escravos mais activo da Europa. Isto é um facto, não uma condenação moral: a atitude do resto da Europa, da África, da Ásia, dos povos fixados na América, diferia muito pouco a este respeito. Aquilo que o Império Português nos recorda tão vividamente, através do excelente e pormenorizado livro do Professor Boxer, é a crueldade e o barbarismo da vida no mundo quinhentista. A vida era desesperadamente insignificante, a morte terrivelmente real, a pobreza do mundo tão grande que o luxo e a riqueza inebriavam a imaginação e enlouqueciam os homens com o desejo de posse. A grande e única diferença entre a Europa, de que Portugal foi

INTRODUÇÃO

o precursor, e o mundo por ela escravizado, era a intensa certeza e exclusividade das convicções religiosas – catolicismo ou protestantismo. Nalguns homens, como, por exemplo, em São Francisco Xavier, a cobiça pelas almas era tão ávida como a cobiça pelo ouro e especiarias em Vasco da Gama; assim, matar os que não se queriam converter, castigar os pagãos, estava igualmente correcto: as outras raças eram inferiores, a escravidão era, para elas, uma medida justa. Mas, por outro lado, devemos frisar que uma rectidão imperturbável revestia estes homens de ferro de uma moral de aço, tornando-os capazes de forjar os laços sangrentos que haveriam de acorrentar o resto do mundo à Europa durante centenas de anos. E, no entanto, esta vergonhosa exploração trouxe um excedente de riqueza, de oportunidades, de estímulos, de contactos intelectuais que haveriam de ser instrumentos que possibilitariam a toda a humanidade o desenvolvimento de um tipo de vida totalmente novo. O domínio dos mercados mundiais ajudou a Europa comercial a encaminhar-se para o seu futuro industrial.

Por um preço terrível, Portugal abriu as portas para um mundo mais vasto, que não podia dominar nem controlar; com a habitual malícia da história, foi ultrapassado e deixaram-no moribundo, como um reformado excluído das paradas do mundo, possuindo o suficiente para sobreviver, mas demasiado pouco para atingir a glória. E, como os velhos, permanece desesperadamente agarrado a tudo o que possui, numa tentativa de resistir ao tempo – perspectiva pouco provável. Ainda assim, o seu nome está indelevelmente escrito na história mundial: um feito extraordinário para um país tão pequeno e tão pobre.

Prólogo

A Orla Ocidental da Cristandade

O cronista espanhol Francisco López de Gómara, na dedicatória da sua *História Geral das Índias* ao imperador Carlos V, escrita em 1552, descreveu os descobrimentos ibéricos das rotas oceânicas das Índias Ocidentais e Orientais como «o maior acontecimento desde a criação do mundo, depois da encarnação e da morte d'Aquele que o criou». Aproximadamente dois séculos depois, o economista político escocês Adam Smith afirmava textualmente o mesmo ao escrever: «A descoberta da América e a da passagem para as Índias Orientais, através do cabo da Boa Esperança, são os dois maiores e mais importantes acontecimentos de que há notícia na história da humanidade.»

E mesmo nesta era de viagens espaciais, muita gente – incluindo não cristãos – pode pensar que López de Gómara e Adam Smith não andavam longe da verdade. Porque a característica principal da história da sociedade humana antes dos descobrimentos dos Portugueses e dos Espanhóis era a dispersão e o isolamento das várias sociedades humanas. As sociedades que floresciam e declinavam no coração da América e do Pacífico eram completamente desconhecidas das da Europa e da Ásia. Os europeus ocidentais, à excepção de alguns empreendedores comerciantes italianos e judeus, conheciam apenas muito ténue e fragmentariamente as grandes civilizações asiáticas e norte-africanas. Estas, por seu lado, sabiam pouco ou nada da Europa que existia a norte dos Pirenéus e da África a sul do Sudão (com excepção do conjunto dos povoados suaílis situados ao longo da costa oriental africana) e desconheciam absolutamente tudo acerca da América. Foram os exploradores portugueses e os conquistadores castelhanos da orla ocidental da cristandade que uniram, para o melhor e para o pior, os ramos separados e distantes da grande família humana. Foram eles os primeiros a tornarem a humanidade, ainda que vagamente, consciente da sua unidade essencial.

Diz-se muitas vezes que os povos da Península Ibérica – e particularmente os Portugueses – estavam especialmente preparados para inaugurar a série de descobertas marítimas e geográficas que mudaram o curso da história mundial, nos séculos XV e XVI. Entre essas vantagens, enumerou-se geralmente a posição geográfica de janela mais avançada da Europa sobre o Atlântico e certas características nacionais desenvolvidas em oito séculos de luta contra os Mouros. O famoso sociólogo brasileiro Gilberto Freyre e os seus discípulos salientaram que a longa dominação árabe na Península habituou muitos dos habitantes cristãos a considerarem o escuro Mouro ou Árabe como socialmente superior. A morena mulher moura era também considerada um tipo invejável de beleza e de atractivo sexual, como provaria o duradouro êxito que os contos populares da *Moura Encantada* tiveram entre os camponeses portugueses iletrados. Daí até à tolerância racial, alegam esses sociólogos, não ia senão um passo. Estava assim explicada a tendência dos Portugueses e, em menor grau, dos Espanhóis, para não praticarem a segregação racial. É admissível que os séculos durante os quais cristãos e muçulmanos lutaram pelo domínio da Península não foram épocas de intolerância religiosa nem de guerra. O campeão castelhano El Cid Campeador e o seu equivalente português Geraldo Sem Pavor tanto serviram governantes cristãos como muçulmanos, consoante as ocasiões. Houve mesmo um período, no século XIII, em que os ritos cristãos, muçulmanos e judeus eram celebrados no mesmo templo – a Mesquita de Santa Maria la Blanca, em Toledo.

É óbvio que estes argumentos têm algum fundamento, mas geralmente são levados demasiado longe. Em primeiro lugar, muitos, e nalgumas regiões, mesmo uma maioria dos "mouros" que ocuparam a Península não eram mais escuros do que os portugueses, porque eram berberes e não árabes nem "mouros negros". Os povos do Norte de África eram de raça branca e faziam parte da grande unidade mediterrânica. Em segundo lugar, e embora a luta acesa pela hegemonia da Península tenha sido pontuada por intervalos de tolerância, essas pausas tinham já acabado no século XV. Os anos em que os três credos rivais eram celebrados, em igualdade de circunstâncias, em Toledo, não tiveram consequências mais duradouras do que o admirável *rapprochement* cristão-muçulmano realizado na Sicília, durante o governo dos reis normandos e do seu sucessor Hohenstaufen, Frederico II, *Stupor Mundi*, de 1130 a 1250. De qualquer maneira, no século XV, o cristão ibérico comum raramente se referia à religião muçulmana ou à judia sem acrescentar uns quantos epítetos injuriosos. A atitude geral em relação às outras religiões era de ódio e intolerância e não de simpatia e compreensão: e o espírito ecuménico, tão em voga hoje em dia, naquele tempo primava pela ausência. "Mouros" e sarracenos (denominações dadas aos muçulmanos), judeus e gentios eram vulgarmente considerados como condenados ao Inferno no outro mundo. Por consequência, não deviam ser tratados com muita consideração neste.

A intolerância religiosa não era, evidentemente, apanágio exclusivo dos cristãos, embora estivesse talvez mais enraizada neles do que na maioria dos povos de outras religiões. O muçulmano ortodoxo olhava com horror todos aqueles que «atribuíssem entidades associadas a Deus» e isso era exactamente o que os cristãos faziam com a sua Trindade, a sua Virgem Maria e, até certo ponto, com os seus santos. A veneração dos santos e a crença em presságios, superstições e milagres estavam realmente bastante difundidas no mundo muçulmano, por alturas do século XV, especialmente entre os membros das ordens sufis e das confrarias místicas, extremamente atraídos por essas práticas. Mas a veneração dos santos e dos seus túmulos nunca chegou a atingir, no Islão, os excessos que o culto dos santos e das suas imagens cometeu muitas vezes na cristandade.

A Europa medieval era uma escola cruel e dura, e as delicadezas da civilização não eram mais largamente cultivadas em Portugal do que noutro país qualquer. Uma alta e pequena nobreza turbulentas e traiçoeiras; um clero ignorante e desleixado; camponeses e pescadores trabalhadores mas embrutecidos e uma população urbana de artesãos e jornaleiros do tipo da populaça lisboeta descrita por Eça de Queiroz, o maior romancista português, cinco séculos mais tarde, como «essa plebe beata, suja, e feroz» – tais eram as classes sociais de que saíram os pioneiros das descobertas e os colonizadores. E quem duvide disto que leia as páginas de Fernão Lopes – o historiador oficial do longo reinado de D. João I (1385-1433), «o maior cronista de todos os tempos e nações», na opinião de Robert Southey – que assistiu aos começos da expansão portuguesa.

Com a conquista de Silves, o último reduto árabe na província (ou reino, como era tecnicamente designado) mais meridional, o Algarve, em 1249, Portugal definiu aquilo que, na prática, são as suas fronteiras actuais. Assim, não só foi o primeiro estado-nação europeu moderno, como expulsou os invasores muçulmanos do seu solo aproximadamente dois séculos antes de a conquista de Granada, por Fernando e Isabel (1492), ter marcado definitivamente a predominância de Castela sobre o resto da Península. Dois terços do solo português são demasiado rochosos, escarpados ou pedregosos para serem cultivados, ou então o solo é tão pobre que não permite senão colheitas incertas e pouco abundantes. A extrema irregularidade da chuva, com precipitações excessivas ou totalmente insuficientes, é outra das desvantagens naturais de

O IMPÉRIO MARÍTIMO PORTUGUÊS

Portugal. Poucos rios são navegáveis e as violentas oscilações das marés (por vezes de cerca de 30,5 metros entre a preia-mar e a baixa--mar) contam-se entre as maiores do mundo. As estradas eram terrivelmente más, até segundo os padrões medievais; e as cidades eram relativamente poucas e afastadas umas das outras, situadas em cumes ou em clareiras perdidas em vastas extensões de mato, de urze, de descampado ou de florestas.

A população totalizava, no máximo, um milhão, no final da Idade Média. Em Portugal, como em toda a parte, a peste negra de 1348-1349 provocou uma enorme mortandade, e a longa guerra de 1383-1411, com Castela, terá tido um efeito negativo nas populações fronteiriças. Mas a resistência humana a tais desastres nacionais está suficientemente confirmada e o milhão deve ter sido atingido novamente, e ultrapassado, por volta de 1450. As únicas cidades com alguma importância populacional a norte do rio Tejo eram o Porto, Braga, Guimarães, Coimbra e Bragança, sendo a primeira de longe a maior, com uma população de cerca de 8000 habitantes. A região ao sul do Tejo, que tinha sido mais densamente povoada durante a dominação romana e islâmica, gabava-se de possuir um número bastante maior de centros urbanos, embora, na maioria, muito pequenos. Lisboa, com 40 000 habitantes, era sem dúvida a maior cidade do reino, tendo as outras cidades e vilas (à excepção do Porto) uma população que oscilava entre as 500 e 3000 almas. Se bem que Lisboa fosse, em mais do que um sentido, a capital de Portugal, o rei e a corte nem sempre aí residiam. Como a maioria dos monarcas medievais e renascentistas, os reis portugueses mudavam frequentemente de residência e, até ao fim da dinastia de Avis (1580), instalavam-se bastantes vezes em locais tão distantes como Évora.

No campo, a economia ainda era, sobretudo, uma economia de troca, se bem que a colecta de impostos e de rendas da terra, de preferência em moeda e não em géneros, estivesse a incrementar a utilização geral do dinheiro. Entre 1385 e 1435, não foram cunhadas moedas de ouro em Portugal, embora circulassem livremente moedas de ouro estrangeiras (incluindo libras inglesas) no tempo da subida de D. Fernando ao trono, em 1367, quando o país atravessava uma fase relativamente próspera. As guerras posteriores com Castela, a revolução de 1383--1385 e as suas consequências trouxeram consigo a desvalorização da moeda, durante o reinado de D. João I, apesar das queixas insistentes das Cortes (parlamento representativo dos três estados) que se reuniram vinte e cinco vezes durante este reinado. A moeda de prata circulava também pouco; e a cunhagem consistia, fundamentalmente, num metal vulgar chamado bilhão (em espanhol *vellon*), uma liga de prata e cobre, com ampla predominância do cobre. A esmagadora maioria da população era constituída por camponeses que cultivavam cereais

22

A ORLA OCIDENTAL DA CRISTANDADE

(trigo ou milho miúdo) ou produziam vinho e azeite, consoante a natureza da terra que cultivavam, enquanto a pesca e a extracção do sal ocupavam a população do litoral. Um comércio marítimo de pouca monta mas em expansão baseava-se na exportação de sal, peixe, vinho, azeite, fruta, cortiça, bagas e couro, para a Flandres, Inglaterra, Mediterrâneo e Marrocos; e na importação de trigo, tecidos, ferro, madeira e ouro ou prata em barra da Europa Setentrional e moedas de ouro de Marrocos.

Os três estados representados nas Cortes eram a nobreza, o clero e o povo, embora esta última categoria não compreendesse representantes directos das classes trabalhadoras, à excepção dos casos em que as corporações estavam representadas nas delegações de algumas cidades. Qualquer destas três categorias principais comportava numerosas divisões e subdivisões. A nobreza e o clero eram, em geral, as classes privilegiadas, gozando de vários níveis de imunidade em relação a impostos e a prisão e encarceramento arbitrários. Exerciam também certos direitos sobre a comunidade quando constituíam grandes potentados territoriais, como era o caso do duque de Bragança, que tinha o direito de jurisdição sobre os seus vassalos e rendeiros, se bem que D. Pedro I (1357-1368) tivesse conseguido determinar que a Coroa era o último tribunal de apelo e houvesse forçado a submissão de muitas jurisdições particulares e locais à autoridade real. Na pirâmide social, à alta nobreza sucedia a fidalguia, isto é, os cavaleiros e escudeiros. Durante os séculos XIV e XV, o termo fidalgo (literalmente *filho de algo*), que era utilizado unicamente para indivíduos de sangue real ou ilustre, tornou-se sinónimo de nobre, tal como fidalguia se tornou sinónimo de nobreza. O cavaleiro, originariamente um indivíduo armado cavaleiro, tornou-se também neste período uma categoria social puramente honorífica, ainda que ligeiramente inferior à de fidalgo. O fidalgo-cavaleiro era um cavaleiro de sangue ilustre ou nobre, enquanto o cavaleiro-fidalgo era um indivíduo de sangue plebeu que tinha sido armado cavaleiro por serviços prestados à Coroa. Por volta de 1415, os membros da nobreza eram muito menos cavaleiros feudais que tivessem conquistado a sua posição por proezas realizadas no campo de batalha do que indivíduos que estavam «vivendo à lei da nobreza», isto é, em casas solarengas nas suas próprias terras, com «servos, armas e cavalos» à sua disposição.

Tão-pouco o clero formava uma classe homogénea, uma vez que contava entre os seus membros tanto bispos de sangue real como padres de aldeia quase iletrados. Havia também diferenças evidentes entre o clero regular das ordens religiosas e o clero secular, sendo o primeiro, na sua maioria, constituído por indivíduos de alto estatuto social. Como em toda a Europa neste período, os valores eclesiásticos deixavam muito a desejar em múltiplos aspectos. A concubinagem clerical era

O IMPÉRIO MARÍTIMO PORTUGUÊS

corrente, a julgar pelo facto de, entre 1389 e 1438, dois arcebispos, cinco bispos, onze arcediagos, nove deãos, quatro chantres, setenta e dois cónegos e cerca de seiscentos padres terem recebido autorização oficial para legitimarem os filhos. Estes números não incluem os clérigos das ordens menores, nem os que não se preocuparam em apelar. Este medíocre padrão de moralidade eclesiástica era acompanhado por um ensino clerical de baixo nível. A Universidade (*Studium Generale*), fundada por D. Dinis em Lisboa, em 1290, não conseguiu, durante mais de dois séculos, atingir os padrões desejados. O papa Nicolau IV proibiu expressamente o ensino de teologia nessa Universidade, e, se bem que esta proibição não tivesse sido estritamente observada, o papa Clemente VII, em 1380, negou aos teólogos formados por Lisboa a licença habitual para ensinarem onde quer que fosse (*facultas ubique docendi*). Muitos frades das Ordens Mendicantes, bem como monges da Ordem de Cister do Mosteiro de Alcobaça, o mosteiro mais conhecido de Portugal, estudaram em Lisboa; mas nenhum frade português era aceite pelos membros estrangeiros da sua ordem como teólogo bem preparado se não tivesse primeiro estudado e não se tivesse formado fora de Portugal. Uma das razões que explicam este estado de coisas era o deficiente conhecimento de latim dos padres, monges e frades portugueses. Neste contexto, as Ordens Mendicantes enviavam os seus frades mais prometedores para universidades estrangeiras – incluindo Oxford e Paris – para se formarem ou, pelo menos, para obterem o grau de bacharéis. As autoridades da universidade de Lisboa queixaram-se deste facto em 1440, mas isso continuou a acontecer pelo menos até ao século seguinte. Além disso, a tendência da Coroa para mudar a Universidade de Lisboa para Coimbra, e vice-versa, prejudicava a manutenção de padrões académicos consistentemente elevados. O nível intelectual da única universidade portuguesa, que só ficou permanentemente estabelecida em Coimbra no ano de 1537, era notoriamente inferior ao das de Paris, Oxford, Salamanca e Bolonha.

Abaixo dos privilegiados membros do clero, fidalgos, cavaleiros e proprietários não rurais, mas acima da grande massa de camponeses e artesãos não privilegiados, situavam-se as classes intermédias, que incluíam mercadores, juristas, médicos e oficiais da Coroa. Nenhum destes grupos era ainda numeroso, mas os mercadores tinham conseguido uma influência considerável nas duas principais cidades marítimas: Lisboa e Porto. Os comerciantes portugueses tinham de concorrer com os grupos privilegiados de mercadores estrangeiros nesses dois locais, especialmente em Lisboa, mas faziam-no com bastante êxito antes do princípio do século XVI. Magalhães Godinho mostrou recentemente que, entre 1385 e 1456, de um total de quarenta e seis navios utilizados no comércio marítimo entre Portugal, a Inglaterra e a Flandres, capturados por corsários ou confiscados em portos, 83%

A ORLA OCIDENTAL DA CRISTANDADE

eram propriedade de portugueses, 15% propriedade de estrangeiros, e 2% de propriedade mista. De vinte casos em que se conhece a origem da carga destes navios, 55% eram propriedade de portugueses, 20% de estrangeiros, e 25% de portugueses e estrangeiros. No entanto, é um exagero afirmar (como fez recentemente um autor) que Portugal possuía, em 1415, «uma poderosa classe comercial largamente emancipada do controlo feudal», a não ser com a ressalva de que essa classe se limitava praticamente às cidades de Lisboa e do Porto.

Médicos, juristas, notários, juízes, conselheiros municipais e funcionários da coroa não totalizavam, provavelmente, mais do que um milhar de indivíduos no fim do século XV, sem contar com a corte itinerante, nem com os seus parasitas. Os funcionários da Coroa recebiam um salário mensal ou anual, acrescido, em muitos casos, de uma certa quantidade de têxteis ou de cereais. Como é natural, as suas horas de trabalho variavam, mas eram frequentemente bastante reduzidas. Os oficiais do Tesouro real (Casa dos Contos), por exemplo, trabalhavam, no Verão, das 6 às 10 e, no Inverno, das 8 às 11. Neste aspecto, como veremos, tinham grande vantagem sobre os artesãos.

Em Portugal, como em muitos outros países europeus, a grande maioria da população era constituída por camponeses (lavradores). Dividiam-se em várias categorias que iam desde indivíduos comparativamente ricos, que cultivavam a sua própria terra e contratavam trabalhadores, até ao proletariado rural desprovido de terras, dependente do trabalho sazonal e de biscates. Os que lavravam a sua própria terra não eram muitos, e a maioria dos camponeses cultivava terra que não lhe pertencia, pagando uma renda em géneros ou em dinheiro ao senhor da terra, que tanto podia ser a Coroa, como a Igreja ou um proprietário privado. Muitos destes camponeses viviam com relativa segurança, na medida em que a terra que cultivavam lhes estava arrendada a longo prazo; mas, mesmo assim, a renda que tinham de pagar oscilava entre 10% e 50% da produção anual. Além disso, tinham frequentemente de pagar taxas feudais ou semifeudais e, sobretudo, o dízimo devido à Igreja, que tinha prioridade sobre todos os outros impostos. Nalguns casos, os camponeses chegavam a entregar 70% da sua produção. A obrigação que os indivíduos das classes mais baixas tinham de fornecer alimentação e alojamento grátis aos senhores da terra era outra das imposições vexatórias, abolida somente em 1709. Finalmente, os camponeses eram muitas vezes (se bem que nem sempre nem em toda a parte) obrigados a ceder, de graça, um, dois ou mesmo três dias da semana de trabalho à Coroa ou ao senhor da terra. Este trabalho forçado podia revestir várias formas, desde a colaboração em obras públicas até ao transporte de mercadorias, à produção ou à prestação de serviço agrícola ou doméstico em benefício do senhor da terra. Havia também uma obrigação geral (e, em grande parte, teórica) que abrangia todos os camponeses e artesãos válidos e que se traduzia na sua mobilização, pela Coroa, para prestação de serviço militar, no caso de o reino ser invadido. Esta obrigação geral de prestação de serviço militar é uma das características que distinguem o feudalismo português do que estava em voga no resto da Europa Ocidental.

Em parte como consequência da devastação causada pela peste negra, os jornaleiros agrícolas ficaram em condições de exigir e de manter salários mais elevados do que os obtidos até então. A Coroa, os pequenos proprietários e senhores da terra que tinham lugar nos conselhos municipais e rurais e que fixavam as tabelas de salários locais esforçavam-se por manter os salários baixos utilizando, sobretudo, dois meios: ou estabilizando os preços e salários locais ou vinculando legalmente os jornaleiros à terra. Estas restrições eram cada vez menos cumpridas e persistia a tendência dos camponeses para emigrarem do campo para as cidades – sobretudo para Lisboa e para o Porto. Os que ficavam no campo preferiam muitas vezes ser contratados à semana ou ao mês a aceitar contratos anuais, como era prática tradicional. No entanto, o costume das negociações livres acerca das condições de trabalho e de emprego não era ainda aceite, em teoria, fora de Lisboa e dos seus arredores mais próximos.

No final do século XIV, os artesãos e os trabalhadores urbanos tinham-se agrupado numa hierarquia profissional de corporações, com os ourives no topo da escala social e os sapateiros na base. Os carpinteiros, os calafates e os tecelões, por exemplo, tinham um estatuto social mais elevado do que os armeiros, os alfaiates e os carniceiros. De acordo com um costume em voga na Alta Idade Média, os artesãos, comerciantes e rendeiros estavam agrupados por ruas ou bairros, consoante as respectivas profissões. Daí os nomes de rua dos Ourives, rua dos Tanoeiros, rua dos Sapateiros, rua dos Padeiros, etc., que ainda existem em muitas cidades. Este agrupamento das artes, ofícios e misteres (em português medieval, *mesteiraes*) em corporações satisfazia todos os interessados. Os artesãos, artífices e comerciantes podiam controlar mutuamente os preços e a qualidade das mercadorias que cada um vendia, além de possuírem um sentimento de solidariedade e de protecção mútua contra qualquer possível violência ou abuso. Os compradores sabiam onde encontrar aquilo que procuravam e podiam facilmente comparar preços e qualidade, segundo o seu ponto de vista. As autoridades municipais e governamentais achavam também mais fácil tributar e cobrar impostos nesta base. Como afirmava um edicto real de 1385, este costume redundou na «boa administração e maior beleza e nobreza da cidade» de Lisboa. Cada local de trabalho era auto-suficiente, com aprendizes e artífices que trabalhavam às ordens de um artesão qualificado ou de um mestre. Trabalhavam

A ORLA OCIDENTAL DA CRISTANDADE

muitas horas, desde o nascer ao pôr-do-sol, unicamente com meia hora de intervalo para a refeição do meio-dia, em muitos casos. Mas o número elevado de horas de trabalho era contrabalançado pelos numerosos dias santos de festa e feriados, sendo, além disso, o domingo geralmente (embora não invariavelmente) observado como dia de descanso. Em Portugal, como em toda a parte, os camponeses e artesãos que constituíam o povo suportavam o maior quinhão da carga de impostos.

Apesar do êxodo do campo para a cidade, os artesãos e trabalhadores urbanos constituíam uma percentagem muito pequena da população, em comparação com os camponeses. Lisboa tinha um comércio marítimo florescente em meados do século XV, mas não tinha mais de cinquenta ou sessenta calafates nessa altura. Guimarães, que ainda era uma cidade importante no terceiro quartel do século XIV, tinha menos de cinquenta artesãos qualificados e artífices. Noutras cidades mais pequenas, a proporção entre artesãos e camponeses era provavelmente da ordem dos 5% a 10%. Pelo importante papel desempenhado pelos trabalhadores urbanos de Lisboa e do Porto na revolução de 1383-1385, as corporações tornaram-se muito mais poderosas e influentes do que tinham sido até então nestas duas cidades e, em menor escala, nas cidades de província também. Os judeus e os mouros constituíam, nalguns locais, grupos minoritários, mas o seu número e importância eram muito menores do que na vizinha Espanha. Durante a Alta Idade Média, os judeus, em Portugal como em toda a parte, eram forçados a usar marcas distintivas especiais na roupa, a viver em guetos e a pagar impostos mais elevados do que os cristãos. Estavam sujeitos a pequenos *pogroms* ocasionais, mas a sua condição era relativamente mais favorável do que na maioria dos outros países europeus. Os cobradores de impostos, médicos, matemáticos e cartógrafos judeus eram protegidos pelos reis portugueses, apesar dos protestos periódicos apresentados pelo terceiro estado, o povo, nas Cortes. Os artesãos e artífices judeus predominavam nalguns ofícios e ramos de comércio, como era o caso dos alfaiates, ourives, ferreiros, armeiros e sapateiros. Os camponeses, marinheiros e homens de armas judeus eram naturalmente poucos e estavam espalhados pelo país; mas em 1439, um ourives judeu de Évora reclamou e recebeu uma recompensa por ter tomado parte na conquista de Ceuta e na expedição abortada a Tânger com os seus cavalos, armas e dois peões. Nos casos extremamente raros em que judeus se convertiam voluntariamente ao cristianismo, eram absorvidos e assimilados pela comunidade cristã sem qualquer dificuldade. Até à imigração em massa dos judeus de Espanha, após a decisão tomada pelos Reis Católicos em 1492 de os expulsarem, os filhos de Israel não constituíam um problema de maior para Portugal. Os mouros tinham, por esta

O IMPÉRIO MARÍTIMO PORTUGUÊS

altura, sido absorvidos pelo grosso da população, com excepção de uma pequena parcela capturada nas guerras com Marrocos e que era utilizada como mão-de-obra escrava.

Se Portugal nunca teve um problema mourisco após a conquista definitiva do Algarve (1249), ao contrário de Espanha que o teve por mais de um século depois da conquista de Granada (1492), é, no entanto, um facto que a influência mourisca em Portugal era quase igualmente sensível em vários aspectos culturais e materiais. Muitas das palavras usadas para designar utensílios, técnicas, pesos e medidas agrícolas são de origem românica no Norte de Portugal, e de origem árabe no Sul. Os mouros introduziram também novas plantas, e aumentaram as áreas de cultivo de outras que encontraram na Península: a alfarrobeira, o limoeiro, a laranjeira e (talvez) o arroz. Desenvolveram bastante o cultivo da oliveira, como o demonstra o facto de, apesar de o nome da árvore ser de origem latina (oliveira), o nome do fruto e do óleo que dele se extrai serem de origem árabe (azeitona, azeite). Muitos substantivos e vários termos económicos, militares e administrativos são, também, de origem árabe, para já não falar de muitos topónimos da região sul do país, onde a ocupação mourisca-berbere durou mais tempo. Esta diferença entre o Norte e o Sul reflecte-se também na arquitectura regional, sendo a influência mourisca claramente perceptível na região do Sul, particularmente no Algarve, a terra do sol-poente, último reduto do Islão.

As diferenças entre o Norte e o Sul de Portugal reflectiam-se (e reflectem-se) noutros aspectos, além do clima e da etimologia. O minifúndio predominava na província nortenha, fértil e excessivamente povoada do Minho, caricaturado pelo dito anedótico de que, quando um homem põe a vaca a pastar no seu prado, a bosta do animal cai no campo do vizinho. As grandes propriedades e os latifúndios predominavam nas planícies e nas charnecas escassamente povoadas da província meridional do Alentejo. As diferenças geográficas e geológicas entre Portugal setentrional e meridional reflectiam-se também nos diferentes materiais utilizados na construção. Enquanto a pedra predominava no Norte rochoso e montanhoso, casas de taipa e de argila eram mais vulgares no Sul. Os pobres, claro, viviam em meras cabanas ou casebres, ou em habitações de pedra solta com telhados de lousa ou de colmo, nas remotas serranias de Trás-os-Montes, como ainda hoje alguns dos seus descendentes. Era nessas habitações tão modestas que pensava o cronista Gomes Eanes de Zurara quando descreveu o espanto dos invasores portugueses perante a beleza e a riqueza das mansões mouriscas saqueadas em Ceuta, em Agosto de 1415, «pois as nossas pobres casas parecem pocilgas em comparação com estas».

Para lá das divisões contrastantes muito elementares que se costuma fazer de Portugal – Norte e Sul ou românico e árabe-mourisco, ou

28

A ORLA OCIDENTAL DA CRISTANDADE

atlântico e mediterrânico (de um ponto de vista climático) –, há outra subdivisão evidente a fazer: litoral e interior. Diz-se muitas vezes que Portugal era uma nação predominantemente marítima. Num certo sentido, isto é realmente verdade, pois foi Portugal que abriu o caminho «por mares nunca dantes navegados», como dizem os famosos versos de Camões. Mas, noutro sentido, essa afirmação é mais contestável. Veremos ao longo deste livro que os marinheiros de alto mar eram escassos em Portugal, e que houve largos períodos em que se fez sentir uma séria falta deles. A costa portuguesa tem muito poucos portos naturais, sendo Lisboa e Setúbal os dois únicos portos naturais de dimensões convenientes. Não há ilhas fronteiras às praias para cortar a força das vagas do Atlântico, nem estuários, rios, enseadas ou riachos abrigados e profundos, de fácil acesso e onde a construção naval possa ser facilmente desenvolvida. A costa é muitas vezes espraiada, arenosa e batida pelo vento, ou, então, ameaçadoramente rochosa e abruptamente escarpada. As aldeias piscatórias estão principalmente situadas em angras expostas, de onde as pequenas embarcações utilizadas na faina da pesca não podiam sair para se fazer ao mar, a não ser quando o vento e o mar eram realmente favoráveis.

É sabido que o mar que banha a costa portuguesa é rico em peixe; porém, já na Alta Idade Média os pescadores portugueses pescavam na costa marroquina. Mas é praticamente certo que a indústria da pesca ocupa hoje uma percentagem muito maior da população do que nos quatro séculos que nos interessam. Nos anos recentes cerca de 38 300 homens, ou seja, cerca 1,2% da população activa estavam ligados, total ou parcialmente, à pesca. Estes números são, sem sombra de dúvida, muito mais impressionantes do que aqueles de que dispomos para o período que vai do século XVI ao XVIII, como veremos na devida altura.

De qualquer modo, como frisou Orlando Ribeiro, as ocupações marítimas, por muito importantes que sejam ou pareçam ser no contexto da economia nacional portuguesa, podem apenas ser consideradas limitadas, fragmentárias e intermitentes em comparação com o permanente trabalho agrícola. Mesmo a poucos quilómetros da costa, há muita gente que não é minimamente influenciada pela proximidade do mar. O habitante do Alentejo, a maior província de Portugal, não está de modo algum dependente do mar, quer no que diz respeito à alimentação, quer no que se refere ao trabalho. O camponês dos arredores de Lisboa só tem consciência da proximidade do oceano Atlântico quando tenta proteger as suas vinhas das fortes brisas marítimas e das partículas de sal por elas trazidas. Nalguns aspectos, o mar desempenhou certamente um papel mais importante na história de Portugal do que qualquer outro factor isolado. Mas isto não significa que os Portugueses fossem mais uma raça de marinheiros aventureiros do que uma raça de camponeses ligados à terra. Há três ou quatro séculos, a percentagem de indivíduos que saíam para o mar em barcos à procura da sua subsistência era certamente muito menor em Portugal do que nas regiões da Biscaia, da Bretanha, da Holanda Setentrional, da Inglaterra Meridional e certas zonas do Báltico.

Primeira Parte

VICISSITUDES DO IMPÉRIO

Capítulo I

O Ouro da Guiné e o Preste João
(1415-1499)

As viagens de descobrimento dos Portugueses no oceano Atlântico parecem ter começado por volta de 1419, quatro anos depois da conquista de Ceuta aos mouros. Por motivos de ordem prática, pode considerar-se, igualmente, que esta primeira etapa das expansão marítima terminou com o regresso de Vasco da Gama a Lisboa, em Julho de 1499, seis anos depois da realização, por Cristóvão Colombo, da épica viagem de descoberta das Antilhas.

Os Portugueses e os Espanhóis tiveram os seus precursores (mais ou menos isolados) na conquista do Atlântico e do Pacífico, mas os esforços desses notáveis aventureiros não tinham alterado o curso da história mundial. Foram encontradas nos Açores moedas cartaginesas do século IV a. C., e moedas romanas de datas posteriores na Venezuela, em circunstâncias que sugerem a possibilidade de para aí terem sido levadas em barcos arrastados por tempestades, na Antiguidade Clássica; mas, se assim foi, não há nada que nos indique que esses barcos regressaram à Europa com as notícias. Os Viquingues viajaram da Noruega e da Islândia para a América do Norte, várias vezes, na Baixa Idade Média, mas as suas últimas colónias deixadas ao abandono na Gronelândia haviam sucumbido aos rigores do tempo e aos ataques dos Esquimós, em finais do século XV.

Algumas galeras mediterrânicas italianas e catalãs tinham-se aventurado em viagens de descobrimento no Atlântico, nos séculos XIII e XIV. Mas, se bem que tivessem provavelmente avistado algumas das ilhas dos Açores e da Madeira, e redescoberto as Canárias

O IMPÉRIO MARÍTIMO PORTUGUÊS

(as ilhas Afortunadas dos geógrafos romanos), essas viagens isoladas não tiveram uma continuação sistemática. Ficou apenas uma vaga lembrança dos irmãos Vivaldi, uns genoveses que partiram em 1291 com a firme intenção de dobrar o continente africano pelo sul e atingir a Índia, por mar, mas que desapareceram depois de passarem o cabo de Não, na costa marroquina. De igual modo, se bem que juncos chineses e japoneses, ocasionalmente arrastados por tempestades, possam ter alcançado involuntariamente a costa americana, e embora os argonautas do Pacífico, polinésios do Havai, colonizassem ilhas tão distantes como a Nova Zelândia, esses factos não alteraram o isolamento básico da América e da Austrália em relação aos outros continentes.

Nas terras euro-asiáticas do mundo medieval, Marco Pólo e outros exploradores – quase todos italianos – tinham viajado por terra desde as costas do mar Negro até às do mar da China, no período (*c.* 1240- -1350) em que os khans mongóis impunham a sua *Pax Tartarica* por toda a Ásia Central e ainda mais além. Mas os relatos destes viajantes europeus dos prodígios e maravilhas do Oriente ou não eram tomados como verdadeiros pelos seus compatriotas ou eram demasiado fantasiosos e fragmentários para darem ao mundo ocidental uma ideia precisa da Ásia. É significativo que a fabulosa "carta do Preste João", e as viagens fantásticas do (não existente) Sir John Mandeville tenham tido muito mais popularidade entre o público europeu do que as mais factuais narrativas de Marco Pólo e de frei Odorico de Pordenone – embora houvesse também nestas muitos exageros e confusões.

Alguns mapas catalães e maiorquinos do século XIV, como o que foi desenhado para Carlos V de França, em 1375, demonstram um conhecimento surpreendentemente preciso da região ocidental do Sudão e das rotas seguidas pelas caravanas de mercadores vindas do Norte de África e da sua passagem pelo Sara em direcção "à terra dos negros da Guiné". Estas informações geográficas eram obtidas por mercadores judeus que podiam viajar com uma liberdade relativa pelos territórios islâmicos. Não eram baseadas em conhecimento directo de cristãos europeus, nem continham qualquer informação acerca da costa ocidental africana a sul do golfo da Guiné. *Grosso modo*, a maior parte dos mapas medievais reflectia ou a concepção ptolomaica de que o oceano Índico era um mar interior, ou então a concepção macrobiana de um caminho aberto até ao Índico circum-navegando uma África Meridional (muito distorcida). Só depois de os Portugueses terem contornado a costa ocidental africana, dobrado o cabo da Boa Esperança, atravessado o oceano Índico e se terem fixado nas ilhas das especiarias da Indonésia e na costa do mar da China Meridional; só depois de os Espanhóis terem atingido o mesmo objectivo pela Patagónia, o Pacífico e as Filipinas – nessa altura, e só nessa altura, é que se estabeleceu

34

uma ligação marítima regular e duradoura entre os quatro grandes continentes.

Por que é que os Ibéricos foram bem sucedidos onde os seus antecessores mediterrânicos falharam? Por que é que Portugal tomou a dianteira quando os marinheiros e navios biscainhos eram tão bons como quaisquer outros na Europa? Quais foram os motivos que impulsionaram os dirigentes e os organizadores da expansão marítima portuguesa? Seguiram esses dirigentes um plano consistente e cuidadosamente programado ou estariam preparados para adaptar os seus objectivos e métodos às circunstâncias? Teria a inspiração original e a chefia vindo fundamental, se não inteiramente, do Infante D. Henrique (aliás príncipe Henrique, *o Navegador*), e/ou de outros membros da Casa Real de Avis? Ou teria a força impulsionadora vindo de uma classe média mercantil cuja influência aumentara consideravelmente depois da crise revolucionária de 1383-1385, durante a qual a maior parte da velha nobreza tinha sido morta, dispersa ou destruída por ter tomado o partido dos invasores castelhanos, derrotados decisivamente em Aljubarrota (14 de Agosto de 1385)? Até que ponto dispunha o Infante D. Henrique, e outras personalidades portuguesas, do conhecimento fragmentário do Norte de África (e do Sudão Ocidental), da Índia e do Extremo Oriente, reflectido nos mapas-múndi e nos manuscritos da literatura de viagens da autoria de cartógrafos e mercadores árabes, judeus, catalães e italianos; e como utilizaram os Portugueses (se é que utilizaram) essas informações?

Os historiadores discordam quanto às respostas a dar a estas perguntas; mas os motivos impulsionadores fundamentais daquilo que é conhecido por época dos Descobrimentos parecem ter surgido de uma mistura de factores religiosos, económicos, estratégicos e políticos. É claro que nem todos em idênticas proporções; até os motivos primariamente inspirados por Mamona foram muitas vezes misturados inextricavelmente com coisas pertencentes a César e a Deus – como mostra o caso daquele mercador italiano medieval de Prato, que encabeçava todas as páginas dos seus livros de registo com a invocação: «Em nome de Deus e do lucro». Com risco de uma simplificação exagerada, pode, talvez, dizer-se que os quatro motivos principais que inspiraram os dirigentes portugueses (fossem reis, príncipes, nobres ou mercadores) foram, por ordem cronológica mas sobrepostos e em diversos graus: 1) um zelo de cruzada contra os muçulmanos; 2) o desejo de se apoderarem do ouro da Guiné; 3) a demanda do Preste João; 4) a procura das especiarias orientais.

Um aspecto importante foi o facto de Portugal ser um reino unido durante todo o século XV, quase sem guerra civil, excepto o trágico episódio de Alfarrobeira, em 1499, durante o qual o ex-regente D. Pedro caiu, vítima das intrigas e das ambições da Casa de Bragança. Não é preciso lembrar aos leitores que, durante a quase totalidade do século, os outros países da Europa Ocidental estavam em convulsão devido a guerras civis ou com o estrangeiro – a Guerra dos Cem Anos, a Guerra das Rosas, etc. – ou preocupados com a ameaça do avanço turco nos Balcãs e no Levante. Mais particularmente, Castela e Aragão passaram por um "período de perturbações", à beira da anarquia ruinosa, antes do reinado de Fernando e Isabel. Estes tumultos internos contribuíram muito para impedir os Espanhóis de competirem tão eficazmente com os Portugueses como de outro modo poderiam ter feito (se bem que, mais tarde, os tenham expulsado das Canárias).

A conquista de Ceuta, em Agosto de 1415, e, mais importante ainda, o facto de a terem conservado, foram fundamentalmente inspirados pelo ardor de cruzada de infligir um golpe aos infiéis, e pelo desejo dos infantes portugueses de ascendência inglesa de serem armados cavaleiros, de modo espectacular, no campo de batalha. Como se sabe, esta explicação tradicional fornecida pelos cronistas não satisfaz alguns historiadores modernos. Argumentam que os motivos económicos e estratégicos devem ter desempenhado um papel muito mais importante, uma vez que Ceuta era (aparentemente) um florescente centro comercial, uma base naval muçulmana e uma testa-de-ponte para uma possível invasão através do estreito de Gibraltar. Foi mais tarde sugerido que a pretensa fertilidade da região produtora de trigo, no interior, teria funcionado como motivo adicional, uma vez que os Portugueses, mesmo nessa altura, tinham uma produção cerealífera deficitária. Esta sugestão é contrariada por uma descrição mulçumana de Ceuta, feita pouco antes da sua captura, que afirma explicitamente que a cidade tinha de importar trigo de outras regiões, se bem que o armazenasse em grandes celeiros. Ceuta era também um dos portos terminais do comércio de ouro transariano, sendo, no entanto, muito incerto (como muitas outras coisas a respeito das origens da expedição) afirmar até que ponto os Portugueses sabiam deste facto antes de terem conquistado a cidade.

De qualquer modo, a ocupação de Ceuta possibilitou indubitavelmente aos Portugueses a obtenção de informações acerca das terras dos negros do Alto Níger e do Senegal, de onde o ouro vinha, se é que não possuíam já essas informações a partir de fontes como o mapa catalão de 1375 ou os relatos dos mercadores judeus. Mais cedo ou mais tarde, começaram a compreender que poderiam talvez estabelecer contacto com essas terras por mar e desviar o comércio de ouro das caravanas do Sudão Ocidental e dos intermediários muçulmanos da Berberia. Tinham o maior incentivo para o fazer, porquanto havia uma enorme procura de ouro nos dois últimos séculos da Idade Média na Europa Ocidental. Durante este período, a cunhagem de ouro foi adoptada sucessivamente por todas as cidades, regiões e países, sobretudo por influência da cunhagem do florim florentino de ouro, em 1252, e do ducado de ouro veneziano, em 1280. Portugal não tinha nenhuma moeda de ouro nacional desde 1383, e era um dos poucos reinos europeus nesta situação.

O impulso de cruzada – que, no que diz respeito aos Portugueses, era exclusivamente dirigido contra os muçulmanos de Marrocos – e a procura do ouro da Guiné foram bem depressa reforçados pela demanda do Preste João. Este potentado mítico foi original e vagamente identificado pelos europeus como o governante de um reino poderoso nas Índias – um termo elástico e vago que incluía muitas vezes a Etiópia e a África Oriental, bem como aquilo que era conhecido da Ásia. Mais especificamente, a Índia Próxima ou Menor significava, aproximadamente, a região norte do subcontinente; a Índia Distante ou Maior, a região sul, entre as costas do Malabar e de Coromandel, e a Índia Média, a Etiópia ou Abissínia. Mas no princípio do século XV, muito pouco gente possuía uma definição tão nítida das Índias; e o termo «Índia» ou «Índias» era muitas vezes vagamente aplicado a quaisquer regiões desconhecidas e misteriosas a leste ou sudeste do Mediterrâneo.

O passar do tempo, relatos românticos de viagens e a circulação de uma carta forjada, extremamente romanceada e muito divulgada, atribuída ao Preste João, foram factores que, combinados com a credulidade e as suposições esperançosas da Europa Ocidental, elaboraram a tardia crença medieval de que este monarca era um poderoso rei-sacerdote cristão (se possível, cismático). Supunha-se que o seu reino se situava nos limites dos domínios islâmicos que ocupavam uma vasta faixa de território, desde Marrocos ao mar Negro. Pensava-se originariamente que ele se situava algures na Ásia Central, mas a sua localização foi gradualmente deslocada para a Etiópia (Abissínia).

De 1402 em diante, alguns monges e enviados etíopes chegaram à Europa, via Jerusalém, vindos do seu antigo e isolado reino cristão copta, nas montanhas existentes entre o Nilo e o mar Vermelho. Pelo menos um desses enviados conseguiu chegar a Lisboa, em 1452; mas acontecimentos posteriores provam que os Portugueses, como outros europeus, só conseguiram obter um conhecimento difuso de como era e onde se situava este país. As versões mais extravagantes da lenda do Preste João, como, por exemplo, a afirmação de que comiam à sua mesa, de esmeraldas, 30 000 pessoas, sentando-se ao seu lado direito trinta arcebispos e à sua esquerda vinte bispos, parecem não ter circulado tanto em Portugal como noutros países europeus. Mas em Portugal, como em toda a parte, acreditava-se indubitavelmente que esse misterioso rei-sacerdote, uma vez localizado em definitivo, seria um aliado inestimável contra os muçulmanos, fossem eles Turcos, Egípcios, Árabes ou mouros. No que diz respeito aos Portugueses, espera-

O IMPÉRIO MARÍTIMO PORTUGUÊS

vam encontrá-lo numa região africana, onde poderia ajudá-los contra os mouros.

As múltiplas motivações na origem dos Descobrimentos portugueses estão claramente expressas nos textos das bulas papais promulgadas ainda em vida do Infante D. Henrique e no tempo dos seus sucessores imediatos. Provou-se que a redacção desses documentos segue de perto a dos pedidos preliminares de promulgação, feitos pela Coroa portuguesa. Reflectem, assim, a atitude e aspirações do rei ou daqueles que peticionaram ao papado em seu nome. As três bulas mais importantes foram a *Dum diversas*, de 18 de Junho de 1452, a *Romanus Pontifex*, de 8 de Janeiro de 1455, e a *Inter caetera*, de 13 de Março de 1456. Na primeira, o pontífice autoriza o rei de Portugal a atacar, conquistar e submeter sarracenos, pagãos e outros descrentes inimigos de Cristo; a capturar os seus bens e territórios; a reduzi-los à escravatura perpétua e a transferir as suas terras e territórios para o rei de Portugal e para os seus sucessores. Alguns autores modernos afirmam que com esta bula visava-se apenas as campanhas portuguesas em Marrocos, onde a luta tinha continuado desde a conquista de Ceuta, mas o texto da bula não afirma nem sugere tal limitação. Além disso, em 1452 os Portugueses sabiam perfeitamente que a população de Marrocos era exclusivamente muçulmana. A referência aos pagãos e a outros inimigos de Cristo deve, seguramente, dizer respeito à população do litoral sariano e aos negros da Senegâmbia, com quem os Portugueses haviam já tido contactos.

A segunda bula, *Romanus Pontifex*, era ainda mais específica e foi muito justamente denominada a carta régia do imperialismo português. A bula começa por resumir a obra de descoberta, conquista e colonização realizada pelo Infante D. Henrique desde 1419. O seu zelo apostólico de verdadeiro soldado de Cristo e defensor da Fé é louvado em termos eloquentes. É enaltecido pelo seu desejo de tornar conhecido e adorado o nome glorioso de Cristo, mesmo em regiões remotas e até então desconhecidas, e de obrigar os sarracenos e outros descrentes a entrarem no seio da Igreja. Mais adiante, a bula relembra a colonização das ilhas desabitadas da Madeira e dos Açores, e os seus esforços para conquistar e evangelizar as Canárias. Atribui-lhe, especialmente, a intenção de circum-navegar a África, e, assim, de estabelecer contacto por mar com os habitantes das Índias, «que, diz-se, honram o nome de Cristo», e, em aliança com eles, de prosseguir a luta contra sarracenos e outros inimigos da Fé. O príncipe é autorizado a submeter e a converter pagãos (mesmo os que não estivessem manchados pela influência muçulmana) que pudessem ser encontrados nas regiões situadas entre Marrocos e as Índias.

Nos últimos vinte e cinco anos, continua a bula, o príncipe D. Henrique não cessara de enviar caravelas em direcção ao sul, para explorarem a costa ocidental de África. Tinham chegado à Guiné e descoberto a foz de um grande rio que parecia ser o Nilo (na realidade, o Senegal). Através do comércio e da luta, os Portugueses tinham aprisionado um grande número de escravos negros e haviam-nos levado para Portugal, onde muitos se tinham baptizado e abraçado a fé católica. O que permite esperar que, num futuro próximo, populações nativas inteiras ou, pelo menos, grandes percentagens delas possam ser livremente convertidas. Deste modo, a Coroa portuguesa tornou-se senhora de um extenso domínio marítimo e está ansiosa por manter o monopólio da navegação, comércio e pesca nessas regiões; para que outros não aparecessem para colher o que os Portugueses tinham semeado nem os tentassem impedir de alcançar o ponto culminante da sua obra. Uma vez que esta obra serve os interesses de Deus e da cristandade, o papa, Nicolau V, aqui decreta e declara, *motu proprio*, que este monopólio diz respeito não só a Ceuta e às regiões já conquistadas pelos Portugueses, mas também a quaisquer outras descobertas no futuro, a sul dos cabos Bojador e Não até à índia. A legitimidade de quaisquer medidas tomadas pela Coroa portuguesa para salvaguardar este monopólio é explicitamente reconhecida pelo papa.

Os Portugueses recebem, além disso, autorização papal para comerciar com os sarracenos, nos locais onde julgarem oportuno fazê-lo, desde que não vendam armas ou material de guerra aos inimigos da Fé. O rei (D. Afonso V), o Infante D. Henrique e os seus sucessores são autorizados a construir igrejas, mosteiros e *pia loca*, e a enviar sacerdotes para administrarem os sacramentos nessas regiões; não existe, no entanto, nenhuma referência explícita ao envio de missionários para pregarem o Evangelho aos infiéis. E, em último lugar, todas as nações estão estritamente proibidas de infrigir ou de interferir de qualquer maneira no monopólio português das descobertas, conquista e comércio. A importância desta última cláusula foi sublinhada pela proclamação solene desta bula na Sé de Lisboa, em 5 de Outubro de 1455, na versão latina original e na tradução portuguesa, e perante uma assistência em que se encontravam representantes das comunidades estrangeiras na capital portuguesa – franceses, ingleses, castelhanos, galegos e bascos –, convocados especialmente para a ocasião.

Na bula *Inter caetera*, de 13 de Março de 1456, o papa Calisto III confirmava o que fora estabelecido pela *Romanus Pontifex*, e, a pedido de D. Afonso V e do seu tio, o Infante D. Henrique, concedia à Ordem de Cristo, da qual este último era administrador e mestre, a jurisdição espiritual sobre todas as regiões conquistadas pelos Portugueses, no presente ou no futuro, «dos cabos Bojador e Não, por via da Guiné e mais além, para o sul, até às Índias». A bula determinava que o grão-mestre da Ordem (fundada em 1319, após a supressão dos Templários) teria plenos poderes para: nomear os delegados de todos os benefícios eclesiásticos, quer do clero secular, quer do clero

O IMPÉRIO MARÍTIMO PORTUGUÊS

regular; impor censuras e outras penas eclesiásticas; exercer os poderes de bispo, nos limites da sua jurisdição. Todas estas regiões foram declaradas *nullius diocesis*, ou seja, como não pertencentes a qualquer diocese. Mais uma vez, no entanto, não fora tomada qualquer providência no sentido de serem enviados missionários com uma missão evangelizadora.

Analisei mais detalhadamente estas bulas porquanto elas reflectem claramente o espírito da época dos Descobrimentos e estabelecem as linhas mestras do comportamento (ou mau comportamento) europeu posterior no mundo tropical. Há uma passagem do Alcorão que afirma: «A mulher é terra que te pertence; lavra-a como quiseres». O efeito cumulativo destas bulas papais foi dar aos Portugueses – e, na devida altura, aos outros europeus que os seguiram – um beneplácito religioso à atitude de domínio idêntico para todas as raças que estivessem fora do seio da cristandade. O cronista contemporâneo da corte, Gomes Eanes de Zurara, ao mencionar (em 1450) as dúvidas manifestadas por algumas pessoas quanto à justificação das guerras agressivas contra muçulmanos, rejeitava essas críticas, considerando-as «pouco mais do que heresias». O rei D. Duarte (1433-1438) assumiu uma atitude idêntica no seu tratado de moral *O Leal Conselheiro*, e o mesmo fizeram os teólogos consultados por D. João I pouco antes da expedição a Ceuta. Jan Huigen van Linschoten, um holandês que viveu seis anos em Goa, no último quartel do século XVI, criticou vivamente o «vergonhoso orgulho e presunção» dos Portugueses na Índia, «porque em todos os lugares querem ser donos e senhores, desprezando e aviltando os seus habitantes». O que não se pode esperar que Linschoten soubesse quando escreveu estas palavras, em 1596, é que os Holandeses e Ingleses sucessores dos Portugueses na Ásia das Monções iriam comportar-se, de um modo geral, tal como os Portugueses. As bulas reflectem, também, a iniciativa tomada pela Coroa portuguesa, pelo Infante D. Henrique e por outros príncipes da Casa de Avis, de dirigirem e organizarem obra de descobrimento, conquista, colonização e exploração. Quanto ao termo «as Índias», que surge nestas bulas, é provável que se referisse originariamente aos reinos do Preste João, na Africa Oriental, mas poderia também incluir partes da Ásia e da Índia.

Há, então, boas razões para crer que tanto os motivos de natureza apostólica e religiosa como uma curiosidade inteligente (mas quase nada científica) alimentaram a persistência do Infante D. Henrique em enviar os seus navios e caravelas para sul do cabo de Não; mas as causas económicas desempenharam também o seu papel, se bem que possam não ter sido muito importantes nas primeiras fases. Ainda assim, estas viagens eram extremamente dispendiosas, ou, pelo menos, assim o dizia o Infante, em 1457. Além disso, o Infante sustentava uma corte de que faziam parte muitos cavaleiros e escudeiros e era um anfitrião generoso para muitos visitantes estrangeiros. Os seus rendimentos, de diversas proveniências, como, por exemplo, das terras da Ordem de Cristo e dos monopólios do sabão e da pesca, nunca foram suficentes para cobrir as despesas e morreu seriamente endividado. Sendo assim, é muito provável que Diogo Gomes, um dos seus capitães, tivesse razão quando disse a Martin Behaim, de Nuremberga, que o Infante, na altura da conquista de Ceuta, obteve informações de prisioneiros mouros e outros, que o levaram a tentar chegar por via marítima às regiões produtoras de ouro situadas a sul do Sara, «para comerciar com elas e sustentar os nobres da sua corte». O cronista João de Barros confirma-o implicitamente na sua *Década I* (escrita em 1539). O pó de ouro foi obtido, primeiro, através da troca de géneros com os nativos (neste caso Tuaregues), em 1442, e não sabemos qual a quantidade de ouro que foi levada da África Ocidental para Portugal, nos restantes dezoito anos de vida do Infante. Deve ter sido, no entanto, uma quantidade substancial, sobretudo nos seus últimos anos, porquanto a Casa da Moeda de Lisboa retomou em 1457 a emissão de uma moeda de ouro com a cunhagem do cruzado, significativamente uma moeda quase com pureza primitiva, que não sofreu qualquer desvalorização até 1536.

Depois de 1442, o desenvolvimento do comércio de escravos ajudou, também, a financiar os custos das viagens portuguesas ao longo da costa ocidental africana. Os escravos provinham, originariamente, dos ataques aos acampamentos tuaregues do litoral sariano, e, posteriormente, às aldeias negras da região senegalesa. Estes ataques, dirigidos muitas vezes contra grupos de famílias desarmadas ou contra aldeias indefesas, eram descritos pelo cronista da corte, Gomes Eanes de Zurara, como feitos de heroicidade cavaleiresca, comparáveis aos realizados nos campos de batalha europeus – e, de facto, eram assim considerados pela grande maioria dos contemporâneos. Numa determinada altura, os Portugueses fizeram algumas investidas, para obter escravos, contra os Guanches Berberes das Canárias e foram acusados pelo papado de escravizar os que já se tinham convertido ao Cristianismo. Mas, depois de alguns anos de contacto com as populações negras da Senegâmbia e da Alta Guiné, os Portugueses compreenderam que podiam obter escravos muito mais facilmente através da troca pacífica com os chefes e mercadores locais. Nunca faltaram, naquele tempo e mais tarde, africanos dispostos a vender os seus semelhantes, quer estes fossem criminosos condenados, prisioneiros de guerra ou vítimas de feitiçaria, aos comerciantes europeus.

Durante alguns anos, os Portugueses limitaram-se a conduzir os seus ataques para obter escravos, ou a fazer o seu comércio pacífico, a partir dos barcos que navegavam pela costa, em direcção ao Sul, ancorando em angras ou estuários apropriados. Esta utilização do navio como base flutuante manteve-se sempre em voga, mas foi acompanha-

O IMPÉRIO MARÍTIMO PORTUGUÊS

da pelo estabelecimento de feitorias ou postos comerciais em terra. A primeira feitoria foi estabelecida em Arguim (a sul do cabo Branco), por volta de 1445, numa tentativa de desviar o comércio transariano do Sudão Ocidental. Dez anos mais tarde, foi construído um castelo onde os Portugueses trocavam cavalos, tecidos, objectos de cobre e trigo por pó de ouro, escravos e marfim. Arguim tornou-se, assim, o protótipo da cadeia de feitorias fortificadas que os Portugueses edificaram, mais tarde, ao longo de toda a costa africana e asiática, até às Molucas. Com a chegada de ouro, escravos e marfim em quantidades consideráveis a Portugal, as expedições à África Ocidental, organizadas pelo Infante, começaram a mostrar-se lucrativas, se não para o próprio Infante, pelo menos para alguns dos participante nessas viagens. Os mercadores e armadores de Lisboa e do Porto, que tinham demonstrado muito pouco interesse pelas viagens às costas áridas do Sara, estavam agora ansiosos por participar nas expedições à Senegâmbia e às regiões a sul da Senegâmbia. Alguns mercadores e nobres proeminentes, bem como membros da corte do Infante, foram autorizados a fazê-lo, com uma licença concedida pelo Infante ou pela Coroa.

Talvez seja útil lembrar muito resumidamente, nesta altura, em que consistia a obra de descoberta levada a cabo durante a vida do Infante D. Henrique. Quando estas viagens começaram, por volta de 1419, o que era considerado limite sul do oceano Atlântico e da costa ocidental africana situava-se na região do cabo Bojador, exactamente a sul do paralelo 27 do hemisfério norte, naquilo que é hoje o território sariano espanhol do Rio do Ouro. Este cabo projecta-se vinte e cinco milhas para ocidente. A violência das vagas e das correntes na sua face norte, os baixios existentes na proximidade, a frequência do nevoeiro e da neblina em redor, a dificuldade em voltar para o Norte por causa dos ventos predominantes, foram no conjunto considerados como confirmação das histórias do «mar das brumas», como lhe chamavam os geógrafos árabes, do qual, segundo crença popular, não havia possiblidade de regresso. Umas doze a quinze tentativas infrutíferas foram feitas (segundo se diz) durante outros tantos anos, antes que um dos navios do Infante ultrapassasse finalmente o cabo, em 1434, quebrando, assim, a barreira física e a ainda mais proibitiva barreira psicológica que até então impedira quaisquer viagens de descobertas ao longo da costa ocidental africana em direcção ao Sul. Este feito foi, talvez, a maior realização do Infante, porquanto só foi possível com uma determinação paciente e a disposição de gastar largas quantias em viagens de que não se podia esperar imediata compensação.

Uma vez dobrado o temido cabo, o prosseguimento foi relativamente rápido, se bem que interrompido periodicamente devido ao entusiasmo do Infante pelas expedições guerreiras, imbuídas de espírito de cruzada, em Marrocos. Estas expedições atraíam para aí, por

42

O OURO DA GUINÉ E O PRESTE JOÃO (1415-1499)

vezes, a sua atenção, os seus homens e os seus navios, com resultados desastrosos, pelo menos numa ocasião. Uma expedição contra Tânger, comandada por ele, em 1437, foi cercada pelos mouros e só foi autorizada a retirar para os navios depois de o irmão mais novo de D. Henrique, o infante D. Fernando, ter ficado nas mãos dos Mouros, como refém da promessa de rendição de Ceuta. Devido a razões de Estado, esta promessa nunca foi cumprida, e D. Fernando, baptizado Infante Santo pela posteridade, acabou por morrer numa masmorra em Fez, apesar dos apelos lastimosos dirigidos aos irmãos no sentido de o trocarem por Ceuta, como havia sido combinado. O Infante D. Henrique fez também esforços enérgicos, mas em vão, para desafiar a posição dos Castelhanos nas Canárias. No entanto, apesar destas dispersões, os seus navios haviam chegado à Serra Leoa na altura em que morreu, em 1460.

Um importante acontecimento, paralelo a este avanço de cerca de 2400 quilómetros em direcção ao sul na costa ocidental africana, foi a descoberta (ou redescoberta) simultânea da Madeira (1419) e dos Açores (1439), seguida, na devida altura, pela descoberta e colonização do arquipélago de Cabo Verde (1456-1460). Infelizmente, não dispomos de informação segura sobre os motivos que inspiraram estas viagens de descoberta em direcção ao Ocidente, mas é bastante claro que foram realizadas sob os auspícios do Infante, por vezes com a cooperação de algum dos seus irmãos ou de destacados membros da nobreza. A instalação nestas ilhas desabitadas iniciou os Portugueses na prática da colonização ultramarina e os colonos foram literalmente pioneiros num mundo novo. Isto era algo de que eles tinham naturalmente consciência, como o demostra o facto de o primeiro rapaz e a primeira rapariga nascidos na Madeira terem sido apropriadamente baptizados de Adão e Eva. Os primeiros colonos provinham fundamentalmente do Algarve, visto que era daí que as caravelas do Infante largavam, mas bem depressa se lhes foram juntar emigrantes oriundos de todas as regiões de Portugal e de zonas tão distantes como a Flandres – durante muitos anos, os Açores tiveram a denominação alternativa de ilhas Flamengas. Por altura da morte do Infante D. Henrique, a Madeira produzia quantidades substanciais de açúcar e os Açores de cereais.

Embora muito pouco se saiba acerca do modo como se processavam estas primeiras viagens de descobrimento, conhecendo-se apenas os nomes de alguns dos dirigentes que nelas participaram (e que incluíam tanto flamengos e italianos como portugueses), é evidente que a experiência adquirida através destas viagens deu a conhecer aos Portugueses o sistema de ventos do Atlântico Norte, e, na devida altura, os do Atlântico Sul. A experiência adquirida nestas viagens possibilitou-lhes também desenvolver (ainda que não se saiba exactamente quando) um novo tipo de navio, a caravela latina, que suportava o vento melhor do que qualquer outro tipo de navio europeu. Por seu turno, a utilização da caravela facilitou as suas viagens de descobertas; e foi a navegar em caravelas portuguesas que Colombo adquiriu grande parte da sua perícia na navegação de alto mar. A experiência adquirida pelos Portugueses no Atlântico permitiu-lhes também lançar as bases da moderna ciência náutica europeia. Em finais do século XV, os melhores navegadores portugueses sabiam calcular com bastante precisão a sua posição no mar pela combinação da latitude observada com o cálculo, e possuíam excelentes guias práticos de navegação (roteiros) para a costa ocidental africana. Os seus principais instrumentos eram a bússola (provavelmente de origem chinesa e conhecida por intermédio dos marinheiros árabes e mediterrânicos), o astrolábio e o quadrante nas suas versões mais simples. Possuíam, também, algumas cartas marítimas razoavelmente adequadas, baseadas, em parte, em latitudes calculadas através de observações feitas tanto em terra, como no mar. O chamado planisfério de Cantino, de 1502, copiado por (ou para) um espião italiano de um original português que se perdeu, prova um conhecimento extraordinariamente preciso da costa de África, especialmente da costa ocidental a norte do rio Congo. Mas muitos dos pilotos portugueses de mar continuavam sobretudo a confiar no conhecimento que tinham dos sinais da natureza (*conhecenças*); a cor e a corrente do mar, as espécies de peixes e de aves marinhas observadas em diferentes latitudes e posições, as variedades de algas que encontravam, etc.

Embora não se saiba ainda ao certo até que ponto a procura de ouro foi um dos motivos que desde o início impulsionaram as viagens para o Sul, ao longo da costa africana, a atracção pelo metal luzente desempenhou, sem dúvida, um papel importante na continuação dessas viagens, a partir de 1442. Os Portugueses não conseguiram, nunca, descobrir a enganosa fonte do ouro oeste-africano e sudanês, que, como sabemos hoje, era extraído sobretudo na região de Bambuque, no Alto Senegal, no Mali, no Alto Níger e em Lobi, na região central do Alto Volta. Este ouro, quase todo na forma de ouro em pó, era originariamente transportado através dos reinos do Mali e do Gana (sem qualquer relação com a república actual do mesmo nome) até Tombuctu. Aí era comerciado com mercadores árabes e mouros, que o transportavam em caravanas de camelos através do Sara até aos Estados islâmicos do Norte de África, cujos portos eram frequentados por comerciantes judeus, genoveses, venezianos e outros. Na segunda metade do século XV, através da sua feitoria fortificada de Arguim e de outras feitorias não fortificadas situadas na região costeira da Senegâmbia, os Portugueses conseguiram desviar uma percentagem considerável deste comércio transariano para os seus próprios bar-

O OURO DA GUINÉ E O PRESTE JOÃO (1415-1499)

cos e entrepostos costeiros. Este desvio do comércio transariano foi intensificado quando D. João II ordenou a construção do castelo de São Jorge da Mina (Elmina), na Costa do Ouro, em 1482. São Jorge da Mina, cujo comércio superou rapidamente o de Arguim, pôde dominar o comércio do ouro, não só do Sudão Ocidental, como também dos aluviões dos rios da própria Costa do Ouro. A este castelo foi acrescentado um outro mais pequeno, erigido, cerca de vinte anos mais tarde, em Axim.

Nesse período os Portugueses mantinham um esforço ininterrupto e sistemático para desviar o comércio de ouro para a costa, e os seus emissários tinham já, ainda que passageiramente, penetrado no interior até Tombuctu. Nunca conseguiram estabelecer nenhuma das suas feitorias no interior, e viram-se obrigados a confiar a intermediários negros o fornecimento do ouro que não conseguiam eles próprios extrair. Mas a luta das caravelas portuguesas contra as caravanas mouras de camelos do Sara teve como resultado a predominância das primeiras no comércio do ouro, por um período de cerca de 100 anos, de 1450 a 1550. Durante o reinado de D. Manuel I (1496-1521), importou-se, só de São Jorge da Mina, um valor médio anual de 170 000 dobras de ouro e, nalguns anos, a quantia foi ainda superior. Se bem que os principais produtos que os Portugueses procuravam na Senegâmbia e na Guiné continuassem a ser os escravos e o ouro, outros produtos oeste-africanos, como a malagueta ou grãos-do-paraíso, uma especiaria parecida com a pimenta, macacos e papagaios encontravam, também, um mercado lucrativo em Portugal.

Por altura da sua morte, em 1460, o Infante D. Henrique era o concessionário de todo o comércio ao longo da costa ocidental africana, mas isto não significava que monopolizasse todo o comércio. Pelo contrário, podia (e fê-lo muitas vezes) autorizar comerciantes privados e aventureiros a fazer viagens, com a condição de lhe pagarem um quinto dos lucros (ou outra percentagem combinada). Não se conhecem bem as condições em que foi continuado o comércio na década que se seguiu à morte do Infante, mas em 1469 ele foi concedido, num contrato em regime de monopólio, a um rico mercador de Lisboa, Fernão Gomes, reservando-se a Coroa o direito de monopolizar algumas mercadorias valiosas. Gomes obteve um óptimo lucro com base neste contrato, e descobriu ainda mais cerca de 3200 quilómetros da costa africana para a Coroa. Quando o contrato expirou, em 1475, D. Afonso V confiou a direcção do comércio ao seu filho e herdeiro, o infante D. João, permanecendo um monopólio directamente administrado pela Coroa após a subida de D. João ao trono, em 1481.

D. João II, o *Príncipe Perfeito*, era um imperialista entusiástico e de visão, que tinha uma verdadeira paixão por África e pelos seus produtos – fossem eles de natureza humana, animal, vegetal ou mineral.

Interessou-se pessoalmente, de um modo muito especial, pela direcção do comércio, reservando para a Coroa o monopólio da importação de ouro, escravos, especiarias e marfim, e da exportação de cavalos, tapetes, têxteis ingleses e irlandeses, cobre, cabedal, utensílios de latão, contas e pulseiras. Os comerciantes privados, desde que pagassem uma licença, eram autorizados a importar artigos menos valiosos, como, por exemplo, papagaios, focas, macacos, têxteis de algodão e de ráfia, etc. Posteriormente, a Coroa cedeu os direitos de importação de escravos e marfim a certos indivíduos favorecidos, mas conservou sempre um monopólio estrito do ouro. Claro que, na realidade, este monopólio não era, de modo nenhum, tão rígido e eficaz como aparece no papel. Era impossível impedir as tripulações de comerciarem por sua própria conta, já para não falar dos oficiais e agentes reais e dos habitantes de Cabo Verde. Este comércio oeste-africano tinha originariamente sido realizado com barcos equipados sobretudo em Lagos e noutros portos algarvios. No final do século XV concentrava-se em Lisboa, onde era escoado pela Casa da Mina. Esta Casa era um escritório e armazém da Coroa, localizado no rés-do-chão do palácio real, junto do estuário do Tejo, de onde o rei podia vigiar pessoalmente o carregamento e o descarregamento dos navios.

As mercadorias com as quais os Portugueses compravam os escravos e o ouro africano eram sobretudo de origem estrangeira. O trigo vinha frequentemente de Marrocos, das ilhas atlânticas e da Europa Setentrional. Os panos e os têxteis eram importados de Inglaterra, da Irlanda, da França e da Flandres, se bem que também fossem utilizados têxteis fabricados em Portugal. Os utensílios de latão e as contas de vidro eram importados da Alemanha, da Flandres e da Itália, e as ostras das Canárias. Muitos dos produtos importados da África Ocidental eram também reexportados por Portugal. Uma grande quantidade de malagueta ia para a Flandres, e um grande número de escravos para a Espanha e para a Itália, antes de a descoberta e exploração da América ter deslocado para o outro lado do Atlântico a quase totalidade do comércio de escravos. O que teve, talvez, consequências mais importantes foi o facto de uma grande quantidade do ouro trazido da Guiné para Lisboa ter aí sido cunhado em cruzados e reexportado para pagar os cereais e os produtos manufacturados de que Portugal precisava. Assim, o ouro português vindo da África Ocidental ajudou, por assim dizer, a colocar Portugal no mapa de circulação monetária europeia. Durante séculos, certos tipos de moedas de ouro que circulavam na Europa Setentrional foram denominados *portugaloisers* [portugueses], se bem que se tratasse de moedas cunhadas, por exemplo, em Zwolle e Hamburgo.

É mais difícil avaliar o efeito que este comércio teve na África Ocidental. Cerca de 150 000 escravos negros foram provavelmente capturados pelos Portugueses, no período que vai de 1450 a 1500, e como estes escravos eram frequentemente obtidos nas guerras intertribais no interior, o aumento do comércio esclavagista acentuou presumivelmente o estado de violência e de insegurança – ou, pelo menos, não contribuiu em nada para o diminuir. Os chefes e dirigentes africanos eram aqueles que mais beneficiavam das relações comerciais estabelecidas com os Portugueses e, como já foi referido, eram sempre sócios condescendentes do comércio esclavagista. Na Alta Guiné, que corresponde mais ou menos à região compreendida entre o rio Senegal e o cabo das Palmas, comerciantes portugueses e degredados subiam muitos rios e ribeiros, penetrando muitas vezes consideravelmente no interior. Muitos deles fixavam-se nas aldeias negras, onde, juntamente com os seus descendentes mulatos, funcionavam como chefes ou intermediários nas trocas comerciais de ouro, marfim e escravos, entre brancos e negros. Os que foram completamente assimilados pelos nativos, prescindindo de roupas, tatuando-se, falando os dialectos locais e participando até em ritos e celebrações feiticistas, eram denominados tangomãos ou lançados.

As objecções dos reis de Portugal relativamente aos lançados devem-se mais ao facto de eles se subtraírem às taxas impostas pela Coroa sobre todo o comércio ultramarino do que ao facto de realizarem este tipo de miscigenação. Por esta razão, foi-lhes decretada a pena de morte em 1518, mas, se bem que esta lei permanecesse durante muitos anos no livro de ordenações, rarissimamente foi aplicada, se é que o foi alguma vez, porquanto a Coroa portuguesa não exercia jurisdição efectiva na África Ocidental fora das muralhas das suas feitorias, ou das vizinhanças dos castelos da Mina e de Axim. Por meio destes lançados e tangomãos, o português tornou-se, e permaneceu durante séculos, a língua franca da região costeira da Alta Guiné. As relações que os Portugueses mantinham com os diversos povos desta região variavam, naturalmente, de tribo para tribo e de área para área. Mas havia poucos conflitos armados, e os contactos eram, na generalidade, amistosos, uma vez que o comércio de escravos envolvia uma participação activa dos chefes africanos e a cooperação dos lançados, como intermediários.

Na Costa do Ouro da Baixa Guiné, os Portugueses utilizavam não só contactos pacíficos mas também demonstrações de poder e de força, como provam, por exemplo, os castelos de Mina (1482) e de Axim (1503). Foram construídos com o duplo objectivo de defender o comércio do ouro dos intrusos espanhóis e de outros europeus, e de intimidar as tribos negras da costa, por intermédio das quais era adquirido o ouro. Este último objectivo não escapou à intuição do chefe negro local quando Diogo de Azambuja desembarcou com uma comitiva ricamente vestida e bem armada, para colocar a primeira pedra do castelo da Mina, em Janeiro de 1482. Este chefe dizia que os únicos portugueses que encontrara até então eram os que vinham todos os anos em caravelas, para trocar mercadorias por ouro. Esses marinheiros, dizia ele, «eram indivíduos andrajosos e mal vestidos, que ficavam satisfeitos com qualquer coisa que se lhes entregasse em troca das mercadorias que traziam. Essa era a única razão da sua vinda àquelas regiões, e o seu maior desejo era fazerem negócio depressa e voltarem para a sua terra, porquanto preferiam viver no seu próprio país a viver em terras estrangeiras». Acrescentou que os Portugueses e os negros se davam melhor vendo-se a intervalos regulares do que vivendo como vizinhos muito próximos, e que, portanto, era muito melhor que o comércio fosse continuado por navios visitantes, como até então. Azambuja, que tinha ordens de D. João II para construir o castelo com ou sem o consentimento do chefe, persistiu no seu pedido e conseguiu extorquir-lhe uma aceitação relutante. Mas os chefes das tribos costeiras, se não eram suficientemente fortes para impedir os europeus de construírem fortes na costa, tinham força suficiente para os impedir de penetrarem no interior, em busca do ouro cobiçado. Os Portugueses, tal como os seus sucessores Holandeses e Ingleses, tiveram de ficar nos seus fortes, trocando tigelas de latão, pulseiras, contas, têxteis e outros produtos comerciais por ouro, marfim e escravos, trazidos do interior por comerciantes africanos itinerantes. Não havia nem lançados nem tangomãos na Costa do Ouro. Benim era o Estado costeiro mais importante da Baixa Guiné, em finais do século XV. Os Portugueses que visitavam a cidade de Benim comentavam com espanto a sua extensão, o esmero das suas ruas e casas, e o enorme palácio real, com as suas magníficas figuras e placas de bronze.

Com os recursos obtidos pelo florescente comércio de ouro e de escravos com a Guiné, D. João II estava em condições de prosseguir na procura do Preste João, que, evidentemente, se tornara quase uma obsessão para ele. Embora tivesse apenas uma vaga noção da localização deste reino, os Portugueses sabiam que se situava algures, para lá do Nilo, que era então considerado pelos europeus cultos como o limite fronteiriço entre a África propriamente dita e a Índia Média. Esperavam, primeiro, chegar ao Preste João através dos rios Senegal, Gâmbia, Níger e Zaire (ou Congo), que tinham sucessivamente sido tomados por afluentes do Nilo, à medida que iam sendo descobertos. Em todos os casos, os descobridores tinham apanhado uma desilusão completa; mas, progredindo para sul, ao longo da costa ocidental africana, a perspectiva de que este continente poderia ser circum-navegado e, assim, aberto um caminho marítimo para o reino do Preste João e para as Índias, tornou-se mais plausível. Foi também durante o reinado de D. João II que a demanda do Preste João surgiu associada à procura das especiarias asiáticas (diferentes das africanas).

O OURO DA GUINÉ E O PRESTE JOÃO (1415-1499)

O reino fez diligências decisivas ao enviar expedições de reconhecimento, cuidadosamente organizadas, para procurarem o Preste João e as especiarias, por terra e por mar, em meados da década de 80. A viagem marítima mais importante foi a comandada por Bartolomeu Dias, que largou de Lisboa em 1487. Foi o primeiro a dobrar o cabo da Boa Esperança, nos princípios de 1488, e, depois de ter viajado durante algum tempo para norte, ao longo da costa meridional africana, voltou a Portugal com a notícia de que a rota marítima para as Índias estava, com toda a evidência, aberta. A maioria dos emissários enviados por terra parece ter-se perdido, mas um deles, um escudeiro que sabia falar árabe, chamado Pêro da Covilhã, que partiu de Lisboa no mesmo ano que Bartolomeu Dias, atingiu a costa ocidental da Índia em 1488. Visitou, então, o golfo Pérsico e a costa suaíli da África Oriental, provavelmente até Sofala. Esta viagem aventurosa, que durou mais de dois anos, deu-lhe uma óptima visão do comércio do Índico em geral e do comércio de especiarias em particular. Durante a viagem de regresso a Portugal, em finais de 1490, encontrou no Cairo um mensageiro do rei que lhe transmitiu a ordem de continuar até ao reino do Preste João, que tinha sido então localizado nas montanhas da Abissínia. Pêro da Covilhã obedeceu, enviando primeiro, do Cairo, um relatório pormenorizado de todas as suas decobertas ao rei. Foi recebido com todas as honras pelo imperador da Etiópia (ou negus da Abissínia), mas não foi autorizado a sair do país; foi-lhe dada uma mulher e terras e teve de ficar no país até morrer, que ocorreu cerca de trinta anos mais tarde. Não se sabe ao certo se o relatório de Pêro da Covilhã, de 1490-1491 chegou a Portugal, porquanto as informações de que dispomos sobre este assunto são muito controversas. Se chegou, então D. João II ficou a dispor de um relatório em primeira mão acerca do comércio de especiarias do Índico, e isso pode ajudar a explicar a razão pela qual foi dada ordem a Vasco Gama para se dirigir a Calecut (na altura, o entreposto indiano mais importante do comércio de especiarias), aquando da sua viagem à Índia, cerca de sete anos mais tarde. No entanto, Gama e os seus homens ficaram muito admirados com o elevado grau de civilização atingido pelas cidades-estado suaílis de Moçambique, Mombaça e Melinde que visitaram durante a épica viagem; ora, se o relatório de Pêro da Covilhã tivesse chegado a Lisboa, os Portugueses disporiam de ampla informação acerca dessas regiões. Do mesmo modo Gama, quando chegou a Calecut, foi incapaz de distinguir os templos hindus das igrejas cristãs, coisa que Covilhã deve, seguramente, ter sabido fazer – e relatado – depois das suas prolongadas visitas aos portos comerciais da costa do Malabar. Por fim, Vasco da Gama levava presentes sem qualquer valor para o governador de Calecut e os produtos comerciais menos adequados – tecidos, utensílios de latão, contas e

O IMPÉRIO MARÍTIMO PORTUGUÊS

coisas do género – para trocar por pimenta e outras especiarias que procurava; ora, Covilhã deve certamente ter afirmado que as especiarias só poderiam ser trocadas por ouro e prata.

Quer o rei de Portugal tenha ou não recebido o relatório, o facto é que foi apenas a partir da década de 80 que os Portugueses começaram a ficar seriamente interessados na possibilidade de obterem o comércio de especiarias nas origens ou, pelo menos, muito perto delas. Até então, a sua procura relativamente modesta de especiarias asiáticas fora satisfeita pelas que conseguiam (tal como os outros europeus) por intermédio dos Venezianos, que as compravam a mercadores muçulmanos do império mameluco do Egipto e da Síria. Dispomos de informação insuficiente acerca dos preços destas especiarias na segunda metade do século XV para sabermos exactamente quando e porquê projectou D. João II acabar com o monopólio veneziano-mameluco de especiarias, mas o facto é que o fez. As instruções dadas a Pêro da Covilhã em 1487 e a Vasco da Gama em 1497 são uma prova clara dessa sua intenção. Parece provável que o rei, uma vez convencido de que se podia descobrir o caminho marítimo para a Índia, deva muito naturalmente ter considerado a possibilidade de desviar pelo menos parte do comércio de especiarias asiáticas das anteriores rotas terrestres para o oceano Atlântico, mais ou menos da mesma maneira que o comércio de ouro da Guiné tinha sido desviado dos camelos do Sara para as caravelas de São Jorge da Mina.

Seja como for que isso se tenha passado, as palavras do «discurso da obediência», proferido pelo enviado português, Vasco Fernandes de Lucena, ao papa, em Dezembro de 1485, mostravam que D. João II estava já nessa altura, antes da viagem de Bartolomeu Dias e da de Pêro da Covilhã, convencido de que o descobrimento do caminho marítimo para a Índia estava quase garantido num futuro muito próximo. Neste discurso, o enviado informa o papa, no interesse do seu senhor, que se esperava que os navios portugueses chegassem brevemente ao Índico e estabelecessem contactos com o Preste João e com outros reis ou povos cristãos, que se acreditava, confiadamente, existirem nas regiões muito obscuramente conhecidas (*obscurissima fama*). Não se fazia qualquer referência às especiarias, o que era, aliás bastante natural. Mesmo que D. João II estivesse a planear um assalto ao monopólio veneziano-mameluco, teria sido uma rematada loucura anunciar o facto numa audiência papal tão concorrida em Roma.

O interesse de longa data de D. João II pelo Preste João e o seu recente interesse pelas especiarias asiáticas foram herdados pelo seu sucessor, D. Manuel I. Quando Vasco da Gama partiu para a sua famosa viagem, em Julho de 1497, levava credenciais dirigidas ao Preste João e ao rajá de Calecut, juntamente com amostras de especiarias, ouro e aljôfar. Tinha ordens para mostrar essas mercadorias aos habitantes

O OURO DA GUINÉ E O PRESTE JOÃO (1415-1499)

de todas as regiões desconhecidas que pudessem visitar, ao longo da costa de África, na esperança de que esses povos pudessem reconhecer estes produtos preciosos e indicar, por meio de sinais ou de intérpretes, locais onde eles existissem.

Vasco da Gama só saiu de Lisboa nove anos depois de Bartolomeu Dias ter regressado com a notícia de que dobrara o cabo da Boa Esperança. Neste intervalo, Colombo tinha regressado da sua histórica viagem, em Março de 1493, afirmando ter descoberto umas ilhas na orla da Ásia Oriental, e D. João II morrera em 1495. Por si só, estes dois acontecimentos não explicam a longa demora em repetir a extraordinária viagem de Bartolomeu Dias, sobretudo se tivermos em conta que, em 1485, D. João II informara publicamente o papa de que as suas caravelas estavam prestes a descobrir o caminho marítimo para a Índia. Os historiadores têm proposto várias explicações para esta demora; figuram entre elas a reviravolta no curso dos acontecimentos em Marrocos, a morte do filho e herdeiro de D. João II, ocorrida em Junho de 1491, e a subsequente doença do rei. Alguns conselheiros reais eram declaradamente contra o prosseguimento do projecto de descoberta da Índia, argumentando que os recursos económicos e demográficos de Portugal eram demasiado limitados para que um país tão pequeno conseguisse explorar uma região tão extensa e distante. Salientavam que seria melhor desenvolver os comércios de ouro e escravos já existentes e altamente lucrativos e abandonar o resto.

Qualquer destas razões (ou todas elas em conjunto) pode ter afectado, até certo ponto, D. João II, mas ele não era homem para se deixar, durante muito tempo, dissuadir de executar aquilo que tinha decidido. Uma suposição mais plausível é a de que, nesse período, os Portugueses empreenderam viagens secretas ao Atlântico Sul para se familiarizarem com as condições de navegação dessa área e para tentar encontrar melhor rota para dobrar o cabo da Boa Esperança do que a seguida por Bartolomeu Dias, que desceu a costa Sudoeste da África, lutando contra os alísios contrários de sudeste. Isso explicaria a razão pela qual Vasco da Gama seguiu a rota que seguiu e que foi, de maneira geral, a que seguiram todos os Portugueses para as Índias Orientais, durante séculos. Implicava cruzar o equador no meridiano de Cabo Verde e apanhar os ventos constantes de oeste depois de flectir para sudeste na zona dos ventos variáveis de Capricórnio. Esta rota era completamente diferente da rota seguida por Bartolomeu Dias na sua viagem de ida, em 1487, e só pode ter sido estabelecida, supomos, a partir da experiência adquirida através de outras viagens cuja memória não chegou até nós.

Não vale a pena repetir a história tantas vezes contada da famosa viagem de Vasco da Gama, em 1497-1499. O que interessa salientar aqui é que, se bem que não estejamos certos dos motivos iniciais que

O IMPÉRIO MARÍTIMO PORTUGUÊS

impulsionaram as primeiras viagens de descoberta dos Portugueses, sabemos que, na altura da morte do Infante D. Henrique (1460), eram fundamentalmente impulsionadas pela procura do Preste João e do ouro da Guiné, e que, durante o reinado de D. João II, estes motivos foram reforçados pela procura de especiarias asiáticas. Muitos leitores conhecem certamente a história convincentemente autenticada segundo a qual o primeiro membro da tripulação de Gama que desembarcou em Calecut foi imediatamente abordado por dois tunisinos que falavam espanhol. Estes perguntaram-lhe: «Que diabo é que vos trouxe aqui?», ao que ele respondeu: «Viemos procurar cristãos e especiarias». É igualmente significativo o facto de, cerca de dois dias após o regresso do primeiro dos navios de Vasco da Gama ao Tejo, em Julho de 1499, D. Manuel ter escrito uma jubilosa carta aos Reis Católicos, a anunciar-lhes que os descobridores tinham atingido o seu destino e encontrado grandes quantidades de cravo-da-índia, canela e outras especiarias, para além de «rubis e todas as espécies de pedras preciosas». O rei também afirmava, com manifesto exagero, «que tinham também encontrado terras onde há minas de ouro». Anunciava, além disso, a sua intenção de continuar esta viagem de descoberta e de tirar à força o controlo do comércio de especiarias no Índico aos muçulmanos, com a ajuda dos recém-descobertos «cristãos» indianos. Deste modo, o até então existente monopólio veneziano-muçulmano do comércio levantino de especiarias e de produtos de luxo asiáticos seria substituído por um monopólio português, exercido pela via do caminho marítimo que dobrava o cabo da Boa Esperança. Poucas semanas mais tarde, numa carta ao cardeal-protector de Portugal em Roma, o rei instava-o a obter do papa a confirmação das bulas e breves pontifícios existentes, através dos quais tinha sido concedida a Portugal, perpetuamente, «a suserania e domínio» sobre todas essas terras recém-descobertas. Nesta carta, datada de 28 de Agosto de 1499, D. Manuel intitulava-se, *inter alia*, «Senhor da Guiné e da conquista, da navegação e do comércio da Etiópia, Arábia, Pérsia e Índia».

As palavras das cartas de D. Manuel aos soberanos espanhóis e ao papado, juntamente com a precipitada pretensão de soberania sobre o oceano Índico, num período em que não havia um único navio português nessa região, mostram claramente duas coisas. Primeiro, que ele estava determinado a estabelecer o controlo português do comércio de especiarias asiáticas pela força das armas; segundo, que contava com a ajuda dos «cristãos» indianos amistosos (embora não rigorosamente católicos apostólicos romanos) para o fazer. Estava enganado quanto a esta última premissa, se bem que, por fim, tenham sido estabelecidos contactos com o inacessível Preste João, pouco antes da morte de D. Manuel. No entanto, a atracção

52

dos lucros a obter com o projectado monopólio português das especiarias e a confiança na possibilidade de encontrar aliados cristãos nas terras que confinavam com o Índico, permitiram a D. Manuel vencer as hesitações de alguns dos seus conselheiros e lançar este pequeno reino na sua espectacular carreira de empreendimentos militantes na Ásia das Monções.

Capítulo II

A Navegação e as Especiarias nos Mares da Ásia (1500-1600)

Um notável historiador indiano, o falecido K. M. Panikkar, afirmou, no seu conhecido livro *Asia and Western Dominance* (1949), que a viagem pioneira dos Portugueses à Índia inaugurou aquilo que ele denominou a época de Vasco da Gama da história asiática, 1498-1945. Este período pode ser definido como uma era de poder marítimo, de autoridade baseada no controlo dos mares, detido apenas pelas nações europeias, pelo menos até à emergência dos Estados Unidos e do Japão como principais potências navais, em finais do século XIX. Na história desses 500 anos nada é mais extraordinário do que o modo como os Portugueses conseguiram obter e manter, praticamente durante todo o século XVI, uma posição dominante no comércio marítimo do Índico e uma parte importante do comércio marítimo a oriente dos estreitos de Malaca.

Na realidade, os Portugueses chegaram à Índia num período singularmente afortunado para eles, como se pode ver resumindo o mais rapidamente possível o panorama asiático na passagem do século XV para o XVI. Fá-lo-emos referindo cada uma das regiões em questão de ocidente para oriente, mais ou menos segundo a mesma ordem que os Portugueses ao entrarem em contacto com elas. O litoral da África Oriental está aqui incluído no termo «Ásia», porquanto nessa altura, e durante muito mais tempo, a costa suaíli desde a Somalilândia até Sofala estava estreitamente ligada à Arábia e à Índia, em termos políticos, culturais e económicos. Os Portugueses utilizavam a expressão «Estado da Índia» para descrever as suas conquistas e descobertas nas regiões marítimas situadas entre o cabo da Boa Esperança e o golfo Pérsico, de um lado da Ásia, e Japão e Timor, do outro. Muito confusamente, os Portugueses utilizavam o termo «Índia» para denotar por vezes o subcontinente indiano ou a estreita faixa de terra situada entre os Gates Ocidentais e o mar.

As cidades-estado suaílis mais importantes da cadeia disposta ao longo da costa da África Oriental em 1500 eram Quíloa, Mombaça, Melinde e Pate. Tinham atingido um elevado grau de florescimento cultural e de prosperidade comercial, se bem que o seu grau de islamização oscilasse entre a veneração mais superficial e a devoção mais austera. A sua cultura era predominantemente árabe, embora muitos lhes atribuíssem uma origem persa (Xiraz), e a sociedade suaíli, em geral, estava profundamente africanizada devido a gerações de casamentos e concubinagem com mulheres bantos vindas do interior. O ouro, o marfim e os escravos eram os principais produtos que estas colónias suaílis obtinham dos bantos ou cafres (descrentes), como lhes chamavam. Estes produtos eram trocados por contas, têxteis e outras mercadorias trazidas por comerciantes árabes e guzarates do golfo Pérsico, do mar Vermelho e da Índia.

Ignorando o reino cristão copta da Abissínia encerrado numa fortaleza de montanhas, encontramos a seguir o Império Mameluco, que compreendia o Egipto, a Síria e o Hejaz e que era ainda visivelmente próspero. A sua prosperidade comercial era, em grande parte, devida às taxas que os governantes mamelucos cobravam nas rotas terrestres do comércio de especiarias para a Europa, respectivamente do golfo Pérsico, via Alepo e Alexandreta, e do mar Vermelho, via Suez, Cairo e Alexandria. A maior parte da Arábia era uma região árida, habitada por beduínos nómadas e rodeada, da fronteira meridional do Hejaz à parte superior do golfo Pérsico, por vários Estados e tribos, devendo algumas das que estavam estabelecidas na costa norte uma vaga obediência ao xá de Ormuz. Este potentado dizia governar as costas da Arábia e da Pérsia que ficavam em frente da pequena ilha situada à entrada do golfo onde se erguia a sua capital, mas na realidade a sua autoridade limitava-se a esta ilhota árida e à ilhota vizinha de Quêixome. A cidade de Ormuz era um dos entrepostos mais ricos do mundo, se bem que estivesse situada numa ilha que não produzia senão sal e enxofre. Mas quase todo o comércio entre a Índia e a Pérsia era escoado por esta ilha, o mesmo acontecendo com grande parte do comércio das especiarias da Indonésia e dos cavalos da Arábia. As suas moedas, o xerafim (*xarifi*), de ouro, e o larim, de prata, circulavam em todos os portos da Índia, Pérsia e Arábia até ao de Malaca. Na Pérsia propriamente dita, o fundador da dinastia sufi (Sefévidas), o xá Ismael I, estava a expandir os seus territórios em todas as direcções e encontrava-se prestes a entrar em confronto com os Turcos Otomanos, nas fronteiras ocidentais. O

A NAVEGAÇÃO E AS ESPECIARIAS NOS MARES DA ÁSIA (1500-1600)

choque, que se deu em 1514, foi exarcebado pelo facto de o grande sufi ser um xiita fervoroso, enquanto o grão-turco era um partidário fanático da corrente sunita do Islão.

Então, como agora, a Índia estava profundamente dividida entre hindus e muçulmanos. Os chamados Mogóis ou Mughals (na realidade, Turcos da Ásia Central) não tinham ainda atravessado o Hindo-Kush para invadir as planícies do Indostão; mas a maior parte da Índia Setentrional fora conquistada por invasores maometanos anteriores, cujos descendentes governavam os poderosos principados de Guzarate, Deli e Bengala. Se bem que a Índia Setentrional, à excepção da poderosa confederação Rajput, fosse politicamente governada por muçulmanos, contava, no entanto, uma numerosa população hindu que resistia passivamente a todas as tentativas que os conquistadores faziam para lhe impor a sua religião. O mesmo se passava, até certo ponto, no Decão, onde cinco sultanatos maometanos se digladiavam entre si e lutavam, simultaneamente, com o vizinho a sul, o grande império hindu de Vijayanagar. Este império, denominado Bisnaga pelos Portugueses, era o Estado indiano mais extenso e poderoso na altura em que Vasco da Gama chegou à Índia. Mas não tinha nenhum acesso directo ao mar na costa ocidental, enquanto que um dos reinos do Decão, Bijapur, possuía um porto florescente em Goa. As regiões costeiras de Canara e de Malabar, a sul de Goa, estavam afastadas do interior pela cordilheira dos Gates Ocidentais e estavam divididas entre um certo número de insignificantes rajás hindus independentes, dos quais o samorim de Calecut era o mais importante. Se a Índia Meridional era politicamente hindu, ao contrário da Índia Central e Setentrional, havia, ainda assim, muitas comunidades pacíficas de comerciantes árabes e de outros maometanos espalhadas pelos Estados hindus, onde eram muito respeitadas e tinham uma influência considerável. Acrescente-se ainda que o Ceilão era povoado fundamentalmente por cingaleses budistas, e compreendia, a norte, o reino tâmil hindu de Jafna. Os muçulmanos nunca tinham invadido o Ceilão, mas havia alguns mercadores maometanos de origem indiana ou árabe estabelecidos em Colombo e noutras zonas costeiras.

As regiões que correspondem actualmente à Birmânia, ao Sião e à Indochina estavam ocupadas por vários Estados guerreiros cujas mudanças caleidoscópicas de destino não podem ser descritas aqui, nem sequer resumidamente. A forma *Hinayana* do budismo dominava em Pegu (Birmânia Meridional), no Sião e no Camboja, mas encontrava-se impregnada por uma série de práticas hindus, especialmente no Camboja, onde a influência brâmane era ainda muito forte. O Império Khmer, na Indochina, pertencia ao passado, e Angkor era uma ruína coberta de vegetação, na selva. Champa cedia constantemente terreno ao avanço para sul dos Anamitas (ou Vietnamitas), que se diri-

57

giam à costa oriental. Estes últimos estavam muito mais influenciados por contactos culturais e religiosos com os Chineses do que com os Indianos; mas mostravam-se relutantes em conceder mais do que uma suserania puramente simbólica aos ocupantes do trono do Dragão em Pequim.

Descendo a península da Malásia em direcção ao arquipélago da Indonésia, encontramos os reinos de Patani, Singora e Ligor, sob influência política siamesa, mas também afectados por contactos culturais e comerciais com os Chineses. Malaca era a capital do sultanato mais rico da Península e um grande empório do comércio de especiarias com as Molucas, recebendo navios de zonas tão distantes como as ilhas Léquias [Ryukyu] ou a Arábia. Os seus governantes tinham-se convertido ao islamismo no século XIV, mas os comerciantes tâmiles hindus do Coromandel eram tão bem recebidos como os muçulmanos de Guzarate, Java e Samatra. Europeus que visitaram Malaca na sua época áurea de prosperidade, exactamente antes da ocupação portuguesa, escreveram descrições líricas deste porto florescente, repetidas por Tomé Pires na sua *Suma Oriental* de 1515. «Não se conhece nenhum outro porto comercial tão grande como o de Malaca, nem nenhum outro local onde se encontrem mercadorias de tão boa qualidade e tão valiosas. Existem aqui todos os produtos do Oriente e vendem-se produtos de todo o Ocidente. Fica no fim das monções e encontra-se lá tudo o que se quer e por vezes mais do que se procura». Ormuz, numa extremidade do Índico, e Malaca, na outra, eram os dois grandes entrepostos asiáticos para a recolha e distribuição dos produtos de luxo, entre os quais figuravam as especiarias indonésias que chegavam por vezes à Europa via Levante.

Samatra, a segunda maior ilha do arquipélago indonésio, estava dividida num número variável de Estados insignificantes, quase todos islamizados nesta altura. Achém, estendendo-se para norte e para sul a partir da ponta noroeste da ilha, tornou-se o Estado mais importante de Samatra na segunda metade do século XVI. As mercadorias mais valiosas exportadas desta ilha para Malaca, Índia e China eram a pimenta, o benjoim e o ouro, mas havia produtos florestais e géneros alimentícios disponíveis em muitos portos de Samatra. Em Java, o império hindu de Madjapahit, que, em tempos (1330-1400), controlara a maior parte do arquipélago indonésio, estava agora reduzido a um reino em progressivo declínio, na zona central e oriental de Java. Ainda não tinha sido suplantado pela ascensão do império muçulmano de Mataram, mas o Islão estava a estender rapidamente a sua influência na ilha, especialmente nos reinos costeiros. As ilhas de Sunda, mais pequenas, tinham pouca importância para o mundo exterior, exceptuando Timor, por causa do sândalo, que era uma mercadoria muito apreciada na China. Os sultanatos muçulmanos de Ternate e Tidore, «de onde os merca-

A NAVEGAÇÃO E AS ESPECIARIAS NOS MARES DA ÁSIA (1500-1600)

dores trazem as especiarias» (*pace* Milton), competiam entre si pela suserania das Molucas, produtoras do cravo-da-índia, e das ilhas adjacentes, desde as Celebes à Nova Guiné, sendo, no entanto, o sultanato de Ternate bastante mais poderoso do que o seu rival. Bornéu possuía um pequeno Estado civilizado, o sultanato de Brunei, situado na costa norte, mas a maior parte da ilha era mais ou menos floresta virgem, habitada por tribos de caçadores de cabeças, imunes à influência islâmica. Os comerciantes muçulmanos, viajando para o Norte, a partir dos Estados islamizados da Indonésia, tinham já chegado ao arquipélago conhecido hoje por Filipinas, e haviam convertido os habitantes de várias ilhas. O seu progresso para norte foi depressa detido pela fixação dos espanhóis em Cebu e Lução (1565).

Esta breve panorâmica política da Ásia dos princípios do século XVI deve ser concluída com uma breve referência à China e ao Japão. A dinastia Ming desistira da sua expansão político-marítima anterior e as frotas chinesas já não navegavam no Índico como tinham feito anteriormente, atingindo o golfo Pérsico e a Somalilândia, no tempo de Marco Pólo e do célebre almirante eunuco Zheng He. As razões para o abandono desta política marítima aventureira não são muito claras, mas os ataques constantes dos piratas japoneses na costa oriental e a permanente ameaça dos Mongóis e Manchus nómadas na fronteira norte da China podem ter muito que ver com o facto. Os mercadores e marinheiros das províncias costeiras de Fuquiém e de Kuvangtung, com ou sem a conivência das autoridades locais, continuavam a comerciar com algumas das ilhas das Filipinas e da Indonésia e, por vezes, com Malaca. Mas não era um comércio em grande escala, e as suas actividades eram ou ignoradas ou negadas pelo governo imperial. A Coreia vegetava num isolamento pacífico, simbolizado no título de «o reino eremita», e os seus governantes reconheciam a suserania da China. O Japão estava a braços com o *sengoku-jidai*, ou «país em tempo de guerra», com a autoridade nominal do imperador e do *xógum* (generalíssimo) reduzida a zero, enquanto a insubordinada nobreza feudal (os daimios) lutava entre si pela posse de terras e de poder.

Afortunadamente para os Portugueses, no período em que entraram nos mares da Ásia, os impérios do Egipto, da Pérsia e de Vijayanagar não tinham navios armados no Índico, se é que, de facto, alguma vez tiveram navios armados. Nem os ricos entrepostos de Ormuz e Malaca, cuja prosperidade dependia inteiramente do comércio marítimo, possuíam navios de guerra oceânicos. Os barcos malaios eram quase todos *lancharas*, ou seja, embarcações pequenas de uma só vela arredondada, governadas por dois remos colocados à popa, à excepção de alguns juncos mercantes grandes, construídos em Pegu ou em Java. Mas se bem que os Javaneses fossem bons construtores navais e bons marinheiros, tendo já, num determinado período, navegado até Mada-

O IMPÉRIO MARÍTIMO PORTUGUÊS

gáscar e colonizado parcialmente a ilha, limitavam, nesta altura, o seu comércio marítimo ao arquipélago indonésio e à sua vizinhança próxima. Os navios árabes, guzarates e todos os outros navios muçulmanos que dominavam o comércio do Índico compreendiam tanto grandes navios oceânicos como pequenas embarcações costeiras; mas mesmo os navios maiores eram desprovidos de artilharia e não se utilizava ferro na construção dos cascos. Eram, portanto, relativamente mais frágeis do que as carracas e os galeões portugueses com os quais tinham de se defrontar.

O costume que os Portugueses tinham de chamar mouros a todos os muçulmanos que encontravam, desde Marrocos até Mindanau, tende a fazer esquecer que, na altura em que chegaram ao Índico, os Árabes já não dominavam o comércio marítimo da Ásia das Monções, de Ormuz até Cantão, como acontecera anteriormente. Os navios e os marinheiros árabes tinham ainda bastante importância na metade ocidental do Índico, mas a sua posição na metade oriental fora conquistada, quase inteiramente, pelos comerciantes e marinheiros indianos muçulmanos de Guzarate, Malabar, Coromandel e Bengala. Os mercadores tâmiles hindus de Kalinga e Coromandel, a quem os Portugueses chamavam *klings*, desempenhavam ainda um papel importante no comércio têxtil indiano com Malaca, até onde navegavam nos seus próprios navios. Mas em todos os outros locais, os mercadores hindus continuavam estabelecidos nas costas e carregavam as suas mercadorias em navios muçulmanos. Isto foi resultado de certos tabus de casta sócio-religiosos que não tinham, aparentemente, actuado em séculos anteriores, quando os reis chola da Índia Meridional armavam expedições marítimas impressionantes contra o império de Crivijaya, em Samatra. Mas, por volta de 1500, atravessar o oceano era considerado por muitas castas hindus superiores como uma profanação, após a qual tinham de se realizar cerimónias de purificação maçadoras e prolongadas. Além disso, se embarcavam a sua pessoa, distinta das mercadorias, em navios que pertencessem ou fossem tripulados por muçulmanos (ou, posteriormente, por europeus), incorriam igualmente em profanação, através dos contactos inevitáveis com indivíduos ritualmente impuros. Para além de todos estes preconceitos, a maioria dos povos hindus que originariamente habitavam as regiões costeiras de Guzarate, passando por Malabar e Coromandel, até Bengala, convertera-se ao islamismo, por volta do século XIV.

O controlo do comércio marítimo do Índico, primeiro pelos Árabes e mais tarde pelos muçulmanos de origem hindu, sobretudo pelos Guzarates, foi conseguido, em ambos os casos, muito pacificamente. As pessoas envolvidas no comércio oceânico não viajavam com as famílias, e os muçulmanos ainda menos, por causa das suas ideias rigorosas acerca da reclusão das mulheres. Os Árabes, Guzarates e outros merca-

A NAVEGAÇÃO E AS ESPECIARIAS NOS MARES DA ÁSIA (1500-1600)

dores e marinheiros que comerciavam com Ceilão, Malaca e Indonésia, arranjavam inevitavelmente mulheres, temporária ou definitivamente, nos portos onde ficavam à espera das monções favoráveis para a viagem de regresso. Os filhos eram quase invariavelmente educados como muçulmanos e quando cresciam ajudavam por seu turno a espalhar a fé islâmica entre os compatriotas das mães. Estas colónias comerciais muçulmanas cresciam e floresciam e, mais tarde ou mais cedo, era concedido aos mercadores mais ricos e mais influentes o direito de construírem mesquitas nos portos em que viviam. Mandavam vir *mullahs*, isto é, professores de religião, que, por sua vez, contribuíam para atrair muitos outros muçulmanos a essas colónias e para propagar a fé islâmica na região. Deste modo, os adeptos do Profeta espalharam o seu credo e o seu comércio desde a costa suaíli da África Oriental até às ilhas das especiarias da Indonésia, sem nunca ter de empregar os métodos militares que tinham caracterizado a expansão originária do Islão desde o deserto da Arábia até aos Pirinéus e aos Himalaias. O facto de, especialmente na costa ocidental da Índia, terem cooperado estreita e cordialmente com os ricos mercadores e rajás hindus, sem que nenhuma das partes tentasse converter a outra, consolidou o monopólio muçulmano do comércio do Índico. Os Portugueses compreenderam imediatamente que só poderiam destruí-lo pela força e não pela concorrência pacífica.

E começaram a fazê-lo com uma grande crueldade e uma rapidez surpreendentes. Para conseguirem levar a cabo o seu objectivo, precisavam de alguns portos fortificados que servissem de bases navais e entrepostos comerciais. Estes pontos-chave foram conseguidos durante o governo de Afonso de Albuquerque (1509-1515). A ilha de Goa foi conquistada ao sultão de Bijapur no dia de Santa Catarina (10 de Novembro), em 1510, e em breve «Goa dourada» suplantava Calecut, tornando-se o principal porto comercial entre Cambaia e o cabo Comorim. O porto estava também particularmente bem situado para funcionar como local de transbordo para o lucrativo comércio árabe-persa de cavalos com o reino hindu de Vijayanagar. Albuquerque fez de Goa o quartel-general dos Portugueses e conseguiu o apoio da população hindu. O controlo do golfo Pérsico foi conseguido através da captura de Ormuz, em 1515, tornando-se o xá um vassalo e fantoche dos Portugueses. A conquista de Malaca por Albuquerque, quatro anos antes, colocou nas mãos dos Portugueses o maior centro distribuidor de especiarias indonésias e, simultaneamente, uma base naval que controlava o estreito entre o Índico, o mar de Java e o mar da China Meridional, porquanto a rota alternativa, através do estreito de Sunda, raramente era utilizada.

Estas façanhas de Albuquerque foram tornadas possíveis pela anterior destruição de uma armada improvisada egípcio-guzarate ao

O IMPÉRIO MARÍTIMO PORTUGUÊS

largo de Diu, numa batalha comandada pelo seu antecessor Francisco de Almeida (em Fevereiro de 1509), que vingou assim a derrota e a morte do filho às mãos dos mesmos inimigos, ocorridas no ano anterior em Chaul, e que eliminou, deste modo, a única força naval muçulmana capaz de enfrentar, mais ou menos em pé de igualdade, os navios de guerra portugueses. A supremacia naval dos Portugueses na costa oriental africana tinha já sido assegurada através da construção dos fortes de Sofala (1505) e de Moçambique (1507), e de uma aliança com o sultão de Melinde. O único revés importante nesta notável história de sucesso foi a incapacidade de fecharem a rota das especiarias do mar Vermelho, através da conquista de uma praça-forte na entrada deste mar, que seria o correspondente a Ormuz no golfo Pérsico. A ilha de Socotorá, que inicialmente ocuparam com este objectivo, acabou por se revelar demasiado distante e empobrecida para servir como base naval, e foi abandonada em 1510. Albuquerque falhou, por pouco, a tentativa posterior de tomar Adém de assalto (em Março de 1513); e se bem que os Portugueses entrassem bastantes vezes no mar Vermelho, nessa altura e posteriormente, nunca conseguiram levar a cabo nada de importância duradoura nessa zona. Com efeito, este mar continuou a ser um lago muçulmano depois da primeira ocupação de Adém pelos Turcos, em 1538. A presença ou ameaça dos navios portugueses que cruzavam os estreitos de Babelmândebe contribuiu para destruir esta rota do comércio de especiarias durante duas ou três décadas, mas ela foi restabelecida depois, como veremos a seguir.

Se bem que se deva atribuir inteiramente a Albuquerque a conquista de Goa, Ormuz e Malaca, qualquer delas realizada quando as oportunidades navais para o fazer surgiram, é um erro atribuir-lhe a ideia e a execução completa de um vasto plano estratégico que incluiria metodicamente essas conquistas. O plano de fechar a entrada do mar Vermelho veio de Lisboa e a conquista de Goa foi-lhe sugerida por um corsário hindu, Timoja; no entanto, Albuquerque merece enorme crédito por tê-la adoptado e por insistir em conservar Goa, apesar das dúvidas manifestadas subsequentemente pelo governo de Lisboa. Do mesmo modo, a importância de Malaca fora reconhecida nas instruções que D. Manuel dera aos comandantes das frotas que largaram de Lisboa em 1509 e 1510, embora tivesse cabido a Albuquerque realizar a conquista.

Aos três fortes pontos-chave de Goa, Ormuz e Malaca que asseguravam o controlo português das rotas mais importantes do comércio de especiarias do Índico, à excepção da do mar Vermelho, foram em breve acrescentados muitos outros estabelecimentos e postos comerciais fortificados (feitorias) nas regiões costeiras, desde Sofala, na África Oriental, até Ternate, nas Molucas. Além disso, autorizaram-nos a construir uns quantos entrepostos e feitorias não fortificados em

62

A NAVEGAÇÃO E AS ESPECIARIAS NOS MARES DA ÁSIA (1500-1600)

regiões onde os governantes asiáticos lhes permitiam usufruir de uma forma limitada de extraterritorialidade – uma prática corrente e que durou muito tempo, tal como o demonstraram as comunidades mercantis indianas e javanesas em Malaca, os comerciantes muçulmanos no Malabar e os persas e os árabes na China Meridional. Estabelecimentos portugueses deste tipo eram, por exemplo, São Tomé de Meliapor, na costa de Coromandel, Hughli, em Bengala, e Macau, na China. Depois de terem esmagado o quase desarmado monopólio muçulmano das rotas de especiarias do Índico pela força das armas e de terem conquistado três dos seus principais entrepostos, os Portugueses tentaram então pôr em vigor um sistema monopolista próprio, o que está implícito no título grandiloquente de D. Manuel, «Senhor da conquista, navegação e comércio da Etiópia, Índia, Arábia e Pérsia», que a Coroa portuguesa manteve durante séculos. O comércio com certos portos e de certas mercadorias (especialmente das especiarias) era considerado monopólio da Coroa portuguesa e levado a cabo em benefício da Coroa ou dos indivíduos por ela nomeados. Em geral, no entanto, a navegação asiática foi autorizada a processar-se como anteriormente, desde que o dono do barco ou os mercadores em questão tirassem uma licença portuguesa, obtida através de pagamento (ou cartaz; comparar com a *navicert* inglesa de 1939-1945), e desde que as especiarias e outras mercadorias designadas pagassem direitos alfandegários em Goa, Ormuz ou Malaca. Se os navios sem licença que navegavam no Índico encontrassem navios portugueses estavam sujeitos a que estes os capturassem ou afundassem, sobretudo se se tratasse de navios que pertencessem a comerciantes muçulmanos.

O monopólio português do comércio marítimo do Índico não foi, claro está, completamente eficaz, embora o facto de os Portugueses se terem apoderado de Moçambique, Ormuz, Diu, Goa e Malaca lhes permitisse regular consideravelmente o comércio marítimo dessa região durante a maior parte do século XVI. A oriente de Malaca nunca se pôs sequer o problema de os Portugueses serem capazes de escoar todo o comércio através dos portos que lhes convinham ou de imporem efectivamente o sistema de cartaz à diversa navegação que cruzava os mares situados entre Java e o Japão. A destruição por D. Francisco de Almeida da armada egípcio-guzarate ao largo de Diu, em 1509, teve a sua contrapartida na destruição, em 1513, da armada javanesa, constituída por grandes juncos, ao largo de Malaca. As carracas portuguesas podiam navegar ao abrigo de qualquer desafio dos navios de guerra indonésios para irem buscar as cargas de cravo-da-índia a Amboíno, Ternate e Tidore, e de macis e noz-moscada às ilhas Banda; mas a navegação portuguesa nesta região era apenas mais um dos fios da rede comercial marítima malaio-indonésia. Quando tentaram aplicar no mar da China Meridional os mesmos métodos armados que lhes tinham trazido tão

63

O IMPÉRIO MARÍTIMO PORTUGUÊS

bons resultados no Índico, foram decisivamente derrotados pela frotas chinesas de defesa da costa, em 1521 e 1522. Embora tenham posteriormente conseguido penetrar no cobiçado comércio chinês, essa entrada foi regulamentada pelas condições decretadas pelas autoridades chinesas e não pelas condições impostas por eles próprios.

No entanto, o empreendimento português que visava o estabelecimento de um império marítimo na Ásia das Monções não foi menos notável do que o dos Espanhóis no estabelecimento do seu império continental na América. Talvez fosse ainda mais notável, se nos lembrarmos de que a população de Portugal, no século XVI, nunca excedeu, provavelmente, o milhão e um quarto, que havia uma escassez de navios constante, que Goa era o único porto português na Ásia com instalações adequadas no que diz respeito a estaleiros, e que os Portugueses estavam empenhados em muitas outras realizações em Marrocos e na África Ocidental, para já não falar dos seus esforços de colonização da costa brasileira, de 1539 em diante. Para além disso, o fosso tecnológico entre os Portugueses e a maioria dos seus inimigos asiáticos era muito menor do que o que existia entre os Espanhóis e os ameríndios do Novo Mundo. Diogo do Couto (1543-1616) e outros cronistas portugueses contemporâneos gostavam de salientar o facto de os seus compatriotas na Ásia terem de enfrentar adversários bem armados e tão hábeis como eles no manejo de armas de fogo e de canhões; em contrapartida, os conquistadores castelhanos do México e do Peru enfrentavam guerreiros primitivos, que dispunham apenas de armas de pedra e de madeira. Nestas circunstâncias, vale a pena recordar, brevemente, alguns dos factores que contribuíram para o espectacular nascimento do império oriental português e a sua duração comparativamente longa, apesar dos fracos recursos demográficos e económicos de Portugal.

A superioridade reconhecida dos navios portugueses relativamente bem armados sobre os navios mercantes muçulmanos desarmados foi reforçada pela tenaz determinação dos invasores europeus, determinação essa que faltava aos seus inimigos asiáticos. Como Sir George Sansom assinalou na sua discussão deste problema, em *The Western World and Japan*: «Os Portugueses foram para a Ásia com uma determinação de vencer que era mais forte do que a vontade de resistir dos povos asiáticos. Até o poder muçulmano no Índico, que teria tanto a perder com o êxito dos Portugueses, não pôs na defesa dos seus próprios interesses a energia contínua e total manifestada pelo seu rival europeu». Esquece-se muitas vezes que os ataques portugueses a Goa, Malaca e Ormuz falharam totalmente ou acabaram por malograr-se nas primeiras tentativas, e que foi apenas graças à tenacidade de Albuquerque em tentar outra vez que acabaram por ter êxito. Segundo, muitos governantes asiáticos partilhavam da convicção do xá Bahadur, rei de Guzarate, de que «as guerras no mar são assunto de mercadores e que

A NAVEGAÇÃO E AS ESPECIARIAS NOS MARES DA ÁSIA (1500-1600)

não envolvem o prestígio de um rei». Terceiro, os países asiáticos, contra os quais eram dirigidas as acções dos Portugueses, estavam muitas vezes devastados por rivalidades internas ou perturbados com rivalidades externas, que os impediam de se unirem eficazmente contra os Portugueses, pelo menos durante um determinado período de tempo. Bastarão alguns exemplos para ilustrar esta questão.

A rivalidade de longa data entre Mombaça e Melinde, na África, permitiu aos Portugueses estabelecerem o seu poder na costa suaíli, aliando-se a Melinde contra Mombaça. A velha inimizade entre o samorim e o rajá do Cochim permitiu aos Portugueses obter a primeira posição firme na Índia, apoiando o último contra o primeiro. Permitiu-lhes também uma forte posição no comércio de pimenta do Malabar, tal como a exploração que souberam fazer da inimizade endémica entre os sultões de Ternate e de Tidore lhe permitiu alcançar uma posição dominante no comércio de cravo-da-índia das Molucas. Quando chegaram ao Ceilão, a «ilha supremamente bela» estava dividida em três reinos fracos e mutuamente hostis, e esta rivalidade facilitou em muito o estabelecimento do poder português na ilha. A virulenta inimizade entre a Turquia sunita e a Pérsia xiita e as guerras frequentes entre os Estados muçulmanos e hindus da Índia impediram também uma oposição asiática eficaz à agressão e expansão portuguesa. Achém e Johore, os mais perigosos inimigos de Malaca, combatiam frequentemente entre si. A relutância do Governo Imperial de Pequim em ter quaisquer relações, comerciais ou outras, com os bárbaros do oceano ocidental foi muitas vezes boicotada pelo desejo de oficiais e de mercadores das províncias costeiras chinesas fazerem comércio de contrabando com os ditos bárbaros. É evidente que os Portugueses não criaram estas rivalidades, mas, naturalmente, exploraram as que já existiam. Neste aspecto, o seu progresso na Ásia lembra os feitos ainda mais espectaculares dos conquistadores espanhóis na América. Como o padre jesuíta José de Acosta assinalou em 1590, se os Espanhóis não tivessem explorado as inimizades entre os Astecas e os Tlaxcalans do México ou a rivalidade entre os meios-irmãos incas Ataualpa e Huascar do Peru, «Cortez e Pizarro dificilmente teriam podido manter-se em terra, ainda que fossem excelentes comandantes».

A característica mais espantosa do império marítimo português, por volta de meados do século XVI, foi a sua extrema dispersão. No Oriente estava representado por uma cadeia de fortes e de feitorias que se estendiam de Sofala e Ormuz, na margem ocidental da Ásia das Monções, até às Molucas e a Macau (em 1557), na costa do Pacífico. Estendia-se igualmente pelo Ocidente, possuindo praças-fortes em Marrocos (Ceuta, Tânger, Mazagão), feitorias e alguns fortes entre Cabo Verde e Luanda (em 1575) na costa ocidental africana, as ilhas do golfo da Guiné e algumas colónias com dificuldades ao longo da costa

O IMPÉRIO MARÍTIMO PORTUGUÊS

brasileira. Lisboa tinha ligações marítimas regulares com Antuérpia, que na altura era o maior centro distribuidor de especiarias asiáticas e de outros produtos coloniais. Um considerável número de Portugueses pescava ao largo dos bancos da Terra Nova até ao momento em que a agressiva concorrência inglesa tornou insignificante a sua pesca, no fim do século XVI. Entre os produtos mais importantes deste impé- rio amplamente distribuído contavam-se o ouro da Guiné (Elmina), do Sudeste africano (Monomotapa) e da Samatra (Campar); o açúcar da Madeira, de São Tomé e do Brasil; a pimenta do Malabar e da Indonésia; o macis e a noz-moscada de Banda; o cravo-da-índia de Ternate, Tidore e de Amboíno; a canela do Ceilão; o ouro, as sedas e a porcelana da China; os cavalos da Pérsia e da Arábia; a prata do Japão; os têxteis de algodão de Cambaia (Guzarate) e do Coromandel. As várias espé- cies de mercadorias originárias da Ásia eram negociadas ou nos portos comerciais asiáticos ou levadas, pela rota do cabo da Boa Esperança, para Lisboa, de onde eram redistribuídas para os mundos mediterrâni- co e atlântico em troca de metais, cereais, têxteis, aprestos navais e de outros produtos manufacturados de que Lisboa dependia bastante, pela sua função de centro nervoso de um império marítimo. A pimenta era a principal mercadoria importada do Oriente, enquanto a prata em barra era o principal produto exportado para a «Goa dourada».

Para permitir que estas vias de comércio marítimo funcionassem sem problemas do Brasil ao Japão, os Portugueses precisavam de um elevado número de homens e de navios, mas, inevitavelmente, dispu- nham apenas de uma pequena provisão, tanto de homens como de navios. Em primeiro lugar, tal como já foi indicado, a população de Portugal era reduzida, se bem que alguns contemporâneos quisessem acreditar que ela era numerosa. Tanto quanto se pode concluir a partir dos resultados do censo realizado em 1527, com base no número de fogos, a população devia oscilar entre 1 000 000 e 1 400 000. Pode calcular-se com razoável precisão que durante o século XVI saíam de Portugal anualmente cerca de 2400 pessoas, sendo, na sua grande maioria, homens válidos, jovens e solteiros, com destino à «Goa dou- rada» e ao Extremo Oriente, de onde apenas regressavam relativamen- te poucos. A sangria anual no número de homens adultos portugueses foi, portanto, considerável e, de longe, muito maior do que na vizinha Espanha, onde, de uma população variavelmente avaliada em sete ou oito milhões, apenas 60 000 pessoas tinham emigrado para a América até 1570 – numa média inferior a 1 000 pessoas por ano. Além disso, Portugal estava em desvantagem noutro aspecto: enquanto a maior parte dos emigrantes espanhóis se fixaram nos planaltos saudáveis do México e do Peru após a conquista dessas regiões, a grande maioria dos Portugueses ia fixar-se nas costas tropicais da África e da Ásia, varri- das pela malária e pelas febres. Finalmente, morriam muito mais Por-

A NAVEGAÇÃO E AS ESPECIARIAS NOS MARES DA ÁSIA (1500-1600)

tuqueses que embarcavam em Lisboa com destino a Goa, na viagem de seis ou sete meses para a Índia, do que Espanhóis que embarcavam em Sevilha para a travessia relativamente curta e rápida do Atlântico em direcção a Vera Cruz.

Afonso de Albuquerque, o principal obreiro da Índia portuguesa em 1510-1515, afirmara que se podia garantir a manutenção do império oriental «com quatro boas fortalezas e uma grande frota bem armada, tripulada por 3000 portugueses nascidos na Europa». Obteve três das quatro fortalezas; mas o *desideratum* de uma frota bem armada, tripulada por 3000 europeus, só foi realizada uma vez, transitoriamente – na armada de dezoito barcos de grande porte e de vinte e cinco navios pequenos que foi em socorro de Malaca, em 1606. Durante o século XVI, as circunstâncias contribuíram para uma maior expansão dos Portugueses, concretizada através da manutenção de uma cadeia de fortes e de estabelecimentos costeiros entre Sofala e Nagasáqui, que totalizavam quarenta e não apenas quatro. Esta dispersão tão grande agravou o problema constante do número de homens disponíveis a tal ponto que os vice-reis mal conseguiam reunir um milhar de homens brancos para qualquer expedição, por muito importante que ela fosse. Muito poucas mulheres portuguesas emigravam para a Ásia, e qualquer navio que se dirigisse à Índia e transportasse 800 homens ou mais não levaria a bordo mais de dez ou quinze mulheres, e por vezes, não levava mesmo nenhuma. Uma vez na Ásia, os homens portugueses, na generalidade, coabitavam com escravas, para grande escândalo dos missionários jesuítas, que se queixavam constantemente; a taxa de mortalidade provocada pelas batalhas, doenças e infortúnio era tão elevada entre os homens portugueses no Oriente que é pouco provável que houvesse alguma vez 10 000 europeus e euro-asiáticos válidos, disponíveis para o serviço militar e naval nas regiões que se estendiam de Moçambique a Macau. A declaração do arcebispo de Goa é elucidativa das queixas oficiais reiteradas a este respeito. Afirmava que, se bem que houvesse na altura, na matrícula central, 14 000 a 15 000 nomes de indivíduos aptos a prestar serviço militar, não existiam realmente mais de 3000 homens nestas condições e só poucas centenas podiam ser mobilizados, em qualquer altura, em Goa.

É verdade que, apesar da elevada emigração anual de homens válidos para o mundo tropical e não obstante as devastações provocadas pela peste, pela fome e por outros desastres naturais que afligiram os Portugueses em vários períodos do século XVI, a população, em geral, não parece ter declinado muito, se bem que nos faltem números exactos, e, portanto, conclusões fundamentadas. Mas é um facto que vastas regiões de Portugal estavam ainda seriamente subpovoadas, e muitas terras potencialmente viáveis para a agricultura não eram cultivadas por falta de mão-de-obra. As regiões que forneciam a grande

67

O IMPÉRIO MARÍTIMO PORTUGUÊS

parte dos emigrantes e dos aventureiros que partiam para o ultramar nos séculos XVI a XVIII eram as províncias nortenhas do Minho e do Douro, a populosa cidade de Lisboa e as ilhas atlânticas da Madeira e dos Açores. No Minho, como já indicámos, o regime geral era o de pequena propriedade e da família extensa, e havia, portanto, um forte incentivo à emigração dos filhos mais novos. Predominava na Madeira e nos Açores idêntica situação, uma vez que os férteis vales vulcânicos eram densamente povoados, e as encostas em socalco cuidadosamente cultivadas, mas a população depressa atingiu um ponto de saturação. A grande percentagem de emigrantes fornecida por Lisboa era devida ao facto de a movimentada capital funcionar como uma Meca para os famintos e os desempregados, do mesmo modo que funcionaram mais tarde Londres, Paris e Amesterdão, em Inglaterra, na França e na Holanda. Muitos desses desprotegidos não conseguiam encontrar trabalho quando chegavam, e, como último recurso, ofereciam-se como voluntários ou eram forçados a emigrar. Quando contemporâneos afirmavam (como alguns fizeram) que Portugal era um país densamente povoado, estavam a pensar nestas regiões relativamente favorecidas. Esqueciam ou ignoravam regiões muito mais extensas, como o Alentejo e o Algarve, que só na segunda metade do século XIX começaram a ter uma densidade populacional proporcional às suas possibilidades.

Se o número de homens disponíveis foi um problema constante do império marítimo português, o número de navios de que dispunham foi outro. Não dispomos de dados completos acerca do número de navios portugueses neste período, mas dois contemporâneos bem informados, Garcia de Resende e Damião de Góis, afirmam ambos que, em 1536, Portugal não possuía mais de 300 navios oceânicos à altura do seu poder marítimo. Esta quantidade é impressionante para um país tão pequeno, mas era obviamente insuficiente para o apoio adequado a um império comercial marítimo com ramificações por todo o mundo. A madeira apropriada não se encontrava facilmente em Portugal, em parte por causa da falta de estradas adequadas e de rios navegávis que pudessem ser utilizados para a transportar dos bosques de carvalhos do interior. O pinhal de Leiria, mandado plantar pela Coroa perto da costa, durante a Idade Média, expressamente para fornecer madeira para a construção naval, não produzia madeira de uma qualidade muito duradoura. Muita da madeira tinha de ser comprada na Biscaia e na Europa Setentrional, bem como outros objectos de construção naval, tais como vergônteas, ferragens, lonas para velas e outro material para as velas e para os mastros.

Até certo ponto, esta deficiência desapareceu na Índia, onde as florestas de teca, situadas na costa ocidental, forneciam aos estaleiros de Goa madeira durável, talhada para construir algumas das maiores carracas e galeões no mundo dos séculos XVI-XVII, como veremos

A NAVEGAÇÃO E AS ESPECIARIAS NOS MARES DA ÁSIA (1500-1600)

no Capítulo IX. Os operários construtores navais dos estaleiros reais de Lisboa e do Porto construíram também óptimos navios, que causaram a admiração dos seus contemporâneos europeus, mas esses grandes navios levavam tempo a construir e eram caros e de difícil substituição. A Índia, Malásia e a China forneciam indiscutivelmente madeira ilimitada para a construção de navios costeiros pequenos, dos tipos conhecidos por galeotas, manchuas, fustas, fragatas, etc., que podiam facilmente ser substituídos quando se perdiam, mas aqui uma vez mais se fez sentir o problema do número de homens disponíveis, tal como se explica no Capítulo IX. Assim, a navegação portuguesa no comércio marítimo asiático foi cada vez mais, a partir de Albuquerque, realizada por marinheiros asiáticos que trabalhavam às ordens de poucos oficiais brancos ou euro-asiáticos. Até as grandes carracas de 1000-2000 toneladas que navegavam entre Goa, Macau e Nagasáqui eram por vezes inteiramente tripuladas por escravos asiáticos ou negros, à excepção dos oficiais do navio e de quinze ou vinte soldados e artilheiros portugueses. Nos navios portugueses que faziam o comércio marítimo no Índico, o comandante ou chefe era por vezes o único homem branco a bordo, porquanto até o piloto e o contramestre, tal como os marinheiros, eram muitas vezes guzarates muçulmanos. Sabemos que, em 1539, D. João de Castro, quando organizava uma expedição ao mar Vermelho, descobriu que nenhum dos pilotos portugueses conhecia bem os estreitos de Babelmândebe, e que nenhum possuía cartas adequadas da região. Foi forçado a confiar em pilotos árabes guzarates e malabares e nas suas próprias cartas náuticas.

Por razões evidentes, o poder marítimo português era mais eficaz nos mares que ficavam na proximidade das suas bases principais – Goa, Diu, Ormuz, Malaca e Moçambique. Mesmo assim, a superestrutura evidentemente frágil desta dominação marítima foi demonstrada pelos êxitos devastadores obtidos por duas flotilhas turcas pouco poderosas que fizeram incursões, respectivamente, em 1551-1552 e em 1585-1586. Na primeira destas incursões, o almirante turco, Piri Reis, com vinte e três galeras do mar Vermelho, saqueou primeiro Mascate e cercou depois, durante algumas semanas, o castelo português de Ormuz, se bem que, em todos os aspectos, as suas forças fossem nitidamente inferiores em número às dos defensores. Na segunda incursão, um aventureiro chamado Mir Ali Bey, com um navio deficiente e mal armado, varreu os Portugueses de toda a costa suaíli, à excepção de Melinde, capturando vinte navios portugueses e um grande saque, sem ter sofrido qualquer perda. No outro extremo do Índico, Malaca esteve muitas vezes em grande dificuldade devido aos bloqueios realizados por frotas javanesas ou achéns, e os Malaios obtinham por vezes êxitos notáveis quando operavam em embarcação de remos na proximidade

O IMPÉRIO MARÍTIMO PORTUGUÊS

dos rios e estuários, onde as carracas e os galeões não podiam mano-
brar se não ficassem ao abrigo do vento. Mesmo quase por entre o fogo
dos fortes de Goa, os corsários Moplah provocaram enormes prejuízos
ao comércio costeiro português, interceptando as cáfilas ou comboios
de pequenos navios carregados de arroz e de provisões com destino à
capital colonial.

Tais reveses, no entanto, por muito sérios que fossem, como aconteceu algumas vezes, não destruíam os alicerces do poder marítimo português no Índico. Os corsários turcos, egípcios, malabares ou malaios,
com galeras de remos ou embarcações de um só mastro, não podiam
opor-se de forma eficaz, no alto mar, às grandes carracas e galeões que
constituíam o núcleo da força naval portuguesa. Só os juncos de guerra
chineses podiam fazê-lo (e, de facto, fizeram-no), mas as operações
das frotas guarda-costeiras chinesas não se efectuavam fora dos limites
das águas territoriais, por ordem do governo imperial. Generalizando
um tanto, pode dizer-se que os Portugueses *dominaram* mais ou menos
eficazmente o comércio marítimo do Índico durante a maior parte do
século XVI. As perdas sofridas pelas pilhagens do comércio costeiro
feitas por corsários malabares e outros não afectavam as bases reais
do seu poder marítimo, exactamente do mesmo modo que os maiores
danos causados por corsários e piratas franceses ao comércio marítimo inglês, durante a Guerra da Sucessão espanhola, não conseguiram
minar o poder da marinha britânica.

Deve também ser lembrado que na única ocasião em que os poderes muçulmanos da Índia e da Indonésia concordaram em cooperar num
ataque combinado às fortalezas portuguesas de Goa, Chaul, Malaca e
Ternate, foram decisivamente derrotados em todos esses locais, excepto em Ternate. E se Ternate teve realmente de ser abandonada ao sultão
Baab, em 1575, isso aconteceu sobretudo devido à incompetência do
comandante português local. Os outros três locais foram defendidos e
conservados contra forças muito superiores, e a defesa coroada de êxito
de Goa e de Chaul, em 1571, foi justamente considerada pelos contemporâneos como o equivalente português no Índico à vitória de D. João
de Áustria sobre os Turcos em Lepanto, no mesmo ano.

Os planos dos Portugueses para estabelecerem um monopólio
eficaz do comércio das especiarias asiáticas foram contrariados por
outros factores, além da falta de navios e de homens. Se bem que domi-
nassem o comércio marítimo no golfo Pérsico, graças às fortalezas de
Ormuz e de Mascate, não podiam fechar completamente esta rota aos
comerciantes muçulmanos, porquanto, durante a maior parte do século
XVI, tiveram de manter boas relações com a Pérsia, de cuja amizade
precisavam para contrabalançar a ameaça turca. Os Turcos Otomanos
tinham conquistado a Síria e o Egipto entre 1514 e 1517, e ocupavam
a maior parte do Iraque em 1534-1535. Conquistaram Adém em 1538,

70

e Bassorá em 1546. O comércio de especiarias levantino, feito através do mar Vermelho, que nunca fora inteiramente fechado pelos Portugueses, voltou a ter um notável incremento a partir dc 1540, se bem que as rotas do golfo Pérsico e do cabo da Boa Esperança conservassem a sua importância.

A produção de especiarias na Ásia e a procura que tinham na Europa duplicaram aproximadamente durante a segunda metade do século XVI, e os preços duplicaram igualmente e chegaram mesmo a triplicar. As quantidades globais dos carregamentos trazidos pelos Portugueses através da rota do Cabo foram avaliadas num total anual de 40 000 a 50 000 quintais, no primeiro terço de século, e de 60 000 a 70 000 quintais, posteriormente. A percentagem de pimenta nestes carregamentos oscilava entre 10 000 e 45 000 quintais, mas durante muito tempo, cifrou-se entre 20 000 e 30 000. As outras especiarias – canela, cravo-da-índia, macis, noz-moscada, gengibre, etc. – cifravam-se em 5000 a 10 000 quintais nos carregamentos anuais. No final do século, a participação portuguesa na exportação de pimenta para a Europa tinha baixado para cerca de 10 000 quintais, e chegavam à Europa quantidades cada vez maiores através das rotas terrestres levantinas. Um funcionário português em posição de o saber declarava, em 1585, que os Achéns estavam a exportar anualmente (sobretudo em navios guzarates) cerca de 40 000 ou 50 000 quintais de especiarias para Jidda. A maior parte destes carregamentos era constituída por pimenta, mas não sabemos que quantidade se destinava ao mercado europeu e que quantidade era consumida pelo Império Turco. Com o advento do século XVII e a chegada dos Holandeses e Ingleses ao Oriente, a posição dos Portugueses deteriorou-se ainda mais. Mas ainda em 1611 se declarava oficialmente em Lisboa que a pimenta era a mercadoria fundamental do comércio português com a Índia, e que era a única a dar um lucro satisfatório à Coroa.

A pimenta carregada nos navios que vinham da Índia com destino a Portugal provinha fundamentalmente do Malabar, onde os agentes da Coroa tinham de a comprar em mercados abertos, em locais como Cochim ou Cananor, onde os mercadores indianos lhes faziam concorrência. Como já referimos atrás, produziam-se também grandes quantidades de pimenta em Samatra e em Java Ocidental, mas a maior parte desta produção era absorvida pelo mercado chinês. Esta pimenta indonésia era mais barata do que a originária do Malabar e de qualidade tão boa ou melhor; mas, devido à concorrência feita pelos Achéns e Chineses, os Portugueses nunca conseguiram obter desta pimenta em quantidade suficiente para poder baixar o preço da do Malabar. Durante a maior parte da segunda metade do século XVI os comerciantes do Malabar recusaram aceitar o pagamento da pimenta em tudo o que não fosse ouro; apesar disso, os Portugueses nunca tiveram de enviar de

O IMPÉRIO MARÍTIMO PORTUGUÊS

Lisboa tantas moedas de ouro como os Venezianos nas aquisições de especiarias ao Levante. Infelizmente, os registos da Casa da Moeda de Goa e de Cochim perderam-se e os números que indicam as somas de dinheiro enviadas anualmente de Lisboa para a Índia estão longe de ser completos. Mas, juntando os factos que se conhecem, parece evidente que a maior parte do ouro de que os Portugueses necessitavam para as suas aquisições em Malabar provinha do Sudeste africano, de Samatra e da China, a partir de 1547. Nesse ano (ou no ano seguinte), a Casa da Moeda de Goa iniciou a emissão do *São Tomé*, uma moeda de ouro que se manteve durante muito tempo, juntamente com o sempre popular ducado veneziano (*zecchino*), o xerafim (*xarifi*) de Ormuz e os cequins turcos, os pagodes *vijayanagar*, os *mohurs* mongóis e outras moedas de ouro que circulavam no Oriente.

Originariamente, a venda de pimenta em Lisboa estava aberta a todos os indivíduos, mas a partir de 1503 todos os produtos importados passaram ser vendidos por intermédio da Casa da Índia. Em 1530, a Coroa decretou que a Casa só podia vender especiarias a grosso (em quantidades iguais ou superiores a um quintal), constituindo única excepção as pequenas quantidades destinadas a reabastecer as reservas dos farmacêuticos. Tanto os mercadores portugueses como estrangeiros tomavam parte no comércio de pimenta de Lisboa, tendo sido um dos primeiros empresários do comércio de especiarias em grande escala o banqueiro-mercador florentino Bartholomé Marchione, que tinha já, no reinado de D. João II, feito um contrato que lhe garantia uma larga percentagem do comércio da Guiné. Durante a maior parte do século XVI, Antuérpia foi o principal entreposto para a pimenta lisboeta, actuando como centro redistribuidor dessa mercadoria para os vários países do Noroeste da Europa. Banqueiros-mercadores alemães e italianos, os Fugger, os Affaitadi (Lafetá, como eram conhecidos em Portugal), os Giraldi, entre outros, faziam concorrência uns aos outros ou associavam-se para comprar pimenta a curto ou longo prazo. Até 1549, a Coroa conservou a sua própria feitoria em Antuérpia, que foi fechada nesse ano porquanto os feitores locais não podiam resistir à concorrência dos comerciantes flamengos, alemães e italianos muito mais experientes. Durante o último quartel do século XVI estes adjudicatários estrangeiros foram autorizados a fixar agentes seus em Goa e Cochim para superintender a aquisição e embarque das especiarias por contrato; mas, devido aos naufrágios e a outras razões, os adjudicatários só muito raramente conseguiam entregar as quantidades estipuladas em Lisboa.

Além da pimenta, as importações portuguesas de macis, noz-moscada, canela e gengibre aumentaram muito na segunda metade do século XVI, uma vez que o seu valor triplicou durante esse período. Em última análise, a Coroa não obtinha grandes lucros com o cravo-

A NAVEGAÇÃO E AS ESPECIARIAS NOS MARES DA ÁSIA (1500-1600)

-da-índia e com a noz-moscada devido ao elevado custo de equipagem das carracas e dos galeões enviados anualmente para irem buscar estas especiarias, respectivamente às Molucas e a Banda, e devido ao custo da manutenção dos fortes, precariamente defendidos, de Amboíno, Ternate e Tidore. O contrabando e o comércio ilegal desenvolveram-se ainda mais nessas ilhas remotas do que nos restantes locais. O feitor da Coroa em Cochim declarou em 1568 que dois galeões vindos das Molucas e carregados com cravo-da-índia traziam apenas seis *bahares* [1075,2 quilos] (um *bahar* = 400 libras do sistema *avoirdupois* de pesos e medidas inglês, ou 179,2 quilos) destinados à Coroa, ainda que ambos os navios tivessem sido aparelhados e equipados a expensas do rei. A maioria das especiarias indonésias obtidas pelos Portugueses era vendida a comerciantes asiáticos em Malaca, Goa e Ormuz e só quantidades relativamente pequenas eram enviadas para a Europa através da rota do Cabo, apesar da sua crescente procura neste continente. Por volta do fim do século XVI, os Portugueses deixaram de envidar esforços no sentido de fazer cumprir o monopólio oficial do comércio de cravo-da-índia, de acordo com o qual um terço da exportação total estava reservado à Coroa. Quando o almirante holandês Steven van der Hagen conquistou Amboíno, em 1605, descobriu que os Portugueses permitiam que mercadores muçulmanos de toda a Ásia e até da própria Turquia comprassem cravo-da-índia nesta ilha. Passava-se uma coisa semelhante em Ormuz onde, durante o último quartel do século, os mercadores persas, turcos, árabes, arménios e venezianos frequentavam a ilha para comprarem especiarias aos agentes e comerciantes privados portugueses, em completo desrespeito pelo monopólio teórico da Coroa ibérica.

A prosperidade de Ormuz neste período foi confirmada por Ralph Fitch, mercador aventureiro que a visitou em 1583:

> «Ormuz é uma ilha de forma circular com cerca de 45 quilómetros de diâmetro e a mais árida do mundo, pois nada produz à excepção de sal. A água, a madeira, os víveres e tudo o mais de que necessita vêm da Pérsia, que dista aproximadamente 20 quilómetros. Os territórios vizinhos são bastante férteis e fornecem toda a qualidade de víveres a Ormuz. Nesta cidade encontram-se mercadores de variadíssimos países, muitos deles mouros e pagãos. Há um intenso comércio de todos os géneros de especiarias, drogas, sedas em rama e tecidos, tapeçarias finas da Pérsia, grande profusão de pérolas (provindas das ilhas Barém e consideradas as melhores) e muitos cavalos persas, utilizados em toda a Índia. O seu rei é mouro, escolhido e controlado por Portugal».

O IMPÉRIO MARÍTIMO PORTUGUÊS

No que diz respeito à canela, os Portugueses conseguiram manter um monopólio mais eficaz do que em relação a qualquer outra especiaria, porquanto a melhor variedade de canela crescia apenas nas zonas baixas das regiões do Ceilão que se encontravam debaixo do controlo português e os Cingaleses não tinham marinha mercante própria. Havia variedades inferiores no Malabar e em Mindanau, mas, como observava Linschoten em 1596, «a canela da ilha de Ceilão é a melhor e a mais pura do mundo e custa, pelo menos, três vezes mais». A Coroa devia, portanto, ter obtido grandes lucros com o monopólio eficaz desta especiaria, mas na prática os maiores lucros eram colhidos pelos governadores e agentes que faziam desfalques ou comerciavam em canela apesar de toda a legislação promulgada em Goa e em Lisboa para impedir tais procedimentos irregulares. A fama da canela como especiaria valiosa e cobiçada reflectia-se nos versos do poeta Sá de Miranda (c. 1550), que se queixava de que Portugal estava a ser despovoado por causa do grande número de homens que saíam de Lisboa com destino ao Oriente «ao cheiro da canela».

O enfraquecimento da posição portuguesa nas ilhas das especiarias após a perda de Ternate, em 1575, foi largamente compensado pelo monopólio, na prática, do valioso comércio entre a China e o Japão, que estava nas suas mãos nessa altura. As suas primeiras tentativas para se estabelecerem nas costas da China Meridional haviam falhado, em parte devido à sua má administração, em parte devido à relutância da burocracia imperial chinesa em tomar qualquer conhecimento oficial dos intrusos bárbaros e não desejados vindos do «grande oceano ocidental». Mas desenvolveu-se um comércio de contrabando precário com a conivência dos agentes costeiros das províncias de Kwangtung e de Fuquiém, comércio este lucrativo para eles. Isto levou talvez os Portugueses a conseguirem uma base em Macau (1557), relutantemente sancionada pelo imperador em Pequim quando descobriu, já tarde, a sua existência, cerca de vinte anos mais tarde. Devido à fricção constante existente nesta altura entre a China e o Japão e à proibição, feita pela dinastia Ming, de comércio com os «ladrões enfezados» da ilha-império, quer feito através de navios chineses, quer de japoneses, os Portugueses de Macau conseguiram obter um monopólio mais ou menos oficial do comércio entre os dois países. Este comércio baseava-se essencialmente na troca das sedas em rama e manufacturadas e do ouro da China pelas barras de prata japonesas. Claro que a proibição Ming de comércio directo entre a China e o Japão nem sempre foi rigorosamente mantida, mas era suficientemente eficaz para assegurar aos Portugueses a parte mais valiosa deste comércio. A unificação política do Japão levada a cabo por Toyotomi Hideyoshi e a subsequente invasão da Coreia (1592-1598) estimularam em muito a procura japonesa de ouro no último quartel do século XVI. Além disso, se bem que o

A NAVEGAÇÃO E AS ESPECIARIAS NOS MARES DA ÁSIA (1500-1600)

Japão fosse um país produtor de seda, os Japoneses preferiam a seda chinesa à sua, quer fosse em rama ou trançada, porque era de qualidade superior.

A viagem de ida e volta entre Goa e Nagasáqui (porto terminal do comércio japonês a partir de 1570) demorava de dezoito meses a três anos, consoante a duração da estadia do navio em Macau (e/ou Nagasáqui), se perdesse a monção. Esta viagem, que tinha sido originariamente aberta a toda a gente, depressa foi limitada a uma nau ou carraca anual, sob as ordens dum capitão-mor nomeado pela Coroa. O concessionário podia fazer ele próprio a viagem ou vender o direito de a fazer ao indivíduo que lhe tivesse feito a oferta mais elevada. Na realidade, o comércio da seda estava sobretudo nas mãos dos mercadores e dos jesuítas de Macau, que tinham posto a funcionar um sistema de importações baseado numa cotização feita entre todos aqueles que contribuíam para o fornecimento da carga. O capitão-mor ganhava uma bela percentagem sobre a maioria dos artigos que constituíam o carregamento, além dos lucros que obtinha através do seu próprio investimento particular. Linschoten, em 1596, calculou os lucros de cada viagem de ida e volta em 150 000 ou 200 000 ducados; e muitas vezes bastava uma destas viagens para permitir ao capitão-mor reformar-se com uma fortuna.

Tanto Macau como Nagasáqui transformaram-se de obscuras aldeias piscatórias em florescentes portos de mar graças a este comércio mutuamente lucrativo. A posição privilegiada alcançada pelos mercadores de Macau em Nagasáqui foi descrita do seguinte modo por um invejoso visitante holandês, em 1610:

> «Os barcos que vêm de Macau trazem geralmente a bordo duzentos ou mais mercadores, que desembarcam imediatamente, instalando-se cada um numa casa com os seus criados e escravos. Não olham a gastos e nada parece ser caro para eles. Durante os sete ou oito meses que permanecem em Nagasáqui, chegam a gastar mais de 200 000 ou 300 000 moedas de prata, com o que a população local muito beneficia: esta é uma das razões por que os Japoneses que aí vivem lhes dispensam acolhimento tão cordial».

Durante a última década do século XVI, o monopólio português do comércio marítimo japonês e o monopólio jesuíta da missão no Japão, fundada por São Francisco Xavier em 1549, foram igualmente ameaçados pelo aparecimento dos comerciantes e frades missionários espanhóis vindos das Filipinas. Estes rivais ibéricos provocaram considerável inveja e preocupação aos Portugueses, mas as suas actividades, em última análise, não reduziram muito os lucros do comércio de

O IMPÉRIO MARÍTIMO PORTUGUÊS

Macau-Nagasáqui. Apesar da união das duas Coroas ibéricas na pessoa de Filipe II, em 1580, o governo de Madrid aceitou geralmente a reivindicação feita pelos Portugueses de que o Japão se situava dentro da sua esfera de influência (tal como fora demarcada no Tratado de Tordesilhas, em 1494) e de que o comércio japonês devia ser monopolizado por Macau e não por Manila.

Capítulo III

Os Convertidos e o Clero
na Ásia das Monções (1500-1600)

A importância da prata japonesa, das sedas chinesas, das especiarias indonésias, dos cavalos persas e da pimenta indiana na Ásia portuguesa não deve obscurecer o facto de que Deus estava omnipresente, tanto quanto Mamona. Como observou o padre António Vieira, o grande missionário jesuíta português, na sua *História do Futuro*: «Se não houvesse mercadores que fossem procurar os tesouros em terras do Oriente e nas Índias Ocidentais, quem transporia para lá os pregadores que levam os tesouros celestes? Os pregadores levam o Evangelho e os mercadores levam os pregadores». Se no Império Britânico o comércio seguia a bandeira, no português o missionário vinha mesmo atrás do mercador. De facto, se os homens de Vasco da Gama diziam que tinham ido à Índia procurar cristãos e especiarias, a procura destas últimas foi efectuada com muito mais vigor do que a preocupação com aqueles, durante as quatro primeiras décadas de actividade portuguesa no Oriente. Até à chegada dos jesuítas a Goa, com novos homens e novos métodos, em 1542, tinham sido enviados relativamente poucos missionários, e esses tinham conseguido bastante pouco. Muitos deles não se esforçavam minimamente para aprender qualquer das línguas orientais, dependendo assim de intérpretes que estavam, naturalmente, muito mais familiarizados com os preços de mercado e com as mexeriquices de bazar do que com subtis argumentos teológicos. Nem, durante muito tempo, estes missionários e os seus sucessores jesuítas mais qualificados se deram ao trabalho de estudar os livros sagrados e as crenças religiosas básicas daqueles que desejavam converter, fossem eles

O IMPÉRIO MARÍTIMO PORTUGUÊS

muçulmanas, hindus ou budistas, mostrando-se sempre inclinados a rejeitá-las como obras do Diabo.

Além disso, parte do clero secular pioneiro estava mais interessado em servir Mamona do que Deus, como o mostra o grupo de clérigos seculares que disseram ao escandalizado vigário de Malaca, em 1514: «Que a razão principal por que tinham vindo para o Oriente era quererem juntar uma fortuna em cruzados; e um deles disse que não ficaria satisfeito se não conseguisse obter, no espaço de três anos, 5000 cruzados e muitas pérolas e rubis». A maior parte das conversões conseguidas por estes clérigos seculares eram ou as das mulheres asiáticas que viviam (matrimonialmente ou não) com Portugueses, ou as de escravos domésticos, ou as dos pobres e párias esfomeados que se tornaram «cristãos de arroz». Claro que havia excepções, e a conversão em massa dos pescadores de pérolas paravás da Índia Meridional, por muito superficial que tenha sido de início (1537), obteve posteriormente resultados duradouros. Mas foi a Companhia de Jesus, no seu papel de ponta-de-lança da Igreja militante, que tornou a luta pelas almas tão intensa e alargada como a competição pelas especiarias. Os filhos de Loiola estabeleceram e mantiveram padrões muito mais elevados do que os seus antecessores; e o notável desenvolvimento das missões portuguesas ocorrido entre 1550 e 1750 foi sobretudo obra sua, obra essa que amiúde provocou homenagens entusiásticas dos protestantes, hostis em tudo o mais.

Através de uma mistura de métodos de persuasão e de força, em que predominou algumas vezes a força, muitos dos asiáticos residentes na vizinhança das fortalezas portuguesas foram convertidos ao cristianismo, sobretudo nas regiões ao longo da costa ocidental da Índia e nas planícies do Ceilão. Começando com a destruição maciça dos templos hindus de Goa em 1540, as autoridades portuguesas, instigadas sobretudo pelos eclesiásticos locais ou pela Coroa, promulgaram um grande número de leis severas e opressivas com o objectivo de proibir a prática em público das religiões hindu, budista e islâmica no território controlado por Portugal. Estas leis foram complementadas por umas quantas outras promulgadas com o objectivo expresso de favorecerem os convertidos ao cristianismo em relação aos seus compatriotas que recusavam converter-se. As linhas-mestras da política missionária foram determinadas por sucessivos concílios eclesiásticos que tiveram periodicamente lugar em Goa a partir de 1567. Este primeiro concílio de 1567 foi particularmente importante, pois a Igreja pós-concílio de Trento estava então no vigor inicial da sua força confiante e as decisões nele tomadas foram reafirmadas apenas com ligeiras modificações nos concílios posteriores. As suas deliberações foram ditadas por três considerações fundamentais, a última das quais se provou, na prática, ser difícil (se não impossível) de conciliar com as duas primeiras:

OS CONVERTIDOS E O CLERO NA ÁSIA DAS MONÇÕES (1500-1600)

1 - Todas as religiões que não a fé católica apostólica romana orto-
doxa definida pelo concílio de Trento eram intrinsecamente
erradas e nocivas em si mesmas;

2 - A Coroa portuguesa tinha o inelutável direito de espalhar a fé
católica apostólica romana e o poder secular do Estado podia
ser utilizado para sustentar o poder espiritual da Igreja;

3 - A conversão não podia ser feita pela força, nem por ameaças de
força «porque ninguém chega até Cristo pela fé a não ser que
seja conduzido pelo Pai Celeste com amor voluntário e graça
preveniente».

A injunção de que as conversões não devem ser feitas à força nem
através de ameaças de força foi em grande parte anulada na prática por
várias outras decisões do concílio que foram sancionadas como lei, por
um decreto do vice-rei promulgado a 4 de Dezembro de 1567. Este
decreto ordenava, *inter alia*, que todos os templos pagãos existentes em
território controlado pelos Portugueses deviam ser demolidos; que o
nome do profeta Maomé não devia ser invocado nas mesquitas na chamada à oração dos muçulmanos; que todos os padres, professores e
homens piedosos não cristãos deviam ser expulsos; e que todos os
livros sagrados, como por exemplo o Alcorão, deviam ser apreendidos
e destruídos sempre que fossem encontrados. Os hindus e os budistas
estavam proibidos de visitar os seus templos respectivos situados nos
territórios vizinhos e até a passagem em trânsito de peregrinos asiáticos
a tais locais era proibida. Foi também proibido o banho ritual, que é
uma das características essenciais da religião hindu.

A celebração pública de cerimónias de casamento e de procissões
religiosas não cristãs foi estritamente proibida. Não eram permitidas
conversões de muçulmanos ao hinduísmo ou ao budismo e vice-versa,
mas apenas destas religiões ao cristianismo. Foi decretada a monogamia para toda a gente, independentemente da religião. Os indivíduos
que já viviam com mais do que uma mulher (ou que coabitavam com
mais do que uma concubina) foram obrigados a expulsar todas, com
excepção daquela com quem tinham casado primeiro (ou a fazerem de
uma das concubinas esposa pela lei). Todas as crianças orfãs hindus
deviam ser afastadas, se necessário à força, dos parentes com quem
viviam, ser entregues a tutores ou pais adoptivos cristãos e preparadas
por padres católicos para receberem o baptismo. Se, num casamento
pagão, um dos cônjuges se convertia, os filhos e os bens deviam ser
entregues ao seu cuidado. Não era permitido aos cristãos viver ou estar
alojados em casa de não cristãos, nem lhes era permitido estabelecer
outras relações além das estritamente de negócios com os adeptos de
outras religiões. Deviam fazer-se listas nominais de todas as famílias
hindus e estas deviam posteriormente ser enviadas, em grupos de

O IMPÉRIO MARÍTIMO PORTUGUÊS

cinquenta, às igrejas e conventos locais, em domingos alternados, para ouvirem a propaganda cristã. Foi lançada uma escala de multas progressivas sobre todos os que tentassem fugir a estas obrigações. Os não cristãos deviam ser oficial e legalmente discriminados, e os conversos favorecidos, na concorrência para os cargos públicos e lugares bem remunerados que não estivessem reservados (como acontecia com muitos) apenas aos conversos cristãos. Muitas destas regulamentações foram tornadas ainda mais rigorosas através das leis promulgadas posteriormente por sucessivos concílios eclesiásticos, se bem que algumas delas fossem atenuadas. Nem demorou muito que as mesquitas muçulmanas partilhassem a sorte dos templos hindus e budistas, nos locais onde ainda não tinham sido destruídos pela fúria apostólica dos primeiros conquistadores, como muitas já tinham sido. Igrejas católicas apostólicas romanas foram construídas nos (ou perto dos) locais das mesquitas e templos destruídos, e o rendimento vindo das terras que pertenciam a estes últimos foi transferido para o sustento e a manutenção das primeiras.

É evidente que estas medidas discriminatórias e coercivas, se não forçavam realmente as pessoas a tornar-se cristãs a ponta de espada, tornavam-lhes difícil qualquer outra opção religiosa. Privando-as dos seus sacerdotes, professores, homens pios, livros sagrados e locais públicos de culto, para já não falar do livre exercício dos seus respectivos cultos, os legisladores de 1567 esperavam, confiantes, que «as falsas religiões mourisca e pagã» definhassem e morressem no território controlado pela Coroa portuguesa. Mas, como observavam sentenciosamente esses legisladores, uma coisa era promulgar boas leis e outra, completamente diferente, obrigar a cumpri-las. De facto, a sua aplicação variava muito consoante o local, o tempo e as circunstâncias, e, mais especificamente, conforme o carácter de cada vice-rei e arcebispo, cujos poderes eram muito grandes.

O concílio de 1567 exceptuava especificamente das suas medidas antimuçulmanas as mesquitas de Ormuz, porque, ainda que o xá fosse um fantoche dos Portugueses, a população era muçumana e tinha de se estar atento às susceptibilidades dos Persas vizinhos, cada vez mais poderosos. Os comerciantes hindus de Diu conseguiram isenção para os seus templos quando a cidade-ilha foi cedida aos Portugueses em 1537. Esta isenção foi confirmada cerca de um século mais tarde por causa da ajuda que os banianos de Diu tinham dado às missões jesuítas na Abissínia e foram concedidos privilégios idênticos aos muçulmanos locais. Era obviamente impossível interferir nos templos chineses de Macau; e os Portugueses toleravam relutantemente procissões e celebrações públicas budistas e taoístas nessa cidade. Linschoten, o calvinista holandês, crítico nada amistoso dos Portugueses, conta-nos que quando esteve em Goa, em 1583-1589, «toda a espécie de gente como

80

OS CONVERTIDOS E O CLERO NA ÁSIA DAS MONÇÕES (1500-1600)

indianos, pagãos, mouros, judeus, arménios, guzarates, banianos, brâmanes e todas as nações e povos da Índia que vivem e negociam todos aqui» era autorizada a ter liberdade de consciência, desde que praticasse os seus ritos matrimoniais «e outras invenções supersticiosas e diabólicas» à porta fechada.

Embora o decreto de 1567 tenha aparentemente posto fim a todo o intercâmbio social entre as famílias portuguesas e as suas vizinhas não cristãs, sabemos que este intercâmbio continuou. Sucessivos concílios eclesiásticos denunciaram a tolerância de procissões pagãs em território português e também o hábito que os cristãos tinham de emprestar as suas jóias, adornos e escravos aos participantes dessas procissões. Sabemos também através dessas condenações eclesiásticas que os Portugueses cederam canhões para disparar salvas durante o jejum muçulmano do Ramadão. Longe de obrigarem toda a gente a cumprir a prática da monogamia, decretada pelos puritanos prelados do concílio de 1567 e outros posteriores, muitos Portugueses mantinham haréns em toda a parte e sempre que podiam. Os relatórios missionários do tempo e posteriores a São Francisco Xavier ilustram em escala assombrosa as queixas contra a concupiscência lusitana. Bailarinas profissionais e prostitutas ligadas aos templos, vindas dos territórios hindus mais próximos, eram prodigamente sustentadas pelos fidalgos portugueses de Goa e de Baçaim, apesar das várias denúncias feitas pelos sucessivos vice-reis e arcebispos. Finalmente, a lei segundo a qual os cargos oficiais deviam apenas ser ocupados, sempre que possível, por conversos cristãos, foi frequentemente ignorada na prática. Para além de outros casos que poderiam ser mencionados, a experiência provou que só os banianos hindus possuíam a perspicácia financeira, recursos e experiência para funcionar como cobradores das rendas das terras da Coroa, dos direitos alfandegários e das contribuições, etc.

O jesuíta provincial António de Quadros, ao escrever de Goa uma carta para a Coroa, em 1561, explicou os resultados obtidos pela força e a coacção na evangelização da ilha e das zonas vizinhas que se encontravam sob controlo português. Muitos dos hindus convertiam-se graças à pregação dos missionários jesuítas.

> «Outros porque Nosso Senhor os traz, sem ninguém os persuadir a isso; outros vêm porque são persuadidos a fazê-lo por parentes recentemente convertidos, tendo alguns trazido trezentos, outros cem, outros menos, fazendo cada um o melhor que pode; outros, e estes os menos numerosos, vêm porque são constrangidos a fazê-lo por causa das leis promulgadas por Vossa Alteza nestas terras proibindo os templos hindus e as cerimónias hindus, porquanto estas pessoas foram consideradas culpadas a este respeito e

O IMPÉRIO MARÍTIMO PORTUGUÊS

imediatamente encarceradas; e depois de estarem encarceradas, com medo do castigo, pedem para receber o santo baptismo.»

O escritor acrescenta que quando estes aterrorizados prisioneiros pediam para receber o baptismo ou para aprender o catecismo, os jesuítas os levavam ao colégio de São Paulo, onde lhes davam de comer. Quando tivessem ingerido essa comida e tocado nos pratos em que ela era servida, perdiam a sua casta sem (dizia ele) qualquer esperança de a voltar a adquirir, visto que estavam desonrados para sempre aos olhos dos hindus ortodoxos. A partir daí não se opunham mais a tornar-se cristãos conversos.

O provincial admitia que muitos leigos portugueses de Goa criticavam severamente este processo, pois equivalia a fazer conversos à força. Denunciou estas críticas como motivadas por má vontade ou por interesse pessoal, especialmente por parte dos funcionários da Coroa que confiavam com perícia e a cooperação dos brâmanes para fazerem funcionar sem problemas os aspectos financeiros da administração; mas há muitas provas contemporâneas indicando que essas críticas eram amplamente justificadas. Um dos funcionários da Coroa, ao escrever em 1552 à rainha de Portugal, afirmava que os jesuítas estavam mais preocupados com o seu prestígio do que com os frutos da sua política de conversões, utilizando métodos coercivos mas práticos para obter os resultados desejados.

«Para além de outros vexames e aborrecimentos que infligem aos hindus para os constranger a submeterem-se ao baptismo, barbeavam à força muitos deles e obrigavam-nos a comer carne de vaca e a pecar contra outros ritos supersticiosos e idólatras; por esta razão, muitos deles fugiram e os cristãos portugueses queixam-se porque não podem viver sem os seus serviços, tanto no que diz respeito ao cultivo dos seu palmares e quintas, como no que se refere a outras tarefas necessárias, essenciais aqui.»

O concílio eclesiástico de 1567 reconhecia também que os hindus se queixavam frequentemente às autoridades seculares de Goa de que «os seus filhos, ou escravos, ou servidores» eram feitos cristãos à força, e tais queixas ocorreram periodicamente durante séculos. Algumas dessas queixas eram, sem dúvida, exageradas mas muitas outras não o eram. É significativo que uma exposição apresentada à Coroa, em Lisboa, em Fevereiro de 1563, pelos bispos de Ceuta, Lisboa, Tânger, Angra, Portalegre, Lamego e Algarve, afirmasse categoricamente que imperavam grandes abusos em todas as campanhas missionárias do ultramar português, entre eles o uso da força e o burlesco baptismo em massa de conversos não catequizados. É pouco provável que sete prelados portugueses tão importantes tivessem feito acusações tão graves sem estar absolutamente seguros dos factos. A extensa documentação publicada no século XVI sobre as missões jesuítas de Goa mostra sem sombra de dúvida que os missionários utilizavam aquilo que mais tarde foi eufemisticamente chamado «a inclemência da caridade», sempre que podiam contar com o apoio de fanáticos dominados pelos padres como foram, por exemplo, o governador Francisco Barreto (1555-1558) e o vice-rei D. Constantino de Bragança (1558-1561). Durante o governo deste último, o êxodo dos hindus de Goa para o continente atingiu proporções tão alarmantes que os seus sucessores imediatos se viram na necessidade de inverter a sua política. Tanto o conde de Redondo (1561-1564) como D. Antão de Noronha (1564-1568) concederam aos hindus de Goa garantias específicas de que não seriam convertidos à força. Um decreto promulgado em 3 de Dezembro de 1561 pelo primeiro anunciava que todos os hindus que tivessem fugido do território português para evitar perseguições religiosas, e cujas propriedades tivessem sido confiscadas por ordem de D. Constantino, recuperá-las--iam novamente se voltassem às suas aldeias no prazo de seis meses.

Talvez não valha a pena referir que, se bem que métodos dúbios fossem amiúde utilizados para conseguir conversões de indianos ao cristianismo, no século XVI, os descendentes desses conversos tornaram-se cristãos devotos com o correr dos tempos. O bispo de Dume, o primeiro prelado de Goa, compreendeu-o quando defendeu, em 1522, a expulsão de todos os indianos que não aceitassem converter--se ao cristianismo. Se ficassem e aceitassem receber o baptismo, escreveu ele, não se podia esperar que se tornassem bons cristãos, «mas os seus filhos sê-lo-iam». De facto, foi exactamente isto que aconteceu. Depois da destruição maciça dos templos hindus ocorrida na década de 40 e das conversões em massa ocorridas na década de 60, o cristianismo criou raízes firmes no território português de/e à volta de Goa e Baçaim. Tal como na Europa os descendentes dos Saxões, Teutões e Eslavos que em muitos casos foram convertidos à força ao cristianismo, se tornaram posteriormente cristãos fervorosos, também os habitantes da ilha de Goa e do distrito de Baçaim, no espaço de duas ou três gerações, ficaram profundamente ligados à religião que tinha sido imposta, de forma não muito agradável, aos seus avós.

Deve também fazer-se uma distinção entre a política portuguesa e as atitudes sociais face aos crentes de outras religiões nas primeira e segunda metades do século XVI. De modo geral, quando os Portugueses compreenderam que os hindus não eram cristãos, prepararam-se a princípio para os tolerar e cooperar com eles a fim de formarem uma força comum contra os muçulmanos. É verdade que Albuquerque teve mais tarde de abandonar o seu plano inicial de se opor aos muçulmanos pela força em toda a parte e de favorecer invariavelmente os hindus à

O IMPÉRIO MARÍTIMO PORTUGUÊS

custa dos muçulmanos, porquanto descobriu que, em certas circunstâncias, não podia passar sem os marinheiros guzarates e os mercadores
muçulmanos. Além disso, como Albuquerque escreveu ao rei D. Manuel
em Outubro de 1514:

«Os mercadores muçulmanos têm as residências e os estabelecimentos nos melhores portos dos hindus. Têm numerosos navios
muito grandes, e fazem um grande comércio, e os reis hindus
estão muito intimamente ligados a eles, devido ao lucro anual
que obtêm deles. E os banianos de Cambaia, que são os mercadores hindus mais importantes destas regiões, dependem da navegação muçulmana».

Albuquerque e os seus sucessores, se bem que considerando o hinduísmo «idolatria cega», não destruíram sistematicamente os templos
hindus nem interferiram abertamente nos ritos e cerimónias públicas
hindus (a não ser no que diz respeito à abolição do *sati* ou pira das viúvas) como fizeram em relação aos muçulmanos, demolindo-lhes as
mesquitas e proibindo as práticas islâmicas sempre que podiam. Do
mesmo modo, os pioneiros portugueses na Ásia e na Abissínia não se
perturbaram excessivamente com os ritos caldeus e sírios dos cristãos
de São Tomás, no Malabar, nem mesmo com a Igreja monofisita etíope
quando por fim conseguiram entrar em contacto com o Preste João.
Mas a intensificação dos diferendos religiosos na Europa, resultantes
do aumento de heresias protestantes e do renascimento da Igreja católica apostólica romana conhecido pelo nome de Contra-Reforma,
reflectiu-se claramente no Oriente durante o reinado de D. João III
(1521-1557), que anunciou aquilo que o professor Francis Rogers
denominou «a época da arrogância latina».
O concílio de Trento, o estabelecimento da Inquisição (1536) e de
uma rígida censura eclesiástica em Portugal foram acompanhados pela
destruição dos templos hindus de Goa e por uma tendência crescente
para considerar os cristãos de São Tomás e os Abissínios heréticos obs-
tinados que deviam ser trazidos, tão depressa quanto possível, ao seio
da Igreja. Na Europa, o princípio de que governante e governados
deviam partilhar a mesma fé – *cujus regio illius religio* – começou a ser
amplamente aceite, tanto por católicos como por protestantes e era inevitável que os Portugueses tentassem aplicar o mesmo princípio nos
locais onde exerciam controlo efectivo. Na prática, ele reduzia-se às
suas colónias na costa ocidental da Índia e nas planícies do Ceilão.
As leis penais que foram promulgadas, a partir de 1540, contra a profissão pública do islamismo, hinduísmo e budismo, em certas possessões
portuguesas no Oriente, têm a sua contrapartida nas leis penais promulgadas nos países da Europa contra a profissão de quaisquer formas de

OS CONVERTIDOS E O CLERO NA ÁSIA DAS MONÇÕES (1500-1600)

cristianismo que os governos respectivos entendessem considerar subversivas e heréticas. Basta apenas lembrarmo-nos do tratamento que tiveram os católicos apostólicos romanos em Inglaterra e na Irlanda e das humilhações infligidas aos judeus em toda a parte. Tem-se dito, indubitavelmente com razão, que «o homem é um animal religioso». Pode afirmar-se com a mesma verdade que o homem é também um animal perseguidor. A história do cristianismo, uma religião declaradamente pacifista e de amor fraterno, fornece amplas provas deste facto; e a acção dos Portugueses na Índia não constituiu, de modo algum, excepção a esta regra geral.

A posição da Igreja católica apostólica romana em Portugal e no seu império ultramarino era já poderosa em 1550 e foi ainda mais reforçada pela Contra-Reforma, a que Portugal aderiu imediata e incondicionalmente. Os padres tinham, em grande parte, imunidade face à jurisdição civil; as ordens religiosas e a Igreja possuíam cerca de um terço da terra disponível em Portugal e muitas das melhores terras na Índia portuguesa; os padres e os prelados passavam muitas vezes a vida inteira na Ásia, tendo, assim, uma influência contínua que contrastava com os períodos trienais de permanência dos vice-reis e governadores, como se afirma na rima popular goesa: «Vice-rei vá, vice-rei vem, padre paulista sempre tem». Sobretudo, os Portugueses tinham uma veneração profundamente arreigada pelo sacerdócio, veneração essa que se reflectia noutro dito popular: «O pior religioso é melhor do que o melhor leigo». Estes são alguns dos factores que permitem explicar por que é que, numa época profundamente religiosa, o império marítimo português na Ásia pode ser descrito como uma empresa militar e marítima moldada numa forma eclesiástica. Quando alguns funcionários na Coroa protestaram junto do vice-rei, D. Constantino de Bragança, contra os seus esforços para converter, duma maneira ou doutra, os banianos locais, salientando que desse modo a colecta dos impostos da Coroa seria dificultada, «ele replicou, como príncipe muito cristão, que preferia, para honra da Fazenda real e glória de Sua Alteza, a conversão do canarim mais pobre daquela ilha a todos os lucros obtidos sobre aquelas terras e das carracas carregadas com pimenta, e que arriscaria tudo para a salvação de uma só alma». E não eram palavras vãs; porque foi o mesmo vice-rei que rejeitou a oferta do rei de Pegu para pagar um resgate principesco pela relíquia sagrada do dente de Buda, de que ele se tinha apoderado em Jafanapatão, e que foi publicamente reduzida a pó, com o auxílio de um almofariz e de um pilão, pelo arcebispo de Goa.

Se a conversão à força de adultos era proibida, em teoria, pela Coroa, pelos eclesiásticos responsáveis e pelas autoridades civis, esta proibição não abrangia a conversão dos órfãos hindus nos territórios de Goa e de Baçaim, onde a utilização da força foi explicitamente sancio-

O IMPÉRIO MARÍTIMO PORTUGUÊS

nada por uma série de decretos do rei e dos vice-reis, tendo o primeiro sido promulgado em Lisboa, em Março de 1559. Neste decreto, a Coroa ordenava que:

«Todas as crianças pagãs na cidade e ilhas de Goa (...) sem pai e sem mãe, e sem avô ou avó, ou outros parentes, e que não estejam ainda numa idade em que possam ter uma compreensão adequada e um juízo racional (...) devem doravante ser levadas e entregues ao Colégio de São Paulo da Companhia de Jesus na dita cidade de Goa, para que possam ser baptizadas, educadas e catequizadas pelos padres do dito colégio».

Foi posteriormente promulgada legislação, tanto em Lisboa como em Goa, que autorizava especificamente a utilização da força para arrancar essas crianças órfãs aos parentes ainda vivos, tutores ou amigos, e muitas vezes a força teve de ser utilizada.

Esta legislação coerciva não parou aqui. Embora o texto do decreto de 1559 referisse claramente que uma criança considerada órfã era aquela que tivesse perdido tanto os pais como os avós, criou-se rapidamente o hábito de considerar órfã uma criança que tivesse perdido o pai, mesmo que a mãe e os avós ainda fossem vivos. A desculpa para este procedimento era que, nas *Ordenações*, ou código de leis português, um órfão era definido nesses termos e que essa definição era igualmente aplicável, tanto no território colonial como no metropolitano. Esta definição foi abolida em 1678, altura em que foram restabelecidas as condições mais liberais do decreto de 1559. O limite de idade até ao qual os órfãos podiam ser arrancados à força aos seus parentes não cristãos não fora especificamente estabelecido no decreto de 1559; e, na prática, variava muito, até ser finalmente fixado em catorze anos para os rapazes e doze para as raparigas, por decreto promulgado por um vice-rei, em 1718.

A tarefa de descobrir órfãos hindus e de os ir buscar, se necessário pela força, foi atribuída a um padre denominado *pai dos cristãos*. Como tal, exercia uma ampla variedade de poderes na protecção e no auxílio dos interesses espirituais e temporais dos conversos. O pai dos cristãos era, de uma maneira geral, se bem que não invariavelmente, um jesuíta; e eram nomeados indivíduos para ocupar este posto não só em Goa mas também em Baçaim, Ceilão e em vários outros locais do Oriente onde os Portugueses exerciam jurisdição efectiva. Não é de surpreender que os parentes desses órfãos hindus fizessem frequentemente todos os esforços para subtrair estas crianças às atenções indesejáveis do pai dos cristãos e às da Inquisição, estabelecida em Goa em 1560. Contudo, novamente aqui a teoria e a prática diferiam muitas vezes amplamente. O pai dos cristãos e os funcionários do Santo Ofício queixavam-se por

OS CONVERTIDOS E O CLERO NA ÁSIA DAS MONÇÕES (1500-1600)

vezes de que não eram apenas os hindus adultos que auxiliavam a fuga destas crianças para o território hindu ou muçulmano mas que até os cristãos nativos o faziam às vezes. Do mesmo modo, as autoridades eclesiásticas afirmavam que os representantes do poder civil se mostravam indiferentes ou mesmo completamente obstrutivos, quando eram chamados a apoiar em tais actividades.

Poderia fornecer muitos outros exemplos para mostrar como os Portugueses por vezes utilizaram a força ou a ameaça da força, em certos períodos e locais, para prosseguir a sua política de conversão no Oriente, mas bastará mais um exemplo. O padre Alexandre Valignano, o grande reorganizador das missões jesuítas na Ásia, durante o último quartel do século XVI, escreveu que São Francisco Xavier

> «compreendeu com a sua espiritualidade e prudência quão incapaz e primitiva é a natureza deste povo nas coisas de Deus e percebeu que a argumentação persuasiva não lhes causava a mesma impressão que a força. Portanto considerava que seria muito difícil formar qualquer comunidade cristã entre os Negros (¹), e ainda mais difícil conservá-la, a não ser que fosse governada pelos Portugueses ou que ficasse numa região até onde o seu poder pudesse estender-se, como acontecia na região costeira, onde as frotas de Sua Alteza podem navegar para Norte e para Sul, distribuindo favores e castigos, consoante o povo da região merece».

Valignano acrescentava que o sucesso espectacular dos métodos missionários de Xavier na costa piscatória deveu-se sobretudo à mistura judiciosa de ameaças e de brandura, «e com os favores que lhes prometia, por vezes acrescentando umas ameaças e medos do mal que lhes podia acontecer se os capitães [portugueses] lhes tirassem a sua pesca e comércio marítimo, e finalmente *compellendo eos intrare ad nuptias*, como diz o Senhor, influenciou muitos deles a tornarem-se cristãos». Ainda que Valignano tenha exagerado o apoio dado por Xavier àquilo que foi mais tarde conhecido como a «política de canhoneira», mantém-se o facto de tais pontos de vista estarem difundidos entre os missionários portugueses no Oriente. A Igreja militante não era mera figura de retórica.

Nem o era, também, a Igreja mercantil. Além dos clérigos seculares que estavam mais interessados em fazer fortuna do que em salvar almas, as ordens religiosas tinham muitas vezes de contemporizar com Mamona para obter, na totalidade ou em parte, o dinheiro de que neces-

---

(¹) «... Entre los Negros», se bem que se estivesse, nesse passo, a referir aos Indianos em geral e aos da costa do Malabar em particular (*N. A.*)

sitavam para manter as missões. Através do padroado, a Coroa portuguesa devia, em princípio, fornecer os fundos necessários a este fim; mas, com as enormes obrigações criadas pelo império marítimo, raras vezes conseguia fazê-lo adequadamente. A balança tinha de ser equilibrada por particulares e por doações caridosas, e nos locais onde isto não bastava e onde os cristãos nativos eram demasiado pobres para sustentar as igrejas e os seus ministros, o único recurso era, necessariamente, o comércio. Foram os jesuítas que, voluntária ou involuntariamente, utilizaram mais vezes este método para manter as suas missões, sobretudo no Japão. Havia um cínico ditado popular na Ásia portuguesa segundo o qual os pagamentos feitos pela Coroa eram recebidos «tarde, mal, e nunca». Embora os vice-reis, governadores e capitães se queixassem constantemente de que a Coroa dava prioridade aos pagamentos do ramo eclesiástico, deixando para segundo plano as necessidades navais, militares e civis (o que na verdade acontecia geralmente), o tesouro real estava frequentemente vazio e as pessoas tinham de sofrer privações.

Quando o padre Alexandre Valignano foi acusado pelos seus superiores em Goa de ter comerciado ilegalmente ouro e sedas chinesas com a Índia portuguesa, replicou, irritado, da missão em que se encontrava no Japão, em 1599:

> «Pela graça de Deus não nasci filho de mercador, nem nunca o fui; mas sinto-me feliz por ter feito o que fiz para bem do Japão, e acredito que Nosso Senhor também o considera bem feito e que me dá e dará muitas recompensas por isto. Porque se Sua Divina Majestade não me tivesse inspirado a fazer o que fiz pelo Japão, podia muito bem ser que o Japão estivesse agora a braços com uma crise ainda pior e sem qualquer esperança de remédio. Por conseguinte, meu amigo, aquele que está bem alimentado e nada lha falta, não pode ser um bom juiz das dificuldades que assolam os que estão a morrer de fome em grande privação. E se alguma de Vossas Reverências pudesse vir aqui ver de perto estas províncias, com as suas enormes despesas e os miseráveis rendimentos e capital, proveniente este último de processos incertos e perigosos, posso assegurar-lhes que não passariam calmamente o tempo a dormir (...) por conseguinte, Vossa Reverência e o padre visitador deviam apoiar-nos neste assunto e não discutir connosco».

A lógica de Valignano era irrefutável e não é de mais afirmar que, sem a ajuda fornecida, directa ou indirectamente, por Mamona, as missões na Ásia não teriam podido funcionar tão eficazmente como de facto funcionaram.

OS CONVERTIDOS E O CLERO NA ÁSIA DAS MONÇÕES (1500-1600)

No final do século XVI, os Portugueses tinham em grande parte abandonado as atitudes e a mentalidade de conquistadores que os haviam inspirado nas primeiras décadas da sua expansão na Ásia e encontravam-se fundamentalmente interessados no comércio pacífico e em conservar o que já tinham conseguido. Esta concepção pacífica foi denunciada pelos mais belicosos espanhóis de Manila, onde um dominicano fanfarrão, Diego Aduarte, escreveu em 1598: «É um facto que nem a Coroa real nem a Fé serão muito aumentadas pelos Portugueses, porquanto se dão por satisfeitos com os portos que já têm para garantir o mar para o seu comércio». Idêntico ponto de vista foi exposto, poucos anos mais tarde, por Hugo Grócio, que observou no seu famoso *Mare Liberum* (1609): «Os Portugueses não favorecem, em muitos lugares, o alargamento da Fé, ou, na verdade, não lhe prestam qualquer atenção, uma vez que apenas estão interessados na aquisição de riqueza». Seria fácil multiplicar críticas contemporâneas desfavoráveis a este respeito, entre as quais bastantes de origem portuguesa; mas na verdade, Deus não estava em toda a parte subordinado a Mamona, como estes comentários depreciativos fazem supor. Pelo contrário, mesmo um estudo apressado da Ásia portuguesa de finais do século XVI revela uma actuação conseguida, notável e contínua, dos missionários do padroado em geral e dos jesuítas em particular.

Compreensivelmente, não é possível avaliar com exactidão o número de cristãos existentes na Ásia neste período. Os redactores dos relatórios missionários tinham uma predilecção especial por números redondos e pela tabuada, o que torna muitos – talvez a maior parte – destes relatórios suspeitos. Muitas vezes não se faz a distinção entre os indivíduos que eram cristãos praticantes com um conhecimento razoável dos princípios da sua fé e os que o eram apenas nominalmente. As conversões em massa eram susceptíveis de ser seguidas, mais cedo ou mais tarde, por apostasias em massa nas regiões onde o poder secular português não podia ser utilizado para apoiar o espiritual, ou onde o governador (ou senhor da terra) decidia perseguir os súbditos (ou residentes) cristãos. As estimativas que se seguem são, inevitavelmente, aproximações pouco exactas e estão sujeitas a revisão à luz de investigação posterior.

Então como agora, os conversos cristãos em terras muçulmanas eram poucos e espalhados, limitando-se sobretudo às mulheres que viviam com Portugueses e aos filhos destas (geralmente ilegítimos), aos escravos fugitivos e aos párias sociais. Na Africa Oriental, de Sofala a Pate, não deve ter havido mais do que umas escassas centenas nestas condições, se bem que possa ter havido milhares de conversos cristãos entre os Bantos – incluindo os escravos existentes na mesma área. As possessões portuguesas no golfo Pérsico tinham ainda menos cristãos indígenas, por razões óbvias, não havendo também muitos em

O IMPÉRIO MARÍTIMO PORTUGUÊS

Diu, onde (como já vimos) o hinduísmo e o islamismo eram oficialmente tolerados. A costa ocidental da Índia, na faixa costeira entre Damão e Chaul, conhecida por «província do Norte», contava provavelmente entre 10 000 e 15 000 cristãos, sobretudo em e à volta de Baçaim. Goa e as suas ilhas adjacentes, juntamente com os distritos de Salsete e de Bardez, podem ter contado uns 50 000 ou talvez mais; e Cochim, as colónias costeiras de Cananor e do Malabar muitos poucos milhares, sem contar com os cristãos de São Tomás. As estimativas da população cristã da costa piscatória oscilam entre 60 000 e 130 000, e não pretendo sugerir qual o número que está mais próximo da verdade.

O número de 30 000 para o Ceilão pode muito bem ser razoavelmente exacto, se bem que não se saiba ao certo se inclui o reino tâmil de Jafanapatão e Manar no Norte da ilha, frequentemente considerado uma entidade distinta do reino cingalês. Deve ter havido poucos milhares de cristãos em e à volta das colónias comerciais portuguesas de Coromandel, de Bengala e de Araban; mas neste período existiam poucos cristãos em Malaca, no Sião, na Birmânia e na Indochina. Nas ilhas da Indonésia, a estimativa mais favorável deveria oscilar entre 15 000 e 20 000, concentrando-se a maioria destes conversos em Amboíno e em Solor, nas ilhas Sunda Menores. Macau tinha uma população de cerca de 3000 cristãos mas a obra missionária jesuíta no continente chinês, que obteve resultados tão espectaculares no século XVII, encontrava-se ainda num estado embrionário. Finalmente, tanto pela quantidade como pela qualidade, contavam-se as importantíssimas missões do Japão. Nelas, a comunidade cristã contava provavelmente 300 000 almas, a maioria das quais em e à volta de Nagasáqui, na ilha Ximo, e na capital de Quioto e seus arredores mais próximos.

Se excluirmos os cristãos de São Tomás do rito sírio-caldaico que se reconciliaram com a Igreja de Roma no sínodo de Diamper, em 1599, estas estimativas (muito grosseiras) dão-nos um total que oscila entre meio e um milhão de cristãos católicos apostólicos romanos na área que vai de Sofala a Sendai, sendo provavelmente o último o número mais próximo da verdade. Podem não parecer muitos em comparação com os numerosos milhões que continuavam a professar as suas crenças tradicionais; mas é um número inegavelmente notável se nos lembrarmos de que a maioria deste trabalho foi feito entre 1550 e 1559, e quando pensamos no número relativamente pequeno de missionários activos em campo.

O Japão, o melhor e mais prometedor campo de acção missionária, contava apenas 137 missionários jesuítas em 1597; e os (prováveis) 16 000 cristãos das Molucas tinham sido evangelizados por apenas cinquenta jesuítas entre 1546 e o fim do século. Além disso, a devastação provocada pela morte e pela doença no pessoal missionário era inevitavelmente muito elevada num período em que as origens e curas cientí-

OS CONVERTIDOS E O CLERO NA ÁSIA DAS MONÇÕES (1500-1600)

ficas das doenças tropicais eram praticamente desconhecidas. Assim, durante os quatro anos de 1571 a 1574 morreram nas missões orientais 58 jesuítas, sendo muitos deles personalidades proeminentes. Nalgumas das regiões mais insalubres, como, por exemplo, as da Zambézia e das Molucas, podia haver apenas cinco ou seis missionários disponíveis em qualquer altura para servir uma região enorme. E a obra da conversão não foi de modo nenhum especialmente favorecida pelas actividades de tipo Gestapo do pretenso e auto-intitulado Santo Ofício da Inquisição, sendo o hábito de se queimar as viúvas hindus na cerimónia do *sati* substituído pela morte dos judeus na fogueira, nos autos--de-fé realizados em Goa.

Uma das principais dificuldades com que os missionários tiveram de se debater foi a suspeita da parte de muitos príncipes e potentados asiáticos de que os seus súbditos e servidores que se convertiam ao cristianismo tinham tendência para se identificar mais intimamente com os invasores europeus do que com a sua própria terra natal. Isto era até certo ponto inevitável, sobretudo na Índia, onde os indivíduos de casta elevada que se convertiam do hinduísmo ao cristianismo se tornavam automaticamente «intocáveis» e eram portanto obrigados a confiar na protecção e apoio dos seus correligionários europeus. Na China, Indochina e Japão, a suspeita de que os conversos cristãos formassem o núcleo daquilo que hoje se chama uma «quinta-coluna» estava difundida e não era totalmente injustificada. Basta apenas recordarmos o ambicioso plano do padre jesuíta Alonso Sánchez para a conquista da China, proposto em 1588, no qual contava com a ajuda de tropas auxiliares recrutadas entre os Japoneses e Filipinos cristianizados. O plano de Sánchez foi depressa repudiado pelos seus colegas mais sensatos; mas é significativo que, vinte anos mais tarde, um cronista jesuíta pudesse afirmar na sua história, oficialmente aprovada, das missões portuguesas na Ásia: «Quanto mais pagãos se convertam a Cristo, mais amigos e vassalos adquirirá o serviço de Sua Majestade, porquanto estes conversos lutarão mais tarde pelo Estado [da Índia portuguesa] e pelos cristãos contra os seus compatriotas pagãos».

Tendo em vista os obstáculos com que os missionários tinham de se debater, não sendo o menor, muitas vezes, a sua ignorância das crenças religiosas daqueles que tentavam converter, é em certos aspectos surpreendente que tenham conseguido tantas conversões, especialmente em locais onde (ao contrário de Goa ou das terras do daimio cristão no Japão) o braço secular ou então a ambição comercial não podiam ser utilizados como ameaça ou como atractivo. Deus, utilizando de maneira misteriosa os seus maravilhosos meios de acção, fornece com certeza uma resposta que satisfaria o crente piedoso naquela altura tanto como agora; mas os que têm pontos de vista mais mundanos devem considerar que houve outros factores em acção. É, sem dúvida, bastan-

O IMPÉRIO MARÍTIMO PORTUGUÊS

te significativo que em vários dos territórios budistas onde os missionários obtiveram maior sucesso, particularmente em Ceilão e no Japão, o budismo estivesse precisamente naquela altura em recessão, em espiritualidade e eficácia. Em determinados aspectos, pode não ser descabido comparar o estado de decadência do budismo nesses dois países com o da Igreja católica apostólica romana na maior parte da Europa Ocidental, em vésperas da Reforma.

Outro dos factores que agiram claramente em favor dos missionários foi a espantosa semelhança de muitas das manifestações exteriores do hinduísmo e do budismo (a utilização de imagens, incenso e rosários, as ordens de monges e monjas, as cerimónias e templos cheios de cor) com as da Igreja católica apostólica romana. É verdade que, de uma maneira geral, os missionários não encaravam as coisas segundo esta óptica e que acusavam o Demónio de misturar, sacrilegamente, práticas católicas com as das religiões orientais para confundir os fiéis. Mas as experiências posteriores dos missionários calvinistas e de outros missionários protestantes na Ásia mostraram claramente que estas semelhanças superficiais tornavam a transição da religião indígena para a fé católica apostólica romana relativamente mais fácil do que a transição para os dogmas e práticas tristemente austeros de Calvino, Théodore de Bèze e John Knox. Saliente-se também que os missionários cristãos nos territórios hindus e budistas obtinham muitas vezes os seus maiores e mais duradouros sucessos entre as castas e classes piscatórias. O que se explica, sem dúvida, pelo menos particularmente, pelo preconceito convencional, profundamente enraizado, dos budistas e dos hindus contra a morte de animais. As castas e classes piscatórias, que eram desprezadas pelos seus correligionários em Tuticorin, Manar e Ximo, encontraram aceitação e um crescente auto-respeito na cristandade. Até na Malaca muçulmana a única parcela da população que se manteve cristã até aos nossos dias foi a comunidade piscatória.

Finalmente, deve salientar-se que a influência do cristianismo na Ásia quinhentista não se limitou aos indivíduos que aceitaram a conversão. Houve missionários jesuítas residentes na corte do grão-mogol, se bem que as suas optimistas esperanças de converterem os imperadores Akbar e Jahangir tenham sido goradas. Houve também jesuítas na corte do *Taiko* Hideyoshi, mesmo no período em que os missionários cristãos estavam ostensivamente proibidos de viver fora de Nagasáqui; e o visitador jesuíta, Valignano, actuou como enviado do vice-rei de Goa junto do ditador militar do Japão. Frades franciscanos converteram o último governador cingalês de Kotte, que se proclamou suserano do Ceilão, e que doou em testamento esta ilha ao rei de Portugal (e de Espanha). O xá da Pérsia recebeu frades agostinianos na sua capital, e os reis do Sião e do Camboja autorizaram a permanência de dominicanos e de outros missionários nas suas capitais, pelo menos durante algum tempo.

92

Apesar da miopia cultural que afectava muitos missionários, outros eram mais perceptivos e actuaram como catalisadores culturais entre a Ásia e a Europa. As pinturas e gravuras europeias que os jesuítas levaram para a corte de Akbar causaram uma profunda e duradoura impressão nos pintores indianos, como se testemunha pelas muitas miniaturas que revelam claramente influências e motivos europeus. Os jesuítas introduziram a primeira impressora de tipos móveis na Índia e (talvez) no Japão, além de terem impresso em Nagasáqui (em 1599) um resumo japonês do *Guia dos Pecadores*, do dominicano Luís de Granada, utilizando um misto de tipos móveis e de blocos de madeira. Na China da dinastia Ming, os missionários tinham já começado, sob a inspiração de Matteo Ricci, a introdução, plena de tacto, da ciência ocidental, que lhes granjeou uma posição tão privilegiada no século seguinte. Mas, acima de tudo, alargaram a extensão e a profundidade do conhecimento europeu sobre a Ásia, através das cartas e relatórios que enviavam das suas missões e que circulavam em grande escala devido à sua impressão nas principais casas impressoras europeias.

Capítulo IV

Os Escravos e o Açúcar
no Atlântico Sul (1500-1600)

É irrelevante para nós sabermos se o Brasil foi descoberto acidental ou intencionalmente pela frota comandada por Pedro Álvares Cabral, em Abril de 1500, numa viagem de ida e volta para a Índia, mas a «Terra de Vera Cruz», assim baptizada pelos descobridores, depressa passou a chamar-se Brasil, devido à lucrativa madeira vermelha com substâncias corantes do mesmo nome (pau-brasil) que foi encontrada em quantidade apreciável ao longo do litoral. O empenho no comércio da Índia, no ouro da Guiné (Mina) e nas guerras com Marrocos impediram durante muitos anos a Coroa portuguesa de dedicar muita atenção à região recentemente descoberta e que parecia não possuir nada melhor do que madeira com substâncias corantes, papagaios, macacos e selvagens nus, o mais primitivos possível. Estes ameríndios pertenciam à família linguística dos Tupi-Guarani, sendo os homens caçadores-recolectores, pescadores, deixando às mulheres a pouca actividade agrícola que conheciam. As suas tribos ou grupos de famílias nómadas conheciam o fogo mas não o metal e as tribos mais sedentárias construíam aldeias rodeadas por paliçadas, com umas quantas cabanas grandes para dormirem, feitas de estacas, relva entrançada e colmo. A mandioca, depois de extraído o seu suco venenoso, constituía a alimentação básica de muitos deles e algumas (mas de maneira nenhuma a totalidade) das tribos praticavam canibalismo ritual.

As primeiras impressões causadas por estes selvagens nus da Idade da Pedra foram muito favoráveis, sendo descritos como inocentes filhos da natureza, exactamente como Adão e Eva antes do pecado original. Pêro Vaz de Caminha, o «repórter» que foi testemunha ocular deste idílico encontro, escreveu ao rei D. Manuel:

> «Parece-me que são pessoas de tanta inocência que, se pudéssemos percebê-los e eles a nós, em breve se tornariam cristãos, porque não parecem ter ou compreender qualquer forma de religião (...) Porque é certo que esta gente é boa e de simplicidade pura e que pode facilmente incutir-se neles qualquer crença que se lhes deseje dar. E, demais, Nosso Senhor deu-lhes belos corpos e boas caras como a homens bons, e se Ele nos trouxe aqui, creio, não foi sem propósito (...) havia entre eles três ou quatro raparigas muito novas e muito belas, com cabelo muito preto, comprido, sobre os ombros, e com as suas partes íntimas tão altas, fechadas e desprovidas de pêlo que não sentíamos vergonha nenhuma em fixá-las (...) uma das raparigas estava toda pintada da cabeça aos pés com aquela tinta (preto-azulada), e era tão bem feita e torneada e a sua ausência de vergonha tão encantadora que muitas mulheres da nossa terra se vissem tais atractivos se sentiriam envergonhadas por os seus não serem como os dela».

Esta antecipação portuguesa da concepção do «bom selvagem» dos filósofos franceses do século XVIII é muitas vezes citada por escritores modernos como prova da ausência lusitana de discriminação racial e da tendência dos Portugueses para se juntarem com mulheres de cor. Na realidade, era pura e simplesmente a reacção natural de marinheiros sexualmente famintos, e pode facilmente ser comparada com as reacções idênticas dos marinheiros ingleses e franceses do século XVII às escassamente vestidas beldades polinésias do Taiti e das ilhas do Pacífico. Além disso, a comparação lisonjeira destes selvagens da Idade da Pedra com os inocentes habitantes dum paraíso terrestre ou de uma idade do ouro desaparecida não durou muito tempo – não mais do que duraram as reacções idênticas de Colombo e dos seus marinheiros perante os Arawaks das Caraíbas, descobertos na sua primeira viagem. O estereótipo do índio brasileiro como um filho da natureza no seu estado mais puro foi depressa substituído pela convicção portuguesa popular de que era um selvagem irremediável, «sem fé, sem rei, sem lei».

Esta mudança de atitude tornou-se muito mais pronunciada e generalizada, se bem que nunca tivesse chegado a ser universal, na segunda metade do século XVI. E deveu-se em grande parte à substituição do pau-brasil pelo açúcar como principal exportação da região, com a consequente necessidade de uma força de trabalho disciplinada (ou escrava). Durante as três primeiras décadas do século XVI, os

OS ESCRAVOS E O AÇÚCAR NO ATLÂNTICO SUL (1500-1600)

contactos portugueses com o Brasil limitaram-se praticamente aos de comerciantes e marinheiros de passagem que vinham trocar utensílios de ferro, bugigangas e ninharias vindas da Europa por pau-brasil, papagaios, macacos, e a comida de que necessitavam durante a estadia. Estas actividades não envolviam qualquer espécie de fixação permanente, tendo, no entanto, havido uns quantos náufragos ou desertores que «se tornaram nativos» e membros de certos grupos tribais ameríndios. Esta economia de troca teve como resultado relações rácicas razoavelmente fáceis e amigáveis na generalidade, se bem que houvesse, como é evidente, os inevitáveis mal-entendidos e choques. Além disso, marinheiros franceses e mercadores da Normandia e de Ruão iam também frequentemente à costa brasileira com o fim de obter pau-brasil através de troca, durante este período, em tão grande ou possivelmente ainda maior escala do que os Portugueses. A princípio, os ameríndios não sabiam distinguir as duas nações europeias rivais, mas por volta de 1530 tinham aprendido a fazê-lo. Daí em diante, as rivalidades intertribais foram ainda mais agravadas por certos grupos, sobretudo os Tupinambás, que apoiavam os Franceses, e por outros, sobretudo os Tupiniquins, que se aliaram aos Portugueses.

A ameaça crescente da possível fixação dos Franceses neste território da América do Sul, que tinha sido atribuído à Coroa portuguesa pelo Tratado de Tordesilhas (1494), induziu mais tarde D. João III a promover sistematicamente a colonização do Brasil. O sistema que adoptou em 1534 foi o da divisão do litoral entre o rio Amazonas e São Vicente em doze capitanias hereditárias de extensão limitada, variando entre trinta e cem léguas, no sentido da latitude mas de extensão indefinida para o interior. As quatro capitanias setentrionais, situadas entre Paraíba do Norte e o Amazonas, não foram ocupadas durante o século XVI, se bem que os donatários a quem tinham sido atribuídas o tivessem tentado fazer, em vão. Das restantes oito, apenas a de Pernambuco, no Nordeste, e a de São Vicente, na extremidade meridional, conseguiram vencer os problemas iniciais e tiveram um crescimento populacional e económico relativamente importante. As outras ou foram abandonadas em consequência de ataques ameríndios ou vegetaram numa total obscuridade, com um pequeno número de colonos que mantinham uma posição precária em locais isolados da faixa litoral. O passo seguinte foi dado pelo rei em 1549, quando foi enviado um governador-geral para fundar uma capitania nova, situada no centro, na Bahia, directamente administrada pela Coroa. Acompanharam-no vários missionários jesuítas que estavam encarregados de converter os ameríndios e de educar e reformar os costumes dos colonos, muitos dos quais, nessa altura, eram condenados ao exílio ou degredados. Os Franceses, que se tinham entretanto fixado no Rio de Janeiro, foram expulsos de *La*

O IMPÉRIO MARÍTIMO PORTUGUÊS

France Antarctique ([1]), como muito ambiciosamente a denominavam, em 1565. A partir dessa altura, o litoral brasileiro ficou sob controlo português, sendo a única região em que os colonos penetraram bastante no interior no distrito mais meridional de São Paulo de Piratininga.

Os donatários que obtiveram as primeiras concessões, em 1534, e os seus sucessores não pertenciam à alta nobreza nem eram ricos mercadores mas sim membros da classe média e da pequena nobreza. Não possuíam, na sua maioria, capital ou outros recursos que lhes permitissem desenvolver as terras, apesar dos enormes privilégios judiciais e fiscais que lhes tinham sido concedidos pela Coroa. Estes privilégios incluíam o direito de fundar cidades e de lhes conceder direitos municipais; o direito de pena capital sobre os escravos, pagãos e cristãos livres das classes mais baixas; o direito de lançar impostos, salvo no que respeitava aos produtos (como o pau-brasil) que eram monopólio da Coroa; o direito de autorizar construções como, por exemplo, de engenhos de açúcar e de receber dízimos sobre certos produtos, entre os quais o açúcar e o peixe. O sistema de donatários, com a sua mistura de elementos feudais e capitalistas, tinha anteriormente sido utilizado com êxito para desenvolver a Madeira e os Açores, e foi aplicado com menor êxito em Cabo Verde e, durante um curto espaço de tempo (em 1575), em Angola.

Quer fossem definitivamente coroadas de êxito ou não, a instituição destas capitanias e a fixação de uma autoridade do Governo central na Bahia trouxeram milhares de colonos portugueses ao litoral brasileiro, conduzindo assim a uma alteração notável das relações até então sobretudo casuais dos Portugueses e dos ameríndios. Os primeiros colonos (*moradores*) dependeram também a princípio em grande parte do comércio de troca com os ameríndios locais no que diz respeito à comida e ao trabalho, tal como tinham dependido anteriormente os comerciantes de passagem e os negociantes de pau-brasil. Mas quando os colonos começaram a cultivar lotes de terra ou roças onde semeavam plantas alimentícias (sobretudo mandioca) e a fazer plantações de açúcar, como aconteceu em Pernambuco e na Bahia, tiveram muita dificuldade em assegurar um fornecimento certo de trabalho ameríndio em quantidade suficiente. Os aborígenes estavam dispostos a trabalhar intermitentemente pelos utensílios e adornos que queriam, mas de maneira alguma durante longos períodos de tempo, e ainda menos durante uma vida inteira no trabalho exaustivo da roça, das pastagens ou da plantação.

Por outro lado, os Portugueses que emigravam para o Brasil, mesmo os que eram camponeses simplórios, não tinham a mínima

---

([1]) Em francês no original (*N. T.*).

OS ESCRAVOS E O AÇÚCAR NO ATLÂNTICO SUL (1500-1600)

intenção de fazer qualquer trabalho manual, naquilo que lhes era descrito como uma nova terra prometida, se pudessem de qualquer modo evitá-lo. A consequência inevitável foi que, quando descobriram que os ameríndios não estavam dispostos a trabalhar para eles como trabalhadores agrícolas a longo prazo ou como servos ligados à terra, tentaram forçá-los a fazê-lo como escravos. Obtiveram tais escravos, em parte através do «resgate» ou da compra de cativos capturados nas frequentes guerras intertribais e, em parte, através de incursões directas nas aldeias ameríndias que eram real ou supostamente hostis aos colonos. A escravização dos ameríndios foi categoricamente proibida pela Coroa em 1570, a não ser nos casos em que pudessem ter sido capturados numa «guerra justa» ou em tribos de canibais. Este decreto não foi levado muito a sério pela maioria dos *moradores* mas houve outras causas que se associaram para reduzir o número de ameríndios disponíveis para o trabalho nas plantações. Com a dizimação de muitos grupos nativos através das guerras e da introdução de doenças europeias (como, por exemplo, a varíola), e com a elevada taxa de mortalidade existente entre os escravos ameríndios que não podiam suportar a servidão nas plantações, os moradores foram cada vez mais obrigados a procurar uma solução alternativa para o fornecimento de escravos, durante a segunda metade do século XVI.

Esta solução surgiu com a expansão e a intensificação do já existente comércio de escravos negros com a África Ocidental. Estes escravos tinham já sido utilizados em grande escala para desenvolver várias das ilhas do arquipélago de Cabo Verde e, em menor escala, da Madeira e até das regiões meridionais de Portugal. Estavam também a ser exportadas grandes quantidades de escravos negros para as Antilhas e para o Império Espanhol do Novo Mundo, em meados do século XVI. Mas a utilização mais espectacular e mais bem-sucedida do trabalho escravo negro foi proporcionada pelas ilhas de São Tomé e Príncipe, no golfo da Guiné. Desabitadas aquando do descobrimento pelos Portugueses por volta de 1470, foram colonizadas por um misto de colonos brancos enviados de Portugal (entre os quais levas de crianças judias deportadas na década de 90) e de mão-de-obra escrava negra obtida de uma enorme variedade de tribos do continente, muitos dos quais conseguiram posteriormente a liberdade. O solo e o clima de São Tomé mostraram ser muito favoráveis ao cultivo da cana-de-açúcar e a ilha teve um notável progresso económico durante a maior parte do século XVI, com o rápido aumento da procura europeia de açúcar. A indústria açucareira de São Tomé estava florescente em 1530 e a produção aumentou de cerca de 5000 arrobas nesse ano para 150 000 em 1550. A transplantação do cultivo do açúcar e da escravatura negra para o Brasil, que começou por esta altura, foi uma consequência natural do exemplo fornecido por São Tomé.

O IMPÉRIO MARÍTIMO PORTUGUÊS

A vegetação luxuriante das costas tropicais não era novidade para os pioneiros portugueses no Brasil, pois alguns deles tinham-se acostumado a um meio ambiente superficialmente idêntico nas suas viagens de descoberta e de comércio ao longo da costa ocidental africana. Mas se havia algumas semelhanças entre as terras tropicais em ambas as margens do Atlântico Sul, havia também diferenças nítidas. Os colonos portugueses depressa descobriram que havia muitas desvantagens físicas e perigos naturais no vasto e variado continente situado entre a selva amazónica e as planícies onduladas da região mais meridional, conhecidas agora pelo nome de Rio Grande do Sul, se bem que, em alguns aspectos estas desvantagens fossem menos prejudiciais aos colonos brancos do que as regiões empestadas de febre da África Ocidental. Numerosas pragas de insectos tornavam qualquer tipo de agricultura numa empresa arriscada em muitas regiões do Brasil, se bem que a mosca *tsé-tsé* africana não existisse no Brasil. As secas devastavam algumas regiões do Brasil durante anos e anos, especialmente no Nordeste, onde as características ecológicas parecem ter-se agravado durante os últimos três séculos. Em todos os outros sítios, o caprichoso clima brasileiro parecia apto a alternar chuvas excessivas e cheias com uma precipitação totalmente insuficiente. Se bem que o solo fosse bastante rico nalguns pontos, como, por exemplo, nas regiões açucareiras do Recôncavo da Bahia e da Várzea de Pernambuco, era de maneira geral muito pobre em elementos químicos orgânicos, porquanto a selva e a vegetação tropicais tinham sido desbravadas para se conseguir terras para cultivo. A escassez de cálcio era (e é) especialmente grave, afectando negativamente o valor nutritivo das plantas cultivadas. Com excepção do Amazonas e dos seus afluentes, os rios do Brasil não permitiam um acesso fácil ao interior, uma vez que a navegação no sentido ascendente era impedida pela existência de rápidos e quedas de água a curtas distâncias dos estuários. Este obstáculo físico não existia em idêntica escala na África Ocidental onde, no entanto, as sociedades negras, quer de origem sudanesa quer de origem banto, constituíam uma barreira mais coesa e mais forte à penetração no interior do que os ameríndios nómadas do Brasil.

Por outro lado, como foi já indicado [capítulo 2], as condições existentes em certas regiões de Portugal eram muitas vezes tais que muita gente não tinha outra alternativa senão emigrar. O Brasil, mesmo com todos os seus inconvenintes, dava-lhes a oportunidade de conseguirem uma vida melhor do que a que podiam esperar encontrar no seu país. Portugal, não menos do que o Brasil, sofria de uma precipitação caprichosa e mal distribuída e de pobreza orgânica do solo em muitas regiões. A terra pátria foi severamente devastada por epidemias de peste durante os séculos XVI e XVII, o que não aconteceu no Brasil, pelo menos até à aparição da febre amarela por volta

OS ESCRAVOS E O AÇÚCAR NO ATLÂNTICO SUL (1500-1600)

de 1680. O excesso de população e o uso intensivo da terra em certas regiões férteis (Minho) do Norte de Portugal e da Madeira e dos Açores proporcionaram um fluxo costante de emigração; e, a partir de 1570, um número de emigrantes partia para o Brasil, preferindo-o à «Goa dourada» e ao Oriente. Degredados e condenados ao exílio eram em número de 400 nos primeiros 1 000 colonos que se fixaram na Bahia em 1549; mas, a partir daí, o número de emigrantes voluntário ultrapassou largamente o daqueles que eram deportados para bem do país. Além disso, se bem que houvesse naturalmente muito mais homens que emigravam do que mulheres, mesmo assim a percentagem de mulheres que acompanhavam os seus homens para o Brasil era muito superior ao número ínfimo de mulheres que embarcavam para a Índia.

Ambrósio Fernandes Brandão, um colono com larga experiência do Nordeste brasileiro, no final do século XVI dividia os emigrantes portugueses em cinco categorias. Primeiro, os marinheiros e marítimos que tripulavam os navios que navegavam entre Portugal e o Brasil ainda que, de facto, estes homens não fossem emigrantes mas visitantes de passagem, embora mantivessem a tradicional mulher ou namorada do marinheiro em todos os portos. Segundo, os mercadores e os comerciantes, muitos dos quais trabalhavam com base em comissões para patrões que ficavam em Portugal. Brandão acusava, bastante injustamente, esses comerciantes de nada fazerem para o enriquecimento da colónia e de, pelo contrário, procurarem despojá-la de toda a riqueza que pudessem. Terceiro, os artífices e artesãos que trabalhavam por conta própria como pedreiros, carpinteiros, tanoeiros, alfaiates, sapateiros, ourives, etc. Quase todos estes artesãos contavam com trabalho escravo, porquanto tinham ganho dinheiro suficiente para comprar um (ou mais) escravos que podiam treinar no seu ofício. Quarto, os indivíduos que serviam outros como trabalhadores assalariados, capatazes ou encarregados nas plantações de açúcar, ou como trabalhadores nas fazendas de criação de gado. Quinto, a classe patronal, cujos membros mais importantes eram os senhores do engenho, ou donos das plantações. Estes formavam já a aristocracia local e davam-se ares de classe média ou de nobreza, por mais humildes e desonrosas que fossem as suas origens sociais. Brandão afirmava que a maioria dos membros destas cinco classes estava ansiosa por voltar a Portugal assim que tivesse acumulado dinheiro suficiente para o fazer e para se «reformar» confortavelmente. A este respeito estava obviamente a exagerar, pois admitia que, de qualquer modo, a grande maioria desses indivíduos tinha de ficar no Brasil, onde quase todos eles tinham casado e constituído família, contraindo assim laços com a terra e com o povo que não podiam facilmente romper.

O padre Fernão Cardim, um jesuíta contemporâneo de Brandão, deixou-nos outra interessante descrição do Brasil neste período, fruto

O IMPÉRIO MARÍTIMO PORTUGUÊS

da sua observação, que lhe foi roubada por corsários ingleses em 1601 e publicada por Samuel Purchas vinte e quatro anos mais tarde. Uma vez que parte do *Tratado* original de Cardim se perdeu, citarei, quando for necessário, a tradução de Purchas, actualizando, no entanto, a ortografia e a pontuação. Cardim era francamente elogioso quanto ao clima do Brasil, que exaltava como sendo geralmente «temperado, de ar bom, delicado e saudável», melhor do que o de Portugal. Impressionava-o a longevidade dos habitantes, quer dos ameríndios nativos quer dos colonos portugueses, porquanto «os homens viviam até uma idade avançada, mesmo até aos noventa, cem, e mais de cem anos, e o país estava cheio de homens velhos». Deslumbrava-o visivelmente a beleza «muito pura e clara» das noites tropicais, iluminadas pelo cruzeiro do sul. Mas, como acontecia com a maioria dos seus contemporâneos, obcecava-o a crença medieval na influência nefasta da Lua, que, escreveu ele, «é muito prejudicial à saúde e corrompe muito as coisas». Reparou nas curtas auroras e crepúsculos e no facto de, no hemisfério Sul, «o Inverno começar em Março e acabar em Agosto; o Verão começar em Setembro e acabar em Fevereiro; as noites e os dias serem quase iguais durante todo o ano». Comentou curiosamente que o país era «um tanto melancólico», o que atribuía à grande quantidade de precipitação e aos numerosos rios com cheias. Notou a escassez de pedra para a construção nalgumas regiões costeiras e a falta, no país, de matérias-primas convenientes para o vestuário, à excepção do algodão. O gado e o açúcar eram os produtos mais importantes das regiões colonizadas e, nestas regiões, «a comida e as águas eram geralmente saudáveis, leves e de fácil digestão».

Ao comparar o Brasil com Portugal, Cardim considerava que o primeiro possuía um «clima muito mais temperado e saudável, sem grandes calores nem frios, onde os homens vivem até uma idade avançada, com poucas doenças, não existindo a cólica, nem doenças de fígado, nem a dor de cabeça, nem doenças do tórax, nem sarna, nem nenhuma das outras doenças que existem em Portugal». O mar ao longo da costa brasileira fornecia uma inesgotável provisão de peixes comestíveis e suculentos e havia, em terra, uma agradável escassez de piolhos e de pulgas. Ao que parece, as casas dos colonos eram de tipo modesto, «visto que a maior parte delas têm paredes de lama e telhados de colmo, se bem que agora comecem a construir-se casas de cal, pedra e telhas». O que faltava principalmente eram matérias-primas para vestuário do tipo europeu e produtos manufacturados, sobretudo nas capitanias meridionais onde a população era mais escassa e dispersa. No entanto, em Pernambuco e na Bahia «possuem todos os tipos de tecidos e sedas e os homens andam bem vestidos e usam muitas sedas e veludos». A ausência relativa de piolhos e de pulgas era compensada pela existência de outras pragas de insectos, entre as quais insectos que

102

OS ESCRAVOS E O AÇÚCAR NO ATLÂNTICO SUL (1500-1600)

mordiam, «de tantas espécies e tão cruéis e venenosos que, se mordiam qualquer pessoa, o local da picada inchava durante três ou quatro dias, especialmente se se tratava de homens robustos, cujo sangue é vigoroso e tenro, por causa do belo pão, vinho e deliciosa comida portuguesa». É bastante curioso que ao enumerar as pragas de insectos existentes no Brasil, o padre Cardim não mencione a ubíqua formiga que os exasperados plantadores de açúcar baptizaram «o rei do Brasil».

O padre Cardim criticou severamente a maneira como os colonos, ou *moradores* portugueses, ou a maior parte deles, maltratavam os ameríndios, matando-os e escravizando-os à mínima provocação (ou mesmo sem ela), apesar das repetidas ordens reais e da legislação oficial que proibiam tais atrocidades. O seu relatório-testemunho é um dos muitos documentos seiscentistas e setecentistas que descrevem pormenorizadamente o modo como os ameríndios eram assassinados, escravizados ou explorados pela maioria dos colonos e dos funcionários da Coroa, sendo os jesuítas praticamente os únicos que tentavam proceder como seus amigos e protectores. Depois de tida devidamente em conta a possibilidade de um exagero, e visto que os ameríndios nem sempre se abstinham de actos hostis injustificados, e que alguns deles eram, de facto, canibais, o peso das provas mostra claramente que a «lenda negra» tinha uma forte base de verdade, tanto na América portuguesa como na espanhola. Cardim dá vários exemplos do modo como os colonos atraíam os ameríndios das suas aldeias no sertão para a região costeira, onde depois os subjugavam e escravizavam. Às vezes, os esclavagistas disfarçavam-se de missionários jesuítas, com sotainas e tonsuras, dado que os jesuítas eram os únicos homens brancos em quem os ameríndios confiavam.

As afirmações de Cardim quanto ao modo como os colonos portugueses agiam muitas vezes, segundo o princípio mais tarde seguido pelos Anglo-Saxões na América do Norte de que «o único índio bom era o índio morto», são demasiado numerosas para ser narradas aqui. Basta citar uma das suas observações que realça o abismo existente entre as directivas reais e a prática colonial, que sempre agravou este problema desde o princípio até ao fim.

> «No que diz respeito à justiça que era usada com os índios, o rei nosso senhor tem de compreender que, se bem que Sua Majestade, como todos os reis seus antecessores, recomende sempre este assunto dos índios aos governadores acima de tudo como o seu dever principal, com muitas palavras eficazes, mesmo assim a justiça que até agora tem existido no Brasil em relação a eles foi nenhuma ou muito pouca, como se vê facilmente pelos ataques, roubos, cativeiros e outros vexames que sempre lhes foram feitos e que ainda agora o são. Houve sempre uma justiça rigo-

O IMPÉRIO MARÍTIMO PORTUGUÊS

rosa contra os índios: já foram enforcados, cortados aos pedaços, esquartejados, já lhes foram decepadas as mãos, já foram queimados com tenazes em brasa e colocados na boca dos canhões por terem morto ou ajudado a matar alguns Portugueses (que talvez o tenham merecido). Mas havendo pessoas, e não são poucas no Brasil, como sempre houve, e ainda há, manifestamente infames por saquearem, roubarem, marcarem a ferro quente, venderem e matarem muitos índios, que até hoje não sofreram nunca o mínimo castigo, é de temer que, ao vê-lo tão desejado na Terra, caia do Céu sobre todos os habitantes do Brasil.»

Como foi assinalado atrás e será indicado a seguir, há uma grande quantidade de provas que contrariam a moderna posição portuguesa de que o Brasil foi um caso em que não houve derramento de sangue, caracterizado por uma instintiva simpatia e compreensão dos ameríndios, que as outras nações colonizadoras na América, quer se tratasse da Espanha, da Inglaterra, da França ou da Holanda, não possuíam. Claro que seria também igualmente erróneo subestimar as realizações muito concretas dos Portugueses na colonização do Brasil e afirmar que os aborígenes foram, sempre e em toda a parte, tão maltratados como Cardim e outros críticos contemporâneos afirmaram. Se, na sua maioria, os colonos encaravam os ameríndios como uma fonte explorável e descartável de força de trabalho, houve também uma certa assimilação inter-racial intermitentemente pacífica. Em Pernambuco, por exemplo, onde duas gerações da família do primeiro donatário, Duarte Coelho, tiveram muitas dificuldades em estabelecer a sua colónia, devido à grande oposição das tribos locais em 1540-1570, estes anos testemunharam também os feitos amorosos do conquistador, adepto da assimilação, Jerónimo de Albuquerque. Descreveram-no como sendo «naturalmente de disposição amena e amigável; e dado que tinha muitos filhos das filhas dos chefes tribais, tratava estes últimos com consideração». O *Adão pernambucano*, nome que foi dado a este patriarca por causa da sua numerosa prole, reconheceu 24 filhos em 1584, e muitas das famílias pernambucanas mais importantes orgulham-se ainda hoje de descender da sua «princesa» ameríndia, Maria do Espírito Santo Arco-Verde, que é o equivalente brasileiro (e mais fecundo) da Pocahontas da Virgínia.

Os jesuítas tentaram domesticar e cristianizar os ameríndios nómadas reunindo-os em aldeias junto da missão, como fizeram mais tarde os seus colegas espanhóis com êxito notável nas mais conhecidas reduções do Paraguai. Essas aldeias estavam originariamente localizadas muito perto das colónias e cidades brancas, porquanto os jesuítas eram obrigados a permitir que os seus protegidos fizessem trabalho manual para os moradores, sob certas condições e garantias. Mas esforçaram-se por limitar o mais possível estes contactos e por proteger os seus

OS ESCRAVOS E O AÇÚCAR NO ATLÂNTICO SUL (1500-1600)

neófitos das influências desmoralizadoras dos colonos brancos e dos mestiços. Por esta razão, abstiveram-se, em certas regiões, de ensinar português aos conversos, utilizando eles próprios a chamada língua comum do tupi nas aldeias. A Coroa estava também ansiosa por obter a cooperação amigável dos «índios mansos», nome por que eram conhecidos os ameríndios «domesticados», na defesa das colónias costeiras contra os ataques dos corsários estrangeiros – primeiro franceses, até 1570, e depois dessa data sobretudo ingleses. Esses ameríndios amigáveis eram também utilizados na captura dos escravos negros fugitivos, dado que, se bem que as mulheres ameríndias se juntassem muitas vezes livremente com africanos, os homens destas duas raças parecem ter-se detestado mutuamente. Nas regiões mais meridionais de São Paulo e de São Vicente, a miscigenação de brancos e ameríndios processou-se em maior escala e mais rapidamente do que em qualquer outra região, uma vez que os colonos brancos arranjavam mulheres ou concubinas ameríndias mais frequentemente. O paulista de sangue mestiço (como era a maioria) é o equivalente brasileiro do *métis* ou *coureur-du-bois* ([2]) franco-canadiano. Sentindo-se mais à vontade nas veredas da floresta e nos trilhos do matagal do remoto interior do que nas suas próprias casas e quintas, os Paulistas penetraram centenas de milhas no interior à procura de escravos ameríndios e de metais preciosos, tendo algumas das suas expedições atingindo os Andes, no final do século.

Ainda que os ameríndios fossem bons caçadores, pescadores, guerreiros ou caçadores de escravos ao serviço dos brancos, em determinadas zonas, e por mais dispostas que as ameríndias pudessem estar a servir-lhes de mulheres, concubinas ou criadas domésticas, foram os escravos negros africanos que constituíram o pilar fundamental da economia das plantações nas três regiões costeiras (relativamente) populosas de Pernambuco, Bahia e Rio de Janeiro. Estes escravos eram obtidos sobretudo em várias regiões da África Ocidental a norte do equador, antes de 1550, e sobretudo no Congo e em Angola durante a segunda metade do século XVI. Entre os grupos sudaneses ocidentais a que pertenciam os escravos originariamente exportados, contavam-se os Uolofes e os Mandingas da Senegâmbia, os Ardra e os Iorubas da costa esclavagista da Baixa Guiné, e os habitantes de Benim e de Warri no delta do Níger. As ilhas de São Tomé e Princípe, especialmente a primeira, depressa se tornaram estrepostos onde escravos da Baixa Guiné, e, posteriormente, do Lango e do Congo, eram reunidos antes de ser trocados por ouro em São Jorge da Mina, ou expedidos para venda em Lisboa, no Brasil ou na América espanhola. A ilha de Santiago, no arquipélago de Cabo Verde, desempenhou idêntica função em relação

---

([2]) Em francês no original. (*N. T.*)

a muitos escravos originários da Senegâmbia. O comércio esclavagista de São Tomé e, consequentemente, o desenvolvimento do cultivo do açúcar na ilha foram muito estimulados depois de os Portugueses terem estabelecido relações amigáveis com o reino banto do Congo, em 1483. A história da tentativa abortada para introduzir a religião cristã e a civilização europeia neste reino africano, durante a primeira metade do século XVI, foi muitas vezes contada e basta apenas que se faça dela um breve resumo aqui. Sintetiza, duma forma espantosa, a dicotomia que afligiu a abordagem portuguesa aos negros africanos durante tanto tempo – o desejo de salvar as suas almas imortais associado ao anseio de escravizar os seus corpos vis.

O centro do antigo reino do Congo fica no que agora é a zona setentrional de Angola, à volta da cidade de Mbanza Congo, que foi posteriormente denominada São Salvador. Era limitado a norte pelo rio Zaire (Congo), a sul pelo rio Loje, e a fronteira oriental dirige-se aproximadamente para sul de Stanley Pool paralelamente até ao rio Cuango. Vários Estados e tribos situados a oriente e a sul destas fronteiras reconheciam intermitentemente a soberania do Congo através do pagamento ocasional de tributo e do envio de presentes ao *mani*, chefe ou rei titular, em Mbanza Congo. O mais meridional destes ténues tributários era o *ngola*, rei ou chefe do N'dongo, situado entre os rios Dande e Cuanza. O povos desta região de savana a sul da floresta equatorial, incluindo os Congoleses e os Mbundu ou Ambundos, praticavam o cultivo itinerante e a rotação das culturas. Sabiam trabalhar os metais, incluindo o ferro e o cobre, e eram oleiros muito hábeis. Teciam esteiras e artigos de vestuário a partir da ráfia ou de palma, e a sua arte neste domínio causou a admiração dos pioneiros portugueses. Tinham domesticado vários animais – porcos, ovelhas, galinhas e, em certas zonas, bovinos – se bem que não utilizassem leite, manteiga ou queijo. Viviam quase todos em cabanas ou em pequenas aldeias defendidas por uma paliçada, construídas com materiais pouco sólidos e geralmente rectangulares. Os seus utensílios agrícolas reduziam-se à enxada e ao machado, e o milho miúdo, o sorgo e os feijões que cultivavam eram complementados pelos frutos da floresta e pelos produtos da caça. A lei e o costume tribais regulavam as suas vidas quotidianas e os seus feiticeiros ou curandeiros eram tidos em alta consideração. Os Congoleses não conheciam a arte da escrita mas os Portugueses consideravam-nos os mais avançados das raças negras que até então tinham encontrado; e estes Bantos da Idade do Ferro eram indubitavelmente muito mais avançados do que os ameríndios brasileiros da Idade da Pedra.

A monarquia congolesa não era hereditária. Ao rei sucedia geralmente um dos filhos, mas esta sucessão era quase sempre contestada e o requerente vitorioso matava então os seus rivais e os seus principais adeptos. Uma vez instalado no trono, o rei tinha, teoricamente, poder

OS ESCRAVOS E O AÇÚCAR NO ATLÂNTICO SUL (1500-1600)

absoluto mas na prática era obrigado a ter em bastante consideração as opiniões dos nobres mais eminentes. Os mais importantes destes eram os governadores de cinco das seis províncias em que o reino estava dividido (a sexta província, central, era pessoalmente governada pelo rei). Esses governadores eram responsáveis pela recolha e envio para a capital dos tributos provinciais de tecido de palma, marfim, peles e escravos. A moeda mais valiosa era um determinado tipo de conchas chamadas *nzimbu*, que havia apenas na ilha de Luanda, directamente administrada por um representante real.

Os reis portugueses da Casa de Avis não tentaram, a partir de 1483, conseguir o controlo político do reino do Congo nem conquistá-lo pela força das armas. Contentaram-se em reconhecer os reis do Congo como seus irmãos de armas, tratá-los como aliados e não como vassa-los e tentar convertê-los, a eles e aos seus súbditos, através do envio de missionários ao Congo e da educação de minorias escolhidas de jovens congoleses em Lisboa. As primeiras embaixadas e missões portuguesas ao Congo incluíram não só missionários e frades, mas também artífi-ces e artesãos, tais como pedreiros, serventes, ferreiros e trabalhadores agrícolas. Dois impressores alemães residentes em Lisboa emigraram voluntariamente para São Tomé com a sua máquina impressora, em 1492, possivelmente com a intenção de trabalhar no/ou para o Congo, muito embora não tenha chegado até nós nada do que eles possam ter imprimido. Várias mulheres portuguesas foram enviadas para ensinar às senhoras congolesas a arte da economia doméstica tal como era praticada em Portugal. Um dos príncipes congoleses enviado para a Europa a fim de ser educado foi, na devida altura, consagrado bispo titular de Utica, com o consentimento assaz relutante do papa, conse-guido graças à insistência do rei de Portugal, em 1518. O mais ardente defensor da religião e da civilização ocidentais no Congo seiscentista foi o rei Nzinga Nvemba, baptizado D. Afonso I depois da sua conver-são ao cristianismo, e governou de 1506 a 1543. Este monarca foi um genuíno, fervoroso e inteligente convertido ao cristianismo e fez tudo o que pôde para implantar a nova religião através do ensinamento e do exemplo. Os missionários, comerciantes e trabalhadores portugueses eram calorosamente recebidos e, pelo menos durante algum tempo, os Congoleses mostraram uma entusiástica vontade de adoptar (ou adap-tar) padrões de vida europeus, precedendo o que aconteceu com os Japoneses cerca de 350 anos mais tarde. Que foi, então, que impediu este reino banto de se ocidentalizar há quatro séculos e meio, quando tanto D. Manuel I de Portugal como o rei Afonso I do Congo encara-vam esse facto como algo a desejar devotamente?

Em primeiro lugar, nunca houve missionários, instrutores e arte-sãos suficientes para ensinar efectivamente os Congoleses. D. Afonso pedia repetidamente que lhe fossem enviados mais, mas nunca chegou

O IMPÉRIO MARÍTIMO PORTUGUÊS

ao Congo algo que se aproximasse ao número necessário. Muitos dos que chegavam morriam pouco depois, visto que nada se conhecia na altura acerca das causas e da cura da malária e de outras doenças tropicais. Em segundo lugar, muitos dos missionários que chegavam possuíam um carácter indiferente, sem qualquer verdadeiro sentido de vocação, porque a moralidade clerical no Portugal desse tempo era extremamente elementar, como acontecia, aliás, em todo o resto da Europa. Terceiro, os vastos e crescentes empreendimentos marítimos portugueses, que se estendiam das ilhas das especiarias a São Vicente, associadas à guerra contínua em Marrocos, desviaram inevitavelmente a atenção e os esforços do Congo. O rei D. João III de Portugal, que governou de 1521 a 1557, ao contrário dos seus dois predecessores, mostrou relativamente pouco interesse pelo prometedor campo missionário congolês. Deixou muitas vezes sem resposta durante anos as repetidas cartas e mensagens do rei Congo; e quando enviava auxílio ou resposta de qualquer tipo era, geralmente, muito pouco e muito tarde. A irrupção das hordas canibais jagas da África Central no reino do Congo em 1568-1573 devastou, durante anos sem fim, várias regiões, antes de estes selvagens terem sido expulsos por uma força expedicionária portuguesa. Mas a razão fundamental do falhanço definitivo do começo prometedor da civilização ocidental no Congo foi, sem sombra de dúvida, a estreita ligação que rapidamente se desenvolveu entre os missionários e os traficantes de escravos. Esta ligação estava firmemente estabelecida antes da invasão jaga.

Já em 1530 a exportação anual de escravos do reino do Congo estava calculada, com todo o crédito, em 4000 ou 5000 peças. A *peça* ou *peça da Índia* era um escravo jovem do sexo masculino, de primeira qualidade; todos os outros escravos de ambos os sexos valiam menos do que uma peça. Este termo podia, portanto, incluir dois ou mesmo três indivíduos, consoante a idade, sexo e condição física, não contando as crianças de peito separadas das mães. Nesta altura, a maioria dos escravos vinha de regiões que ficavam além das fronteiras do reino do Congo propriamente dito, sendo obtidos sobretudo por meio da troca com os Teke e os Mpumbu do Nordeste e através de incursões que alternavam com o comércio com os Mbundu no Sul. Mas o rei Afonso I e os sucessores queixavam-se cada vez mais de que os comerciantes portugueses utilizavam congoleses como escravos; e a invasão jaga foi, como é natural, acompanhada de um enorme aumento do comércio esclavagista, que continuou a florescer no Congo depois da sua expulsão. Os próprios reis congoleses enviavam por vezes escravos de presente aos reis de Portugal, mas a sua correspondência mostra claramente que o aumento de comércio esclavagista os preocupou bastante e que procuraram limitá-lo tanto quanto puderam. Os reis portugueses, pelo menos intermitentemente, estavam também dispostos a colaborar

108

OS ESCRAVOS E O AÇÚCAR NO ATLÂNTICO SUL (1500-1600)

nesse sentido com os monarcas congoleses mas os seus esforços eram sistematicamente sabotados pelos governadores e pelos plantadores da ilha de São Tomé, que intensificaram gradualmente este tráfico, associados a negociantes do continente.

Para melhor evitaram o cumprimento dos inconvenientes decretos reais e o pagamento das taxas de exportação no porto congolês de Mpinda, os traficantes esclavagistas de São Tomé concentraram cada vez mais a sua atenção no reino Mbundu de Ndongo, a sul do rio Dande. Os Portugueses conheciam a existência do Estado banto recentemente fundado mas em crescente desenvolvimento em 1520, quando o rei D. Manuel deu instruções a dois enviados para visitarem o «rei» de Angola, nome por que foi conhecido este potentado, a partir do seu patronímico Ngola. Os enviados foram informados de que se pensava que a região de Ngola era rica em prata, e que o próprio rei havia pedido que lhe fossem enviados missionários, com vista à aceitação do cristianismo. Os resultados desta primeira embaixada não são conhecidos mas a procura de almas e de prata continuou a influenciar a política portuguesa em Angola durante muitos anos, se bem que, tal como no Congo, se tivesse provado que os escravos eram a fonte de lucro mais imediata e mais duradora. Anteriormente a 1571, a Coroa portuguesa estipulava que os escravos só podiam ser embarcados no porto congolês de Mpinda mas a partir de 1520 quantidades cada vez maiores de escravos foram embarcadas directamente da foz do Cuanza, em Angola, onde os esclavagistas clandestinos de São Tomé não pagavam direitos de exportação à Coroa.

Em 1560, a Coroa portuguesa fez nova tentativa para iniciar relações oficiais com Ngola mas os enviados, entre os quais se contavam quatro missionários jesuítas, ficaram detidos durante vários anos em Ndongo, capital de Ngoleme, que foi descrita como uma cidade de cinco ou seis mil «casas» (aldeias protegidas por paliçadas), antes da sua destruição pelo fogo em 1564. Paulo Dias de Novais, que escoltou os jesuítas até lá, foi libertado pelos Ngola com alguns dos seus companheiros sobreviventes nos anos seguintes, mas o padre jesuíta Francisco de Gouveia continuou no cativeiro até à morte, que ocorreu cerca de dez anos mais tarde. Muito antes disso, havia ficado desiludido com a perspectiva de converter, sem dificuldade, os Mbundus ao cristianismo. Ao escrever para a Coroa portuguesa em 1563, afirmava que a experiência demonstrara que os Bantos eram bárbaros selvagens que não podiam ser convertidos pelos métodos pacíficos empregados em nações asiáticas tão cultas como a japonesa e a chinesa. O cristianismo em Angola, escreveu ele, tinha de ser imposto pela força das armas, ainda que uma vez que os Bantos estivessem convertidos se tornassem cristãos excelentes e submissos. Esta foi, e assim permaneceu durante muito tempo, a opinião geral dos missionários e leigos portugueses.

O IMPÉRIO MARÍTIMO PORTUGUÊS

Como outro dos primeiros missionários jesuítas escreveu de Angola cerca de doze anos mais tarde: «Quase todas as pessoas estão convencidas de que a conversão destes bárbaros não se pode conseguir através do amor mas só depois de eles terem sido submetidos pela força das armas e de se tornarem vassalos do Nosso Senhor o Rei».

A posição da Igreja militante condizia bastante bem com as propostas de Paulo Dias de Novais, que, após o seu regresso a Lisboa em 1565, pediu insistentemente ao governo que o nomeasse conquistador e donatário de Angola, que podia então ser desenvolvida de um modo semelhante ao das capitanias com maior êxito no Brasil. O alvará que lhe foi finalmente concedido pela Coroa em 1571 preconizava a colonização de pelo menos parte de Angola por famílias camponesas de Portugal, a quem seriam fornecidas «todas as sementes e plantas que possam levar deste reino e da ilha de São Tomé». Mas quando a expedição de Paulo Dias chegou a Luanda em Fevereiro de 1575, o comércio esclavagista estava já firmemente estabelecido na região através dos traficantes de São Tomé. A malária e outras doenças tropicais mostraram ser obstáculos insuperáveis a uma colonização branca do interior em grande escala durante os três séculos seguintes, e os nobres ideais do alvará real depressa foram abandonados e substituídos pela procura sem restrições de *peças*, quer através do comércio esclavagista, quer por meio de incursões para a captura de escravos. No primeiro caso, os escravos eram geralmente obtidos por intermédio de *pombeiros*. Estes eram comerciantes, por vezes portugueses de raça branca, mas mais frequentemente mulatos, negros livres ou mesmo escravos de confiança que trabalhavam para os *pombes* ou mercados do interior e traziam caravanas de escravos dessas zonas para a costa. Os Portugueses exigiam também o pagamento de tributo, na forma de escravos, aos sobas, ou chefes tribais, que se lhes submetiam. Quando faziam incursões para a captura de escravos (o que era diferente do comércio esclavagista) acabavam por confiar cada vez mais na utilização de auxiliares jagas. Estes guerreiros formavam a espinha dorsal da «guerra preta» e eram também denominados *empacasseiros*, termo derivado de uma palavra que significava caçadores de pacaças.

O povo da tribo Pende, que vivia na costa angolana no século XVI mas emigrou depois para o interior, junto do rio Kasai, manteve uma interessante tradição oral da conquista feita por Portugal da sua terra natal.

«Um dia os homens brancos chegaram em navios com asas, que brilhavam como facas ao sol. Travaram duras batalhas com o Ngola e cuspiram-lhe fogo. Conquistaram as suas salinas e o Ngola fugiu para o interior, para o rio Lucala. Alguns dos seus súbditos mais corajosos ficaram junto do mar e, quando os homens brancos

110

OS ESCRAVOS E O AÇÚCAR NO ATLÂNTICO SUL (1500-1600)

vieram, trocaram ovos e galinhas por tecidos e contas. Os homens brancos voltaram outra vez ainda. Trouxeram-nos milho e mandioca, facas e enxadas, amendoim e tabaco. Desde então até aos nossos dias, os brancos nada nos trouxeram senão guerras e misérias.»

Ao introduzirem as novas culturas, os europeus ensinaram uma oração que devia ser pronunciada para que elas fossem bem-sucedidas: tal oração ainda hoje é lembrada, numa forma um tanto alterada, pelos Pende.

Embora os Portugueses continuassem a exportar escravos de Mpinda e Loango para o Brasil via São Tomé, ao longo de todo o século XVI, Angola tornou-se a principal fonte de fornecimento de escravos depois da fundação de Luanda, em 1575. Faltam estatísticas de confiança para períodos largos de tempo mas um funcionário visitador, que inspeccionou os livros da Alfândega de Luanda em Março de 1591, relatou que um total de 52 053 *peças da Índia* tinha sido exportado desde 1591. Este número é, sem dúvida, demasiado baixo para o comércio esclavagista na África Ocidental no total, porquanto não tem em conta o considerável comércio de contrabando e o número de escravos exportados de outros portos. Nem podemos distinguir entre o número de escravos exportados para o Brasil e o daqueles que embarcavam para serem vendidos no império hispano-americano. Os contratadores e os negociantes que desempenhavam o papel principal neste comércio, e que eram muitas vezes judeus portugueses, preferiam enviar os escravos para as Índias de Castela do que para o Brasil, mesmo quando os barcos negreiros se faziam aparentemente ao mar com destino a algum porto brasileiro. Os Espanhóis pagavam os escravos com moedas de prata, enquanto os plantadores e colonos brasileiros os pagavam com açúcar, rum e tabaco. Outras estimativas contemporâneas não oficiais calculam o número de escravos exportados anualmente em cerca de 23 000 indivíduos, apenas de Angola. Este número é indubitavelmente demasiado elevado, mas os indícios permitem-nos calcular em 10 000 a 15 000 escravos negros da África ocidental que desembarcavam nos portos brasileiros, em média, num ano bom, originária a grande maioria de Angola no último quartel do século XVI.

A distribuição da população escrava negra no Brasil nessa altura está também sujeita a estimativas contraditórias, mas é indiscutível que a maioria estava localizada em Pernambuco e na Bahia. Entre 1580 e 1590, estas estimativas situam-se entre 10 000 e 20 000 para Pernambuco e entre 3000 e 4000 para a Bahia. Os dois números-limite indicados para Pernambuco são com certeza exagerados, mas o mais elevado está, sem dúvida, mais perto do número exacto do que o último, porquanto Pernambuco era então mais rico e mais próspero do que a Bahia. F. Mauro, que analisou todos os números relevantes, sugere que

O IMPÉRIO MARÍTIMO PORTUGUÊS

a população negra do Brasil totalizaria, em 1600, entre 13 000 e 15 000 almas, 70% das quais trabalhavam num total de 130 plantações. Calcula também que cada negro produzia oitenta arrobas de açúcar anualmente, numa produção anual total de 750 000 a 800 000 arrobas. Estimando a vida de trabalho de um escravo em sete anos, estabelece o máximo de importação de escravos da África Ocidental em 50 000 em trinta anos, «e isto é uma estimativa generosa».

As estimativas da população branca existente no Brasil são igualmente incompletas, vagas e contraditórias, pela ausência de qualquer forma de recenseamento. Uma estimativa para o ano de 1584 que obteve uma aceitação bastante geral dá uma população total de 57 000 almas, das quais 25 000 eram brancos, 18 000 ameríndios «domesticados» e 14 000 escravos negros. Além do facto de esta estimativa ser baseada em fontes contemporâneas contraditórias (Anchieta, Cardim e Soares), não tem de modo algum em conta qual a percentagem de indivíduos de sangue mestiço existentes, ainda que a miscigenação entre as três raças tivesse sido praticada durante quase um século. Magalhães Godinho, aceitando um total de 57 000 almas para 1583, calcula esse total em 150 000 em 1600, total repartido entre 30 000 brancos e 120 000 escravos. Mas este cálculo ignora completamente os ameríndios e os mestiços, para além de ser pouco provável que a população tivesse de facto triplicado em dezassete anos. O mais que se pode dizer com certeza é que tanto a população branca como a negra do Brasil aumentou notavelmente durante o último quartel do século XVI e que os arquivos dos inquisidores visitantes durante esse período indicam que uma alta percentagem desses emigrantes vinha do Norte de Portugal.

Quaisquer que pudessem ter sido os números exactos, não pode haver dúvida de que a rápida expansão da indústria do açúcar brasileiro nos anos 1675-1600 era um dos maiores acontecimentos do mundo atlântico desse tempo. Pernambuco e a Bahia continuaram de longe a ser os centros produtivos e populacionais mais importantes, e até mesmo em 1585 ainda só havia três engenhos de açúcar e 150 chefes de família portugueses no Rio de Janeiro, enquanto Olinda e o seu distrito contavam 66 engenhos e 2000 famílias portuguesas. O vestuário dito luxuoso e os banquetes luculianos dos plantadores pernambucanos mais ricos provocavam algumas críticas dos moralistas jesuítas, afirmando o padre Cardim que «se encontrava mais vaidade em Pernambuco do que em Lisboa». Mas afirmava também que os plantadores sustentavam generosamente a Igreja em geral e os jesuítas em particular, enviando os seus filhos para o colégio de Olinda, onde eram educados. Cardim conta-nos que, em 1584, eram utilizados cerca de 40 navios no comércio de açúcar entre o Recife e Lisboa, e o número aumentara para 130 em 1618.

112

OS ESCRAVOS E O AÇÚCAR NO ATLÂNTICO SUL (1500-1600)

A prosperidade e a rápida capacidade de recuperação do comércio do açúcar foram convincentemente demonstradas através dos reveses consecutivos que foi capaz de superar com êxito. Nos três anos que vão de 1589 e 1591, por exemplo, os corsários isabelinos capturaram 69 navios utilizados no comércio do Brasil, sendo o valor do açúcar apreendido pelo menos de £ 100 000, originando que (como relatou um espião espanhol) o açúcar em Londres fosse mais barato do que em Lisboa ou na Bahia. Corsários franceses e piratas berberes apoderavam-se também de uma boa parte desta navegação, para já não falar dos desaires naturais como, por exemplo, a grande seca de 1583, que mutilou temporariamente a produção de açúcar em Pernambuco. Mas a procura sempre crescente de açúcar na Europa e a expansão do comércio esclavagista com Angola, juntamente com expedientes como a fretagem de navios neutros (da Hansa), permitiram aos plantadores aumentar gradualmente a sua produção. No fim do século, um deles podia vangloriar-se junto do Governo de Lisboa de que o açúcar do Brasil era mais lucrativo para a monarquia dual ibérica do que toda a pimenta, especiarias, jóias e produtos de luxo importados dos Indianos da «Goa dourada».

Capítulo V

A Luta Global com os Holandeses
(1600-1663)

Willem Bosman, autor de uma descrição clássica da Guiné no fim do século XVII, observou que o papel dos descobridores e conquistadores portugueses no mundo colonial foi o de «lançarem cães para espantarem a caça que foi depois apanhada por outros», sendo os Holandeses os principais beneficiados. Esta observação cínica contém muito de verdade, pois quando dos Holandeses passaram à ofensiva na sua Guerra dos Oitenta Anos pela independência contra a Espanha, no fim do século XVI, foi contra as possessões coloniais portuguesas, mais do que contra as espanholas, que os seus ataques mais fortes e mais persistentes se dirigiram. Uma vez que as possessões ibéricas estavam espalhadas por todo o mundo, a luta subsequente foi travada em quatro continentes e em sete mares e esta luta seiscentista merece muito mais ser chamada a Primeira Guerra Mundial do que o holocausto de 1914-1918, a que geralmente se atribui essa honra duvidosa. Como é evidente, as baixas provocadas pelo conflito ibero-holandês foram em muito menor escala mas a população mundial era muito menor nessa altura e a luta indubitavelmente mundial. A batalha travou-se não só nos campos da Flandres e do mar do Norte, mas também em regiões tão remotas como o estuário do Amazonas, o interior de Angola, a ilha de Timor e a costa do Chile. As presas incluíam o cravo-da-índia e a noz-moscada das Molucas; a canela do Ceilão; a pimenta do Malabar; a prata do México, Peru e Japão; o ouro da Guiné e do Monomotapa; o açúcar do Brasil e os escravos negros da África Ocidental. Quando nos lembramos que as populações respectivas dos dois pequenos países fun-

O IMPÉRIO MARÍTIMO PORTUGUÊS

damentalmente em questão, o reino de Portugal e a República das Províncias Unidas, não excediam provavelmente mais do que um milhão e meio, e quando recordamos que estavam ambos profundamente enredados em conflitos na Europa, a magnitude e a extensão dos esforços que fizeram não podem deixar de suscitar a nossa admiração. Além disso, esta luta global envolveu muitas vezes terceiras partes, como, por exemplo, Ingleses, Dinamarqueses, Congoleses, Persas, Indonésios, Cambojanos e Japoneses, em vários locais e datas. Finalmente, havia um forte conflito religioso na questão, na medida em que os Portugueses, católicos apostólicos romanos, e os Holandeses, calvinistas, se consideravam campeões das respectivas fés e, consequentemente, consideravam que travavam batalhas de Deus contra os Seus inimigos. Para os crentes da «verdadeira religião cristã reformada», tal como foi definida no sínodo de Dort em 1618-1619, a igreja de Roma era «a grande meretriz da Babilónia» e o papa um verdadeiro Anticristo. Os Portugueses, por seu lado, estavam completamente convencidos de que salvação só se podia obter pela crença nas doutrinas da Igreja católica apostólica romana definidas no concílio de Trento, que se realizara no século XVI. «Os Holandeses são apenas bons artilheiros e, para além disso, só são bons para ser queimados como heréticos desesperados», escreveu um cronista português, que exprimia as convicções de muitos dos seus compatritotas em 1624.

O ataque maçico dos Holandeses ao império colonial português foi ostensivamente motivado pela união das Coroas portuguesa e espanhola na pessoa de Filipe II de Espanha, contra cujo governo, nos Países Baixos, se tinham revoltado os Holandeses em 1568. Dez anos mais tarde, a derrota e a morte do rei D. Sebastião, que não deixara descendência, no campo de Alcácer Quibir, em Marrocos (4 de Agosto de 1578), deixou a Coroa ao último monarca da Casa de Avis, o idoso e doente cardeal D. Henrique. Este morreu em Janeiro de 1580 e, uns meses mais tarde, Filipe, cuja mãe era uma princesa portuguesa, fez valer as suas pretensões ao trono vago com a ajuda dos veteranos do duque de Alba e das «balas de prata» mexicanas, numa combinação judiciosa que lhe permitiu gabar-se do seu domínio: «Herdei-o, comprei-o, conquistei-o» («*Yo lo heredé, yo lo compré yo lo conquisté*»). As Coroas de Espanha e de Portugal continuaram unidas nos sessenta anos seguintes, um período que os patriotas portugueses compararam subsequentemente ao cativeiro dos judeus na Babilónia. O império colonial ibérico, que durou de 1580 a 1640, e que se estendia de Macau, na China, a Potosi, no Peru, foi assim o primeiro império mundial em que o Sol nunca se punha.

A ocupação da Coroa portuguesa por Filipe não encontrou mais do que uma resistência fantoche em 1580, exceptuando na ilha Terceira, onde os Espanhóis tiveram de organizar uma grande invasão.

A maioria da nobreza portuguesa e do alto clero era a favor da união. A maioria do povo e muito do baixo clero opunham-se-lhe, ressentidos, mas estavam desorganizados, desanimados e sem chefe depois do desastre de Alcácer Quibir, que mais tarde mutilou a economia do país pela necessidade de pagar os resgates de milhares de cativos capturados pelos mouros. No entanto, o sentimento nacional português era bastante forte e o próprio Filipe foi bastante prudente para assegurar que, em 1581, na assembleia das Cortes que sancionou legalmente a sua ocupação da Coroa, os dois impérios coloniais deviam permanecer entidades separadamente administradas. A união destas duas Coroas ibéricas era uma união pessoal, como a do Reino Unido da Escócia e da Inglaterra nas pessoas dos monarcas Stuart, desde a adesão de Jaime VI da Escócia (e I de Inglaterra) ao Acto de União no reinado da rainha Ana. O rei Filipe II de Espanha e I de Portugal jurou preservar as leis e a língua portuguesa, consultar os conselheiros portugueses em todos os assuntos respeitantes a Portugal e às possessões portuguesas e nomear apenas funcionários portugueses para essas possessões. Os Espanhóis estavam expressamente proibidos de comerciar ou estabelecer-se no Império Português, e os Portugueses de comerciar e de estabelecer-se no Espanhol.

Os Portugueses queixaram-se posteriormente de que a união da sua Coroa com a de Castela era a única razão pela qual os seus domínios ultramarinos eram atacados pelos Holandeses e, em menor escala, pelos Ingleses, no princípio do século XVII. Estas queixas, se bem que bastante naturais, não eram muito justas. Já em meados do século XVI os Ingleses tinham contestado a pretensão portuguesa ao monopólio do comércio da Guiné e não há dúvida de que os dois poderes marítimos protestantes teriam, de qualquer modo, entrado em conflito com Portugal por causa da pretensão deste último de ser o único senhor dos mares a oriente do cabo da Boa Esperança. No entanto, é um facto que foram os esforços feitos por Filipe II para sufocar a revolta dos Países Baixos e os seus embargos esporádicos ao comércio holandês com a Península Ibérica e o Império que contribuíram para envolver os Portugueses em hostilidades com as potências marítimas setentrionais antes do que poderia ter acontecido, se as coisas não se tivessem passado assim. Além disso, uma vez que os Holandeses decidiram fazer a guerra ultramarina e atacar os seus inimigos ibéricos nas possessões coloniais que lhes forneciam os recursos económicos em vez de lutar na Flandres e em Itália, Portugal, enquanto membro mais fraco da união das duas Coroas, sofreu inevitavelmente mais do que Castela com os ataques do poder marítimo holandês, que lhe era superior. A guerra colonial começou com os ataques de barcos de guerra holandeses às ilhas de São Tomé e Príncipe em 1598-1599. À medida que a luta se estendia no espaço e no tempo, os Holandeses tendiam cada vez mais a dirigir

O IMPÉRIO MARÍTIMO PORTUGUÊS

os seus ataques contra as colónias portuguesas na Ásia, África e Brasil. Quase todas estas colónias se situavam em costas marítimas expostas e eram, portanto, muito mais vulneráveis do que as vice-realezas espanholas do interior do México e do Peru, que não podiam de modo algum ser conquistadas – nem mesmo seriamente ameaçadas – unicamente através de ataques por mar.

A expansão holandesa nos Sete Mares durante a primeira metade do século XVII foi, à sua maneira, tão notável como a expansão marítima portuguesa e espanhola ocorrida 100 anos antes, mas o que nos interessa sobretudo aqui é o efeito devastador que teve no Império Português. No entanto, se bem que concentrando a nossa atenção neste aspecto da história, não podemos esquecer que os Holandeses faziam também ataques poderosos ao mundo colonial espanhol. Em simultâneo com o primeiro ataque da Companhia Holandesa das Índias Ocidentais ao Brasil, em 1624-1625, outra frota de 11 navios e 1650 homens, equipada pelos Estados Gerais e pela Companhia Holandesa das Índias Orientais, navegou para o Pacífico através do estreito de Magalhães, realizou vários ataques nas costas do Peru e do México, e atravessou então o oceano em direcção às Molucas e a Batávia – um feito espantoso de espírito empreendedor e de organização. Além disso, os Holandeses, enquanto atacavam os Portugueses nas suas possessões asiáticas, lançavam ataques frequentes – se bem que não com tanto êxito – contra as Filipinas, até o tratado de Münster, assinado em 1648, ter posto fim à Guerra dos Oitenta Anos entre a Holanda Setentrional e a Espanha.

O conflito luso-holandês, que começou com os ataques a Príncipe e a São Tomé em 1598-1599, terminou com a conquista das colónias portuguesas do Malabar em 1663, embora os termos da paz só tivessem sido fixados seis anos mais tarde, em Lisboa e em Haia. Até à restauração da indepedência, com a proclamação do duque de Bragança como rei D. João IV (1 de Dezembro de 1640), os Portugueses e os Espanhóis eram aliados contra os Holandeses, mas, nos vinte e três anos seguintes, os Portugueses tiveram de lutar contra os Espanhóis na Península e contra os Holandeses no Ultramar. Com o risco de uma excessiva simplificação, pode dizer-se que esta longa guerra colonial revestiu a forma de uma luta pelo comércio das especiarias asiáticas, pelo comércio esclavagista da África Ocidental e pelo comércio do açúcar brasileiro. Pode também dizer-se que o seu resultado final foi equilibrado: vitória para os Holandeses na Ásia, um empate na África Ocidental e vitória para os Portugueses no Brasil. Os acontecimentos decisivos desta guerra podem ser brevemente resumidos do modo seguinte.

Os Holandeses cedo conseguiram êxitos nas Índias Orientais através da conquista das principais ilhas das especiarias em 1605, tendo encontrado uma forte resistência da parte do Portugueses em Tidore e

A LUTA GLOBAL COM OS HOLANDESES (1600-1663)

nenhuma espécie de resistência em Amboíno. Os Espanhóis das Filipinas organizaram no ano seguinte uma contra-ofensiva inesperada, que lhes permitiu capturar e conservar Tidore e parte de Ternate, até que a ameaça de um ataque chinês a Manila os obrigou, em 1662, a mandar regressar das Molucas as suas guarnições e a ceder o monopólio de cravo-da-índia aos Holandeses. Depois da sua expulsão das Molucas, os Portugueses estabeleceram-se em Macáçar (nas Celebes de Sul), que utilizaram como base para o comércio do cravo-da-índia, de sândalo e de outros produtos indonésios, sob a protecção dos tolerantes governadores muçulmanos de Gowa e de Tallo e desafiando as pretensões monopolistas da Companhia Holandesa das Índias Orientais que tinha o seu quartel-general em Batávia (Jacarta), desde 1619. Os Holandeses viram-se forçados a armar duas importantes expedições contra Macáçar (em 1660 e 1667) antes de conseguirem finalmente a expulsão dos Portugueses, bem como a dos representantes das Companhias Inglesa e Dinamarquesa das Índias Orientais. Entretanto, os Holandeses devastaram sistematicamente o comércio português asiático desde o golfo Pérsico até ao Japão, e destruíram grande parte da longa cadeia de colónias costeiras portuguesas, conquistando-as uma a uma. O bloqueio que fizeram aos estreitos de Malaca entre 1634 e 1640 foi particularmente eficaz e esta fortaleza – a Singapura dos séculos XVI e XVII – caiu finalmente em Janeiro de 1641. Entre 1638 e 1658, conquistaram os entrepostos portugueses situados na costa do Ceilão; e as suas conquistas asiáticas terminaram com a tomada de Cochim e de outras posições portuguesas na costa do Malabar, em 1663.

Deste modo, a Companhia Holandesa das Índias Orientais, fundada em 1602, conseguiu o controlo do cravo-da-índia, do macis e da noz-moscada das Molucas, da canela da costa do Ceilão e da pimenta do Malabar. Por volta de 1663, os Holandeses haviam desalojado os Portugueses das sua posição de beneficiados com a parte de leão no comércio de transporte, nos mares asiáticos, entre o Japão e a Arábia. Os Holandeses tinham obtido o monopólio do comércio europeu com o Japão depois de os Portugueses terem sido expulsos da ilha-império pelo ditador militar da família Tokugawa, por motivos políticos e religiosos, em 1639. Os únicos locais de onde os Holandeses não conseguiram expulsar os Portugueses foram Macau, na costa do Sul da China e das ilhas mais afastadas do grupo de Sunda Menor (Timor, Solor, e Flores), na Indonésia. Lançaram um ataque poderoso contra Macau em Junho de 1622, mas esse ataque foi repelido pelos defensores à custa de grandes baixas, e outra expedição que armaram em 1660 foi desviada para a Formosa. Os seus esforços para privarem os Portugueses do comércio do sândalo nas ilhas Sunda Menores falharam com o decorrer do tempo, sobretudo porque os habitantes foram inspirados, conduzidos e organizados pelos missionários dominicanos que lá resi-

O IMPÉRIO MARÍTIMO PORTUGUÊS

diam para se oporem aos Holandeses. Ao contrário dos Holandeses, os Ingleses contentaram-se quase sempre no Oriente em adoptar uma atitude defensiva face aos Portugueses, se bem que os Persas não teriam capturado Ormuz em 1622 se não fossem os seis poderosos navios da carreira das Índias e os hábeis artilheiros que os Ingleses lhes cederam. O rápido progresso feito pelos Holandeses no Oriente alarmou quase tanto os Ingleses como os Portugueses, conduzindo a um *renversement des alliances* (¹) e à conclusão de uma trégua anglo-portuguesa em Goa, em 1635. Inveja dos Holandeses levou também a um acordo entre Dinamarqueses e Portugueses nas Índias Orientais, após algumas hostilidades esporádicas e de pouca monta ocorridas entre ambos os países de 1619 a 1631.

Na África Oriental, os Holandeses falharam duas vezes a tentativa de conquistarem aos Portugueses o posto intermediário da ilha de Moçambique (1607 e 1608), e este falhanço é uma das razões que os levaram mais tarde a fundar uma colónia holandesa no cabo da Boa Esperança, em 1652. Demoraram, contudo, muito tempo a penetrar de forma decisiva no interior, ao passo que os Portugueses, nesse período, haviam estendido os seus domínios do vale do rio Zambeze, através de ataques e de comércio, até ao território que é hoje a Rodésia. Na África Ocidental, os Holandeses fixaram-se na Costa do Ouro logo em 1612, em Mouri (Fort Nassau), e conseguiram em breve privar os Portugueses da maior parte do comércio do ouro. Falharam desastrosamente a sua primeira tentativa de conquistar São Jorge da Mina em 1625, mas conseguiram-no treze anos mais tarde, com uma expedição mais bem organizada. Os Holandeses ocuparam pela força a costa de Angola até Benguela em Agosto de 1641, embora soubessem que os Portugueses se tinham revoltado contra a sua união com a Espanha em Dezembro do ano anterior, e que as conquistas ultramarinas seguiriam muito provavelmente o exemplo do país-mãe – como o fizeram de facto todas em 1645, à excepção de Ceuta. Os invasores calvinistas de Angola estabeleceram relações surpreendentemente cordiais com o rei católico apostólico romano Garcia II do Congo e com a rainha canibal Nzinga, dos Jagas. Em Agosto de 1648, estes aliados improváveis estavam prestes a aniquilar os defensores portugueses de Angola sobreviventes, nas três posições que ainda lhes restavam no vale de Cuanza (Muxima, Massangano e Cambambe), quando uma expedição luso-brasileira vinda do Rio de Janeiro reconquistou Luanda e modificou dramaticamente a situação à última da hora. Quando a paz foi assinada em 1663, os Holandeses ficaram senhores das primeiras posições portuguesas da Costa do Ouro mas os Portugueses mantiveram o controlo sobre Angola, Benguela e São Tomé e Príncipe, que tinham reconquistado em 1648-1649.

(¹) Ao fim das alianças; em francês no original (*N. T.*)

A LUTA GLOBAL COM OS HOLANDESES (1600-1663)

No Brasil, depois de uma ocupação efémera da Bahia em 1624--1625, os Holandeses invadiram Pernambuco em 1630 e, quinze anos mais tarde, controlavam a parte maior e mais rica das zonas costeiras nordestinas produtoras de açúcar. Os habitantes desta região revoltaram-se contra os seus heréticos senhores em Junho de 1645 e, depois de algumas hesitações da parte de D. João IV, receberam uma ajuda substancial, se bem que não oficial, de Portugal, em homens e navios. Após quase uma década de guerra duríssima, o Recife e as últimas posições holandesas capitularam, em Janeiro de 1654. A primeira senha dos insurrectos para a revolta foi «açúcar», o que indica bastante claramente que era uma das causas (e recompensas) principais da guerra, se bem que o *odium theologicum* entre calvinistas e católicos apostólicos romanos desempenhasse um papel ainda mais importante na eclosão da revolta. Ambas as partes utilizaram combatentes auxiliares ameríndios na luta, como já acontecera um século antes na luta com os Franceses, aderindo a maioria das tribos canibais tapuias aos Holandeses, enquanto a maioria dos Tupis permanecia fiel aos Portugueses. Muitas das forças luso-brasileiras que tomaram parte nesta campanha eram constituídas por mulatos, negros e mestiços de todos os tipos. Contavam-se entre os seus mais destacados comandantes de regimento um chefe ameríndio puro (Camarão) e um negro (Henrique Dias) e o primeiro chefe da revolta, João Fernandes Vieira, que combateu desde a primeira até à última hora, era filho de um fidalgo da Madeira e de uma prostituta mulata. O natural desgosto dos Holandeses por terem perdido o Brasil «neerlandês» foi muito acrescido pelo facto de haverem compreendido que tinham sido derrotados por um exército sobretudo de cor. Assim, o comércio açucareiro do Brasil ficou finalmente na posse indiscutível dos Portugueses; mas métodos mais avançados de cultivo de açúcar e de moagem da cana foram introduzidos nas Índias Ocidentais britânicas e francesas durante a ocupação holandesa de Pernambuco, provavelmente devido à acção dos judeus luso-brasileiros.

Os desastres que os Portugueses tinham sofrido às mãos dos Holandeses durante os primeiros quarenta anos do século XVII constituíram uma das principais razões por que se revoltaram contra a Coroa espanhola em 1640; mas foi vã a esperança de que os Holandeses deixariam de atacar as conquistas portuguesas assim que a metrópole tivesse cortado a sua ligação com Espanha. Foi assinada em Haia, em 1641, uma trégua de dez anos entre os dois adversários, que apenas foi ratificada um ano mais tarde e que apenas entrou em vigor na Ásia em Novembro de 1644. No Brasil e em Angola a trégua nem sempre foi observada, mesmo antes do recomeço da guerra global que teve origem na eclosão da revolta pernambucana, em Junho de 1645. A intensificação das hostilidades fora da Europa, após o fim da trégua, em 1652, levou os Portugueses a procurarem a protecção de uma aliança inglesa,

O IMPÉRIO MARÍTIMO PORTUGUÊS

realizada através do casamento de Carlos II com Catarina de Bragança, em 1661. A paz que Portugal conseguiu posteriormente com a Espanha e com as Províncias Unidas (em 1668-1669), em parte devido à acção mediadora dos Ingleses, foi, no que diz respeito a Portugal, uma paz de esgotamento. O sacrifício de Bombaim e de Tânger aos heréticos ingleses, parte do dote de Catarina, melindrou naturalmente os Portugueses fervorosamente católicos, se bem que não houvesse qualquer probabilidade de serem capazes de desenvolver estas duas possessões nas circunstâncias então existentes.

As razões para a vitória dos Holandeses na Ásia podem ser reduzidas a três factos fundamentais: recursos económicos superiores, número superior de homens, poder marítimo superior. As Províncias Unidas da Holanda Livre eram uma metrópole mais rica do que o empobrecido reino de Portugal. A população dos dois países devia ser mais ou menos idêntica (1 500 000 para 1 250 000) mas enquanto Portugal tinha sido obrigado a fornecer carne para canhão ao serviço da Espanha até 1640 e contra ela a partir de então, os Holandeses podiam servir-se, e fizeram-no em grande escala, do potencial humano fornecido pelos seus vizinhos alemães e escandinavos nos seus exércitos e frotas. A disparidade no poder marítimo era ainda mais impressionante e foi convincentemente expressa pelo grande jesuíta português António Vieira em 1649. Calculou que os Holandeses possuíssem para cima de 14 000 navios que podiam ser utilizados como barcos de guerra, enquanto Portugal não possuía sequer 13 navios da mesma categoria. Os Holandeses, dizia ele, dispunham de um quarto de milhão de marinheiros para tripularem os navios, enquanto Portugal não conseguia reunir 4 000. É claro que Vieira exagerava, mas não muito. Um censo feito em Lisboa em 1620 de marinheiros disponíveis para tripularem a frota registou apenas 6260 homens em todo o País. Numa reunião do conselho consultivo do vice-rei em Goa, em Novembro de 1643, foi afirmado que não havia em Lisboa um número suficiente de pilotos qualificados para conduzir quaisquer navios até à Índia, porquanto todos aqueles que tinham qualificações adequadas (menos de dez indivíduos) se encontravam detidos, pelo bloqueio holandês em Goa, nos três navios que faziam a carreira das Índias. A falta de marinheiros de alto mar foi um problema permanente no Império Português, como já muitas vezes tivemos ocasião de lembrar, mas nunca foi tão grave como durante a longa crise que constitui a guerra contra os Holandeses.

Outra das razões para os êxitos marítimos dos Holandeses na Ásia foi o facto de os governadores-gerais na Batávia, e especialmente de Antonio van Diemen, que destruiu a espinha dorsal do poder marítimo português no Índico, entre 1636 e 1645, possuírem conhecimentos muito mais eficazes de estratégia naval do que a maioria dos vice-reis portugueses de Goa. Além disso, os Portugueses, que contavam quase

122

A LUTA GLOBAL COM OS HOLANDESES (1600-1663)

exclusivamente com os fidalgos, senhores de linhagem ou de brasão, para chefes navais e militares, estavam em desvantagem em relação aos comandantes que se encontravam ao serviço da Companhia Holandesa das Índias Orientais, na qual a experiência e a competência profissional (e não a genealogia de família ou a classe social) constituíam os critérios essenciais de promoção. E este facto não passou despercebido aos observadores portugueses mais inteligentes. Um deles, ao escrever em 1656, referiu, contundentemente, o contraste entre os aristocráticos fidalgos que tinham perdido Malaca e Ceilão e os holandeses de humilde condição que haviam conquistado esses locais. Outros factores relevantes abrangem a melhor disciplina e treino dos marinheiros e soldados holandeses, e a crescente riqueza da Companhia Holandesa das Índias Orientais que contrastava com a economia em declínio da até então Goa «dourada».

O padre Fernão de Queiroz, o cronista jesuíta da guerra luso-holandesa no Ceilão, queixava-se de que os «Holandeses diziam com razão que a nossa forma de lutar era sempre uma *guerra de pobres*». Um experiente comandante português na Índia disse ao vice-rei, em 1663: «É um facto evidente que a sorte da guerra não pode ser acrescida sem homens e sem dinheiro, e esta é a razão por que vemos tantas desordens, tantas lágrimas e tantas perdas, porque o rei tem apenas um tesouro vazio e os seus vassalos não têm capital para o ajudar». No ano seguinte, outro comandante português na costa do Malabar escrevia ao mesmo vice-rei:

> «Qualquer capitão holandês tem plenos poderes e muito dinheiro para utilizar em qualquer altura, e está autorizado a gastá-lo sem olhar a despesas quando necessário. Quanto a nós, temos de conseguir o beneplácito de uma autoridade superior para a mínima das coisas, e tal autorização chega, frequentemente, tarde de mais. Além disso, estamos mal fornecidos, somos sempre obrigados a pedir, onde quer que nos dirijamos, o que, portanto, nos impossibilita de realizar seja o que for, porque nada pode ser feito sem dinheiro, sobretudo com estes nativos da Índia».

Dom Manuel Lobo da Silveira estava enganado quando afirmava que os directores da Companhia Holandesa das Índias Orientais nunca cediam com má vontade o dinheiro para as despesas navais e militares em que os envolviam as campanhas dispendiosas dos subordinados. Mas esta observação reflecte o truísmo que numa guerra entre ricos e pobres, em que todos os outros factores são mais ou menos idênticos (moral, físico, equipamento, treino, tácticas, etc.), os ricos estão destinados a ganhar.

É evidente que durante a longa luta entre Portugueses e Holandeses, nem sempre estes outros factores foram mais ou menos idênticos.

123

O IMPÉRIO MARÍTIMO PORTUGUÊS

No que diz respeito a dois deles, o físico e a disciplina, a vantagem pertencia aos Holandeses, especialmente no teatro de guerra asiático. Os soldados da Companhia Holandesa das Índias Orientais e da das Índias Ocidentais eram, evidentemente, mercenários e entre os soldados rasos contavam-se sobretudo alemães, franceses, escandinavos e (antes de 1652) ingleses, se bem que houvesse uma percentagem maior de holandeses entre os oficiais. O físico destes europeus nórdicos era alvo de comentários invejosos por parte dos seus adversários do Brasil e do Ceilão; e se os Holandeses muitas vezes resmungavam acerca da insuficiência das suas rações, eram, de facto, invariavelmente mais bem alimentados do que os Portugueses. Os soldados portugueses meio mortos de fome que se encontravam em Ceilão queixavam-se, em 1644: «Estamos tão magros e tão esfomeados que nem três de nós se equiparam a um holandês». O oficial português mais idoso presente na reconquista da Bahia, em Maio de 1625, escreveu acerca da guarnição holandesa derrotada: «Eram todos jovens, homens escolhidos que brilhariam em qualquer infantaria do mundo». Um dos defensores portugueses da Bahia, na ocasião do segundo ataque holandês em 1638, escreveu no seu diário após ter sido repelido o assalto final: «Contámos os seus mortos quando os transportámos – 327 homens dos mais perfeitos que se possa jamais ter visto; pareciam gigantes e eram, sem dúvida, a flor do Exército holandês».

Por outro lado, os soldados portugueses que eram mandados como carne para canhão para os campos de batalha coloniais durante todo o século XVII eram quase sempre recrutados à força entre os cadastrados e criminosos condenados, como testemunham monotonamente as repetidas queixas das autoridades de Goa e da Bahia. No entanto, as autoridades da metrópole não desconheciam as desvantagens que este processo de recrutamento envolvia. Manuel Severim de Faria, o erudito cónego de Évora, escreveu em 1622, depois de ter recebido as notícias da queda de Ormuz:

> «Nada melhor podia ser esperado da má escolha que se faz em Portugal dos soldados que enviamos para a Índia, esvaziando as prisões de todos os rufias que são encarcerados porque não sabem como manter a fé em Deus e no Homem. E portanto não é de surpreender que aqueles que se comportam deste modo no seu país ajam do mesmo modo no estrangeiro».

Uma opinião idêntica foi expressa cerca de sessenta anos mais tarde pelo capitão João Ribeiro, um veterano da guerra no Ceilão entre 1640 e 1658, acerca dos contingentes de soldados cadastrados enviados anualmente da prisão lisboeta do Limoeiro: «Porque aquele que se comporta mal em Portugal não se pode comportar bem na Índia».

124

A LUTA GLOBAL COM OS HOLANDESES (1600-1663)

Não menos numerosas são as queixas oficiais acerca do facto de uma percentagem demasiado elevada de novos recrutas embarcados para as conquistas ser constituída por crianças, sendo relativamente comum «soldados» de doze, dez e oito anos e conhecendo-se alguns de apenas seis. Além disso, muitos dos melhores recrutas adultos trocavam a espada de soldado pelo hábito do monge ou pela sotaina de noviço jesuíta pouco depois da sua chegada a Goa. Este hábito foi tema de volumosa correspondência acrimoniosa entre a Coroa, os vice-reis e as autoridades eclesiásticas, ao longo de todo o século XVII. A própria persistência desta correspondência mostra que o abuso nunca conseguiu ser extirpado, apesar de todas as reprimendas reais e vice-reais contra ele.

A falta de rigorosa disciplina e de treino militar adequado em tempo de paz colocaram também os Portugueses em enorme desvantagem face aos seus adversários holandeses. Isto aconteceu especialmente na Ásia, onde, por motivos que serão discutidos no capítulo XIII, os Portugueses durante quase dois séculos se abstiveram deliberadamente de organizar unidades militares permanentes. Não utilizavam qualquer outra táctica para além de uma carga desorganizada ao grito guerreiro de «*Santiago e a elles!*». Mas, mesmo na Europa, os Portugueses eram sempre os últimos a adoptar qualquer inovação nas tácticas, treino e equipamento, como Dom Francisco Manuel de Melo, uma importante personalidade literária de considerável experiência naval e militar, afirmou nas suas *Epanáforas* de 1660. Isto era um facto muito estranho, porquanto os seus vizinhos Espanhóis tinham estado, durante todo o século XVI, na vanguarda do progresso militar. E foi por isso que os Portugueses foram alvo de muitas críticas desdenhosas por parte dos seus contemporâneos castelhanos entre 1580 e 1640, por causa da sua «completa ignorância de qualquer forma de disciplina militar».

Esta falta de disciplina e de treino militar estava aliada a uma presunçosa autoconfiança, que tornava os Portugueses notoriamente descuidados e negligentes em alturas e lugares críticos, quando maiores cuidados e vigilâncias eram necessários. Francisco Rodrigues da Silveira escrevia por experiência pessoal quando se queixava, em 1595, de que a maioria dos soldados da guarnição de Ormuz habitavam e dormiam habitualmente fora do castelo, vinham fazer sentinela duas horas atrasados, e quando se apresentavam já atrasados ao serviço mandavam à sua frente um (ou mesmo mais) negros que lhes transportavam as armas. Alguns marinheiros holandeses que desembarcaram perto de Damão durante o ano de tréguas de 1649, entraram na cidade sem ter encontrado ou sido interpelados por qualquer sentinela porquanto toda a população (incluindo a guarnição) dormia profundamente durante a sesta, de quatro horas, do meio-dia até às 16 horas. As guarnições portuguesas geralmente também não possuíam canhões

O IMPÉRIO MARÍTIMO PORTUGUÊS

suficientes e, quando isso não acontecia, os canhões que tinham estavam negligenciados, enferrujados e não utilizáveis por outras razões, como testemunha uma corrente de queixas surgidas a partir do tempo de Afonso de Albuquerque. Poder-se-ia dar outros exemplos inumeráveis daquilo que Manuel Severim de Faria qualifica indignadamente:

> «Esta abominável negligência em que vivem os nossos Portugueses para além da barra de Lisboa, como se estivessem em segurança em casa, no interior de Portugal. Isto levou-os muitas vezes a sofrer os reveses mais terríveis, porquanto lutando desarmados contra adversários fortemente armados, ou somos derrotados ou então escapamos por um milagre do Céu».

Como todas as guerras que se arrastam por muito tempo, o decurso da luta entre Portugueses e Holandeses no mundo tropical transbordou de azedume através de acusações mútuas de atrocidades e crueldades infligidas aos prisioneiros de guerra. Aconteceu especialmente na campanha de Pernambuco de 1644-1654, em que cada parte acusou a outra de incitar os respectivos auxiliares ameríndios a cometerem barbaridades selvagens, e em que os chefes de ambos os lados proibiam por vezes os seus próprios homens de dar quartel. Nas últimas fases da guerra do Ceilão, o cabo Saar conta como ele e alguns dos seus camaradas, que tinham sido maltratados quando prisioneiros dos Portugueses, se vingaram no inimigo em fuga depois da batalha de Paniture em Outubro de 1655:

> «Porque se bem que os nossos oficiais gritassem "Camaradas: chamam-nos Holandeses clementes, por isso mostremo-nos realmente assim e demos quartel!" – no entanto agimos como se os não tivéssemos ouvido, antes perseguimos a tiro e trespassámos os fugitivos enquanto pudemos levantar as mãos e segurar as armas, abatendo assim várias centenas deles».

O *odium theologicum* também desempenhou o seu papel na exacerbação do ódio mútuo e os Portugueses queixavam-se de que quando caíam nas mãos dos Holandeses, quer no Ceilão, quer no Brasil, os seus piores opressores eram geralmente os zelosos Zelandeses calvinistas, ou «pichilingues», como lhes chamavam por causa da sua pronúncia defeituosa de *Vlissingen* (rubor).

Tendo em conta as vantagens de que os Holandeses dispunham, das quais apenas enumerei algumas aqui, pode perguntar-se por que é que levaram seis anos a conquistar parte da Ásia portuguesa e por que é que fracassaram completamente em Angola e no Brasil depois de um começo tão prometedor. Entre as várias razões que podem ser avança-

A LUTA GLOBAL COM OS HOLANDESES (1600-1663)

das, pode mencionar-se a seguinte: se bem que não possa haver dúvidas de que, individualmente, os mercenários holandeses eram, de um modo geral, mais fortes fisicamente do que os seus adversários portugueses, os últimos estavam mais bem aclimatados aos trópicos na maioria dos casos. Isto ajuda a explicar a vitória luso-brasileira no Brasil, onde as batalhas decisivas dos Guararapes em 1648 e 1649 foram ganhas por homens habituados ao sol tropical e hábeis nas lutas no mato contra homens que tinham sido treinados nos campos de batalha mais frescos e formais da Flandres e da Alemanha. No Ceilão tropical, por outro lado, a vitória final coube aos Holandeses. Em parte, sem dúvida, devido à ajuda que receberam dos seus aliados cingaleses – se bem que os Portugueses tivessem, também, os seus lascarins cingaleses fiéis –, mas sobretudo devido à crónica incompetência do alto-comando português na ilha. Em contrapartida, em Pernambuco foram os luso-brasileiros que tiveram de facto os chefes mais eficientes na forma de um notável triunvirato: João Fernandes Vieira (nascido na Madeira), André Vidal de Negreiros (nascido no Brasil) e Francisco Barreto (nascido no Peru), habilmente secundados, como já foi referido (capítulo V), pelo ameríndio Filipe Camarão e pelo negro Henrique Dias. É de notar que as vicissitudes da luta em terra contrastavam fortemente com o curso da luta no mar, onde os Holandeses desde o início estabeleceram e mantiveram, posteriormente, uma superioridade esmagadora, tanto no Índico como no Atlântico Sul. Mesmo quando perderam temporariamente o comando no mar com resultados desastrosos para si próprios, como aconteceu em Luanda em Agosto de 1648 e no Recife em Janeiro de 1654, tal não se deveu a nenhuma derrota naval causada pelos adversários mas aos seus próprios cálculos estratégicos errados e a falhas administrativas associadas a acidentes de vento e de tempo.

Excluindo considerações mais ou menos técnicas desta ordem, a razão básica pela qual os Portugueses conseguiram ficar com uma parte tão grande do seu decrépito império marítimo, apesar da superioridade esmagadora dos Holandeses em vários aspectos, explica-se pelo facto de os Portugueses, apesar de tantos erros, terem deixado raízes mais fundas enquanto colonizadores. Consequentemente não podiam, por norma, ser pura e simplesmente afastados através de uma derrota naval militar, ou mesmo por uma série de derrotas, como as que sofreram no Nordeste brasileiro entre 1630 e 1640 e em Angola entre 1641 e 1648. Muitos Holandeses tinham consciência deste facto, que impressionou observadores tão diferentes como o governador-geral Antonio van Diemen, na Batávia, e o cabo Johann Saar, no Ceilão. O primeiro escreveu aos seus superiores em Amesterdão, em 1642:

> «A maioria dos portugueses na Índia [Ásia] considera esta região o seu país natal. Já não pensam mais em Portugal. Comer-

O IMPÉRIO MARÍTIMO PORTUGUÊS

ciam pouco ou nada com Portugal, e contentam-se com o comércio entre os vários portos da Ásia, exactamente como se fossem dali e não tivessem nenhum outro país».

O cabo Saar, depois de alguns anos de serviço contra os Portugueses em Ceilão, escreveu acerca deles vinte anos mais tarde:

«Seja onde for que cheguem, pensam estabelecer-se aí para o resto da vida, e nunca mais tencionam voltar para Portugal outra vez. Mas um holandês, quando chega à Ásia, pensa: "quando os meus seis anos de serviço acabarem, volto outra vez para a Europa"».

Mutatis mutandis, idênticas críticas podiam ser (e foram) feitas à temporária dominação holandesa no Nordeste brasileiro e ao longo da costa de Angola e de Benguela. O conde Johan Maurits de Nassau, cujo esclarecido governo do Brasil holandês ainda é hoje reconhecido por muitos brasileiros, avisou constantemente os seus superiores em Haia e em Amesterdão que, a menos que enviassem colonos holandeses, alemães e escandinavos em grande número para substituírem (ou para se misturarem com) os colonos portugueses existentes, estes últimos manter-se-iam sempre portugueses de coração e revoltar-se-iam na primeira oportunidade. E assim foi em Junho de 1645. O célebre viajante huguenote Jean-Baptiste Tavernier escreveu que «os Portugueses, vão para onde forem, tornam o sítio melhor para os que vêm a seguir a eles, enquanto os Holandeses tentam destruir todas as coisas nos sítios onde põem pé». Tavernier tinha ideias preconcebidas acerca dos Holandeses, mas é verdade que, como explicou o cabo Saar, quando os Holandeses conquistaram Colombo, Cochim e outras colónias portuguesas bem construídas, desmantelaram imediatamente muitas das casas, muralhas e fortificações, contentando-se com cerca de um terço da superfície ocupada pelos seus antecessores. É igualmente verdade que, durante o século XVI, os Portugueses, directa e indirectamente, desenvolveram mais amplamente o cultivo do cravo-da-índia nas Molucas, especialmente ao introduzi-lo em Amboíno. Os Holandeses, pelo contrário, cortaram mais tarde, em escala maciça, árvores de cravo-da-índia, para não correrem o risco de terem um excesso de produção, e forçaram (através do chamado *Hongi-tochten*) que a venda do cravo fosse feita unicamente a eles, coisa que os Portugueses nunca tinham conseguido fazer. Os Portugueses haviam também povoado a ilha desabitada de Santa Helena com árvores de fruto, porcos, cabras, etc., para que pudesse servir de escala e onde os barcos da carreira da Índia pudessem conseguir alimentos frescos, em caso de necessidade. Os Holandeses cortaram as árvores e tentaram devastar a ilha mas, posteriormente, alteraram a sua política destrutiva e seguiram a via portuguesa.

128

A LUTA GLOBAL COM OS HOLANDESES (1600-1663)

Se bem que os Portugueses muitas vezes fizessem valer brutalmente as suas pretensões ao monopólio da «conquista, navegação e comércio» do oceano Índico, os Holandeses ficaram agastados por descobrir, ao contestar com êxito essas pretensões monopolistas, que os Indianos «eram no entanto mais favoráveis aos Portugueses do que a qualquer outra nação cristã», como escreveu Gillis van Ravesteyn, de Surate, em 1618. Quarenta e três anos mais tarde, Willem Schouten queixava-se de que os pescadores de pérolas de Tuticorim prefeririam, de longe, os opressores portugueses aos libertadores holandeses; e existem muitas afirmações idênticas de outros Holandeses com larga experiência da Ásia. Encontram-se reflectidas na obra enciclopédica de Pieter van Dam, compilada para informação confidencial dos directores da Companhia Holandesa das Índias Orientais, no final do século XVII. Afirmava que, se bem que os Portugueses frequentemente maltratassem e ofendessem os Indianos, «capturando e queimando os seus navios, causando estragos e atacando os seus portos, convertendo à força os seus cativos ao cristianismo, aplicando impostos arbitrários aos carregamentos que enviam por mar, comportando-se orgulhosa e arrogantemente na sua terra», ainda assim os Indianos preferiam negociar com os Portugueses do que com quaisquer outros europeus.

Muitos escritores modernos, sobretudo portugueses, pretendem que esta atitude dos Indianos, idêntica à de muitos outros (se bem que não todos) asiáticos, se justificava fundamentalmente pelo facto de os Portugueses casarem com as mulheres indianas em muito maior escala do que os europeus nórdicos e de não terem qualquer preconceito racial. Tem de se dar bastante desconto a qualquer destas explicações, que não figuram entre as que foram avançadas no século XVII. Os mercadores holandeses e ingleses no Oriente coabitavam também com mulheres asiáticas, ainda que não casassem com elas tão frequentemente como os Portugueses. Além disso, as mulheres em questão eram quase sempre de uma casta ou classe baixa, prostitutas ou convertidas ao cristianismo, consideradas renegadas pelos seus compatriotas respeitáveis; e não tinham qualquer espécie de influência na vida política e económica. Longe de não terem preconceitos raciais, os Portugueses, muito pelo contrário, mostraram que os tinham em elevado grau em várias esferas, como se explica no capítulo XI; isto além do facto (como Linschoten observou com um apenas ligeiro exagero) «em todos os locais serem senhores e donos, desprezando e aviltando os habitantes».

Vários dos oficiais e mercadores holandeses mais perspicazes no Oriente observaram que os Portugueses estavam em grande vantagem sobre os Holandeses graças à influência e ao prestígio que os missionários católicos apostólicos romanos tinham adquirido em muitas regiões. Vimos já que os métodos portugueses de propagação da fé eram por vezes mais coercivos do que persuasivos (capítulo III), nos locais

O IMPÉRIO MARÍTIMO PORTUGUÊS

onde exerciam um poder político sem entraves, mas onde conseguiram implantar o catolicismo apostólico romano, esse poder geralmente criava raízes. Antonio van Diemen, um dos poucos governadores-gerais zelosamente calvinista das Índias Orientais holandesas, observava, pesaroso, que, no campo da conversão religiosa, os missionários portugueses «são-nos muito superiores, e os seus padres papistas mostram muito maior zelo e energia do que os nossos pregadores e leigos». Pieter van Dam, ao escrever no final do século, atribuía o êxito dos Portugueses na manutenção das suas posições perigosamente expostas nas ilhas Sunda Menores sobretudo «ao facto de os seus padres e clero terem a maior parte dos nativos do seu lado, e de, conseguindo assim uma grande vantagem sobre nós, terem sido capazes de colher todos os benefícios». Os Holandeses viram-se a braços com uma resistência instigada pelos católicos apostólicos romanos contra o seu governo nas regiões costeiras do Ceilão e na Índia Meridional: e o calvinista escocês Alexandre Hamilton, «comerciante clandestino», queixava-se de que os Bantos da Zambézia e do litoral moçambicano «só comerciavam com os Portugueses, que mantêm alguns padres nas costas marítimas, que inspiram um temor respeitoso aos imbecis dos nativos e conseguem os seus dentes [ou seja, as suas presas de elefante] e o ouro a troco de bagatelas». Foram os missionários jesuítas que se encontravam na corte de Pequim os grandes responsáveis pelo fracasso de todos os esforços dos Holandeses para estabelecerem um comércio oficialmente reconhecido com a China, se bem que as autoridades provinciais de Kwangtung e de Fuquiém estivessem, na generalidade, a favor da aceitação dos «bárbaros de cabelo ruivo», depois do início da dinastia Manchu, em 1644.

A estreita cooperação entre a Cruz e a Coroa, que foi uma das características dos impérios ibéricos, nem sempre foi, como é evidente, vantajosa para os Portugueses na sua luta contra os Holandeses. O receio de uma quinta-coluna cristã foi uma das principais razões para o encerramento, ordenado pelo governo japonês, do país a todos os europeus, à excepção dos Holandeses, em 1639; e este receio, que há muito estava latente no espírito dos ditadores militares japoneses, foi deliberadamente exacerbado pelas denúncias, feitas pelos Holandeses e Ingleses protestantes, dos missionários católicos como agentes perigosamente subversivos, no princípio do século XVII. No outro lado do mundo, o rei católico do Congo, se bem que rejeitasse sem hesitação as tentativas de propaganda dos calvinistas holandeses, acolhia entusiasticamente as notícias das vitórias holandesas. Rezavam mesmo nas igrejas pelo êxito dos exércitos holandeses protestantes contra os Portugueses católicos em Angola, durante o período de 1641-1648. Dom Matheus de Castro, bispo titular de Crisópolis e goês de nascimento, levou a sua antipatia pelos seus correligionários portugueses ao ponto

A LUTA GLOBAL COM OS HOLANDESES (1600-1663)

de incitar tanto a calvinista Companhia Holandesa das Índias Orientais como o sultão muçulmano de Bijapur a atacarem Goa, na década de 1644-1654. Se os missionários jesuítas eram muitas vezes favoravelmente acolhidos como enviados na Corte do grão-mogol, o grão--sofi da Pérsia, xá Abbas I, solicitou em 1614 que não lhe mandassem mais frades agostinianos nem padres jesuítas na qualidade de enviados diplomáticos, «porque um religioso fora da sua cela era como um peixe fora de água». Mas a atitude do xá Abbas não era significativamente partilhada na Ásia. Respectivamente na Índia e no Japão, os brâmanes e os monges budistas eram muitas vezes utilizados como enviados diplomáticos e a maioria dos governantes asiáticos não via incongruência alguma no facto de os missionários portugueses desempenharem funções idênticas.

De qualquer modo, como as autoridades holandesas pesarosamente admitiam, os seus ministros calvinistas, ou *predikanten,* não podiam nunca competir em condições iguais com os padres católicos apostólicos romanos. Durante a ocupação holandesa de Pernambuco (1630-1654), muitos Holandeses regressaram ou reconciliaram-se com a Igreja de Roma, enquanto as conversões do catolicismo ao calvinismo foram tão raras quanto os dentes das galinhas. O mesmo se passou nas possessões portuguesas asiáticas conquistadas pelos Holandeses e em toda a parte onde existia uma comunidade católica apostólica romana num território sob domínio dos heréticos. Os euro-asiáticos de Batávia, Malaca, do Coromandel, Ceilão e Malabar, sempre que podiam, e frequentemente à custa de grandes riscos pessoais, deixavam o *predikant* a pregar às paredes e esgueiravam-se para ouvir qualquer padre católico romano disfarçado, de passagem, dizer missa, baptizar os seus filhos ou celebrar casamentos. Com poucas excepções – a principal das quais é Amboíno – os convertidos ao calvinismo pelos Holandeses nas possessões anteriormente portuguesas não deixaram qualquer vestígio na actualidade, ao passo que as comunidades católicas apostólicas romanas semeadas pelos Portugueses estão ainda florescentes em muitas regiões.

Outra das razões por que os asiáticos – ou pelo menos muitos deles – preferiam lidar com os Portugueses do que com os Ingleses ou com os Holandeses foi explicada pelo cronista António Bocarro, quando escreveu acerca do comércio de têxteis de Guzarate, em 1614. Enquanto os Portugueses mais pobres e de condição mais humilde empregavam alguns dos nativos da região para empacotar, transportar e carregar tudo o que compravam em terra, as Companhias Holandesa e Inglesa das Índias Orientais insistiam em que muito deste trabalho manual fosse feito pelos seus próprios marinheiros e empregados brancos. Além de empregarem em maior quantidade mão-de-obra local, os Portugueses contentavam-se também em obter um lucro mais pequeno

O IMPÉRIO MARÍTIMO PORTUGUÊS

do que os Holandeses ou os Ingleses em certos produtos, em vários períodos e locais. Francisco Pelsaert, o administrador holandês de Agra, ao escrever acerca do declínio do comércio português com Guzarate, em 1626, observou:

«Por causa desta decadência, somos amaldiçoados não só pelos Portugueses, mas também pelos Hindus e pelos Muçulmanos, que nos inculpam totalmente, a nós, dizendo que somos o flagelo da sua prosperidade; porque, mesmo que o comércio holandês e inglês valha um milhão de rupias anuais, isto não se pode comparar com o comércio anterior que era muitas vezes superior, não só na Índia mas também com a Arábia e a Pérsia».

Com o risco, talvez, de uma excessiva simplificação, pode dizer-se que, embora os Holandeses fossem, a princípio, calorosamente acolhidos por muitos povos asiáticos, numa reacção natural ao orgulho e pretensões portugueses, a experiência em breve mostrou que aqueles que tinham caído na esfera do monopólio da Companhia Holandesa das Índias Orientais tinham trocado o rei Log pelo rei Stork.

Além da luta directa e da rivalidade económica, política e religiosa entre os Portugueses e os Holandeses, houve outro aspecto desta luta que merece uma breve menção aqui. Trata-se da batalha entre as duas línguas, e neste caso os Portugueses levaram facilmente a palma aos seus adversários. Uma vez que a expansão ultramarina europeia foi iniciada pelos Portugueses, a sua língua (ou uma adaptação dela) tornou-se a língua franca da maioria das regiões costeiras que se abriram ao comércio e aos empreendimentos europeus em ambos os lados do globo. Na altura em que foram substituídos pelos Holandeses, a sua língua tinha criado raízes demasiado fundas para ser erradicada, mesmo nas conquistas coloniais holandesas onde estes tentaram substituí-la pela sua. Durante os vinte e quatro anos que os Holandeses dominaram todo ou parte do Nordeste brasileiro, a população subjugada recusou--se obstinadamente a aprender a língua dos seus heréticos senhores, e acredita-se que apenas duas palavras holandesas sobreviveram na linguagem popular pernambucana. Em Angola e no Congo, se bem que a grande maioria dos Bantos se tivesse associado aos Holandeses entre 1641 e 1648, os seus escravos, auxiliares e aliados negros continuaram a utilizar o português e não fizeram qualquer esforço para aprender o holandês. No Nordeste brasileiro, vários dos filhos dos chefes tapuias foram enviados para a Holanda a fim de serem educados, e lá aprenderam a língua e se converteram à religião calvinista. Mas estes foram factos isolados sem grande significado ou influência, e os missionários jesuítas depressa destruíram qualquer vestígio de influência holandesa nos ameríndios brasileiros, a partir de 1656.

132

A LUTA GLOBAL COM OS HOLANDESES (1600-1663)

Na Ásia, o português, ou antes, os dialectos crioulos constituídos a partir dele, resistiram ainda com um êxito mais notável à pressão e legislação oficial holandesa. O rei (ou imperador) de Candi no Ceilão, o rajá Sinha II (1629-1687), se bem que se tivesse aliado aos Holandeses contra os Portugueses, recusou-se a aceitar cartas ou despachos escritos em holandês, e insistiu que fossem escritos em português, língua que falava e escrevia fluentemente. Nessa altura, os governantes muçulmanos de Macáçar falavam também fluentemente o português e um deles tinha mesmo lido no original todas as obras do escritor devoto espanhol, o dominicano frei Luís de Granada. Em Abril de 1645, Gerrit Demmer, o governador das Molucas, observava que o português, «ou até mesmo o inglês», parecia ser uma língua mais fácil para os nativos de Amboíno aprenderem e atraía-os mais do que o holandês. A prova mais espantosa da vitória da língua de Camões sobre a de Vondel foi fornecida pela capital colonial holandesa de Batávia, «a rainha dos mares orientais». Os Portugueses nunca aí estiveram, a não ser como prisioneiros de guerra ou como visitantes ocasionais ou de passagem. No entanto, o dialecto crioulo constituído a partir do português foi introduzido por escravos e criados domésticos da região da baía de Bengala e era falado pelos Holandeses e pelas mulheres de casta intermédia nascidos e criados em Batávia, por vezes com exclusão da sua própria língua. Houve muitas críticas oficiais a este costume mas, como uma das autoridades de Batávia observou em 1647, a maior parte dos Holandeses considerava «uma grande honra ser capaz de falar uma língua estrangeira» – ao contrário dos seus antecessores portugueses e dos seus sucessores ingleses e franceses criadores de impérios. O mesmo se passou em muitas outras zonas; e mesmo no cabo da Boa Esperança, onde as condições favoreceram o desenvolvimento da colonização branca depois das primeiras décadas difíceis, o português crioulo manteve-se durante muito tempo como língua franca e não deixou de ter influência no desenvolvimento da língua africânder. Como o governador-geral Johan Maetsuyker e o seu conselho em Batávia explicaram aos directores da Companhia Holandesa das Índias Orientais em 1659:

«A língua portuguesa é uma língua fácil de falar e de aprender. Esta é a razão pela qual não podemos impedir os escravos trazidos para aqui de Aracão e que nunca ouviram uma palavra de português (e até os nossos próprios filhos) de preferirem essa língua e de a considerarem a sua».

Capítulo VI

Estagnação e Contracção no Oriente
(1663-1750)

O padre Manuel Godinho, um jesuíta que fez uma viagem por terra desde a Índia a Portugal, via golfo Pérsico e Iraque, em 1663, começou a narração das suas viagens, publicadas em Lisboa dois anos mais tarde, com o seguinte lamento pelas glórias passadas e pelas misérias presentes:

> «O império ou Estado indiano lusitano, que anteriormente dominava a totalidade do Oriente e compreendia oito mil léguas de soberania, vinte e nove cidades capitais de província e muitas outras de menor importância, e que ditava leis a trinta e três reinos tributários, espantando todo o mundo com a sua enorme extensão, assombrosas vitórias, próspero comércio e imensas riquezas, está agora reduzido, por causa dos seus próprios pecados ou devido a inevitável decadência dos grandes impérios, a tão poucas terras e cidades que se pode muito bem duvidar se o Estado era mais pequeno mesmo no princípio do que é agora no fim».

Depois de comparar o início, crescimento, prosperidade e decadência da Índia portuguesa com as quatro idades do homem, o jesuíta concluiu com tristeza:

> «Se ainda não expirou completamente, é porque não encontrou um túmulo digno da sua anterior grandeza. Se era uma árvore, é agora um tronco; se era um edifício, é agora uma ruína; se era um

O IMPÉRIO MARÍTIMO PORTUGUÊS

homem, é agora um coto; se era um gigante, é agora um pigmeu; se era grande, nada é agora; se era a vice-realeza da Índia, está agora reduzido a Goa, Macau, Chaul, Baçaim, Damão, Diu, Moçambique e Mombaça, com algumas outras fortalezas e locais de menor importância – em resumo, relíquias e o pouco do grande corpo desse Estado, que os nossos inimigos nos deixaram, ou como um memorial daquilo que dantes possuíramos na Ásia, ou como uma lembrança amarga do pouco que, agora, lá possuímos».

A jeremiada do padre Godinho foi repetida por muitos dos seus contemporâneos, incluindo o vice-rei João Nunes da Cunha, que escreveu para a Coroa em Junho de 1669: «Há muito menos Portugueses em todo este Estado do que em Alhos Vedros», uma aldeia a sul de Lisboa que contava apenas 200 famílias. Calculando que cada família fosse constituída por cinco ou seis pessoas, isto daria um total de menos de 1500 portugueses brancos nas colónias portuguesas que restavam de Sofala até Macau. O vice-rei devia estar a exagerar, mas não exagerava muito. A correspondência oficial entre Lisboa e Goa no século que vai de 1650 a 1750 reflecte constantemente uma preocupação pelo número insuficiente de Portugueses nascidos na Europa residentes no Oriente e pela elevada taxa de mortalidade existente entre eles em locais pouco saudáveis como Goa e a ilha de Moçambique. Mais particularmente, a escassez permanente de mulheres brancas – havia apenas uma em Mascate em 1553 e outra em Macau em 1636, por exemplo – foi agravada, a acreditar no que o padre jesuíta Fernão de Queirós escreveu em Goa em 1687, pelo facto de: «Ainda hoje a gravidez das mulheres portuguesas termina quase sempre de forma fatal tanto para a mãe como para o filho.»

Já vimos (capítulo II) que muito poucas mulheres partiram de Portugal para acompanhar os seus homens até ao Oriente durante o século XVI, e isto continuou a passar-se nos 200 anos seguintes. Ao contrário da espanhola, a Coroa portuguesa tinha tendência para desencorajar as mulheres de partirem para as conquistas (durante séculos a denominação oficial das colónias), da Ásia e da África, com a única excepção das «órfãs do rei». Estas, como o nome indica, eram raparigas órfãs em idade casadoira, que eram enviadas em grupo dos orfanatos de Lisboa e do Porto, a expensas da Coroa. Levavam dotes constituídos por cargos governamentais de pouca importância para os homens que quisessem casar com elas depois da sua chegada a Goa. O primeiro contingente partiu de Lisboa em 1546 e o sistema parece ter continuado até ao princípio do século XVIII. Não creio que tenham partido mais do que umas trinta raparigas num só ano, e parece que a média mais geral era entre cinco a quinze por ano. Houve anos em que não foi enviada nenhuma, embora Francisco Rodrigues da Silveira, que serviu na Índia de 1585 a

136

ESTAGNAÇÃO E CONTRACÇÃO NO ORIENTE (1663-1750)

1598, estivesse nitidamente a exagerar quando escreveu: «Mostra, na realidade, grande negligência da nossa parte, enviar todos os anos para a Índia quatro ou cinco navios carregados com homens mas não levando nenhuma mulher». Deve também notar-se que nem todas estas órfãs encontravam marido quando chegavam à Goa «dourada», como de vez em quando lembravam à Coroa os vice-reis, governadores, conselheiros municipais e curadores da Misericórdia. Algumas destas mulheres eram declaradamente demasiado velhas ou feias; outras vezes, os cargos oficiais concedidos aos futuros maridos eram tão mal remunerados que não constituíam qualquer atractivo financeiro. A municipalidade de Goa pediu em várias ocasiões à Coroa para não mandar mais órfãs de Portugal para a Índia. Os conselheiros reclamavam, sem dúvida com razão, que havia na Índia um número suficiente de mulheres e raparigas em idade de casar, filhas de respeitáveis cidadãos portugueses e de mães asiáticas, em relação às quais se deviam tomar primeiro essas disposições. A Coroa parou, temporariamente, o envio dessas raparigas em 1595, mas em breve recomeçou a enviá-las, se bem que nunca numa escala suficientemente grande para dar uma contribuição apreciável ao problema demográfico da «Ásia portuguesa».

Além das «órfãs do rei», houve alguns portugueses casados que levaram consigo para a Índia as mulheres e as filhas, se bem que na maioria dos casos apenas os filhos acompanhassem os pais. Jorge Cabral, o governador-geral da Índia em 1549-1550, foi o primeiro vice-rei ou governador a ter em Goa uma mulher europeia. Este exemplo não foi seguido senão dois séculos mais tarde, quando a mulher do marquês de Távora, recentemente nomeado vice-rei, insistiu em acompanhar o marido à Índia em 1750, apesar da relutância da Coroa em conceder-lhe a autorização desejada. As relativamente poucas mulheres brancas que acompanhavam os maridos à Ásia eram quase tão poucas como as levas periódicas de raparigas órfãs, como observou o cronista do convento agostiniano goês de Santa Mónica, ao escrever no fim do século XVII:

> «Se bem que os Portugueses estejam já no Oriente há quase duzentos anos e todos os anos um grande número de homens e também algumas mulheres embarquem para lá, ainda assim, com esta multidão, não aumentaram absolutamente nada, nem existe descendência directa de filhos para filhos por mais de três gerações, nem qualquer aumento natural da nossa nação que valha a pena mencionar».

Aqui novamente há um tanto de exagero, porquanto havia algumas famílias brancas em Goa que podiam gabar-se de uma linha directa de descendência durante mais de três gerações. Mas eram realmente pou-

O IMPÉRIO MARÍTIMO PORTUGUÊS

cas e estavam espalhadas, e a esmagadora maioria era constituída por euro-asiáticos à segunda ou terceira geração.

Outra das razões para o fracasso dos Portugueses em «aumentar e multiplicar-se» nas suas colónias costeiras asiáticas e africanas durante os séculos XVII e XVIII foi a extrema insalubridade de alguns das seus principais redutos, especialmente o de Goa e o da ilha de Moçambique. Este último lugar já em 1550 era descrito como um cemitério de viajantes que iam e vinham da Índia, por motivos que mencionaremos. No que diz respeito à Goa «dourada», o conselho municipal, ao escrever à Coroa em 1582, afirmava que a capital colonial se tinha tornado muito insalubre após o grande cerco de 1570-1571, e a situação deteriorou-se decisivamente durante os dois séculos seguintes. As duas razões fundamentais para esta progressiva deterioração foram a natureza porosa do solo, que permitia que as águas dos esgotos se infiltrassem nos poços onde os habitantes iam buscar a água que bebiam, contribuindo assim para a transmissão de doenças de origem fecal, e o aumento da incidência da malária, devido às águas estagnadas, que constituíam locais para a reprodução de mosquitos, nos poços, tanques e piscinas das casas e jardins abandonados. Mas as causas das doenças tropicais, como por exemplo a disenteria e a malária, não puderam ser diagnosticadas antes das descobertas científicas dos séculos XIX e XX. Os contemporâneos inclinavam-se a atribuir a mortalidade ao clima pretensamente insalubre e ao ar – especialmente ao «ar nocturno». Os arquivos do Hospital Real para os Soldados de Goa mostravam que, nos primeiros trinta anos do século XVII, morreram lá 25 000 Portugueses, sem contar com os homens que tinham morrido nos locais de aquartelamento ou em serviço a bordo de navios das frotas portuguesas. Ainda que faltem estatísticas fiáveis de longo prazo, não há razão para supor que esta perda de homens tenha tido qualquer declínio durante os 150 anos seguintes. Nem os próprios cidadãos se encontravam em muito melhores circunstâncias, uma vez que bairros inteiros da anteriormente populosa capital ficaram desabitados e foram, na mesma altura, conquistados pela selva, apesar dos esforços feitos pelo conselho municipal para deter este catastrófico declínio. A Velha Goa foi oficialmente abandonada em 1760, tendo sido ocupado o local mais pequeno e mais saudável de Pangim, mais perto algumas milhas da foz do rio Mandovi.

Uma causa de menor importância mas que também contribuiu para o fracasso da população branca e euro-asiática, incapaz de se reproduzir em número suficiente na Índia portuguesa durante este período, foi o elevado número de deserções ocorrido entre os contingentes recém--chegados de recrutas inexperientes e de soldados condenados que constituíam uma grande percentagem da guarnição. As queixas acerca destas deserções remontam ao tempo de Afonso de Albuquerque, mas entre 1650 e 1750 atingiram um crescendo, por motivos que discutire-

138

ESTAGNAÇÃO E CONTRACÇÃO NO ORIENTE (1663-1750)

mos adiante (II parte, capítulo XIII). Bastará aqui referir duas observações típicas sobre este problema. A primeira foi feita por Dom Christóvão de Mello, no Conselho Vice-Real do Estado de Goa em Agosto de 1721, quando o projecto de uma expedição conjunta anglo-portuguesa contra Kanhoji Angria, o chefe marata de Alibagh, estava em discussão. Dom Christóvão fez notar que as únicas tropas portuguesas europeias disponíveis eram os 700 homens do regimento (terço) de Goa, muitos dos quais não estavam fisicamente aptos para o serviço activo.

«Não se pode contar [acrescentou ele] com a maior parte dos restantes, porquanto a experiência provou-nos que nos servem com relutância e sem que possamos confiar neles. Porque, se bem que sejam pontualmente pagos e bem alimentados, ainda assim desertam sem a mínima das razões ou desculpa, preferindo trabalhar como escravos dos muçulmanos, hindus e heréticos, a ser vassalos do seu rei. E isto é qualquer coisa que não podemos facilmente evitar, porquanto a maioria deles vem do reino em contingentes, na qualidade de exilados condenados por crimes infames e, portanto, não se pode esperar coragem, nem zelo da parte de homens desta espécie em empresa tão difícil.»

Vinte cinco anos mais tarde, o vice-rei Dom Pedro de Almeida, marquês de Castelo-Novo, escreveu ao ministro de Estado em Lisboa, informando-o que já não sabia o que fazer para lutar contra a série de deserções. Tinha consciência de que a melhor maneira de impedir os soldados de desertarem era pagar-lhes, vesti-los e alimentá-los bem, e não exasperá-los com castigos brutais. «É este o modo como eles são tratados neste Estado, e, no entanto, apesar de tudo, as deserções são em número tão elevado e tão frequentes que receio que em breve não tenhamos um único soldado europeu.» Entre os que ficavam em Goa, um número considerável entrava nas ordens religiosas, o que constituía objecto permanente de queixas na correspondência dos vice-reis e governadores com a Coroa (ver capítulo V), além de afectar adversamente a taxa de natalidade potencial.

A escassez de soldados na Índia portuguesa durante a segunda metade do século XVII e a primeira metade do século XVIII era tanto mais séria quanto o Estado da Índia esteve, durante este período, empenhado numa luta quase permanente com os árabes de Omã e os Maratas da Índia Ocidental. Se os Portugueses estavam à espera de descanso sem luta após a longa e desastrosa guerra contra os Holandeses no Oriente, ficaram amargamente desapontados. «Digam-me, Senhores», escreveu o cronista Diogo de Couto no seu *Diálogo do Soldado Veterano* (1611), «se existe hoje em dia neste mundo outra terra como a Índia que não é mais do que uma fronteira e na qual é necessário andar

O IMPÉRIO MARÍTIMO PORTUGUÊS

sempre de armas na mão? Por certo que não!» Um século mais tarde, os conselheiros ultramarinos em Lisboa observavam que «o Governo da Índia é um Governo totalmente militar e guerreiro». Em 1746, o vice--rei Dom Pedro de Almeida lembrava a D. João V: «Este Estado é uma república militar e a sua preservação depende inteiramente das nossas armas na terra e no mar». Este ambiente fronteiriço de luta contínua, que durou, com poucos intervalos, até ao fim do século XVIII, ajuda a explicar a razão pela qual, em comparação com os homens, partiram para a Índia tão poucas mulheres portuguesas e também a razão pela qual os camponeses que emigravam voluntariamente de Portugal e das ilhas atlânticas preferiam tentar a sua sorte no Brasil, onde algumas tribos de ameríndios hostis podiam ser canibais mas não estavam equipadas com mosquetes e artilharia, ao contrário do que acontecia com os árabes de Omã e com os Maratas.

Os Omanis da costa tinham sido uma raça de exploradores marítimos durante séculos antes da ocupação portuguesa de Mascate, mas a sua navegação fora de cabotagem e não podia por isso competir com os canhões portugueses no alto mar. Contudo, em Janeiro de 1650, estes árabes conquistaram Mascate e capturaram também alguns navios portugueses que se encontravam no porto. Num espaço de tempo notavelmente curto, os imãs de Omã conseguiram constituir e manter uma marinha que incluía barcos de guerra bem armados, construídos segundo o modelo desses e de outras presas portuguesas posteriores, e que lutou contra a armada de alto bordo portuguesa em condições mais ou menos iguais no oceano Índico entre 1650 e 1730. O crescimento meteórico do poder marítimo omani, a partir praticamente do nada, na sexta década do século XVII, requer investigação e pesquisa mais aprofundada. Não sabemos até que ponto os Omanis dependiam dos desertores e renegados europeus para o manejo dos canhões e o desenho dos navios, nem sabemos onde obtinham a madeira para construir os barcos ou se dependiam inteiramente dos navios que obtinham através da compra ou da captura. Mas o facto é que enviaram expedições marítimas contra Mombaça em 1660-1661, saquearam a cidade de Diu (onde realizaram importante pilhagem), em 1668, e falharam por pouco a conquista da fortaleza da ilha de Moçambique dois anos mais tarde. Atacaram repetidamente as possessões portuguesas mais pequenas da costa ocidental indiana, a começar por Bombaim em 1661. No fim do século XVII tinham expulsado os Portugueses de Mombaça e de todas as ilhas ou cidades-estado suaílis ao longo da costa oriental africana a norte de cabo Delgado (Pate, Pemba, Zanzibar, Melinde, etc.), sobre as quais reclamavam a suserania.

Os Portugueses enviaram periodicamente frotas de Goa para socorrer Mombaça até ao momento em que ela caiu, em Dezembro de 1698, e também para percorrer o golfo Pérsico atacando os seus ini-

140

ESTAGNAÇÃO E CONTRACÇÃO NO ORIENTE (1663-1750)

migos Omanis. Ambas as partes reclamavam vitórias retumbantes nas numerosas acções navais que se seguiram, mas, na realidade, as honras (as que houve de facto) foram divididas bastante equilibradamente. O resumo sarcástico destas campanhas inconsequentes feito por Alexander Hamilton não era absolutamente injusto:

> «A guerra de *Mascate* (que dura desde que os *Árabes* lhes conquistaram esta cidade), se bem que seja a mais longa, não lhes tem causado o mínimo dos prejuízos, porquanto os obriga a manter uma armada de cinco ou seis barcos, além de pequenas fragatas e de presas de guerra, o que dá o pão a muita gente que, de outro modo, seria uma carga muito mais pesada para o Estado, aglomerando-se nas igrejas. Os *Árabes* e eles tiveram muitos recontros, mas nenhuma das partes causa grandes estragos à outra. Fui testemunha de um destes recontros perto da barra de *Surate* mas não foi sangrento».

Ovington, que visitou Surate em 1689, foi ainda menos lisonjeiro, declarando que quem estava em vantagem eram os Omanis: «Os Portugueses geralmente esforçam-se por evitá-los, e nunca combatem com eles a não ser que estejam em grande vantagem». Tanto Ovington como Hamilton compararam o tratamento dado por ambas as partes aos prisioneiros de guerra, com vantagem para os Árabes.

> «Os *Portugueses* tratam os seus cativos com grande severidade, obrigando-os a trabalhar muito, e habituam-nos à disciplina do chicote, mas os *Árabes* tratam os seus com muito mais humanidade, fazendo-os apenas prisioneiros, sem os obrigarem a trabalhos forçados e dando-lhes um soldo igual ao que os seus soldados recebem, e que lhes é pontualmente pago duas vezes por mês. E se algum *português* é artífice ou mecânico pode trabalhar livremente na sua arte, para ganhar dinheiro e pagar o seu resgate.»

O depoimento fornecido por Ovington e Hamilton pode ser considerado suspeito, pois eram ambos protestantes dedicados e capazes de preferir os muçulmanos aos católicos romanos: mas a incapacidade portuguesa de lutar convenientemente contra a ameaça omani está igualmente patente na correspondência das autoridades de Goa com a Coroa e nas afirmações proferidas nos debates do Conselho de Estado em Goa, durante esse período. Deve acrescentar-se que, se bem que as perdas provocadas pelas batalhas não fossem muito elevadas, estas campanhas foram extremamente dispendiosas tanto em homens como em dinheiro, especialmente durante o prolongado cerco a Mombaça (de Março de 1696 a Dezembro de 1698). Ao relatar mais tarde a queda

O IMPÉRIO MARÍTIMO PORTUGUÊS

da fortaleza num despacho escrito nos finais de 1699, o vice-rei acrescentava: «Posso assegurar a Vossa Majestade que este cerco causou um imenso dano a este Estado, porquanto mais de mil Portugueses morreram nele, para além de quase dez mil nativos, todos eles vassalos de Vossa Majestade, e tudo devido à atmosfera infectada». Não há possibilidade de verificar estes números mas torna-se bastante evidente, a partir dos relatos deste cerco épico, que a esmagadora maioria das mortes foi causada pela doença, arrebatando a má nutrição e as epidemias vintenas de indivíduos por cada um que morria em acção. Dissensões entre os Suaílis da África Oriental e os seus senhores omanis permitiram que os Portugueses reconquistassem Mombaça, em Março de 1728, e restabelecessem rapidamente a sua suserania sobre toda a costa suaíli. Mas o instável sultão de Pate, que os mandara chamar, mudou novamente de campo no ano seguinte. Mombaça rendeu-se a insurrectos locais em Novembro de 1729, e uma expedição vinda de Mascate depressa restabeleceu o controlo omani sobre a costa a norte de cabo Delgado. O controlo omani era quase tão frágil como tinha sido o português e as autoridades lisboetas e goesas não perderam imediatamente a esperança de recuperar Mombaça. Mas a rápida ascensão do poder marata na costa ocidental indiana forneceu aos Portugueses um inimigo ainda mais temível e muito próximo, e foram, portanto, incapazes de tirar quaisquer vantagens das oportunidades criadas pela crescente fraqueza e dissensões dos Omanis, a partir de 1730.

Os Maratas eram já uma ameaça para Portugal no último quartel do século XVII e Goa apenas foi salva daquilo que parecia ser a sua inevitável captura por uma armada marata vitoriosa, em 1683, pelo aparecimento súbito e inesperado, pela retaguarda, de um exército mogol, vindo dos Gates Ocidentais. A pressão marata atingiu o seu auge entre 1737 e 1740, quando a cidade de Baçaim (Bassein) e a próspera província do Norte foram conquistadas por exércitos do Peshwá, depois de uma série de campanhas extremamente renhidas. A encarniçada defesa de Baçaim, que capitulou com honras de guerra a 16 de Maio de 1739, despertou a admiração dos cavalheirescos vencedores hindus, que inventaram um novo provérbio: «Guerreiros como os Portugueses». A província do Norte compreendia as colónias portuguesas numa extensão de cem quilómetros na costa, entre Bombaim (cedida com relutância aos Ingleses em 1665) e Damão. Estendia-se trinta ou quarenta quilómetros para o interior nalguns distritos e era a zona mais produtiva do território indiano com que os Portugueses conseguiram ficar depois das guerras desastrosas com os Holandeses e com os Omanis. Os orgulhosos e ricos habitantes da sua capital denominavam-na «Dom Baçaim». Não só eles mas também muitos dos habitantes de Goa ficaram arruinados com a guerra de 1737-1740, uma vez que «as propriedades da nobreza e do clero ficavam quase todas na província

142

ESTAGNAÇÃO E CONTRACÇÃO NO ORIENTE (1663-1750)

do Norte», como disse o vice-rei a um emissário inglês de Bombaim em Outubro de 1737. Aliás, Goa só se livrou de ser ocupada pelos Maratas em 1739-1740 por meio do pagamento de uma grande indemnização de guerra, a maior parte da qual foi conseguida através de empréstimos obrigatórios e impostos pagos pelos hindus locais, porquanto os cristãos nativos (e muitos dos Portugueses) estavam demasiado empobrecidos para contribuir com qualquer quantia substancial.

Além da progressão terrestre, os Maratas tornaram-se também inimigos perigosos no mar. Os corsários mais formidáveis eram os comandados por membros vários da família Angria, na primeira metade do século XVIII. O primeiro Khonaji Angria tinha sido comandante--chefe na marinha marata, mas separou-se para fundar um principado independente numa faixa de território de cerca de 380 quilómetros de comprimento por 65 de largura, entre o oceano e os Gates Ocidentais, do porto de Bombaim até Wingurla. Os chefes angria recusavam a designação de «piratas» que lhes era atribuída pelos seus inimigos europeus mas as suas formidáveis galeotas de dois mastros e outros navios ligeiros mas bem armados atacavam todos os navios mercantes de qualquer nacionalidade, em toda a parte onde viam possibilidade de o fazer. O prestígio dos Angria foi muito acrescido pelo facto de terem repelido o ataque anglo-português ao seu maior baluarte de Colaba, em Dezembro de 1721, e nesta altura alguns dos mercadores portugueses da província do Norte estavam mesmo a aceitar cartazes ou salvo--condutos passados pelos Angria e que garantiam que os seus navios não seriam molestados – uma dolorosa humilhação para os súbditos do monarca que ainda se intitulava «senhor da conquista, navegação e comércio» do Índico.

O fiasco de Colaba em 1721 dificultou posteriormente as relações entre os Ingleses de Bombaim e os seus vizinhos portugueses de Baçaim e Tana, que nunca tinham sido cordiais a partir da altura em que a primeira ilha fora relutantemente cedida aos Ingleses como parte do dote de Catarina de Bragança, quando do seu casamento com Carlos II. Disputas fronteiriças sobre os limites do porto de Bombaim acabavam frequentemente em conflitos armados e, em 1722, estas hostilidades esporádicas tomaram a forma de uma guerra local, ainda que não declarada, com poucas baixas. Um acordo de paz foi em breve conseguido mas a desconfiança mútua prevaleceu durante a maior parte de século XVIII. Os Ingleses acusavam os Portugueses de os terem vilmente abandonado na expedição de 1721 e de fornecerem posteriormente aos Angria armas e munições contra eles. Os padres portugueses foram expulsos de Bombaim em 1720 e substituídos por italianos mais submissos. Os Portugueses, por seu lado, estavam indignados com o estado de embriaguez, rixas e falta de disciplina por banda dos Ingleses e acusavam-nos de fornecer aos exércitos maratas hábeis artilheiros e

O IMPÉRIO MARÍTIMO PORTUGUÊS

munições de guerra, durante a luta que conduziu à perda da província do Norte. Na realidade, os artilheiros ingleses que se alistaram nos exércitos maratas eram desertores e havia pelo menos um artilheiro nessas condições que servia no exército português. Torna-se também claro, a partir da consulta dos arquivos da Companhia das Índias Orientais, que os seus subordinados de Bombaim vendiam provisões aos Maratas e pólvora aos Portugueses, em ambos os casos com relutância, e no prosseguimentoo da sua política de neutralidade estritamente ao serviço dos seus próprios interesses.

A perda da província do Norte e, consequentemente, o fim das disputas fronteiriças acerca de Bombaim não puseram ponto final na fricção entre os Portugueses e os Ingleses na Ásia. O vice-rei marquês de Alorna queixava-se amargamente da arrogância dos oficiais de marinha ingleses, em especial do comodoro Griffin e do almirante Boscawen, que acusava de interferirem na navegação mercante portuguesa na baía de Bengala e de terem incorporado à força na cidade em expansão de Madrasta a antiga colónia portuguesa de São Tomé de Meliapur. O mesmo vice-rei queixou-se também de idêntica arbitrariedade levada a cabo pelas autoridades da Companhia Holandesa das Índias Orientais contra os navios portugueses que faziam escala em Malaca; mas, como explicou nas instruções que deixou ao seu sucessor em 1750,

«Agi em relação a estas duas nações com a prudência que é inevitável da parte de quem não tem qualquer força para repetir insultos ou violências; pois não é viável chegar ao ponto de provocar uma zanga aberta no presente estado de coisas. Referi o assunto a Sua Majestade, para que ela possa pedir qualquer satisfação que queira das cortes em questão, e tomar a decisão que lhe pareça necessária».

Nem vale a pena acrescentar que os protestos diplomáticos posteriormente apresentados pelos Portugueses em Londres e em Haia foram igualmente ineficazes por causa da poderosa influência exercida pelas respectivas Companhias das Índias Orientais nestas duas capitais.

Além dos danos causados ao Estado da Índia pelas guerras com os Omanis e com os Maratas, a expansão do poder e influência portugueses no Sudeste africano, que em meados do século XVII conseguiram estender-se através do continente até Angola, foram bruscamente detidas e severamente atingidas pela acção de um chefe guerreiro banto, com o título dinástico de Changamira, em 1693-1695. Os leitores que conheçam bem a história da África Austral devem lembrar-se que o sonho espanhol de encontrar o Eldorado na América do Sul teve o seu equivalente africano na procura portuguesa de minas de ouro e prata de Monomotapa, que durante muito tempo se pensou ser

144

ESTAGNAÇÃO E CONTRACÇÃO NO ORIENTE (1663-1750)

a Ofir bíblica. Seguindo na esteira dos mercadores árabes e suaílis de ouro, marfim e escravos, os Portugueses penetraram, no período que vai de 1575 a 1675, na parte superior do vale do rio Zambeze, no território que é hoje a Rodésia do Sul, pelo menos até ao desfiladeiro Kariba. O número destes aventureiros era muito pequeno, se bem que esquemas ambiciosos tivessem sido planeados em Lisboa em 1635 e em 1677 no sentido de enviar mineiros, camponeses e artesãos europeus, acompanhados pelas respectivas famílias, e apetrechados com os utensílios próprios das suas profissões, para o Sudeste africano. Estes planos de colonização acabaram por se revelar muito mais modestos na execução do que pareciam na concepção; e dos relativamente poucos emigrantes que atingiram a África Oriental, ainda menos conseguiram sobreviver para continuarem a viagem até ao vale do Zambeze, para lá das três minúsculas colónias atingidas pelas febres: Quelimane, Sena e Tete. Mas alguns dos mais afortunados e dos mais robustos juntaram-se ao conjunto de donos de prazos da Zambézia, quer casando com herdeiras locais, quer fundando eles próprios tais propriedades.

Tirando partido do enfraquecido poder do Monomotapa ou chefe supremo da confederação tribal dos Makalanga (Wakaranga, va-Karanga), alguns aventureiros portugueses (e, mais tarde, goeses) continuaram a ocupar, pela força ou através de acordos, as terras de vários subchefes, cujos poderes e jurisdição assumiam. O padre jesuíta Manuel Barreto, que conhecia bem a região do Zambeze, descreveu do seguinte modo a situação em 1667:

> «Os senhores das terras, portugueses, têm sobre elas o mesmo poder e jurisdição dos chefes cafres (fumos) a quem as tiraram, porque os termos do arrendamento (foro) foram feitos nessa condição. Por esta razão, são como os potentados alemães, porquanto podem ditar leis em todos os domínios, mandar matar pessoas, declarar guerra e levantar impostos. Talvez cometam, por vezes, grandes barbaridades em tudo isto; mas não seriam respeitados como deviam pelos seus vassalos se não dispusessem dos mesmos poderes dos chefes a quem sucederam».

O padre Barreto acrescentava que estes aventureiros não se limitavam a inspirar respeito e medo mas que eram também famosos pela sua hospitalidade pródiga e pela sua generosidade principesca. Citava como exemplo Manuel Pais de Pinho, cuja «conduta da família e da sua pessoa era a de um príncipe». Mantinha o seu prestígio e reputação por ser «muito generoso a dar e muito violento, mesmo cruel, a castigar, duas qualidades que farão com que qualquer homem seja adorado pelos Cafres».

O IMPÉRIO MARÍTIMO PORTUGUÊS

Se bem que estes aventureiros recebessem originariamente as suas terras do Monomotapa e mais tarde da Coroa portuguesa, os prazos eram, na realidade, principados particulares governados por indivíduos do tipo do barão medieval. Os senhores do prazo tinham exércitos privados constituídos por negros livres, que viviam nas suas terras com um número de escravos fiéis mais disciplinados. Estes exércitos contavam por vezes 10 000, 20 000 ou 25 000 homens, fortes quando entravam em campanha, se bem que tão prontos a dissolver-se como se tinham formado se qualquer coisa corresse mal. Os senhores do prazo lutavam frequentemente uns com os outros, além de estarem ocupados num luta permanente com tribos insubmissas e hostis. Por estas e outras razões, os prazos mudavam de proprietários e de extensão muito rapidamente, e os próprios senhores do prazo tinham tendência para se africanizar completamente no espaço de duas ou três gerações. Com o objectivo de evitar esta evolução e de colocar estas terras sob o controlo efectivo da Coroa, os prazos foram transformados em morgadios que eram concedidos pela Coroa por três gerações sucessivas, mediante o pagamento de uma renda anual efectuado em ouro em pó. Teoricamente, eram concedidos a mulheres brancas nascidas de pais portugueses. As crianças do sexo masculino nascidas destas uniões eram excluídas da sucessão, descendendo os prazos apenas por linha feminina, com a mesma cláusula de que a herdeira tinha de casar com um branco. Um prazo da Coroa era concedido a uma família nestas condições apenas por três gerações, após o que deveria reverter para a Coroa. O fracasso no adequado cultivo da terra, o casamento da dona com um homem de cor ou a sua incapacidade em residir na propriedade acarretavam também a punição de o prazo reverter para a Coroa. Foram também feitos todos os possíveis para limitar a extensão dos prazos.

Com o decorrer do tempo, todas estas condições deixaram cada vez mais de ser consideradas. Os prazos atingiram enormes proporções, rivalizando com as das maiores fazendas do Brasil colonial. O prazo mais pequeno levava um dia a atravessar e havia alguns que a cavalo não podiam ser percorridos em menos de oito dias. A obrigação de cultivar a terra adequadamente era ignorada de uma maneira geral, pois não havia mercado que permitisse a exportação de um excedente agrícola. Os senhores dos prazos contentavam-se, portanto, em cultivar os produtos agrícolas necessários para a alimentação das suas famílias e escravos. Havia tão poucos homens brancos no vale do Zambeze e a sua esperança de vida era tão curta que as herdeiras dos prazos, no século XVIII, casavam frequentemente com os mais aclimatados mulatos ou indo-portugueses de Goa. No entanto, os prazos prosperaram durante algum tempo, e contam-se muitas histórias acerca da riqueza e generosidade dos seus donos e das enormes fortunas em ouro, marfim e escravos que alguns deles acumularam. Este

146

ESTAGNAÇÃO E CONTRACÇÃO NO ORIENTE (1663-1750)

sistema contribuiu também para a manutenção do poder e influência portuguesa na Zambézia, ainda que por vezes eles tivessem assumido formas bastante ténues. Era com os exércitos privados dos senhores dos prazos que a Coroa contava para levar a cabo as suas guerras com os nativos, visto que as guarnições regulares de Sena, Tete, Sofala e Quelimane raras vezes contavam mais de cinquenta ou sessenta soldados condenados, atacados pela febres, deportados de Portugal ou da Índia. A escassez de potencial humano europeu foi a razão básica pela qual a África Oriental portuguesa se manifestou incapaz de fazer qualquer progresso material na primeira metade do século XVIII. O vice-rei informou a Coroa, em 1744, que a guarnição do grupo das ilhas Quirimba, que ocupavam uma extensão de cerca de 480 quilómetros entre a ilha de Moçambique e cabo Delgado, era constituída por uma força de quinze homens e um sargento, «portanto não há sequer um soldado para cada ilha», mesmo considerando que dezanove das ilhas eram desabitadas.

Se bem que houvesse muito poucos Portugueses no território do Sudeste africano, tanto no interior como na costa, tinham penetrado consideravelmente no interior, sendo uma das mais importantes feiras comerciais em que participavam a de Dambarare, que foi recentemente identificada como um local perto da mina Zumbo, cerca de vinte milhas nor-nordeste da capital da Rodésia do Sul, Salisbúria. Esta feira, juntamente com todos os entrepostos comerciais mais afastados visitados pelos Portugueses, foi atacada, durante um levantamento tribal muito numeroso, em que cooperaram temporariamente o Monomotapa e o Changamira reinantes, nos anos 1693-1695. Um dos comerciantes que sobreviveram a este desastre fundou, alguns anos mais tarde, um entreposto em Zumbo, e este local passou a marcar o limite ocidental da penetração portuguesa ao longo do Zambeze. Os frades missionários jesuítas e dominicanos possuíam também prazos que, é claro, não envolviam qualquer descendência em linha feminina mas pertenciam às respectivas ordens. Com excepção dos jesuítas, o padrão de vida do clero regular e secular era deploravelmente baixo, na maioria dos casos mas, muitas vezes, exerciam grande influência sobre os Bantos, entre os quais viviam, e faziam com que estes se mantivessem, pelo menos nominalmente, leais à Coroa.

Dois exemplos notáveis desta influência clerical na primeira metade do século XVIII foram os dominicanos frei João de Menezes, nas ilhas Quirimba, e frei Pedro da Trindade, no distrito de Zumbo. O primeiro, que morreu em 1749, foi de facto o governante das ilhas Quirimba Setentrionais e um exemplo muito mais eficaz da autoridade portuguesa do que o desgraçado sargento com os seus quinze homens. Frei João ignorou todas as ordens dos seus superiores eclesiásticos e dos sucessivos vice-reis e governadores para abandonar o seu feudo e

O IMPÉRIO MARÍTIMO PORTUGUÊS

regressar a Goa, mas manteve a bandeira portuguesa hasteada. Levou também a cabo um activo comércio de contrabando com os Franceses e Ingleses e morreu rodeado por uma numerosa prole de filhos e netos. O seu colega de Zumbo, que morreu em 1751, levou aparentemente uma vida celibatária, mas comerciou em grande escala com os chefes das tribos do interior para obter ouro, marfim e escravos. A sua memória foi durante muito tempo venerada pelos bantos locais, a quem ensinou várias artes e ofícios, incluindo o uso de alguns utensílios agrícolas europeus. Estes dois frades tinham os seus próprios exércitos privados, constituídos por negros escravos e livres, tal como acontecia com os senhores dos prazos.

Na outra extremidade do império oriental português, eram também os frades missionários dominicanos os principais responsáveis pelo facto de a maior parte de Timor, uma parte de Solor e a porta oriental das Flores (Larantuca), nas ilhas Sunda Menores, reconhecerem ainda a suserania da Coroa portuguesa. Na realidade, este frades apenas obedeciam aos governadores portugueses na medida em que isso lhes conviesse e, pelo menos em duas ocasiões, expulsaram sumariamente os representantes do rei. Lifão, na costa setentrional de Timor, era o centro nominal da autoridade portuguesa. Quando William Dampier a visitou, em 1699, era constituída por «cerca de quarenta ou cinquenta casas e uma igreja. As casas eram pobres e baixas, as paredes geralmente feitas de lama e caniços, e cobertas com folhas de palmeira». Dampier descreveu os habitantes como

«Uma espécie de indianos, de cor acobreada, com cabelo liso preto. Falam português, e são católicos apostólicos romanos, mas tomaram a liberdade de comer carne sempre que lhes apetece. Sentem muito orgulho na sua religião, e consideram-se descendentes dos Portugueses, e ficariam muito zangados se alguém lhes dissesse que não eram portugueses. No entanto, vi apenas três brancos aqui, dos quais dois eram padres (...) e há muito poucos Portugueses autênticos em qualquer parte da ilha».

Estas condições mantiveram-se inalteradas durante o meio século seguinte e mesmo mais, afirmando o vice-rei marquês de Alorna no já citado relatório de 1750: «Há apenas sete ou oito portugueses nessa ilha e vários missionários, cujos frutos não são tanto os que colheram na vinha do Senhor mas antes na vida libertina e licenciosa em que vivem». Macau teve também de suportar alguns anos difíceis entre 1660 e 1750, tendo sido repetidas vezes conduzido à beira da ruína por sanções económicas chinesas (como seriam hoje denominadas), que eram impostas pelas autoridades provinciais de Cantão. Mas a «cidade do santo nome de Deus na China» tinha amigos muito úteis na corte,

148

ESTAGNAÇÃO E CONTRACÇÃO NO ORIENTE (1663-1750)

nas pessoas dos padres jesuítas de Pequim, que frequentemente intercederam com êxito em favor da cidade junto dos ocupantes do Trono do Dragão.

Outra das razões que ajudaram a explicar a estagnação e decadência das possessões portuguesas na Ásia e na África Oriental durante a maior parte deste período foi a falta de justiça, tema de queixas contínuas tanto na correspondência oficial como na não oficial durante vários séculos, em locais tão distantes como Moçambique, Goa e Macau. Gaspar Correia, durante algum tempo secretário de Afonso de Albuquerque e que passou a vida inteira no Oriente, escreveu uma eloquente denúncia da falta de justiça do seu tempo, a qual foi repetida por Diogo do Couto e por muitos outros homens honestos e íntegros nos séculos XVII e XVIII.

«O maior de todos os males é a justiça não ser feita ao povo: porque os capitães das fortalezas da Índia são indivíduos acima do povo, poderosos devido à autoridade que lhes é concedida pelo rei, e assumem, eles próprios, poderes ainda maiores. Cometem acções muito vis, como o rei muito bem sabe, tais como roubos, injúrias, assassínios, violações, adultérios com mulheres casadas, viúvas, virgens, órfãs, e concubinagens públicas, praticando tais vilezas sem medo de Deus nem do rei, sobre cristãos, muçulmanos, hindus, nativos e estrangeiros. E, tal como eles, também se comportam assim os juízes da Coroa, os magistrados, os beleguins e os funcionários do Tesouro. Nada disto aconteceria se o rei ordenasse que um governador da Índia fosse publicamente executado num cais de Goa, com a proclamação de que o rei tinha ordenado que ele fosse decapitado porque não cumprira o seu dever.»

Admitindo que exista algum exagero na acusação de Correia, aceitando que existiam funcionários honestos e conscienciosos, ainda que poucos e espalhados, continua a ser um facto que a falta de justiça ocupou sempre um lugar proeminente na correspondência oficial entre as autoridades de Lisboa e Goa, e que não foi menor no Conselho Municipal goês.

Este abuso inveterado e profundamente enraizado foi também denunciado no Primeiro Concílio Eclesiástico celebrado em Goa em 1567 e nas sessões dos que se realizaram posteriormente. Mesmo quando os juízes e outros funcionários eram honestos, o complicado sistema legal que existia em Portugal e no seu império dava uma margem infinita para demoras nos apelos, contra-apelos, substituição de testemunhas, etc., de que os advogados (incluindo os brâmanes indianos cristianizados, que estavam autorizados a exercer a sua actividade

O IMPÉRIO MARÍTIMO PORTUGUÊS

nos tribunais) tiravam todo o partido possível. O cronista jesuíta padre Francisco de Sousa observava, ao escrever em Goa, em 1698: «Os Portugueses podem perder as esperanças de conseguir uma opinião favorável dos nativos orientais no que diz respeito à nossa administração de justiça, até que decidamos os casos nos tribunais com maior rapidez e eficiência como fazem muitas nações do Norte, que, portanto, têm melhores relações com a população rural». Como a administração de justiça inglesa, holandesa e francesa deixava muito a desejar nesta altura, quer nas metrópoles, quer nas colónias ultramarinas, é significativo que o padre Francisco de Sousa tivesse podido citar estes outros tribunais e juízes europeus como exemplo aos Portugueses.

Em vista das dificuldades esmagadoras, agravadas em muitos casos por erros cometidos por eles próprios, com que os Portugueses se debateram nos séculos XVII e XVIII, e tendo em conta os seus recursos demográficos e económicos relativamente exíguos, pode perguntar-se como é que conseguiram sequer sobreviver na Ásia e na África Oriental. Nessa altura, circulavam a tostão profecias acerca da perda iminente do muito sofredor Estado da Índia. Definiam-no muitas vezes como estando «no seu leito de morte com uma vela na mão»: afinal, a vela meio derretida só se apagou à força aquando da invasão não provocada de Goa, Damão e Diu efectuada pelos Indianos em 1961. Durante séculos, os Portugueses têm mostrado uma notável capacidade para sobreviver ao mau governo vindo de cima e à indisciplina vinda de baixo, e, neste período particular, foram auxiliados por alguns outros factores.

Em primeiro lugar, os seus inimigos tinham geralmente dissensões entre si, por vezes ainda mais graves que as suas. Os imãs Ya'arubi, que governaram Omã de 1624 a 1738, estavam divididos em feudos e facções internas num grau quase nunca visto mesmo no desavindo mundo árabe, e, durante a maior parte do tempo, viviam preocupados em lutar com os Persas ao mesmo tempo que combatiam os Portugueses. Do mesmo modo, os Maratas raramente apresentavam durante muito tempo uma frente unida, e tinham outros inimigos com que lutar na retaguarda. De qualquer modo, mostraram-se provavelmente relutantes em dar o *coup de grâce* ([1]) a Goa, quando esta esteve à sua mercê em 1739, porque começavam a ficar apreensivos com o crescente poder inglês na Índia e consideravam, até certo ponto, os Portugueses como uma força que poderia contrabalançar esse poder. A morte do vitorioso Changamira em 1695 impediu talvez os Portugueses de serem expulsos da Zambézia e nenhum dos seus sucessores se mostrou capaz de unir do mesmo modo as tribos bantos hostis. A endémica luta intertribal que

---

([1]) Golpe de misericórdia, em francês no original. (*N.T.*)

150

se manteve desde tempos ignorados até ao século XIX na ilha de Timor significava que, cada vez que alguns clãs rebeldes se revoltavam contra o domínio (em larga medida nominal) da Coroa portuguesa, se podia sempre contar com os seus invejosos rivais para apoiarem o partido real. Mesmo entre os muçulmanos da África Oriental, os príncipes de Faza (Ampaza) e as rainhas de Zanzibar mantiveram-se leais aos Portugueses, apesar de todas as dificuldades, durante a luta por Mombaça na década de 1690. Além disso, a singular inaptidão dos comandantes portugueses em várias campanhas foi compensada, em certa escala, pela bravura e abnegação de alguns dos seus subordinados.

Mas uma das razões principais por que os Portugueses conseguiram conservar uma parte tão vasta do seu precário império oriental, quando tiveram de competir não só com formidáveis inimigos asiáticos mas também com uma concorrência comercial intensa da parte das muito mais ricas Companhias Holandesa e Inglesa das Índias Orientais, foi a sua própria tenacidade e capacidade de recuperação. «Quem teima consegue» resume muito das vicissitudes, de outro modo insuperáveis, que tiveram neste período. Desastrosas como foram muitas das suas derrotas em terra e no mar, humilhantes como foram muitas das indignidades a que foram por vezes sujeitos em locais como Macau e Madrasta, os Portugueses, no Oriente, mantiveram-se sempre orgulhosamente conscientes daquilo que consideravam o seu glorioso passado quinhentista. Estavam convencidos de que, como descendentes dos conquistadores de Afonso de Albuquerque, e vassalos do seu «poderoso» rei, eram, *ipso facto*, muito superiores aos mercadores das companhias comerciais europeias que tinham chegado depois, por muito ricos que estes pudessem ser. Estavam igualmente convencidos da sua superioridade sobre os povos asiáticos que haviam dominado no Índico durante tanto tempo – uma convicção expressa pelo padre jesuíta Francisco de Sousa quando referiu no seu *Oriente Conquistado*, de 1710, o «carácter português, que naturalmente despreza todas as raças asiáticas». Deus, sentiam os Portugueses, estava do lado deles durante o longo caminho, ainda que, como reconheciam com franqueza, os estivesse a castigar entretanto pelos seus pecados com a perda de Malaca, Ceilão, Malabar e Mombaça.

O título de «muito alto e muito poderoso» que aplicavam aos seus reis na correspondência oficial não era, para eles, uma mera figura de retórica, ainda que, para os outros europeus, ele soasse como singularmente impróprio quando aplicado aos três primeiros monarcas da Casa de Bragança, que não eram de modo algum comparáveis aos seus contemporâneos Bourbons, Habsburgos e Stuarts. Como observou um missionário francês que trabalhava no Sião e na Indochina (1671-1683): *«parler à un portugais de la puissance et de l'autorité de son roi, c'est lui enfler tellement le coeur que, pour la soutenir, il ny a point d'excés*

O IMPÉRIO MARÍTIMO PORTUGUÊS

où il ne s'abandonne» (²). Este orgulho era partilhado por todas as posições e classes sociais em Portugal, com a excepção quase única do rei D. João IV, que uma vez confiou a um enviado francês em Lisboa que abandonaria com prazer o pesado fardo de tentar manter a Índia portuguesa se pudesse pensar numa maneira honrosa de o fazer. Mas foi o primeiro e o último monarca português a fazer tal confissão e os seus sucessores não hesitaram em fazer sacrifícios consideráveis para manter o decrépito Estado da Índia à tona. O governador e conselheiro inglês em Bombaim observou em 1737, bastante correctamente: «A Coroa de Portugal tem mantido durante tanto tempo a posse dos seus territórios na Índia, apenas à custa de uma despesa anual considerável; puramente, ao que parece, por um ponto de honra e religião». Além disso, esta atitude era até aprovada pelos «esclarecidos» homens de Estado que criticavam as loucuras e extravagâncias do rei D. João V, *o Magnânimo*, mas que concordavam com ele que (nas palavras de Dom Luís da Cunha, o mais experiente diplomata português desse tempo) «as conquistas são o que nos honra e sustenta». Se Portugal contava ainda alguma coisa nos conselhos dos grandes poderes da Europa, era antes de mais pela importância do seu império ultramarino; e se, em 1700, o Brasil era de longe a jóia mais lucrativa da Coroa portuguesa, a Índia era ainda a mais prestigiosa.

Finalmente, deve salientar-se que a «decadência» da Ásia portuguesa, tão lamentada pelos contemporâneos à época, e tão acentuada pelos historiadores a partir de então, não foi igualmente evidente em todos os momentos e locais e houve intervalos de relativa calma e prosperidade. Tanto a época dourada dos conquistadores seiscentistas como a penúria de muitos dos seus descendentes têm tendência para ser exageradas retrospectivamente. Quando o padre jesuíta Manuel Godinho se gabava, em 1663, de que o Estado da Índia tinha em determinada altura exercido soberania sobre um território que incluía 8 000 léguas, vinte e nove capitais e trinta e três Estados tributários (capítulo VI), estava mais a entregar-se a um devaneio retórico do que a afirmar uma verdade histórica objectiva. O número de trinta e três reinos apenas podia ser atingido se se incluíssem rajás insignificantes da costa indiana e chefes dos *kampongs* indonésios cuja efectiva jurisdição se reduzia a uns quantos quilómetros quadrados. Do mesmo modo, se Alexander Hamilton escarnecia da pobreza miserável dos Portugueses «em toda a parte das suas colónias na Índia» no fim do século XVII, vemos o viajante italiano Gemelli Careri a afirmar depois da sua visita a Damão e Goa, em 1695: «Os Portugueses vivem muito bem na Índia, tanto no que diz respeito à mesa como ao vestuário e ao número de cafres

---

(²) "Referir a um português o poder e a autoridade do seu rei é envaidecer-lhe o coração de tal forma que não há excesso a que não se entregue para os manter." (em francês no original, *N.T.*)

152

ou escravos que os servem». Há muitas outras provas fornecidas por testemunhas oculares igualmente de confiança que apontam neste sentido. Para além dos muitos escravos negros da África Oriental que os Portugueses empregavam, dispunham também de trabalhadores livres indianos, indonésios e chineses em grande quantidade e a preços extremamente baixos. Se houve sempre, indubitavelmente (como o padre jesuíta Francisco de Sousa escreveu em 1710), um numeroso e empobrecido proletariado em todos os redutos da Ásia portuguesa, também não faltavam ricos mercadores e prósperos capitães. «Porque os pobres tens sempre contigo», como diz o Evangelho, mas também por essa razão existem sempre os ricos.

As magníficas igrejas e as fortalezas maciças de Moçambique e Macau, cujas ruínas ainda impressionam o viajante do século XX foram quase todas construídas (ou, de qualquer modo, bastante reconstruídas) entre 1600 e 1750, e não nos dias tranquilos do século XVI, como muitas vezes se pensa. O ouro e o marfim da África Oriental continuaram a chegar a Goa durante a primeira metade do século XVIII, ainda que o mesmo já não sucedesse com o ouro e a pimenta de Samatra. Goa era um importante centro de comércio de diamantes em 1650-1730, mesmo talvez mais importante do que Madrasta; e os navios mercantes da carreira da Índia que navegavam do Mandovi para o Tejo iam ainda quase sempre muito ricamente carregados, embora partissem apenas um ou dois por ano, em vez de cinco ou seis. Por volta de 1725, o centro económico do império ultramarino português tinha-se deslocado de Goa «dourada» para a cidade de São Salvador na Bahia de Todos os Santos, no Brasil, mas a pequena nobreza ou fidalguia de Goa gabava--se ainda de ser a única nobreza de estilo e garbo, «e que, em comparação, a de Portugal é uma sombra».

Capítulo VII

Renascimento e Expansão no Ocidente
(1663-1750)

O renascimento económico de Portugal e do seu império ultramarino, que todos esperaram que se seguisse à conclusão definitiva da paz com a Espanha e com as Províncias Unidas em 1668-1669, não se materializou de modo algum durante as duas décadas seguintes. A economia portuguesa dependia sobretudo da reexportação do açúcar e tabaco brasileiros, e da exportação dos próprios produtos portugueses – sal, vinhos e fruta – para pagar as importações de cereais, tecidos e outros produtos manufacturados. O valor dessas exportações nunca foi suficiente para pagar o das importações; e a situação da balança de pagamentos portuguesa tornou-se cada vez mais crítica com o aparecimento da produção açucareira das Índias Orientais inglesas e francesas que começou a competir com a brasileira, mais antiga. «Quem diz Brasil diz açúcar e mais açúcar», escreveu o conselheiro municipal da Bahia à Coroa em 1662; e, dois anos mais tarde, um marinheiro inglês dizia do Brasil: «O país está completamente cheio de engenhos de açúcar, os quais produzem a maior parte do melhor açúcar que é feito». Acrescentou que o Rio de Janeiro, a Bahia e o Recife «todos os anos carregavam muitos navios com açúcar, tabaco e pau-brasil para os mercadores de Portugal, sendo isso muito enriquecedor para a Coroa de Portugal, sem o que não passaria de um reino pobre». Mas em 1671, o experiente cônsul-geral inglês em Lisboa, Thomas Maynard, «um homem muito atarefado em proveito da sua nação», relatou ao seu Governo: «Todo o seu açúcar que chegou este ano, com todos os outros produtos que este reino pode exportar, não pagarão sequer metade das mercadorias que

O IMPÉRIO MARÍTIMO PORTUGUÊS

são importadas, e portanto todo o dinheiro sairá do seu reino dentro de poucos anos». Esta posição era agravada pela depressão económica geral que afectava então grande parte da Europa Ocidental e pelo declínio das importações lisboetas anuais de barras de prata, oriundas da América espanhola via Cádis e Sevilha.

E esta situação não era muito mais animadora no outro lado do império atlântico português. A correspondência do Conselho Municipal da Bahia com a Coroa no último quartel do século XVII é particularmente valiosa a este respeito, porquanto o Conselho representava basicamente os interesses dos senhores de engenhos locais. Estes queixavam-se continuamente – como o faziam os seus concorrentes franceses e ingleses nas ilhas das Caraíbas – de que a baixa dos preços, o comércio escasso, impostos elevados, trabalho escravo dispendioso e insuficiente, tudo se conjugava para tornar a sua ocupação extremamente ingrata e incerta. O seu principal representante, João Peixoto Viegas, fez notar em 1687 que taxas bastante pesadas tinham sido lançadas em Lisboa sobre o açúcar brasileiro em meados do século XVII, quando o seu preço de venda na Europa era elevado; mas estas taxas foram mantidas e mesmo aumentadas mais tarde, numa altura em que o preço europeu do açúcar estava a baixar, devido à crescente produção açucareira nas Índias Ocidentais francesas e inglesas. Sete anos antes, Peixoto Viegas, que era também plantador de tabaco e criador de gado além de senhor de engenho, tinha-se queixado de que, de cada cem rolos de tabaco mandados para Lisboa, setenta e cinco iam para pagar os direitos alfandegários e as despesas de transporte. Peixoto Viegas, que tinha uma pena singularmente pungente, afirmava também que, além destes obstáculos impostos pelo homem, os riscos naturais da agricultura tropical eram tais que plantar açúcar «é exactamente como o acto de união sexual, no qual o participante não sabe se gerou uma vida e se o resultado será um rapaz ou uma rapariga, perfeito ou deformado, senão quando se dá o nascimento».

Na realidade, os senhores de engenho eram em parte responsáveis pela suas próprias dificuldades, devido à vida extravagante e senhorial que levavam. Além disso, quase todos compravam os seus escravos e equipamento a crédito a longo prazo, com juros muito elevados, aos seus correspondentes e mercadores nos portos em relação aos quais estavam em geral pesadamente endividados. As falências eram frequentes, e relativamente poucas plantações ficavam nas mãos da mesma família por mais de duas ou três gerações. Tanto o Brasil como Angola atravessavam um período de grave escassez de moeda, já que os mercadores de Lisboa e do Porto preferiam na altura, sempre que podiam, ser pagos a dinheiro do que receber o equivalente em açúcar. O governador-geral do Brasil queixou-se em 1690 de que mais de 80 000 cruzados tinham sido exportados recentemente da Bahia para o

Porto e que, se a desfavorável balança comercial brasileira continuasse nesse ritmo, toda a economia se desmoronaria em breve. A situação económica depauperante do império atlântico português foi agravada pelos estragos provocados pela varíola em Angola durante meados da década de 1680, e pelo aparecimento simultâneo da febre-amarela no Brasil, tendo a Bahia e Pernambuco sofrido uma elevada taxa de mortalidade em 1686-1691. Ao escrever da Bahia a um amigo que estava em Lisboa, em Julho de 1689, o padre António Vieira observava sombriamente:

> «Este ano, muitos engenhos de açúcar deixaram de moer cana, e para o ano só alguns poderão funcionar. As pessoas prudentes aconselham-nos a vestirmo-nos de algodão, a comermos mandioca e a voltarmos a usar arcos e flechas por falta de armas modernas: para que brevemente regressemos à selvajaria primitiva dos índios e nos tornemos nativos brasileiros em vez de cidadãos portugueses».

Havia indubitavelmente certo exagero nestas queixas, mas há muitas outras provas a mostrar que a depressão económica do império atlântico português durante o último quartel do século XVII era real e profunda, ainda que não tão catastrófica como as jeremiadas do padre António Vieira e de outros seus contemporâneos davam a entender. É significativo que Thomas Maynard, que previa o colapso próximo da economia portuguesa em 1671, pudesse referir-se doze anos mais tarde, quando a depressão ainda se fazia sentir em pleno, às «espantosas quantidades» de açúcar brasileiro que eram habitualmente reexportadas de Lisboa. Mas é também significativo que o Conselho Municipal de Lisboa, numa exposição enérgica apresentada à Coroa em Julho de 1689, reiterasse as queixas da Câmara da Bahia contra os impostos aplicados ao açúcar, tabaco e outras matérias-primas, o que, segundo os conselheiros, tinha encorajado os Ingleses e Franceses a desenvolverem as suas próprias culturas nas respectivas colónias. O Conselho de Lisboa argumentava também que a experiência mostrara que o rendimento obtido através dos impostos tinha tendência para diminuir à medida que as medidas fiscais se acentuavam. Se Peixoto Viegas salientara as dificuldades e incertezas da agricultura nos trópicos, os conselheiros de Lisboa, citando os precedentes clássicos da situação difícil dos camponeses em Portugal, lembravam à Coroa: «Os trabalhadores agrícolas estão sujeitos a uma faina inevitável e a esperanças incertas; nos anos de seca devido à perda das suas colheitas, e nos anos bons devido a um excesso de produção e a uma consequente baixa de preços. Portanto, têm de suportar inevitavelmente uma destas duas calamidades».

O IMPÉRIO MARÍTIMO PORTUGUÊS

Estas representações – e muitas outras idênticas, vindas de todos os cantos do extenso império português – eram por vezes recebidas com simpatia mas não eram geralmente consideradas pelo rei ou pelos seus conselheiros. A razão básica deste comportamento evasivo era o facto de a Coroa portuguesa depender tanto do rendimento vindo das suas alfândegas que não podia pôr de parte esse rendimento imediato em troca da perspectiva incerta de um maior rendimento conseguido num futuro distante, se os impostos fossem drasticamente reduzidos. Em 1715, por exemplo, os impostos lançados sobre as mercadorias exportadas (ou reexportadas) de Lisboa para o Brasil atingiam, nalguns casos, 40%. O Governo central estava, decerto, perfeitamente cônscio da gravidade da situação. Tentou evitar o desastre através de um conjunto de métodos diferentes e de maior alcance, que não implicavam qualquer diminuição dos direitos alfandegários. Foram feitos esforços persistentes para fomentar a implantação de uma indústria têxtil em Portugal, através de uma legislação proteccionista de molde colbertiano, e da contratação de operários têxteis «especializados» franceses e ingleses. Foram promulgadas leis limitativas dos gastos privados contra a importação de produtos de luxo, particularmente dos franceses – por exemplo de rendas e de fio de ouro. Em 1688, o valor nominal das moedas de ouro e de prata em Portugal e no seu império foi aumentado 20%, se bem que o valor intrínseco continuasse inalterado. Em 1695, foi inaugurada na Bahia uma Casa da Moeda para cunhar as peças de ouro e prata da província, tendo sido aumentado em 10% o valor nominal dessas moedas e ficando a sua circulação restrita apenas ao Brasil. Esta Casa da Moeda foi transferida para o Rio de Janeiro em 1698-1699, para o Recife em 1700-1702 e, por fim, novamente para o Rio, agora de vez, em 1703. Foi autorizada a cunhagem de moeda de cobre para circular em Angola em 1680, se bem que a primeira remessa destas peças (que foi cunhada em Lisboa) só tivesse chegado a esta colónia africana catorze anos mais tarde. Em 1680, foi fundada uma colónia portuguesa em Sacramento, no braço norte do rio da Prata, em frente de Buenos Aires, sobretudo na esperança de desviar a corrente de prata do Potosi através desta porta das traseiras do Alto Peru, como acontecera de 1580 a 1640. Por último, facto que não é o menos importante, a procura de minas de ouro, de prata e de esmeraldas no Brasil, que se tinha processado intermitentemente desde meados do século XVI, foi estimulada mais activamente pela Coroa.

Nem todas estas medidas foram igualmente coroadas de êxito. O programa de industrialização foi dificultado pela má vontade dos governos francês e inglês em permitirem que os seus operários «especializados» emigrassem e aumentassem os conhecimentos técnicos dos Portugueses. O governo inglês ordenou ao seu enviado em Lisboa, em

158

RENASCIMENTO E EXPANSÃO NO OCIDENTE (1663-1750)

1678: «Se pudesse saber os nomes de quaisquer dos súbditos de Sua Majestade que estão agora em Portugal no serviço de manufacturas, dever-se-ia usar os métodos mais severos para os trazer de novo para cá», provavelmente pelo exercício de represálias sobre as suas famílias em Inglaterra. Afinal, acabou por se provar que era impraticável impedir a emigração de tais operários «especializados», desde que partissem sozinhos ou em pequenos grupos. Deste modo, nove tecelões de Colchester e duas mulheres inglesas chegaram a Lisboa em 1677, «para ensinar os Portugueses a cardar e fiar à moda inglesa». Um golpe muito mais rude do que a atitude invejosa dos governos estrangeiros no desenvolvimento da indústria têxtil portuguesa foi o suicídio do terceiro conde da Ericeira, o protagonista da política colbertiana, em Maio de 1690. Os seus sucessores mostraram-se muito mais interessados em desenvolver o comércio de vinhos, o que puderam fazer devido à guerra anglo-holandesa contra os Franceses ocorrida entre 1689 e 1697, que aumentou muito a procura inglesa de vinhos portugueses e que dificultou a exportação marítima dos vinhos franceses. A desvalorização monetária de 1688 foi extremamente impopular no Brasil, mas o estabelecimento de uma Casa da Moeda colonial em 1695 foi calorosamente acolhido. A colónia de Sacramento, se bem que se tornasse rapidamente um centro de contrabando comercial com a vice-realeza do Peru, demonstrou exigir uma manutenção muito dispendiosa, face à hostilidade dos Espanhóis.

A indústria brasileira do açúcar, que parecia estar à beira do colapso total em 1691, começou a recuperar pouco depois, provavelmente por causa do aumento de procura na Europa, do esgotamento das reservas acumuladas em Lisboa e porque o açúcar brasileiro ainda mantinha o seu prestígio, sendo considerado de qualidade superior às variedades cultivadas nas Índias Ocidentais. De qualquer modo, o circum--navegador William Dampier, que visitou a Bahia (Salvador) em 1699 como observador e ali permaneceu tempo suficiente para ficar com uma noção bastante clara do que lá se passava, afirmou: «É um local de grande comércio, com trinta e dois navios de grande porte europeus no porto, além de dois navios negreiros de Angola e de uma "abundância" de barcos de navegação costeira». Acrescentou: «O açúcar deste país é muito melhor do que o que transportamos para Inglaterra vindo das nossas plantações, porque todo o açúcar aqui fabricado é refinado, o que o torna mais branco e mais fino do que o nosso mascavado, nome que damos ao nosso açúcar não refinado». Mas o renascimento espectacular da economia luso-brasileira, que começou na década de 1690, foi devido fundamentalmente à descoberta tardia de ouro aluvial numa escala até então sem precedentes, numa região remota e sinistra umas 200 milhas para o interior do Rio de Janeiro, que foi a partir de então conhecida pelo nome de Minas Gerais.

O IMPÉRIO MARÍTIMO PORTUGUÊS

A data e local exactos da descoberta do primeiro filão aurífero realmente rico são incertos. As narrativas tradicionais variam e a correspondência oficial dos governadores do Rio de Janeiro e da Bahia só reflectem tardia e inadequadamente as descobertas dos primeiros dez anos. De acordo com o que sabemos actualmente, parece correcto supor-se que o ouro aluvial foi descoberto, numa escala inesperadamente lucrativa, quase simultaneamente por diferentes indivíduos ou por bandos de paulistas errantes entre 1693 e 1695. Andavam a vaguear pelo mato e floresta virgem do que é agora Minas Gerais, procurando não tanto o ouro mas sim ameríndios para escravizar, e prata, metal que os Espanhóis haviam encontrado em quantidades tão fantásticas nas terras altas do México e do Alto Peru. Como acontece muitas vezes, os pioneiros paulistas que o descobriram primeiro tentaram, por todas as formas, manter o segredo das descobertas desconhecido do mundo exterior, mas, como era inevitável, não o conseguiram durante muito tempo. Por volta de 1697, até os habitantes das cidades costeiras, que se tinham mantido cépticos face aos rumores acerca das primeiras descobertas, tinham acabado por compreender que, na realidade, havia «ouro nos seus montes selvagens» numa escala sem precedentes. Tinha começado a primeira das grandes corridas modernas ao ouro. Ao escrever à Coroa em Junho de 1697, o governador do Rio de Janeiro relatava que só as escavações de Caeté «se estendem de tal modo ao longo do sopé de uma cadeia montanhosa que os mineiros são levados a crer que o ouro nessa região dure durante uma grande quantidade de tempo». Novas minas eram descobertas quase diariamente em áreas extensíssimas onde cada rio, corrente ou ribeiro parecia conter ouro aluvial.

Os descobridores e pioneiros paulistas não foram os únicos a ficar na posse de explorações auríferas. Uma vaga de aventureiros e de desempregados vindos de todos os cantos do Brasil e até de Portugal convergiu rapidamente para Minas Gerais, através dos poucos trilhos praticáveis por entre a floresta, conduzindo-os respectivamente da Bahia, Rio de Janeiro e São Paulo. «Vagabundos e desordeiros, sendo a maioria deles da classe baixa e imorais», como os descrevia, de forma nada lisonjeira, o governador-geral da Bahia em 1701. Um jesuíta, que foi testemunha ocular, ao escrever mais ou menos na mesma altura, descrevia os imigrantes em termos menos despeitados.

«Todos os anos, multidões de Portugueses e de estrangeiros chegam nas frotas para partir para as minas. Das cidades, vilas, plantações e interior do Brasil vêm brancos, mestiços e negros juntamente com muitos ameríndios contratados pelos paulistas. A mistura é de pessoas de todos os tipos e condição social: homens e mulheres; novos e velhos; pobres e ricos, pequena nobreza e povo;

160

RENASCIMENTO E EXPANSÃO NO OCIDENTE (1663-1750)

leigos, clero e religiosos de diferentes ordens, muitos dos quais não têm qualquer casa nem convento no Brasil».

As dificuldades passadas nos trilhos que conduziam às minas acabaram por se revelar demasiado para muitos dos *emboabas*, nome que os sertanejos paulistas davam com ironia aos novatos vindos de Portugal, por causa das polainas de couro ou de pele que usavam no mato. Alguns destes recém-chegados partiam apenas com uma vara na mão e uma mochila às costas, tendo sido encontrados muitos deles mortos no percurso, «agarrando uma maçaroca de milho e não tendo mais nada para comer».

As multidões indisciplinadas que acorreram às minas de ouro de Minas Gerais na esperança confiante de fazerem fortuna dividiram-se rapidamente em dois grupos mutuamente hostis. O primeiro compreendia os pioneiros paulistas originais e os seus auxiliares ameríndios, criados e escravos. O segundo agrupava os recém-chegados de Portugal e de outras partes do Brasil, juntamente com os seus escravos, que eram quase todos de origem oeste-africana. Aquilo que equivaleu a uma guerra civil em pequena escala entre estes dois grupos rivais eclodiu quase no final de 1708, e a luta, ou antes, as escaramuças subsequentes continuaram espaçadamente durante mais ou menos um ano. Houve mais barulho e fúria do que propriamente morte e destruição, porquanto nem é certo que tenham morrido mais de cem indivíduos de cada lado. Mas o resultado foi uma vitória decisiva para os emboabas e seus aliados (quase todos baianos), que expulsaram os seus rivais paulistas da maioria dos campos auríferos de Minas Gerais. Daí em diante, a população branca desta região passou a ser predominantemente de origem portuguesa, sobretudo minhotos e outros indivíduos do Norte. Os escravos oeste-africanos eram também numerosos e desenvolveu--se uma parte de população mulata a partir da concubinagem de mineiros com negras.

A Guerra dos Emboabas, nome que foi dado aos tumultos civis de 1708-1709, permitiu pela primeira vez à Coroa afirmar a sua autoridade perante a turbulenta comunidade mineira. Ambos os lados haviam pedido auxílio a Lisboa, o que deu oportunidade à Coroa de enviar um governador e de criar uma administração mínima em Minas Gerais. Dificuldades com a colecta do quinto real, um imposto de 20% sobre todo o ouro extraído, causaram um grande descontentamento que culminou mais tarde numa revolta contra a autoridade do governador em Vila Rica de Ouro Preto, a principal cidade mineira, em Junho de 1720. Significativamente, os paulistas não deram qualquer ajuda aos emboabas que se revoltaram nesta ocasião, e a revolta foi rapidamente sufocada pelo governador com um misto de astúcia e de força. Foi chamado um regimento de dragões (também quase totalmente recrutado no Norte de Portugal) para reforçar a autoridade real, que continuou incontestada durante quase setenta anos. Os paulistas que haviam sido expulsos desta região pelos emboabas em 1708-1709 viajaram cada vez mais para ocidente nas décadas seguintes e descobriram sucessivamente os campos auríferos de Cuiabá, Goiás e Mato Grosso. Em finais da década de 1720, foram também descobertos diamantes em Minas Gerais, e em 1740 a chamada zona dos diamantes foi colocada sob um regime da Coroa particularmente estrito e oneroso, que não teve paralelo no mundo colonial europeu. Este regime isolou na realidade a zona dos diamantes do resto do Brasil, e dela só podiam entrar ou sair pessoas que apresentassem autorizações escritas passadas pelo intendente responsável.

A descoberta de ouro e diamantes no Brasil e a sua exploração numa escala até então inédita teve várias e profundas repercussões no mundo português. Em primeiro lugar, e pela primeira vez, conduziu uma grande percentagem da população das regiões costeiras de Pernambuco, Bahia e Rio de Janeiro para as regiões mineiras do interior do Brasil. Este movimento não se assemelhou à penetração lenta e persistente já efectuada noutras áreas, como por exemplo no vale do rio São Francisco, por grupos reduzidos de criadores de gado que eram escassos para a extensão do território, mas foi uma emigração *en masse*. Em segundo lugar, ao mesmo tempo que muito estimulava a economia colonial, ajudando assim a resolver uma crise económica, deu início a outra, porquanto atraía mão-de-obra escrava e livre das plantações de açúcar e de tabaco e das cidades costeiras, que procurava um emprego mais remunerativo nas explorações mineiras. Uma acentuada subida de preços resultou também de uma escassez de mão-de-obra associada a uma produção aurífera cada vez maior. Em terceiro lugar, o aumento da procura de escravos oeste-africanos para as minas e plantações do Brasil conduziu a um aumento correspondente do comércio esclavagista com a África Ocidental e à procura de novos mercados de escravos nessa região. Mesmo em Portugal, a exploração dos recursos minerais brasileiros e o grande reflorescimento do comércio português com essa colónia permitiu à metrópole resolver o problema da sua balança deficitária com o resto da Europa através do ouro. O ouro e os diamantes do Brasil enriqueceram também enormemente a Coroa, a Igreja e a corte e deram a D. João V os recursos financeiros suficientes para não ser obrigado, durante todo o seu longo reinado (1706-1750), a ter de convocar uma única vez as Cortes para lhes pedir dinheiro. Conta-se que este monarca terá dito a este respeito: «O meu avô temia e devia; o meu pai devia; eu não temo nem devo».

* * *

RENASCIMENTO E EXPANSÃO NO OCIDENTE (1663-1750)

Presumivelmente, esta orgulhosa jactância foi pronunciada algum tempo depois de o Tratado de Utreque ter posto fim à Guerra da Sucessão espanhola, em 1715, porque quando o jovem e tímido D. João subira ao trono nove anos antes, Portugal estava a pagar muito caro o seu envolvimento nessa guerra, para a qual tinha sido arrastado sobretudo por pressão dos Ingleses. Retrospectivamente, a neutralidade teria sido a melhor solução para a delicada posição de Portugal, entre, por um lado, França e Espanha e, por outro, as potências marítimas e o Império Austríaco. O duque de Cadaval, o mais alto par do reino e conselheiro confidencial de D. Pedro II, percebeu com bastante clareza o problema, mesmo sem a vantagem da retrospectiva, porquanto teve uma visão cinicamente realista dos recursos portugueses e da total falta de preparação do país para a guerra. Observou em 1705 que, longe de se aliar com a Inglaterra e as Províncias Unidas contra a França e a Espanha, Portugal não estava em posição de defrontar «o muito insignificante príncipe da Lombardia». A guerra era também muito impopular entre o povo, que ainda não se recompusera dos sacrifícios impostos pelas longas lutas com a Espanha e com os Países Baixos, mesmo depois de trinta e cinco anos de paz. Se bem que o exército português e as forças aliadas britânicas e holandesas tivessem conseguido entrar em Madrid durante pouco tempo por duas vezes, no geral, a guerra não trouxe a Portugal senão humilhação e perdas. Basta mencionar a captura de Sacramento pelos Espanhóis (1705), a desatrosa derrota aliada em Almanza (Abril de 1707) e o saque do Rio de Janeiro por Duguay Trouin em 1711, depois de um ataque mal organizado feito por Du Clerc ter sido completamente (sem bem que à justa) derrotado no ano anterior. Mesmo os milhões de ouro que chegavam então a Portugal, trazidos anualmente pelas frotas do Brasil, só podiam ajudar a pagar uma fracção das despesas com a guerra, porquanto a maior parte destes milhões era enviada para Inglaterra a fim de pagar as importações essenciais. Eram necessários subsídios governamentais britânicos e holandeses para manter cerca de metade dos exércitos portugueses, bem como as suas próprias tropas, estacionadas na Península Ibérica.

As rectificações fronteiriças europeias, que tinham sido prometidas a Portugal como parte da recompensa pela sua entrada na guerra ao lado dos aliados, nunca foram seriamente encaradas pelo governo inglês nas negociações que precederam o Tratado de Utreque. Os Portugueses tiveram de se contentar com o reconhecimento dos seus direitos sobre a França na região do Amazonas, e com a restituição da colónia de Sacramento pelos Espanhóis no acordo de paz. Esta experiência confirmou a resolução de D. João V de permanecer neutral em qualquer conflito europeu futuro, se bem que tenha enviado alguns navios de guerra para o Egeu, para ajudar as hostes navais papais e venezianas contra os Turcos em 1716-1717. Ficou também extremamente ofendido com a corte

O IMPÉRIO MARÍTIMO PORTUGUÊS

espanhola por causa de uma trivial infracção da imunidade diplomática portuguesa da Embaixada portuguesa em Madrid, que conduziu a ameaças mútuas de guerra e ao corte de relações diplomáticas entre as duas monarquias ibéricas de 1735 a 1737. Mas as hostilidades reais estavam confinadas ao estuário do rio da Prata, onde as forças da natureza causaram mais dificuldades e mais mortes a ambas as partes do que a luta confusa e inconsequente. O rei D. João V foi o mais formalista e mais devoto de todos os monarcas portugueses e a sua excessiva preocupação com o seu prestígio pessoal levou a relações muito tensas com o papado entre 1728 e 1732. Mas foi sempre pródigo nos gastos com a Igreja, modelando tanto quanto possível o recém-criado patriarcado de Lisboa pelo esplendor, pelo cerimonial e pelos rituais da Basílica de São Pedro em Roma. Tomou o partido dos jesuítas da missão da China nas disputas que estes tiveram com o Colégio da Propaganda Fide sobre os célebres «ritos chineses»; mas as quantidades de ouro brasileiro que mandou para a corte papal e para os cardeais mereceram-lhe de facto o título de rei *Fidelíssimo* em 1748, realizando-se assim o desejo há muito acalentado de igualar o *Cristianíssimo* rei de França e o *Mui Católico* rei de Espanha.

O rei D. João V imitou abertamente e de muitas maneiras Luís XIV, o *Rei Sol*, e esforçou-se por inaugurar uma era dourada de absolutismo em Portugal, tal como Luís XIV havia feito em França. Conseguiu-o até certo ponto, pois durante o seu reinado Portugal atingiu uma posição de prestígio e importância internacionais que nunca mais voltara a ter desde o reinado de D. Manuel I e da descoberta do caminho marítimo para a Índia. Lisboa era novamente uma das mais ricas cidades da Europa e também uma das mais populosas e insalubres. Se muito – talvez a maior parte – do ouro brasileiro que chegava a Lisboa foi desbaratado em edifícios eclesiásticos extremamente dispendiosos, em prodigalidades com o patriarcado e na construção do gigantesco palácio-mosteiro de Mafra (1717-1735), rival do Escorial e de Versalhes, algum desse ouro foi gasto em empreendimentos mais justificáveis: nas magníficas bibliotecas de Coimbra, Mafra e do Colégio Oratoriano de Lisboa; na cartografia científica de algumas regiões do Brasil e nas moedas de ouro que dava aos pobres e necessitados nas audiências públicas bissemanais que concedeu durante muitos anos. Um dos mais notáveis monumentos deste reinado é o ciclópico Aqueduto das Águas Livres, construído essencialmente entre 1732 e 1748 (se bem que só tivesse sido acabado definitivamente em 1835), que transportou, pela primeira vez, água potável para Lisboa em quantidade suficiente. Esta obra magnificente foi financiada por uma taxa suplementar sobre o vinho, carne e azeite consumidos pelos habitantes de Lisboa e do seu distrito, mas D. João V tem merecimento pelo facto de ter insistido para que os eclesiásticos, incluindo os do mal habituado patriarcado, pagas-

164

RENASCIMENTO E EXPANSÃO NO OCIDENTE (1663-1750)

sem a sua parte da taxa quando mostraram a sua relutância habitual em fazê-lo com a desculpa da imunidade eclesiástica.

O Aqueduto das Águas Livres era de uma utilidade pública tão evidente que as classes trabalhadoras pagaram a sua parte da taxa mais ou menos sem se queixar, mas o mesmo não aconteceu com a construção de Mafra, na qual chegaram a trabalhar 45 000 operários. Eram requisitados em quantidades maciças carroças e animais de carga para o transporte dos materiais de construção e das provisões, e artífices experimentados eram coagidos a trabalhar ali se, por acaso, mostravam qualquer relutância em ir de sua livre vontade. Um cônsul francês descontente queixava-se em 1730 de que era impossível encontrar um único carpinteiro de carros em Lisboa para consertar a roda partida de um coche, sendo assim o dono obrigado a andar a pé, por muito elevada que a sua posição social pudesse ser. O enviado britânico havia-se queixado anteriormente de que era impossível encontrar um balde de cal para caiar a casa. Já em 1720 o embaixador francês em Lisboa informava confidencialmente o seu rei de que a obra nunca seria acabada porque o tesouro estava vazio e nem todo o dinheiro da Península Ibérica chegaria para a pagar. Mas foi mesmo acabada, ainda que os salários dos artistas e dos artesãos que nela tinham trabalhado estivessem muitas vezes atrasados durante meses e anos a fio. O Conselho Municipal de Lisboa faliu por causa dos empréstimos que foi obrigado a realizar para ajudar a financiar esta obra e que o rei acabou por não pagar, apesar das repetidas advertências e das reiteradas promessas. O naturalista-soldado suíço Charles Frédéric de Merveilleux, que visitou Mafra em 1726, observou que, na realidade, quase toda a gente se queixava desta dispendiosa extravagância, acrescentando: «É certo que três quartos dos tesouros do rei e do ouro trazido, pelas frotas, do Brasil, foram aqui transformados em pedras».

Mas não foi apenas a construção de Mafra que estropiou financeiramente o Conselho Municipal de Lisboa, pois o rei obrigou-o a celebrar a festa anual do Corpo de Deus de um modo tão grotescamente sumptuoso em 1719 que o Conselho nunca mais conseguiu pagar as dívidas contraídas nessa ocasião. Os casamentos reais entre as casas reinantes de Espanha e de Portugal, em 1729, foram sobretudo financiados pelo lado português através de um imposto (eufemisticamente conhecido por donativo) lançado sobre Portugal inteiro e todo o seu império, tendo só a parte do Brasil atingido 8 000 000 de cruzados. As pessoas ressentiram-se também muito desta carga fiscal, especialmente os luso-brasileiros que tiveram de contribuir com a percentagem maior. Remessas de dinheiro vindas com este fim continuaram a chegar a Lisboa durante muitos anos, após se constatar que os dotes e despesas implicadas (de facto dispendiosas) não atingiam senão uma fracção daquela soma. Na altura em que o rei *Magnânimo*, como lhe chamavam

O IMPÉRIO MARÍTIMO PORTUGUÊS

os seus súbditos, morreu, em 1750, era um fanático imbecil. Longe de «nem temer nem dever», estava aterrorizado com a morte iminente e crivado de dívidas. Não havia dinheiro suficiente no Tesouro real para pagar o seu funeral e alguns dos criados da casa real, entre os quais o cocheiro da rainha, não recebiam qualquer salário há cinco anos. Os pagamento do Exército e da Marinha, especialmente os das guarnições coloniais mais remotas, estavam também frequentemente em atraso, na totalidade ou em parte, durante períodos muitos longos.

Deve, no entanto, confessar-se que o «retrato» tradicional de D. João V como o mais indolente e o mais supersticioso dos reis portugueses, activo apenas nos seus amores com freiras e nos pródigos gastos com igrejas e com música, é, em grande parte, uma caricatura. Em grande parte, mas não inteiramente. Era um homem diferente antes dos ataques epilépticos que o diminuíram física e mentalmente na década de 1740, transformando a sua sempre pronunciada religiosidade em algo próximo da obsessão religiosa. Antes dessa altura, um embaixador britânico em Lisboa, que o conhecia bem, considerava que ele era «uma perspicaz inteligência» e «extremamente rápido e activo» na compreensão e no despacho dos assuntos oficiais; esta opinião favorável é confirmada por um estudo dos papéis de Estado e da correspondência privada do rei. Estes documentos mostram que, durante a maior parte do tempo, foi um monarca inteligente e consciencioso, se bem que sempre atreito a recaídas e ataques depressivos. Além disso, os seus defeitos mais evidentes – se este é o termo exacto – eram partilhados pela grande maioria dos seus súbditos. Alguns Portugueses que tinham vivido durante bastante tempo em Paris, Roma, Londres ou Haia e que tinham sido fortemente influenciados pelos princípios do Iluminismo, podiam deplorar, e deploraram, a paixão de D. João V pelo ritual esplendoroso dos serviços religiosos, o seu gosto em decretar dias de festa e feriados religiosos, a protecção que dava à Inquisição, o seu respeito exagerado pelos padres, freiras e eclesiásticos de todos os tipos. Mas a maioria dos seus compatriotas pensava exactamente o mesmo que ele acerca destas coisas, em parte talvez porque as muitas festas religiosas significavam que havia apenas cerca de 122 dias de trabalho no ano português, como afirmava Dom Luís da Cunha em 1736. Por outras palavras, como escreveu o falecido Jaime Cortesão no seu inteligente estudo acerca de D. João V, se o rei pecou nestes aspectos, pecou em companhia da nação inteira.

Ao escrever quase no termo deste longo reinado, o cronista e panegirista do rei, padre António Caetano de Sousa, descreveu-o como «um reinado feliz, que podia com propriedade chamar-se a idade do ouro, visto que as minas do Brasil continuavam a produzir uma abundância de ouro». E isto não era uma mera hipérbole, se bem que possa ter sido um ligeiro exagero. A extravagância faustosa de D. João V, se bem

166

RENASCIMENTO E EXPANSÃO NO OCIDENTE (1663-1750)

que só tivesse sido possível muitas vezes através do não pagamento de salários ou da «fuga» à liquidação das dívidas, encorajou certamente a crença geral europeia de a Coroa de Portugal ser muito mais rica do que de facto era. O reverendo John Wesley reflectiu esta crença bastante espalhada quando escreveu, no seu *Serious Thoughts occasioned by the great Earthquake at Lisbon* (1755): «Os mercadores que viveram em Portugal informam-nos que o rei tinha um grande edifício cheio de diamantes, e mais ouro armazenado, em moeda e sem ser em moeda, do que todos os outros príncipes da Europa juntos». Esta convicção – ou ilusão – relativa à idade do ouro de D. João V foi aceite em Inglaterra o mais prontamente possível, porquanto as moedas de ouro portuguesas e brasileiras tinham uma circulação ainda maior nalguns condados do que os soberanos ingleses. Eram moeda corrente legal em toda a parte, os seus valores registados nos almanaques de bolso anuais locais, e em 1713 um indivíduo de Exeter observou: «Quase não temos outro dinheiro corrente entre nós a não ser o ouro português».

Para além das teorias mercantilistas então em voga, que salientavam a importância da aquisição (ou retenção) das barras de ouro e de prata, as moedas de ouro sempre exerceram um irresistível fascínio sobre a humanidade, desde a primeira vez que foram cunhadas. O ouro tem sido sempre o tipo de moeda mais cobiçado por causa da sua raridade, beleza, e porque mantém o brilho mesmo quando enterrado na terra ou escondido durante séculos a fio. As pessoas e os príncipes não se detêm perante nada para obter ouro, observou José da Cunha Brochado, o enviado português em Inglaterra, entre 1710-1715. Durante o século XVIII, as moedas de ouro luso-brasileiras, especialmente a moeda (*moidore*) de 4000 réis e a moeda de 6400 réis, conhecidas no mundo anglo-saxão por *Joe*, tornaram-se duas das moedas mais correntes e populares em circulação, especialmente em Inglaterra e nas Américas, incluindo nas colónias norte-americanas britânicas antes de 1778. As moedas de ouro luso-brasileiras foram também contra-cunhadas em grande escala a fim de ser utilizadas noutras regiões, como por exemplo nas Índias Ocidentais francesas até ao período napoleónico. No que diz respeito aos mercados de metal em barra europeus, os carregamentos de ouro brasileiro de Lisboa para Amsterdão, Hamburgo e todos os outros sítios eram geralmente transportados via Inglaterra, por causa da frequente possibilidade de utilização e das facilidades especiais oferecidas pelas firmas e casas inglesas. Ainda em 1770, data em que a produção de ouro brasileiro começou a declinar desastrosamente, encontramos um banqueiro-mercador de Saint-Malo a importar *l'or du Portugal* de Lisboa via Londres e Calais. A exportação de ouro de Portugal era estritamente proibida por lei, mas os barcos de guerra ingleses e o navio de passageiros de Falmouth, que mantinha uma carreira semanal com Lisboa a partir de 1706, estavam oficialmente isentos de

O IMPÉRIO MARÍTIMO PORTUGUÊS

qualquer busca por parte das autoridades portuguesas. O ouro tinha de ser transportado para estes navios com alguma discrição, mas os extremos a que os Ingleses estavam dispostos para continuar este contrabando de ouro provam-se com toda a evidência pelo seguinte excerto do diário do comissário de bordo do H. M. S. *Winchester*, durante a estadia em Lisboa, em Agosto de 1720:

> «Durante os últimos vinte dias, o comandante Stewart tem insistido muito comigo para que use todo o meu empenho junto dos mercadores que conheço para conseguir dinheiro a fim de transportar para Inglaterra; e, durante esse tempo, não sem pouca dificuldade, fadiga e risco, tenho recebido e levado para bordo vários milhares de *moidores* [= *moeda*, moeda de ouro luso-brasileiro de 4000 réis que valia, em 1720, 27 xelins e 6 dinheiros]; só num dia, recebi para cima de 6000 que trouxe dos mercadores (que são extremamente cautelosos ao enviá-las, fazendo-o com segurança e discrição) nas minhas próprias algibeiras, em várias viagens para o escaler que esperava por mim, estando os homens armados com mosquetes, pistolas e alfanges para lutar contra qualquer dos barcos da Alfândega que tentasse deter-nos, molestar-nos ou atacar-nos (sendo o transporte de dinheiro para fora de Portugal proibido sob pena de morte), mas não fui incomodado. Todos os dias desembarco armado como já mencionei e preparado para que o palácio do rei ou no Remolares me recebam e, mal ponho pé no escaler, ele parte e faz-se a toda a pressa para bordo, onde sou aliviado da minha carga de ouro e mandado para terra a fim de procurar mais; sendo obrigado a negligenciar os meus próprios assuntos para frequentar a bolsa todas as manhãs, a frequentar os cafés, a gastar dinheiro meu para ir buscar o ouro às casas das respectivas pessoas que o enviam, a tomar atenção com as horas convenientes para evitar ser apanhado com ele em meu poder (...) mal o mercador põe o dinheiro a bordo, imediatamente envia pelo primeiro navio de carreira uma notificação de embarque aos seus correspondentes, com o aviso da data em que o navio partirá com o ouro».

Chegaram até nós alguns números referentes ao ouro trazido de Lisboa para Falmouth pelos navios de carreira: entre 25 de Março de 1740 e 8 de Junho de 1741 foi avaliado em £447 347; nos anos de 1759 e 1760 totalizou, respectivamente, £787 290 e £1 085 558. Estes números subestimam, sem dúvida, o fluxo total de ouro para Inglaterra, porquanto os barcos de guerra eram utilizados na escala acima indicada e poder-se-ia dar muitos exemplos. O comandante Augustus Hervey, da Marinha Real transportou para Inglaterra um frete de 80 000

RENASCIMENTO E EXPANSÃO NO OCIDENTE (1663-1750)

moidores de Lisboa em 1748 e outro de 63 533 *moidores* em 1753, para além de 30 000 *moidores* de Lisboa para Gibraltar e Itália em 1752. Os navios mercantes também eram utilizados, e «para cima de um milhão de ouro português» foi cunhado em dinheiro inglês na Casa da Moeda de Londres só entre 1710 e 1713, enquanto, como já vimos, moedas de ouro luso-brasileiras circulavam como moeda legal em Inglaterra, especialmente na região ocidental devido às facilidades permitidas pelos navios de carreira de Falmouth. Deve sempre desconfiar-se dos números num comércio em que havia tanto contrabando; mas talvez se possa dizer sem margem de dúvida que o valor do fluxo anual de ouro luso-brasileiro para a Inglaterra durante o reinado de D. João V oscilava entre 1 000 000 e 2 000 000 de libras esterlinas. Um francês bem informado que residia em Lisboa avaliou o fluxo anual médio de ouro luso-brasileiro para Inglaterra em 12 000 000 de cruzados (£1 500 000) na década de 1730-1740. É desnecessário dizer que o contrabando de ouro não estava confinado a Lisboa, e a sua preponderância na Bahia e no Rio de Janeiro será discutida mais adiante (II parte, capítulo IX).

O papel-chave desempenhado pelo ouro brasileiro no aumento das exportações inglesas para Portugal, durante o reinado de D. João V, foi frequentemente posto em evidência pelos ingleses estabelecidos em Portugal. Em 1706, o cônsul em Lisboa escreveu que o comércio dos fabricantes de lã ingleses «melhora de dia para dia e melhorará mais à medida que o seu país se for tornando mais rico, o que tem necessariamente de acontecer se puderem continuar a importar tanto ouro do Rio todos os anos». Em 1711, os mercadores ingleses residentes em Lisboa atribuíam o crescimento do seu negócio principalmente «ao aperfeiçoamento do comércio português com os Brasis e à grande quantidade de ouro que é trazida de lá». Acrescentavam, muito correctamente, «à medida que o seu comércio vai aumentando, é provável que o nosso comércio de lanifícios aumente também proporcionalmente». Quatro anos mais tarde, declaravam sem hesitações que o comércio brasileiro era «a base e os alicerces» de todo o seu comércio. Lorde Tyrawly, o enviado inglês a Lisboa, afirmou complacentemente: «Os Ingleses, aqui são, de longe, a nação mais bem representada, tanto pelo número de Ingleses cá estabelecidos como pela nossa navegação e comércio.» Este facto era invejosamente reconhecido pelos mercadores franceses e holandeses de Lisboa, tendo um dos primeiros afirmado em 1730: «O comércio dos Ingleses em Lisboa é o mais importante de todos; na opinião de muitos, é tão grande como o de todas as outras nações juntas.» Não admira, pois, que os membros desta «alegre e livre feitoria», como Benjamin Keene chamava à associação dos mercadores britânicos mais importantes de Lisboa em 1749, engordassem e fizessem trinta por uma linha ou que os Portugueses estivessem cada vez mais ressentidos com os seus lucros, privilégios e arrogância.

O IMPÉRIO MARÍTIMO PORTUGUÊS

Alguns dos visitantes ingleses mais perspicazes que iam a Lisboa simpatizavam até certo ponto com a posição portuguesa, como o exemplificam os seguintes excertos de um diário do capitão Augustus Hervey, da Marinha Real, escritos depois de uma conversa com o enviado especial, lorde Tyrawly, no Verão de 1752:

«Lorde Tyrawly falou muito comigo acerca dos negócios daqui, e achei a sua posição em relação aos Portugueses muito diferente da que mostrara durante a viagem. Condenava agora a feitoria, considerando-a um conjunto de indivíduos descontentes, desassossegados, orgulhosos e extravagantes, e tive razões para pensar que os seus velhos amigos [portugueses] daqui conseguiram ter ascendente sobre ele. Em resumo, por fim injuriou a feitoria e caluniou-os a todos. Conseguiu a reparação das queixas que havia sido mandado investigar, e não voltou a ser chamado durante muito tempo, tendo-se ido embora desprezado e amaldiçoado por todos os Ingleses, que, penso, de um modo geral são muito pouco razoáveis nos seus pedidos, e, no entanto, julgo que os Portugueses estão a tentar evitar o comércio com eles, mas não mais connosco do que com outras nações; e quem os pode censurar por quererem ficar com uma grande parte dessa balança comercial que lhes é desfavorável, se não favorecem qualquer outro país em nosso prejuízo?»

O estado florescente do comércio anglo-português na primeira metade do século XVIII não se deveu essencialmente ao famoso Tratado de Methuen, concluído em Dezembro de 1703, porquanto os privilégios comerciais nele concedidos aos Ingleses pelo governo português depressa foram concedidos a outras nações, a começar pelos Holandeses em 1705. Mas este tratado manteve, sem dúvida, o caminho aberto para o aumento espectacular da importação de tecidos ingleses e de outras exportações para Portugal, sendo a maioria reexportada para o Brasil, e da exportação de vinhos portugueses para a Grã-Bretanha, onde de facto afectaram a tradicional preferência escocesa pelo clarete, como lamentou mais tarde um poeta patriótico:

«Firm and erect the Caledonian stood,
Good was his claret and his mutton good.
'Let him drink port', the *British* statesmen cried.
He drank the poison, and his spirit died». ([1])

([1]) «Firme e erecto mantinha-se o caledónio.
Bom era o seu clarete e o carneiro também.
"Deixem-no beber porto", exclamaram os estadistas *britânicos*.
Ele bebeu o veneno, e o seu espírito morreu.» (*N. T.*)

RENASCIMENTO E EXPANSÃO NO OCIDENTE (1663-1750)

De facto, os direitos preferenciais dos vinhos portugueses remontavam a 1690 e o Tratado de Methuen não fez mais do que confirmá-los. Foram os vinhos doces da região de Lisboa, e não os vinhos mais ásperos do Douro e do Norte, que beneficiaram imediatamente com este tratado, e o desenvolvimento do comércio do vinho do Porto só se verificou bastante mais tarde. Os leves têxteis de lã e de estambre, particularmente indicados para o mercado brasileiro e nos quais os fabricantes ingleses de tecidos se especializaram a um nível de perfeição muito superior ao dos seus rivais holandeses, franceses e alemães, constituíram um factor de primeira importância na capacidade dos Ingleses para explorarem o mercado luso-brasileiro de têxteis e mobílias que estava em expansão. Os prósperos mercadores ingleses estabelecidos em Lisboa e no Porto, que podiam recorrer a toda a concentrada riqueza mercantil de Londres, estavam também em condições de conceder aos seus clientes portugueses – e por intermédio deles aos brasileiros – um crédito a mais longo prazo e mais abundante do que os dos seus concorrentes estrangeiros

A corrida ao ouro em Minas Gerais e a grave escassez de mão-de-obra que provocou no Brasil conduziu, como já vimos (capítulo VII), a uma emigração em massa de Portugal e ao aumento acentuado do transporte de escravos negros da África Ocidental. É possível fazer conjecturas acerca do número de pessoas que emigraram de Portugal e das ilhas atlânticas, mas não é necessário aceitar os números exagerados que ainda hoje estão tão divulgados. Não é certo que tenham emigrado num só ano, de Portugal para o Brasil, mais de 5000 ou 6000 pessoas no auge da corrida ao ouro de Minas Gerais, durante as duas primeiras décadas do século XVIII. Mesmo assim é bastante surpreendente encontrarmos alguns dos conselheiros do rei a observarem complacentemente, em 1715, que, apesar da sangria de recursos humanos provocada pela emigração e pela recente guerra, Portugal era tão densamente povoado que mal se dava pela falta dos indivíduos que emigravam. Cinco anos mais tarde, os conselheiros mudaram subitamente de opinião, pois o número de homens válidos que estavam a emigrar, só do Minho, induziu a corte a promulgar um decreto (em Março de 1720) limitando drasticamente a emigração para o Brasil, que a partir daí era apenas permitida com um passaporte emitido pelo governo. É claro que este decreto nem sempre foi estritamente cumprido e, de qualquer modo, as regiões densamente povoadas do Minho, Açores e do «grande centro congestionado» de Lisboa continuaram a fornecer o grande contingente dos emigrantes. Os jovens válidos predominavam fortemente e partiram quase todos à sua custa ou à custa das famílias e amigos. Mas houve conselheiros inteligentes que instaram com a Coroa para que organizasse planos mais equilibrados e mais ambiciosos para enviar famílias inteiras de trabalhadores agrícolas para o Bra-

O IMPÉRIO MARÍTIMO PORTUGUÊS

sil, com passagens parcialmente pagas pela Coroa. Um destes planos foi de facto executado em 1748-1753, quando grupos de famílias camponesas foram enviados dos Açores para Santa Catarina e para o Rio Grande do Sul. O total projectado de 4000 famílias emigrantes não foi atingido, mas o número de indivíduos de ambos os sexos que partiram foi suficiente para dar a Santa Catarina (actual Florianópolis) uma alta percentagem de sangue branco, em comparação com outras regiões do Brasil do final do século XVIII e do princípio do século XIX.

Se a corrida ao ouro em Minas Gerais foi fundamentalmente responsável pelo aumento vincado da imigração no Brasil, foi também a causa de uma ainda maior intensificação do comércio esclavagista da Africa Ocidental com os portos da Bahia, Rio de Janeiro e (em menor extensão) Pernambuco. No ano de 1671, o reino mbundu de Ndongo, em Angola, caiu finalmente, entre a pressão portuguesa a ocidente e os ataques do reino imbangala de Cassanje, a oriente. Um dos ramos dos Mbundu já tinha, antes, «cortado as amarras» e fundado o reino matamba às ordens da famosa rainha Nzinga (que morreu em 1663), que conseguiu enfrentar durante muito tempo os Portugueses e os habitantes de Cassanje. O antigo reino do Congo também se desintegrou após a derrota e morte do rei D. António I pelos Portugueses na batalha de Ambuíla (em 29 de Outubro de 1665). Durante o século XVIII, o foco do comércio esclavagista da África Central-Ocidental deslocou-se para além de Matamba e Cassanje para o império lunda no Cassai, enquanto a região densamente povoada dos Ovimbundus, no interior de Benguela, foi cada vez mais sangrada pelos negreiros portugueses. A epidemia de varíola de 1685-1687 causou uma grande mortandade entre as tribos bantos de Angola e este desastre demográfico deu um impulso adicional ao reflorescimento do comércio esclavagista português no golfo da Guiné, que havia diminuído. Este desenvolvimento foi mais tarde acelerado pela procura de mão-de-obra escrava nos campos auríferos do Brasil, a partir de 1695.

Depois de os Holandeses terem expulsado os Portugueses dos fortes da Costa do Ouro em 1637-1642, estes mantiveram interesses limitados nestas regiões apenas durante algumas décadas. Contudo, os Holandeses descobriram por experiência própria que os negros preferiam tabaco brasileiro da Bahia a qualquer outro tipo de produtos comerciais. Permitiram, portanto, que os comerciantes que traziam tabaco da Bahia (mas não quaisquer outras mercadorias vindas de Lisboa) comprassem escravos em quatro portos situados ao longo do território que é hoje a costa do Daomé e que então era denominada a Costa dos Escravos: Grand Popo, Ajudé (a que os Portugueses chamavam Ajudá), Jaquin e Apa. Os navios utilizados neste comércio eram obrigados a fazer escala no baluarte da Companhia Holandesa das Índias Ocidentais de São Jorge da Mina (Elmina), para verifica-

RENASCIMENTO E EXPANSÃO NO OCIDENTE (1663-1750)

ção do conteúdo das cargas que transportavam, e para o pagamento de uma taxa de 10% dos rolos de tabaco que traziam do Brasil, sob pena de o navio ser confiscado e de o carregamento ser embarcado nos navios de guerra da Companhia das Índias Ocidentais se este regulamento não fosse obedecido. Como é natural, esta imposição não agradava aos Portugueses, que se escapavam a ela sempre que podiam. Mas precisavam a todo o transe dos escravos de origem sudanesa que compravam em Ajudá e que eram mais robustos do que os Bantos de Angola.

Além disso, os exportadores da Bahia descobriram que este mercado era extremamente útil, porquanto os negros preferiam o tabaco baiano de terceira categoria a qualquer outro e o de primeira e segunda qualidades era reservado a fim de ser exportado para Portugal. Esse tabaco de terceira qualidade era feito com as folhas rejeitadas das qualidades superiores, que eram enroladas sob a forma de uma corda grossa, como as folhas das outras qualidades, mas eram mais generosamente pinceladas com melaço. Este processo nunca foi eficientemente imitado pelos comerciantes ingleses, holandeses e franceses da costa da Guiné, apesar de todos os esforços que fizeram nesse sentido. O monopólio deste tabaco baiano de terceira qualidade permitiu, por isso, aos Portugueses estarem em vantagem sobre todos os seus rivais europeus durante todo o século XVIII. Ainda em 1789 o director do forte francês de Ajudá escrevia: «O tabaco brasileiro é mais bem entrançado, quer dizer mais açucarado, e os rolos pesam mais do que os nossos; é preparado com xarope puro, enquanto o tabaco que recebemos de Lisboa é preparado com xarope e água do mar. Isto seca-o demasiado depressa e os negros sabem-no». O aumento do comércio Bahia-Ajudá, apesar das dificuldades causadas pelas exigências holandesas e pelas guerras frequentes entre os insignificantes Estados costeiros de Ardra, Ajudá e Jaquin com o Daomé, que os dominava em 1728, é demonstrado pelo facto de terem visitado a Costa da Mina entre 1681 e 1685 onze navios com tabaco da Bahia, e este número ter aumentado para 114 em 1700--1710. No início, os Portugueses exportavam, através deste comércio, algum ouro em pó contrabandeado, tendo as primeiras moedas de ouro emitidas pela Casa da Moeda da Bahia sido na sua maioria cunhadas a partir de ouro obtido em troca de tabaco; mas depois da exploração da minas de Minas Gerais, este processo inverteu-se. A partir dessa altura, o ouro brasileiro passou a ser contrabandeado por traficantes de escravos baianos em Ajudá, apesar de todos os esforços feitos pelo governo da metrópole e pelas autoridades locais para porem termo a esta «fuga» e para limitarem a exportação comercial ao tabaco.

Ao escrever à Coroa em 1731, o vice-rei conde de Sabugosa salientou a completa dependência da economia brasileira do comério esclavagista oeste-africano, e especialmente do de Ajudá. Calculou que, só

O IMPÉRIO MARÍTIMO PORTUGUÊS

de Ajudá, fossem importados anualmente para a Bahia entre 10 000 a 12 000 escravos, acrescentando que mesmo este número não era suficiente para as minas e plantações. Angola fornecia anualmente cerca de 6000 ou 7000 escravos, que eram distribuídos, segundo um sistema de quotas, pela Safa, Rio de Janeiro, Pernambuco e Paraíba. Os Bantos de Angola eram, em geral, considerados inferiores aos Sudaneses da Costa da Mina (ou dos escravos), e um grande número de Sudaneses que eram ostensivamente importados para trabalhar nos engenhos de açúcar e nas plantações de tabaco da Bahia acabavam por ser em breve reexportados mais ou menos clandestinamente para os potenciais mercados mais lucrativos do Rio de Janeiro e de Minas Gerais. O vice--rei afirmava que tinham tentado outros mercados de escravos já existentes na Alta Guiné, no Senegal, na Gâmbia, em Loango e até em Madagáscar e Moçambique, como fontes alternativas, mas todos eles demonstraram ser insuficientes por várias razões e, portanto, os escravos de Ajudá eram insubstituíveis. Sete anos mais tarde, o seu sucessor, o conde das Galveias, acentuou que Ajudá continuava a ser a melhor fonte de escravos para o Brasil, tanto quanto à quantidade como à qualidade. O comércio esclavagista oeste-africano esteve sujeito a flutuações violentas, além das variações no fornecimento e na procura; posteriormente, o comércio da Ajudá decaiu bastante e os números (oficiais) da exportação esclavagista de Angola-Benguela atingiram cerca de 10 000 por ano.

Esta emigração acelerada de Portugal, das ilhas atlânticas e da África Ocidental para o Brasil durante a primeira metade do século XVIII, elevou o total da população a qualquer coisa como um milhão e meio, não considerando as tribos ameríndias insubmissas do interior. Não obstante as corridas ao ouro e aos diamantes que sucessivamente possibilitaram o acesso a regiões de Minas Gerais, Cuiabá, Goiás e Mato Grosso, e apesar do desenvolvimento menos espectacular mas, no entanto, importante da criação de gado em regiões tão afastadas como a ilha de Marajó, Piauí e Rio Grande do Sul, as antigas capitanias produtoras de açúcar de Pernambuco, Bahia e Rio de Janeiro mantinham ainda, no conjunto, mais de metade da população colonial. As regiões mineiras do Oeste brasileiro estavam muito afastadas umas das outras. As suas comunicações com São Paulo, Minas Gerais e a costa implicavam longas e complicadas viagens por trilhos das florestas e rios, através de regiões desabitadas, ou de zonas infestadas de ameríndios hostis. Tem sido observado com razão que as colónias isoladas e as chamadas «falsas fronteiras» têm caracterizado o Brasil desde os seus começos coloniais até à actualidade, quando o camião, o autocarro e o avião estão, finalmente, a conseguir aquilo que o carregador negro, o cavalo de carga, a caravana de mulas e a canoa inevitavelmente não conseguiram – comunicações fáceis e rápidas.

174

RENASCIMENTO E EXPANSÃO NO OCIDENTE (1663-1750)

A composição racial do país em 1750 é difícil de determinar à luz dos poucos números de confiança de que dispomos e que se referem a localidades muito disseminadas. As classificações fundamentais, sem ter em conta as muitas subdivisões, eram mais ou menos as seguintes: brancos ou, pelo menos, pessoas socialmente aceites como tal; pardos ou pessoas de cor de ascendência mista, incluindo os mulatos, se bem que estes fossem por vezes considerados separadamente; pretos, ou negros, escravos ou livres; os ameríndios cristianizados. O Estado setentrional de Maranhão e Pará, que nesta altura era administrado separadamente do Brasil, tinha sobretudo ameríndios, vindo em segundo lugar mamelucos ou caboclos (uma mistura de brancos e ameríndios), em terceiro, brancos e mulatos, e finalmente negros. A floresta tropical do vale do Amazonas, se bem que fornecesse uma admirável via fluvial para o interior, era ecologicamente desfavorável à colonização branca em grande escala; e ainda hoje a vasta selva amazónica tem menos habitantes do que a ilha de Porto Rico. Nos populosos portos do Recife, Salvador (Bahia) e Rio de Janeiro e seus respectivos arredores predominavam negros, pardos e mulatos, vindo a seguir brancos puros (?) e, depois, caboclos e ameríndios. Nas zonas mineiras de Minas Gerais, o número de negros excedia talvez ligeiramente o dos brancos e pardos em conjunto. Em São Paulo, os brancos e mestiços (sobretudo mamelucos) excediam largamente os negros, tal como acontecia também entre os pastores e criadores de gado do Rio Grande do Sul. Noutras regiões, como por exemplo no vale do rio São Francisco e no Piauí, as raças estavam a tal ponto misturadas que os mestiços eram, de longe, os mais numerosos. Claro que a situação actual é completamente diferente, devido ao grande aumento de imigração europeia nos séculos XIX e XX, associado à paragem completa de imigração negra depois da supressão efectiva do comércio esclavagista com o Brasil em 1860.

Sucessivos ataques epilépticos fizeram de D. João V um autêntico imbecil incapaz de falar, durante semanas, antes de expirar finalmente em 31 de Julho de 1750. Mas se tivesse morrido em plena posse das suas faculdades teria talvez podido sentir-se moderadamente satisfeito com o estado do seu império atlântico, pelo menos em comparação com os locais onde a bandeira portuguesa ainda flutuava na Ásia e na África Oriental. É claro que alguns dos problemas que preocupavam o governo português em 1706 se mantinham ainda em 1750, mas havia também realizações positivas a registar. O desvio de ouro brasileiro para Inglaterra era causa de muita ansiedade da parte das autoridades portuguesas e de complacência para com o Governo e mercadores ingleses, mas esse desvio de ouro assegurou também que o apoio naval inglês seria dado a Portugal se acontecesse (como em 1735) que este fosse seriamente ameaçado pela Espanha ou França. As tentativas fei-

175

O IMPÉRIO MARÍTIMO PORTUGUÊS

tas para desenvolver indústrias novas ou arruinadas (seda, vidro, cabedal, papel, etc.) tinham, na sua maioria, acabado por fracassar, mas o Exército português estava vestido com tecido fabricado na Covilhã, e uma pragmática de Maio de 1749 ordenava que todos os criados de libré fossem a partir de então obrigados a usar tecidos fabricados em Portugal. As grandes quantidades de produtos manufacturados, cereais, manteiga, carne e outras provisões vindas do estrangeiro (sobretudo de Inglaterra) e que eram pagas a bom preço em ouro brasileiro destinavam-se quase exclusivamente às prósperas cidades de Lisboa e do Porto e aos seus arredores mais próximos. No resto do País, devido às estradas execráveis (mesmo segundo os padrões do século XVIII) e à escassez de rios navegáveis, as indústrias locais e regionais resistiam com êxito à concorrência estrangeira, porquanto os produtos importados não podiam suportar o custo adicional do transporte para o interior. Um viajante italiano que visitou Portugal observou apenas com um ligeiro exagero que era mais fácil encontrar em Lisboa um navio com destino a Goa ou ao Brasil do que uma carruagem para o Porto ou para Braga.

A crença generalizada de que o tratado comercial de Methuen, assinado em Dezembro de 1703, acabou com estas modestas mas essenciais indústrias pequenas e caseiras é muito exagerada, quando não de todo infundada. Além disso, se bem que Lisboa e o Porto estivessem muito dependentes das importações do estrangeiro, beneficiaram de outras maneiras com o facto de serem os entrepostos europeus do próspero comércio com o Brasil que era levado a cabo quase exclusivamente por navios destes dois portos. O comércio dos vinhos estava florescente, se bem que fosse do conhecimento geral que os mercadores ingleses que dirigiam as exportações auferiam lucros muito superiores aos dos produtores portugueses. Se é verdade que a maioria do ouro brasileiro que chegava a Portugal acabava depois por ir parar a Inglaterra, ou era transformado nas pedras de Mafra, ou desperdiçado nas igrejas e no patriarcado de Lisboa, algum desse ouro foi deslocado para o campo, como o provam as encantadoras quintas e solares que foram contruídos e reconstruídos nesta altura. Se a vida de alta sociedade levada pelos prósperos mercadores ingleses em Lisboa e no Porto era o que mais impressionava muitos dos estrangeiros que visitavam essas cidades, houve também muitos mercadores e empresários portugueses que fizeram as suas fortunas no comércio do Brasil, como se mostrará mais adiante (II parte, capítulo XIV).

Um balanço realizado em 1750 em relação ao império português do Atlântico Sul teria também mostrado que houve lucros superiores às perdas, se o reinado de D. João V fosse considerado como um todo. De facto, o governador de Angola de 1749-1753 denunciava, na sua correspondência privada, essa colónia como corrupta, viciada e à beira da

176

RENASCIMENTO E EXPANSÃO NO OCIDENTE (1663-1750)

ruína total, mas na sua correspondência oficial afirmava que a exportação de escravos para o Brasil havia aumentado notavelmente durante o tempo em que desempenhou esse cargo. Fossem quais fossem as imperfeições morais dos moradores de Luanda, empreendedores traficantes de escravos e colunas militares móveis penetraram ainda mais no interior com a derrota do reino de Matamba, em 1744. Este avanço, por muito lento e irregular que fosse, contrastava favoravelmente com a contracção do poder e influência portuguesa na Zambézia e em Moçambique, no lado oposto da África. No Brasil, se bem que vários conselhos municipais de Minas Gerais informassem a Coroa em 1750--1751 de que a produção de ouro estava a decrescer desastrosamente e que o número de escravos importados para essa capitania tinha descido de um modo alarmante, as frotas anuais do Rio de Janeiro iam ainda muito ricamente carregadas. De igual modo, se bem que os senhores de engenho da Bahia e Pernambuco se queixassem mais do que nunca dos seus problemas económicos, ainda assim continuavam a ser enviadas para Lisboa nas frotas anuais de Salvador e Recife cargas substanciais de açúcar. Se o mercado inglês para o açúcar brasileiro tinha praticamente deixado de existir em 1750, a Itália e outros países mediterrânicos compravam ainda quantidades apreciáveis. O estado setentrional de Maranhão-Pará, que tinha até então subsistido com base numa simples economia de troca, recebeu em 1749 uma unidade monetária regional cunhada em Lisboa. A evidente prosperidade do entreposto amazónico de Belém do Pará, com as suas bem construídas casas de estilo europeu, impressionou favoravelmente o cientista francês La Condamine aquando da sua estada nessa cidade, seis anos antes.

A prova mais convincente do desenvolvimento do Brasil durante a primeira metade do século XVIII foi fornecida pelos termos do Tratado de Madrid (13 de Janeiro de 1750), que traçou as fronteiras entre a América do Sul portuguesa e a espanhola. Se bem que não tivesse sido completamente seguido à risca, este tratado deu, de facto, ao Brasil mais ou menos as suas fronteiras actuais e garantiu a renúncia oficial espanhola a todas as pretensões sobre o território brasileiro baseadas no Tratado de Tordesilhas que foi formalmente revogado. Alguns audaciosos aventureiros portugueses e paulistas tinham, recentemente, estabelecido comunicações directas entre a região oriental brasileira de Mato Grosso e o Amazonas através dos rios Guaporé, Mamoré e Madeira. A confirmação formal deste facto já realizado foi dada pela Coroa portuguesa em 1752. O Tratado de Madrid cedia também a esta Coroa sete missões jesuítas espanholas situadas ao longo do rio Uruguai em troca do encerrado e confinado pequeno posto avançado de Sacramento, no rio da Prata.

Este tratado foi com razão considerado um grande triunfo diplomático para Portugal, porquanto era anteriormente reconhecido que

O IMPÉRIO MARÍTIMO PORTUGUÊS

seria mais fácil persuadir o governo espanhol a abolir a Inquisição do que a ceder de bom grado um palmo de terra na América a qualquer povo europeu, «e aos Portugueses menos do que a todos os outros». No entanto, houve indivíduos influentes em Portugal que não puderam suportar a entrega de Sacramento e que estavam preparados para sabotar o cumprimento do Tratado, que tinha sido, em grande parte, obra do secretário brasileiro de D. João V, Alexandre de Gusmão. Um destes críticos mais hostis foi Sebastião José de Carvalho e Melo, um anterior embaixador português em Londres e em Viena, homem prestes a causar um impacto maior na história portuguesa do que qualquer outra pessoa até então.

Capítulo VIII

A Ditadura Pombalina e as Suas Consequências (1755-1825)

Considera-se geralmente que a abordagem biográfica da história exemplificada na «Vida e Época de Fulano e Sicrano» é suspeita, devido à tendência para exagerar e importância da «Vida» em relação à «Época». Mas não deixa de ser verdade que houve certos indivíduos – Oliver Cromwell na Inglaterra, Luís XIV e Napoleão I em França, Pedro, *O Grande* e José Estaline na Rússia – cujo impacto na época e até na posteridade foi inegavelmente tão grande que se justifica referirmo-nos à Inglaterra cromwelliana, à França napoleónica e à Rússia estalinista. Do mesmo modo, os vinte e dois anos de autêntica ditadura, em Portugal, de Sebastião José de Carvalho e Melo, mais conhecido pelo título que lhe foi conferido em 1770 de marquês de Pombal, constituem um período da história portuguesa que deixou marcas profundas e duradouras até aos nossos dias. Seria absurdo tratar a história portuguesa da segunda metade do século XVIII sem considerar, ainda que resumidamente, este carácter extraordinário de dupla personalidade que afectou tão profundamente, para o bem e para mal, o seu país. A implacável supressão dos jesuítas, as bárbaras execuções dos aristocratas Távoras e do louco padre Malagrida, a sua política de absolutismo real *à outrance* ([1]), a drástica reforma do sistema educacional, e as atitudes que tomou em relação à Aliança Anglo-Portuguesa, ao problema dos judeus e à discriminação racial,

---

([1]) Locução adverbial francesa que significa que algo é feito de forma extrema, acérrima. (*N.T.*)

O IMPÉRIO MARÍTIMO PORTUGUÊS

tudo teve vastas repercussões, tanto na sua época como muito tempo mais tarde. Inaugurou uma prática de escrita violentamente polémica que foi seguida tanto pelos seus defensores como pelos seus detractores durante gerações sucessivas. Se a historiografia francesa do período napoleónico pode classificar-se em termos de «Napoleão: a favor e contra», há ainda uma divisão mais marcada nos escritos históricos portugueses sobre Pombal dos séculos XIX e XX. Além disso, Pombal é um dos Portugueses da história que é mais do que um nome para a maioria das pessoas cultas fora de Portugal e do Brasil – alinhando, neste aspecto, com o Infante D. Henrique, com Vasco da Gama e (pode pressupor-se com segurança) Salazar.

Nascido em 1699, a sua vida prolongou-se por mais de três quartos do século XVIII. Oriundo de uma família banal da pequena nobreza rural, passou os primeiros quarenta anos da sua vida numa relativa obscuridade. Senhor de um físico notável e de uma constituição de ferro, tinha mais de um metro e oitenta e sobreviveu a uma vida extremamente sedentária e a repetidos ataques da doença em plena posse das suas faculdades mentais e físicas, mesmo depois da sua queda do poder. Os seus notáveis dotes físicos ajudaram-no a fazer um casamento (precedido de rapto) com uma viúva aristocrata mais velha, em 1733, mas este casamento não lhe deu a posição que ambicionava na alta sociedade. D. João V, adivinhando no seu carácter traços de crueldade sádica, recusou-se a conceder-lhe um cargo importante no governo sob o pretexto de que tinha «*cabellos* no coração». Quando foi nomeado embaixador na corte londrina, em 1738, não possuía quaisquer qualificações diplomáticas, nem experiência de países estrangeiros, porquanto havia estudado Direito na Universidade de Coimbra, que era uma instituição singularmente atrasada, mesmo em comparação com o torpor intelectual das contemporâneas Oxford e Cambridge. Nunca aprendeu inglês durante os seis anos que passou em Londres, mas era espantosamente fluente em francês. Era, ao que parece, um leitor ávido de livros, papéis e documentos de Estado ingleses em tradução francesa, mas os seus prolixos despachos de Londres não revelam um conhecimento profundo, nem da sociedade inglesa nem da economia britânica. Era muitas vezes afável e agradavelmente informal nos seus contactos com as pessoas, se bem que os diplomatas estrangeiros tivessem tendência para se aborrecer com a sua loquacidade e verbosidade.

Pombal ficou muito impressionado com a prosperidade comercial e o poder marítimo ingleses. Sentia-se também impressionado com a flagrante e enorme desigualdade entre a posição privilegiada que tinham os Ingleses residentes em Lisboa e no Porto e o modo desprezível como os poucos Portugueses que visitavam Londres eram geralmente tratados. Queixava-se de que os *cockneys* se diver-

A DITADURA POMBALINA E AS SUAS CONSEQUÊNCIAS (1755-1825)

tiam a apedrejar inofensivos marinheiros portugueses (exactamente tal como foi satirizado pelo *Punch* pouco mais de um século depois – «'Ere's a foreigner: 'eave 'arf a brick at 'im'» (²)). Isto poderia ser explicado como uma brincadeira de mau gosto de marinheiros encharcados em *gin*, em Wappings Stairs, mas Pombal acrescentou: «As pessoas de classe social elevada que assistem a estes insultos, se bem que os não encorajem por palavras, perdoam-nos, no entanto, com o seu silêncio». Reclamou para si próprio, em virtude do Artigo XV do tratado de Aliança Anglo-Portuguesa de 1703, isenção de impostos e imunidade fiscal iguais às desfrutadas pelos embaixadores britânicos em Lisboa. Embaraçado e aborrecido com as contínuas e prolixas queixas de Pombal, o duque de Newcastle, secretário de Estado para os Assuntos Estrangeiros, refugiou-se na explicação de que, sendo D. João V um monarca absoluto, estava preso à letra dos tratados anglo-portugueses, enquanto o rei Jorge II, sendo um monarca constitucional, podia ser obrigado pelo Parlamento a modificar os pormenores da sua aplicação. O governo inglês mostrou também o seu aborrecimento face à desconcertante insistência de Pombal nos direitos conferidos aos Portugueses pelo tratado recusando-se, mesquinhamente, a oferecer-lhe o habitual presente dado a um embaixador que partia, quando Pombal foi enviado em missão especial à corte de Viena, em 1745.

Pombal permaneceu na capital austríaca durante quatro anos, se bem que nunca tivesse obtido nenhum resultado diplomático importante. Tendo morrido a sua primeira mulher, casou com a sobrinha do marechal de campo Daun, e este casamento deu-lhe acesso à melhor sociedade vienense. A noiva tinha metade da idade dele mas a união foi um casamento de amor que durou a vida inteira. O impiedoso ditador era um homem de família modelo na vida privada, e a sua profunda afeição pela mulher e pelos filhos era completamente retribuída por estes. Pombal regressou a Lisboa pouco antes da morte do (na altura doente) D. João V. Graças à sua mulher, austríaca, conseguiu rapidamente o favor da rainha de Portugal, austríaca de nascimento, e, por ela, teve acesso ao herdeiro do trono, D. José. Assim que este sucedeu ao pai, nomeou Pombal secretário de Estado da Guerra e dos Negócios Estrangeiros, mostrando subsequentemente maior confiança nele do que em qualquer outro dos seus ministros, novos ou velhos; mas foi o grande terramoto de Lisboa de 1 de Novembro de 1755 que acelerou a subida de Pombal à posição de autêntico ditador de Portugal durante os vinte e dois anos seguintes. Houve outros altos funcionários para além de Pombal que actuaram com coragem e decisão nesta catástrofe

---

(²) «*Olha um estrangeiro: vamos atirar-lhe pedras*».

O IMPÉRIO MARÍTIMO PORTUGUÊS

sem precedentes, que destruiu dois terços de Lisboa e custou entre 5000 e 15 000 vidas; mas foi a Pombal que D. José recorreu instinti-vamente nesta crise e foi Pombal que persuadiu o vacilante monarca a reconstruir a capital no mesmo local e não a transferi-la para Coimbra ou para qualquer outro lado, como alguns sugeriam. Três semanas depois do desastroso dia de Todos-os-Santos, o embaixador britânico em Lisboa relatava ao seu governo que Pombal estava já a discutir planos para a reconstrução da cidade atingida, «o que se pode conseguir muito facilmente enquanto as minas de ouro e de diamantes do Brasil continuarem intactas».

O terramoto de Lisboa causou uma profunda impressão em toda a Europa, impressão essa que se não desvaneceu durante muitos anos. Embora o Dr. Johnson se cansasse depressa de ouvir os seus prodígios, Voltaire utilizou-os bastante em *Candide*, e Goethe recordou com emoção em *Dichtung und Warheit* o choque que ele produzira na fé infantil num deus todo-misericordioso. A comunidade britânica em Lisboa, como é natural, sofreu muito com o terramoto, se bem que o seu comércio não tivesse sido tão severamente atingido como eles próprios se queixaram nos dias que se seguiram imediatamente à catástrofe. A maior perda sofrida pelos membros da feitoria foi o inevitável não pagamento das dívidas contraídas por lojistas portugueses a quem os Ingleses tinham vendido mercadorias a crédito a longo prazo e que ficaram completamente arruinados com o desastre. Mas Edward Hay, o cônsul em Lisboa, escreveu alguns meses mais tarde: «Como os mercadores brasileiros são na sua maioria pessoas abastadas, há uma grande esperança em que a maioria deles pague, e não tenho dúvidas de que este considerável ramo do nosso comércio continuará mais ou menos como é habitual». Hay tinha razão; e Voltaire não estava também muito longe da verdade quando sugeriu cinicamente, poucas semanas depois do terramoto, que os Ingleses teriam enormes lucros com o fornecimento dos materiais necessários para a reconstrução da cidade. Apesar das profundas lamentações dos mercadores da feitoria que afirmavam estar completamente arruinados e apesar da sua grosseira relutância em pagar a parte que lhes cabia de um imposto sobre as importações lançado para se obterem fundos para a reconstrução da cidade, a verdade é que o volume do comércio anglo-português aumentou de facto durante os cinco anos que se seguiram ao terramoto, e o mesmo aconteceu com a balança a favor do Ingleses. Isto pode ver-se através dos números respectivos, que expressam a média anual em milhares de libras:

A DITADURA POMBALINA E AS SUAS CONSEQUÊNCIAS (1755-1825)

Quinquénio	Exportações inglesas para Portugal	Importações inglesas de Portugal	Excedente das importações
1746-1750	1114	324	790
1751-1755	1098	272	826
1756-1760	1301	257	1044

É verdade que o volume do comércio anglo-português começou a decair nitidamente na década de 1760, caindo as exportações inglesas da média anual de cerca de £ 1 200 000, na década de 1750-1760, para um número correspondente de cerca de £600 000 em 1766-1775. Este declínio explica-se por várias causas, tais como uma queda abrupta na produção do ouro brasileiro e crises recorrentes no comércio do açúcar, no comércio esclavagista e na exploração das minas de diamantes. Estes acontecimentos reduziram consideravelmente o poder de compra dos Brasileiros, o que, por seu turno, afectou adversamente os mercadores portugueses e ingleses que se dedicavam a esse comércio. A severa e prolongada depressão económica que daí resultou foi agravada pela breve mas infeliz participação na Guerra dos Sete Anos, que envolveu pesadas despesas militares e a devastação de muitas zonas fronteiriças, se bem que a verdadeira luta se tivesse dado numa escala muito pequena.

A severa diminuição das exportações inglesas para Portugal durante este período foi atribuída pelos membros das feitorias de Lisboa e do Porto mais às perversas maquinações de Pombal do que às causas económicas mais profundamente localizadas que mencionamos atrás. Às afirmações dos comerciantes ingleses foi dada uma certa aparência de verdade pelo facto de Pombal estar, evidentemente, ansioso por pôr freio aos seus enormes privilégios e à sua preponderância económica. Desejoso de reduzir a importação de produtos manufacturados e de matérias-primas estrangeiras, especialmente com a queda da produção de ouro brasileiro depois de 1760, criou ou revitalizou várias indústrias regionais e fundou um certo número de companhias comerciais que tinham a protecção real. Cada uma destas companhias tinha privilégios próprios exclusivos com precedência sobre os das feitorias inglesas em Lisboa e no Porto, quando e onde os respectivos interesses entrassem em conflito. Foram fundadas duas companhias com protecção real para monopolizar o comércio da região amazónica (Maranhão--Pará) e nordestina brasileira (Pernambuco-Paraíba), respectivamente,

O IMPÉRIO MARÍTIMO PORTUGUÊS

e uma terceira como concorrente para os comerciantes de vinhos ingleses na região do Douro. Estas companhias monopolistas também não foram bem acolhidas por muitos Portugueses, alguns dos quais, como por exemplo os comissários volantes ou vendedores ambulantes que trabalhavam com base em comissão, no Brasil, foram muito mais atingidos do que os ricos mercadores ingleses. Mas Pombal suprimiu rudemente qualquer manifestação de descontentamento, viesse ela de onde viesse.

A Mesa do Bem Comum, que se aventurou a criticar a formação das companhias do Brasil, foi bruscamente dissolvida por Pombal. Alguns dos seus membros mais importantes foram exilados ou encarcerados e os outros reorganizaram-se sob um mais estrito controlo do governo naquilo a que se chamou a Junta do Comércio (1755). No outro extremo da escala social, alguns desordeiros membros da classe trabalhadora que se tinham manifestado de um modo um tanto ébrio e turbulento contra a Companhia do Vinho do Douro, no Porto, foram punidos com uma severidade selvagem, tendo dezassete sido executados. Como todos os ditadores, Pombal estava convencido de que sabia melhor do que ninguém o que era bom para a nação de que era governante em tudo, excepto no nome. «Acho absolutamente necessário reunir todo o comércio deste reino e das suas colónias em companhias», escreveu ele em 1756, «e então todos os mercadores serão obrigados a entrar nelas, ou então a desistir de comerciar, porque posso assegurar-lhes com toda a certeza que conheço melhor do que eles os seus próprios interesses e os de todo o reino.»

Pombal rejeitou sem qualquer hesitação os protestos ingleses acerca das reais ou pretensas razões de queixa das feitorias de Lisboa e do Porto. No entanto, a sua política antibritânica limitou-se cuidadosamente às manifestações de nacionalismo económico e aos esforços que fez no sentido de conseguir uma reciprocidade diplomática, induzindo o governo inglês a tratar Portugal como um aliado seu igual e não como um satélite subserviente. Não tinha qualquer intenção de abandonar a Aliança Anglo-Portuguesa ou de alinhar ao lado da «união familiar» das coroas Bourbon de França e de Espanha e dirigida contra os Ingleses. Em encontro com lorde Kinnoull, o embaixador inglês enviado a Lisboa em Outubro de 1760, Pombal declarou «que o rei seu senhor estava obrigado por dever a considerar em primeiro lugar e acima de todos os outros o bem-estar e os interesses dos seus próprios súbditos». Uma vez que Portugal não produzia produtos manufacturados nem géneros alimentícios em quantidade suficiente, tinha necessariamente de depender em larga escala das importações do estrangeiro, admitia Pombal, acrescentando: «Que, tendo isso em consideração, havia sido sempre da opinião de que o rei seu senhor devia preferir, em assuntos comerciais, os súbditos da Grã-Bretanha a todos os outros estrangeiros,

A DITADURA POMBALINA E AS SUAS CONSEQUÊNCIAS (1755-1825)

e considerá-los próximos, se bem que depois dos seus próprios súbditos». Pombal disse sem rodeios a lorde Kinnoull que

> «O nosso comércio com este país se encontrava num estado muito florescente, e que não nos podíamos queixar porque monopolizávamos a totalidade (desse comércio) e nenhuma outra nação estrangeira tinha um quinhão considerável nele; que esperava que os súbditos do rei seu senhor no Brasil, com a expulsão dos jesuítas se tornassem mais civilizados e mais numerosos e que as suas necessidades, é claro, aumentassem e através delas a procura de produtos ingleses seria cada vez maior. Que sabia como era vantajoso para a Grã-Bretanha o comércio com Portugal, e que era o *único* que nos fornecia moeda e nos permitia suportar despesas tão grandes».

Pombal lembrou a Kinnoull a atitude anti-inglesa com que os embaixadores franceses em Lisboa faziam muitas vezes pressão sobre o governo português:

> «E repetiu o que me tem dito muitas vezes: "Sabemos tão bem como eles as somas que a Grã-Bretanha faz sair deste país; mas sabemos também que o nosso dinheiro tem de sair para pagar aquilo de que precisamos para nós e para as nossas colónias. O único problema consiste em sabermos se devemos enviá-lo a um amigo que queira e possa apoiar-nos quando precisarmos de ajuda, ou se devemos enviá-lo àqueles que, pelo menos, mostram indiferença pelo nosso bem-estar"».

Que Pombal queria dizer o que disse ficou provado dois anos mais tarde, quando persuadiu D. José a recusar o ultimato franco-espanhol para abandonar a Aliança Anglo-Portuguesa, e resistiu à invasão que se seguiu, apesar do facto de Portugal não estar de todo preparado para a guerra. Afortunadamente, o exército espanhol invasor quase não era mais eficiente do que o português e se bem que tropas auxiliares inglesas e um comandante-em-chefe alemão (Schaumburg-Lippe) tivessem demorado a chegar, a campanha que se seguiu foi conduzida tão langorosamente por ambos os lados que a guerra terminou num empate militar.

A alusão de Pombal aos jesuítas no encontro atrás citado com lorde Kinnoull dá-nos um exemplo típico daquilo que na altura se tornara a convicção dominante da sua vida – que o atraso e o subdesenvolvimento (como diríamos hoje) de Portugal e das colónias era quase inteiramente devido às maquinações diabólicas da Companhia de Jesus. A origem do ódio patológico de Pombal pelos jesuítas é incerta. Não há

O IMPÉRIO MARÍTIMO PORTUGUÊS

qualquer indicação de que esse ódio existisse antes de 1750 e Pombal deveu os primeiros progressos da sua carreira, pelo menos em parte, aos jesuítas. Mas, dez anos mais tarde, a sua fobia tinha-se tornado na obsessão maníaca de que não se libertou durante o resto da vida. O seu meio-irmão, Francisco Xavier de Mendonça Furtado, que governou o estado de Maranhão-Pará, enviava-lhe uma série de denúncias relativas aos missionários jesuítas na Amazónia, que, dizia ele, estavam continuamente a zombar da autoridade da Coroa. Estas afirmações repetidas enfaticamente, fossem elas verdadeiras, falsas, ou meramente exageradas, devem ter reforçado as convicções antijesuíticas de Pombal, se é que não estiveram na sua origem. Seja como for, Pombal convenceu-se rapidamente de que os jesuítas estavam deliberadamente a fomentar a oposição, entre os ameríndios, aos drásticos ajustamentos territoriais na América do Sul que tinham sido acordados pelo Tratado de Madrid de 1750. Se bem que o próprio Pombal antipatizasse com este tratado, a relutância, real ou pretensa, dos jesuítas em cumprirem os seus termos nos seus territórios missionários da América do Sul enfureceu-o. Além de dificuldades na Amazónia, tropas coloniais portuguesas e espanholas, em conjunto, tiveram de empreender importantes campanhas para suprimirem os guaranis convertidos das missões jesuítas do Paraguai.

Desde então, Pombal via a mão oculta da Companhia de Jesus em quaisquer dificuldades ou oposição que encontrasse, em qualquer local ou altura, em Portugal ou no ultramar. A única ocasião em que vacilou na sua lealdade pela Aliança Anglo-Portuguesa foi quando algumas insinuações veladas do ministro dos Negócios Estrangeiros francês, Choiseul, o convenceram temporariamente (em Junho de 1767) de que os Ingleses estavam activamente a conspirar para conquistar o Brasil com a ajuda de uma quinta-coluna jesuíta! Por fim, estava firmemente convencido – e não era o único a pensá-lo – de que os jesuítas eram imensamente ricos e de que as suas residências estavam cheias de tesouros ocultos, se bem que nunca tenham aparecido esses tesouros quando todas as suas propriedades em todo o mundo português foram confiscadas e revistadas por ordem de Pombal em 1759-1760. É verdade que os jesuítas possuíam grandes fazendas, incluindo plantações de açúcar na Bahia, ranchos de criação de gado em Marajó e Piauí, e propriedades agrícolas em que trabalhavam escravos, em Angola e na Zambézia; porém, não era tanto no seu açúcar, gado, ou escravos que Pombal estava interessado, mas antes nos pretensos tesouros escondidos, de ouro e prata, que, de facto, não possuíam.

Aparentemente, não havia qualquer outro país onde os jesuítas estivessem mais fortemente estabelecidos ou tivessem maior poder e influência do que em Portugal e nas suas possessões ultramarinas na altura do terramoto de Lisboa. No entanto, cinco anos depois, a Companhia havia sido completamente suprimida dentro da fronteiras do império

186

A DITADURA POMBALINA E AS SUAS CONSEQUÊNCIAS (1755-1825)

português, e os seus membros presos sem julgamento ou deportados em condições pungentes para Itália. Os jesuítas sempre tiveram inimigos poderosos noutros países católicos romanos como França, Espanha e Veneza, mas nunca haviam encontrado qualquer crítica comparável em Portugal desde que aí tinham conseguido obter uma posição dominante durante o reinado de D. João III. O surpreendente feito de Pombal em aniquilar o ramo português da Companhia revelou-se o prelúdio da expulsão dos jesuítas de França e Espanha (1764-1767) e da relutante supressão de toda a Companhia pelo papado, em 1773. O seu sucesso inicial deveu-se largamente ao facto de Pombal ter conseguido convencer D. José de que os jesuítas estavam profundamente implicados numa conspiração destinada a assassinar o monarca, que falhou por pouco em Setembro de 1758. Esta conspiração foi, ao que parece, obra de alguns membros da família aristocrata dos Távoras, muito ofendidos com a ligação notória que D. José mantinha com a jovem e linda marquesa do mesmo nome. As provas incriminatórias contra eles foram obtidas sob tortura e a maior parte delas é altamente suspeita; mas Pombal aproveitou esta oportunidade para intimidar a alta nobreza através da execução pública dos Távoras mais importantes, em circunstâncias de uma barbaridade revoltante. Esta atrocidade foi seguida pela condenação ao garrote e à fogueira do velho louco jesuíta padre Malagrida, cuja execução em 1761, em Lisboa, foi com razão descrita por Voltaire como «uma combinação suprema do ridículo e do horrível».

A campanha de difamação contra os jesuítas levada a cabo por Pombal foi resumida na publicação de uma obra em três volumes intitulada a *Dedução Chronológica* em 1767-1768. Através do uso e, sobretudo, do abuso de documentos históricos e de papéis de Estado publicados nesta obra, Pombal pretendeu provar que os males económicos, políticos, sociais e religiosos de Portugal eram directa ou indirectamente devidos às acções nefastas dos jesuítas em Portugal, que trabalhavam de acordo com um plano que haviam já traçado em 1540. Se bem que muitos dos documentos que Pombal publicou na *Dedução* fossem autênticos, raras vezes sustentavam as interpretações forçadas que lhes deu, e o livro pode justamente ser comparado ao apócrifo *Protocolos dos Sábios de Sião*. Pode, também, ser considerado o equivalente setecentista dos *Pensamentos de Mao Tsé-Tung*, porquanto Pombal chegou aos extremos mais absurdos para garantir que o livro fosse lido pelo maior número possível de pessoas em todo o Império Português. Foram distribuídas cópias a todos os orgãos administrativos, como por exemplo aos conselhos municipais, a cujos membros era ordenado que o consultassem frequentemente e que o tivessem fechado a sete chaves. Ordenaram aos párocos das colónias que comprassem e lessem cuidadosamente este livro e outras lucubrações antijesuítas de Pombal, para que pudessem curar as «ovelhas doentes» existentes nos

O IMPÉRIO MARÍTIMO PORTUGUÊS

seus rebanhos, (segundo as instruções que Pombal deu ao arcebispo de Goa em 1744) com as «doutrinas salutares» nele enunciadas. Antes e depois da publicação da *Dedução Chronológica*, Pombal inspirou e organizou uma virulenta campanha de propaganda antijesuíta na forma de livros e panfletos, muitos deles publicados anonimamente, e muitos dos quais foram traduzidos para francês, italiano, inglês, etc. Tal como acontece na nossa época e geração com a propaganda impressa motivada pelo ódio, as obras antijesuítas de Pombal tiveram um considerável efeito cumulativo, tanto na altura como depois. Muita da antipatia e suspeita com que a Companhia de Jesus tem frequentemente sido encarada nos últimos duzentos anos tem a sua origem nestas publicações de Pombal.

Uma das razões principais da obsessão antijesuíta de Pombal foi sem dúvida a sua concepção levada ao extremo do absolutismo real e a sua determinação de subordinar a Igreja praticamente em todas as esferas ao controlo apertado da Coroa. Destituía sumariamente, sem consultar Roma, qualquer prelado que se aventurasse a cair-lhe em desgraça, como aconteceu com o infortunado bispo de Coimbra em 1768. Chamava ao rei, nos decretos oficiais, grão-mestre da ordem de Cristo (e de Avis e de Santiago), se bem que, pela lei canónica, o monarca reinante fosse apenas «Governador e Administrador Perpétuo». Atribuía à Coroa, num decreto real promulgado em Abril de 1757, «o poder de fundar, em qualquer dos meus domínios, igrejas e mosteiros para as ordens religiosas reconhecidas pela Santa Sé, sem a permissão dos bispos, párocos, ou de quaisquer outros eclesiásticos». Impediu o ramo português da Inquisição de perseguir cristãos-novos, mas utilizou este tribunal como um instrumento de vingança contra aqueles que odiava, como aconteceu com o desditoso padre Malagrida, fazendo-o funcionar simplesmente como um órgão repressivo da Coroa. Expulsou sem quaisquer formalidades o núncio papal (um cardeal) de Lisboa, sob um banal pretexto de protocolo, em Junho de 1760, e manteve durante dez anos um corte completo de relações diplomáticas com o papado. Só consentiu no reatamento de relações em Janeiro de 1770, quando o papa Clemente XIV transigiu em relação a todos os pontos em discussão e se dirigiu a Pombal nos termos mais abjectamente bajuladores. Não admira que o embaixador inglês em Lisboa tivesse pensado durante algum tempo que Pombal estava a emular Henrique VIII e Thomas Cromwell na obtenção de uma completa independência nacional da Igreja portuguesa; mas Pombal sempre se considerou um bom católico romano praticante e decerto não tinha qualquer interesse pelo protestantismo. Foi o absolutismo real levado até ao mais alto grau que, de facto, o inspirou, como evidencia a sua ordem ao arcebispo de Goa em 1774, postulando que assim que qualquer decreto real ou nova lei fosse promulgado, «o povo devia sempre referir-se a ele, em conversa, pelos

188

A DITADURA POMBALINA E AS SUAS CONSEQUÊNCIAS (1755-1825)

epítetos de *Santo ou Santíssimo*, e de *Sagrado ou Sacratíssimo*, porquanto estas medidas haviam sido tornadas pelo Ungido do Senhor».

O modo arrogante como Pombal lidou com os privilégios da Igreja numa nação em que a grande maioria das pessoas, do rei ao homem do povo, era mais dominada pelos padres do que em qualquer outro país do mundo, à excepção possível do Tibete, revela claramente quão pessoal e eficaz foi, de facto, a sua ditadura. As prisões de Lisboa estavam cheias de desgraçados, de todas as condições, encerrados em masmorras, contra os quais não havia qualquer acusação específica e que nem sequer tinham sido julgados. Como é natural, informadores, espiões e delatores prosperaram durante uma ditadura deste género, e não é um lugar-comum classificá-la como um reinado de terror, que durou de 1759 a 1777. As pessoas sentiam que não podiam fazer quaisquer observações críticas acerca de Pombal nem sequer em conversas particulares com amigos, e não havia nenhuma oposição visível ou organizada. Nunca se conhecerá o número exacto de vítimas, mas foram libertados das prisões de Lisboa e das redondezas cerca de 800 indivíduos quando D. José morreu e Pombal caiu do poder em Fevereiro de 1777. Calcula-se que, segundo todas as probabilidades, pelo menos o dobro tenha morrido durante o encarceramento; e, se bem que alguns felizardos tenham sido libertados durante os anos que durou a ditadura, o número total de pessoas presas e encarceradas, por períodos mais curtos ou mais longos, por ordem de Pombal, terá possivelmente atingido 4000. Isto é um número insignificante comparado com os milhares de pessoas que morreram nos campos de concentração nazis e comunistas durante os últimos trinta anos, mas foi qualquer coisa completamente sem precedentes em Portugal, mesmo tomando em devida consideração os terrores da Inquisição. Apesar de tudo, o Santo Ofício tinha a aprovação de muitos milhares de pessoas e os autos-de-fé, eram populares junto da populaça lisboeta, que espicaçava os infelizes judeus que eram assados lentamente até morrerem nas fogueiras. Mas em 1776, o embaixador austríaco em Lisboa, que pessoalmente estava de óptimas relações com Pombal, informou com precisão o seu Governo:

> «Esta nação, esmagada pelo peso do governo despótico exercido pelo marquês de Pombal, o amigo do rei, favorito e primeiro--ministro, acredita que só a morte do monarca pode libertar o povo dum jugo que considera tirânico e intolerável. A nação nunca esteve numa situação tão difícil nem sob sujeição tão cruel».

É discutível até que ponto D. José foi um simples fantoche nas mãos de Pombal, e em que medida o ditador teve mais o seu apoio activo do que passivo. Em qualquer dos casos, nunca deixou de sancionar todas as acções do ministro até às vésperas da sua morte, altura em

O IMPÉRIO MARÍTIMO PORTUGUÊS

que assinou uma declaração na qual ordenava a sua filha que libertasse todos os presos políticos e que pagasse as dívidas contraídas pela casa real. A rainha D. Maria I libertou prontamente os presos políticos e começou a pagar aos credores, em relação a muitos dos quais havia dívidas que tinham ficado durante muitos anos sem ser liquidadas. Aceitou também a demissão relutantemente pedida por Pombal alguns dias depois da sua subida ao trono. Como é natural, os seus inimigos exigiam que fosse julgado e executado, mas uma demorada investigação judicial provou que todos os actos responsáveis de Pombal haviam sido formalmente aprovados e assinados pelo falecido rei. Em sinal de respeito para com a memória de seu pai, a rainha contentou-se em exilar o deposto ditador na casa de campo em Pombal, para onde se tinha já retirado depois da sua queda do poder, e onde morreu de doença prolongada e repugnante, em Maio de 1782.

Como já foi mencionado, ainda existe controvérsia em Portugal acerca da ditadura pombalina e ainda não está feita uma avaliação definitiva do seu governo. Talvez o resumo mais justo até à data tenha sido feito pelo erudito cónego António Ribeiro dos Santos (1745-1818), tendo a sua opinião sido apoiada por vários contemporâneos que estavam numa boa posição para julgar:

> «O ministro tentou seguir uma política impossível; quis civilizar uma nação e, ao mesmo tempo, escravizá-la; quis espalhar a luz das ciências filosóficas e, ao mesmo tempo, elevar o poder real até ao despotismo; favoreceu amplamente o estudo do Direito da Natureza, do Direito das Nações, e do Direito Internacional Universal, fundando cátedras para estas matérias na Universidade. Mas não compreendeu que deste modo estava a instruir o povo e a levá-lo a compreender por esse meio que o poder soberano era instituído unicamente para o bem comum da nação e não para o benefício do governante, e que tinha limites e fronteiras que não podia ultrapassar».

Outros críticos salientaram, quando foi seguro fazê-lo, depois da queda de Pombal, que muitas das suas reformas eram concebidas demasiado apressadamente, arbitrárias, contraditórias e implementadas sem qualquer consideração pela realidade. Muitos decretos foram cancelados por legislação subsequente, frequentemente no espaço de poucos meses, porque Pombal, embora não tolerasse oposição, estava geralmente pronto para ouvir sugestões construtivas e nunca tinha medo de mudar de opinião, excepto no que dizia respeito à sua obsessiva fobia jesuíta. A fragmentária e irregular natureza da sua legislação, especialmente no que diz respeito às leis e edictos que promulgou para estimular a indústria portuguesa a partir de 1765, foi em grande parte

A DITADURA POMBALINA E AS SUAS CONSEQUÊNCIAS (1755-1825)

resposta à necessidade urgente de tomar medidas rápidas e drásticas para diminuir a dependência portuguesa das importações estrangeiras durante o agravamento da crise económica de 1756 a 1775. Se muitas reformas de Pombal demonstraram ter falhado depois de curta vida ou ser completamente perniciosas, certas realizações notáveis sobreviveram à sua queda e à reacção clerical que se seguiu. Aboliu a escravatura em Portugal em 1761-1773, não tanto por motivos humanitários mas para impedir que os negros fossem utilizados como criados domésticos em Portugal em vez de trabalharem nas plantações ou nas minas de ouro do Brasil. Não só aboliu a discriminação racial nas colónias asiáticas ordenando – e obrigando a cumprir – o princípio segundo o qual «Sua Majestade não distingue os seus vassalos pela cor mas pelos méritos», como chegou ao extremo de tentar encorajar casamentos entre os colonos brancos do Brasil e os ameríndios da Idade da Pedra. Reformou drasticamente o antiquado currículo da Universidade de Coimbra, modernizando o ensino do direito, da matemática e da medicina. Tentou encorajar o crescimento de uma classe média mais instruída, tomando medidas entre as quais se contam a criação de uma escola comercial em Lisboa e a fundação de escolas subsidiadas pelo governo em Portugal, no Brasil e em Goa (II parte, capítulo XIV). Acabou com a iníqua distinção legal e social entre cristãos-velhos e cristão-novos, promulgando as mais severas leis contra o anti-semitismo, e expurgando assim a sociedade portuguesa de um mal que a envenenara durante séculos (II parte, capítulo XI).

A ditadura pombalina testemunhou também um desenvolvimento profundo – positivo e negativo – das possessões ultramarinas portuguesas, que nos limitaremos a indicar brevemente. As duas companhias monopolistas com protecção real que Pombal fundou para desenvolver o comércio e estimular a economia do Nordeste brasileiro e do estado de Maranhão-Pará tiveram muitos êxitos nestes dois territórios, se bem que ambas fossem abolidas pela Coroa pouco depois da sua demissão. Após um princípio difícil, e lutando contra uma oposição local considerável da parte dos pequenos comerciantes cujos interesses eram prejudicados, a persistência de Pombal em tentar canalizar o comércio marítimo destas regiões através das duas companhias começou a revelar-se satisfatória. Entre 1757 e 1777, foram importados um total de 25 365 negros para o Pará e Maranhão, vindos dos portos oeste-africanos, sobretudo de Cacheu e Bissau, na Guiné portuguesa, que tinham até então tido uma importância relativamente pequena no comércio esclavagista transatlântico. Para ajudar os colonos a comprarem os escravos negros com base num crédito a longo prazo, foi diminuída a taxa de juro inicial de 5% para 3%, e finalmente abolida por completo, sendo os escravos vendidos ao preço de custo na África Ocidental, acrescido de uma despesa adicional de transporte. Entre 1755 e 1777, a exporta-

O IMPÉRIO MARÍTIMO PORTUGUÊS

ção de cacau duplicou em quantidade e no preço de venda; e o algodão, o arroz e as peles tornaram-se todos importantes produtos de exportação, o que nunca havia acontecido antes. O estagnado comércio de açúcar de Pernambuco-Paraíba teve um reflorescimento temporário e a companhia do mesmo nome importou mais de 30 000 negros da África Ocidental para o Brasil entre 1760 e 1775.

O Maranhão, em 1755 uma das regiões mais atrasadas, estagnadas e subdesenvolvidas no Império Português, era, vinte e um anos mais tarde, uma das mais dinâmicas e prósperas. Este «milagre económico» foi enormemente estimulado pela Guerra da Independência americana, que forçou a Grã-Bretanha a virar-se para a América portuguesa a fim de obter o algodão que até então ia buscar às suas colónias americanas. Mas a expansão já estava em marcha na década de 1760, e deveu-se muito, sem dúvida, aos métodos ditatoriais de Pombal, dos quais basta dar um exemplo. Os plantadores eram obrigados, sob pena de sofrerem pesadas sanções, a cultivar uma variedade do arroz branco carolino da mais alta qualidade em vez da variedade local avermelhada, que preferiam originariamente, e o seu cultivo foi em breve alargado ao Rio de Janeiro. O resultado foi o seguinte: em 1781 a colónia estava a produzir arroz suficiente para satisfazer a procura da nação inteira, e um excedente substancial era reexportado de Lisboa para Londres, Hamburgo, Roterdão, Génova, Marselha e outras cidades. A composição étnica de Maranhão foi também inteiramente alterada pela importação em grande escala de escravos negros para esta região, cuja esparsa população havia até então sido fundamentalmente uma mistura de brancos e ameríndios em graus variados. «O algodão branco tornou o Maranhão negro», como observou Caio Prado Júnior.

Os benefícios materiais que estas duas companhias monopolistas trouxeram ao Brasil e a Maranhão-Pará não impediram que a sua extinção, em 1778-1780, tivesse sido acolhida com alegria por muitas pessoas de ambos os lados do Atlântico, tendo alguns comerciantes lisboetas mandado celebrar um *Te Deum* de acção de graças. Isto era o resultado de uma visão um tanto acanhada, mas é inegável que os comerciantes portugueses que lucravam mais com estas companhias eram sem dúvida alguns poucos comerciantes e empresários ricos, entre os quais se contavam as famílias Quintela, Cruz e Bandeira, que tinham investido nelas muito capital e que estavam também envolvidas nalguns outros empreendimentos monopolistas de Pombal, tais como o monopólio do tabaco, que pertencia ao Estado, e os contratos brasileiros de pesca da baleia. A fortuna da família Quintela ascendia, ao que parece, em 1817, a mais de 18 000 000 de cruzados.

A volumosa legislação pombalina relativa às minas de ouro e de diamantes do Brasil e a sua reorganização das finanças da Coroa no órgão centralizado do Real Erário não produziram os resultados

A DITADURA POMBALINA E AS SUAS CONSEQUÊNCIAS (1755-1825)

esperados: isso deveu-se sobretudo a causas que estavam fora do seu controlo, nomeadamente o esgotamento dos depósitos minerais mais lucrativos e ao envolvimento de Portugal na guerra de 1762-1764. As consequências que advieram da supressão dos jesuítas no Império Português são tratadas noutro capítulo (capítulo XV), e o mesmo acontece com as consequências que teve a sua legislação no campo das relações raciais (capítulo XI). A transferência, por ele ordenada, da capital colonial do Brasil de Salvador (Bahia) para o Rio de Janeiro, em 1763, foi em grande parte motivada pela guerra que estava a travar--se então contra os Espanhóis. Treze anos mais tarde, os erros de cálculo diplomáticos de Pombal deram origem a uma nova guerra entre os dois países na América do Sul, que implicou a perda definitiva de Sacramento, mas acabou com a confirmação das fronteiras ocidentais do Brasil, estabelecidas em 1750, ratificadas pelo Tratado de Santo Ildefonso, em 1777.

Se bem que, compreensivelmente, Pombal dedicasse mais atenção ao desenvolvimento das possessões portuguesas na América do que às colónias mais pequenas e mais pobres da África e Ásia, não as esqueceu no seu zelo reformador. Francisco Inocêncio de Sousa Coutinho, que foi governador de Angola de 1764 a 1772, desenvolveu sérios esforços no sentido não só de fazer cumprir as várias reformas administrativas decretadas por Pombal, mas também acrescentou algumas reformas da sua própria iniciativa. Tentou fazer de Angola e Benguela algo mais do que meros depósitos de escravos para o Brasil, diversificando a economia através da criação de uma fundição de ferro, de fábricas de cabedal e de sabão, de um monopólio de sal e de vários projectos agrícolas, para além de defender o estabelecimento de colonos brancos nas saudáveis zonas planálticas de Huíla. Fundou em Luanda uma academia para formar engenheiros militares e uma câmara de comércio para os comerciantes. Os seus esforços tiveram um êxito variável mas a maioria das suas realizações não ultrapassou o fim do seu governo, devido à falta de continuidade dada pelos seus sucessores.

Na outra costa de África, Pombal libertou a colónia de Moçambique da dependência administrativa de Goa, mas a sua dependência económica da Índia portuguesa não foi fundamentalmente alterada por esta medida e não houve qualquer melhoria imediata na economia estagnada da África Oriental portuguesa. A sobrevivência do controlo português no vale do Zambeze, e até um ligeiro aumento da sua influência nestas região durante a segunda metade do século XVIII, deveram-se inteiramente à acção dos senhores do prazo locais, com as suas forças recrutadas entre os Bantos que viviam nas terras que lhes pertenciam. Pombal promulgou instruções muito pormenorizadas e severas para a reconstrução e reocupação da velha cidade portuguesa de Goa, que fora abandonada em grande parte por causa da sua insalubridade, mas, neste

O IMPÉRIO MARÍTIMO PORTUGUÊS

aspecto, foi vencido pela malária e pela disenteria. Teve de se contentar com a abolição do ramo goês da Inquisição e da discriminação racial contra os cristãos indianos.

A queda de Pombal foi acolhida com autêntico alívio pela grande maioria dos Portugueses, constituindo as maiores excepções os monopolistas e empresários que tinham lucrado com as companhias de protecção real e com algumas das empresas industriais que fomentara. A reacção clerical que surgiu inevitavelmente com a subida ao trono da ultrapiedosa D. Maria I não implicou, contudo, uma alteração completa da política pombalina pelo novo governo, se bem que os contemporâneos a baptizassem de a *Viradeira*. Muitos dos principais colaboradores e homens de confiança do ditador deposto foram destituídos, mas alguns dos mais importantes ficaram – entre eles o ministro do Ultramar, Martinho de Mello e Castro. Um dos seus principais funcionários, Inácio de Pina Manique, foi nomeado intendente-geral da Polícia. O filho mais velho de Pombal, o conde de Oeiras, continuou no seu influente lugar de presidente do Conselho Municipal de Lisboa. A rainha libertara prontamente os presos políticos, de acordo com as últimas vontades de seu pai, mas recusou-se a readmitir os jesuítas (se bem que tenha dado pensões a alguns). Uma revisão judicial das sentenças aplicadas às pessoas acusadas de conspirarem contra o rei em 1758-1759 deu origem a que muitas delas fossem declaradas inocentes, mas outras continuaram a ser consideradas culpadas. A consciência da rainha ficou tão seriamente afectada pelos cismas provocados por este caso que esta foi, sem dúvida, a causa principal dos ataques repetidos de melancolia e de instabilidade mental de que passou posteriormente a sofrer e que degeneraram em loucura incurável em 1792.

O reflorescimento comercial que começara nalguns sectores da economia luso-brasileira durante os anos fechados da ditadura pombalina continuou rapidamente durante os primeiros anos deste novo reinado, graças, em grande parte, à neutralidade de Portugal na guerra de 1776-1783, na qual a Grã-Bretanha, as colónias da América do Norte, França, Espanha e, a espaços, a Holanda estiveram envolvidas. No prosseguimento da sua política de absolutismo real desenfreado, Pombal induzira D. José a assinar um decreto, em Julho de 1776, fechando todos os portos portugueses aos navios norte-americanos e ordenando que fossem tratados como piratas: «Porque um exemplo tão pernicioso devia induzir os governantes mais desinteressados a negar toda a ajuda e favor, directa ou indirectamente, a alguns vassalos que se revoltaram tão pública e formalmente contra a sua natural soberania». O governo da rainha foi mais sensato, e, se bem que recusasse a carta de Benjamin Franklin de 16 de Julho de 1777, que pedia o cancelamento do decreto, conseguiu manter uma neutralidade lucrativa na prática, até ter reconhecido formalmente os E. U. A., em Fevereiro de 1783.

A DITADURA POMBALINA E AS SUAS CONSEQUÊNCIAS (1755-1825)

O governo da rainha continuou também a política pombalina que, no caso, era a política colonial tradicional de tentar estimular a produtividade agrícola e a exportação de açúcar, arroz, algodão e cacau do Brasil, proibindo o desenvolvimento de quaisquer manufacturas brasileiras, como por exemplo os têxteis, que pudessem competir com os produtos manufacturados exportados de Portugal, ainda que estes não fossem necessariamente de origem portuguesa. Isto acontecia porque a Coroa obtinha uma parte substancial do seu rendimento a partir das taxas aplicadas a estes produtos. Em 1756, o Ministério do Comércio inglês calculou que, em cada £100 de produtos britânicos enviados para o Brasil, £68 eram consumidas no pagamento de taxas ao Governo português. Assim, um decreto real de 1785 ordenava a extinção de toda a indústria têxtil na colónia, excepto no que se referia à produção de tecido de algodão grosseiro utilizado para o vestuário dos escravos e para o fabrico de sacos. Por outro lado, a Coroa fomentou o aumento do cultivo do arroz, por exemplo, concedendo isenção alfandegária ao arroz produzido no Brasil entre 1761 e 1804. Por iniciativa do vice-rei, o marquês de Lavradio, o cultivo da anileira foi lançado com êxito na capitania do Rio de Janeiro. No fim do século havia 206 fábricas em que se trabalhava o anil produzido nas plantações da região de Cabo Frio, e a produção total da capitania atingira 5000 arrobas em 1796. Esta actividade aparentemente prometedora ficou frustrada quando a Companhia Inglesa das Índias Orientais, depois da perda das colónias americanas, investiu grandes somas na reabilitação da indústria anileira na Índia. O anil brasileiro, mal preparado e mal trabalhado em comparação com o seu concorrente indiano, foi depressa excluído do mercado internacional.

O atraso das técnicas agrícolas brasileiras foi a razão principal de os produtos agrícolas de exportação desse país não poderem (geralmente) competir em termos vantajosos com os dos seus concorrentes, a não ser quando ajudados por circunstâncias fortuitas como, por exemplo, a neutralidade portuguesa durante a Guerra da Independência americana, e o colapso das colónias francesas produtoras de açúcar das Índias Orientais durante a Revolução e as guerras napoleónicas. A Jamaica, em 1788, exportou mais açúcar, rum e melaço do que todas as capitanias do Brasil juntas. Caio Prado salientou que o bagaço foi usado pela primeira vez como combustível para a fervura do açúcar numa plantação brasileira em 1809, ao passo que era vulgarmente utilizada nas Índias Ocidentais inglesas, francesas e holandesas cinquenta anos antes. Do mesmo modo, se bem que Whitney tivesse inventado a serra para separar as sementes de algodão em 1792 e que a utilização desta se tivesse espalhado rapidamente nas regiões produtoras de algodão dos Estados Unidos, continuava a ser desconhecida no Brasil vinte e cinco anos mais tarde.

O IMPÉRIO MARÍTIMO PORTUGUÊS

Esta indiferença pelas técnicas modernas devia-se fundamentalmente à inércia e conservadorismo dos plantadores brasileiros, porque no Portugal metropolitano assistiu-se durante o último quartel de século XVIII e os primeiros anos do século XIX a um notório aumento de interesse pelos problemas económicos, agrários e sociais que o país enfrentava. A Academia Real das Ciências, fundada em Lisboa em 1779, tinha como objectivo, entre outras coisas, «o avanço da educação nacional, o aperfeiçoamento das ciências e das artes, e o aumento da indústria popular» em Portugal e no seu império. Uma série de volumes publicados entre 1790 e 1812 dedicava especial atenção aos problemas agrários e económicos, mas muitos dos autores que colaboraram nesses volumes não compreendiam a plena importância do progresso industrial que estava a ocorrer na Inglaterra e em França, concentrando-se antes nas deficiências da agricultura praticada em Portugal e no Brasil. Além dos textos publicados pela Academia, o príncipe regente (mais tarde D. João VI) patrocinou, em 1798-1806, a publicação de uma obra de dez volumes, escrita por um franciscano brasileiro, J. M. de Conceição Veloso, intitulado *O Fazendeiro do Brasil*, que pode justamente ser considerada um manual de agricultura tropical, baseado em grande parte nas melhores obras inglesas e francesas conhecidas. Infelizmente, parece que estas publicações eram praticamente ignoradas no Brasil, porquanto frei Veloso defendia, já em 1798, a utilização do bagaço como combustível.

A obra dos fisiocratas e enciclopedistas franceses, que forneceu a principal inspiração aos portugueses eruditos que estavam ansiosos por reformas administrativas, agrárias e educativas, inspirou também a alguns brasileiros instruídos as ideias políticas e sociais que ajudaram a colocar esta colónia no caminho da independência. As obras dos *philosophes* ([3]) foram proibidas em Portugal e no seu império, mesmo depois das reformas educativas pombalinas; mas um número razoável de brasileiros ricos estava na altura a mandar os filhos para a Europa, a fim de aí se instruírem, e não só para a Universidade de Coimbra mas também para Montpellier ou para outras universidades francesas. Estes homens levaram depois para o Brasil as ideias que circulavam na Europa durante o fervilhar intelectual que acompanhou a Guerra da Independência americana, os prelúdios da Revolução Industrial, a expansão da franco-maçonaria e o prelúdio da Revolução Francesa. As suas ideias só podiam ser propagadas entre alguns dos seus compatriotas mais instruídos e não pretendiam necessariamente uma ruptura completa com Portugal, se bem que a independência dos Estados Unidos tenha encorajado alguns deles a encarar esta possibilidade.

([3]) Em francês no original, o termo refere-se aos filósofos mais proeminentes do Iluminismo. (*N.T.*)

A DITADURA POMBALINA E AS SUAS CONSEQUÊNCIAS (1755-1825)

Mas havia um descontentamento cada vez mais geral contra o governo português, embora as razões para esse descontentamento não fossem as mesmas em toda a parte.

Havia uma indignação geral em relação ao peso opressivo da tributação colonial, especialmente ao quinto real, aos dízimos e às exigências dos adjudicatários dos monopólios da Coroa. Estas eram especialmente pesadas em Minas Gerais, onde a Coroa não fez os ajustamentos adequados à queda abrupta da produção do ouro. A corrupção e a falta de eficiência da mal remunerada burocracia colonial eram agravadas pela necessidade de submeter tantos assuntos à consideração da distante Lisboa para que os ministros, que eram mestres na arte da demora, tomassem as decisões. Os monarcas da Casa de Bragança consideravam o Brasil a sua «vaca leiteira», nas palavras do primeiro rei desta dinastia, e havia em muitos locais uma indignação crescente contra este facto tão evidente. A população de Portugal continental, no fim de século XVIII, estava provavelmente próxima dos 3 000 000 e do Brasil perto dos 2 500 000. Mas cerca de um terço da população brasileira era constituída por escravos negros, e uma grande percentagem da restante por aquilo a que os funcionários coloniais chamavam uma «ínfima plebe», um *lumpenproletariat* (⁴) de vagabundos desempregados ou de trabalhadores subempregados, quase todos mestiços, mas entre os quais se contavam também brancos pobres e negros livres. Havia uma tensão crescente em muitas regiões entre os indivíduos nascidos no Brasil, quer se tratasse de plantadores, padres, funcionários públicos ou oficiais do Exército, e os mercadores e comerciantes de origem europeia, que eram frequentemente os monopolistas e os açambarcadores em todos os ramos do comércio colonial, ou que eram pessoas promovidas a cargos elevados na Igreja e no Estado, passando por cima dos Brasileiros. Não deve no entanto exagerar-se, como se faz frequentemente, a tensão entre estas duas últimas categorias. Houve muitos casamentos entre eles e muitos reinóis, como eram chamados os indivíduos de origem europeia, participaram nas conspirações e revoltas abortadas que precederam a obtenção da independência brasileira, ou que se declararam a favor dela, quando foi atingida.

O primeiro destes movimentos e, simultaneamente, o que teve maior publicidade foi a chamada Inconfidência de Minas Gerais, em 1789. Foi uma tentativa abortada e mal organizada para libertar o país, ou parte dele, do governo português e para estabelecer a república. Ainda não tinha ultrapassado a fase das discussões gerais e das vagas

---

(⁴) Literalmente "proletariado em farrapos", expressão que designa, na terminologia marxista, o mais baixo escalão da hierarquia social: as massas sem consciência política (distintas do proletariado industrial) constituídas por vagabundos e marginais, que não pretendem o avanço revolucionário. (*N.R.*)

O IMPÉRIO MARÍTIMO PORTUGUÊS

aspirações dos conquistadores quando foi denunciada às autoridades. Os cabecilhas, entre os quais se contavam tanto indivíduos de origem europeia como colonial, foram presos e julgados. Afinal, apenas um dos onze homens que foram condenados à morte foi realmente executado, tendo os restantes sido exilados para África ou cumprido penas de prisão. Por acaso, a clemência demonstrada pela Coroa nesta ocasião contrasta fortemente com a repressão selvagem de um movimento bastante semelhante em Goa, dois anos antes. Tratava-se também de uma conspiração abortada para expulsar os Portugueses e declarar Goa uma república, que não tinha passado da fase das discussões quando foi denunciada às autoridades. Os principais cabecilhas eram uns quantos clérigos goeses que haviam ido a França e que tinham voltado com as ideias do Iluminismo. Quinze dos goeses civis e militares que estavam implicados na conspiração foram executados de um modo extremamente bárbaro e, se bem que a sotaina tivesse salvo os clérigos culpados, alguns deles acabaram por morrer na prisão, em Lisboa, sem sequer ter sido levados a julgamento. Custa a crer que este tratamento diferente fosse devido a outra coisa que não a preconceitos raciais, visto que os agraciados da Inconfidência Mineira eram todos brancos e as vítimas goesas todas de cor.

Uma imatura conspiração republicana, obviamente inspirada no êxito da Revolução Francesa, foi descoberta na Bahia em 1789; mas este movimento contava apenas mestiços da classe baixa e escravos negros e foi suprimido com a execução de quatro cabecilhas. Foi muito mais séria uma revolta republicana extremamente bem organizada que ocorreu no Recife, em 1817. Alastrou rapidamente pelos distritos vizinhos e teve muitos adeptos entre o clero, os funcionários, os soldados e os plantadores. Foi esmagada uns dois meses depois por tropas portuguesas enviadas da Bahia, mas a execução de oito cabecilhas e o cruel encarceramento de muitos dos participantes só aumentou o descontentamento regional dos portugueses de origem europeia, que estavam muito mais enraizados nessa região do que em qualquer outra parte do Brasil.

A invasão francesa de Portugal em 1807, que surgiu quando o príncipe regente, depois de grande e compreensível hesitação, recusou finalmente os pedidos de Napoleão no sentido de Portugal participar também no bloqueio continental à Grã-Bretanha, obrigou a família real a fugir para o Brasil e a corte portuguesa a instalar-se no Rio de Janeiro até 1821. Assim que chegou ao Brasil, o príncipe regente, por pressão dos Ingleses, promulgou um decreto que declarava todos os portos brasileiros abertos ao comércio com todas as nações amigas – o que significava efectivamente apenas com a Grã-Bretanha até ao fim das guerras napoleónicas. O Brasil foi elevado ao estatuto de reino em 1815 e, no ano seguinte, D. João tornou-se rei de Portugal e do Brasil por morte

A DITADURA POMBALINA E AS SUAS CONSEQUÊNCIAS (1755-1825)

da velha e louca rainha-mãe. Não demonstrou qualquer pressa em voltar para a Europa, se bem que a Guerra Peninsular já tivesse acabado na altura, mas uma revolução constitucional ocorrida em Portugal e que instaurou um governo representativo liberal em Lisboa, em 1820, obrigou-o a voltar um tanto relutantemente para a capital portuguesa, um ano mais tarde. Quando D. João VI deixou finalmente o Rio, é óbvio que tinha um pressentimento de que o Brasil não ficaria durante muito mais tempo ligado a Portugal. Disse ao filho mais velho, que deixou como regente no Rio de Janeiro: «Pedro, se o Brasil seguir o seu próprio caminho, que seja antes contigo, que ainda me respeitarás, do que com alguns desses aventureiros».

O corte que se deu na realidade foi precipitado pela loucura dos membros das Cortes Constitucionais liberais, que se reuniram em Lisboa, em 1820-1821. Em vez de aceitarem as propostas dos representantes brasileiros segundo as quais Portugal e o Brasil deviam permanecer um reino unido em pé de igualdade, insistiram em que fosse restabelecido no Brasil um total controlo militar português, e que D. Pedro voltasse à Europa a fim de se complementar aí a sua educação. Esta falta de tacto provocou, como é natural, uma violenta irritação no Brasil, especialmente no Rio, São Paulo, Minas Gerais e Pernambuco. Muitos brasileiros proeminentes, chefiados por José Bonifácio de Andrade e Silva, denominado *o patriarca da independência*, instaram D. Pedro a ficar onde estava. A guarnição portuguesa do Rio ameaçou obrigá-lo a partir, mas em breve foi forçada a capitular devido aos levantamentos locais. Vendo que o obrigavam a decidir e lembrando-se provavelmente do aviso do pai, D. Pedro decidiu agir de acordo com a seguinte fórmula: «Se não podes vencê-los, junta-te a eles». Em 7 de Setembro de 1822, proclamou solenemente, utilizando uma expressão bastante teatral: «É hora! Independência ou morte! Somos independentes de Portugal». A declaração da independência não foi acolhida com o mesmo entusiasmo em todas as zonas do Brasil. As regiões meridionais e Pernambuco aderiram de boa vontade na totalidade, mas a Bahia estava fortemente defendida por tropas portuguesas que só foram expulsas de Maranhão e Pará por uma improvisada expedição naval comandada pelo aventureiro britânico lorde Cochrane. No fim do ano de 1823, as últimas tropas portuguesas haviam deixado o solo brasileiro, e a autoridade do imperador D. Pedro I era aceite em todo o lado. Em parte devido à intervenção (ou chantagem, como alguns a denominaram) diplomática britânica, o governo português reconheceu relutantemente a independência do Brasil em 1825.

A perda do Brasil deu-se numa altura particularmente infeliz para Portugal, porquanto o país ainda não se tinha recomposto da devastação causada por três invasões francesas sucessivas durante as guerras napoleónicas. A abertura dos portos brasileiros ao comércio directo com os Ingleses, em 1808, havia também sido um golpe terrível para o comércio português com o Brasil; além disso, as incipientes indústrias portuguesas que pareciam estar a desenvolver-se muito prometedoramente no final do século XVIII tinham já começado a entrar em colapso alguns anos mais tarde, face à concorrência industrial inglesa, pelas razões enunciadas pelo economista contemporâneo José Acúrsio das Neves. «O poder mágico da máquina a vapor, que revolucionou as artes mecânicas nos últimos anos, forneceu aos Ingleses meios para produzir produtos manufacturados tão baratos que ninguém mais poderá competir com eles.» Ao escrever em 1810, das Neves havia tristemente profetizado que as poucas indústrias que ainda sobreviviam em Portugal não conseguiriam manter-se durante muito mais tempo contra os têxteis e outros produtos manufacturados produzidos em massa pelos Ingleses, e, dez anos mais tarde, comentava com tristeza:

> «Tendo perdido o mercado exclusivo para os nossos produtos industriais, que era fundamentalmente o Brasil, e não tendo sido capazes de resistir, até em Portugal, à concorrência dos produtos manufacturados estrangeiros, vemos as nossas oficinas praticamente aniquiladas, depois de a nossa agricultura ter sido destruída nas regiões invadidas, e sem que tivéssemos tido tempo para respirar e que nos permitisse prepararmo-nos para transformações tão grandes».

A incapacidade de Portugal em acompanhar, ou rivalizar, as nações que estavam a lucrar com a Revolução Industrial foi agravada por factores como a inexistência de quaisquer minas de carvão, canais, boas estradas ou meios de transporte adequados, e por três décadas de perturbação e desassossego políticos, que degeneraram por vezes em guerra civil entre liberais e absolutistas, que flagelaram o país a partir de 1820. Os reformadores liberais não tiveram suficientemente em conta o carácter inerentemente conservador dos camponeses dominados pelos padres e com fortes ligações à terra, subsistindo com base na agricultura, e que constituíam a grande maioria do povo português. Foram demasiado longe e depressa nos esforços para desmantelar a ligação profunda entre a Igreja e o Estado; e concentraram-se em medidas reformadoras políticas, constitucionais e administrativas, desprezando as realidades económicas, sociais e tecnológicas.

O envolvimento português nas guerras napoleónicas e a longa permanência da corte no Rio de Janeiro significaram inevitavelmente que as autoridades de Lisboa deixaram as colónias africanas e asiáticas entregues a si próprias entre 1805 e 1825. Como é natural, a independência do Brasil levou também algumas pessoas a pensarem na possibilidade de desenvolvimento de Angola e Moçambique, para com-

A DITADURA POMBALINA E AS SUAS CONSEQUÊNCIAS (1755-1825)

pensar a perda da colónia americana que havia sido a «vaca leiteira» de Portugal durante mais de um século e meio. Mas tais ideias não podiam realizar-se enquanto as desordens civis ocupassem o Governo na metrópole e o comércio esclavagista africano absorvesse as energias de Angola e Moçambique. Uma vez firmemente estabelecida a monarquia liberal e suprimido, de facto, o comércio esclavagista, pôde então realizar-se seriamente o desenvolvimento destas duas colónias durante a segunda metade do século XIX. Mas esta é outra história, que está admiravelmente relatada na sensata e espirituosa obra de R. J. Hammond, *Portugal and Africa, 1815-1910: A study in uneconomic imperialism* (1966), que se aconselha ao leitor interessado.

Segunda Parte

CARACTERÍSTICAS DO IMPÉRIO

Capítulo IX
As Frotas da Índia e as Frotas do Brasil

A carreira da Índia, ou viagem de ida e volta entre Portugal e a Índia aquando da navegação à vela, foi durante muito tempo considerada como sendo, «sem qualquer dúvida, a maior e a mais árdua de todas as que se conhecem no mundo», como escreveu um jesuíta italiano após ter experimentado as suas dificuldades em 1574. Mais de um século depois, outro italiano, o viajante Gemelli Careri, utilizou quase as mesmas palavras para descrever a viagem anual do galeão de Manila através do Pacífico até ao México, em que acabara de participar, para seu intenso desconforto, em 1697-1698. De facto, havia relativamente pouco para escolher entre os perigos e as dificuldades presentes nestas duas grandes rotas do comércio oceânico que foram desenvolvidas pelos dois países ibéricos durante o século XVI. Em ambos os casos, os ventos tropicais periódicos constituíam o principal factor determinante e a duração da viagem de ida e volta, incluindo a estadia do navio em Goa ou Manila, era de cerca de um ano e meio, nas condições mais favoráveis. Mas enquanto a *carrera* das Filipinas durou de 1565 a 1815, a carreira da Índia, inaugurada com a viagem pioneira de Vasco da Gama, só acabou com a vinda do vapor, se bem que a sua glória se tivesse extinguido muito antes. Além disso, enquanto a viagem, que contornava o cabo da Boa Esperança, demorava habitualmente seis a oito meses em qualquer das direcções, tal como acontecia com a travessia do Pacífico de Manila a Acapulco, os galeões que partiam deste porto mexicano atingiam muitas vezes as Filipinas em menos de três meses, com a ajuda de vento favorável e navegando sobre um «mar de damas».

O IMPÉRIO MARÍTIMO PORTUGUÊS

A monção de sudoeste, que geralmente começa na costa ocidental da Índia no princípio de Junho, tinha como resultado o fecho de praticamente todos os portos nesta região desde o fim de Maio até ao princípio de Setembro. Portanto, os navios da carreira com rumo à Índia procuravam deixar Lisboa a tempo de dobrar o cabo da Boa Esperança em Julho e chegar a Goa em Setembro ou Outubro. Um experimentado piloto da carreira da Índia, quando questionado acerca da melhor estação para a partida de Lisboa dos barcos que faziam anualmente essa carreira, afirmou: «Basta partir no último dia de Fevereiro, mas no primeiro de Março já é tarde». Na prática, os barcos partiam, por vezes, na segunda quinzena de Março ou na primeira de Abril, e sabe-se que houve saídas em Maio. Neste caso, os navios em questão faziam frequentemente arribadas, ou viagens malsucedidas, sendo obrigados a voltar para Lisboa ou (mais raramente) a passar o Inverno no Brasil. Tal como as partidas de Lisboa, as de Goa tendiam a ocorrer com um atraso não aconselhável. Em vez de largarem na época do Natal ou do Ano Novo, os barcos da carreira da Índia que regressavam deixavam frequentemente o rio Mandovi em Fevereiro ou Março, quando a possibilidade de resistir à tempestuosa estação «invernal» de Maio e Junho, na latitude do cabo da Boa Esperança, era reduzida. Em ambos os casos, estas partidas tardias explicavam-se pela dificuldade em assegurar a quantidade necessária de dinheiro para pagar a pronto os carregamentos e as tripulações. Os inevitáveis transtornos de uma viagem de seis ou sete meses eram frequentemente agravados pelo facto de a Coroa portuguesa, durante a maior parte dos séculos XVI e XVII, insistir em que os barcos da carreira da Índia deviam tentar evitar fazer escala em qualquer porto entre Lisboa e Goa, quer na viagem de ida, quer na viagem de volta. Só em casos de necessidade absoluta eram autorizados a fazer escala nalguns locais específicos, entre os quais a ilha de Moçambique, os Açores e (menos frequentemente) Santa Helena.

Os pilotos mais experimentados não confiavam muito nos roteiros oficiais, porquanto conheciam muito bem as suas inevitáveis deficiências. Aleixo da Mota, ao escrever com a autoridade que lhe dava uma experiência de trinta e cinco anos na carreira da Índia, faz a seguinte advertência no seu roteiro de 1625, que se mantém válida para outros mares e séculos além daqueles a que se refere:

«Ao longo desta rota e da região que vai da extremidade da ilha de São Lourenço [Madagáscar] até à Linha, devem navegar com grande cuidado de dia e de noite; tendo presente que as latitudes dos baixios e das ilhas nem sempre estão rigorosamente marcadas nas cartas, e que há outras que nem sequer estão marcadas. Portanto, mantenham um homem no calcês durante o dia e tomem atenção às mudanças da cor do mar. E de noite, coloquem um homem no gurupés, continuem a lançar a sonda, e recolham pano; só devem confiar em Deus e numa cuidadosa observação.»

Os barcos que durante uns trezentos anos fizeram a carreira da Índia eram basicamente e sobretudo naus, mas a palavra «nau» encerrava uma ampla variedade de significados. Essencialmente, significava «grande navio», e era aplicada às carracas dos séculos XVI e XVII e aos grandes navios tipo fragatas que serviram na carreira durante o século XVIII. Tecnicamente, durante os dois primeiros séculos havia uma distinção entre uma carraca (nau) e um galeão, sendo as primeiras navios mercantes largos, altos e pesados mas mal armados, com grandes e bem desenvolvidos castelos de proa e de popa, enquanto os galeões eram mais compridos e estreitos, com superestruturas equilibradas e, geralmente, navios de guerra fortemente armados. Na prática, a distinção era muitas vezes imprecisa e há muitos exemplos de um navio da carreira da Índia denominado indiferentemente uma nau e um galeão (ou uma nau e uma fragata) pelos próprios marinheiros que o tripulavam. Aqui, existe novamente um paralelo com a prática marítima espanhola, porquanto os galeões de Manila eram muitas vezes chamados naus da China, pelas cargas que traziam na viagem de regresso que consistiam fundamentalmente em sedas e outras mercadorias chinesas.

Durante os primeiros trinta anos de existência da carreira, a maioria dos navios portugueses nela utilizados, quer se tratasse de carracas ou de galeões, tinham cerca de 400 toneladas de capacidade. As frotas anuais que faziam a viagem de ida eram constituídas, em média, por sete a catorze navios, mas as frotas que faziam a viagem de regresso ficavam frequentemente reduzidas a metade dos navios porque muitos deles ficavam retidos, em serviço, nos mares da Ásia. Por meados do século XVI, a maioria dos navios da carreira da Índia tinha aumentado a sua capacidade para 600 a 1000 toneladas, e o número médio de navios da frota anual descera para cinco. Em 1570, a Coroa esforçou--se por reprimir a tendência para aumentar a tonelagem dos navios da carreira da Índia à custa das suas boas condições de navegabilidade e da sua manobrabilidade, através da promulgação de um decreto determinando que os navios da carreira deviam ter entre 300 e 450 toneladas de arqueação. Deu-se muito pouca atenção a este decreto e também à sua repetição em termos modificados ocorrida em ocasiões posteriores, quando o limite máximo foi fixado em 600 toneladas. Pelo contrário, durante o último quartel do século XVI, foram construídos em Goa, em Lisboa e no Porto monstros com uma tonelagem superior a 2000 toneladas. O comandante-chefe naval espanhol Don Álvaro de Bazán, ao escrever em 1581, afirmava que os navios portuguesas da carreira da Índia que navegaram durante esse ano tinham cada um 600 toneladas portuguesas, «o que atinge mais de 1200 toneladas castelhanas».

O IMPÉRIO MARÍTIMO PORTUGUÊS

Quarenta anos mais tarde, um escritor português patriótico gabava-se de que a carga de um único navio vindo do Oriente e descarregado em Lisboa era superior à de quatro das maiores naus utilizadas no comércio transatlântico espanhol. Talvez o melhor relato da impressão que provocaram nos contemporâneos as enormes carracas seja a descrição feita por Richard Hakluyt da *Madre de Deus*, capturada pelos Ingleses ao largo dos Açores e levada para Dartmouth, onde causou o espanto da região Oeste e foi cuidadosamente examinada pelo comandante Richard Adams e por outros peritos navais, em 1592.

«Tendo a carraca a capacidade, por avaliação de indivíduos conhecedores e experientes, não menos de 1600 toneladas, 900 delas estavam completamente ocupadas com o grosso da mercadoria, sendo o resto da tonelagem ocupada, em parte, com a artilharia que era constituída por trinta e duas peças de bronze de todos os tipos, e, em parte, com os passageiros e com as vitualhas, que não podiam, de modo nenhum, ser em pequena quantidade, considerando que o número de pessoas oscilava entre 600 e 700 e (considerando) a grande duração da viagem... Depois de um apurado exame de toda a estrutura, ele [Adams] descobriu que o comprimento desde o beque à popa (onde estava colocada uma lanterna) era de 165 pés. A largura na segunda coberta fechada (havia três), no local da sua maior extensão, era de 46 pés e 10 polegadas. À partida de Cochim, na Índia, tinha abaixo da linha de água 37 pés, mas, à chegada a Dartmouth, não tinha mais de 26, tendo sido aliviada durante a viagem, por vários meios, de uns 5 pés. Em altura tinha sete andares diferentes, uma coberta inferior principal, três cobertas fechadas, um castelo de proa e um convés superior de dois andares cada um. O comprimento da quilha era de 100 pés, o do mastro grande de 121 pés, e o circuito entre as enoras de 10 pés e 7 polegadas; a verga do mastro grande media 106 pés de comprimento. Através do que [se atingia] a perfeita proporção do total, muito além do tipo dos maiores navios usados entre nós, quer para a guerra quer para o comércio.»

Durante os anos 1570-1640, os barcos portugueses utilizados na carreira da Índia estavam, duma maneira geral, mal armados para navios do seu tamanho. A Coroa promulgou, em 1604, um edicto segundo o qual cada carraca devia ter, pelo menos, vinte e oito peças de artilharia, vinte das quais deviam ser peças grossas. A *Madre de Deus* era, em 1592, um dos navios mais bem armados, porquanto possuía trinta e dois canhões de bronze de todos os calibres; mas a maioria dos navios portugueses da carreira no fim do século XVI e princípio do XVII raramente levava mais que vinte e duas a vinte e cinco peças de artilharia, sendo uma percentagem demasiado elevada constituída por canhões de oito libras. De 1640 em diante, os navios foram geralmente muito mais bem armados. No século XVIII, sabemos pelo menos de dois vice-reis da Índia que se queixaram (em 1703 e em 1745) de que os navios geralmente utilizados na carreira eram grandes fragatas que levavam entre cinquenta e setenta canhões, o que se tornava extremamente pouco económico para ser usado nos mares asiáticos, onde os navios com trinta a quarenta canhões eram preferíveis. Por acaso, os regulamentos habituais para o armamento dos navios portugueses da carreira fornecem um exemplo interessante do conservadorismo lusitano. Continuaram idênticos nas sucessivas edições de 1604 a 1756, se bem que durante este século e meio os navios variassem muito das carracas às fragatas, passando pelos galeões.

A superioridade da teca indiana sobre o pinheiro e o carvalho europeus, para efeitos de construção naval, foi cedo reconhecida pelas autoridades de Lisboa e de Goa, mas nem todos eram unânimes quanto ao problema de saber se era mais barato construir navios para a carreira em Portugal ou na Índia. Uma ordem real de 1585, repetida textualmente nove anos mais tarde, realçava a importância da construção de carracas para a carreira na Índia em vez de na Europa, «não só porque a experiência provou que aquelas que lá são construídas duram muito mais tempo do que as que são construídas neste reino, como também porque são mais baratas e mais fortes, e porque é cada vez mais difícil encontrar aqui madeira conveniente para estas carracas». A experiência posterior provou que, se bem que os navios construídos na Índia fossem de facto mais fortes, nem sempre eram mais baratos do que os construídos na Europa. Uma das razões para esse facto era o seguinte: os governadores das fortalezas portuguesas da costa ocidental indiana, cujos privilégios incluíam geralmente o derrube e a venda da madeira local, vendiam-na habitualmente à Coroa a preços escandalosos. Os capitães de Baçaim e Damão, escreveu o vice-rei da Índia em 1664, fixaram o preço da sua madeira a quarenta xerafins o candil, ainda que só lhes tivesse custado cinco. O cordame europeu era também mais satisfatório do que a maior parte das variedades asiáticas. Por estas e por outras razões, a maioria dos navios portugueses utilizados na carreira durante o século XVII continuou a ser construída em Lisboa, onde a Ribeira das Naus, ou estaleiro real, empregava 1500 homens em 1620.

Talvez a mais famosa das carracas portuguesas construídas na Índia tivesse sido a *Cinco Chagas*, construída em Goa em 1559-1560, sob a supervisão pessoal do vice-rei Dom Constantino de Bragança, «que escolheu a madeira, pedaço por pedaço». Alcunhada de *Constantia*, serviu na carreira durante vinte e cinco anos, tendo feito oito ou nove viagens de ida e volta para além de serviço noutros lados, e foi navio-almirante de cinco vice-reis antes de ter acabado os seus dias como

O IMPÉRIO MARÍTIMO PORTUGUÊS

pontão, em Lisboa. Quando finalmente apodreceu e caiu aos pedaços, o rei Filipe II (I de Portugal) mandou transportar a sua quilha para o Escorial como troféu. A sua longa vida esteve em marcado contraste com a da média dos navios da carreira, que raras vezes faziam mais de 3 ou 4 viagens de ida e volta e não duravam sequer uma década. Por essa razão, a Companhia Inglesa das Índias Orientais, no fim do século XVIII, não permitia normalmente que qualquer dos seus navios fizesse mais do que três ou quatro viagens de ida e volta ao Oriente. Os galeões espanhóis de Manila, se bem que construídos muitas vezes de madeira dura das Filipinas, que ainda era mais resistente do que a teca Indiana, também raramente faziam mais do que algumas travessias do Pacífico.

Durante o século XVIII, muitos dos navios portugueses da carreira foram construídos no Brasil, por motivos explicados pelo vice-rei da Índia ao escrever à Coroa em 1713, insistindo na extensão desta prática:

> «Os navios que duram mais tempo na Índia são os construídos no Brasil, porque o bicho não pode penetrar neles, como se pode ver pela fragata *Nossa Senhora da Estrela* e por aquela [*Nossa Senhora da Piedade*] que vai agora a navegar com destino ao reino; porque, se bem que tenham estado na Índia durante os últimos quinze anos, são capazes de prestar serviço durante outro tanto tempo. Não creio que houvesse qualquer dificuldade em encontrar no Porto navios convenientes que pudessem ser utilizados na carreira da Índia, porque na maioria eles são construídos no Brasil».

Dois dos seus sucessores, ao escreverem respectivamente em 1719 e em 1721, relataram também a sua preferência pela utilização de navios construídos no Brasil como barcos para a carreira no Oriente. Um dos navios da carreira que durou mais tempo no século XVIII foi a fragata de sessenta e seis canhões *Nossa Senhora do Livramento*, construída na Bahia em 1724, que fez várias viagens de ida e volta à Índia entre 1725 e 1740.

A Coroa portuguesa fez esforços consideráveis para desenvolver a construção naval no Brasil durante o final do século XVII e no século XVIII, pois algumas das madeiras duras brasileiras eram superiores à teca indiana, além de possuírem melhores qualidades de resistência aos vermes. Mas não havia qualquer vasta reserva de mão-de-obra barata e especializada no Brasil, ao contrário do que acontecia na Índia, na China e (até certo ponto) nas Filipinas. Os plantadores de açúcar brasileiros opunham-se a que sua mão-de-obra escrava e as suas reservas de madeira fossem utilizadas pela Coroa sem (afirmavam eles) paga-

AS FROTAS DA ÍNDIA E AS FROTAS DO BRASIL

mento adequado. Não só os principais construtores navais, como também muitos dos carpinteiros e calafates, etc., tinha de se mandar buscar a Portugal, e os preços do cordame e de outros equipamentos navais na América portuguesa tinham tendência para ser muito superiores. Um padre jesuíta, ao escrever em 1618 sobre a possibilidade de se construírem galeões no Brasil, afirmou que construir um ali custaria pelo menos o dobro do que custaria construí-lo na Europa. Discussões sobre se seria melhor e (ou) mais barato construir navios oceânicos em Portugal, na Índia ou no Brasil prolongaram-se até ao século XVIII. A Coroa persistiu nos seus esforços e foram construídos estaleiros reais sucessivamente na Bahia, no Rio de Janeiro e em Belém do Pará. Produziram alguns navios excelentes, como os mencionados atrás, tal como outros cujas proporções erradas foram severamente criticadas. Dos estaleiros brasileiros, o da Bahia, que funcionou (a princípio um tanto intermitentemente) a partir de 1655, era sem dúvida o mais importante, construindo tanto navios para os mercadores locais como navios de guerra e navios destinados à carreira da Índia para a Coroa. Os construtores navais e os trabalhadores do estaleiro eram recrutados tanto entre os escravos negros como entre os trabalhadores brancos livres (e também entre os cadastrados).

O problema de tripulação da carreira da Índia foi quase sempre um problema difícil, como já se referiu sucintamente. Marinheiros de alto mar não se fazem num dia e as perdas causadas pela morte e pela doença na viagem para a Índia eram muito elevadas. Já em 1505, estavam a ser recrutadas para servir na carreira tripulações completas inexperientes, como exemplifica o episódio contado pelo cronista Castanheda acerca dos marinheiros rústicos de João Homem. Esses campónios não sabiam distinguir bombordo e estibordo ao largarem do Tejo, e só o conseguiram quando foi atada uma réstea de cebolas num dos lados do navio e uma réstea de alhos no outro. «Agora – disse ele ao piloto –, diz-lhes que virem o leme na direcção das cebolas ou na dos alhos e eles depressa compreenderão.» Este pode ter sido um caso extremo mas, ao longo dos três séculos de existência da carreira, abundaram as queixas de que alfaiates, sapateiros, criados, camponeses e «moços bisonhos» eram aceites como marinheiros competentes, apesar das repetidas regulamentações que foram feitas para impedir este abuso. Em 1524, um informador em Cochim relatou à Coroa que havia apenas 300 marinheiros portugueses em toda a Índia, "incluindo os doentes e os sãos". Diogo do Couto observou que, em 1558, havia apenas 400 disponíveis para o serviço em Goa, mas este era um número excepcional. A escassez de marinheiros europeus acentuou-se durante o período da união das duas Coroas ibéricas, de 1580 e 1640, quando muitos marinheiros portugueses preferiam prestar serviço na Marinha espanhola a fazê-lo na nacional, porquanto na primeira eram ligeira-

O IMPÉRIO MARÍTIMO PORTUGUÊS

mente mais bem pagos e os reis castelhanos se mostravam inclinados a encorajar esta tendência. Isto acontecia porque os Espanhóis sofreram durante séculos da mesma escassez de marinheiros de alto mar, apesar de terem na Biscaia e na Galiza muitos mais do que os Portugueses. O comandante Augustus Hervey, da Marinha Real britânica, conta como, quando uma frota espanhola que largou de Cádis com destino a Leghorn em 1731, «os tripulantes eram tão ignorantes acerca das cordas onde se deviam dirigir e tinham sido alistados tão apressadamente, que houve necessidade de colocar cartas de jogar em todas as diferentes cordas e ordenar-lhes: "Puxem para lá o ás de espadas", "Fixem o rei de copas", etc.».

Tem-se pretendido que os seis meses de viagem de Lisboa a Goa davam a marinheiros tão improvisados como os de 1505 tempo suficiente para se tornarem autênticos lobos-do-mar. É certo que isso aconteceu com alguns deles mas o mesmo não se passou com muitos outros, como narra Martim Afonso de Sousa, um dos mais experimentados comandantes navais que Portugal jamais teve, que se queixou da carreira a um ministro da Coroa em 1538. Uma carraca na carreira devia ser tripulada por cerca de 120 a 130 marinheiros, divididos igualmente entre marinheiros competentes (e vulgares) e grumetes. Estes últimos eram marinheiros aprendizes, não necessariamente rapazes, se bem que a maioria deles não ultrapassasse geralmente os dezanove anos. Faziam todo o trabalho mais duro a bordo, e dormiam no convés, no espaço situado entre o mastro principal e o mastro de traquete. Muitos deles nunca haviam estado num barco até ao momento em que partiam de Lisboa para Goa, e Martim Afonso de Sousa observava acerca destes últimos:

> «Não deixem que ninguém lhes diga que quando eles chegam a bordo são já marinheiros. Esta é a maior das mentiras do mundo, porquanto são vagabundos que nunca andaram no mar; e para que alguém se torne um marinheiro é preciso que tenha servido durante muitos anos como grumete. E asseguro-lhes que esses são os que desertam aqui e se juntam aos muçulmanos (...) porque não têm qualquer sentido do dever, e, assim que lhes falta um tostão do seu ordenado vão-se embora».

Talvez a síntese mais justa deste problema, que foi também um problema permanente das *flotas* espanholas, tenha sido feita pelo perspicaz dominicano frei Domingo Fernandéz de Navarrete, quando escreveu acerca das suas próprias experiências depois de ter circum-navegado o globo, mais de um século depois: «Conheci homens que mesmo depois de terem navegado em muitos mares nunca aprenderam a ler uma bússola nem a distinguir a escota ou bolina das outras cordas,

AS FROTAS DA ÍNDIA E AS FROTAS DO BRASIL

enquanto outros, em menos de um mês, sabiam todos os termos náuticos, de tal modo que uma pessoa era levada a pensar que andavam a estudar a arte há anos».

Uma das razões para a dificuldade em obter um número adequado de marinheiros para o serviço nas frotas de Espanha e de Portugal era, quase de certeza, o desprezo e a antipatia com que foi considerada durante muito tempo nestes dois países a profissão de marinheiro. Isto é tanto mais curioso quanto recordamos que estes dois reinos ibéricos foram pioneiros na expansão marítima europeia e que deveram sobretudo às suas descobertas e conquistas marítimas e grandeza e o prestígio que alcançaram no século XVI. No entanto, tanto Portugueses como Espanhóis consideravam o soldado muito acima do marinheiro na hierarquia social. Este facto reflectiu-se não só em assuntos como a prioridade dada pela Coroa a recompensas e favores reais mas também na correspondência oficial e na literatura clássica de Espanha e Portugal. O humanista espanhol Luís Vives definiu os marinheiros como sendo *Fex Maris* (a escória do mar); e o cronista português Diogo do Couto – que não era nenhum marinheiro de água doce como Vives mas sim um viajante experimentado e inteligente – afirmou que a grande maioria dos marinheiros eram «cruéis e desumanos por natureza». Um jesuíta espanhol seiscentista que viveu nas Filipinas fez uma observação em estilo de jogo de palavras, dizendo que os marinheiros eram apropriadamente denominados *marineros* porquanto estavam relacionados com o *mar* e eram tão cruéis e brutais como *Nero*. O vice-rei da Índia, marquês de Távora, ao escrever para a Secretaria de Estado em Lisboa acerca da sua viagem a Goa em 1750, afirmava que «a insensibilidade e a falta de caridade por parte dos marinheiros são indescritíveis. Posso assegurar-lhes que, regra geral, este tipo de gente sente mais a morte de um dos seus frangos do que a perda de cinco ou seis dos seus companheiros de viagem».

Nada poderia ser mais fácil do que encontrar centenas de observações depreciativas idênticas feitas por outros homens instruídos que deviam ter um melhor conhecimento da situação, mas que partilhavam o mesmo desprezo desdenhoso pelos marinheiros que era tão habitual na Península Ibérica. É desnecessário acrescentar que esta aversão espalhada e fortemente enraizada contra a sua profissão não podia ter aumentado o auto-respeito dos marinheiros ibéricos e que a vida dura que levavam contribuía indubitavelmente para os brutalizar. Considerando a aspereza com que eram geralmente tratados por aqueles que se consideravam seus superiores sociais, quase não chega a surpreender que os marinheiros portugueses se comportassem nos naufrágios ou em crises idênticas com uma arrogância indisciplinada em relação aos indivíduos que os desprezavam. Os marinheiros tinham muita dificuldade em conseguir um tratamento justo da parte dos funcionários da

O IMPÉRIO MARÍTIMO PORTUGUÊS

Coroa em terra, funcionários estes que desviavam os seus soldos ou lhes davam rações muito pequenas. Conrad Rott, um dos empresários alemães envolvidos nos contratos monopolistas da pimenta, assegurou a um funcionário superior da Coroa em 1600 que, pagando soldos decentes e dando rações completas, ele conseguia arranjar 3000 marinheiros portugueses numa altura em que as autoridades de Lisboa mal conseguiriam reunir 300 «à custa de pancadas e de prisão». A coroa estava informada de fonte segura em 1524 de que uma das razões por que era difícil recrutar marinheiros experimentados para a carreira era a aspereza com que eram tratados pelos fidalgos na Índia. Um século mais tarde, o almirante João Pereira Corte-Real declarava que este ramo do serviço naval era tão impopular que alguns marinheiros tinham de ser recrutados à força e mantidos a bordo acorrentados até ao momento em que o navio saía de Lisboa.

Não foi apenas a carreira da Índia que teve sempre uma constante falta de marinheiros qualificados. Durante a maior parte do século XVII e numa grande parte do século XVIII a pequena e mal treinada Marinha portuguesa, com falta de homens, mostrou-se incapaz de afastar os piratas berberes das águas territoriais portuguesas durante qualquer período de tempo. Em 1673, e novamente em 1676, a Coroa tentou remediar a falta de marinheiros reunindo um corpo (troço) de 300 homens experimentados que estariam em Lisboa, disponíveis para o serviço, numa emergência. Aos marinheiros alistados nesta formação eram concedidos privilégios especiais, tais como dispensa, para eles e para os filhos, de serviço militar, imunidade das suas casas em relação ao aboletamento de tropas, algumas reduções fiscais e licença para usar armas brancas. As viúvas dos marinheiros mortos em acção recebiam todo o soldo atrasado devido aos maridos falecidos e uma generosa gratificação em dinheiro (não ficando com direito a pensão). Este modesto esquema não parece ter ajudado muito. Viajantes estrangeiros comentavam muitas vezes que as tripulações dos navios de guerra portugueses, dos navios da carreira e dos navios do Brasil compreendiam uma variedade notavelmente grande de outras nações numa época em que a profissão de marinheiro era muito mais internacional do que agora. Em particular, os navios da carreira que faziam a viagem de regresso a Lisboa dependiam cada vez mais de escravos negros para complementar as tripulações, como explicava o vice-rei da Índia em 1738:

> «Todo o pessoal marítimo que se encontra agora em Goa, incluindo oficiais, marinheiros, artilheiros, pajens e grumetes, mal atinge (excluindo os indivíduos doentes) os 120 homens, o que é exactamente o número necessário para tripular um único navio da carreira na viagem de regresso; especialmente nesta monção, quando não há cafres provenientes de Moçambique e existe uma

AS FROTAS DA ÍNDIA E AS FROTAS DO BRASIL

escassez deles aqui em terra, de maneira que não poderão estar disponíveis para navegar como auxiliares no convés realizando o trabalho duro, como acontece geralmente».

O vice-rei não estava a exagerar. Poderia ter citado o precedente do navio *Águia* da carreira em 1559, que só se salvou de naufragar no canal de Moçambique devido aos esforços feitos pelos negros que estavam a bordo, e os funcionários da Casa da Índia declararam enfaticamente em 1712 que muitos dos navios da carreira na viagem de regresso não teriam atingido Portugal «se não fosse o trabalho contínuo dos escravos negros que vão neles».

As naus da carreira da Índia levavam para Goa sobretudo soldados e dinheiro em prata (fundamentalmente na forma de reais-de-oito, espanhóis, mexicanos e peruanos), cobre, chumbo e outros metais, juntamente com um pouco de coral e algumas mercadorias europeias sortidas, de reduzido valor. Em geral, não iam muito carregados, e os cascos de vinho e de água para o consumo de 600 ou 800 homens serviam como parte do lastro. Por outro lado, a carga de regresso compreendia grandes carregamentos de pimenta, especiarias, salitre, anil, madeiras, mobílias, porcelana chinesa, sedas e peças de algodão indiano. A lotação dos porões era esgotada com a pimenta, as especiarias e o salitre, enquanto os caixotes e os fardos das outras mercadorias eram por vezes empilhados até uma tal altura no convés que uma pessoa só podia ir da proa à proa trepando por cima dos montes de mercadorias. As caixas, fardos e cestos de mercadorias sortidas eram amarrados solidamente a pranchas e plataformas salientes ou eram suspensos nos bordos dos navios. Este crónico carregamento exagerado e a arrumação irregular foram, é claro, estritamente proibidos por sucessivos regimentos da Coroa, mas estas sensatas regulamentações eram muitas vezes flagrantemente ignoradas, especialmente durante a última metade do século XVI e a primeira metade do XVII. Um estado de coisas bastante semelhante manteve-se nas viagens do Pacífico dos galeões de Manila. Os navios que zarpavam de Acapulco iam sobretudo carregados com soldados e dinheiro em prata na forma de reais--de-oito mexicanos e peruanos. Na viagem de regresso de Manila, muitas das naus da China vinham perigosamente sobrecarregadas com mercadorias chinesas, apesar do grande número de leis promulgadas contra este abuso inveterado.

A maior parte do espaço do convés e da cabina por cima dos porões pertencia a algum oficial ou membro da tripulação, que o podia vender, juntamente com o privilégio concomitante de arrumar propriedade pessoal nesse espaço, ao licitante que mais pagasse. Esta porção de espaço era denominada *gasalhado*. Autorizava-se também os oficiais e

O IMPÉRIO MARÍTIMO PORTUGUÊS

os marinheiros a trazerem *arcas de liberdade* de um tamanho-padrão, nas quais transportavam para Portugal certas mercadorias asiáticas total ou parcialmente isentas de direitos. As regulamentações respeitantes a este comércio privado, como era chamado o sistema idêntico da Companhia Inglesa das Índias Orientais, variavam de época para época, e havia uma escala adaptável consoante a categoria social. Estes privilégios de comércio privado tiveram origem no facto de a Coroa ser incapaz ou não estar disposta a pagar soldos adequados e, consequentemente, de tentar recompensar deste modo os seus servidores. Os adeptos deste sistema defendiam também que, dando aos marinheiros um interesse directo numa parte do carregamento do navio, eles lutariam mais empenhadamente se o navio fosse atacado, porquanto estariam a defender a sua propriedade pessoal bem como a da Coroa. O sistema provocou inevitavelmente enormes abusos, tal como aconteceu com privilégios idênticos respeitantes ao comércio privado nas Companhias Holandesa, Francesa e Inglesa das Índias Orientais.

Se bem que plenamente consciente da oposição em larga escala que uma reforma completa iria provocar, a Coroa fez um esforço decidido para abolir o sistema de liberdades em 1647-1648 e para o substituir por uma tabela de soldos adequados. Esta tentativa foi acompanhada de uma outra inovação, a saber, a substituição de fidalgos como comandantes dos navios da carreira por marinheiros profissionais cujos conhecimentos náuticos não implicavam necessariamente sangue nobre. Em Março de 1647, o Conselho Ultramarino avisou D. João IV de que este plano era impraticável por muitas razões e aconselhou-o a não o mandar cumprir. O rei, no entanto, insistiu em tentar pô-lo em prática, mas a inovação encontrou uma oposição tão intensa da parte daqueles a quem dizia respeito, tanto de oficiais como de marinheiros, que a Coroa foi obrigada a restabelecer o sistema antigo em 1649-1652. Como os membros do Conselho Ultramarino haviam previsto, os fidalgos recusaram-se terminantemente a servir sob as ordens de marinheiros profissionais, que consideravam não pertencerem à mesma classe social. Os capitães dos navios portugueses da carreira eram geralmente gentis-homens ou nobres que, muitas vezes, nunca tinham tido qualquer tipo de experiência do mar aquando da sua primeira nomeação. Esta era a razão principal pela qual era o piloto e não o comandante que tinha a responsabilidade total da rota do navio e da navegação. Só na segunda metade do século XVII se tornou bastante vulgar nomear marinheiros profissionais de preferência a homens de terra para o comando dos navios da carreira, e foi apenas no século XVIII que isto se tornou a regra e não tanto a excepção.

A obstinação arrogante de muitos pilotos portugueses na carreira era proverbial e foi alvo de muitas críticas amargas feitas por Diogo do Couto e por outros contemporâneos. Mas os melhores destes pilotos

216

AS FROTAS DA ÍNDIA E AS FROTAS DO BRASIL

eram tão bons como nenhuns outros no mundo e a sua devoção ao serviço foi calorosamente elogiada por Sir Richard Hawkins nas suas *Observations* de 1622:

«Quanto à pilotagem, os Espanhóis e os Portugueses excedem tudo o que tenho visto, sobretudo pelo seu cuidado, que é o mais importante na navegação. E gostaria que nisto, e em todas as suas obras de disciplinação e reformas, seguíssemos os seus exemplos... Em todos os navios, na coberta da ré ou no tombadilho da popa, há uma cadeira ou banco de onde nunca se erguem, enquanto navegam o piloto ou os seus ajudantes (que são os mesmos oficiais que nos nossos navios denominamos o mestre e os seus imediatos) nunca perdendo de vista a bússola; e têm outra à sua frente, pela qual vêem o que estão a fazer e são permanentemente testemunhas da boa ou má pilotagem de quem vai ao leme».

Cada navio da carreira devia levar um médico qualificado e um cirurgião, juntamente com caixas de remédios bem fornecidas dadas pela Coroa. Na prática, contudo, havia apenas um ignorante cirurgião- -barbeiro a bordo, como aconteceu na frota de 1633, que transportava 3000 homens em quatro navios. A Coroa era, sem dúvida, generosa na provisão das caixas de remédios bem fornecidas a cada navio de carreira mas, na maioria das vezes, pessoas não autorizadas ficavam com o conteúdo das caixas para seu próprio uso ou então os medicamentos eram vendidos no mercado negro do navio em vez de ser distribuídos de graça aos doentes. Deve acrescentar-se que muitos deste medicamentos eram drogas prejudiciais sem qualquer valor terapêutico e que outros, ainda que inofensivos, eram inúteis. Além disso, a predilecção dos Portugueses pela flebotomia e pelos purgantes provocava frequentemente resultados fatais quando os doentes já enfraquecidos pela doença e pela má nutrição eram privados de vários decilitros de sangue e submetidos a purgas violentas. A propagação de doenças fecais e de outras enfermidades infecciosas entre os sobrelotados soldados e os degredados, amontoados todos juntos em condições extremamente insalubres e muitas vezes sem qualquer protecção do calor tropical e do frio glacial, tinham inevitavelmente como consequência uma elevada mortalidade provocada pela disenteria, pelo tifo e pelo escorbuto, em muitas viagens.

Diogo do Couto conta-nos que, na frota em que ele regressou à Índia em 1571, morreram quase 2000 dos 4000 homens que largaram de Lisboa. No período de seis anos que vai de 1629 a 1634, de 5228 soldados que embarcaram em Lisboa com destino à Índia, só 2495 atingiram Goa vivos. As mortes na viagem de regresso eram geralmente em muito menor número, pois os navios não vinham tão sobrelotados

O IMPÉRIO MARÍTIMO PORTUGUÊS

e a grande maioria das pessoas que embarcavam em Goa estavam já habituadas às asperezas da viagem. Havia quase inevitavelmente um elevado número de mortes na viagem em qualquer das direcções se o navio da carreira fizesse escala, como acontecia frequentemente, quer voluntariamente, quer por quaisquer outras razões, na ilha de Moçambique. Entre 1528 e 1558, mais de 30 000 homens morreram lá, sobretudo por causa da malária e de febres biliosas, depois de terem desembarcado dos navios da carreira que aí fizeram escala durante esse período de trinta anos.

O jesuíta italiano Alexandre Valignano, que fez a viagem de ida em 1574, notou que:

«É surpreendente ver a facilidade e frequência com que os Portugueses embarcam para a Índia (...) Todos os anos saem de Lisboa quatro a cinco carracas cheias deles; e muitos embarcam como se não partissem para mais longe do que uma légua de Lisboa, levando consigo apenas uma camisa e dois pães grandes na mão, e transportando um queijo e um frasco de compota, sem qualquer outro tipo de provisões».

Uma vez que era absolutamente vulgar morrerem durante a viagem entre um terço e metade destes indivíduos débeis, tal como acontecia também com os degredados e com os soldados cadastrados que lhes sucederam, não é de surpreender que a carreira da Índia depressa alcançasse uma reputação nada invejável, que manteve até à segunda metade do século XVIII. Segundo a natureza das coisas, eram estas desastrosas e mortais viagens, que por vezes culminavam em espectaculares naufrágios, que figuram com maior relevo nos relatos e memórias contemporâneos, mas havia, é claro, muitas excepções. O cronista Castanheda evocou a chegada dos quatro navios da frota de 1529 a Goa «ao amanhecer do dia de São Bartolomeu (24 de Agosto). E esta frota fez uma viagem tão boa que os homens que nela vinham, e que totalizavam quinhentos, estavam tão robustos e vigorosos que parecia terem partido de Lisboa apenas há quinze dias». Acrescentou, também, que «nunca vi tal suceder outra vez».

Tendo desaparecido os arquivos da Casa da Índia em Lisboa no terramoto de 1755, não dispomos de registos exactos de todas as viagens da carreira efectuadas anteriormente. Mas Vitorino Magalhães Godinho, que realizou a compilação mais completa das referências de que dispomos, calculou que nos anos 1500-1635 partiram para o Oriente uns 912 barcos, dos quais 768 chegaram ao seu destino, sendo os números respectivos para a viagem de regresso umas 550 partidas do Oriente, das quais 470 atingiram Portugal.

218

AS FROTAS DA ÍNDIA E AS FROTAS DO BRASIL

Já vimos que durante o primeiro século e meio da carreira da Índia a Coroa desenvolveu todos os esforços para impedir os navios de fazerem escala nos portos brasileiros, quer na viagem de regresso, quer na de ida. As razões principais para esta proibição eram o medo de que os navios da carreira pudessem perder a viagem por tal paragem e a elevada taxa de deserção que ocorria nos navios que lá faziam escala. Durante a segunda metade do século XVII tornou-se cada vez mais vulgar os navios da carreira, na viagem de regresso, fazerem escala num porto brasileiro, em geral na Bahia, sob o pretexto de um agravamento do estado do tempo, ou de falta de provisões. Depois da descoberta e da exploração dos ricos campos auríferos de Minas Gerais na década de 1690, este facto tornou-se um hábito instituído. Foi finalmente (ainda que com relutância) sancionado pela Coroa, mas só para fins de reparação e reabastecimento dos navios da carreira que faziam a viagem de regresso. Estes navios chegavam frequentemente à Bahia num estado de desgaste que justificava uma estadia de algumas semanas, mas essa estadia na Bahia de Todos-os-Santos era invariavelmente acompanhada por uma troca intensa e ilegal de produtos orientais por ouro e tabaco brasileiros. Todos os esforços desenvolvidos no sentido de acabar com este florescente contrabando falharam porque os guardas militares colocados a bordo dos navios visitantes para impedir o contrabando «são os que levam mais desavergonhada e escandalosamente para terra as mercadorias dos navios da carreira e de navios estrangeiros», como relatou o vice-rei da Bahia à Coroa em Março de 1718. Quarenta anos mais tarde, um relatório oficial declarava que a porcelana chinesa era a mercadoria asiática que tinha maior procura e que alcançava os melhores preços em terra, mas grandes quantidades de peças de tecido indiano e mesmo (por vezes) diamantes eram também importados deste modo. Depois de reparados na Bahia, os navios da carreira seguiam então para Lisboa no comboio da frota açucareira de regresso, cuja organização datava do meio do século XVII.

Os navios utilizados no comércio do Brasil durante o século XVI eram sobretudo caravelas e outras embarcações que deslocavam em média menos de 100 a 150 toneladas de carga. Os galeões e as carracas só eram utilizados ocasionalmente mas tratava-se quase invariavelmente de barcos mais pequenos do que os utilizados na carreira da Índia. As caravelas tinham um armamento muito ligeiro, quando tinham, e a sua velocidade não parece ter salvo muitas delas das garras dos piratas franceses, ingleses e berberes, como já tivemos ocasião de observar (capítulo IV). As soluções mais evidentes para este estado de coisas eram que os navios deveriam estar convenientemente armados ou ser escoltados por navios de guerra, como acontecia com as *flotas* espanholas no comércio transatlântico. Foram lançados dois tipos de impostos, respectivamente a *averia* e o *consulado*, para pagar as des-

O IMPÉRIO MARÍTIMO PORTUGUÊS

pesas causadas pelo fornecimento de protecção aos navios brasileiros (e a outros comércios coloniais), mas a administração destes impostos deixou muito a desejar e não foi concedida, de facto, qualquer protecção conveniente. Por esta razão, muitos comerciantes portugueses utilizavam navios neutrais sempre que podiam, sobretudo navios da Hansa e holandeses, fazendo-se estes últimos muitas vezes passar por navios hanseáticos antes de 1624.

Houve um certo número de razões pelas quais a Coroa portuguesa levou tanto tempo a introduzir um sistema eficaz de escolta, apesar das perdas espantosas em que incorriam frequentemente os navios brasileiros e apesar do precedente da Espanha que foi muitas vezes instigada a imitar. Enquanto o comércio transatlântico espanhol estava centralizado, numa das margens do Atlântico, em Sevilha e Cádis, e, na outra, em Cartagena das Índias, Porto Belo e Vera Cruz, os navios portugueses que comerciavam com o Brasil partiam de portos marítimos muito pequenos de Portugal (Caminha, Viana, Aveiro, Peniche, Nazaré, Lagos, etc.), da Madeira e dos Açores, bem como dos grandes entrepostos de Lisboa e do Porto. No outro lado do Atlântico, cada uma das catorze capitanias brasileiras tinha o seu próprio porto, se bem que o Recife, a Bahia e o Rio de Janeiro fossem de longe os mais importantes. Muitos dos mercadores e armadores de navios comprometidos neste comércio eram «homens pequenos» que não dispunham de recursos capitalistas para construir grandes navios ou para encontrar tripulações e canhões para eles. Além disso, a colheita anual de açúcar e as suas perspectivas variavam muito e a capacidade de transporte marítimo só raramente podia ser calculada de forma precisa com antecedência. Nestas circunstâncias, as pequenas caravelas corriam menos riscos (do que os grandes navios mercantes) de ficar à espera durante semanas, ou mesmo meses, nos portos brasileiros para completar as cargas, e tinham maiores possibilidades de fazer duas viagens de ida e volta num ano. Os Portugueses fretavam ocasionalmente barcos estrangeiros que utilizavam no comércio com o Brasil e os donos e comandantes destes navios não gostavam de estar sujeitos às restrições impostas por uma escolta. Por último, e este facto não é menos importante, o inevitável atraso nas cargas e descargas de uma frota escoltada originava, devido à demora, a deterioração do açúcar. Tanto os plantadores como os mercadores preferiam transportar rapidamente o açúcar para o mercado europeu, na esperança de conseguir preços mais elevados, apesar do risco inerente que corriam ao transportá-lo em caravelas desarmadas e sem escolta.

A crise da guerra com os Holandeses acabou por forçar o rei a tomar uma decisão em 1647-1648. Nesses dois anos, perderam-se uns 220 navios mercantes portugueses utilizados no comércio com o Brasil devido à acção inimiga, tendo sido a grande maioria apresada por corsários zelandeses que operavam no Atlântico Sul. Este número represen-

220

AS FROTAS DA ÍNDIA E AS FROTAS DO BRASIL

tava uma grande percentagem de toda a navegação utilizada no comércio com o Brasil, e embora as caravelas fossem relativamente baratas de construir e bastante fáceis de tripular, era evidentemente impossível substituir tais perdas a esta escala num país que tinha crónica falta de barcos e de marinheiros. Tinha de se fazer qualquer coisa de drástico e, de facto, fez-se. Foi promulgado um decreto real proibindo a construção (ou o fretamento) de navios com menos de 350 toneladas e menos de 16 peças de artilharia, se bem que a tonelagem-limite tivesse quase imediatamente de ser diminuída para 250. Foi estabelecida uma escala de armamento para os diferentes tipos de navios e concedidos subsídios para a construção de navios mercantes bem armados.

O mais influente conselheiro de D. João IV, o padre António Vieira, instava desde há muito com ele para que fossem formadas duas companhias monopolistas respectivamente para o comércio do Brasil e para o comércio da Índia, segundo os esquemas da Holandesa e da Inglesa. Sugeriu que o capital necessário fosse fornecido sobretudo pelos cristãos-novos, tanto da metrópole como do estrangeiro, em troca de uma garantia de que o dinheiro que investissem desse modo não seria confiscado pelo Santo Ofício, mesmo no caso de serem presos por este tribunal. O apoio do padre António Vieira à causa dos cristãos-novos não foi visto com bons olhos por alguns dos seus colegas, e o seu plano deparou com forte oposição por parte de muitas pessoas influentes, sem falar nos próprios inquisidores. Tanto a sua excepcional influência junto do rei como a natureza desesperada da crise se sobrepuseram mais tarde à hesitação natural daquele monarca, e a Companhia do Brasil foi formalmente constituída em 8 de Março de 1649.

Indivíduos de todas as classes e nacionalidades que investissem um mínimo de vinte cruzados podiam tornar-se accionistas. A Companhia prometia equipar e manter uma frota de trinta e seis navios de guerra, dividida em duas esquadras, para escoltar toda a navegação portuguesa entre Portugal e o Brasil, com o Porto e Lisboa como portos terminais num dos lados do Atlântico e Recife (depois da sua reconquista em 1654), Bahia e Rio de Janeiro no outro. Em troca, era concedido à Companhia o monopólio do fornecimento do Brasil com as quatro importações essenciais da colónia além dos escravos – vinho, farinha, azeite e bacalhau – a preços a serem fixados por ela própria. Estava autorizada a lançar impostos sobre todas as exportações brasileiras, que iam desde 100 réis por uma pele a 3400 réis por uma arca de açúcar branco. Foi-lhe concedida uma grande variedade de imunidade fiscal e de isenções alfandegárias em Portugal e a Coroa deu-lhe terreno para o seu arsenal em Lisboa. O capital investido nesta Companhia estava isento de confiscação por parte da Inquisição ou de qualquer outro tribunal; mesmo no caso de haver uma guerra entre Portugal e o país natal de um accionista estrangeiro, não seriam confiscados a este último,

O IMPÉRIO MARÍTIMO PORTUGUÊS

quer o seu investimento, quer os seus dividendos. Não se sabe ao certo quantos estrangeiros investiram dinheiro nesta Companhia, se bem que tivessem sido emitidas acções em Amsterdão, Paris e Veneza. O grosso do capital reunido (1 255 000 cruzados) veio dos mercadores cristãos--novos mais destacados de Lisboa, muito dele aparentemente na forma de empréstimos mais ou menos forçados. A projectada Companhia das Índias Orientais não passou do papel, apesar da insistência feita por Vieira na altura e mais tarde.

Desde o início, a Companhia defrontou-se com críticas acerbas vindas de ambos os lados do Atlântico, provenientes não só dos anti--semitas fanáticos que abundavam em todas as classes da sociedade portuguesa. Não conseguiu reunir capital suficiente para manter o seu contigente de trinta e seis navios de guerra e nalguns anos foi mesmo incapaz de fornecer uma única escolta. O papel determinante desempenhado pelos cristãos-novos na sua formação e gestão tornou-a suspeita aos olhos da nação fanaticamente católica apostólica romana e era crença geral que D. João IV morrera excomungado por ter interferido com a Inquisição neste ponto.

Embora Lisboa e o Porto beneficiassem com a concentração da navegação da Companhia naqueles dois portos, muitos dos mais pequenos portos, de Caminha a Lagos, estavam agora privados de um ramo de comércio marítimo que os mantivera (ainda que modestamente) durante gerações. Os pequenos mercadores e os arrais das caravelas sentiam-se esmagados pelos monopolistas e açambarcadores cristãos--novos de Lisboa. Mas as críticas mais válidas e verbais provinham da incapacidade da Companhia de fornecer ao Brasil as quatro importações básicas de vinho, farinha, azeite e bacalhau em quantidades suficientes e a preços razoáveis. Como escreveu o embaixador de Portugal em Paris a D. João IV quando a formação da Companhia estava ainda a ser discutida: «Os monopólios dos artigos que constituem as necessidades da vida demonstraram sempre ser altamente prejudiciais aos monarcas que os autorizaram; porque, mesmo que o tesouro real obtenha algum lucro com eles, o mal sofrido pelo povo ultrapassa de longe essa vantagem estritamente limitada».

As queixas contínuas dos colonos a este respeito foram calorosamente apoiadas pela maioria dos governadores coloniais e altos funcionários da Coroa. A influência de Vieira na corte ficou drasticamente reduzida com a sua ausência como missionário no Maranhão e a morte de D. João IV em Novembro de 1656. Alguns meses mais tarde foi retirada à Companhia a isenção de interferência por parte da Inquisição, e em 1658 foi abolido o seu monopólio de importação de vinho, farinha, bacalhau e azeite para o Brasil. Uma posterior redução dos seus privilégios foi seguida da sua incorporação na Coroa em 1664, tendo os seus accionistas sido indemnizados com a colocação de capitais

AS FROTAS DA ÍNDIA E AS FROTAS DO BRASIL

no monopólio do tabaco real. Continuou a funcionar como orgão do governo reorganizada desta forma, com o nome de Companhia Geral do Comércio do Brasil, com o objectivo de fornecer escoltas em escala reduzida às frotas do Brasil, até à sua extinção por decreto real, em 1 de Fevereiro de 1720.

Do ponto de vista financeiro, a criação do padre António Vieira não chegou a realizar aquilo que se esperava. Além do facto de a soma total de capital encarada originariamente nunca ter sido reunida, os judeus portugueses exilados em Amsterdão e em qualquer outro lado não investiam nela em quantidades consideráveis e a Companhia pagou apenas um dividendo (de 15%) antes da sua reorganização em 1662--1664. No entanto, o sistema de escoltas inaugurado em 1649 reduziu consideravelmente as perdas provocadas pelos Holandeses e por outros corsários. A reconquista do Recife e a expulsão dos Holandeses dos seus últimos redutos no Nordeste brasileiro durante o mês de Janeiro de 1654 deveram-se também fundamentalmente ao facto de a armada da Companhia ter tido temporariamente naquela altura o domínio do mar. A Companhia foi igualmente responsável pela criação e manutenção de um regimento de fuzileiros navais para servir nas suas frotas de escolta e esta unidade continuou a existir quando a Companhia foi reorganizada como órgão do Governo, sendo popularmente conhecido por «regimento da Junta», mesmo depois de 1720.

Infelizmente, não dispomos de listas das frotas anuais brasileiras antes do século XVIII, embora os nomes de praticamente todos os navios da carreira da Índia tenham sido conservados de uma ou outra forma. Mas enquanto as frotas anuais da Índia contavam em média apenas dois, três ou quatro navios na segunda metade do século XVII, neste período as frotas do Brasil contavam por vezes mais de 100 velas, o que as tornava portanto numericamente mais impressionantes do que as *flotas* espanholas contemporâneas. Na sua maioria, constituíam um conjunto muito heterogéneo e, apesar das regulamentações de 1648--1649 respeitantes à sua tonelagem e armamento, alguns deles estavam extremamente mal equipados. O comandante de quatro navios de guerra ingleses que se cruzaram com a frota do Brasil de 107 velas que fazia a viagem de regresso ao largo da costa portuguesa, em Julho de 1656, relatou: «Eram os navios no estado mais lastimoso que jamais vi. Tenho a certeza de que uma frota de doze ou catorze boas fragatas teria roubado e saqueado o que lhes apetecesse». Tal desgraça aconteceu, de facto, às frotas brasileiras, na viagem de regresso, que foram interceptadas por Blake e Popham, em 1650, e por De Ruyter, em 1657. No entanto, a instituição do sistema de escolta teve gradualmente como resultado a construção de navios maiores e melhores para o comércio brasileiro em ambos os lados do Atlântico, além do número considerável de navios mercantes estrangeiros que continuavam a ser fretados.

O IMPÉRIO MARÍTIMO PORTUGUÊS

A viagem de Lisboa para a Bahia durava em média cerca de dois e meio a três meses; para o Recife, ligeiramente menos; e para o Rio de Janeiro, ligeiramente mais, em condições razoavelmente favoráveis de vento e tempo. É evidente que uma viagem de dois ou três meses num navio para o Brasil era completamente diferente de uma viagem de seis a oito meses para a Índia, numa carraca sobrelotada onde grassavam o escorbuto e a disenteria. As condições climatéricas para a viagem do Brasil eram também muito melhores, regra geral, se bem que os navios que partissem na estação errada corressem o risco de ficar privados de vento, ou de encontrar (na viagem de regresso) os temporais do fim do Outono ou do princípio do Inverno, na latitude dos Açores. «Julho e Agosto são os melhores portos da Península», observou o grande almirante espanhol Don Fradique de Toledo. Em 1690 foi promulgado um decreto real determinando que as frotas anuais do Brasil deveriam zarpar dos portos portugueses, na viagem de ida, entre 15 de Dezembro e 20 de Janeiro, e partir dos portos brasileiros, na viagem de regresso, entre o fim de Maio e 20 de Julho. Estas datas foram posteriormente modificadas por sucessivos decretos reais mas, de qualquer modo, raras vezes foram rigorosamente cumpridas. Como o vice-rei conde de Sabugosa se queixou à Coroa em 1732, os comandantes dos navios mercantes e os das fragatas da escolta preferiam partir não nas datas ordenadas pela Coroa mas nas que convinham ao seu comércio privado e à sua conveniência pessoal. Nesta altura, as frotas do Brasil estavam organizadas em três comboios distintos que partiam de Lisboa respectivamente para o Rio de Janeiro, Bahia e Pernambuco. Todas estas frotas traziam para Lisboa carregamentos de ouro, açúcar, tabaco, couros e madeiras, mas a frota do Rio era geralmente a mais rica. A maior parte do ouro extraído de Minas Gerais, Goiás, Cuiabá e Mato Grosso era encaminhada para esse porto, tal como acontecia com grandes quantidades de reais-de-oito de prata peruanos que eram contrabandeados via Sacramento. Cada frota era escoltada por um a quatro navios de guerra, e o ouro, quer se destinasse à Coroa, quer a particulares, devia ser transportado apenas a bordo desses navios de guerra. O sistema de navegação em frotas foi abolido em 1765 e restabelecido só por pouco tempo entre 1797 e 1801.

Uma vez que as condições da viagem para o Brasil eram, em geral, muito mais favoráveis do que aquelas que predominavam na carreira da Índia, e visto que a duração da primeira não implicava que os marinheiros estivessem ausentes de casa durante tanto tempo, o problema da tripulação era menos grave nos navios do Brasil do que nos da Índia. Mas mesmo assim existia, e os viajantes das frotas brasileiras, especialmente durante os anos 1660-1730, faziam muitas vezes comentários sobre a elevada percentagem de marinheiros estrangeiros existentes nas tripulações. Um missionário capuchinho italiano observou (com evidente

224

AS FROTAS DA ÍNDIA E AS FROTAS DO BRASIL

exagero) que praticamente todas as raças, credos e cores existentes ao cimo da Terra estavam representados no navio em que viajou da Bahia para Lisboa em 1703. A correspondência entre os governadores do Brasil e o Conselho Ultramarino de Lisboa durante o século XVIII contém repetidas queixas respeitantes «à inexplicável relutância» dos habitantes da América portuguesa em oferecerem-se como voluntários para o serviço militar ou naval. Isto devia-se, pelo menos em parte, ao facto de a Coroa ser considerada um mau patrão, mesmo na época quase literalmente dourada de D. João V (1706-1750). Outra das razões era o facto de os indivíduos nascidos na América não aceitarem de boa vontade a disciplina militar e naval, como o demonstraram queixas idênticas feitas por sucessivos vice-reis espanhóis acerca da enorme relutância de Mexicanos e Peruanos em servirem como soldados. Durante o século XVIII manteve-se a escassez de oficiais navais portugueses experimentados, o que explica por que tantos oficiais holandeses, ingleses, franceses, e mesmo espanhóis serviram na Marinha de Sua Majestade Fidelíssima. Por outro lado, havia alguns comandantes extremamente competentes, como por exemplo António de Brito Freire e Gonçalo de Barros Alvim, que serviram a Coroa durante trinta ou quarenta anos em actividade praticamente contínua nas frotas da Índia e do Brasil.

O cronista baiano Rocha Pitta, ao escrever em 1724, gabava-se de «a nossa América portuguesa» enviar cerca de 100 navios para a Europa todos os anos carregados em média com um total de 24 000 arcas de açúcar, 18 000 rolos de tabaco, grandes quantidades de peles e de couros, «muitos milhões de ouro em pó, em barra e em espécie», além de madeiras para a construção naval e de outros produtos brasileiros. Escreveu isto no período mais próspero do comércio do Brasil, mas o valor das exportações coloniais teve uma descida súbita durante algum tempo depois de 1760, devido à queda da produção do ouro e a outras razões mencionadas atrás. Esta queda foi contrabalançada até certo ponto pelo grande aumento do comércio com Maranhão-Pará e Pernambuco-Bahia, obtido através do grande impulso dado pelas companhias monopolistas criadas por Pombal para essas regiões. A primeira companhia tinha uma frota de treze navios em 1759, de vinte e seis em 1768 e de trinta e dois em 1774, enquanto a última possuía uma frota de trinta e um navios em 1763, que tinha baixado para dezassete em 1776. A liquidação destas duas companhias, entre 1778 e 1788, foi por seu turno contrabalançada pela melhoria do comércio marítimo com o Rio de Janeiro e com a Bahia, que ocorreu depois de 1780. Por volta de 1796, a cidade de São Salvador, na Bahia de Todos-os-Santos, era novamente o porto com maior volume de comércio no mundo colonial português, posição essa que manteve até à época posterior à chegada do príncipe regente e ao refúgio da corte no Rio.

Capítulo X

O Padroado da Coroa
e as Missões Católicas

O cronista-soldado Diogo do Couto, que passou praticamente toda a sua vida adulta na Índia, e que se encontrava sem dúvida em posição de conhecer as coisas acerca das quais escrevia, diz-nos na sua sexta *Década* (1612): «Os reis de Portugal sempre procuraram na conquista do Oriente, ao unir os dois poderes, espiritual e temporal, que um não pudesse nunca ser exercido sem o outro». O cronista franciscano frei Paulo da Trindade, ao escrever a sua *Conquista Espiritual do Oriente* em Goa, em 1638, observou: «As duas espadas do poder civil e do eclesiástico andaram sempre tão unidas na conquista do Oriente que raramente encontramos uma a ser utilizada sem a outra; porque as armas só conquistaram através do direito que a pregação do Evangelho lhes dava, e a pregação só servia para alguma coisa quando era acompanhada e protegida pelas armas». Esta união indissolúvel da cruz e da coroa estava exemplificada no exercício do padroado real da Igreja no ultramar. Era uma das prerrogativas da Coroa portuguesa mais ciosamente guardadas e mais tenazmente mantidas, e durante a sua longa e tempestuosa história da luta pelas almas, foi frequentemente a causa de disputas azedas entre missionários portugueses e os de outras nações católicas apostólicas romanas.

O padroado português pode ser genericamente definido como uma combinação de direitos, privilégios e deveres concedidos pelo papado à Coroa de Portugal como patrona das missões e instituições eclesiásticas católicas apostólicas romanas em vastas regiões da Ásia e no Brasil. Estes direitos e privilégios advinham de uma série de bulas e breves

O IMPÉRIO MARÍTIMO PORTUGUÊS

pontifícios, que começaram com a bula *Inter caetera* de Calisto III em 1456 e culminaram com a bula *Praecelsae devotionis* de 1514. De facto, o padroado real da Coroa portuguesa no mundo não europeu esteve durante muito tempo limitado apenas pelos direitos e deveres idênticos conferidos ao padroado real da Coroa castelhana por uma série paralela de bulas e breves pontifícios promulgados em favor dos Reis Católicos entre 1493 e 1512. Os Bórgias e outros papas do Renascimento, devido às suas preocupações com a política europeia, com a vaga crescente do protestantismo e com a ameaça turca do Mediterrâneo, não se preocuparam muito com a evangelização dos novos mundos abertos pelos descobrimentos portugueses e espanhóis. Sucessivos vigários de Cristo não viram qualquer mal em deixar os monarcas ibéricos suportar as despesas da construção de capelas e de igrejas, da manutenção da hierarquia eclesiástica e do envio de missionários para converter os pagãos, em troca da concessão a esses governantes de enormes privilégios, como propor bispos para sés coloniais vagas (ou recentemente fundadas), de cobrar dízimos e de administrar alguns tipos de impostos eclesiásticos.

No que diz respeito a Portugal, muitos destes privilégios eclesiásticos haviam originariamente sido concedidos à Ordem de Cristo, à qual (em 1455-1456) fora concedida jurisdição espiritual sobre as «terras, ilhas e lugares» até então descobertos ou ainda a ser descobertos pelos Portugueses. Esta ordem religiosa militar foi fundada pelo rei D. Dinis em 1319 para substituir a recentemente suprimida Ordem Militar do Templo [os Templários]. Desde o tempo do Infante D. Henrique, a chefia da Ordem (quer se tratasse do grão-mestre ou do governador e administrador) era conferida a um membro da família real. Estava formalmente incorporada na Coroa, juntamente com o cargo de grão-mestre das duas outras ordens militares portuguesas, Santiago e Avis, pela bula papal *Praeclara charissimi*, de Dezembro de 1551. Na sua dupla qualidade de reis de Portugal e de «governadores e administradores perpétuos» da Ordem de Cristo, D. Manuel e os seus sucessores tinham o direito de padroado sobre todos os postos, cargos, benefícios e funções eclesiásticas nos territórios ultramarinos confiados ao padroado depois de as terras ainda não descobertas terem sido, de facto, divididas entre as Coroas de Portugal e de Castela pelo Tratado de Tordesilhas, em 1494. Na esfera do padroado, que, aquando da sua maior extensão em meados do século XVI, se estendia do Brasil ao Japão, nenhum bispo podia ser nomeado para uma sé existente e nenhuma nova sé podia ser criada sem a autorização do rei português ou, pelo menos, assim o afirmavam estes reis. Posteriormente pretenderam que nenhum missionário podia ser enviado para essas regiões sem a autorização da Coroa portuguesa, a não ser que viajasse num navio português.

Alguns adeptos do padroado afirmavam que o rei de Portugal era uma espécie de núncio do papa e que a sua legislação eclesiástica tinha

O PADROADO DA COROA E AS MISSÕES CATÓLICAS

a força dos decretos canónicos. Pombal, com o seu absolutismo real levado ao exagero, disse ao arcebispo de Goa recentemente nomeado, em 1774, que o rei de Portugal, em virtude da sua posição de grão-mestre da Ordem de Cristo, era um «prelado espiritual» com jurisdição e poderes «superiores a todos os prelados das dioceses e aos Ordinários de lugar das ditas igrejas no Oriente». Sem que fossem tão longe, sucessivos reis de Portugal agiram sem dúvida como se os bispos e o clero do ultramar fossem, em muitos aspectos, simples funcionários do Estado, como os vice-reis ou os governadores. Davam-lhes ordens sem qualquer consulta a Roma, controlavam as suas actividades, e legislavam frequentemente em assuntos eclesiásticos. Faziam o mesmo com os provinciais ou superiores das ordens religiosas que funcionavam nos territórios do padroado, e até por vezes com missionários individuais ou com párocos de freguesia. Recusavam-se a reconhecer a validade de quaisquer breves, bulas ou disposições papais relacionados com assuntos da esfera do padroado e que não tivessem sido aprovados pela Coroa portuguesa e registados com o *Regium Placet* da chancelaria real. Os dízimos cobrados pela Coroa deviam em princípio ser utilizados para financiar as missões e os estabelecimentos da Igreja nas possessões ultramarinas. Eram muitas vezes insuficientes para este fim e, então, eram completados com subsídios, pensões ou outras formas de pagamento feitas através do fundo geral da tesouraria real, se bem que os subsídios reais tivessem tendência para ser pagos «mal, tarde, ou nunca». Por outro lado, a Coroa utilizava por vezes uma parte substancial do dinheiro conseguido através dos dízimos para ajudar a cobrir os défices da administração geral, como aconteceu nas zonas mineiras auríferas de Minas Gerais durante o século XVIII.

Os reis de Portugal, quer os da Casa de Avis, quer os Habsburgos espanhóis (1580-1640), ou os da Casa de Bragança, ainda que defendendo com pertinácia os seus privilégios inegavelmente muito grandes do padroado, tinham também geralmente consciência dos deveres e das obrigações que eles implicavam. Nem houve nunca falta de prelados ou de missionários prontos a lembrar ao monarca reinante o seu dever para com as missões. A convicção de que Portugal era a nação missionária por excelência no mundo ocidental – «Alferes da Fé», como se vangloriava o poeta-dramaturgo Gil Vicente – estava espalhada e profundamente enraizada em todas as classes. O padre António Vieira exprimiu-a caracteristicamente numa carta escrita da sua missão no Maranhão ao jovem rei D. Afonso VI, em Abril de 1657:

> «Os outros reinos da cristandade, Senhor, têm como objectivo a preservação dos seus vassalos, para alcançarem a felicidade temporal nesta vida e a felicidade eterna na outra. E o reino de Portugal, além deste objectivo que é comum a todos, tem por seu

O IMPÉRIO MARÍTIMO PORTUGUÊS

objectivo particular e especial a propagação e a extensão da fé católica nas terras pagãs, para que Deus o criou e fundou. E quanto mais Portugal agir no sentido de manter este objectivo, tanto mais segura e certa será a sua conservação; e quanto mais dele divirja, tanto mais duvidoso e perigoso será o seu futuro».

Esta carta pode não ter impressionado muito o iletrado de catorze anos, e hemiplégico do lado direito, que subira recentemente ao trono; mas, com a possível excepção desse infortunado monarca, todos os outros governantes levaram muito a sério as suas responsabilidades missionárias. Decerto não teriam concordado com a observação do bispo de Cochim acerca da missão do Ceilão, em 1606, de «que sou eu e não o rei quem vai responder por ela na hora da morte e no dia do juízo final». Inúmeros despachos reais dirigidos aos vice-reis, governantes e bispos começam com a seguinte frase de abertura: «Porquanto a primeira e principal obrigação dos reis de Portugal é promover a obra da conversão por todos os meios ao seu alcance...» ou com expressões sinónimas. Se por vezes se tratava de fraseologia meramente convencional, muito mais vezes tinha um significado sincero. Os vice-reis, governadores e os órgãos independentes como, por exemplo, o Conselho Municipal de Goa, não raras vezes se queixavam de que o rei estava a gastar quantias exageradas dos seus limitados recursos locais com a Igreja e com as missões, mesmo em períodos de guerra ou de grave crise económica, como já referimos atrás.

Dito isto, é necessário reconhecer que os monarcas da Casa de Avis foram um tanto lentos na organização de uma hierarquia eficaz da Igreja no ultramar. As primeiras descobertas portuguesas na África e na Ásia encontravam-se, como já vimos, debaixo da jurisdição eclesiástica da Ordem de Cristo (que tinha a sua sede em Tomar), até à criação de um bispado no Funchal, na Madeira, em 1514. Apesar das distância a que se encontrava esta ilha atlântica do cenário das actividades missionárias portuguesas na Ásia, só vinte anos mais tarde foi criada em Goa uma diocese independente, com jurisdição que se estendia do cabo da Boa Esperança à China. Foi só em 1557 que Goa se tornou um arcebispado metropolitano com poderes sobre as sés recentemente criadas de Cochim e de Malaca, a que se seguiu a de Macau (1575). Esta longa demora está em contraste flagrante com o rápido desenvolvimento do padroado real na América espanhola, onde uma hierarquia eclesiástica perfeitamente autónoma funcionava nas Antilhas antes de 1515 e onde o arcebispado do México data de 1548. Como já referimos antes, o desenvolvimento realmente espectacular das missões portuguesas na Ásia começa com a chegada dos jesuítas, que foram também os mais corajosos intérpretes e defensores das pretensões do padroado durante os dois séculos seguintes.

230

O PADROADO DA COROA E AS MISSÕES CATÓLICAS

A primeira contestação feita ao padroado veio dos frades espanhóis missionários nas Filipinas, onde se fixaram a partir de 1565. Muitos dos frades consideravam estas ilhas uma ponte para os campos missionários muito mais prestigiosos da China e do Japão, que tinham sido praticamente um monopólio dos jesuítas e do padroado, desde 1549. Os missionários espanhóis das Ordens Mendicantes tentaram pela primeira vez abrir uma brecha neste monopólio no último quartel do século XVI, mas decorreram muitos anos até obterem o consentimento total de Madrid e de Roma. Filipe II de Espanha (I de Portugal) tinha consciência da lealdade duvidosa dos seus recém-conquistados súbditos e aceitou de um modo geral a opinião dos seus conselheiros portugueses de que os dois impérios do Extremo Oriente deveriam ser deixados aos missionários jesuítas do padroado. O seu sucessor (ou antes, o duque de Lerma, que governava em seu nome) não se preocupou tanto em favorecer os Portugueses e foi mais sensível aos pedidos estridentes dos seus próprios compatriotas. Em 1608, com a união da(s) Coroa(s) Ibérica(s), o papa Paulo V revogou o monopólio português da actividade missionária na maior parte da Ásia, autorizando formalmente os missionários espanhóis das Ordens Mendicantes a viajarem para a Ásia em navios que não fossem portugueses. Em 1633, esta concessão foi alargada a outras ordens religiosas e, em 1673, ao clero secular. Todas estas medidas apenas sancionaram o que estava há muito a acontecer na prática.

Um dos argumentos mais fortes utilizados pelos porta-vozes dos frades espanhóis nas suas críticas ao monopólio português e jesuíta das missões no Extremo Oriente era o de que nem o reino de Portugal nem a Companhia de Jesus, mesmo com a melhor das boas vontades, poderiam dispor de um número suficiente de homens para enfrentar com êxito a colheita real (para já não falar da potencial) de almas. O padre jesuíta Nuno da Cunha, enviado particular de D. João IV a Roma, em 1648, ao relatar ao seu rei uma conversa que havia tido com o papa Inocêncio X acerca deste problema, declarava que Sua Santidade

> «Afirmava que as conquistas de Portugal estavam a ser muito negligenciadas e que só os Congoleses pediam sessenta missionários; e os pedidos vindos da Índia e de outras conquistas eram tantos e tão grandes que ele estava informado de fonte segura que, mesmo se Sua Majestade quisesse enviar para lá todos os religiosos que existem em Portugal, eles não constituiriam senão uma pequena percentagem nos números que eram realmente necessários. Acrescentou que se eu tentasse negar este facto estaria a negar a verdade evidente, ou então demonstraria que eu não estava a preocupar-me com o fundo do problema, que consistia em que as conquistas só foram concedidas [ao padroado] por causa da salvação de almas».

O IMPÉRIO MARÍTIMO PORTUGUÊS

O papa Inocêncio X insistia, portanto, como o tinham feito os seus três antecessores imediatos, que o monopólio missionário português não era eficaz e estava ultrapassado e que missionários de outros países europeus deviam ser autorizados a ir para a África e para a Ásia sem qualquer interferência dos Portugueses.

A indiferença relativa da maior parte dos papas do Renascimento pelas missões ultramarinas não foi de maneira nenhuma compartilhada pelos seus sucessores seiscentistas. Urbano VIII (1623-1644), em particular, foi um patrono entusiástico do esforço missionário. O papado estava agora perfeitamente consciente de que os enormes privilégios que haviam sido concedidos tão facilmente ao padroado português e ao *patronato* espanhol eram, em muitos aspectos, inconvenientes e subversivos para a autoridade papal. Os papas nada podiam fazer em relação ao Império Hispano-Americano, onde os reis de Castela mantiveram e, de facto, alargaram a esfera de acção do seu *patronato real* até aos movimentos de independência do século XIX – tal como o fizeram no Brasil os reis de Portugal, tanto os Habsburgos como os Braganças. Mas na Ásia e na África os Portugueses haviam ficado numa posição muito mais fraca, depois de o seu monopólio marítimo ter sido destruído pelos Holandeses e pelos Ingleses. O papado teve, portanto, possibilidade de reduzir e de restringir as pretensões do padroado nesses dois continentes durante todo o século XVII e XVIII. Urbano VIII e os seus sucessores justificaram esta acção não só com base na manifesta incapacidade dos Portugueses em fornecerem pessoal missionário em número suficiente, mas também no argumento mais capcioso de que as primeiras concessões tinham tido como intenção ser aplicadas apenas aos territórios controlados efectivamente pelos Portugueses e não a reinos africanos ou asiáticos independentes.

O orgulho e o patriotismo portugueses ressentiram-se muito com esta atitude do papado, e os monarcas da Casa de Bragança travaram um tenaz combate na retaguarda em defesa dos seus prezados direitos de padroado. D. João IV salientava, com bastante razão, que a Coroa portuguesa nunca tentara impedir missionários estrangeiros de irem para as missões do padroado, desde que o fizessem com a autorização do rei de Portugal, viajassem em navios portugueses e ficassem directamente subordinados ao controlo do governo português através dos seus provinciais e superiores, como acontecia com os missionários portugueses. Isto era perfeitamente verdade e basta apenas lembrarmo-nos de algumas das figuras mais destacadas da história missionária portuguesa – Xavier, Valignano, Ricci e Schall no Oriente, Anchieta e Meade no Brasil – para reconhecermos a justiça deste argumento. Mas os monarcas portugueses insistiam que a escolha final do pessoal missionário devia ficar confiada a eles e não a Roma. Pretendiam que podiam recusar homens que considerassem não convir ou serem

232

O PADROADO DA COROA E AS MISSÕES CATÓLICAS

potencialmente desleais, como os espanhóis, ou, por vezes, italianos, flamengos ou outros indivíduos vindos de Estados ou Principados controlados pela Coroa espanhola durante a Guerra da Independência, de 1640 a 1668. De um modo igualmente compreensível, o papado não estava já disposto a aceitar as enormes (ainda que bem fundamentadas legalmente) pretensões do padroado, e insistia em enviar missionários escolhidos por si para regiões da África e da Ásia que não estavam submetidas ao Governo português.

O crescente controlo papal das missões foi exercido primeiro através do Sagrado Colégio da Propaganda Fide, fundado em Roma em 1622, e de forma secundária através do encorajamento da fundação de várias missões francesas e italianas na África e no Oriente. O primeiro secretário desta instituição, o prelado italiano Francesco Ingoli, que ocupou este importante cargo durante vinte e sete anos, era decididamente antiportuguês e criticava muitos os jesuítas. Custou-lhe muito tempo e preocupações compilar relatórios acerca das condições das missões do padroado, tendo dependido sobretudo de informações fornecidas por um brâmane goês cristão, Matheus de Castro, de quem falaremos adiante. Entre as muitas faltas de omissão e de comissão que Ingoli imputava ao padroado e aos seus adeptos, contavam-se a nomeação real dos funcionários eclesiásticos; a equiparação dos decretos reais aos breves pontifícios; o fornecimento de fundos insuficientes para a manutenção das igrejas; o facto de se deixarem bispados vagos; a relutância dos bispos em ordenarem padres asiáticos, mesmo quando estes possuíam todas as qualificações necessárias, como acontecia com muitos dos brâmanes goeses; o baptismo de pagãos à força; a recusa dos jesuítas em colaborarem com as outras ordens religiosas e as pressões por eles exercidas sobre os seus convertidos no mesmo sentido. Algumas das sés do padroado eram tão vastas em extensão que os bispos não podiam cumprir devidamente os seus deveres espirituais, mesmo que o tentassem fazer. Finalmente, outra crítica feita vulgarmente aos Portugueses era a de que eram excessivamente devotos das formas e cerimónias exteriores da Igreja mas negligenciavam o desenvolvimento espiritual de cada indivíduo.

Algumas destas críticas eram exageradas (Matheus de Castro não era, de modo nenhum, uma testemunha imparcial), outras eram injustas (o papado recusou-se a reconhecer a independência portuguesa e a consagrar bispos portugueses entre 1640 e 1668), mas muitas delas eram perfeitamente verdadeiras. Além disso, eram reforçadas por informação idêntica proveniente de outras fontes, como por exemplo de António Albergati, o núncio papal em Lisboa, em 1623. Afirmava que a crueldade e a imoralidade dos Portugueses na África e na Ásia constituíam um grande obstáculo para a obra da conversão. O seu clero, afirmava ele, tanto o secular como o regular, tem, na sua maioria, um nível extre-

O IMPÉRIO MARÍTIMO PORTUGUÊS

mamente baixo, se bem que neste aspecto particular os jesuítas fossem por ele reconhecidos como uma excepção, e muitos deles estavam mais interessados nas actividades mercantis do que nas missionárias. Sugeria que a única maneira de pôr um freio neste lamentável estado de coisas seria enviar missionários cuidadosamente escolhidos que não fossem portugueses e mandá-los por terra, pela Síria e pela Pérsia. A sua sugestão não foi imediatamente aceite mas, durante o segundo quartel do século XVII, Ingoli criou em Roma uma influente corrente de opinião extremamente desfavorável ao padroado, especialmente ao padroado na Ásia, e que não se limitava aos cardeais da Propaganda Fide. Em 1658, os primeiros vigários apostólicos, membros de uma nova sociedade missionárias francesa, denominada Société des Missions Étrangères de Paris, partiam para o Oriente com a aprovação da Propaganda Fide e do papado. Seguiram-se-lhes muitos outros, sobretudo franceses e italianos, dependendo todos eles directamente da Santa Sé e não do padroado. Estes primeiros vigários apostólicos eram também bispos titulares *in partibus infidelium*, e uma das suas tarefas principais era encorajar a formação de um clero nativo nos territórios que não estavam efectivamente ocupados pelos Portugueses.

D. João IV mal estava há um ano no seu ainda inseguro trono quando enviou ordens ao vice-rei e ao arcebispo de Goa, proibindo-os de receberem missionários mandados pela Propaganda, a não ser aqueles que tivessem vindo para a Ásia via Lisboa com o exequátur real. Quaisquer missionários que não tivessem o *Regium Placet* e que se aventurassem em território português deveriam ser presos e deportados para Lisboa no primeiro navio da carreira que fizesse a viagem de regresso, sendo, no entanto, tratados com o respeito devido ao seu hábito. Estas ordens foram frequentemente repetidas durante os cinquenta anos seguintes, mas o grau com que foram cumpridas variou. O padre António Vieira notou aprovadoramente que o seu amigo conde de São Vicente, que era vice-rei da Índia em 1666-1668, «pouco antes da sua morte escreveu uma carta ao cardeal Orsini em Roma, na qual dizia formalmente o seguinte: que se viessem para a Índia bispos que não tivessem sido apresentados pelo rei de Portugal, os mandaria enforcar publicamente em Goa, mesmo com o risco de a Congregação da Propaganda os declarar mártires. E não pensassem Sua Eminência nem a Congregação que poderiam fugir-lhe, porquanto ele tinha muitos soldados e navios de guerra». Dois destes prelados haviam, de facto, sido deportados para Lisboa em 1652; mas, por outro lado, os Portugueses deram abrigo em Goa, em 1664 e, novamente, em 1684, a alguns vigários apostólicos que estavam a ser ameaçados de perseguição no continente por governantes muçulmanos ou hindus.

Apesar de se poderem recordar estes e outros casos esporádicos de caridade cristã, as relações entre os representantes do padroado e os da

O PADROADO DA COROA E AS MISSÕES CATÓLICAS

Propaganda continuaram muito tensas durante séculos. Frei Jacinto de Deus, um frade capuchinho macaense e cronista da sua ordem em Goa, informou o príncipe regente D. Pedro, em 1671, de que os vigários apostólicos não faziam quaisquer convertidos – «aquilo que eles dizem nos livros publicados na Europa são puras falsidades. Esta colheita foi semeada e apanhada pelos Portugueses e só os Portugueses se ajustam a ela». Esta observação ultranacionalista aparecia em muita correspondência da época, tanto feita por leigos como pelo clero. Consequentemente, a Coroa tinha um apoio total para a sua política de se manter firme no *Jus Patronatus*, que sempre defendeu ser um direito legal, e um direito que, nas palavras de um documento papal de 1588, «ninguém podia desrespeitar, nem mesmo a Santa Sé em consistório, sem o expresso consentimento do rei de Portugal». Um século mais tarde, os tempos haviam mudado para Roma, mesmo que o não tivessem para Lisboa. O papado defendia agora que os favores e os privilégios concedidos anteriormente à Coroa de Portugal não podiam ser interpretados como um contrato estritamente bilateral, e que o *jus patronatum* não era de modo nenhum uma total alienação do direito superior e essencial da Igreja. A Santa Sé, sob a pressão das circunstâncias, podia modificar, retirar ou revogar os antigos privilégios do padroado, se interesses mais elevados e o maior bem para as almas postulassem uma tal acção. A luta que se seguiu foi, consequentemente, longa e amarga, tendo as etapas finais sido decididas já nos nossos dias, e só algumas das maiores vicissitudes podem ser resumidas aqui.

No Japão, que foi o cenário dos primeiros conflitos, e onde a rivalidade entre jesuítas e frades foi, a determinada altura, pouco menos grave do que uma guerra sem quartel, a perseguição impiedosa movida à cristandade pelo governo de Tokugawa a partir de 1614 teve como consequência cerrar as fileiras missionárias. Todas as ordens se viram envolvidas na catástrofe que se seguiu e os seus mártires competiam uns com os outros sobretudo na firmeza que demonstravam no posto. Na China, a posição foi complicada pelo problema dos «ritos chineses», que, por vezes, quase chegou a dilacerar a igreja missionária dividida entre 1650 e 1742. Este problema teve as mais sérias repercussões na Europa, onde esteve envolvido na controvérsia entre os jesuítas e os jansenistas acerca da graça e do livre-arbítrio, tendo culminado numa autêntica batalha de livros, na qual os mais célebres escritores dessa época, incluindo Arnauld, Bayle, Leibniz e Voltaire, tomaram parte. A sociedade chinesa estava baseada num sistema de família com a veneração dos antepassados e sacrifícios rituais como factos centrais. Paralelamente a estes ritos ancestrais, havia o culto estatal de Confúcio, que envolvia também cerimónias em que eram acesas velas e queimado incenso. No seu conjunto, estes ritos constituíam a pedra-chave do sistema a partir do qual o imperador e a classe governante

O IMPÉRIO MARÍTIMO PORTUGUÊS

da China – os chamados letrados ou nobreza erudita – obtinham a sua autoridade. Negligenciar estes ritos e rituais era considerado uma coisa imperdoável, tanto social como politicamente, ao passo que aderir a qualquer das duas religiões «populares» – o budismo e o taoísmo – era perfeitamente opcional.

Matteo Ricci, o célebre fundador da missão jesuíta de Pequim, estava convencido, depois de ter estudado os clássicos chineses, de que os ritos não eram «de modo nenhum idólatras e que talvez não fossem supersticiosos». Considerava-os essencialmente ritos cívicos que, com o correr dos tempos, poderiam converter-se em práticas católicas. Nem todos os missionários jesuítas concordavam com ele, se bem que a grande maioria o fizesse, e a sua atitude acomodatícia face aos ritos tornou-se e manteve-se durante muito tempo o ponto de vista oficial dos jesuítas. Os frades missionários espanhóis das Filipinas, dominicanos e franciscanos inicialmente, seguidos por agostinianos na década de 1680, adaptaram, na sua maioria, a atitude oposta. Consideravam os ritos uma pura idolatria e recusavam-se a permitir que os seus convertidos participassem neles, se bem que alguns dos frades modificassem a sua atitude depois de vários anos de experiência. Esta controvérsia, juntamente com problemas correlacionados, tais como o termo chinês correcto para o conceito de Deus, foram repetidamente remetidos a Roma para decisão final. Depois de muita hesitação e de muitas declarações ambíguas, para já não dizer contraditórias, o papado acabou por condenar as discutidas cerimónias como idólatras através da constituição *Ex illa die*, publicada em Roma, em 1715. Os jesuítas, sob vários pretextos, evitaram cumprir este decreto, de modo que se manteve entre os missionários uma luta com três frentes seguindo, mais ou menos, as mesmas linhas. Os jesuítas portugueses e os seus colegas italianos defendiam tanto as pretensões do padroado como a interpretação dos ritos feita por Ricci. Os jesuítas da missão francesa (patrocinada por Luís XIV), que haviam chegado em 1688, toleravam os ritos chineses mas opunham-se ao padroado português. Os frades missionários espanhóis e os vigários apostólicos enviados pela Propaganda Fide opunham-se tanto aos ritos como ao padroado. A confusão acerca dos ritos só ficou resolvida com a promulgação da constituição papal *Ex quo singulari* de 1742, que obrigava todos os missionários actuais e futuros a fazerem um juramento de que não tolerariam a prática dos ritos sob qualquer feitio ou forma nem sob qualquer pretexto.

Em 1717, o papa Clemente XI reconheceu formalmente as três sés chinesas, Pequim, Nanquim e Macau, como fazendo parte da esfera do padroado, e fez uma meia promessa de criar outras três nas mesmas condições. A *Gazeta de Lisboa*, jornal oficial, anunciou jubilosamente que D. João V havia sido reintegrado na categoria de «o director absoluto das missões do Oriente», mas provou-se que este contentamento era

236

O PADROADO DA COROA E AS MISSÕES CATÓLICAS

prematuro. Continuaram a ser nomeados vigários apostólicos em todas as províncias da China sem qualquer consulta feita a Lisboa e os prelados portugueses na Ásia acabaram gradualmente por adoptar o ponto de vista do Vaticano. Quando o vice-rei, o conde da Ericeira, pediu ao arcebispo de Goa que publicasse uma pastoral tolerando os ritos chineses, em 1719, o primaz retorquiu: «A experiência tem demonstrado que todas as disputas anteriores entre reis e pontífices têm sido, mais tarde ou mais cedo, amigavelmente resolvidas e que todos os prelados e dignitários que, directa ou indirectamente, se têm atrevido a opor-se às decisões de Roma têm sido alvo de uma severa desaprovação por parte do Vaticano». O arcebispo acrescentava que havia jurado obedecer à constituição *Ex illa die* perante o núncio em Lisboa e considerava as instruções papais mais compulsivas do que os privilégios da Coroa portuguesa. O vice-rei não escondeu a sua indignação perante aquilo que denominou de conduta não patriótica do arcebispo e escreveu aos jesuítas portugueses de Pequim instando com eles para que se mantivessem firmes na defesa do padroado e dos ritos chineses. De facto, estes continuaram a fazê-lo até ao momento em que foram obrigados a prestar juramento denunciando os ritos chineses, em 1744, mas mantiveram o seu incondicional apoio ao padroado até à extinção da companhia, ordenada por Pombal, no Império Português, em 1759-1760.

Através deste acto, Pombal não só destruiu o principal pilar do padroado, instituição de que era um advogado ainda mais ardente do que os jesuítas jamais tinham sido, mas desferiu também um golpe quase fatal nas missões católicas apostólicas romanas na Ásia, a maioria das quais estava já em declínio. Entretanto, a controvérsia acerca dos ritos originara que o até então tolerante imperador K'ang-hsi ameaçasse proibir a propagação do cristianismo na China, pelas razões que anotou num comentário marginal que surgiu na tradução chinesa da constituição *Ex illa die*:

«Depois de ter lido este decreto, posso apenas dizer que os europeus são indivíduos de espírito acanhado. Como podem falar acerca dos princípios morais da China se não conhecem absolutamente nada acerca dos costumes, dos livros, ou da língua chinesa que lhes possa permitir compreendê-los? Muito do que afirmam e discutem faz-nos rir. Hoje vi o núncio papal [*Mezzabarba*] e o decreto. Comporta-se realmente como um padre budista ou taoísta ignorante, se bem que as superstições mencionadas sejam as de religiões sem importância. Este género de conversa irreflectida não poderia ter sido mais extrema. De agora em diante, os europeus não devem mais pregar na China. Devem ser proibidos de o fazer para evitar complicações».

O IMPÉRIO MARÍTIMO PORTUGUÊS

Embora, afinal, o imperador não tenha cumprido a sua ameaça de expulsar todos os missionários das províncias, estes passaram a trabalhar com dificuldades cada vez maiores, a partir dessa altura. Os jesuítas estavam autorizados a permanecer indemnes na corte de Pequim, onde eram utilizadas as suas capacidades científicas e técnicas, especialmente no campo da matemática e da astronomia. Os seus colegas que trabalhavam nas províncias foram ocasionalmente perseguidos mas desde que não interferissem, as autoridades provinciais deixavam-nos geralmente em paz, a eles e aos seus convertidos. Estes últimos provinham agora quase totalmente das classes mais pobres, porquanto a condenação final dos ritos, feita em 1742, havia tornado impossível a conversão de quaisquer mandarins ou funcionários, ainda que os dominicanos espanhóis pudessem afirmar ter convertido alguns em Fuquiém.

Outra das dificuldades da Igreja na China setecentista era o facto de a Coroa de Portugal estar sempre terrivelmente em atraso no que respeitava à remuneração dos bispos. D. João V, o *Magnânimo*, havia ordenado que as despesas dos bispos do padroado deviam ser satisfeitas com verbas retiradas no Tesouro real na Ásia portuguesa. Devido às lutas contínuas com os árabes omanis, com os Maratas e outros, que ocorreram durante todo este período, nunca havia fundos suficientes em Goa ou Macau para pagar todas as despesas episcopais no seu total, e alguns dos bispos nada recebiam dessas fontes durante dez ou vinte anos a fio. Uma pequena percentagem das somas esbanjadas por D. João V na construção do convento-palácio de Mafra, ou no patriarcado de Lisboa, teria chegado amplamente para financiar todos os bispos do padroado, mas este monarca nunca conseguiu economizar nessas particulares *folies de grandeur* ([1]).

O nacionalismo exacerbado que havia conduzido a uma rivalidade tão amarga entre os vários missionários europeus na China não se limitava, evidentemente, aos Portugueses, ainda que eles fossem os que o possuíssem em maior escala. Os jesuítas franceses, patrocinados por Luís XIV, apoiaram activamente os interesses seculares da França, e eram muito pouco amistosos nas relações com os seus colegas lusitanos. O padre Jean de Fontaney, no regresso a França para ir buscar mais recrutas para as missões, disse, em 1699, a um agostiniano espanhol que encontrou em Cantão, «que não descansaria enquanto não tivesse corrido com todos os padres portugueses, e que traria todos os jesuítas franceses que pudesse, somente para conseguir este fim». O mesmo agostiniano, frei Miguel Rubio, afirmou posteriormente que os trinta e quatro frades espanhóis – franciscanos, dominicanos e agostinianos –

---

(1) Manias de grandeza, em francês no original. (*N.T.*)

238

O PADROADO DA COROA E AS MISSÕES CATÓLICAS

que se encontravam então na China, não se submeteriam nunca «a qualquer bispo de outro rei». Acrescentou que, mesmo que estes frades estivessem dispostos a fazê-lo, os seus superiores em Manila nunca os autorizariam a isso, e o rei de Castela não toleraria nunca tal violação do seu *patronato* – «porquanto viemos todos para as Filipinas a expensas do Tesouro real, que também pagou a nossa viagem dali para cá e paga agora a nossa estada aqui».

A estreita ligação entre o poder espiritual e temporal europeu não deixou de ser notada na corte de Pequim. A posição de Macau como quartel-general da Igreja militante na Ásia Oriental e como cavalo de Tróia para a conversão da China era particularmente invejada. «Desta fortaleza real», escreveu um entusiástico jesuíta português em 1650, «partem quase todos os anos os pregadores do Evangelho para combater em todas as terras pagãs vizinhas, içando o estandarte real da Cristandade nos mais altos e fortes baluartes da idolatria, pregando Cristo crucificado, e submetendo ao doce jugo da Sua santíssima lei os reinos e os impérios mais orgulhosos e mais isolacionistas». Macau havia sido fortemente fortificada à maneira europeia depois do fracassado ataque holandês de que foi alvo em 1622, e muitos funcionários chineses consideravam que se podia tornar uma testa-de-ponte da expansão europeia, não só do ponto de vista meramente religioso e comercial mas também do ponto de vista militar e político. Foi necessário todo o tacto e influência dos jesuítas de Pequim para frustrar os esforços peródicos feitos pelos xenófobos funcionários confucianos para induzirem o imperador a ordenar a destruição ou, pelo menos, a evacuação da Cidade do Santo Nome de Deus na China.

O imperador Yung-cheng, que subiu ao Trono do Dragão em 1723, não encarava os jesuítas com tão bons olhos como o fizera o seu ilustre pai, e estava ainda mais consciente da ameaça que o cristianismo constituía como religião, pelo menos potencialmente subversiva da ordem confuciana estabelecida. Ao discutir um dia o assunto com alguns dos jesuítas de Pequim, observou, numa previsão espantosamente presciente da «política de canhoneira» que apoiou os esforços missionários europeus no século XIX:

«Dizem que a vossa lei não é uma lei falsa. Acredito em vós. Se imaginasse que era falsa, que é que me teria impedido de destruir as vossas igrejas e de os expulsar delas? Que diriam se eu enviasse um grupo de bonzos e lamas ao vosso país para pregarem as suas doutrinas? Quereis que todos os Chineses se tornem cristãos. Sei que a vossa lei o exige. Mas, nesse caso, que é que nos acontecerá? Tornar-nos-emos súbditos do vosso rei? Os convertidos que fazem reconhecer-vos-ão apenas a vós em alturas de perturbação. Não ouvirão outra voz que não seja a vossa. Sei

O IMPÉRIO MARÍTIMO PORTUGUÊS

que, no momento presente, não há nada a temer, mas quando os vossos navios vierem aos milhares haverá, então provavelmente, uma grande desordem... O imperador [K'ang-hsi], meu pai, perdeu muito da sua reputação junto dos eruditos pela condescendência com que vos deixou fixar-vos aqui. As leis dos nossos antigos filósofos não admitem qualquer mudança, e eu não permitirei que o meu reino se exponha a um tal ataque».

Quando houve tantos obstáculos à propagação do cristianismo na China, tendo os europeus sido responsáveis por alguns dos maiores, é surpreendente que os missionários tenham conseguido os êxitos que conseguiram. Faltam-nos dados de confiança quanto ao número de convertidos, e os afirmados pelos semeadores do Evangelho eram geralmente exagerados, mas o número total dificilmente poderia ter ultrapassado os 300 000 na altura em que o padroado estava no auge, no princípio do século XVIII. Este é um número notável, tendo em conta o número relativamente pequeno de missionários (perto de 120) existentes na China; mas é muito modesto em relação à população total do império, que totalizava então cerca de cem milhões de indivíduos. O número de convertidos declinou rapidamente na segunda metade do século XVIII, particularmente depois da expulsão dos jesuítas, e é incerto que houvesse mais de 50 000 católicos romanos na China em 1800.

Na Indochina e no Sião, os missionários do padroado travaram também uma batalha obstinada mas perdida contra a invasão dos vigários apostólicos e dos missionários enviados pelo *Rei Sol* de França, que se consideravam muito mais bem treinados e instruídos do que os do *Rei Merceeiro* de Portugal. Querelas contínuas acerca da jurisdição eclesiástica havidas entre as duas partes foram decididas em favor dos recém-chegados, através de um breve do papa Clemente X em 1673, dirigido ao arcebispo de Goa, e que, na prática, retirava da jurisdição do padroado todos os territórios que não eram nessa altura governados pela Coroa portuguesa – *extra dominium temporale regni Portugalliae*. Os missionários portugueses de Macau que haviam construído missões florescentes em Tonquim e na Cochinchina (Vietname do Norte e do Sul) só se submeteram finalmente em 1696. Juntaram-se-lhes posteriormente espanhóis (de Manila) e italianos, tendo os franceses adquirido previamente posição através do padre jesuíta Alexandre de Rhodes, que desempenhou no Vietname um papel na adaptação do cristianismo à cultura e sociedade regionais mais ou menos semelhante ao de Matteo Ricci na China. No espaço de dois séculos, os missionários conseguiram formar no Vietname um clero nativo e uma comunidade cristã que foram, em determinados aspectos, os mais fortes e os mais profundamente enraizados no continente asiático, com resultados

240

O PADROADO DA COROA E AS MISSÕES CATÓLICAS

a longo prazo que são dolorosamente evidentes nos nossos dias e na nossa geração.

Com a expulsão do poder português e dos padres portugueses do Ceilão em 1656-1658, os convertidos católicos romanos dessa ilha sofreram forte perseguição movida pelos Holandeses nas províncias marítimas e nas terras baixas que ficaram sob o seu controlo. As comunidades católicas foram salvas da extinção que as ameaçava graças à acção do venerável frei José Vaz, um missionário goês do Oratório, que chegou ao Ceilão em 1687 e aí morreu em 1711. Tendo estabelecido o seu quartel-general no reino budista de Candi, no interior montanhoso, ele e os seus sucessores deram aos católicos das terras baixas a liderança moral e material necessária para poderem sobreviver ao regime calvinista que os perseguia. Brâmanes indianos de origem, podiam circular disfarçados com relativa facilidade, e restabeleceram as relações entre os católicos do Ceilão e os seus correligionários do continente. Um movimento de revivalismo budista que se desenvolveu em Candi na segunda metade do século XVIII teve como consequência uma menor tolerância dos governantes locais por esses missionários católicos que viviam entre eles; mas, por essa altura, os oratorianos goeses estavam suficientemente estabelecidos nas regiões marítimas para não precisarem de utilizar Candi como base. A Igreja calvinista do Ceilão havia também deixado de ser uma igreja proselitista (se é que o foi alguma vez), e as leis anticatólicas constantes do código nunca mais foram rígida e obrigatoriamente cumpridas pelas autoridades holandesas. Quando os Ingleses substituíram os Holandeses no Ceilão, no final do século XVIII, deparou-se-lhes uma comunidade católica activa e enérgica. Se bem que não fosse tão numerosa como havia sido no apogeu do poder português, quando havia à volta de 75 000 cristãos só no reino tâmil hindu de Jafna, compreendia um grande número de crentes espalhados por toda a ilha que haviam sido reforçados na sua fé pela actuação abnegada dos oratorianos goeses. Como o Conselho Ultramarino de Lisboa tinha testemunhado à Coroa em 1717: «Estes missionários procedem de um modo tão exemplar que só eles e os padres da Companhia são os verdadeiros missionários e os mais indicados para converter as almas dos nativos da Ásia».

A autoridade eclesiástica do padroado sobre a diocese de Meliapor (Mailapur), que havia sido criada em 1606 e abrangia a região costeira oriental da Índia, Bengala e Pegu, foi mais ou menos respeitada até 1776. Nesse ano, o governo francês de Pondicherry aboliu a jurisdição do padroado nos territórios franceses da Índia e o papado aceitou o *fait accompli*; mas Calcutá e Madrasta só foram separadas do padroado em 1834. A região de Madura, na costa sudeste, foi evangelizada em parte por missionários jesuítas inspirados pelo italiano Roberto de Nobili (que morreu em 1656), o qual fez concessões consideráveis ao sistema

O IMPÉRIO MARÍTIMO PORTUGUÊS

de castas hindu nos seus esforços para atrair convertidos de castas superiores. Os ritos do Malabar, como acabaram por ser denominados, foram inevitavelmente objecto da mesma suspeita de não ortodoxia que os ritos chineses e, por fim, condenados, depois de uma violenta controvérsia (que teve também repercussões literárias na Europa), pelo papa Bento XIV em 1744.

Na outra costa da Índia, o padroado teve sérios problemas depois da ocupação inglesa de Bombaim, onde os padres do padroado eram suspeitos de formar uma quinta coluna portuguesa. A Companhia das Índias Orientais expulsou estes padres portugueses de Bombaim, em Maio de 1720, substituindo-os por carmelitas italianos do vicariato apostólico de Deli, cuja concordância prévia haja sido secretamente obtida. As autoridades portuguesas de Lisboa e de Goa protestaram contínua e energicamente contra esta violação do padroado. Quase setenta anos mais tarde, a Companhia das Índias Orientais cedeu, por-quanto já não havia qualquer possibilidade de Portugal reconquistar a província do Norte, perdida às mãos dos Maratas. Em Maio de 1789, Bombaim foi devolvida à jurisdição do arcebispo de Goa, mas muitos dos católicos locais tomavam agora o partido dos carmelitas italianos desalojados, e os seus apelos, seguidos por contra-apelos feitos pelos defensores do padroado, sucediam-se, rapidamente, em Lisboa, Lon-dres e Roma. Depois de muita hesitação e indecisão, a Companhia das Índias Orientais resolveu finalmente o problema – pelo menos tem-porariamente – por um julgamento salomónico prévio, concedendo duas das quatro paróquias disputadas ao padroado e duas ao vicariato apostólico.

Durante os séculos XVII e XVIII, as missões da África Orien-tal permaneceram incontestadas na esfera do padroado, à excepção da Abissínia, de onde os jesuítas foram violentamente expulsos (ou mar-tirizados) em 1632-1638, tendo esse país ficado a partir de então ina-cessível à penetração europeia tal como acontecera com o Japão de Tokugawa. Na outra costa da África, os reis cristianizados do velho reino do Congo, originariamente o melhor exemplo da acção missioná-ria portuguesa, tentaram induzir o papado a transferir a jurisdição ecle-siástica do seu domínio do padroado para o controlo directo de Roma, no século XVII. Não o conseguiram, mas o controlo remoto exercido pelo bispo de Luanda (para onde a Sé de São Salvador do Congo havia oficialmente sido transferida em 1676) quebrou-se completamente com a desagregação do reino banto por essa mesma altura. Os capu-chinhos italianos enviados pela Propaganda Fide para trabalharem no Congo e em Angola juravam obediência ao padroado a partir de 1649. A opinião geral é a de que foram, de longe, durante mais de um século, os missionários mais eficazes no interior. Mas a taxa de mortalidade provocada pelas febres tropicais foi sempre extremamente elevada

242

O PADROADO DA COROA E AS MISSÕES CATÓLICAS

entre eles. Por volta de 1800 havia apenas dois sobreviventes, e a sua missão, outrora florescente, estava praticamente extinta. O bem que fizeram sobreviveu-lhes e os viajantes de meados do século XIX foram testemunhas do «amor e veneração com que a sua memória é guardada entre todas as classes de negros». Capuchinhos espanhóis e italianos foram também enviados pela Propaganda Fide para fundar missões em Benim, Warri e noutras zonas da Baixa Guiné (actual Nigéria), entre 1648 e 1730, primeiro com um manifesto desrespeito pelas pretensões do padroado, mas posteriormente com a autorização e a cooperação da Coroa portuguesa. Não conseguiram qualquer êxito duradouro, em parte devido à elevada taxa de mortalidade existente entre os missioná-rios e em parte devido à sua incapacidade ou relutância em fazerem um estudo profundo das crenças religiosas daqueles que estavam a tentar converter.

A jurisdição eclesiástica do padroado nunca foi eficazmente con-testada na Alta Guiné portuguesa nem nas ilhas de Cabo Verde, e ainda menos na América portuguesa, como já vimos. O ponto a que D. João V, considerado geralmente o monarca mais subserviente para com a Santa Sé, estava disposto a lutar pelos seus direitos de padroeiro no Brasil foi exemplificado pela sua recusa inflexível de permitir que quaisquer ordens religiosas se fixassem em Minas Gerais. Esta política foi originariamente adoptada com base no argumento de que frades renegados estavam a contrabandear ouro das áreas mineiras. A sua con-tinuação foi provavelmente devida à determinação da Coroa de evitar a despesa da manutenção de convertidos e de mosteiros para o clero regular, numa região em que estava igualmente decidida a extrair a última onça de ouro em dízimos. Houve queixas constantes ao longo do século XVIII acerca da qualidade medíocre de muito do clero secu-lar de Minas Gerais. Até certo ponto, a culpada deste facto era a Coroa, que não fornecia o dinheiro para a necessária manutenção dos padres das paróquias para além dos dízimos que cobrava, forçando-os assim a irem pedir dinheiro aos seus próprios paroquianos.

Qualquer estudo feito em profundidade da história do padroado durante os séculos XVII e XVIII deve mostrar que este foi muito mais vezes objecto de críticas do que de elogios entusiásticos por parte dos estrangeiros, quer estes últimos fossem franceses, espanhóis e italianos católicos apostólicos romanos, ou Ingleses e Holandeses protestantes. O resumo anterior deve mostrar com evidência que, frequentemente, estas críticas eram justificadas, mas é igualmente evidente que, mesmo quando o padroado se havia tornado mais uma responsabilidade do que um bem para a Igreja, havia algumas excepções muito honrosas, como, por exemplo, o caso das missões servidas pelos oratorianos goeses no Ceilão e pelos capuchinhos italianos em Angola. Esta instituição pecu-liar foi, além disso, capaz de inspirar uma lealdade devotada a alguns

O IMPÉRIO MARÍTIMO PORTUGUÊS

dos clérigos nativos que a serviam, mesmo nos seus dias mais tene-
brosos. Entre eles, conta-se a figura bastante patética do padre vietnamita Filipe Binh, aliás Filipe do Rosário. Criado e educado na missão
de Tonquim, dos jesuítas, chegou a Lisboa com três companheiros em
1796, como enviado do seu povo, para pedir missionários portugueses
sob os auspícios do padroado. Os tempos da Revolução Francesa e
das guerras napoleónicas eram particularmente pouco propícios para
tal projecto. Morreu, em 1833, sem ter voltado a ver a sua terra natal.
Foi o último defensor do padroado na Indochina e deixou vinte e três
volumes de obras manuscritas em vietnamita, português e latim como
prova da sua dedicação a esta causa perdida.

O ano da morte de Binh em Lisboa foi também o ano em que subiu
ao poder a monarquia anticlerical e liberal de D. Pedro IV. A nação
estava na bancarrota depois de uma guerra civil que havia durado três
anos, e D. Pedro, juntamente com alguns dos seus principais defensores,
estava convencido de que as ordens monásticas possuíam uma enorme
riqueza. A crença era infundada, mas foi em grande parte responsável
pela decisão governamental de suprimir todas as ordens religiosas e
de confiscar todas as suas propriedades, como foi ordenado por um
decreto datado de 28 de Maio de 1834. As relações com o Vaticano
haviam sido cortadas no ano anterior e só foram reatadas em 1841, mas
estes e outros acontecimentos situam-se fora do desígnio da presente
obra. O que pretendo frisar é que tanto a monarquia liberal, como a
república anticlerical que lhe sucedeu em 1910, se bem que hostis ou
indiferentes em relação à Igreja na metrópole, fizeram tudo o que puderam para manter as históricas pretensões do padroado, especialmente
no Oriente. O mesmo aconteceu com a ditadura salazarista pró-clerical,
se bem que a esfera de acção do padroado que já fora extensiva à Ásia
se reduzisse agora a Macau, a Timor português e às modestas comunidades católicas apostólicas romanas de Malaca e de Singapura.

Capítulo XI

«Pureza de Sangue» e «Raças Infectas»

Não faltam eminentes autoridades contemporâneas que afirmem que os Portugueses nunca tiveram quaisquer preconceitos raciais dignos de menção. O que essas autoridades não explicam é a razão pela qual, nesse caso, os Portugueses, durante séculos, puseram uma tal tónica no conceito de «limpeza» ou «pureza de sangue» não apenas de um ponto de vista classista mas também de um ponto de vista racial, nem a razão por que expressões como «raças infectas» se encontram com tanta frequência em documentos oficiais e na correspondência privada até ao último quartel do século XVIII. Está implícita uma indicação, embora cônscia, na afirmação feita pelo falecido professor Edgar Prestage, em 1923: «É motivo de consideração o facto de Portugal, à excepção dos escravos e dos judeus, não fazer qualquer distinção de raça ou cor e de todos os seus súbditos, logo que convertidos ao catolicismo, serem elegíveis para cargos oficiais». Uma vez que os escravos negros e os indivíduos de origem judaica constituem, de modos diferentes, segmentos muito importantes da sociedade no Império Português, esta afirmação contribui bastante para destruir a pretensão simultânea acerca da ausência de preconceitos de raça ou cor. Os cristãos-novos e os escravos negros não eram os únicos indivíduos em relação aos quais se fazia discriminação e este é um facto histórico facilmente verificável; e nem todos os católicos apostólicos romanos eram, de modo algum, elegíveis para os cargos oficiais. A posição que existia de facto era muito mais complexa, e atitudes e políticas variáveis foram dominantes em alturas e lugares diferentes, constituindo a teoria uma coisa e a prática

O IMPÉRIO MARÍTIMO PORTUGUÊS

outra. Dado o papel preponderante desempenhado pela Igreja católica apostólica romana na sociedade portuguesa metropolitana e ultramarina, podemos começar por considerar o problema do clero nativo na Índia portuguesa.

Vimos que um congolês educado em Lisboa foi nomeado bispo titular de Útica em 1518 (capítulo IV). Este precedente particular de um bispo negro não foi seguido durante vários séculos, mas um breve papal do mesmo ano autorizava o capelão real de Lisboa a ordenar «Etíopes, Indianos e africanos» que pudessem ter atingido os padrões morais e educacionais exigidos para o sacerdócio. Este foi o primeiro passo no sentido da formação de um clero indiano indígena, se bem que só em 1541 se tenha feito um sério esforço para dar seguimento a este projecto. Nesse ano, o vigário-geral de Goa, Miguel Vaz, convenceu as autoridades civis e eclesiásticas locais a patrocinarem a fundação de um Seminário da Santa Fé para a educação e treino religioso de jovens asiáticos e africanos orientais, não sendo nele admitidos europeus nem euro-asiáticos.

Pouco depois da sua chegada a Goa, os jesuítas assenhorearam--se desta instituição e associaram-na ao seu colégio de São Paulo. Autorizaram a admissão de alguns jovens europeus e euro-asiáticos, mas, basicamente, este estabelecimento continuou a ser um seminário para treinar catequistas e padres seculares asiáticos, que se destinavam a trabalhar nas missões situadas entre o cabo da Boa Esperança e o Japão. Em 1556 havia 110 pupilos neste seminário, das seguintes nacionalidades: 19 portugueses nascidos na Europa (reinóis); 10 castiços, ou rapazes nascidos de pais portugueses na Ásia; 15 mestiços ou euro-asiáticos; 13 malabares, que eram provavelmente cristãos de São Tomás; 21 canarins, ou habitantes maratas-concanis de Goa; 5 chineses; 5 bengalis; 2 peguanos; 3 cafres, ou bantos da África Oriental; 1 guzarate; 1 arménio; 5 «mouros» ou ex-muçulmanos; 6 abissínios, e 5 rapazes dos sultanatos de Decão. A idade de admissão fora fixada em treze anos de idade mínima e em quinze de máxima. O *curriculum* era decalcado do dos colégios jesuítas da Europa, sendo as disciplinas predominantes o latim e os estudos teológicos. Mas os estudantes tinham de praticar os seus idiomas vernáculos duas vezes por dia, integrados nos grupos da respectiva nacionalidade, para que continuassem a falar fluentemente as suas línguas nativas. Os que completavam o curso eram elegíveis para ser ordenados padres seculares (mas não regulares), se bem que, no caso de não serem europeus, não o podiam fazer antes dos vinte e cinco anos.

O Seminário da Santa Fé era, portanto, uma instituição multirracial no sentido mais estrito do termo e, como tal, única no género. Inevitavelmente, havia a princípio enormes diferenças de opinião entre os Portugueses que viviam na Índia acerca das qualidades e potencialidades

246

«PUREZA DE SANGUE» E «RAÇAS INFECTAS»

destes estudantes indígenas. Mesmo alguns dos jesuítas mostravam-se extremamente cépticos em relação a qualquer experiência. Estes críticos partilhavam o ponto de vista defendido por muitos, que foi mais tarde condensado no aforismo atribuído a Hilaire Belloc: «A Fé é a Europa, e a Europa é a Fé». Um dos seus primeiros reitores, frei António Gomes, afirmava: «Na maioria, as pessoas desta terra são pobres de espírito, e sem padres portugueses não conseguiríamos nada. Porque os leigos portugueses que se encontram aqui não querem confessar-se a padres indianos ou euro-asiáticos, mas só a padres de sangue puramente português». São Francisco Xavier, que defendeu calorosamente e reorganizou este seminário e o contíguo Colégio Jesuíta de São Paulo, advogava a ideia de que noviços indianos não deviam ser admitidos na Companhia de Jesus. Ele e os seus sucessores defendiam a ideia de que os recrutas indianos se tornariam bons catequistas, auxiliares e assistentes dos padres das paróquias que provinham, na maioria, do clero regular europeu. Alguns dos poucos padres seculares indianos dos primeiros tempos, que haviam sido ordenados pelos franciscanos antes da chegada dos jesuítas, não deram boas provas. Alguns dos pupilos do Colégio de São Paulo não conseguiam acompanhar a exigência do curso, cuja língua em que se ministravam os estudos mais adiantados era o latim. Estes desapontamentos, se bem que inevitáveis na primeira e segunda gerações de cristãos, juntamente com o desdenhoso desprezo manifestado pelos leigos portugueses face aos padres indianos e euro--asiáticos, teve como resultado um endurecimento da atitude de todas as ordens religiosas que actuavam na esfera do padroado oriental. Um visitador jesuíta que esteve em Goa escreveu ao geral da Companhia, em Roma, em Dezembro de 1568:

> «A experiência ensinou-nos que não é agora conveniente admitir nativos da região na Companhia, nem mesmo quando se trate de mestiços. Os superiores das outras ordens religiosas acabaram também por aceitar muito fortemente esta maneira de pensar. Além disso, pessoalmente penso que, se forem bem treinados e doutrinados, alguns deles podem ser capazes de ajudar os ordinários; e, com o correr do tempo, talvez possamos, mesmo nós próprios, ser capazes de admitir alguns deles, para não fecharmos totalmente a porta a qualquer nação, visto que Cristo, Nosso Senhor, morreu por todos nós».

Apesar da sugestão do visitador, houve apenas um indiano que foi ordenado padre da Companhia de Jesus até à sua extinção em 1773. Este indivíduo era um brâmane cristão chamado Pêro Luís, que fora admitido em 1575. Se bem que tivesse demonstrado ser um excelente padre, que lutou acaloradamente pela admissão de alguns dos seus

O IMPÉRIO MARÍTIMO PORTUGUÊS

compatriotas até ao momento da sua morte, em 1596, o quarto geral jesuíta, Everard Mercurian, opôs-se terminantemente à admissão de asiáticos ou euro-asiáticos em 1579. Por recomendação de Alexandre Valignano, o grande reorganizador das missões jesuítas na Ásia entre 1574 e 1606, foi feita em breve uma excepção em favor da admissão de Japoneses ao sacerdócio, e este favor foi depois alargado aos Chineses, Indochineses e Coreanos. Valignano continuou a opor-se terminantemente à admissão de Indianos na Companhia e comportou-se quase do mesmo modo em relação aos euro-asiáticos:

> «Tanto porque todas as raças escuras são muito estúpidas e viciosas, e espiritualmente do mais baixo nível que é possível, como também porque os Portugueses as tratam com o maior dos desprezos, e ainda porque entre os habitantes da região são menos estimados do que os Portugueses. Quanto aos mestiços e castiços, ou admitimos muito poucos ou absolutamente nenhuns; especialmente no que diz respeito aos mestiços, visto que quanto mais sangue nativo têm, mais se parecem com os Indianos e menos estimados são pelos Portugueses».

Os mesmos argumentos foram utilizados quase um século mais tarde por outro jesuíta, o padre Nuno da Cunha, em Roma. Declarou que a experiência de 160 anos de evangelização no Oriente havia demonstrado que os clérigos indianos não serviam para nada melhor do que simples párocos. Nem os hindus nem os muçulmanos os respeitavam, como faziam em relação a missionários europeus; e ao clero secular indiano faltava assim o estatuto e o prestígio necessários àqueles que espalham a Fé. Mesmo depois de os padres goeses do Oratório haverem demonstrado que o clero indígena podia atingir os mais elevados padrões, os jesuítas continuavam a recusar-se a admitir esses goeses na sua Companhia, conquanto louvassem calorosamente as virtudes de frei José Vaz e dos seus companheiros.

Mais tarde ou mais cedo, todas as outras ordens religiosas que trabalhavam sob a alçada do padroado asiático adaptaram o precedente estabelecido pelos jesuítas. Os franciscanos, que em 1589 ainda admitiam mestiços como noviços em Goa (se bem que os seus superiores em Portugal lhes tivessem dado ordens para não o fazerem), gabavam-se, cinquenta anos mais tarde, do facto de fazerem uma discriminação racial rigidamente exclusiva. Na década de 1630, os frades franciscanos nascidos na Europa que se encontravam em Goa fizeram uma tentativa para impedir qualquer crioulo (nascido de pais brancos no Oriente) de obter lugares elevados nos vários ramos asiáticos da Ordem. Esta tentativa só não foi coroada de êxito porque os crioulos enviaram a Roma um dos seus, frei Miguel da Purificação, que havia nascido perto de

«PUREZA DE SANGUE» E «RAÇAS INFECTAS»

Bombaim. Levou consigo um síndico indiano para mostrar a Sua Santidade, o Papa, a diferença entre um crioulo e um indiano. Frei Miguel conseguiu afinal o que pretendia e obteve um breve papal postulando que os frades nascidos de pais brancos puros na Ásia eram elegíveis para ocupar uma percentagem justa de cargos na Ordem. Mas só conseguiu este resultado lutando contra uma dura oposição por parte dos franciscanos portugueses nascidos na Europa. Os frades europeus afirmavam que os seus colegas crioulos, ainda que nascidos de pais brancos puros, haviam sido amamentados por amas indianas na sua infância e que, portanto, o seu sangue ficava contaminado para toda a vida. Frei Miguel rejeitou este argumento e replicou que muitos Portugueses de tez escura que vinham para a Índia eram, na realidade, mulatos ou indivíduos com um quarto de sangue negro, contaminados por sangue negro, «se bem que afirmassem que haviam ficado queimados pelo sol durante a viagem».

Quanto aos dominicanos, se bem que admitissem na sua Ordem um irmão do chefe supremo ou «imperador» da confederação tribal do Monomotapa na Zambézia, esta foi uma das poucas excepções que apenas confirmam a regra geral. Frei António Ardizone Spínola, um teatino italiano aristocrático que conheceu pessoalmente este frade dominicano banto em Goa, recordava mais tarde: «Embora seja um padre-modelo que leva uma vida muito exemplar, dizendo missa todos os dias, todavia, nem o hábito que usa o faz ser digno de alguma consideração aqui, só pelo facto de ser negro. Se eu o não tivesse visto, não teria acreditado.» Frei Ardizone Spínola foi um crítico extremamente violento da manutenção, entre os Portugueses, de uma discriminação racial rígida na Igreja e no Estado, como demonstrou numa série de sermões que pregou durante a sua estada em Goa (1639-1648) e que publicou à sua custa, em forma de livro, em 1680, depois do seu regresso à Europa. Acusou os Portugueses de, na Índia, considerarem todas as raças de cor (mas especialmente indianos e africanos) intrinsecamente inferiores à branca. Afirmou que os padres e prelados portugueses se recusavam muitas vezes e permitir que os convertidos de cor das classes baixas e os escravos negros recebessem a comunhão, apesar de não ser exercida contra eles na metrópole qualquer discriminação.

«Um proprietário de escravos teria perguntado indignadamente: "Será que os meus cafres devem receber a comunhão? Deus me proíba de alguma vez os autorizar a fazê-lo!" A sua mulher diz o mesmo: "Será que a minha escrava negra deve receber o Senhor? Deus me livre!" E, se lhes perguntarem porquê, o primeiro responderá: "Porque não estão aptos para isso, são grandes patifes", e a última dirá: "Ela é uma víbora e cheia de vícios".»

No momento em que os Portugueses decidiram encorajar o crescimento de um clero secular (distinto de um regular) indiano, tinham também acabado por compreender que não podiam destruir o antiquíssimo sistema de castas hindu através de um ataque frontal, e que teriam de viver em harmonia com ele. Sem entrar nas intricadas ramificações deste sistema, com os seus grupos fechados, hereditários e que se autoperpetuam, cada um dos quais com características próprias, podemos relembrar as suas quatro divisões tradicionais mais importantes. Os brâmanes, ou classe sacerdotal; os xátrias, ou classe militar; os vaixiás, de que faziam parte mercadores e camponeses; e os sudras, ou lacaios e servos, com os «intocáveis» na base da pirâmide social. O clero secular indiano era quase todo recrutado entre os *Brahmins*, ou brâmanes, como lhes chamavam os Portugueses, depois de estes terem sido convertidos em massa pela força, a partir de 1540, embora candidatos de origem xátria fossem ordenados ocasionalmente. Os brâmanes convertidos mantinham o seu orgulho de casta e de raça e só muito raramente se casavam com as portuguesas e nunca com os seus inferiores sociais indianos. Do mesmo modo, as castas mais baixas que se tornavam cristãs não perdiam o seu arreigado respeito pelos brâmanes e continuavam a venerar estes últimos como se fossem ainda os seus superiores «duas vezes nascidos» e naturais. Houve uma altura em que os brâmanes tentaram excluir os sudras cristãos das suas igrejas, e apesar de o não terem conseguido, os sudras continuam a ter de ocupar os seus lugares ao fundo da igreja, tão longe quanto possível do altar-mor.

Um número cada vez maior de brâmanes havia sido ordenado padres seculares a partir de 1558, e após duas ou três gerações acabaram naturalmente por levar a mal a sua exclusão sistemática das fileiras das ordens religiosas e dos altos cargos eclesiásticos. As razões para esta discriminação contra os clérigos seculares indianos eram triplas. Em primeiro lugar, os Portugueses não confiavam completamente neles, e, portanto, mantiveram as paróquias fronteiriças de Bardez e Salsete a cargo, respectivamente, dos franciscanos e dos jesuítas. Em segundo lugar, como já vimos, a grande maioria dos Portugueses tinha um desprezo esmagador pelos Canarins, como eles chamavam aos indígenas, que desprezavam como raça vil, covarde, fraca e efeminada atitude que ainda se encontra reflectida, aliás, nas obras do grande romancista português novecentista, Eça de Queirós. O termo «canarim» não tinha inicialmente uma conotação ofensiva, mas já a havia adquirido a meio do século XVII, e manteve o mesmo sentido pejorativo até aos nossos dias. Em terceiro lugar, o clero regular europeu e crioulo, ou pelo menos grande parte dele, estava ansioso por conservar para si próprio os benefícios mais lucrativos e as posições mais vantajosas.

O clero secular brâmane encontrou, afinal, num dos seus membros, Matheus de Castro, um paladino notável. Tendo o arcebispo de

Goa recusado ordená-lo depois de se ter formado no colégio franciscano dos Reis Magos, foi a Roma, onde Francesco Ingoli o protegeu (capítulo X). Consagrado bispo de Crisópolis, *in partibus infidelium*, em 1637, devotou a partir daí os seus consideráveis talentos polémicos à defesa da causa do clero secular brâmane nas suas sucessivas funções de vigário apostólico no reino de Bijapur do xá Adil, e de conselheiro confidencial dos cardeais da Propaganda Fide em Roma, onde morreu com uma idade avançada, em 1677. As violentas denúncias feitas por Matheus de Castro das autoridades coloniais portuguesas pelos seus preconceitos e discriminação racial, se bem que por vezes obviamente exageradas, ajudaram seguramente a reforçar a convicção da Propaganda Fide e da Santa Sé de que a formação de um clero nativo era essencial para o desenvolvimento correcto do cristianismo na Ásia. O papa Inocêncio XI disse a monsenhor Pallu, bispo de Heliópolis e vigário apostólico de Tonquim, na véspera da sua partida para o Extremo Oriente em 1671: «Preferiríamos saber que ordenou um padre nativo a saber que baptizou meio milhão de pagãos. Os jesuítas baptizaram muitos, mas, posteriormente, a sua obra desfez-se em fumo porque não ordenaram padres nativos». Trata-se de um exagero palpável (e, presumivelmente, deliberado), mas reflecte a consciência crescente que havia em Roma de que os prelados do padroado e do *patronato* hesitavam indevidamente em encorajar a formação de um clero nativo – como de facto faziam, ainda mais na Manila espanhola do que na Goa portuguesa.

Apesar do entusiasmo declarado do Vaticano pelo clero nativo em 1671, passou quase um século até que se fizesse qualquer coisa eficaz para melhorar a sua posição subordinada na Índia portuguesa. Em parte como consequência da escassez crescente de vocações missionárias na Europa, os teatinos de Goa aceitaram noviços indianos na sua Ordem, em 1750; mas foi o marquês de Pombal quem mais actuou para acabar com a discriminação racial eclesiástica contra os indianos do que o papado e a Propaganda Fide juntos. O primeiro passo foi dado com a promulgação do famoso decreto de 2 de Abril de 1761. Este edicto informava o vice-rei da Índia e o governador-geral de Moçambique de que, a partir de então, aos súbditos asiáticos e afro-orientais da Coroa portuguesa que tivessem sido baptizados cristãos devia ser atribuído o mesmo estatuto legal e social que aos brancos nascidos em Portugal, porquanto «Sua Majestade não distingue os seus vassalos pela cor mas pelos méritos de cada um». Além disso, e tratava-se de coisa sem precedentes, era considerado crime o facto de os portugueses brancos chamarem aos seus compatriotas de cor «negros, mestiços e outros nomes insultuosos e ultrajantes», como era hábito fazerem. Este decreto foi repetido dois anos mais tarde em termos ainda mais categóricos, mas as autoridades de Goa não deram um passo para o fazer cumprir. Passaram

O IMPÉRIO MARÍTIMO PORTUGUÊS

mais de dez anos até que fosse feita qualquer coisa eficaz, o que só se deu porque os clérigos seculares indianos de Goa enviaram uma petição a Pombal, queixando-se de que ainda continuavam numa posição estritamente subordinada devido ao arcebispo, sem quaisquer perspectivas de promoção. Afirmavam que havia mais de 10 000 padres nativos na Índia portuguesa – o que era, sem dúvida, um grande exagero –, muitos dos quais plenamente qualificados para ocuparem postos vagos na capela da catedral e para outros cargos. No entanto, o arcebispo continuava a recusar nomear qualquer deles, preenchendo todas as vagas com europeus de classe baixa ordenados à pressa e semi-iletrados, ou mesmo com «chineses ilegítimos» de Macau.

Esta petição produziu uma viva reacção de Pombal, que, nesta ocasião, actuou com um verdadeiro déspota esclarecido. Foram enviados para Goa um novo vice-rei e um novo arcebispo em 1774, com instruções estritas não só para fazerem cumprir a legislação anti-racial que havia sido calmamente posta na prateleira pelos seus antecessores, mas também para favorecer os clérigos seculares indianos em detrimento do clero regular europeu nos casos em que as pretensões de ambos a cargos eclesiásticos fossem sensivelmente idênticas. Pombal citou explicitamente os métodos romanos clássicos de colonização como ideal que os Portugueses deviam tentar alcançar no seu território ultramarino, onde a concessão da cidadania portuguesa aos nativos cristianizados (não se pensava sequer em dar a hindus, muçulmanos ou budistas, etc., o mesmo ou idêntico estatuto) os tornaria, a partir de então, iguais em todos os aspectos aos habitantes brancos de Portugal. As ideias do Iluminismo podem distinguir-se claramente nas instruções dadas por Pombal ao novo vice-rei em 1774:

> «Vossa Excelência deve actuar de tal maneira que a propriedade das terras cultivadas, os ministérios sagrados das paróquias e das missões, o exercício das funções públicas, e até os postos militares, devem ser confiados, na sua maioria, aos nativos, ou aos seus filhos e netos, independentemente do facto de a cor da sua pele ser mais clara ou mais escura. Porque, para além do facto de serem todos igualmente vassalos de Sua Majestade, é também conforme ao direito divino, natural e humano que em caso algum afirma que os estrangeiros devem excluir os nativos dos frutos do solo em que nasceram, nem dos seus cargos e benefícios. E o procedimento contrário dá origem a um ódio e injustiça implacáveis, que clamam aos céus por um castigo condigno».

A política anti-racista de Pombal foi continuada depois da sua queda do poder pelo governo de D. Maria I. O novo secretário de Estado, ao escrever ao bispo de Cochim em Março de 1779, acentuava

«PUREZA DE SANGUE» E «RAÇAS INFECTAS»

a necessidade que continuava a existir de conceder benefícios aos clérigos indianos que estivessem qualificados para eles.

«Neste ponto [acrescentou Martinho de Mello e Castro] é necessário avisar Vossa Excelência de que a repressão e o desprezo com que os ditos nativos têm sido tratados até agora nesse Estado são a causa principal da inércia e incapacidade que lhes são atribuídas. E esta é a razão pela qual Sua Majestade tem, nas províncias de Goa, Salsete e Bardez, mais de 200 000 pessoas de ambos os sexos que são absolutamente inúteis para o serviço da Igreja, da Coroa e do Estado.»

Deve dizer-se em justiça da Coroa portuguesa e dos seus conselheiros que a abortada conspiração para a independência ocorrida em 1787, que foi organizada por alguns clérigos nativos e reprimida com uma severidade tão cruel pelas autoridades locais, não afectou a continuação da política anti-racista pombalina. As Ordens Mendicantes mais antigas haviam, gradualmente, seguido o exemplo dos Teatinos na admissão de noviços indianos, processo que foi acelerado pelo declínio das vocações missionárias na Europa depois da queda dos jesuítas. Na altura da supressão de todas as ordens religiosas no Império Português em 1834-1835, de uns 300 clérigos regulares que existiam em Goa só 16 eram europeus, sendo os restantes indianos. Além disso, em 1835 um padre goês tornou-se administrador do arcebispado que esteve vago durante dois anos, se bem que só no século XX um padre de origem goesa chegasse a cardeal. Mas se o clero indiano português teve uma longa e difícil luta para perder o estigma de pertencer a uma raça inferior, e se decorreram séculos até conseguir alcançar a igualdade total com os padres de origem europeia, o mesmo se passou no resto do mundo colonial. De facto, graças sobretudo a Pombal, esse déspota excentricamente esclarecido, alcançaram um grau relativamente elevado de consideração muito antes dos seus colegas das Filipinas e de todas as outras regiões.

A força da discriminação racial no Império Português, mais especialmente no que diz respeito aos negros, é demonstrada mais adiante pelo fracasso de Pombal em conseguir que se formasse um clero indígena na África Oriental. Um decreto real datado de 29 de Maio de 1761, inspirado por ele, ordenava a construção de um seminário na ilha de Moçambique, onde não só brancos mas também mulatos e negros livres podiam preparar-se para o sacerdócio secular. Este decreto citava explicitamente os precedentes do «reino de Angola e das ilhas de São Tomé e Príncipe, onde os párocos, cónegos e outros dignitários provêm geralmente dos clérigos negros que são nativos dessas regiões». Apesar das palavras peremptórias deste decreto, nunca se fez nada para o

O IMPÉRIO MARÍTIMO PORTUGUÊS

cumprir. Um historiador eclesiástico contemporâneo da África Oriental portuguesa, o cónego Alcântara Guerreiro, observou tristemente, em 1954: «Se bem que tenham passado quase dois séculos desde a promulgação deste decreto, ainda está para ser ordenado o primeiro padre nativo em Moçambique». É verdade que alguns bantos da África Oriental foram ordenados padres em Goa durante os séculos XVII e XVIII, como o exemplar frade dominicano citado pelo padre Ardizone Spínola. Mas estes padres negros ficavam na Índia portuguesa e nunca voltaram à sua terra natal. Não posso afirmar que isto fosse ou não consequência de uma política deliberada. O facto é que o clero de cor de Moçambique, que foi alvo de tantas críticas por parte dos governadores e dos funcionários da Coroa durante o século XVIII, era invariavelmente constituído por goeses e por indo-europeus.

Na África Ocidental, pelo contrário, predominou uma atitude muito mais liberal, tendo sido ordenados alguns congoleses educados em Lisboa logo no reinado de D. Manuel. Este precedente foi seguido sucessivamente nas ilhas de Cabo Verde, em São Tomé, e, depois de considerável hesitação, em Angola, com diferentes resultados. O padre António Vieira, que passou a semana do Natal em Cabo Verde, na ilha de Santiago, em 1652, ficou muito impressionado com alguns dos clérigos indígenas. «Há aqui», escreveu ele, «clérigos e cónegos tão pretos como o azeviche, mas são tão bem-educados, tão exemplares, tão cultos, tão bons músicos, tão discretos e tão perfeitos que muitos deles podem muito bem ser invejados por aqueles que estão nas nossas catedrais, na metrópole». O entusiasmo de Vieira pelos clérigos de cor da África Ocidental não era compartilhado pela maioria dos seus compatriotas. Um bispo de São Tomé havia afirmado, em 1595, que os negros não convertidos só podiam ser baptizados por padres brancos porque desprezavam os pretos. Quase dois séculos mais tarde, o governador de Angola criticava os clérigos de cor com base em que «a brancura da pele e a pureza da alma» eram geralmente interdependentes. Os missionários capuchinhos italianos criticavam também muito os padrões e os costumes morais baixos do clero de cor, estigmatizando-os como concupiscentes, simoníacos e activamente empenhados no comércio esclavagista. Mas a enorme taxa de mortalidade existente entre os brancos da África Ocidental, acrescida da extrema relutância do clero português em servir nessa região, asseguraram que um clero mulato – e, em menor grau, negro – continuasse a existir, ainda que não exactamente a florescer. Na ilha de São Tomé, os cónegos mulatos do cabido da catedral fizeram uma petição à Coroa em 1707 para que não fossem nomeados mais negros para este cargo sacerdotal, fazendo, assim, com que estes últimos lhes pagassem na mesma moeda.

No Brasil nunca se pôs sequer o problema de ordenar ameríndios puros, por razões óbvias. Os decretos pombalinos de 1755-1758, que

254

«PUREZA DE SANGUE» E «RAÇAS INFECTAS»

colocaram os aborígenes cristianizados exactamente ao mesmo nível dos *moradores* brancos, em teoria e segundo a lei, não trouxeram qualquer diferença na prática a este respeito. As constituições sinodais do arcebispado da Bahia, que foram redigidas em 1707 e publicadas em 1719-1720, eram baseadas nas que estavam em uso em Portugal e reflectem uma situação estabelecida desde há muito. Decretavam que os candidatos à ordenação deviam ser, entre outras coisas, isentos de qualquer mácula racial de «judeu, mouro, mourisco, mulato, herético ou de *outra alguma infecta nação reprovada*». A pureza de sangue do candidato tinha de ser provada através de um inquérito judicial, no qual sete ou oito cristãos-"velhos" prestavam um juramento de conhecimento pessoal testemunhando que pais e avós de ambos os lados estavam isentos de quaisquer máculas raciais ou religiosas. Nos casos em que se provava que existia algum «sangue defeituoso» ancestral, podia obter-se uma dispensa do bispo local ou da Coroa, tal como acontecia também em relação a outros impedimentos judiciais como, por exemplo, nascimento ilegítimo e deformidade física. Na prática, isto acontecia frequentemente; mas não se podia ter qualquer certeza prévia de que se obteria uma dispensa e o inquérito judicial só raramente era uma farsa. Além disso, era sempre mais fácil obter uma dispensa se o candidato tivesse qualquer remoto antepassado ameríndio ou protestante europeu de raça branca do que se lhe corresse nas veias algum sangue judeu ou negro. Todas as ordens religiosas que se haviam fixado no Brasil mantiveram uma discriminação racial rígida contra a admissão de mulatos.

Tal como tinha acontecido na Índia portuguesa, desenvolveu-se no Brasil uma rivalidade considerável entre os frades crioulos e os seus colegas de origem europeia do clero regular. A incidência desta rivalidade entre «os filhos da terra» e «os filhos do reino» variou nas diferentes ordens e em diferentes épocas. Por volta de 1720, havia-se tornado tão aguda na província franciscana do Rio de Janeiro que deu origem à promulgação de um breve papal decretando que todos os cargos deviam ser ocupados alternadamente por crioulos e por indivíduos de origem europeia. Esta Lei da Alternativa, como foi chamada, manteve-se em vigor até 1828, mas parece não ter acalmado as facções rivais durante qualquer espaço de tempo considerável, ao longo de todo este período. A ordem com a exigência racial mais rígida era a dos Carmelitas Descalços de Santa Teresa, que se fixou em Olinda, em 1686. Durante os 195 anos seguintes, estes frades recusaram-se firmemente a admitir quaisquer noviços nascidos no Brasil, por muito «puro» que o seu sangue fosse, e recrutavam os seus membros exclusivamente entre os indivíduos nascidos na Europa e educados em Portugal, sobretudo na região do Porto.

Os monges beneditinos do Rio de Janeiro tinham aparentemente um espírito mais aberto na altura em que lorde Macartney visitou esta

O IMPÉRIO MARÍTIMO PORTUGUÊS

cidade em 1792. Educavam alguns mulatos descendentes de mães escravas, e «estes frades mencionaram, com algum sentimento de triunfo, que um indivíduo de sangue mestiço havia sido nomeado recentemente professor universitário em Lisboa». Mas, é claro, os beneditinos não admitiam mulatos nas fileiras da sua própria ordem. Do mesmo modo, na maioria, se bem que não todas, as irmandades do Brasil colonial faziam também uma discriminação classista e racial, como veremos no capítulo que se segue.

Se a discriminação racial era omnipresente numa Igreja que pregava ostensivamente a fraternidade entre todos os crentes cristãos (ou seja, apostólicos romanos), esta discriminação era inevitavelmente ainda mais evidente nas outras profissões. Encontramo-la nas forças armadas (capítulo XIII), na administração municipal e nas corporações dos artífices (capítulo XII). A sua existência pode também detectar-se nas regras e regulamentações que regiam a admissão às três ordens militares: de Cristo, Avis e Santiago, a qualquer das quais todos os nobres, a maioria dos gentis-homens e muitos homens do povo podiam aspirar a pertencer. Os estatutos da Ordem de Santiago, por exemplo, haviam previsto inicialmente que, em pequeno número, pessoas de ascendência judia poderiam ser recebidas como cavaleiros, desde que a Ordem pudesse provavelmente beneficiar com os seus talentos e serviços. Mas, ao longo do século XVI, esta concessão foi revogada, sendo estipulado que em nenhumas circunstâncias tais indivíduos pudessem ser admitidos. Todos os indivíduos admitidos na Ordem deviam ser cristãos-"velhos" de sangue nobre e de nascimento legítimo, «sem qualquer mistura racial, ainda que remota, de mouro, judeu ou cristão--novo». Tinham posteriormente de provar que os pais e avós de ambos os lados «não haviam nunca sido pagãos, rendeiros, cambistas, mercadores, usurários nem empregados do mesmo género, e que não tinham nunca ocupado tais cargos nem abandonado os mesmos, e que não tinham nunca exercido qualquer arte, ofício ou ocupação indigna da nossa ordem de cavaleiros, e ainda menos qualquer dos indivíduos admitidos deve alguma vez ter ganho a vida com o trabalho das suas mãos». A partir de 1572 os estatutos das três ordens continham idênticas exigências classistas e raciais rigorosas. Um edicto real de 28 de Fevereiro de 1604 anunciava que, a partir de então, não seria concedida qualquer dispensa por falta de pureza de sangue e que não seriam tomados em consideração, quer pela Coroa, quer pelo Conselho de Consciência, quer pelas ordens militares, quaisquer pedidos de dispensa.

Presumivelmente, a Coroa era do género de cão que ladra e não morde, e as dispensas não eram de maneira nenhuma invulgares. A João Baptista Lavanha, matemático-chefe e cosmógrafo real de Portugal em 1591, foi concedido o grau de cavaleiro da Ordem de Cristo, se bem que fosse descendente de judeus de ambos os lados. Um ameríndio

«PUREZA DE SANGUE» E «RAÇAS INFECTAS»

puro, Dom Felipe Camarão, e um negro puro, Henrique Dias, obtiveram ambos o grau de cavaleiro da mesma ordem pelos notáveis serviços prestados na luta contra os Holandeses no Brasil (capítulo V). Vários brâmanes goeses foram admitidos na Ordem de Santiago durante o século XVIII; se bem que, quando a Coroa concedeu o grau de cavaleiro da Ordem de Cristo a um goês, em 1736, este «favor», alegadamente «sem precedentes», tenha provocado um protesto tão enérgico da parte do vice-rei que D. João V se apressou a transferir o beneficiário para a menos cobiçada Ordem de Santiago. Houve também casos em que a indivíduos de origem plebeia como, por exemplo, pilotos e fundidores de canhões, foi concedido o grau de cavaleiro (geralmente da Ordem de Santiago); mas tais recompensas eram relativamente raras e tinham de ser ganhas através de muitos anos de serviço contínuo. As desqualificações raciais limitavam-se inicialmente a indivíduos descendentes de judeus, mouros e hereges, tratando-se tanto de um preconceito religioso, como racial; mas, desde o início do século XVII, fazia-se uma discriminação legalizada e específica contra negros e mulatos, por causa da ligação estreita entre a escravatura humana e o sangue negro. Este facto foi confirmado e renovado por uma lei promulgada em Agosto de 1671, que relembrava que ninguém com sangue judeu, mourisco ou mulato, ou casado com uma mulher nessas condições, estava autorizado a ocupar qualquer posto oficial ou qualquer cargo público, e ordenava que os processos existentes destinados a impedi-lo deviam ser reforçados. Os negros e os cristãos-novos suportaram geralmente o peso da discriminação e perseguição raciais no mundo português. Os negros livres eram frequentemente incluídos na mesma categoria que os escravos nas regulamentações administrativas e eram geralmente castigados com penas muito mais severas do que os brancos considerados culpados dos mesmos crimes.

Se bem que tivesse sempre havido uns quantos indivíduos que tinham as suas dúvidas quanto à legitimidade do comércio esclavagista negro, tratava-se de vozes que clamaram no deserto durante a maior parte desses três séculos. Na grande maioria, os europeus, se é que alguma vez pensaram no assunto, não viam nada de incongruente em simultaneamente baptizar e escravizar negros, sendo a primeira actuação apresentada muitas vezes como desculpa da última, a partir do tempo do Infante D. Henrique. A teoria aristotélica da inferioridade natural de algumas raças, com o seu corolário de que essas podiam ser legalmente escravizadas, foi enxertada na história do Antigo Testamento da maldição de servidão perpétua rogada por Noé à descendência de Canaã, filho de Ham (*Génesis* IX, 25), de quem se pensava que os negros descendiam. Outras autoridades afirmavam que eles descendiam de Caim, «que havia sido amaldiçoado pelo próprio Deus». Tanto teólogos como leigos estavam convencidos de que a escravatura

O IMPÉRIO MARÍTIMO PORTUGUÊS

negra era autorizada pela Sagrada Escritura, se bem que alguns deles censurassem, por razões humanitárias, o tratamento cruel infligido aos escravos. Para além desta justificação de escravatura negra com base na Escritura, os modernos escritores portugueses e brasileiros que afirmam que os seus antepassados nunca tiveram qualquer sentimento de preconceito ou discriminação racial contra os negros africanos ignoram inexplicavelmente o facto evidente de que uma raça não pode escravizar sistematicamente membros de outra, em larga escala, durante mais de 300 anos sem adquirir, ao longo deste processo, um sentimento consciente ou inconsciente de superioridade racial. A atitude geral encontra--se reflectida na *Corte na Aldeia*, de Francisco Rodrigues Lobo (1619). Salientava que os Portugueses iam buscar os seus escravos «aos povos mais bárbaros do mundo, como os de toda a Etiópia [África] e alguns escravos na Ásia, que provêm dos indivíduos das classes mais baixas dessas regiões, sendo ambas categorias sujeitas a uma servidão rigorosa pelos Portugueses nessas regiões».

Um dos poucos críticos do comércio esclavagista em Portugal (ou na Europa, para o caso) foi o padre Fernando de Oliveira, um clérigo singularmente franco que esteve em determinada altura ao serviço de Henrique VIII de Inglaterra e que foi, mais tarde, preso em Lisboa pela Inquisição por causa dos seus pontos de vista pouco ortodoxos. Autor da primeira gramática portuguesa impressa (1536) e de um manual precursor de guerra naval (*Arte da Guerra do Mar*, 1555), dedicou um capítulo inteiro desta última obra a uma violenta denúncia do comércio esclavagista. Afirmou terminantemente que não havia qualquer «guerra justa» contra muçulmanos, judeus ou pagãos que nunca haviam sido cristãos e que estavam prontos a comerciar pacificamente com os Portugueses. Atacar as suas terras e escravizá-los era uma «manifesta tirania», e não era desculpa dizer que eles faziam comércio esclavagista uns com os outros. Um homem que compra qualquer coisa que é vendida de modo errado é culpado de pecado, e se não houvesse compradores europeus não haveria vendedores africanos. «Fomos os inventores de um comércio tão vil, nunca anteriormente utilizado e de que nunca se tinha ouvido falar entre seres humanos», escreveu o indignado padre numa passagem que abona mais em favor do seu coração do que da sua inteligência. Destruiu desdenhosamente os argumentos dos mercadores que afirmavam que ao comprar escravos estavam a salvar almas, retorquindo que praticavam esse negócio pura e simplesmente por causa do lucro monetário. Os escravos eram não só comprados, conservados e tratados como gado, mas os seus filhos nasciam e cresciam também na servidão, mesmo quando os pais eram baptizados cristãos, facto para o qual não havia qualquer justificação moral.

Passaram dois séculos até que outra crítica sistemática do comércio esclavagista fosse publicada num livro português: *Ethiope Resga-*

258

tado, Contratado, Mantido, Corrigido, Instruído e Libertado (Lisboa, 1758). O autor, Manuel Ribeiro Rocha, era um padre nascido em Lisboa, há muito domiciliado na Bahia. Não foi tão longe quanto o seu precursor do século XVI, que advogara a total abolição do comércio esclavagista, mas sugeriu vários processos de limitar seriamente os seus abusos, e denunciou veementemente os sádicos castigos corporais que eram frequentemente infligidos pelos proprietários aos escravos no Brasil. *Ethiope Resgatado* acaba por ser uma argumentação em favor da substituição da escravatura negra por um sistema de trabalho contratual, no qual os escravos trazidos de África seriam automaticamente libertados depois de haverem trabalhado satisfatoriamente para os seus patrões durante determinado período de tempo. O livro parece não ter causado qualquer impressão nos plantadores e proprietários de escravos brasileiros a quem se destinava especificamente, e a descrição pormenorizada da escravatura na Bahia, da autoria de Santos Vilhena, escrita quarenta anos mais tarde, mostra que os antigos abusos e crueldades ainda persistiam, naquela cidade. Por outro lado, lorde Macartney, que visitou o Rio de Janeiro em 1792 a caminho da China, observou que «sejam quais forem os sofrimentos dos escravos às mãos dos capatazes nas plantações, os que vivem na cidade não parecem desditosos». Achou que eles se resignavam facilmente com a sua situação, raramente procuravam distracção na embriaguez, tinham muitas oportunidades de exercer os seus naturais talentos musicais e gozavam plenamente «qualquer parcela de prazer que acontecesse estar ao seu alcance». Como ex-governador de Grenada, uma das ilhas de açúcar das Índias Ocidentais britânicas, sua excelência estava em posição de distinguir a dureza da escravatura numa plantação e a da escravatura doméstica; e Santos Vilhena testemunhou também que os escravos eram geralmente mais mal tratados nas zonas rurais do que nas cidades. A consciência da Coroa ficou ocasionalmente atormentada com remorsos provocados pelos relatos dos horrores do comércio esclavagista atlântico e foram promulgados edictos reais em 1664 e novamente em 1684, 1697 e 1719, para impedir o sobrelotamento e o abastecimento inadequado nos navios negreiros. A Coroa e os bispos coloniais denunciaram também por vezes os tratamentos desumanos que os proprietários davam aos escravos, como o demostraram as actas impressas dos concílios eclesiásticos de Goa, em 1568 e 1649, e as constituições sinodais da Bahia em 1719-1720. Mas estas exortações e denúncias esporádicas não tinham qualquer efeito duradouro, como se queixavam os governadores e prelados mais humanitários. É talvez desnecessário acrescentar que os Portugueses não eram a única nação a comportar-se deste modo; ou lembrar aos leitores que, desde o reinado de Carlos II até ao de Jorge III, o governo britânico foi o maior promotor do comércio esclavagista do mundo.

O IMPÉRIO MARÍTIMO PORTUGUÊS

Mesmo a legislação socialmente iluminista inspirada por Pombal continuou a reflectir, durante algum tempo, o velho preconceito contra o sangue negro. Um alvará de 19 de Setembro de 1761 declarava que todos os escravos negros desembarcados em portos portugueses, num espaço de seis meses após a publicação no Brasil e em África (e de um ano na Ásia), se tornariam automaticamente pessoas livres. O texto deste decreto mostra com evidência que esta decisão foi tomada por motivos utilitaristas e económicos e não por razões humanitárias. O objectivo fundamental era impedir que os escravos fossem trazidos das minas de ouro e das plantações do Brasil para servirem como inúteis lacaios ou criados em Portugal. Os escravos negros que já viviam em Portugal estavam especificamente excluídos da emancipação pelos termos deste alvará, mas, doze anos mais tarde, foram todos libertados incondicionalmente por outro decreto real. Esta emancipação final e completa de 1773 foi confirmada pela Coroa apesar dos protestos de alguns proprietários do Alentejo. Queixavam-se de que haviam sido privados de uma mão-de-obra essencial, porquanto os negros libertados se recusavam terminantemente a trabalhar para eles num regime de contrato. Nem Pombal nem os seus sucessores tinham qualquer intenção de abolir a escravatura nas possessões ultramarinas, onde tanto a legislação como o costume social continuavam a praticar a discriminação contra indivíduos de sangue negro, quer se tratasse de indivíduos livres, ou de escravos. Um chefe ameríndio que havia casado com uma negra foi oficialmente degredado em 1771 por ter «manchado o seu sangue contraindo essa aliança». Esta atitude manteve-se muito tempo depois de o Brasil ter conseguido a independência. Os senhores de engenho que aprovaram o corte com Portugal em 1822-1825 não demonstraram, como é natural, mais interesse pela abolição da escravatura do que haviam demonstrado os plantadores da Virgínia que aceitaram a Declaração de Independência e a sua afirmação de que todos os homens nasciam iguais, com o direito inalienável à liberdade pessoal.

Se os negros, mulatos e todos os indivíduos com mistura de sangue africano foram considerados durante séculos «pessoas de sangue infecto» no Império Português, o mesmo aconteceu com os descendentes dos judeus (entre os quais muitos milhares de refugiados vindos de Espanha) que haviam sido convertidos à força ao catolicismo apostólico romano em 1497. A partir de então, a sociedade portuguesa ficou dividida em duas categorias, cristãos-velhos e cristãos-novos, e assim continuou durante quase três séculos. D. Manuel havia ordenado estas conversões forçadas, apenas para poder casar com uma intolerante princesa castelhana. Assim que estas conversões foram efectuadas, promulgou um edicto proibindo que se fizesse qualquer inquérito no sentido de averiguar se a nova fé dos cristãos-novos era genuína por um período de vinte anos (posteriormente alargado a mais dezasseis).

260

Em 1507 e em 1524 outros decretos reais proibiam todas as formas de discriminação contra eles. Cristãos-velhos e cristãos-novos juntavam--se e casavam uns com os outros em todas as classes da sociedade, mas isso acontecia em número particularmente significativo nas classes médias mercantis e profissionais, e entre os artífices das cidades. No final do século XVI, dizia-se que, entre um terço e metade, a população total estava «contaminada» em vários graus com uma ascendência (e uma mácula) de sangue hebreu. Não havia quaisquer rabis em exercício em Portugal, não eram autorizados a circular quaisquer livros ou manuscritos hebreus, e, em duas ou três gerações, a grande maioria dos chamados cristãos-novos eram provavelmente católicos apostólicos romanos praticantes genuínos (e não só na aparência). A pequena minoria que aderia secretamente àquilo que acreditava ser a Lei de Moisés conhecia pouco mais do que simples observâncias ritualistas, tais como vestir fatos de linho lavados aos sábados, evitar comer carne de porco, marisco, etc., e observar a Páscoa judaica em vez da cristã. No entanto, a percentagem rapidamente crescente de assimilação racial foi acompanhada de uma intensificação do sentimento anti-semita, dirigido contra pessoas que eram cristãos-novos ou que eram tidas na conta de tal. Este sentimento foi alimentado sobretudo por frades e clérigos fanáticos, mas encontrou adeptos entusiásticos entre os cristãos--velhos de todas as classes e foi expresso nas Cortes de 1525 e de 1535. Baseava-se sobretudo na convicção errada de que os cristãos-novos estavam a propagar activa, ainda que sub-repticiamente, todas as suas crenças ancestrais judaicas, e não meramente a tentar reter alguns vestígios em rápido desaparecimento.

Infelizmente para os cristãos-novos, depois de 1530 nunca mais puderam contar com a protecção da Coroa, que, a partir de então, se colocou ao lado dos seus perseguidores. D. João III havia acabado por se convencer da realidade da ameaça dos cristãos-novos, e, por insistência sua, foi introduzido em Portugal o Santo Ofício da Inquisição, depois de muita hesitação da Santa Sé e de intrigas de bastidores singularmente sórdidas em Roma. No espaço de duas décadas, o ramo português de Santo Ofício havia-se tornado literalmente uma lei em si mesmo, estando isento de qualquer interferência episcopal e tendo obtido uma autoridade primordial sobre todos os tribunais civis e eclesiásticos. Os seus tribunais principais estavam instalados em Lisboa, Évora e Coimbra. Tinha jurisdição sobre as heresias protestantes e outras, sobre bruxaria, feitiçaria, bigamia, sodomia, etc., e exercia uma censura rigorosa sobre a palavra impressa. Mas, de 1536 a 1773, concentrou as suas principais energias em descobrir e revelar todos os vestígios de judaísmo. Enquanto máquina de perseguição, a Inquisição portuguesa foi considerada mais eficiente e mais cruel do que a célebre Inquisição espanhola pelas vítimas que experimentaram a severi-

O IMPÉRIO MARÍTIMO PORTUGUÊS

dade destas duas infames instituições. As pessoas levadas a responder perante estes tribunais nunca sabiam os nomes dos seus acusadores, nem lhes eram nunca dadas informações adequadas acerca das acusações que lhe eram feitas secretamente. Eram utilizadas livremente tanto lisonjas como ameaças e torturas para extorquir confissões da culpa verdadeira ou pretensa dos acusados e, sobretudo, para os induzir a denunciar outros, a começar pelas próprias famílias.

Uma grande parte dos arquivos da Inquisição portuguesa desapareceu com a sua suspensão final em 1820, mas conservam-se nos arquivos de Lisboa 36 000 casos documentados que cobrem os anos de 1540 a 1765. A partir dos arquivos incompletos que se conservaram calculou-se que umas 1500 pessoas foram sentenciadas à morte pelo garrote e/ ou pela fogueira depois de terem sido «entregues» ao braço secular (na terminologia eufemística e hipócrita dos inquisidores). Como já dissemos antes, este é um número muito modesto quando comparado com os milhões de indivíduos que pereceram no holocausto da «solução final» de Hitler, mas o mal feito pela Inquisição e pelos seus processos judiciais não pode ser julgado apenas através das estatísticas das sentenças de morte. Morreram ou enlouqueceram milhares de indivíduos nas celas das prisões sem que nunca tivessem sido pronunciadas as suas sentenças. Qualquer pessoa que tivesse passado um período de tempo nas prisões da Inquisição e que não houvesse sido completamente ilibada de culpa (o que acontecia muito raramente), era, *ipso facto*, considerada contaminada pelo sangue hebreu – uma contaminação que era alargada automaticamente a todos os membros da família dessa pessoa. As famílias daqueles que eram presos sob suspeita recebiam na maioria das vezes ordem de despejo e eram abandonadas para que tratassem da vida por si próprias. Os métodos adoptados pela Inquisição para obter provas encorajavam as actividades de informadores, delatores e caluniadores. Vingavam-se ressentimentos pessoais através da denúncia de um homem por mudar a camisa ou de uma mulher por mudar de blusa ao sábado. Ninguém, a não ser a nobreza titular, o clero e os genuínos vagabundos, se podia sentir a salvo de denúncias anónimas. Consequentemente, a desconfiança e suspeita mútuas reinaram no sociedade portuguesa por mais de dois séculos. Finalmente, o espectáculo da morte lenta na fogueira dos cristãos-novos nos autos-de-fé dava a muitos espectadores a mesma satisfação sádica que as execuções públicas na forca, na Inglaterra contemporânea.

A partir de 1588, todos os indivíduos que tivessem ascendência de cristãos-novos (nalguns casos até quarto grau, noutros até ao sétimo) foram oficial e legalmente excluídos de todos os cargos eclesiásticos, militares e administrativos, quando já o não tinham sido, como acontecia com os Conselhos Municipais e com as Misericórdias, etc. A partir de 1623, a proibição foi alargada para incluir todos os cargos de

«PUREZA DE SANGUE» E «RAÇAS INFECTAS»

ensino universitário ou colegial, enquanto era feita uma discriminação sistemática contra todos os advogados e médicos cristãos-novos. Estas restrições nem sempre foram cumpridas com a mesma eficiência em toda a parte e em diferentes épocas. Os cristãos-novos conseguiram infiltrar-se nesses cargos ou ocupações proibidas, especialmente nas zonas mais remotas do império ultramarino, como, por exemplo, em São Paulo, no Brasil, e em Macau, na China. Mas nunca se podiam sentir inteiramente seguros, e quando tais excepções chegavam ao conhecimento público serviam apenas para aumentar o preconceito já existente em relação a eles. Durante a maior parte deste período, eram estritamente proibidas a emigração dos cristãos-novos e a transferência do seu capital para o estrangeiro (em determinadas ocasiões até para outras partes do Império Português). Ocasionalmente, estas proibições eram levantadas em troca de subornos colossais ou de subsídios feitos à Coroa, sobretudo pela comunidade mercantil de cristãos-novos de Lisboa, com aconteceu com o dinheiro dado a D. Sebastião para a preparação da expedição a Marrocos. Mas a Coroa renegava invariavelmente a sua parte do acordo logo que conseguia todo ou parte do dinheiro que havia pedido, e, portanto, estas suspensões nunca eram de longa duração. Apesar das dificuldades colocadas no seu caminho, muitos dos empresários e mercadores cristãos-novos mais empreendedores conseguiram, mais cedo ou mais tarde, fugir para o estrangeiro com toda ou parte da sua riqueza. Assim, Portugal viu-se privado de alguns dos seus mais úteis cidadãos, cuja energia, poder empreendedor e capital ajudaram a enriquecer as rivais comerciais de Lisboa, incluindo Antuérpia, Amsterdão e Londres.

As discriminações legais e sociais contra os cristãos-novos e a insistência na «limpeza de sangue» como qualificação essencial para a ocupação de cargos da Coroa e de funções administrativas foram também características do império ultramarino, em vários graus. Foi estabelecido em Goa, em 1560, um tribunal do Santo Ofício com jurisdição sobre a Ásia portuguesa, mas foi o único fundado nas colónias. Em todas as outras regiões a Inquisição metropolitana contentava-se com o envio periódico de comissários visitantes, como aconteceu no Brasil, a partir de 1591. As pessoas presas no Brasil pela Inquisição eram enviadas para Lisboa para julgamento e nunca houve nenhum auto-de-fé na América portuguesa. O último e melhor historiador dos judeus no Brasil calculou que, entre 1591 e 1763, uns 400 reais ou pretensos judeus foram enviados deste modo para Portugal. A maior parte deles foi condenada a penas de prisão e 18 deles à morte. Só um destes, Isaac de Castro, foi, de facto, queimado vivo (em 15 de Dezembro de 1647), tendo os outros sido condenados à morte pela garrote. A acção da Inquisição no Brasil foi, portanto, relativamente branda, facto pelo qual o Brasil foi um refúgio para milhares de cristãos-novos durante o

O IMPÉRIO MARÍTIMO PORTUGUÊS

período de 1580 a 1640. Alguns dos que se fixaram em Pernambuco professaram e praticaram abertamente o judaísmo durante a ocupação holandesa do Recife (1630-1654), mas emigraram quando os Holandeses partiram: foi deste modo que nasceu a comunidade judaica de Nova Iorque. A Inquisição em Goa era muito severa mas não é possível fazer uma estimativa apurada do número de indivíduos que morreram à espera de julgamento nem dos que pereceram nos autos-de-fé, porquanto os arquivos que chegaram até nós são extremamente incompletos. É evidente, no entanto, que a grande maioria dos indivíduos presos por esse tribunal durante os séculos XVII e XVIII não eram pretensos ou verdadeiros judeus mas sim cripto-hindus. O medo da Inquisição foi responsável pela emigração de muitos tecelões e artífices indianos do território português para Bombaim, depois de os ingleses terem ocupado esta ilha, como confirmaram vários vice-reis.

A libertação dos cristãos-novos e a redução drástica dos poderes da Inquisição deveram-se directamente a Pombal, que não admitia nenhuma tirania para além da sua, que exerceu em nome da Coroa. Em 1773, induziu D. José a promulgar dois decretos, abolindo a exigência da «pureza de sangue» como condição para a ocupação de cargos e acabando com todas as formas de discriminação entre cristãos-velhos e cristãos-novos. Foram impostos – e cumpridos – castigos severos que puniam a utilização do último termo ou de qualquer dos seus sinónimos. Toda a legislação anterior discriminativa contra os cristãos-novos foi declarada nula e sem validade, enquanto os decretos de 1507 e de 1524, que haviam proibido tais distinções odiosas, foram repristinados. A Inquisição portuguesa foi reduzida ao estatuto de um tribunal subsidiário da Coroa, e os seus processos igualados aos dos tribunais civis. Já haviam sido proibidos, em 1771, autos-de-fé públicos, e não foram pronunciadas quaisquer sentenças capitais desde o assassínio judicial de Malagrida, ocorrido dez anos antes. O ramo goês do Santo Ofício foi abolido, e, se bem que restabelecido na *viradeira* do reinado seguinte, foi-o apenas de forma empobrecida. Não foram pronunciadas mais sentenças de morte até à sua abolição final, em 1820.

As medidas de Pombal tiveram um êxito total e os cristãos-novos desapareceram quase do dia para a noite, como se nunca tivessem existido. Uma vez retirado o termo ignominioso, não havia nada que permitisse distinguir o cristão-velho comum do cristão-novo, no que dizia respeito a aspecto físico – se bem que alguns frades e clérigos obscurantistas de Macau ainda propagassem, em 1790, a crença cretina de que os cristãos-novos nasciam com um pedaço de cauda e que os homens eram menstruados como as mulheres. Se exceptuarmos vestígios sem importância como o caso da aldeia em Trás-os-Montes onde os habitantes conservaram o nome hebreu de deus (Adonai) até 1910, todos os vestígios de crenças judaicas puras haviam desde há muito

264

«PUREZA DE SANGUE» E «RAÇAS INFECTAS»

desaparecido em Portugal e no seu império, onde os cristãos-novos eram tanto (ou tão pouco) católicos apostólicos romanos praticantes como os cristãos-velhos. O cumprimento imediato dos decretos de 1773 demonstrou que o terror judaico era em grande parte uma criação da acção repressiva da Inquisição e das leis discriminatórias contra os cristãos-novos. Assim que estas medidas contraproducentes foram removidas, os cristãos-novos deixaram imediatamente de existir. Como observou um dos mais cínicos inquisidores seiscentistas, a Inquisição fabricava judeus como a Casa da Moeda cunhava moedas.

Resta apenas acrescentar que a acção repressiva da Inquisição portuguesa e o cumprimento da legislação anti-semita foram contraproducentes de um outro modo muito mais mortificante. Convenceram os estrangeiros de que Portugal era uma nação de cristãos-novos, como o exemplificava o grosseiro provérbio castelhano: «Um português nasceu do peido de um judeu». A natureza tragicamente burlesca das forçadas conversões em massa de 1497 não foi logo esquecida. Ao escrever a um amigo em 1530, Erasmo rejeitava petulantemente os Portugueses porquanto eram uma «raça de judeus» (*illud genus judaicum*). Todos os Portugueses instruídos que viajaram por ou residiram em outros países da Europa repararam nesta convicção largamente espalhada, como se lamentava Gaspar de Freitas de Abreu em 1674: «Somos só nós, os Portugueses, que estamos estigmatizados com o nome de judeus ou marranos entre todas as nações, o que é uma grande vergonha». O nome de «português» era sinónimo do de «judeu» nos países estrangeiros, observou Dom Luís da Cunha em 1736, perto do fim da sua longa e notável carreira diplomática. Os jesuítas espanhóis do Paraguai seiscentista estigmatizavam os habitantes de São Paulo chamando-lhes «bandidos judeus» e muitos visitantes estrangeiros que iam a Pernambuco, à Bahia, ao Rio de Janeiro e a outras colónias portuguesas eram quase tão pouco lisonjeiros como esses jesuítas. Pombal, depois do tempo que passou como embaixador em Londres e Viena, encontrava-se certamente em posição de o compreender. Há uma história muito conhecida segundo a qual D. José estava a considerar uma proposta da Inquisição no sentido de que todos os cristãos-novos do seu reino deveriam ser obrigados a usar chapéu branco como um sinal de que tinham sangue judeu. No dia seguinte, Pombal apareceu no gabinete real com três chapéus brancos, e explicou que tinha trazido um para o rei, outro para o inquisidor-mor e outro para si próprio. *Se non è vero, è ben trovato.*

Capítulo XII
Conselheiros Municipais e Irmãos de Caridade

Entre as instituições que foram características do império marítimo português e que ajudaram a manter unidas as suas diferentes colónias contavam-se o Senado da Câmara e as irmandades de caridade e confrarias laicas, a mais importante das quais era a Santa Casa da Misericórdia. A Câmara e a Misericórdia podem ser descritas, apenas com um ligeiro exagero, como os dois pilares da sociedade colonial, do Maranhão a Macau. Garantiam uma continuidade que governadores, bispos e magistrados passageiros não podiam assegurar. Os seus membros provinham de estratos sociais idênticos ou comparáveis e constituíam, até certo ponto, elites coloniais. Uma descrição comparativa do seu desenvolvimento e funções mostrará como os Portugueses reagiram às diferentes condições sociais que encontraram em África, na Ásia e na América, e até que ponto conseguiram transplantar e adaptar com êxito estas instituições metropolitanas para meios exóticos. Podemos também testar deste modo a validade de algumas generalizações muito aceites, tais como a afirmação de Gilberto Freyre de que os Portugueses e os Brasileiros tiveram sempre tendência para, tanto quanto possível, favorecer a ascensão social do negro.

No princípio do século XVI, o sistema de governação municipal em Portugal havia sido estabelecido segundo o padrão adiante descrito, que foi decretado num regimento de 1504 e só foi drasticamente reformado em 1822. O Conselho Municipal compreendia dois a seis vereadores, consoante a natureza e a importância do local, dois juízes ordinários (magistrados ou juízes de paz sem qualquer formação em

O IMPÉRIO MARÍTIMO PORTUGUÊS

direito), e o procurador. Tinham todos direito de voto nas reuniões do conselho, e eram conhecidos colectivamente por oficiais da Câmara. O escrivão, se bem que não tivesse inicialmente direito de voto, era frequentemente incluído entre os oficiais. O mesmo acontecia com o tesoureiro, nos casos em que a sua tarefa não era, como acontecia muitas vezes, preenchida rotativamente pelos vereadores. Os oficiais subordinados da municipalidade não tinham direito de voto e o seu número variava de cidade para cidade, mas incluíam geralmente os almotacéis, ou inspectores dos mercados; os juízes dos órfãos, que cuidavam dos interesses das viúvas e dos órfãos; o alferes, ou porta--bandeira, cujo cargo era acumulado por vezes com o de escrivão; o porteiro, que muitas vezes trabalhava como arquivista; o carcereiro; e, nas cidades grandes, o vereador de obras ou encarregado das obras públicas. Os vereadores e juízes ordinários não eram inicialmente pessoal assalariado, mas gozavam de privilégios consideráveis durante o tempo em que desempenhavam esses cargos.

Os oficiais da Câmara eram eleitos através de um complicado sistema de votação secreta de listas de voto que eram elaboradas de três em três anos sob a superintendência de um juiz da Coroa. A votação anual realizava-se geralmente no dia ou na véspera de Ano Novo, sendo escolhido um rapaz ao acaso de entre os transeuntes para retirar do saco ou da urna os nomes dos eleitos. As listas de voto trienais eram compiladas confidencialmente por seis representantes eleitos para esse fim através de uma reunião de todos os chefes de família abastados e respeitáveis que estavam habilitados a votar. Estes indivíduos de reconhecida posição social eram colectivamente designados homens-bons ou, mais vagamente, povo. O juiz da Coroa fazia o escrutínio das listas de voto para se certificar de que as pessoas nomeadas para o cargo num determinado ano não estavam estreitamente ligadas umas às outras por laços de sangue ou de interesse.

Algumas (mas não todas) Câmaras tinham uma forma de representação das classes trabalhadoras que se baseava no sistema das corporações. Os comerciantes e artesãos (ourives, armeiros, pedreiros, tanoeiros, alfaiates, sapateiros, etc.) elegiam anualmente de entre os membros da sua corporação doze representantes (conhecidos como os Doze do Povo) no caso da maioria das cidades, e vinte e quatro, no caso de Lisboa, do Porto e de algumas outras, onde formavam a Casa dos Vinte e Quatro. Estes indivíduos, por seu turno, nomeavam quatro de entre eles, os chamados procuradores dos mesteres, para representarem os seus interesses no Conselho Municipal. Estes quatro representantes tinham o direito de assistir a todas as reuniões do Conselho e a votar em todos os assuntos que afectassem as guildas e corporações de artífices, e a vida económica da vila ou cidade. Avisavam a Câmara dos preços que os artífices e jornaleiros deviam levar pelos seus respectivos servi-

CONSELHEIROS MUNICIPAIS E IRMÃOS DE CARIDADE

ços, e estabeleciam também as condições de aprendizado, de membro das guildas, etc. As guildas estavam organizadas em bandeiras, assim chamadas por causa das grandes bandeiras quadradas ou oblongas que transportavam nas procissões religiosas e nas ocasiões festivas. Estas bandeiras eram geralmente feitas de damasco ou brocado carmesim, bordado com fio dourado ou prateado, e traziam o desenho do santo patrono ou do ofício que representavam. A bandeira podia compreender os profissionais de apenas um ofício ou os de vários ofícios, um dos quais era reconhecido como o cabeça. O membro mais velho dos Doze do Povo (ou da Casa dos Vinte e Quatro) acabou por ser intitulado juiz do povo. Como tal, tinha o direito e o dever de representar os interesses da classe trabalhadora no Senado da Câmara, e, no caso de Lisboa, directamente junto da Coroa.

As reuniões da maioria dos Conselhos Municipais realizavam-se geralmente duas vezes por semana, às quarta-feiras e aos sábados, se bem que, quando era necessário, se efectuassem com maior frequência. A Câmara de Lisboa, que tinha, de longe, muito mais assuntos para tratar do que qualquer das outras, reunia-se regularmente seis ou sete vezes por semana, no final do século XVI. A presidência da Câmara era inicialmente delegada alternadamente em cada um dos vereadores, sendo o que ocupava este cargo denominado vereador do meio, porquanto ocupava o lugar do centro. A partir de cerca de 1550, o juiz de fora, nas vilas ou cidades onde funcionava este magistrado (distrital) da Coroa, parece ter assumido a presidência na maior parte das Câmaras, dando assim à Coroa uma voz importante (ainda que não necessariamente controladora) nas reuniões camarárias. Os vereadores que não assistiam às reuniões eram multados, a não ser que apresentassem uma desculpa válida, como, por exemplo, doença. As decisões eram tomadas por maioria, depois de o assunto ter sido livremente discutido à mesa do conselho. As decisões da Câmara em assuntos municipais não podiam ser revogadas nem postas de lado por uma autoridade superior, a não ser apenas nos casos em que implicavam inovações não autorizadas que poderiam afectar adversamente o tesouro real. A Câmara actuava como um tribunal de primeira instância em casos sumários, sujeito a apelo no Ouvidor (juiz da Coroa) mais próximo ou na Relação. A Câmara estava teoricamente sujeita a inspecções periódicas (correições) feitas pelo corregedor da comarca ou juiz distrital; mas parece ter-se tratado, em muitas ocasiões, de mera formalidade, e algumas Câmaras, incluindo as de Lisboa e Goa, foram totalmente isentas deste processo. Do mesmo modo, os relatórios do tesoureiro não eram frequentemente submetidos a verificação perante uma autoridade superior, mesmo nos casos em que isso se deveria fazer.

A Câmara supervisionava a distribuição e o arrendamento das terras municipais e comunais; lançava e cobrava taxas municipais; fixava

O IMPÉRIO MARÍTIMO PORTUGUÊS

o preço de venda de muitos produtos e provisões; atribuía licenças aos vendedores ambulantes, bufarinheiros, etc., e verificava a qualidade das suas mercadorias; atribuía licenças para construção, assegurava a manutenção de estradas, pontes, fontes, cadeias e outras obras públicas; regulamentava os feriados públicos e as procissões, e era responsável pelo policiamento da cidade e pela saúde e sanidade públicas. O rendimento da Câmara provinha directamente das rendas da propriedade municipal, incluindo das casas que eram alugadas como lojas, e dos impostos lançados sobre uma grande variedade de produtos alimentares que eram vendidos, se bem que as provisões básicas como, por exemplo, o pão, o sal e o vinho, estivessem inicialmente isentas de impostos. Outra fonte de rendimento provinha das multas passadas pelos almotacéis e por outros oficiais àqueles que transgrediam os diplomas e as regulamentações municipais (posturas), como, por exemplo, vendedores que não tinham licença ou que roubavam no peso. Os impostos municipais eram muitas vezes arrendados ao maior licitante. Em alturas de emergência, a Câmara podia impor uma colecta por cabeça aos cidadãos, escalonada de acordo com a sua capacidade real ou presumível para pagar.

Os oficiais da Câmara eram indivíduos privilegiados que não podiam ser presos arbitrariamente, nem sujeitos a tortura judicial, nem acorrentados, a não ser nos casos (como de alta traição) que implicavam a pena de morte e em relação aos quais os *fidalgos* não estavam também isentos. Eram também dispensados do serviço militar, excepto no caso em que a sua cidade fosse directamente atacada. Estavam isentos de ter oficiais e soldados da Coroa alojados em suas casas, e de ter os seus cavalos, carroças, etc., confiscados para serem utilizados ao serviço da Coroa. O Senado da Câmara tinha o privilégio de se corresponder directamente com o monarca reinante, e durante o período em que ocupavam este cargo os vereadores gozavam de outras imunidades judiciais para além das enumeradas acima. Recebiam propinas (gratificações) quando assistiam às procissões religiosas estatuídas, a principal das quais era a festa do Corpo de Deus, vindo a seguir a do santo patrono da cidade. Quando iam nestas procissões ou quando desempenhavam funções oficiais, os magistrados municipais levavam uma vara ou bastão avermelhado com as armas reais (quinas) numa das extremidades, como distintivo do seu cargo, sendo branco o do juiz de fora.

Durante a segunda metade do século XVI, a Coroa interessou--se directamente na eleição dos vereadores, pelo menos no caso das cidades de província mais importantes. As pautas, ou listas de votos, trienais, eram enviadas para Lisboa, inicialmente para escrutínio, mas, posteriormente, para a Coroa designar os vereadores para o ano seguinte, fazendo ela própria a escolha de entre os nomes que lhe eram enviados por este processo. A lista dos vereadores assim escolhidos era

270

CONSELHEIROS MUNICIPAIS E IRMÃOS DE CARIDADE

enviada numa carta selada para a Câmara em questão e aberta com as devidas formalidades no dia 1 de Janeiro. Ao longo do século XVIII, muitas das Câmaras das províncias tiveram tendência para se tornarem oligarquias que se autoperpetuavam, reelegendo os mesmos oficiais ou distribuindo rotativamente os cargos municipais entre eles e os seus parentes, ao contrário do que estabelecia o regimento de 1504. O juiz do povo e os procuradores dos mesteres foram também excluídos de muitas Câmaras neste período, ficando assim as classes trabalhadoras privadas de uma representação directa e sendo reforçada a natureza oligárquica destas instituições. Houve um relaxamento cada vez maior na assistência às reuniões do conselho e, nalguns casos, o Senado da Câmara só se reunia com intervalos longos e irregulares e não duas vezes por semana. Noutros casos, as exigências regulamentares de «limpeza de sangue» foram mais ou menos tacitamente ignoradas. O juiz de fora de Odemira, no Alentejo, ao fazer um relatório sobre os principais chefes de família que se encontravam registados nas pautas como elegíveis para os cargos municipais em 1755, afirmou que quatro em dezoito estavam de facto «contaminados» pela sua ascendência. Um deles, que havia já sido vereador, tal como o seu pai já o havia sido antes dele, «tinha tanto sangue negro como judeu; o seu pai fora criado na casa de um lavrador e a sua avó era uma «escrava negra». Algumas das Câmaras da província já nem se incomodavam a enviar as pautas a Lisboa para escrutínio ou para nomeação pela Coroa, que parece ter consentido este estado de coisas durante muito tempo.

Estas atitudes e circunstâncias variáveis não significam necessariamente que as Câmaras se tivessem tornado menos importantes e influentes localmente, nem que a Coroa exercesse necessariamente um controlo muito apertado sobre elas através do juiz de fora. As comunicações internas foram tão más durante séculos que muitas cidades e distritos das províncias estavam quase inteiramente entregues a si mesmos. A melhor (ou a menos má) ligação rodoviária era a de Lisboa a Braga via Coimbra, Aveiro e Porto; e só começou a funcionar um serviço regular de correio entre Lisboa e o Porto em 1797. Os obstáculos físicos e outros à existência de comunicações eficientes deixavam, inevitavelmente, as Câmaras com uma larga margem de autonomia, e continuaram a lançar impostos locais até 1822. O Conselho Municipal de Lisboa, que era sobretudo constituído por advogados qualificados da Coroa (desembargadores) e presidido por um fidalgo a partir de 1572, manteve também os seus representantes das classes trabalhadoras e o juiz do povo com a Casa dos Vinte e Quatro até 1834. Presumivelmente porque Lisboa era uma cidade muito mais populosa e com uma percentagem muito mais elevada de artífices do que qualquer outra cidade portuguesa, estes representantes das classes trabalhadoras foram aí sempre mais importantes e influentes do que em qualquer outra parte.

O IMPÉRIO MARÍTIMO PORTUGUÊS

A Casa dos Vinte e Quatro no Porto tinha uma existência completamente diversa, tendo sido abolida em 1661 e 1668, e novamente entre 1757 e 1795, devido a reuniões tumultuosas.

Os Conselhos Municipais coloniais seguiam de perto o padrão dos da metrópole, mas havia naturalmente diferenças marcadas bem como grandes semelhanças quanto ao modo como evoluíram subsequentemente. Por vezes datavam da primeira ocupação ou fundação da vila ou cidade em questão, como foi o caso, por exemplo, de Goa (1510), da Bahia (1549), de Luanda (1575); outras vezes surgiam apenas depois de um longo período de crescimento (Cachoeira, 1698), ou mesmo séculos depois (Moçambique, 1763). Algumas municipalidades eram fundadas inicialmente com a autorização da Coroa segundo um modelo metropolitano específico, e aquelas que o não eram conseguiam, mais tarde ou mais cedo, a confirmação dos seus privilégios e do seu foral de uma forma idêntica aos de uma municipalidade portuguesa específica. Deste modo, Goa recebeu os privilégios de Lisboa; Macau os de Évora; Bahia, Rio de Janeiro, Luanda e muitas outras, os do Porto. Não se percebe muito bem por que é que os privilégios da cidade do Porto eram os mais procurados, porquanto a referência à primeira edição impressa dos *Privilégios dos Cidadãos da Cidade do Porto* (1611) mostra que eram idênticos e textualmente copiados dos de Lisboa. A representação das classes trabalhadoras diferia também de local para local. Goa, que seguia mais de perto o modelo de Lisboa, teve uma forte representação da classe trabalhadora até à segunda metade do século XVIII, em que os procuradores dos mesteres tinham plenos direitos de voto nas reuniões do conselho em que lhes era concedido o estatuto de gentis--homens temporários. Macau, que seguira o modelo de Évora, nunca teve qualquer representação da classe trabalhadora; a Bahia teve um juiz do povo e procuradores dos mestres desde 1641 a 1713.

A composição do conselho no que diz respeito ao número de vereadores, ausência ou presença de um juiz da Coroa que presidisse, etc., variava também de acordo com o tamanho relativo e a importância da municipalidade em questão. De um modo geral, o modelo metropolitano era mantido na medida do possível, como o demonstra o Senado da Câmara de Malaca, que, na ocasião da conquista da sua fortaleza pelos Holandeses em 1641 e depois de 130 anos de governação portuguesa, era constituído da seguinte forma: três vereadores, dois magistrados, um procurador e um secretário, «todos eles respeitáveis cidadãos brancos», sendo a presidência exercida alternadamente por cada um dos vereadores, por um período de um mês. Outro indivíduo ocupava o cargo de tesoureiro e recebia todas as receitas e rendimentos, que incluíam um terço de todos os impostos e a contribuição sobre o araque, e que eram gastos na manutenção das fortificações e outras obras públicas. O Conselho estabelecia o preço de todas as provisões,

CONSELHEIROS MUNICIPAIS E IRMÃOS DE CARIDADE

verificava os pesos e medidas e era responsável pela saúde e sanidade públicas. O tesoureiro recebia anualmente um salário de 500 cruzados provenientes dos fundos municipais, mas os outros vereadores não eram pagos, se bem que recebessem emolumentos de cinquenta cruzados, para «comprarem um bom fato» no Natal, na Páscoa, e Corpo de Deus. Actuavam como um tribunal de primeira instância, com direito de apelação ao ouvidor local. O procurador era também um oficial eleito, mas recebia um salário anual de 500 cruzados, tal como o secretário, que ocupava o cargo por um período de três anos. Os funcionários subordinados incluíam dois almotacéis, eleitos mensalmente de entre os cidadãos mais respeitáveis, e que não eram pagos, para além de um juiz dos órfãos que ocupava o cargo durante três anos (sem remuneração). Este dispositivo correspondia de muito perto ao de muitas cidades portuguesas de tamanho comparável.

No que diz respeito à composição classista e racial das Câmaras coloniais, é evidente que as exigências respeitantes à «pureza de sangue» não podiam ter sido estritamente observadas em locais como São Tomé e Benguela, onde as mulheres brancas brilharam pela ausência durante várias centenas de anos. E também não podia ser cumprida em locais como São Paulo e Macau, com uma reduzida população branca que se dedicava a idênticas actividades, a cláusula que estipulava que os oficiais da Câmara não deveriam estar estreitamente ligados uns aos outros por laços de sangue ou de negócios. Assim, vemos que o governador de São Tomé foi repreendido pela Coroa em 1528, por se ter oposto à eleição de mulatos para o Conselho Municipal. Foi informado de que, desde que se tratasse de homens casados e abastados, eram perfeitamente elegíveis para os cargos municipais. O mesmo acontecia provavelmente com a maior parte das Câmaras da África Ocidental, à excepção de Luanda até ao século XVIII, pelo menos. Os brancos raramente viviam durante muito tempo na África Ocidental, e a esmagadora maioria de indivíduos de ambos os sexos tinha mais do que uma «ancestralidade negra» depois de algumas gerações, como todos os relatos contemporâneos tornam perfeitamente claro. Durante a maior parte do séculos XVII e XVIII, São Tomé esteve num estado de anarquia crónica, com a sua quezilenta sociedade a tender para se africanizar em vez de se europeizar.

Em outros lugares, no entanto, a tendência foi para manter o elemento branco (europeu) dominante durante o maior prazo de tempo possível. Isto aconteceu sem dúvida em locais como a Bahia e o Rio de Janeiro, onde havia todos os anos uma penetração de sangue branco vindo de Portugal, e onde se havia fixado e estabelecido uma aristocracia local de senhores de engenho. O mesmo aconteceu com Goa e com Macau durante 200 ou 300 anos, embora fossem muito menos mulheres brancas para a Ásia do que para o Brasil. Nestes dois locais,

O IMPÉRIO MARÍTIMO PORTUGUÊS

e certamente também na maioria das outras colónias asiáticas e africanas, os homens que emigravam de Portugal (reinóis) casavam com mulheres locais, que, quase invariavelmente, tinham uma mistura de sangue de cor. Este *moradores* preferiam casar as filhas com um reinol, mesmo no caso de o homem poder ser, como acontecia frequentemente, de baixo nascimento. Este padrão foi repetido por sucessivas gerações, assegurando desde modo a predominância portuguesa na elite local, especialmente quando o pai reinol conseguia pôr o nome do genro reinol nas listas de voto para a Câmara e para a Misericórdia. Gregório de Matos Guerra, poeta satírico nascido na Bahia (mas educado em Coimbra), tem uns versos célebres que afirmam que este processo era norma-padrão na cidade de Salvador, no fim do século XVII. Nisto parece que exagerou, ou, talvez, que previu o que iria acontecer anos mais tarde. Investigações recentes acerca da estrutura social da Câmara e da Misericórdia da Bahia mostram que os poderosos locais provinham ainda esmagadoramente das famílias dos senhores de engenho do Recôncavo, nesse período, tendo a classe mercantil (na qual predominavam os indivíduos nascidos na Europa) obtido a igualdade social com os plantadores apenas em 1740. No Rio de Janeiro, durante a segunda metade do século XVII e a primeira do século XVIII, a Câmara tentou em várias ocasiões limitar a admissão de funcionários a indivíduos nascidos no Brasil, excluindo deliberadamente os mercadores nascidos em Portugal, mesmo nos casos em que estes últimos eram casados com raparigas brasileiras de boa posição social. Os *filhos do reino* protestaram frequentemente junto da Coroa contra esta discriminação, e os decretos reais de 1709, 1711 e 1746 tomaram o seu partido nesta disputa, acentuando que os emigrantes de Portugal que se haviam estabelecido no Rio «com opulência, inteligência e bom comportamento» deveriam ser colocados nas listas de voto em pé de igualdade com os indivíduos nascidos no Brasil que estivessem qualificados para ocupar esse cargo. Deve, no entanto, salientar-se que a ascensão social do negro, que Gilberto Freyre afirma ter sido encorajada no Brasil, foi, pelo contrário, deliberadamente retardada nessa colónia através da manutenção de um preconceito racial rígido contra os indivíduos de sangue exclusivamente negro durante todo o período colonial, pelo menos no que diz respeito à ocupação dos cargos municipais. Os mulatos de pele clara tinham uma oportunidade de melhoria social nalgumas regiões, como por exemplo em Minas Gerais, mas é extremamente duvidoso que algum deles tenha alguma vez conseguido ser vereador na Bahia ou no Rio de Janeiro.

Os preconceitos contra os cristãos-novos duraram também muito tempo na administração municipal. D. Manuel, como já vimos, apesar de os ter obrigado a converterem-se à força em 1497, fez posteriormente tudo o que pôde para integrar estes desgraçados convertidos na

CONSELHEIROS MUNICIPAIS E IRMÃOS DE CARIDADE

sociedade portuguesa, proibindo que fosse feita qualquer discriminação contra eles. Em 1512, por exemplo, decretou que um dos quatro procuradores dos mesteres do Conselho Municipal de Lisboa devia ser um cristão-novo e os outros três cristãos-velhos. Foi feita uma proibição parcial de que os cristãos-novos ocupassem cargos oficiais em Goa, em 1519, mas afirmava-se que o poderiam fazer em circunstâncias especiais. Em 1561, a Câmara de Goa pediu à rainha regente que promulgasse um decreto proibindo estritamente que os cristãos-novos ocupassem quaisquer cargos na Câmara. Na sua resposta (em 14 de Março de 1562), D. Catarina recusava-se a fazer uma tal declaração pública «devido ao escândalo que isso causaria»; mas acrescentava que a Câmara e o vice-rei deviam actuar em conluio para impedir que indivíduos tão indesejáveis fossem eleitos. Até 1572, a guilda dos ourives de Lisboa elegia ainda os seus representantes numa base de igualdade entre cristãos-velhos e cristãos-novos. Depois da subida ao trono dos Habsburgo espanhóis, em 1580, a proibição de os cristãos-novos ocuparem cargos municipais (e outros quaisquer) foi tornada ainda mais rígida e absoluta; mas ocorriam inevitavelmente transgressões nos burgos coloniais mais distantes, para onde muitos marranos tinham fugido a fim de escapar à Inquisição. Em 1656, os vereadores de Luanda lembraram à Coroa que os cristãos-novos tinham sido proibidos por lei de ocupar cargos no Conselho Municipal ou na magistratura «desde o tempo do rei Filipe de Castela». Afirmavam que alguns cristãos-novos haviam, no entanto, conseguido infiltrar-se em tais cargos depois da reconquista da colónia aos Holandeses em 1648, e pediam que as leis anti-semitas fossem «estritamente observadas». Vimos que os jesuítas espanhóis hostis tinham declarado que os paulistas do Brasil estavam fortemente contaminados com sangue judeu, mas isto era um exagero evidente. No Brasil, em geral, a proibição de ocupação de cargos pelos cristãos-novos foi cumprida com rigidez a partir de 1633, e, se bem que alguns indivíduos de origem marrana possam ter ocupado cargos em alguns Conselhos Municipais a partir dessa data, não consigo encontrar um exemplo específico durante mais um século, enquanto existem sem dúvida alguns em Goa e Macau.

Entre as características que as Câmaras coloniais partilhavam com as da metrópole contava-se a tendência para desperdiçar dinheiro na celebração das festas religiosas estatuídas e dos dias dos santos patronos, o que frequentemente as deixava com fundos insuficientes para a manutenção das estradas, pontes e de outras obras públicas. A municipalidade de Lisboa ficou praticamente falida por causa da forma profundamente esbanjadora como celebrou a Festa do Corpo de Deus no ano de 1719, por insistência directa de D. João V. A Câmara de Goa foi relutantemente obrigada a reduzir o número e a extensão destas processões religiosas em 1618, porque os mesteres já não podiam finan-

O IMPÉRIO MARÍTIMO PORTUGUÊS

ciar as suas onerosas despesas, desde o declínio económico da cidade, depois de os Holandeses e Ingleses terem prejudicado tão severamente o comércio português na Ásia. As finanças dos Conselhos ficaram ainda mais estropiadas por causa das contribuições a longo prazo com que as sobrecarregava a Coroa. Estas incluíam o dote de Catarina de Bragança por ocasião do seu casamento com Carlos II, juntamente com a indemnização paga para obter a paz com as Províncias Unidas. Este duplo imposto, denominado Dote de Inglaterra e paz de Holanda, foi dividido numa base proporcional entre as Câmaras da metrópole e as coloniais, cifrando-se só a contribuição da Bahia em 90 000 cruzados anuais em 1688. Mal tinham sido pagas as últimas prestações em 1723 e logo foi lançado outro imposto idêntico, denominado eufemistica-mente donativo, para ajudar a financiar os casamentos reais entre as casas reinantes de Portugal e de Espanha, em 1729. Os pagamentos destinados a este objectivo prolongaram-se por um período de vinte e cinco anos, e mal haviam sido acabadas de pagar as últimas prestações, logo outra e maior contribuição foi pedida às Câmaras brasileiras para ajudar a reconstruir Lisboa após o terramoto de 1755. Ainda se faziam pagamentos anuais por causa desta última contribuição quando o Brasil conseguiu a sua independência, setenta anos mais tarde.

Estas cargas financeiras foram agravadas no caso das principais Câmaras coloniais (Goa, Bahia e Rio de Janeiro, entre outras) pelo facto de a Coroa ou os seus representantes pedirem empréstimos através das municipalidades para operações navais e militares. Estes empréstimos só raramente eram pagos na totalidade, e, por vezes, nem sequer eram feitos pagamentos parciais. Um caso clássico é, evidente-mente, o empréstimo que Dom João de Castro pediu à cidade de Goa para a libertação de Diu, em 1547, deixando como penhor um cabelo da sua barba, mas este empréstimo foi pago na totalidade. A Câmara de Goa forneceu a maior parte do dinheiro para a força expedicionária que saqueou Johore Lama em 1587, para a armada que libertou Malaca do cerco holandês, em 1606, e para a armada que libertou Malaca do cerco feito pelos Aquineses, em 1629. No outro lado do mundo, a municipa-lidade do Rio de Janeiro reuniu 80 000 cruzados como um «presente» para a frota com a qual Salvador Correia de Sá e Benevides reconquis-tou Luanda aos Holandeses em 1648, enquanto o governo de Lisboa havia fornecido 300 000 cruzados mas como empréstimo pedido às Alfândegas. Tanto o Rio de Janeiro como a Bahia contribuíram mais tarde, generosa e frequentemente, com empréstimos e donativos em dinheiro, homens e provisões para as expedições enviadas para liber-tar Sacramento, no estuário do rio da Prata, do cerco ou hostilização dos Espanhóis entre 1680 e 1770. Em 1699-1700, a municipalidade da Bahia contribuiu até com um barco de guerra recentemente constru-ído e com 300 homens para a libertação de Mombaça, então cercada

276

CONSELHEIROS MUNICIPAIS E IRMÃOS DE CARIDADE

pelos Omanis, se bem que as operações na África Oriental, ao contrário das de Angola, para as quais a Bahia e o Rio de Janeiro contribuíam frequentemente, não trouxessem qualquer benefício imaginável para o Brasil.

As Câmaras coloniais eram também, totalmente ou em parte, responsáveis pela manutenção, alimentação e vestuário das suas guarnições e pela construção e manutenção das suas fortificações, tal como pelo equipamento de frotas costeiras contra os piratas, etc. Quando considerados estes encargos obrigatórios mas extremamente pesados e as suas receitas, não é de surpreender que raras vezes fossem capazes de equilibrar as suas receitas e despesas, e que se encontrassem, de um modo geral, profundamente endividadas. Uma vez que as festividades religiosas e as despesas navais e militares tinham precedência sobre tudo o resto, a manutenção das estradas, pontes e sistemas de esgoto era, frequentes vezes, tristemente negligenciada. Aqui, novamente, a negligência das obras públicas foi muitas vezes agravada pelo facto de os poderosos, por outras palavras os fidalgos e o clero, se recusarem frequentemente a pagar a sua parte dos impostos municipais, alegando privilégios aristocráticos ou isenção eclesiástica; ou então estas classes privilegiadas ignoravam pura e simplesmente os pedidos, as ameaças e os argumentos da municipalidade. Esta é uma queixa constante que surge na correspondência de quase todas as Câmaras, incluindo a de Lisboa, onde a Coroa intervinha ocasionalmente para apoiar os pedidos feitos pelos vereadores para que fossem cumpridas as regulamentações sanitárias municipais, mas sem qualquer resultado duradouro. Só quando surgia uma epidemia realmente séria, tal como a da febre--amarela na Bahia em 1686-1687, é que os poderosos ligavam alguma coisa às advertências da Câmara, mas assim que a emergência passava, recaíam novamente na sua posição obstrutiva e não colaborante.

Deve, no entanto, ser reconhecido que, se bem que os Conselhos coloniais fossem geralmente constituídos por indivíduos conscenciosos que levavam a sério os seus deveres – como o prova uma leitura cuidadosa dos seus arquivos –, houve inevitavelmente casos de nepotismo, corrupção e desvio de fundos. Como acontecia em Portugal, a assistência às reuniões do Conselho tinha tendência para diminuir e as reuniões para se tornarem menos frequentes e mais descuidadas ao longo do século XVIII, se bem que esta tendência não se verificasse em todas as Câmaras. Onde existia era provavelmente, como em Portugal, um reflexo do facto de os vereadores se tornarem mais uma oligarquia que se autoperpetuava, fazendo uma rotação dos cargos entre si e os indivíduos das suas relações. Isto nunca ocorreu, aliás, na mesma proporção que na América espanhola. Os Conselhos Municipais mais importantes utilizavam muito o seu direito de se corresponderem directamente com a Coroa, e, em muitas ocasiões, puderam influenciar a política da Coroa

O IMPÉRIO MARÍTIMO PORTUGUÊS

e conseguir a revogação ou a modificação de decretos reais impopulares. Esta correspondência forneceu também à Coroa uma oportunidade útil de verificar os relatórios dos vice-reis, governadores e arcebispos. Sucessivos monarcas da dinastia de Avis, Habsburgo e Bragança agradeceram à Câmara de Goa a informação objectiva que lhes fornecia. Por outro lado, a Coroa pensava por vezes que as Câmaras iam demasiado longe ao protestarem contra decretos impopulares ou contra decisões governamentais. Os vereadores municipais da Bahia foram severamente repreendidos em 1678 por actuarem como se partilhassem com o príncipe regente Dom Pedro a responsabilidade de governarem o Império Português. De qualquer modo, a Coroa e os seus conselheiros quase sempre dedicavam uma atenção cuidadosa aos pedidos e exigências que lhes eram feitos pelas principais Câmaras coloniais, mesmo nos casos em que a decisão final lhes era desfavorável.

Ao contrário do que muitas vezes se afirma, as Câmaras coloniais raramente se tornaram meros vassalos e «sim-senhores» acríticos perante os funcionários superiores do Governo, quer se tratasse de vice--rei ou de juízes do Supremo. Com todos os seus erros, e mesmo nos casos em que os vereadores se haviam tornado um conventículo oligárquico que se autoperpetuava, continuavam a representar os interesses locais de outras classes para além da sua, pelo menos até certo ponto. O seu poder, influência e prestígio foram consideráveis durante todo o período colonial, se bem que maior em determinadas épocas e locais do que noutros. O que, de maneira consistente, foi mais importante foi o Conselho Municipal de Macau, que desempenhou o papel principal na governação dessa colónia peculiar durante uns duzentos e cinquenta anos. As autoridades chinesas só negociavam com o Conselho, que era representado pelo seu procurador, e não com o governador, cuja autoridade estava limitada ao comando dos fortes e das suas exíguas guarnições. A Câmara de Macau foi também uma excepção pelo facto de ter mantido os seus enormes poderes praticamente sem igual até 1833, enquanto os outros Conselhos Municipais metropolitanos e ultramarinos foram desprovidos de todas as suas funções, para além das puramente administrativas, pelo decreto de 1822. As Câmaras brasileiras tiveram a mesma sorte, mais ou menos na mesma altura, porquanto os seus poderes foram drasticamente reduzidos pelas reformas da administração provincial do novo Governo imperial em 1828-1834.

«Quem não está na Câmara está na Misericórdia», rezava o provérbio alentejano, e isto era também verdade para ambas as instituições no ultramar. O ditado equivalente na Goa «dourada», mesmo depois de a sua glória ter desaparecido há muito, dizia que quem quisesse viver bem, à grande e com liberdade devia tentar tornar-se vereador do Conselho Municipal ou então irmão da Misericórdia ou, de preferência, ambas as coisas.

278

CONSELHEIROS MUNICIPAIS E IRMÃOS DE CARIDADE

Os ramos coloniais da Santa Casa da Misericórdia foram geralmente fundados ao mesmo tempo que era instituído o Senado da Câmara local. Em algumas colónias, Macau e Moçambique, por exemplo, a Misericórdia era a mais antiga das duas. Como acontecia com as Câmara, as Misericórdias coloniais seguiam o modelo das de Portugal, mais especificamente o da casa-mãe de Lisboa, que havia sido fundada por patrocínio real em 1498. Esta irmandade de caridade manteve, nas grandes cidades, a sua organização medieval de divisão dos membros em nobres e plebeus até ao século XIX (ou, nalguns casos, até ao século XX). Os primeiros eram chamados irmãos de maior condição. As regras da Misericórdia de Lisboa contavam um total de 600 membros, dos quais metade eram nobres e metade plebeus, ou mecânicos, sendo os últimos artesãos e comerciantes como os das guildas, que se encontravam representadas na Casa dos Vinte e Quatro. Nalgumas das Misericórdias coloniais, como a de Macau, todos os irmãos eram de maior condição, porque nenhum dos indivíduos pertencentes à reduzida população branca admitia pertencer a uma classe trabalhadora e ganhar a sua vida através do trabalho dos seus braços e do suor do seu rosto. Em Goa e na Bahia, por outro lado, a divisão dos irmãos em maior e menor condição foi mantida. Goa começou com 100, contando 400 em 1595 e 600 em 1609, mas, a partir de então, o número de membros diminuiu rapidamente com o declínio económico da cidade.

Os compromissos ou estatutos da Misericórdia variavam ligeiramente de acordo com o local e a época, mas só diferiam dos de Lisboa em pormenores relativamente mínimos. A versão revista do compromisso de Lisboa de 1618, que foi aceite pela maior parte das irmandades coloniais com poucas modificações, impunha que todos os membros deviam ser «homens de boa consciência e reputação, tementes a Deus, modestos, caridosos e humildes». Além disso, deviam possuir as qualificações seguintes, na falta das quais estavam sujeitos a expulsão ou detenção imediatas:

1. Pureza de sangue, sem qualquer mácula de origem mourisca ou judaica, tanto no que dizia respeito ao irmão como à sua mulher, se fosse um homem casado;
2. Não ter má reputação nas palavras, nas acções e na lei;
3. De idade adulta conveniente, com mais de vinte e cinco anos completos, no caso de ser solteiro;
4. Não ser suspeito de servir a Misericórdia em troca de pagamento;
5. Se se tratasse de um artesão ou de um lojista, deveria ser o patrão ou o proprietário, que supervisionasse o trabalho de outros trabalhadores de preferência a trabalhar com as suas próprias mãos;
6. Ser inteligente e saber ler e escrever;

O IMPÉRIO MARÍTIMO PORTUGUÊS

7. Em circunstâncias suficientemente confortáveis para impedir qualquer tentação de desviar os fundos da Misericórdia, e para servir sem que isso lhe causasse quaisquer incómodos financeiros.

Seria esperar demais da natureza humana pensar que estes elevados padrões seriam invariavelmente mantidos, sobretudo numa sociedade colonial em que todos os homens que dobravam o cabo da Boa Esperança ou que procuravam fortuna no Brasil eram tão orgulhosos como Lúcifer e tentavam fazer-se passar por fidalgos sempre que podiam, como o demonstra uma enorme quantidade de testemunhos portugueses e estrangeiros. Deram-se certamente abusos e desvios, especialmente durante o século XVIII, mas, no geral, as Misericórdias mantiveram padrões surpreendentemente elevados de honestidade e eficiência durante os séculos. Isto foi admitido por muitos estrangeiros que, em outros aspectos, criticaram severamente os Portugueses, incluindo o físico francês Charles Dellon, depois das suas experiências na Índia portuguesa em 1673-1676. «A caridade constitui toda a base desta nobre e muito gloriosa sociedade», escreveu ele, «e quase não há uma cidade, nem uma vila digna de nota, sob a jurisdição dos Portugueses, que não tenha uma igreja dedicada ao mesmo fim, com algumas receitas utilizadas para os objectivos desta sociedade, se bem que, quanto ao resto, não dependam umas das outras.» Contudo, todas reconheciam a casa-mãe de Lisboa como a sua *fons et origo*, e correspondiam-se directamente com essa instituição.

Os deveres da irmandade da Misericórdia eram definidos como sendo sete obras espirituais e corporais, compreendendo as últimas:

1. Dar de comer a quem tem fome;
2. Dar de beber a quem tem sede;
3. Vestir os nus;
4. Visitar os doentes e presos;
5. Dar abrigo a todos os viajantes;
6. Resgatar os cativos;
7. Enterrar os mortos.

Em muitos locais, a Misericórdia mantinha um hospital seu e nalgumas colónias administrava também o ramo local do hospital real que recebia os soldados doentes e feridos, nos sítios em que tal hospital existia. Os estatutos da Misericórdia de Macau mostram que foi fundada inicialmente em 1569 para auxiliar pela caridade todos os necessitados, independentemente da raça ou cor, se bem que especificasse que a caridade começava em casa, com os cristãos como principais beneficiários. Aqui, como em toda a parte, o aumento da população tornou subsequentemente impraticável exercer uma caridade indiscriminada em relação a todos os proletários pululantes que podiam neces-

280

CONSELHEIROS MUNICIPAIS E IRMÃOS DE CARIDADE

sitar dela. Em muitas colónias, portanto, a acção de beneficiência da Misericórdia estava limitada à comunidade cristã local, se bem que isto já fosse muito, sobretudo quando os escravos também eram incluídos, como acontecia frequentemente. Os regulamentos do hospital da Misericórdia de Macau, na sua versão revista de 1627, estipulavam que se devia dar ao pessoal constituído por escravos negros ou Timorenses tanto arroz e peixe quanto pudessem comer, «para nos assegurarmos de que eles sejam mantidos bem alimentados e satisfeitos». Esta era uma estipulação singularmente humana e inteligente, porquanto a legislação para assegurar a alimentação adequada do pessoal escravo era muito raramente, nos casos em que o era alguma vez, promulgada por qualquer dos outros poderes coloniais.

O provedor, ou presidente do conselho dos curadores, era o mais importante dos funcionários eleitos que serviam na Misericórdia, sendo as suas qualificações descritas no compromisso de Lisboa como segue:

«O provedor deve ser sempre um fidalgo de autoridade, prudência, virtude, reputação e idade, e tão sensato que os outros irmãos o reconheçam todos como seu chefe, e lhe obedeçam com grande facilidade; e mesmo que tenha todas as qualidades acima mencionadas, não poderá ser eleito se não tiver pelo menos quarenta anos. Deve ser muito paciente, devido aos caracteres discordantes de muitas pessoas com quem tem de lidar. Deve ser também um senhor com muito tempo livre, para que possa ter tempo para cumprir cuidadosamente os seus frequentes e variados deveres. E para garantir que ele tenha alguma experiência destes deveres, nenhum irmão será eleito provedor durante o primeiro ano em que tenha sido recebido na irmandade».

Uma qualificação que era quase sempre universalmente desrespeitada era a de que o provedor, que era eleito por um ano, fosse um «senhor com muito tempo livre».

Uma leitura da lista dos provedores da Misericórdia de Goa de 1552 a 1910 mostra que este cargo foi ocupado por catorze vice-reis, onze bispos, dois inquisidores e um elevado número de activos governadores, capitães, secretários de Estado, fiscais do Tesouro, juízes do Supremo e funcionários da Coroa com empregos a tempo inteiro, bem como por outros indivíduos que não tinham sido retirados do serviço activo. Como é inevitável, alguns destes altos dignitários não tomavam os seus deveres muito a sério, e o trabalho de rotina do conselho (Mesa) era então delegado sobretudo no escrivão, na ausência do provedor. Outros, no entanto, arranjavam tempo para atender e executar os seus deveres conscientemente, o que parece ter acontecido com a maioria.

281

O cargo de provedor era muito considerado por causa do seu elevado estatuto social, se bem que envolvesse um homem consciencioso em grandes despesas, como observou Dellon em 1676:

«Primeiramente, só nobres eram escolhidos para este cargo, mas, ultimamente, tanto são escolhidos ricos mercadores como nobres. Todas as contribuições são feitas aqui para proveito dos pobres e é raro haver um provedor que não contribua no fim do ano com 20 000 libras do seu bolso... Os cidadãos mais importantes de Goa, e as pessoas de melhor qualidade, sem exceptuar o próprio vice-rei, sentem-se orgulhosos por ser membros desta fraternidade... Escolhem todos os anos novos funcionários, processo através do qual todos os membros têm uma probabilidade de ter o seu quinhão, e, se bem que todos estes cargos sejam dispendiosos, há muito poucos que não estejam ansiosos por ocupá-los.»

Na Bahia, a Mesa foi ocupada durante séculos pela aristocracia rural local dos senhores de engenho, constituindo assim muito mais uma oligarquia que se autoperpetuava do que acontecia com a Mesa de Goa, em que altos funcionários passageiros serviam frequentemente como irmãos. Russel-Wood demonstrou que, à excepção de meia dúzia, todos os provedores da Misericórdia da Bahia, entre 1663 e 1750, eram parentes nalgum grau. Os mercadores apareceram pela primeira vez como tal nos registos de admissão desta confraria por volta de 1700; e, a partir de 1730, há um aumento notável dos que foram aceites como membros. Esta alteração reflectia a redistribuição gradual da riqueza na Bahia, porquanto a riqueza proveniente da posse de terras e do cultivo do açúcar ou da criação de gado fora substituída pela riqueza obtida através da especulação financeira e das actividades empresariais. Na década de 1740, vários homens de negócios foram eleitos provedores da Misericórdia da Bahia, acabando assim com o monopólio da aristocracia rural.

Os fundos da Misericórdia provinham quase inteiramente da caridade e dos legados particulares, se bem que a Santa Casa da Misericórdia de Luanda recebesse uma percentagem do comércio de exportação de escravos negros. Testadores com consciências pesadas ou delicadas legavam frequentemente no seu leito de morte grandes somas à Misericórdia, esperando assim abreviar a sua estada no purgatório. Um frade dominicano de Goa escreveu ao rei em 1557 dizendo que altos funcionários que haviam desviado fundos da Coroa tinham o cuidado de se confessar a «padres preguiçosos, estúpidos e ignorantes» que lhes diziam então: «Senhor, o que roubou ao rei pode restituir em obras pias; roubou 5000 pardaus à Coroa? Então dê 10 000 à Misericórdia e isso bastará». Quase dois séculos mais tarde, Dom Luís da Cunha,

CONSELHEIROS MUNICIPAIS E IRMÃOS DE CARIDADE

que era ele próprio um irmão (ausente) da Misericórdia em Portugal e que apreciava aprovadoramente essa obra caridosa, deplorava a crença generalizada de «que as pessoas podem ser desculpadas por roubar a Pedro ou a Paulo, deixando o que tinham à Misericórdia, ou a outra corporação religiosa ou pia». Ainda assim, este processo garantia que uma percentagem de ganhos conseguidos através de meios pouco correctos fosse devolvida, na devida altura, aos pobres e necessitados a quem, inicialmente, havia (talvez) sido extorquida.

Além disso, muitos legados e doações eram feitos por motivos puramente filantrópicos. As somas principescas legadas à Misericórdia da Bahia por João Mattos de Aguiar, no final do século XVII, e por Martha Merop à Misericórdia de Macau, mais de um século depois, são dois de entre muitos exemplos que poderiam ser citados. Estes dois benfeitores haviam saído da miséria e enriquecido de maneiras diferentes, e a Misericórdia da Bahia recebeu, do legado do primeiro, uma soma superior a um milhão de cruzados. Este capital tinha, decerto, origens muito mais respeitáveis do que a fortuna comparável deixada à Misericórdia de Lisboa por Dom Francisco de Lima, na altura da sua morte em San Lucar, em 1678. Os princípios desta fortuna tiveram origem nas extorsões que fizera durante o tempo em que fora governador de Moçambique, em 1654-1657; e na altura da sua morte andava fugido da justiça pela sua cumplicidade real ou pretensa no assassínio do marquês de Sande (1667), que havia negociado o casamento de Carlos II com Catarina de Bragança seis anos antes. Finalmente, os escravos beneficiavam frequentemente com a caridade dos testadores que deixavam alguns ou todos os seus escravos à Misericórdia local, com a condição de que deveriam ser libertados se trabalhassem satisfatoriamente durante um determinado período de tempo.

A idade de ouro das Misericórdias asiáticas abrangeu a maioria do século XVI e o princípio do século XVII. A da Bahia coincidiu mais ou menos com a segunda metade do século XVII, enquanto a de Minas Gerais beneficiou presumivelmente com o progresso económico que acompanhou a exploração das minas de ouro e diamantes durante o reinado de D. João V. As Misericórdias, como outras obras pias do mundo ibérico, funcionaram também por vezes como banqueiros e corretores. A confiança que inspiravam neste aspecto foi convincentemente atestada pelo viajante italiano Cesare Fedrici, quando escreveu, em 1583, sobre os seus dezoito anos de viagens pela Ásia. Afirmou que qualquer mercador de qualquer nacionalidade que morresse na Ásia portuguesa e que tivesse deixado os seus bens a herdeiros na Europa por intermédio da Misericórdia podia confiar infalivelmente no facto de o pagamento (via Goa e Lisboa) ser pontualmente feito, «fosse em que parte fosse da cristandade». O frade jesuíta Fernão de Queiroz, ao escrever um século mais tarde em Goa, conta o caso clássico de um «mouro de Granada»

O IMPÉRIO MARÍTIMO PORTUGUÊS

que morreu em Macau e deixou os seus bens a herdeiros muçulmanos residentes em Constantinopla. Ao ter conhecimento das suas vontades, a Misericórdia de Goa informou os herdeiros, que receberam devidamente a quantia total na feitoria portuguesa de Kung, no golfo Pérsico, evitando assim a despesa e demora adicionais que teria havido se o dinheiro tivesse sido enviado através do Cabo e via Lisboa. A rectidão financeira da Misericórdia e o prestígio que teve merecidamente durante tanto tempo não só encorajavam os testadores a deixarem o seu dinheiro à Santa Casa porque sabiam que seria bem gasto, mas também induziam os vice-reis e governadores a servirem-se dos seus cofres em ocasiões de emergência, se bem que este processo fosse estritamente proibido pela Coroa. A Misericórdia de Goa foi a que mais sofreu neste aspecto, contribuindo portanto este facto para acentuar o seu declínio no século XVIII.

É inegável que o relaxamento geral dos padrões que afectou as Câmaras no século XVIII foi igualmente visível na Misericórdia, porquanto os vereadores e os irmãos de maior condição provinham das mesmas classes sociais. Na verdade, eram frequentemente as mesmas pessoas. Inicialmente, as pessoas eleitas para ocupar cargos numa das instituições não deviam simultaneamente ocupar cargos na outra, mas esta condição foi cada vez menos respeitada, especialmente nas colónias pequenas com populações reduzidas e com uma consequente escassez de homens qualificados. Os irmãos da Mesa mostraram-se cada vez mais inclinados a evitar cumprir as suas ocupações mensais mais desagradáveis, como, por exemplo, visitar os presos nas suas celas fétidas. O vice-rei conde da Ericeira, que fora eleito provedor da Misericórdia de Goa em 1718, foi informado dois anos mais tarde de que nenhum dos curadores recentemente eleitos se queria oferecer como voluntário para visitar as prisões, escusando-se por uma ou outra razão. Ofereceu prontamente os seus préstimos para cumprir esta ocupação humilde, o que implicou uma censura que envergonhou os irmãos pouco cumpridores e os levou a cumprirem os seus deveres. As Misericórdias da Bahia, Luanda e Macau sofreram também crises financeiras de amplitudes várias durante este período, mas todas sobreviveram de modo a continuar a sua obra de caridade de uma ou de outra forma até aos nossos dias.

Enquanto a Misericórdia se preocupava com a caridade em favor de um grupo muito vasto de pobres e necessitados, as outras irmandades leigas ou confrarias das várias ordens religiosas restringiam na generalidade as actividades caritativas aos seus próprios membros e suas respectivas famílias. O estatuto social destas Irmandades (Terciárias, ou Ordens Terceiras, como também eram chamadas) variava desde aquelas em que a categoria de membro estava limitada a brancos «puros» de boas famílias até às que eram sobretudo constituídas

284

CONSELHEIROS MUNICIPAIS E IRMÃOS DE CARIDADE

por negros. As confrarias brancas mais exclusivas construíram igrejas maravilhosas e salas de conselho com retratos dos membros com peruca cuja opulência aparatosa levou um visitante francês contemporâneo a perguntar se não se tratava de «uma espécie de *jockey club* religioso». É, de facto, o que pareciam algumas delas na cuidadosa escolha social que faziam dos indivíduos que queriam ser admitidos. Os estatutos da Ordem Terceira de São Francisco de Mariana, em Minas Gerais, estipulavam (em 1763) que qualquer indivíduo que quisesse ser admitido tinha de ser «de nascimento branco legítimo, sem quaisquer boatos ou insinuação de sangue judeu, mourisco ou mulato, ou de Carijó ou de qualquer outra raça contaminada, e o mesmo deverá acontecer com a mulher, se for um homem casado». E isto não era mera formalidade. A investigação dos antecedentes dos candidatos demorava muitas vezes vários anos e implicava escrever para as Câmaras ou para as Misericórdias das vilas de província mais remotas de Portugal para a confirmação das informações fornecidas. Os membros que casavam posteriormente com uma rapariga de cor ou com uma rapariga com sangue de cristão-novo eram pura e simplesmente expulsos. A composição destas Irmandades era feita em termos raciais, tendo os brancos, negros e mulatos as suas respectivas confrarias. Havia algumas que não faziam qualquer distinção de classe ou cor e que aceitavam tanto escravos como homens livres; mas as irmandades de escravos ou homens livres negros tinham geralmente um branco como tesoureiro, como estava especificado nos seus estatutos. Mesmo assim, estas irmandades religiosas para negros e indivíduos de cor constituíam, sem dúvida, para as classes humilhadas e desprezadas, uma fonte de ajuda e conforto mútuos como nunca houve nas colónias francesas, inglesas e holandesas. No século XVIII havia em São Salvador Bahia), só dedicadas à Virgem Maria, onze irmandades para gente de cor.

As Misericórdias, tal como as Irmandades religiosas exclusivamente para brancos, eram, de um modo geral, se bem que não invariavelmente, defensoras acérrimas da superioridade étnica da raça branca e das distinções classistas, exactamente como as Câmaras, com que estavam tão estreitamente ligadas. Dada a permanente escassez de mulheres brancas em todas as colónias portuguesas, especialmente nas conquistas da África e da Ásia, era inevitável que, mais tarde ou mais cedo, os mestiços fossem aceites, tal como os mulatos o haviam sido em São Tomé, no princípio do século XVI. Mas a inclusão de nativos puros cristãos era um assunto completamente diferente, e isto só se deu muito tarde, nos casos em que se chegou a dar. Em Malaca, os cargos da Câmara e da Misericórdia estavam ainda restringidos aos Portugueses «brancos», em 1641, se bem que entre estes indivíduos houvesse certamente alguns euro-asiáticos. D. João IV ordenou à Misericórdia de Macau que admitisse como irmãos alguns cristãos chineses locais, e, mais de 100 anos depois, um decreto pombalino de 1774 obrigava o Senado a incluir seis nativos importantes entre os almotacéis dos Conselhos Municipais, mas ambos os decretos foram letra morta. Mesmo os Portugueses iletrados ou semi-iletrados nascidos na Europa eram aceites como vereadores de preferência aos mestiços instruídos, no século XVIII, em Macau. Em Goa, o primeiro canarim, ou indiano cristão puro, foi admitido como irmão da Misericórdia em 1720, mas é extremamente significativo que esta inovação só tenha sido aprovada formalmente pela Coroa em 1743. Apesar da legislação pombalina violentamente anti-racista de 1774, não há quaisquer razões para supor que qualquer canarim haja sido eleito para o Conselho Municipal antes do século XIX. Uma exposição oficial feita por essa Câmara em 1812 afirmava que, nesta altura, os vereadores eram quase todos militares graduados, e que os naturais ou goeses com pouca ou nenhuma mistura de sangue europeu, eram principalmente padres ou advogados. Parece ter durado todo o período colonial a supremacia branca tanto na Câmara como na Misericórdia da Bahia, embora haja indícios de que o preconceito contra a admissão de pessoas de origem cristã-nova enfraquecera consideravelmente entre 1730 e 1774.

A Misericórdia era uma instituição essencialmente portuguesa, a melhor (podem pensar algumas pessoas) que a «justa Lusitânia» jamais produziu, mas inspirou pelo menos a fundação de dois estabelecimentos com o mesmo nome fora das fronteiras do império. Houve um ramo florescente em Manila, fundado em 1606, segundo o modelo da casa-mãe de Lisboa. Houve outro em Nagasáqui, que tinha fama em todo o Japão pelas suas obras de caridade, antes de ter sido extinto durante a perseguição que começou em 1614. De maneiras diferentes, a Câmara e a Misericórdia forneceram uma forma de representação e de refúgio para todas as classes da sociedade portuguesa. Um estudo destas duas instituições mostra que o bem que fizeram compensou de longe as ocasionais imperfeições humanas dos seus membros. A maneira como o Conselho Municipal e a Santa Casa da Misericórdia se adaptaram a meios tão variados e exóticos desde o Brasil ao Japão, mantendo no entanto laços tão estreitos com as suas origens medievais europeias, exemplifica bem o conservadorismo, a capacidade de recuperação e a tenacidade dos Portugueses no ultramar.

Capítulo XIII
Soldados, Colonos e Vagabundos

Uma das diferenças marcantes entre o império oriental português e o império ocidental espanhol foi a de que o primeiro tinha um notório aparelho militar, enquanto o último, depois da conquista do México e do Peru, era essencialmente um império civil. Houve uma diferença, até certo ponto menor, entre os impérios português e espanhol na América mas foi na Goa «dourada» que o sistema social português peculiar de *soldados e casados*, soldados solteiros e colonos casados, foi levado ao seu maior extremo e durou mais tempo. Praticamente todos os homens portugueses que partiram de Lisboa para Goa durante três séculos foram para o Oriente ao serviço da Coroa – os missionários como soldados da cristandade sob o patrocínio do padroado e a grande maioria dos leigos como soldados do rei. Os fidalgos e os soldados que casavam depois da sua chegada à Índia eram geralmente autorizados a deixar o serviço real, se o desejassem, e a fixar-se como cidadãos ou comerciantes, sendo então denominados *casados*. Os restantes eram chamados *soldados* e estavam sujeitos a prestar serviço militar até morrer, casar, desertar ou ficar incapacitados por feridas ou doenças.

«Esta é uma terra fronteiriça de conquista», escreveu um frade missionário franciscano quando Goa estava no auge do seu precário esplendor em 1587, e isto, como já vimos, é um assunto que foi repetido anualmente na correspondência oficial e particular, a partir da época de Afonso de Albuquerque. Muitos soldados experimentados, além do autor anónimo de um tratado quinhentista acerca do *Primor e Honra da Vida Soldadesca no Estado da Índia,* concordaram que praticamente todos os asiáticos eram aberta ou secretamente inimigos dos Portugueses. «E isto não é de espantar, porquanto somos os inimigos declarados de todos os descrentes; por isso não é de surpreender que nos paguem na mesma moeda... Não podemos viver nestas regiões sem armas na mão, nem comerciar com os nativos senão da mesma maneira, estando sempre de guarda.» Considerando a insistência com que tantas pessoas que estavam em boa posição de o julgar afirmaram que a Ásia portuguesa era um empreendimento militar, é bastante curioso que a Coroa fosse tão lenta na organização de um sistema militar apropriado para a sua manutenção. Durante mais de 150 anos depois da conquista de Goa por Albuquerque, os soldados portugueses no Oriente (e, no que diz respeito a este assunto, também em África) não estiveram organizados na forma de um exército regular, mas sim em companhias e pequenas unidades (chamadas estâncias, bandeiras, companhias) que eram mobilizadas ou desmobilizadas consoante a ocasião. Todos os homens estavam, ou deviam estar, registados em matrículas, sendo o registo central conservado em Goa, e o seu pagamento era calculado de acordo com um complicado sistema triplo. O soldo dependia em parte do nascimento, da sua experiência anterior, etc.; e quando era pago quatro vezes por ano, denominava-se quartel; designava-se mantimento quando era pago em dinheiro ou géneros, ou numa combinação de ambos; ordenado, quando era o pagamento de uma comissão, como acontecia com o cargo de governador de uma fortaleza ou de comandante de um navio. Um homem que recebesse soldo (ou quartel) recebia, geralmente, mantimento. Inicialmente, os indivíduos eram pagos desde a data de embarque (ou de partida de) em Lisboa, mas após 1540 eram enviados sem soldo, que lhes deveria ser pago num prazo de seis meses ou, nalguns casos, de um ano, depois da sua chegada. A Coroa fornecia rações básicas a bordo para estes homens, mas muitas vezes na forma de alimentos crus, de maneira que os indivíduos tinham de fazer as suas combinações para utilizar a cozinha do navio.

Desde o início, a Coroa teve os pagamentos quase sempre em atraso («mal, tarde, ou nunca», ver capítulo III) e não havia quaisquer casernas onde pudessem ser alojados os indivíduos à chegada. Inevitavelmente, os reinóis recém-chegados, como eram denominados estes inexperientes, tinham pouca ou nenhuma oportunidade de ganhar honestamente a sua vida enquanto esperavam ser chamados para servir nalguma expedição, guarnição ou campanha. Morriam de fome nas ruas ou pediam auxílio às portas das igrejas e dos conventos, ou empregavam-se ao serviço de qualquer fidalgo rico que os pudesse sustentar, ou ofereciam-se para espadachins e rufias, ou então encontravam uma mulher amável (casada ou não) que os sustentava. Depois de terem conseguido algum dinheiro, e se o não perdiam imediatamente ao jogo (o que acontecia frequentemente), podiam juntar-se em peque-

SOLDADOS, COLONOS E VAGABUNDOS

nos grupos, talvez fazendo turnos entre si para se exibir nas ruas com o melhor fato que possuíam. Durante a estação das chuvas, de Maio a Setembro, não tinham nada para fazer nestas condições desmoralizadoras em Goa, ou então vegetavam numa das guarnições costeiras. Durante o resto do ano, estavam sujeitos a prestar serviço nas frotas e escoltas costeiras, ou nas expedições punitivas e ataques-surpresa contra os corsários malabares ou outros inimigos, ou nas guarnições dos muitos fortes portugueses que se espalhavam de Sofala até às Molucas. Se viviam durante mais de oito ou dez anos, podiam então voltar para Portugal com os seus certificados de serviço militar cuidadosamente guardados para pedir uma recompensa à Coroa. Havia relativamente poucos que o podiam fazer, porque era necessário obter uma licença do vice-rei antes de embarcar num navio da carreira de regresso a Lisboa, e cada um tinha de pagar a sua própria passagem. A maioria ficava, portanto, na Ásia, onde se tornavam *casados* e faziam os seus pedidos de pensões ou recompensas através do governo vice-real de Goa; um processo demorado, na melhor das épocas.

Quando a Coroa decidia que o requerente era digno de recompensa, esta assumia geralmente a forma da doação de um cargo. Estes cargos variavam desde o posto de capitão de uma fortaleza altamente lucrativa (graças aos benefícios e aos ganhos) como a de Ormuz, ou à concessão de uma viagem comercial (sendo a viagem para o Japão a mais lucrativa entre 1550 e 1640), até a um cargo de empregado ou de agente em qualquer obscura feitoria. Na maioria, estas doações eram trienais e prodigamente feitas. Diogo do Couto citou o exemplo de um indivíduo recém-chegado de Lisboa que havia recebido uma doação para o posto de capitão de Mombaça, de que não podia aproveitar-se até que trinta outros donatários o precedessem nesse cargo por um período de três anos cada um. Quando Couto lhe referiu que teria de esperar perto de um século para ocupar o cargo, ele replicou que, entretanto, faria um bom casamento com uma rapariga de casta pelo lado da mãe, porquanto os pais euro-asiáticos ricos estavam ansiosos por casar as filhas com os homens brancos. Em determinadas condições, a maioria destas concessões podiam ser doadas a outros, ou mesmo compradas e vendidas, visto que a venda de cargos foi um lugar-comum generalizado, durante séculos, desde a China até ao Peru. A Coroa concedia também cargos na forma de um dote dado às raparigas órfãs enviadas de Lisboa (capítulo VI), ou a outras mulheres meritórias, para que os seus futuros maridos os pudessem ocupar. Como a taxa de mortalidade dos europeus no Oriente era muito elevada, alguns donatários pelo menos não precisavam de esperar muito tempo para ocupar os cargos dos seus antecessores. A pior característica deste sistema era o facto de levar inevitavelmente os beneficiários a tentarem encher as algibeiras durante o triénio em que ocupavam o cargo. Só assim se podiam reem-

O IMPÉRIO MARÍTIMO PORTUGUÊS

bolsar a si próprios das despesas que tinham tido, quer enquanto esperavam pela sua vez, quer na compra real da concessão.

A indisciplina notória da soldadesca portuguesa na Ásia e a sua táctica favorita da carga impetuosa foram frequentemente criticadas, tanto por amigos, como por inimigos (capítulo V). Diogo do Couto, ao comentar a derrota desastrosa que sofreram às mãos do corsário mopla Kunhali, em 1599, observou que, assim como os Portugueses superavam todas as outras nações na impetuosidade com que atacavam, assim também as excediam na velocidade com que se retiravam. O seu contemporâneo Francisco Rodrigues da Silveira, que havia também participado tanto em vitórias, como em derrotas, explica que as últimas aconteciam quase todas da mesma maneira. Os Portugueses, ao desembarcarem dos seus navios numa praia hostil, raras vezes esperavam para formar convenientemente e avançar depois em formação cerrada; pelo contrário, cada soldado corria impetuosamente para a frente, sozinho, como se estivesse a fazer uma corrida com os camaradas. Se o inimigo, que estava geralmente parado a alguma distância, não fugia com esta investida, então os primeiros soldados a alcançá-lo chegavam ofegantes e exaustos, sem nenhumas condições para lutar, e desapoiados pelos seus camaradas mais lentos que vinham a arrastar-se atrás. Os que corriam à frente não tinham, então, outro recurso senão voltar as costas e retirar tão depressa quanto podiam, deitando muitas vezes fora as armas enquanto fugiam. O inimigo, mais ligeiramente equipado e mais veloz, apanhava facilmente os fugitivos desarmados e decapitava-os. Noutras alturas, como aconteceu no assalto a Calecut em 1509, os Portugueses tomavam com êxito uma cidade costeira, mas, depois, os soldados dispersavam pelas ruas e casas, à procura de saque, desfazendo-se das suas próprias armas para apanhar objectos pesados e volumosos. Isto dava ao inimigo oportunidade para se reagrupar e voltar em força, matandondo os saqueadores, que cambaleavam sob o peso dos objectos pilhados.

A táctica da ofensiva *à outrance* era defendida pela maior parte dos fidalgos e dos soldados com o argumento de que os Portugueses eram sempre nitidamente inferiores em número aos seus oponentes, e que qualquer hesitação poderia ser fatal. Uma carga impetuosa, diziam, enervava geralmente o inimigo, que se desmoralizava e fugia ao ver as armas brancas, enquanto se os Portugueses avançassem numa formação cerrada, constituiriam um alvo fácil para os archeiros indianos, que não falhariam com certeza a pontaria. Rodrigues da Silveira refutou estes argumentos fazendo notar que as armas de fogo dos Portugueses tinham maior alcance do que os arcos e flechas, e que um ataque decidido, em formação regular, feito por homens bem rotinados e bem treinados, seria muito mais eficiente e muito mais seguro. Felizmente para os Portugueses, a maioria dos povos com que tiveram de se defrontar

SOLDADOS, COLONOS E VAGABUNDOS

em campos de batalha lutava como um tropel de gente armada e não como unidades bem treinadas e disciplinadas, se bem que os Turcos, os Persas e os Mogóis estivessem geralmente tão bem equipados como eles. Nestas circunstâncias, a qualidade do comandante era ainda mais vital do que habitualmente, e os Portugueses tiveram muitos chefes notáveis que lutavam como campeões medievais à cabeça dos seus homens. Conquistadores do calibre de Afonso de Albuquerque, D. João de Castro, Dom Luís de Ataíde e André Furtado de Mendonça – este último o herói reconhecido pelo ultracrítico Rodrigues da Silveira – puderam e conseguiram impor alguma ordem e disciplina, ainda que só temporariamente. Sob o comando de tais homens, que sabiam tanto refrear como inspirar os seus soldados, os Portugueses obtiveram muitas vitórias retumbantes e espectaculares, tal como, noutras ocasiões, chefiados por fidalgos inaptos e excessivamente confiantes, sofreram derrotas severas e humilhantes. Um dos primeiros exemplos de comandantes como os inicialmente citados, encontramo-lo na brilhante defesa de Cochim, contra forças muito superiores, comandada por Duarte Pacheco Pereira em 1504; e um dos exemplos dos citados em último lugar foi a morte do primeiro vice-rei, Francisco de Almeida, com mais sessenta companheiros numa escaramuça miserável com os Hotentotes, perto do cabo da Boa Esperança, em Março de 1510.

Foram feitos esforços esporádicos para remediar esta falta de disciplina e treino militares, mas não se conseguiu obter qualquer resultado duradouro antes do último quartel do século XVII. Afonso de Albuquerque havia pedido (e recebeu) alguns oficiais treinados no serviço militar suíço, que era o melhor da Europa naquela altura, mas a sua influência não lhe sobreviveu. O vice-rei Dom Luís de Ataíde, (1568-1571) tentou uma reforma igualmente de curta duração, e os esforços dos Habsburgo espanhóis entre 1580 e 1640 não tiveram melhor êxito. Nem Dom António de Leiva, um veterano de Lepanto, que foi enviado na década de 1590, nem Dom Francisco de Moura (trinta anos mais tarde), que havia servido na Flandres, conseguiram reorganizar a soldadesca portuguesa em Goa segundo o modelo dos *tercios* da infantaria espanhola, devido à obstinada oposição dos fidalgos. Nem as derrotas sofridas pelos Portugueses às mãos dos Holandeses, no Ceilão, fizeram com que os primeiros modificassem o seu anacrónico sistema militar ou antes, a sua falta de sistema. O primeiro terço, ou regimento de infantaria regular, que durou mais do que alguns meses, foi organizado em Goa em 1671, e este regimento devia em princípio ser mantido em força por levas anuais de recrutas vindos de Portugal; mas a devastação provocada pela doença e pela deserção era tão elevada que soldados de cor e mestiços constituíram uma percentagem das suas fileiras. Os Portugueses reuniram também algumas tropas indianas auxiliares, deno-

O IMPÉRIO MARÍTIMO PORTUGUÊS

minadas lascarins, nos séculos XVI e XVII, e cipaios, no século XVIII. Os pacíficos canarins ou habitantes maratas-concanis de Goa não eram boa carne para canhão. Isto ajuda a explicar por que é que os Portugueses nunca utilizaram tanto as suas tropas de cipaios como os Franceses e os Ingleses, a partir do tempo de Dupleix e de Clive.

Por outro lado, os Portugueses confiavam muito mais nas qualidades guerreiras dos seus escravos africanos do que qualquer das outras nações colonizadoras europeias. Ao escrever em 1539, João de Barros exaltou a coragem e a lealdade dos escravos negros da Guiné, insistindo junto dos seus compatriotas para que os empregassem em maior escala do que o haviam feito mouros e Berberes, porquanto o seu potencial militar era superior ao dos famosos mercenários suíços. «E são tão bravos que conquistámos com eles as outras regiões que agora possuímos e que não têm outros homens assim.» Quase um século mais tarde, Edward Monnox, ao testemunhar o rechaço de um ataque persa numa brecha do castelo de Ormuz durante o cerco de 1622, observou no seu diário, acerca das tácticas dos defensores: «A maior parte do que foi feito deve-se aos negros que os Portugueses mandaram à frente para deitar recipientes com pólvora, com os quais muitos Persas ficaram miseravelmente escaldados ou queimados». No outro extremo da Ásia, o falhanço desastroso do ataque holandês a Macau, realizado no dia de São João do mesmo ano, foi atribuído pelos chefes holandeses às proezas dos escravos negros dos defensores.

> «Muitos escravos dos Portugueses, cafres e outros, tendo sido embriagados, carregaram tão corajosamente contra os nossos mosquetes que era uma coisa espantosa de se ver... Os Portugueses rechaçaram-nos de Macau com os seus escravos. Não o fizeram com quaisquer soldados, porque não há nenhum em Macau, e apenas cerca de três companhias de 180 homens em Malaca. Vejam como o inimigo conserva assim as suas possessões de uma forma tão barata enquanto nós gastamos tanto dinheiro.»

Os relatos portugueses desta notável vitória, se bem que atribuindo naturalmente a maior parte dela aos defensores brancos e euro-asiáticos do que os Holandeses estavam dispostos a fazer, acentuavam também a lealdade e a coragem dos escravos negros, muitos dos quais foram libertados depois da batalha pelos proprietários, que lhes estavam gratos. Estes relatos fazem referência especial a uma negra que manejava uma alabarda com um efeito tão mortífero que foi lisonjeiramente comparada a uma heroína portuguesa medieval, a lendária padeira de Aljubarrota, que matou sete Espanhóis com uma pá. Os escravos negros eram frequentemente utilizados como tropas auxiliares nas lutas no Ceilão, e o poema épico cingalês *Parangi Hatane* enumera «os Cafres

SOLDADOS, COLONOS E VAGABUNDOS

como gatos montanheses, empanturrados com carne e encharcados em álcool» entre os seus inimigos mais temíveis.

O governador de Macau, ao escrever para o vice-rei de Goa acerca de reforços para a reduzida guarnição em 1651, pediu-lhe que lhe enviasse reinóis (Portugueses nascidos na Europa) e escravos negros, que eram duros e belicosos, ao contrário dos «mesticinhos» da Índia, que, como soldados, eram inúteis. Os modernos panegiristas da política preconizada por Albuquerque de fundar uma raça mestiça, mas legítima, indo-portuguesa cristã, através do casamento de indivíduos europeus com mulheres indianas escolhidas de origem ariana, esquecem frequentemente a oposição que este esquema encontrou na época e na geração de Albuquerque, e posteriormente durante muito mais tempo. Em 1545, a Coroa proibiu categoricamente «os filhos de Portugueses nascidos nessas regiões» de se alistarem como soldados, proibição que foi renovada em 1561. O Conselho Municipal de Chaul protestou contra esta discriminação em 1546 e, quinze anos mais tarde, o vice-rei de Goa sugeriu que o rei devia permitir o alistamento de alguns euro-asiáticos que o merecessem. De facto, era impossível ter cumprido durante muito tempo esta proibição, porquanto era de todo impraticável excluir mestiços do serviço militar quando havia uma devastação anual tão colossal entre os indivíduos nascidos na Europa. Contudo, a maior parte dos vice-reis tinha sérias dúvidas sobre o valor dos mestiços, que consideravam demasiado brandos e efeminados para o serviço militar e naval activos. Em 1634, era necessária uma percentagem relativamente elevada de sangue europeu para os indivíduos se alistarem. Tinham de levar um certificado passado pelo pároco confirmando que eram filhos ou netos de Portugueses nascidos na Europa. É interessante notar que a única excepção feita por Pombal na sua política de implementação da igualdade racial entre cristãos nascidos na Europa e cristãos nascidos na Ásia foi o regimento de artilharia formado em Goa em 1773, que era recrutado exclusivamente entre os Portugueses nascidos na Europa. Um decreto real de 28 de Abril em 1792 aboliu este regulamento e com ele, o último vestígio de discriminação racial oficial (o que é diferente de oficioso) nas forças armadas da Índia portuguesa.

Os preconceitos não oficiais, como quase sempre, eram muito mais profundos e duraram muito mais tempo do que as atitudes oficiais variáveis no que diz respeito a relações raciais. A correspondência de sucessivos vice-reis de Goa, desde o século XVI ao XIX, é fértil em queixas acerca da inferioridade moral e física, real ou pretensa, dos mestiços e canarins em relação aos Portugueses nascidos e educados na Europa. Sempre que possível, os vice-reis e governadores colocavam brancos nos cargos militares e administrativos mais importantes, tal como o faziam os arcebispos e os bispos quando escolhiam os ocupantes para altos cargos eclesiásticos. Os conselheiros municipais de Goa, a maioria

O IMPÉRIO MARÍTIMO PORTUGUÊS

dos quais eram casados com mulheres euro-asiáticas, queixavam-se à Coroa em 1607 de que quando havia comandos militares ou cargos governamentais que ficavam vagos estes eram atribuídos a adolescentes recém-chegados de Portugal que nunca haviam assistido a qualquer combate. É claro que havia algumas excepções, como, por exemplo, o caso de Gaspar Figueira de Serpa, no Ceilão. Este fidalgo era filho de pai português e de mãe cingalesa. As suas notáveis proezas militares levaram a que lhe fosse, mais tarde, dado o cargo de comandante-chefe das operações contra os Holandeses e os Cingaleses em 1655-1658. Houve também brâmanes, sem qualquer vestígio de sangue europeu, que foram elevados à condição de escudeiros e cavaleiros da casa real (*escudeiro logo acrescentado a cavalleiro*, em 1646, por exemplo). Mas tais exemplos constituíram excepções. Muitos fidalgos nascidos na Europa que haviam casado com mestiças euro-asiáticas e estabelecido os seus lares no Oriente queixavam-se de que não só os seus filhos mas também eles próprios eram preteridos nas promoções em favor de jovens inexperientes acabados de chegar de Portugal e que tinham toda a intenção de para lá voltarem. O desprezo dos Portugueses pelo canarim era ainda mais declarado e durou mais tempo. Desde o início que foram estigmatizados como vis, cobardes e indivíduos em quem não se podia confiar. Frederico Diniz d'Ayalla, descendente de família goesa de militares, retrata na sua *Goa Antiga e Moderna* (Lisboa, 1888) esta tensão racial entre europeus, mestiços e canarins. Salienta o desprezo constante com que os Portugueses sempre trataram os Indianos locais – «um desprezo tão profundo e tão natural que qualquer português individualmente se considerava capaz de tomar de assalto sozinho uma cidade inteira habitada por indianos».

Se bem que a sociedade colonial na Índia portuguesa mantivesse uma característica militar vincada durante séculos, possuía também características mercantis e marítimas igualmente marcadas durante quase o mesmo tempo, porquanto quase toda a gente, desde o vice--rei ao criado de bordo, comerciava abertamente ou às escondidas. Os *casados* ganhavam a sua vida na totalidade ou na maior parte graças à participação no comércio entre os portos asiáticos, e, em menor grau, graças à rota do Cabo para Lisboa. A prolongada guerra com os Holandeses (1600-1663) arruinou muitas destas famílias, e o quinhão dos Portugueses no comércio entre os portos da Ásia foi, a partir de então, muito modesto em comparação com o dos Holandeses e o dos Ingleses. A riqueza dos *casados* de Goa passou a provir principalmente dos rendimentos que recebiam das terras que possuíam na fértil Província do Norte, até estas serem conquistadas pelos Maratas na guerra de 1737-1740. A partir de então praticamente o seu único recurso económico passou a ser o serviço no corpo de oficiais do exército indo-português, em que a política igualitária de Pombal lhes deu

SOLDADOS, COLONOS E VAGABUNDOS

melhores hipóteses de promoção do que tinham até então. Se bem que alguns dos oficiais militares e navais que vinham anualmente da Europa durante o século XVIII e, também, alguns dos funcionários civis do governo que eram colocados em Goa, Damão e Diu casassem em famílias euro-asiáticas locais e aí permanecessem, a classe resultante de *descendentes*, como os mestiços passaram a ser chamados, nunca foi numerosa. Havia ainda 2240 em Goa em 1866, mas o licenciamento do exército regular indo-português ocorrido seis anos mais tarde deixou a maior parte dos homens privados do seu ganha-pão. Muitas famílias ficaram reduzidas à indigência e algumas delas viram-se obrigadas a misturar-se com os canarins que durante tanto tempo haviam desprezado. Por volta de 1956, havia apenas pouco mais de 1000 *descendentes* numa população que totalizava cerca de meio milhão de habitantes, e este número deve ter sido reduzido posteriormente por causa da emigração ocorrida depois da ocupação de Goa pela União Indiana, seis anos mais tarde. Nada é mais errado do que a concepção corrente de que todos os Goeses têm uma dose considerável de sangue português nas veias. A grande maioria dos Goeses são etnicamente Indianos, apesar de a sua adopção, feita há séculos, da religião católica e da língua e costumes dos Portugueses, juntamente com o facto de usarem nomes portugueses, os ter firmemente integrado na órbita cultural portuguesa.

A depravação sexual que é inevitavelmente uma característica de qualquer sociedade baseada no trabalho escravo foi um assunto constante de denúncia pelos críticos clericais dos soldados e colonos da Ásia portuguesa. Um missionário jesuíta italiano, que escreveu da Índia para Santo Inácio de Loiola em Roma, em 1550, comentava:

> «Vossa Reverência deve saber que o pecado da depravação está tão espalhado nestas regiões que não é reprimido de modo nenhum, o que conduz a grandes inconveniências, e a grande desrespeito pelos sacramentos. Afirmo isto acerca dos Portugueses, que adaptaram os vícios e os costumes da terra sem qualquer reserva, incluindo este mau costume de comprarem rebanhos de escravos, machos e fêmeas, como se fossem ovelhas, grandes e pequenos. Há um número sem fim de homens que compraram rebanhos de raparigas e dormem com todas elas, e depois vendem-nas. Há inúmeros colonos casados que têm quatro, oito ou dez escravas fêmeas e dormem com todas elas, como é do conhecimento de todos. Isto é levado a tais excessos que havia um homem em Malaca que tinha vinte e quatro mulheres de várias raças, todas elas suas escravas, e possuía-as a todas. Cito esta cidade porque é uma coisa que toda a gente sabe. Na maioria os homens, assim que têm dinheiro para comprar uma escrava fêmea, utilizaram-

O IMPÉRIO MARÍTIMO PORTUGUÊS

-na quase invariavelmente como uma *amiga*, para além de outras desonestidades, no meu fraco entender».

Ao escrever um século e meio mais tarde, o padre jesuíta luso--brasileiro Francisco de Sousa fez quase as mesmas queixas acerca da preponderância da prostituição das escravas na Ásia portuguesa e dos excessos sexuais da soldadesca portuguesa com as mulheres nativas, «um abuso irremediável entre nós». Um artesão euro-asiático ou europeu comum podia ter quinze ou vinte escravas; e dizia-se que, no século XVII, um ferreiro mulato de Goa tinha vinte e seis mulheres e raparigas, para além dos escravos machos de que também era dono. Cidadãos e funcionários abastados tinham frequentemente entre cinquenta e cem escravos domésticos, e as senhoras ricas tinham às vezes mais de 300. Este número, desnecessariamente grande, de escravos domésticos era mantido para dar estatuto e prestígio social aos proprietários, tanto em África e na América do Sul como na Ásia.

Independentemente dos atractivos das escravas de várias cores, como por exemplo da morena Bárbara, escrava a quem Camões dedicou um dos seus mais encantadores poemas, as bailarinas profissionais e as prostitutas indianas dos templos exerciam um fascínio fatal em muitos fidalgos, como o testemunha uma corrente contínua de denúncias e leis oficiais contra estas «harpias», promulgadas por sucessivos vice-reis e arcebispos entre 1598 e 1734. Não é provável que uma geração excitada pelos feitos amorosos de James Bond e de outros do género reaja aos excessos da líbido lusitana na Ásia quinhentista e seiscentista com a fascinação horrorizada evidenciada por Jan Huigen van Linschoten, Pyrard de Laval, Nicolao Manucci e outros observadores estrangeiros, para já não falar da repugnância escandalizada demonstrada pelos missionários jesuítas e pelos prelados da Igreja. É, no entanto, evidente que os filhos desta promiscuidade sexual com mães escravas raramente tinham oportunidade de receber uma educação ou instrução adequadas, enquanto os filhos legítimos eram provavelmente corrompidos muito cedo pelo meio em que viviam. Além disso, a liberdade sexual dada aos homens, quer se tratasse de *soldados* ou de *casados*, não estava alargada às suas mulheres nesta (e em qualquer outra) sociedade colonial. Os maridos enganados nunca eram censurados por matar imediatamente as suas esposas infiéis, e os homens que assassinavam as suas inocentes mulheres por mera suspeita raras vezes foram castigados por isso.

É evidente que deve ter havido casais mais felizes e famílias mais respeitáveis nas sociedade da Goa «dourada» do que o dão a entender os relatos terríveis de visitantes estrangeiros ou as implacáveis denúncias de moralistas clericais. Nicolao Manucci, um dos mais severos críticos dos Portugueses na Índia, que descreveu Goa (em 1666) como um

296

SOLDADOS, COLONOS E VAGABUNDOS

«lugar onde a perfídia é grande e predominante, onde há pouco temor a Deus e nenhum respeito pelos estrangeiros», admitia que «havia entre eles homens de sinceridade, como há noutras nações». Já vimos que as testemunhas mais hostis atestaram a boa obra realizada pela irmandade da Misericórdia nas principais colónias portuguesas, e os irmãos que nela desempenhavam cargos e que, tal como os conscienciosos vereadores dos Conselhos Municipais, eram recrutados em grande parte entre os *casados* locais. Se se encontrava frequentemente libertinagem, roubo e perfídia nas colónias portuguesas de Moçambique a Macau, o mesmo acontecia com piedade, caridade e hospitalidade. O viajante Peter Mundy, da Cornualha, deixou-nos uma visão encantadora de uma rica família em casa de quem ficou alojado em Macau, em 1637. O seu anfitrião português tinha várias filhas pequenas, euro-asiáticas, lindas, «que, a não ser em Inglaterra, não penso que possam ser suplantadas por quaisquer outras em qualquer parte do mundo pelos seus belos traços fisionómicos e compleição; o seu vestuário ficava-lhes igualmente bem, e era adornado com jóias preciosas e ornamentos dispendiosos, sendo as vestes que traziam por cima pequenos quimonos, ou casacos japoneses, que também as embelezavam». O jantar era uma abundante refeição de vários pratos servida em pratos de prata, que eram mudados com cada nova iguaria. «Quase o mesmo acontecia com a bebida, tendo todos os homens a sua taça de prata no tabuleiro, as quais, mal estavam vazias, logo aqueles estavam prontos para as encher de novo com excelente bom vinho português. Havia também boa música, cantada, de harpa e guitarra.» Quer devido a causas económicas, quer devido a outras causas, as queixas acerca da luxúria, imoralidade e insegurança da vida na Ásia portuguesa – especialmente em Goa – que abundavam nos séculos XVI e XVII, foram substituídas, no século XVIII, por lamentações acerca da sua pobreza e do seu marasmo.

Se a sociedade colonial na Ásia portuguesa foi essencialmente militar e comercial durante vários séculos, a sociedade na América portuguesa desenvolveu-se de uma forma muito diferente em vários aspectos. Ambas as sociedades dependiam fortemente do trabalho escravo, mas a escravatura das plantações, que foi tão característica da última, era absolutamente inexistente na primeira, a não ser que consideremos alguns dos prazos zambezianos que produziam um pequeno excedente de produções alimentares que eram exportadas. Depois de os tempos pioneiros da «nova Lusitânia» terem acabado, os lenhadores e comerciantes de pau-brasil foram substituídos pelos plantadores de açúcar e (na devida altura) pelos cultivadores de tabaco nas regiões colonizadas da cintura costeira, onde o açúcar foi o rei da economia durante o resto do período colonial. Uma plantação de açúcar era uma entidade independente com os seus campos de cana-de-açúcar, moinho, fornos, tanques e destilarias, os seus carros puxados por bois, os seus barcos

O IMPÉRIO MARÍTIMO PORTUGUÊS

e barcaças. Todas estas coisas eram mantidas a funcionar por escravos negros sob a direcção do senhor de engenho, por intermédio dos seus administradores e capatazes ultramarinos, muitos dos quais, no século XVIII, eram mulatos. Os senhores de engenho mais importantes tornaram-se rapidamente, e mantiveram-se durante muito tempo, uma aristocracia rural patriarcal, cuja autoridade nas suas próprias terras era praticamente absoluta, e que exerciam uma grande influência nos assuntos cívicos através dos seus cargos de vereadores dos Conselhos Municipais. Como Antonil afirmou acerca desta classe no início do século XVIII:

> «Ser um senhor de engenho é uma honra a que muitos aspiram; porque este título traz consigo os serviços, a obediência e o respeito de muita gente. E se for, como devia ser, um homem rico e com capacidade administrativa, o prestígio concedido a um senhor de engenho no Brasil pode ser comparado à honra com que os nobres titulares são tidos entre os fidalgos de Portugal».

Um século mais tarde, Santos Vilhena observava que os senhores de engenho eram «geralmente arrogantes e tão inchados de jactância que pensam que ninguém se pode comparar com eles». Orgulhosos e arrogantes enquanto classe, eram também, de um modo geral, conhecidos pela sua pródiga hospitalidade. Os lavradores de cana, que eram obrigados a enviar a sua cana ao senhor de engenho para ser transformada, e os cultivadores de tabaco e destiladores de rum que faziam por vezes fortunas bastante grandes, raramente conseguiam alcançar o prestígio e o respeito concedidos a um senhor de engenho, que era mais ou menos um monarca em relação a todos os indivíduos que superintendia.

Desenvolveram-se duas outras categorias sociais de importância comparável, pelo menos em algumas épocas e nalgumas regiões, durante o final do século XVII e o princípio do século XVIII. Estas eram os barões de gado que possuíam vastas extensões de terra e grandes manadas de gado descarnado nas zonas de pouca vegetação e de erva do interior (sertão), e os aventureiros que enriqueciam nos campos auríferos de Minas Gerais. A concentração do cultivo do açúcar e do tabaco na região costeira encorajou indirectamente a gradual penetração no sertão. Os criadores e guardadores de gado, sendo a grande maioria destes últimos de sangue mestiço – branco, negro e ameríndio – penetraram ainda mais no interior à procura de novos pastos, através do vale do rio São Francisco e de outras estradas naturais. Este movimento tornou-se especialmente perceptível a partir de 1650 e muitos topónimos no interior (Campo Grande, Campinas, Curral d'El-Rei, Campos, Vacaria, etc.) mostram que cidades modernas tiveram a sua

SOLDADOS, COLONOS E VAGABUNDOS

origem na expansão para ocidente dos rancheiros e dos criadores de gado. Estas diferentes ocupações não se excluíam necessariamente umas às outras, e alguns dos indivíduos mais empreendedores conjugavam várias delas. João Peixoto Viegas, cuja pena nos dá retratos tão coloridos da Bahia do final do século XVII, foi um bem sucedido plantador de açúcar, cultivador de tabaco e criador de gado, bem como destacado membro do Conselho Municipal e da Misericórdia. Manuel Nunes Viana, um emigrante minhoto de origem humilde, tornou-se um dos mais importantes criadores de gado do escassamente povoado vale do rio São Francisco antes de ter feito outra fortuna nos campos auríferos de Minas Gerais, onde foi o chefe dos emboabas intrusos contra os pioneiros paulistas nas escaramuças de 1708-1709. Como aconteceu com os senhores de engenho, os barões do gado e os magnatas territoriais do interior (poderosos do sertão, como eram chamados) tinham especial tendência para pretenderem ser eles próprios a lei. Os esforços feitos pela Coroa para limitar, através de legislação, a extensão dos latifúndios, raras vezes tiveram qualquer êxito duradouro. Durante o século XVIII, os comerciantes a grosso e retalho das principais cidades e os adjudicatários dos numerosos monopólios da Coroa tornaram-se cada vez mais importantes em centros urbanos como Salvador, Recife, Rio de Janeiro e Ouro Preto. Mas a aristocracia patriarcal do Brasil colonial foi sempre personificada fundamentalmente pelos senhores de engenho, e era ainda desta classe que provinham os homens de Estado e políticos mais destacados do império oitocentista.

Os senhores de engenho conseguiram desde cedo que fosse promulgada uma lei proibindo o embargo por dívidas das suas plantações, moinhos e suas dependências, não sendo os credores autorizados a executar uma hipoteca em mais do que uma única colheita por estação. A divisão do património era também proibida e o primogénito recebia toda a herança. Apesar da origem relativamente humilde das famílias de senhores de engenho mais destacadas, a posição desta aristocracia rural patriarcal foi, em certos aspectos, mais forte do que a da aristocracia rural em Portugal, que o embaixador inglês em Lisboa descreveu sucintamente, em 1719, da seguinte forma: «A constituição deste reino é tal que a nobreza deve submeter-se em tudo à vontade do rei. Os seus títulos são apenas vitalícios e as suas propriedades são sobretudo terras da Coroa que lhes são doadas vitaliciamente; e se bem que ambos sejam vulgarmente doados de novo aos seus herdeiros, isso depende no entanto do favor do rei e obriga-os portanto a terem bom comportamento». A endogamia, com casamentos entre primos e entre tios e sobrinhas, era frequentemente praticada, tanto em Portugal como no Brasil, nas classes mais altas. Este costume contribuiu grandemente para a formação de uma aristocracia rural estreitamente ligada por laços matrimoniais no Brasil. As suas vastas e frequentemente negligenciadas

O IMPÉRIO MARÍTIMO PORTUGUÊS

propriedades no interior estavam praticamente livres da interferência dos funcionários coloniais, ainda que essas terras tivessem sido inicialmente concedidas pela Coroa em sesmarias de extensão reduzida, e estivessem teoricamente sujeitas a expropriação pelo monarca reinante se não fossem convenientemente cultivadas ou exploradas de outro modo qualquer.

Se o aspecto militar da vida colonial não era tão evidente na América portuguesa como na Ásia portuguesa, houve no entanto uma faceta que se tornou uma característica do Brasil setecentista. Os grandes latifundiários, quer se tratasse de senhores de engenho, de criadores de gado ou de mineiros, mostravam-se cada vez mais ávidos de títulos, honras e postos militares, tanto por motivos de poder, como de prestígio. Os governadores coloniais tinham perfeita consciência deste facto e lembraram muitas vezes à Coroa que a distribuição judiciosa de postos e títulos militares era o melhor e mais barato processo de assegurar aquilo que de outro modo seria devido à lealdade duvidosa dos poderosos do sertão. O processo começou em Minas Gerais com a concessão pródiga dos postos de brigadeiro, coronel, etc., na ordenança, ou regimentos de milícia, depois da Guerra dos Emboabas em 1709. Os senhores de engenho do Recôncavo da Bahia e da Várzea de Pernambuco, os barões do gado da região de São Francisco e do Piauí, estavam igualmente desejosos de obter estas distinções. A Coroa punha por vezes objecções à prontidão com que os governadores coloniais distribuíam postos honoríficos e comandos nas milícias, como aconteceu quando D. João V se recusou a aprovar a criação de um novo posto de milícia em 1717, «porque fui informado de que tais nomeações são procuradas mais pelo título e pela honra do que pela execução dos deveres que implicam». Tais comandos na milícia acarretavam também certas isenções de impostos e outros privilégios que a Coroa tinha relutância em conceder a demasiadas pessoas, mas, mesmo assim, o costume continuou florescente. O «coronel» que nunca serviu no activo tornou-se uma figura familiar do interior brasileiro, e os proprietários que comandavam as milícias regionais podiam por este processo aumentar o seu próprio poder político e prestígio social. No outro lado do império, os postos militares honoríficos eram concedidos com facilidade aos senhores de prazo da Zambézia e aos chefes tribais e datós de Timor português, onde este costume se manteve até aos nossos dias.

A extrema relutância dos brasileiros de todas as classes em alistarem-se no Exército regular ou na Marinha, como já tivemos ocasião de observar, estava em contradição nítida com a avidez com que os membros das classes mais altas brasileiras procuravam postos superiores na milícia. Os três governadores interinos do Brasil em 1761, um dos quais era o comandante da guarnição da Bahia, informaram o

300

SOLDADOS, COLONOS E VAGABUNDOS

Governo da metrópole de que os Baianos tinham um tal horror ao serviço militar que «nenhum deles quer persuadir o seu filho a alistar-se e, o que é pior ainda, até os que servem como oficiais regulares, que têm uma quantidade prodigiosa de filhos do sexo masculino, não tentam induzir nenhum deles a alistar-se». Os homens das unidades regulares da Bahia eram portanto recrutados sobretudo entre «vagabundos itinerantes e mulatos nascidos localmente». Semelhantes rosários de desgraças vinham também regularmente de Paraíba, Pernambuco, Rio de Janeiro e Sacramento ao longo de todo o século XVIII. A deserção era corrente em todos estes locais, visto que o acesso aos amplos espaços do sertão era tão fácil.

Como havia acontecido na Ásia e na África portuguesas, as unidades militares regulares só tardiamente foram introduzidas no Brasil e no Maranhão. O primeiro regimento de infantaria regular (terço) chegou à Bahia em 1625, com a expedição que reconquistou a cidade de Salvador aos Holandeses. Foi mais tarde completado por outro, e, na devida altura, por um regimento de artilharia. Foram reunidas posteriormente outras unidades regulares para serviço no Rio de Janeiro, em Sacramento e outros lugares, para além do famoso regimento de dragões de Minas Gerais, que foram recrutados exclusivamente no Norte de Portugal, a partir de 1719. Depois da transferência da capital colonial da Bahia para o Rio de Janeiro em 1763, foram enviados vários regimentos de infantaria (Moura, Beja e Estremoz) para reforçar as guarnições meridionais. Todas estas unidades regulares deviam ser mantidas em pleno através de levas de homens periodicamente enviadas de Portugal, mas, na maioria dos casos, tinham de ser completadas através de recrutamento local, por muito difícil e insatisfatório que este houvesse demonstrado ser.

Os soldados brancos e de cor serviam lado a lado nos regimentos de infantaria regulares e, em 1699, a Coroa repreendeu o governador de Sacramento por ter recusado alguns recrutas pelo facto de serem mulatos. As unidades de milícia, no entanto, eram geralmente organizadas de forma racial, sendo cada companhia comandada por um oficial da mesma cor dos seus homens. Apesar da relutância dos brancos locais em servirem sob as ordens de, ou lado a lado com homens de cor na milícia da Bahia, a Coroa ordenou que assim fosse feito em 1731. O vice-rei informou que os baianos brancos se recusavam terminantemente a ser integrados nas mesmas companhias com mulatos ou negros livres, e a Coroa teve de sancionar, ainda que relutantemente, o regresso deste regimento a uma base de discriminação racial em 1736. Pode acrescentar-se que, mesmo nas unidades militares regulares, onde brancos e indivíduos de cor serviam lado a lado, a preferência no soldo e na promoção era dada sistematicamente aos primeiros. Assim, um soldado mulato da guarnição da Bahia pediu à Coroa autorização para

O IMPÉRIO MARÍTIMO PORTUGUÊS

ser desmobilizado depois de dezoito anos de serviço, «porque é um homem de cor [pardo] e não lhe será dada, nem ele pode esperar, qualquer promoção». O problema foi posteriormente complicado pelo facto de o serviço militar na própria metrópole ser muito impopular, em parte porque a Coroa era nitidamente um mau patrão e as tropas, nos casos em que eram pagas, receberem frequentemente só metade do soldo, mesmo em tempo de guerra. A aversão popular que se manteve durante muito tempo pelo serviço militar está reflectida em muitas canções folclóricas portuguesas, como a que se segue, oriunda do vale do Douro:

«Rapariga, tola, tola,
Olha o que tu vais fazer!
Vais casar com um soldado
Melhor te fora morrer!»

Nestas circunstâncias, teve de se recorrer cada vez mais ao recrutamento compulsivo de mendigos profissionais, vagabundos e cadastrados, que eram alistados à força para o serviço militar no ultramar, por períodos que variavam de alguns anos até à vida inteira. Houve degredados nas frotas pioneiras de Vasco da Gama (1497) e de Pedro Álvares Cabral (1500); mas a percentagem de indivíduos deportados do seu país para bem da nação foi muito maior nos séculos XVII e XVIII do que no XVI, quando os condimentados «perfumes» da Índia ainda atraíam muitos voluntários. Foram, como é evidente, utilizados métodos semelhantes de recrutamento à força para as forças armadas em muitos outros países. Basta lembrar que a marinha inglesa dependeu sobretudo, durante séculos, de grupos de homens encarregados de recrutar à força marinheiros, e que os indivíduos considerados criminosos potenciais ou reais podiam frequentemente escolher entre o alistamento e a prisão, ainda no século XIX. Em Portugal, os magistrados e juízes eram por vezes criticados por sentenciarem indivíduos que eram culpados de crimes capitais à deportação para o ultramar em vez de os condenarem às galés; e a própria Coroa comutou frequentemente a pena de morte para a deportação «durante o tempo da sua vida natural». A jurisprudência selvagem do regime, em Portugal como em Inglaterra, sentenciou multidões de larápios insignificantes e de criminosos menores a longas penas de prisão ou ao exílio, por crimes que hoje em dia seriam esquecidos através de uma caução ou de uma pequena multa. Todas as frotas, na realidade quase todos os navios, que partiam de Lisboa para a Índia, África ou Brasil nos séculos XVII e XVIII, transportavam a sua percentagem de degredados; e algumas regiões notoriamente insalubres e de má reputação como, por exemplo,

SOLDADOS, COLONOS E VAGABUNDOS

Benguela e São Tomé, quase não recebiam outros indivíduos para além destes exilados e dos funcionários governamentais a partir de meados do século XVII.

Só no ano de 1667, por exemplo, verificamos que a Coroa promulgou uma série de decretos que diziam respeito à expedição de levas de cadastrados, as quais não há razão para supor que fossem excepcionais. Os juízes e os magistrados tinham ordens para condenar sumariamente pessoas ainda à espera de julgamento, sendo os culpados de crimes relativamente menores, como vagabundagem, condenados a deportação para Mazagão (o último reduto que Portugal manteve em Marrocos). Os que eram culpados de crimes mais sérios deviam ser deportados para o Maranhão, para o Brasil e para Cacheu (na Guiné Portuguesa). Este último local tinha falta de ferreiros e de pedreiros e os magistrados deviam deportar para aí os artífices dessas profissões que pudessem encontrar entre os presos. A *Gazeta de Lisboa* de 15 de Março de 1723 relatava a partida de dois navios para Goa, no dia anterior, que transportavam muitos oficiais e soldados que se tinham oferecido voluntariamente para aí cumprir o serviço militar. «Há também a bordo muitos vagabundos e pessoas dissolutas que a grande clemência de Sua Majestade se tinha comprazido a libertar destas duas cidades» de Lisboa ocidental e oriental. Neste período, era vulgar que, algumas semanas antes da partida anual dos navios da carreira, fossem enviadas circulares oficiais a todos os corregedores da Comarca, lembrando-lhes que deviam capturar e prender criminosos potenciais e reais, antes de os condenarem a deportação para a Índia. «Vossa Excelência não só prenderá os indivíduos que vivem para o prejuízo e escândalo do bem comum, mas também aqueles que vivem na ociosidade», sendo todos os que fossem jovens e aptos condenados a servir como soldados. Entre todos os indivíduos que foram vítimas deste processo contavam--se comunidades inteiras de ciganos, em relação aos quais D. João V parece ter tido um ódio obsessivo, sem que eu tenha descoberto porquê. Estes desgraçados de todas as idades e de ambos os sexos eram embarcados em levas sucessivas para o Brasil e para Angola, sem que se fizesse qualquer acusação específica contra eles, numa tentativa (bastante inútil) de banir completamente de Portugal a raça cigana.

A chegada frequente de tantos degredados, patifes, vagabundos e mendigos profissionais dissolutos exilados de Portugal para os portos coloniais como o Recife, Bahia, Luanda, Moçambique e Goa, agravou inevitavelmente uma situação social já difícil. A predominância da prostituição de escravas e outros obstáculos à constituição de uma vida familiar sã, tais como os padrões duplos de castidade entre maridos e mulheres, contribuíram todos para uma grande miscigenação fortuita entre homens brancos e mulheres de cor. Como o cronista-soldado António de Oliveira de Cadornega observou em Luanda, em 1682:

O IMPÉRIO MARÍTIMO PORTUGUÊS

«Há uma elevada taxa de natalidade causada pelos soldados de infantaria e por outros indivíduos entre as senhoras pretas, por falta de senhoras brancas, o que dá origem a muitos mulatos e homens de cor». Os filhos destas uniões (na sua maior parte) irregulares e inconstantes, se viviam o suficiente para crescer tornavam-se geralmente ladrões, prostitutas e vagabundos, que viviam de expedientes e à margem da sociedade. Muitos dos degredados desertavam imediatamente quando chegavam ao local de deportação, e os que o não faziam ajudavam a aumentar o proletariado pululante ou *ínfima plebe*, como as autoridades coloniais desdenhosamente denominavam estes proscritos e desadaptados sociais. A tarefa de manter a lei e a ordem com um elemento criminal tão grande e em mutação na população urbana não era de maneira alguma fácil, como o demonstram amplamente a correspondência oficial e os relatos de viajantes. O assassínio e a mutilação física ocorriam todos os dias, ou antes, todas as noites.

Em Agosto de 1671, o governador de Pernambuco enviou a Lisboa uma lista de 197 pessoas de ambos os sexos que haviam recentemente tido morte violenta na cidade de Olinda, para além de outros que tinham tido a sorte de escapar feridos. Iam desde capitães brancos que haviam sido mortos com estocadas a escravos negros que haviam sido chicoteados até à morte, sendo a maioria de origem social muito baixa. Um artista italiano que permaneceu durante algumas semanas na Bahia, em 1699, escreveu que qualquer pessoa que ficasse nas ruas de Salvador depois do pôr do Sol corria um risco considerável. Todas as manhãs se encontravam nas ruas os cadáveres de vinte cinco ou trinta pessoas recentemente assassinadas, apesar da vigilância dos soldados que patrulhavam as ruas à noite. Nesse aspecto, mesmo Lisboa tinha uma reputação nada invejável de ser extremamente insegura à noite, como acontecia com muitas outras cidades europeias antes da introdução da iluminação das ruas e da criação de uma força policial adequada. Os autores destes crimes no Brasil eram geralmente «peões, mamelucos e pessoas desse género», como informou um governador de Pernambuco do princípio do século XVIII, mas eram muitas vezes pagos para fazer o trabalho sujo por indivíduos que lhes eram socialmente superiores. Como o seu antecessor em 1671, pediu à Coroa que lhe desse autoridade para condenar à morte «índios, bastardos, carijós, mulatos e negros culpados de crimes atrozes», como os governadores da Bahia, do Rio de Janeiro, de São Paulo e de Minas Gerais estavam já autorizados a fazer; mas as autoridades de Pernambuco só em 1735-1737 receberam a autorização pedida.

Os ideais – ou as ideias – que animavam os Portugueses que saíam voluntariamente do seu país como descobridores, marinheiros, soldados, colonos, mercadores e missionários entre 1415 e 1825 ocupavam naturalmente toda a escala desde o idealismo mais elevado e altruísta

304

SOLDADOS, COLONOS E VAGABUNDOS

até à ambição mais sórdida de ganhos materiais. A maioria, como muitos emigrantes antes e a partir de então, partiu provável e simplesmente para melhorar as suas condições económicas e sociais, confrontando-se com a pobreza se ficassem onde estavam. Mas o espírito de cruzada permaneceu durante mais tempo na Península Ibérica do que no resto da Europa, e muitos dos que iam para a África e para o Oriente nos séculos XV e XVI estavam certamente animados pelo desejo de ser armados cavaleiros no campo de batalha contra o infiel. Este ideal cavaleiresco encontra-se perfeitamente reflectido no discurso feito por D. Afonso V ao seu filho e herdeiro, o *Principe Perfeito*, ao armá-lo cavaleiro na mesquita manchada de sangue de Arzila, no dia em que este reduto mourisco foi tomado depois de um feroz combate corpo a corpo (24 de Agosto de 1471):

> «... E antes de eu, vosso rei e pai, vos armar cavaleiro com a minha própria mão, deveis saber que o grau de cavaleiro é uma combinação do poder da virtude e da honra, muito apropriado para impor a paz na terra quando a cobiça ou a tirania, com o desejo de dominar, perturbam reinos, coisas públicas, ou pessoas comuns. Pela sua regra e instituição obriga o cavaleiro a destituir das suas propriedades os reis e príncipes que não administram justiça e a colocar nos seus lugares outros da mesma categoria que o façam bem e com verdade. Os cavaleiros são também obrigados a servir lealmente os seus reis, senhores e capitães, e a prestar-lhes bom serviço; porque o cavaleiro que professa a verdadeira fé e não se submete a ela é como um homem que se recusa a utilizar a razão que Deus lhe deu. Os cavaleiros devem ser generosos e, em tempo de guerra, partilhar o que possuem uns com os outros, à excepção apenas das suas armas e das suas montadas, que devem conservar como um meio de conquistar honra. Além, disso, os cavaleiros são obrigados a sacrificar as suas vidas pela sua religião, pelo seu país, e pela protecção dos desamparados. Porque tal como o estado sacerdotal foi instituído por deus para o Seu único culto divino, assim também o grau de cavaleiro foi instituído por Ele para que se faça justiça, se defenda a Sua Fé, e se auxilie as viúvas, orfãos, pobres e abandonados. E aqueles que não fazem isto não podem correctamente ser denominados cavaleiros».

Sem dúvida houve muitos fidalgos e soldados que viveram para este ideal cavaleiresco que, evidentemente, implicava fazer uma boa e sincera amolgadela no infiel sempre que houvesse oportunidade para isso. Mas deve ter havido muito mais emigrantes como Fernão Mendes Pinto, que disse aos jesuítas de Goa em 1554, quando estava (temporariamente) arrependido da sua vida malbaratada: «Pensei que desde

O IMPÉRIO MARÍTIMO PORTUGUÊS

que um homem não roubasse o cálice ou tesouro de uma igreja ou não se tornasse muçulmano, não havia razão para temer o Inferno; e que bastava ser cristão, porque a misericórdia de Deus era grande». Ou como um caçador de escravos paulista retorquiu a um missionário jesuíta espanhol que o ameaçou com a vingança de Deus por ter matado um dos seus ameríndios cristianizados em 1629: «Serei salvo apesar de Deus, porque sou um cristão baptizado e acredito em Cristo, ainda que não tenha feito quaisquer boas acções». Uma atitude compartilhada por muitos outros europeus para além dos Portugueses, incluindo a tripulação inglesa do corsário capitão Kidd, que dizia: «Consideravam pequeno ou nenhum pecado tirar tudo o que pudessem a pagãos como os mouros e os Indianos».

Capítulo XIV

Mercadores, Monopolistas e Contrabandistas

Nada é mais característico do antigo império marítimo português do que as queixas constantes dos seus habitantes acerca das actividades perniciosas dos monopolistas e açambarcadores. Estas queixas estendem-se, no tempo, desde a época do Infante D. Henrique, *o Navegador*, até à de D. João VI e, no espaço, desde as Molucas a Mato Grosso. Igualmente característico é o reverso da medalha – as queixas constantes dos monopolistas e açambarcadores (dos quais o *Rei Merceeiro* de Portugal era um exemplo destacado) acerca das actividades perniciosas dos contrabandistas. Também característico, ainda que paradoxal, foi o facto de uma sociedade que dava tanta importância à classe senhorial, eclesiástica e militar depender tanto para o seu desenvolvimento e sobrevivência do negócio e do comércio.

Abordando primeiro o último aspecto, o desprezo pelo comerciante e pela sua profissão estava profundamente enraizado na sociedade portuguesa, como estava, nesse aspecto, em muitas outras. Este desprezo tinha as suas raízes na hierarquia medieval cristã, que colocava o mercador mais abaixo na escala social do que os praticantes das sete «artes mecânicas»: camponeses, caçadores, soldados, marinheiros, cirurgiões, tecelões, ferreiros. Com o decorrer do tempo estabeleceram-se algumas distinções entre as várias «artes mecânicas», quer tradicionais, quer modernas. Assim, um candidato a advogado no século XVIII podia afirmar que, se bem que o avô fosse um fundidor de canhões, e portanto pertencesse à classe dos artífices «mecânicos», esta profissão «não era tão vil como a de sapateiro, carpinteiro e outras como essas». Talvez

O IMPÉRIO MARÍTIMO PORTUGUÊS

nem seja preciso dizer que tais preconceitos não estavam confinados à cristandade nem à Idade Média. No Portugal católico, como na China confuciana e comunista e na Rússia marxista, o mercador era considerado um indivíduo da classe média parasitário e explorador, decidido a enriquecer à custa dos seus semelhantes. Apesar da legislação periódica promulgada pela Coroa portuguesa para encorajar o comércio ultramarino de um modo ou de outro, a começar com as leis para estimular a Marinha nacional e os seguros marítimos no reinado de D. Fernando (1377-1380), este preconceito persistiu durante séculos ao longo dos reinados dos monarcas das Casas de Avis e Bragança, que se auto-intitulavam, entre outras coisas, «senhores do comércio» da Índia, Etiópia, Arábia, Pérsia, etc. Este preconceito que se manteve durante tanto tempo foi criticado pelos negociantes de tecidos de Lisboa, num protesto apresentado à Coroa em 1689:

> «Sem comércio, não há nenhum país que não seja pobre nem nenhuma república que não passe fome. E, no entanto, nesta cidade capital da Vossa Majestade, os mercadores são tão pouco favorecidos e o comércio tão desprezado que não só todos os indivíduos se desencorajam de vir a ser mercadores, mas também todos os homens de coragem recusam ter seja o que for a ver com ele, porquanto vêem com os seus próprios olhos que, no conceito dos Portugueses, um mercador não é superior a um carregador de peixe. Esta é a razão pela qual há tão poucos mercadores portugueses neste reino e porque pululam aqui tantos estrangeiros de todas as nações, que são as sanguessugas de todo o dinheiro de Vossa Majestade e os monopolistas e açambarcadores da riqueza nacional».

Queixas semelhantes ocorrem com monótona regularidade durante séculos, e foram frequentemente expressas pelos representantes do terceiro estado nas Cortes, se bem que raras vezes com qualquer efeito duradouro.

A natureza duradoura deste preconceito antimercantil evidenciava-se no ultramar, mesmo em locais como Macau, cujos cidadãos dependiam, confessada e inteiramente, do comércio como meio de assegurarem a sua subsistência, para já não falar da sua prosperidade, como o Senado lembrou repetidas vezes à Coroa. Uma vez que foi costume predominante durante séculos que praticamente todos os civis portugueses que partiam para o Oriente o fizessem como soldados ou como funcionários do Governo, muitos dos que se faziam comerciantes e deixavam o serviço da Coroa continuavam a intitular-se capitães (ou outros postos militares), mesmo quando já não tinham direito a fazê-lo. Do mesmo modo, nas regiões atlânticas do Império Portu-

MERCADORES, MONOPOLISTAS E CONTRABANDISTAS

guês, muitos dos traficantes de escravos de Angola e dos senhores de engenho, cultivadores de tabaco e garimpeiros do Brasil procuravam também elevar a sua posição social através da obtenção de postos e títulos militares honoríficos nas milícias regionais ou por quaisquer outros processos (capítulo VI). Assim, entre os senhores de engenho da Bahia que fizeram uma petição à Coroa em 1662, contavam-se muitos que se auto-intitulavam «fidalgos e comandantes-cavaleiros das ordens militares, coronéis de infantaria e outros oficiais militares», ainda que as suas qualificações militares fossem, nalguns casos, praticamente nulas.

Os aspectos mercantis da sociedade colonial portuguesa tornam-se rapidamente evidentes se considerarmos, de um modo resumido, quatro ou cinco categorias fundamentais que revelam estas características. A Coroa e os seus representantes, tanto civis como militares; a Igreja e as ordens religiosas; os adjudicatários e rendeiros dos numerosos monopólios da Coroa; os comerciantes e mercadores privados, que, durante séculos, foram, correcta ou incorrectamente, identificados em grande parte com os odiados e desprezados cristãos-novos. Depois de analisarmos o que se passava com cada uma destas categorias, concluiremos este capítulo com algumas palavras acerca dos contrabandistas e receptadores que personificavam a reacção inevitável aos monopolistas e açambarcadores.

O leitor que nos seguiu até aqui não precisa que lhe lembrem que a Coroa e a família real portuguesa estavam profundamente envolvidas na exploração comercial das descobertas portuguesas ao longo da costa da África Ocidental. Para ajudar a financiar os custos das viagens iniciais, o Infante D. Henrique havia recebido da Coroa uma grande variedade de monopólios comerciais, incluindo não só os relacionados com o comércio da África Ocidental e das ilhas Atlânticas mas também direitos da pesca do atum ao largo do Algarve, a importação de tintas e açúcar e o controlo da indústria do sabão em Portugal. As suas actividades como monopolista e açambarcador provocaram repetidos protestos em vários sectores da sociedade portuguesa, entre os quais reclamações violentas (mas inúteis) de vários Conselhos Municipais e de representantes do terceiro estado (povo) nas Cortes. D. João II, como se devem lembrar, reorganizou e fortificou o monopólio da Coroa dos produtos mais lucrativos do comércio da África Ocidental, o ouro e os escravos. Tanto para os conquistadores espanhóis, como para os Portugueses, comerciar em metais preciosos ou em escravos não afectava de modo algum o seu estatuto de cavaleiros, talvez como consequência das Cruzadas e da venda ou resgate dos prisioneiros sarracenos. Por outro lado, D. Manuel era, é claro, o *Rei Merceeiro* ou o «potentado da pimenta» personificado. Mas não eram apenas produtos de luxo e de preços elevados que eram monopólio da Coroa de Portugal e as suas

O IMPÉRIO MARÍTIMO PORTUGUÊS

conquistas. Entre as fontes mais mundanas de rendimento da Coroa contava-se o imposto sobre o sal de Setúbal, que teve várias modalidades, indo desde um monopólio rígido da Coroa até a uma percentagem limitada para os monarcas reinantes, entre 1576 e 1852. A manufactura e a venda do sabão estiveram também total ou parcialmente monopolizadas pela Coroa durante séculos e os monopólios regionais ou distritais eram concedidos a indivíduos e cortesãos que tinham o favor da Coroa. Em 1660, por exemplo, o monopólio do sabão branco de Lisboa havia sido concedido a uma freira carmelita, a condessa da Calheta, com a condição de dar uma percentagem dos lucros a dois distintos oficiais, Dom Luís de Menezes e Gil Vaz Lobo.

Um dos monopólios da Coroa mais lucrativos durante o século XVIII foi incontestavelmente o estanco real do tabaco em Portugal e no seu império. Então como agora, poucas pessoas conseguiram desistir do vício do tabaco uma vez que o tivessem adquirido, quer na forma de rapé ou de cigarro, por mais elevados que fossem os impostos sobre o tabaco e por mais baixos que fossem a qualidade e o estado do produto patrocinado pelo Governo. Tal como aconteceu com outros monopólios, este foi entregue a adjudicatários, e o embaixador britânico em Lisboa observou, em 1733, que os frequentes protestos estrangeiros contra o rigoroso cumprimento do monopólio do tabaco não haviam conduzido a nada.

«Os navios que anteriormente eram encontrados com tabaco a bordo, mesmo em quantidades mínimas, tinham muitos problemas, e foram feitas muitas reclamações à Corte de Portugal pelos ministros meus antecessores neste cargo, [mas] como este ramo do rendimento do rei de Portugal está entregue a um adjudicatário e é um assunto muito do agrado de Sua Majestade, porque é muito lucrativo, e como o rei pareceu sempre decidido a dar aos adjudicatários deste ramo todo o poder e apoio que pudessem desejar, nunca se obteve qualquer resposta satisfatória a nenhuma reclamação apresentada a este respeito.»

Um moderno historiador francês calculou que, entre 1676 e 1716, a concessão do tabaco da Coroa em Portugal produzia em média mais do que quarenta vezes por cabeça a quantia proveniente do monopólio real correspondente em França, e mais do que duas vezes e meia a da concessão espanhola.

Demoraria demasiado tempo enumerar aqui todas as fontes ultramarinas de riqueza que foram exploradas pela Coroa numa ou noutra época, quer na forma de um monopólio (teoricamente) rigoroso, quer na forma de uma percentagem dos lucros, quer sob a forma de impostos alfandegários e de taxas de importação e exportação. Incluíam vários

MERCADORES, MONOPOLISTAS E CONTRABANDISTAS

produtos que têm sido mencionados anteriormente, como por exemplo os monopólios das especiarias asiáticas; impostos sobre escravos, açúcar e sal; os quintos reais na produção do ouro; o monopólio da exploração das minas de diamantes brasileiras; a cobrança de dízimos eclesiásticos em Minas Gerais; os contratos de pesca da baleia na Bahia e no Rio de Janeiro; o corte de madeiras com substâncias corantes e das árvores utilizadas para a construção naval; a venda de certos cargos e comandos, como por exemplo viagens comerciais ao Japão e a Peru, o posto de capitão de uma fortaleza, e cargos administrativos e legais de menor importância, como por exemplo o de notário nos sertões brasileiros. Mesmo coisas tão banais como travessias fluviais dos rios e as taxas, pagas pelos lavadores de minério, trabalhadores dos fornos de cal e pescadores eram frequentemente arrendadas pela Coroa ou pelos seus representantes. Talvez mais do que em qualquer outro país do mundo, a Coroa (e a república, sua sucessora) arrendava os mais pequenos postos públicos de que se pudesse esperar que produzissem qualquer rendimento, sendo um costume que se manteve durante muito tempo em Portugal. Foi utilizado o mesmo processo na Índia, no Ceilão, na África e no Brasil, no período em que pertenciam ao Império Português.

Apesar da natureza tão variada e alargada do braço fiscal da Coroa, sucessivos governantes não conseguiram nunca obter um saldo de receitas superior ao das despesas, mesmo durante as idades de ouro tradicionais de D. Manuel e de D. João V. Em ambos os reinados, o rendimento da Coroa foi enormemente aumentado, no primeiro caso através das especiarias asiáticas e no segundo através do ouro e dos diamantes do Brasil; mas em ambos os reinados as despesas da Coroa aumentaram ainda muito mais. As despesas pródigas destes dois monarcas deram a muitos contemporâneos a ilusão de uma grande riqueza, mas em relação a qualquer um deles é verdadeira a afirmação de que nem tudo o que luz é ouro. Durante a maior parte do século XVI, a Coroa viveu em grande parte à base de dinheiro que lhe era emprestado em termos onerosos por banqueiros mercadores em troca da obtenção de futuras importações de pimenta; e as extravagâncias espectaculares de D. João V foram realizadas à custa de deixar o Exército, a Marinha e muitos outros serviços essenciais caírem em decadência numa negligência penuriosa – uma decadência que só foi parcialmente limitada por medidas reparadoras transitórias, como as tomadas durante o sobressalto provocado por uma possível guerra contra a Espanha em 1735-1737. Como aconteceu com outros impérios mais ricos durante o antigo regime, a Coroa portuguesa nunca conseguiu pagar salários adequados a uma grande parte dos seus funcionários e servidores com resultados que foram referidos atrás e que serão considerados mais adiante neste capítulo.

O IMPÉRIO MARÍTIMO PORTUGUÊS

Uma vez que a Coroa não conseguia pagar salários adequados, os seus funcionários no ultramar estavam, umas vezes expressa outras tacitamente, autorizados a negociar por sua própria conta. Esta concessão era geralmente feita no pressuposto de que os direitos comerciais preferenciais ou monopolistas da Coroa não seriam seriamente infringidos por este processo, e que este comércio privado não tinha precedência sobre o comércio oficial, que era encaminhado através dos agentes da Coroa e das alfândegas existentes em todos os portos mais importantes de império português. Nalgumas épocas e locais, os capitães ou governadores eram realmente autorizados a monopolizar todo o comércio, depois de fazerem um contrato com a Coroa segundo o qual lhes era permitido fazê-lo em troca de um pagamento à cabeça (ou anual) substancial durante os três anos de duração do seu cargo. Assim, o capitão de Moçambique disse ao comandante de um navio mercante holandês visitante e aos seus oficiais em 1677: «Que nós, como comerciantes privados, não podíamos vender qualquer das nossas mercadorias a não ser a ele. Que ele era também um mercador, e compraria as nossas mercadorias com ouro ou marfim, por isso deveríamos dar-lhe uma lista daquilo que tivéssemos para vender». Abusava-se deste sistema, inevitável e quase invariavelmente, na prática, quer ele assumisse a forma de um monopólio total ou a de comércio privado limitado. Os governadores coloniais e os altos funcionários tornavam-se frequentemente sócios comanditários de empresas mercantis, ou usurários numa escala considerável. As queixas acerca da rapacidade e da venalidade dos funcionários governamentais em geral, e dos capitães das fortalezas africanas e asiáticas em particular, são um tema constante da correspondência particular e oficial durante mais de três séculos. Dando todos os descontos ao tradicional defeito português da murmuração, ficam-nos provas mais do que abundantes provenientes de fontes oficiais e de arquivos das afirmações feitas por críticos cáusticos – mas bem informados – como, por exemplo, Diogo do Couto e Francisco Rodrigues da Silveira, para já não falar de São Francisco Xavier nem do padre António Vieira.

Nem todos os governadores coloniais eram tão corruptos nem tão cínicos como Dom Alvaro de Noronha, o capitão de Ormuz em 1551. Gabava-se de que, uma vez que o seu antecessor, um descendente da família Lima, havia obtido um lucro de 140 000 pardaus com o cargo, ele conseguiria certamente, enquanto Noronha, ultrapassá-lo obtendo um lucro muito maior. Mas muitos governadores eram quase tão ambiciosos como ele e os francamente honestos foram poucos e intervalados. O sistema de benefícios dos cargos públicos encorajava o governo desonesto e arbitrário, especialmente nas regiões mais remotas onde a autoridade da Coroa ou do vice-rei só chegava tardia e ineficazmente. Como o capitão João Ribeiro, um veterano com

312

MERCADORES, MONOPOLISTAS E CONTRABANDISTAS

dezanove anos de serviço no Ceilão e na Índia, observou em 1685: «Não duvido que de entre aqueles que foram governar essas fortalezas houvesse alguns que se tivessem comportado bondosamente, mas não conseguiram endireitar as coisas. Porque o mal feito por um homem mau fica mais profundamente gravado na memória do que as coisas boas feitas por cem homens bons». Quando Pedro de Mello deixou a capitania do Rio de Janeiro, no fim do seu período trienal de serviço, em 1666, o Conselho Ultramarino de Lisboa notificou a Coroa de que, na sua experiência colectiva, ele era o único governador colonial contra quem não haviam sido feitas quaisquer queixas de comportamento condenável. Dois anos mais tarde, os mesmos conselheiros advertiram tristemente a Coroa: «Os roubos e os excessos de muitos governadores são tais que os seus autores deviam não só ser julgados mas também decapitados imediatamente» – uma sugestão que nunca chegou a ser cumprida, tal como aconteceu com uma proposta idêntica feita por Gaspar Correia um século antes. Quando D. João IV perguntou ao padre António Vieira se a difícil colónia do Maranhão-Pará não deveria ser dividida em dois governos, o franco jesuíta aconselhou-o a deixar as coisas como estavam, «porque um ladrão num cargo público é um mal menor do que dois».

D. João V fez, em 1720, uma tentativa decidida de abolir os privilégios comerciais de todos os funcionários do Governo, desde a categoria de vice-rei e governador até à de capitão do Exército e aos seus equivalentes civis. Foi publicado em Setembro desse ano um decreto real que proibia estritamente todos esses funcionários de se dedicarem a qualquer espécie de comércio, fosse a que pretexto fosse, quer directa, quer indirectamente. Foi autorizado um aumento geral (ainda que modesto) nas tabelas de salários de todas as categorias afectadas por esta reforma, para as compensar pela perda dos seus privilégios comerciais. Não vale a pena dizer que esta lei foi totalmente ineficaz a longo prazo e que mesmo os seus resultados imediatos foram contraproducentes. Como o clarividente duque de Cadaval fez notar quando esta reforma estava ainda a ser discutida pelo rei e pelos seus conselheiros em Lisboa, se os governantes coloniais e os funcionários superiores não estivessem autorizados a ter lucros honestos numa forma qualquer de comércio, seria muito difícil encontrar candidatos que conviessem para tais postos, porquanto não havia qualquer móbil que os levasse a prestar serviço em climas insalubres e em regiões perigosas. O falhanço completo desta reforma bem intencionada reflectiu-se posteriormente nas palavras indignadas de outro alvará ou decreto real promulgado em Abril de 1785 e dirigido aos altos funcionários do governo de Moçambique. Eram censurados por, entre outras práticas condenáveis, comerciarem com o seu próprio capital, «e mesmo com o do meu Tesouro real», através de intermediários e com nomes falsos. Ao mesmo tempo que

O IMPÉRIO MARÍTIMO PORTUGUÊS

acentuavam nos relatórios oficiais o estado de subdesenvolvimento da colónia e a pobreza abjecta dos seus habitantes, estavam a reunir fortunas consideráveis que enviavam para o estrangeiro ou investiam como sócios comanditários no comércio retalhista. Os castigos severos que ameaçavam os transgressores dos alvarás de 1702 e 1785 não tiveram um efeito mais duradouro do que idênticas promulgações feitas desde os tempo de Afonso de Albuquerque, que nunca se cansou de dizer a D. Manuel que os principais inimigos que esse *Príncipe Venturoso* tinha na Índia eram os seus próprios funcionários.

Para além de denunciar a sua desonestidade, Albuquerque criticava vivamente a competência dos agentes da Coroa na Índia, afirmando que um só empregado treinado na casa comercial de Bartolomeo Marchione, o famoso banqueiro-mercador e empresário florentino radicado em Lisboa, valeria mais do que todos eles juntos. Neste aspecto estava a exagerar. Pelo menos alguns dos agentes tinham adquirido qualidades de peritos comerciais nos comércios da Guiné ou de Marrocos; e havia uma organização bem estabelecida de agentes da Coroa nos portos da Espanha meridional, mantida para a compra de provisões e mantimentos para os redutos portugueses em Marrocos. De qualquer modo, os Portugueses no Oriente familiarizaram-se rapidamente com as ramificações e variações do comércio realizado entre os portos da Ásia das Monções. A sua parte neste comércio marítimo era assegurado em grande parte pelos *casados*, e era geralmente obra de indivíduos isolados que comerciavam numa escala relativamente pequena. Mas os mercadores setecentistas das poderosas Companhias Inglesa e Holandesa das Índias Orientais escreveram muitas vezes rancorosa, invejosa e (por vezes) admirativamente acerca da perspicácia comercial dos seus concorrentes portugueses.

Os funcionários do governo e o clero que se dedicavam a este comércio marítimo dispunham geralmente de maior recurso de capital do que o *casado* médio, e daí que estes últimos se queixassem da concorrência injusta que os primeiros lhes faziam. Muitas vezes cooperavam e ambas as categorias negociavam também em conjunto ou em sociedade com mercadores e potentados asiáticos. Um exemplo notável deste tipo foi o caso de Francisco Vieira de Figueiredo que, da sua base em Macassar, entre 1642 e 1665, conduziu um comércio activo com Timor, Macau, Manila, Batávia, Bantam, Meliapor, Madrasta e Goa, entre muitos outros locais. Infelizmente é impossível calcular o volume e a importância do comércio realizado por funcionários do governo e por indivíduos particulares do Império Português, porque grande parte dele era de contrabando e porque muito poucos livros de contas e arquivos relevantes chegaram até nós. Uma das raras excepções é o *Livro de Rezão* de Antonio Coelho Guerreiro, que serviu sucessivamente como soldado e como funcionário do governo no Brasil, Angola, Índia

314

MERCADORES, MONOPOLISTAS E CONTRABANDISTAS

e Timor, entre 1678 e 1705, comerciando activamente em todos esses locais, onde os seus associados de negócios incluíam quatro governadores, um inquisidor e um jesuíta, para além de três mulheres e de dois artífices que trabalham em prata. A maioria das fortunas feitas deste modo pelos felizardos que voltavam a Portugal não eram investidas posteriormente em novos empreendimentos comerciais, sendo antes utilizadas na compra de casas, de terras e de morgadios, embora as fundações de caridade, como por exemplo a Misericórdia e as irmandades, beneficiassem também com elas, como já vimos.

Se muitos governantes e altos funcionários coloniais enriqueceram através do comércio (legítimo ou não) e de empréstimos judiciosos, a Coroa esperava também que tais indivíduos lhe dessem ajuda nas emergências financeiras, como de facto acontecia frequentemente. Diogo do Couto cita, como exemplo típico destes fidalgos patrióticos, o antigo governador-geral da Índia, Francisco Barreto, que fizera fortuna durante o tempo em que ocupara o cargo de capitão de Baçaim (1549-1552), mas que a gastou totalmente ao serviço da Coroa. Ao escrever, já na velhice, Couto declarou que esta generosidade já não estava na moda, em 1611; mas, na realidade, há muitos exemplos posteriores de patriotismo na Ásia, na África e no Brasil. Há também casos em que funcionários da Coroa pediam que esta lhes pagasse enormes recompensas ou restituições monetárias, por despesas que alegavam ter tido com o serviço real, mas que, nos casos em que tinham existido de facto, não fora com dinheiro saído das suas próprias algibeiras. A falsificação das contas não é uma invenção moderna e havia grande margem para ela nas burocracias coloniais portuguesas e outras. As galeotas que comerciavam entre Macau e Goa na década de 1620, por exemplo, levavam duas séries de listas de carga. Uma série, que era entregue às alfândegas, apresentava todos os produtos muito desvalorizados, e outra lista (confidencial) para os donos ou expedidores das mercadorias.

A Coroa tinha ainda maior dificuldade em levantar impostos à Igreja e às ordens religiosas, que se mostraram sempre extremamente ciosas de preservar a sua imunidade e os seus privilégios eclesiásticos de isenção fiscal. Vimos que os membros do clero, tanto individual como colectivamente, estavam muitas vezes profundamente envolvidos em transacções mercantis, e que algumas das missões jesuítas no Oriente só se podiam manter deste modo. As do Brasil e de Angola eram também financiadas em parte pela venda do açúcar, dos escravos e do gado provenientes das plantações, ranchos e propriedades que os jesuítas possuíam. O colégio jesuíta de Santo Antão, em Lisboa, obtinha uma boa receita da plantação baiana de Sergipe do Conde, e um administrador experimentado aconselhou em 1635: «Quando o preço do açúcar está baixo no Brasil, é melhor não o vender aqui, mas enviá-

O IMPÉRIO MARÍTIMO PORTUGUÊS

-lo para o reino, onde existe sempre uma grande procura e dá um lucro de mais de cem por cento. E beneficiamos mais nós do que os mercadores porque não pagamos quaisquer direitos pelo nosso açúcar.» Esta combinação de Deus e de Mamona suscitou periodicamente muitos protestos dos leigos, se bem que compreendessem que era inevitável, em certos casos, como o visitante jesuíta das missões do Extremo Oriente relatou em 1664: «A mercadoria de Macau depende do mar, e toda a cidade vive por este meio, não havendo nada de valor que não seja trazido pelo vento e pelas correntes. Se estes falham, então tudo o resto falha também, nem é possível esta província e as suas missões subsistirem de qualquer outro modo». Acrescentou que, uma vez que a longa experiência tinha ensinado aos cidadãos a verdade deste facto, eles já não protestavam tanto, como durante os dias prósperos do comércio com o Japão, contra as actividades comerciais dos jesuítas.

Mais sérias, talvez, eram as queixas igualmente numerosas de que as ordens religiosas eram mais ricas do que os leigos e que possuíam uma quantidade exorbitante de propriedades, apesar das numerosas leis promulgadas para o impedir. O vice-rei da Índia disse à Coroa, em 1666, que muitos dos religiosos eram ricos e que aqueles que eram pobres eram sustentados pelas esmolas dos leigos que eram ainda mais pobres do que eles. «É digno de nota», acrescentou ele, «que Goa e a sua jurisdição não tenham mais do que uns 320 chefes de família portugueses, enquanto o número de frades é superior a 700. Há cinco mosteiros em Chaul, local que tem apenas 21 chefes de família; e Thana, que é um lugar ainda mais pequeno, tem quatro mosteiros». As freiras agostinianas de Santa Mónica em Goa e as Pobres Clarissas do convento franciscano de Macau foram acusadas de fazer concorrência comercial aos mercadores portugueses locais, e de emprestar dinheiro em respondência a comerciantes estrangeiros. A recusa constante das ordens religiosas em pagarem dízimos e outros impostos aos agentes da Coroa é outra queixa permanente que ocupa uma parte importante da correspondência oficial de todos os cantos do império marítimo português. Para dar um exemplo de entre muitos possíveis, em 1656 a Coroa deu ordens categóricas de que o clero secular e regular não devia estar isento de pagar a sua parte dos impostos levantados no Brasil para o pagamento das guarnições e para a defesa contra os heréticos Holandeses, mas o Conselho Municipal de Salvador queixou-se no ano seguinte: «As ordens religiosas, que nesta capitania possuem muita riqueza e muitos engenhos de açúcar, propriedades, quintas, casas, gado e escravos, recusam-se a contribuir seja com o que for para a despesa da guerra, de maneira que o resto das pessoas são muito sobrecarregadas, e os pobres sofrem uma opressão contínua». Em Junho de 1661, o governador-geral do Brasil, Francisco Barreto, queixou-se à Coroa de que as ordens religiosas, e especialmente os jesuítas, continu-

MERCADORES, MONOPOLISTAS E CONTRABANDISTAS

avam a recusar-se a pagar dízimos sobre as plantações e as propriedades que possuíam, se bem que essas terras fossem tão extensas quanto lucrativas.

Foi argumentado em defesa das ordens religiosas, tanto na Ásia como na África ou no Brasil, que as concessões iniciais de terra e as doações dos estabelecimentos feitas pela Coroa no ultramar não chegavam geralmente para as manter convenientemente no século XVII. Portanto, dependiam muito mais dos proventos da terra, das casas, do gado e de outros benefícios que testadores piedosos lhes legavam, tal como da utilização do capital acumulado através das suas actividades comerciais e usurárias. Uma vez que as últimas vontades dos testadores eram geralmente redigidas com o auxílio de alguns religiosos, a Coroa decretou que nenhum testador podia legar fosse o que fosse à ordem a que pertencessem esse padre ou frade específico. Fugia-se fácil e frequentemente a esta lei, como o vice-rei da Índia relatou à Coroa em 1666, e é inegável que, de uma maneira ou de outra, as ordens religiosas acumularam propriedades, tanto rurais como urbanas, numa escala impressionante. Eram também, evidentemente, grandes proprietários de escravos no Brasil e em Angola. Na altura em que a Ordem foi suprimida no Império Português (1759-1760), os jesuítas eram indiscutivelmente a Ordem mais rica de todas, ainda que as grandes riquezas de ouro e prata que, segundo crença geral, possuíam em criptas subterrâneas e em cofres de ferro existissem apenas na imaginação de Pombal e dos seus perseguidores. Na altura do seu confisco na América portuguesa, as suas extensas e variadas propriedades incluíam dezassete plantações de açúcar, sete ranchos com mais de 100 000 cabeças de gado na ilha amazónica de Marajó, e 186 edifícios na cidade de Salvador. Mas a receita que tinham destas e de muitas outras propriedades rurais e urbanas não os deixava com um grande saldo financeiro positivo depois de pagarem todas as despesas que tinham com a manutenção dos seus dezanove colégios, cinco seminários, vários hospitais, mais de cinquenta aldeias missionárias e muitos estabelecimentos mais pequenos, servidos por um pessoal de mais de 400 jesuítas (sem contar com os noviços), entre o alto Amazonas e Santa Catarina.

Temos menos informações acerca do total das propriedades dos jesuítas na Índia e da receita que obtinham a partir delas. Mas tem-se a certeza de que possuíam – tal como as Ordens Mendicantes – palmares, arrozais e outras propriedades agrícolas, especialmente na Província do Norte, entre 1550 e 1737, de onde provinham os fundos para financiar a sua obra missionária. Todas as ordens obtinham também lucros através de empréstimos de dinheiro a juros que faziam aos leigos, mas não foi ainda feito qualquer estudo documentado deste aspecto das suas actividades económicas. Pode tirar-se quatro conclusões de toda esta exposição. Primeiro, os mesmos leigos que faziam longas denúncias da

O IMPÉRIO MARÍTIMO PORTUGUÊS

riqueza económica preponderante da Igreja faziam muitas vezes todo o possível para conseguir que pelo menos um dos seus filhos entrasse numa dessas ordens religiosas e que as suas filhas entrassem num convento. Segundo, as propriedades agrícolas que pertenciam ao poder eclesiástico eram, segundo todas as probabilidades, geralmente mais bem administradas e mais produtivas do que as que se encontravam nas mãos dos seus ferozes críticos laicos. Efectivamente, muitas das propriedades rurais bem cultivadas dos jesuítas degeneraram em terrenos baldios e em selva depois da supressão da Ordem nos domínios portugueses em 1759-1760. Terceiro, ainda que os religiosos se furtassem frequentemente ao pagamento de impostos ou se recusassem a pagar a sua justa parte das taxas fiscais sempre que podiam, no entanto a própria Coroa abusava por vezes do seu direito de padroado ao cobrar impostos eclesiásticos, como aconteceu em Minas Gerais no século XVIII (capítulo X). Finalmente, as ordens religiosas distribuíam quase invariavelmente comida e bebida de graça aos indigentes de qualquer idade e de ambos os sexos, à porta dos seus conventos, enquanto o único processo de auxílio aos pobres praticado pela Coroa era a prisão dos mendigos e dos vagabundos e a sua deportação para as colónias como degredados.

Disputas entre as ordens religiosas e os agentes de impostos responsáveis pela cobrança dos dízimos eclesiásticos da Coroa constituíram apenas um dos aspectos que assumiu a relação instável entre sucessivos monarcas portugueses e os seus financeiros. Já referimos atrás o modo excepcional como a Coroa portuguesa arrendava todas as fontes possíveis de receita, mesmo numa época em que o sacro imperador romano exercia um monopólio da exploração das minas de cobre, o cristianíssimo rei de França e o rei católico de Espanha os monopólios do tabaco, e o duque da Baviera o da cerveja – sem esquecer o facto de que, desde o reinado de Carlos II até ao de Jorge III, o Governo britânico, através do *Asiento*, foi o maior promotor do comércio esclavagista do mundo. Em Portugal e no seu império, os adjudicatários da Coroa estavam geralmente isentos de pagar as taxas normais, tais como a dízima e a sisa, durante o período de duração dos respectivos contratos; e estavam também isentos do serviço militar, tal como os seus agentes e empregados. Os contratos da Coroa tinham geralmente a duração de três anos e podiam ser obtidos por um indivíduo ou por um consórcio. A subcontratação era frequente, sobretudo nos comércios de maior dimensão e mais complicados como, por exemplo, o tráfico de escravos da África Ocidental para o Brasil. Os adjudicatários tinham, de um modo geral, de pagar propinas a alguns dos funcionários da Coroa relacionados com a administração dos seus contratos. Alguns adjudicatários faziam fortunas, outros entravam em falência, e outros oscilavam entre a pobreza e a

318

MERCADORES, MONOPOLISTAS E CONTRABANDISTAS

abastança. Temos apenas espaço para citar um exemplo de cada umas destas categorias.

Um dos homens de negócios de maior êxito do século XVI foi Lucas Giraldi, membro de uma família italiana de mercadores radicada em Lisboa. Fez um contrato para comprar todo o açúcar das dízimas da Coroa na Madeira em 1529 e, desde 1533 até à sua morte, em 1565, foi um dos adjudicatários mais importantes da compra da pimenta e de outras especiarias da Índia e da sua venda em Lisboa e em Antuérpia. As suas outras actividades incluíam a exportação de escravos negros para as Índias Ocidentais, uma concessão para a colonização de Ilhéus, no Brasil, e uma sociedade com o banco Cavalcanti em Roma, através do qual emprestava dinheiro a diplomatas portugueses e a eclesiásticos italianos. Foi amigo pessoal e testamenteiro do famoso vice-rei da Índia portuguesa, Dom João de Castro, dono de navios da carreira da Índia e um dos principais compradores de jóias e de pedras preciosas de Goa, através do seu agente que aí residia. Como muitos dos mercadores italianos de Lisboa com êxito financeiro, naturalizou-se português e os seus descendentes casaram com a aristocracia portuguesa e acabaram por se confundir com ela. Aconteceu o mesmo com alguns dos seus sócios, os Affaitati de Cremona, que se haviam transformado na família portuguesa de Lafetá no final do século.

Se bem que os banqueiros mercadores espanhóis, flamengos, alemães e italianos desempenhassem um papel importante como financeiros e adjudicatários da Coroa durante os reinados de D. Manuel e de D. João III, nem sempre dominaram a economia portuguesa, como por vezes se pensa. Durante a segunda metade do século foram gradualmente substituídos pelos seus sócios e concorrentes portugueses, que eram quase invariavelmente cristãos-novos. Em particular, estes últimos conseguiram praticamente um monopólio dos contratos para a exportação de escravos da África Ocidental para o Brasil e para a América espanhola, que mantiveram durante uns cem anos ou mais. Um dos mais proeminentes foi António Fernandes, de Elvas, que controlou as concessões de Angola e Cabo Verde entre 1615 e 1623. Morreu profundamente endividado com a Coroa, cifrando-se o défice do ano de 1619 em 16 750 000 réis, que a Coroa estava ainda a tentar obter, em vão, da viúva e herdeiros em 1635.

Virgínia Rau deixou-nos a biografia de um dos adjudicatários e empresários mais importantes do comércio brasileiro durante o século XVIII. Manuel de Bastos Viana, filho de um modesto estalajadeiro minhoto, fez a sua primeira fortuna no Brasil, através do comércio entre o Rio de Janeiro e Minas Gerais na década da explosão económica de 1720. Quando regressou a Portugal, em 1730, casou com uma rapariga de Braga e estabeleceu-se como homem de negócios em Lisboa. Em 1738, conseguiu um contrato para a totalidade do imposto sobre o sal

O IMPÉRIO MARÍTIMO PORTUGUÊS

do Brasil, por um período de seis anos, com um pagamento anual à Coroa de 91 000 cruzados. Acusado de ter faltado às suas obrigações e de não ter pago uma soma de 33 300 000 réis, a sua grande casa de Lisboa e todos os seus bens móveis foram embargados por dívidas em 1744. Seis anos mais tarde, tinha já feito uma segunda fortuna, quando investiu em vão 140 000 cruzados numa proposta para o monopólio do tabaco no Rio de Janeiro. Morreu em Maio de 1760, sem ter feito testamento, mas deixando uma fortuna considerável à família e reputação de um dos homens de negócios mais ricos e mais activos de Lisboa. Como era habitual em casos destes, o filho mais velho e herdeiro renunciou a uma carreira de negócios em favor da advocacia e tornou-se advogado e juiz da Coroa com a posição social de um fidalgo.

Durante a ditadura pombalina de 1750-1777, foi dado um grande impulso à ascensão social dos mercadores, adjudicatários e empresários bem-sucedidos, através das companhias de comércio monopolistas fundadas pelo omnipotente ministro nos seus esforços para encorajar o desenvolvimento de uma rica classe comercial, como já foi resumidamente indicado. Aos accionistas com mais de dez acções nestas companhias monopolistas era automaticamente dado o estatuto de nobreza. Um destes novos indivíduos mais bem-sucedidos foi um amigo e conselheiro de Pombal, Inácio Pedro Quintela. Principal adjudicatário do tão lucrativo monopólio de tabaco da Coroa, foi director tanto da Companhia de Pernambuco-Paraíba, como da de Pará-Maranhão; adjudicatário, tesoureiro e administrador do monopólio da pesca da baleia no Brasil; monopolista do imposto brasileiro sobre o sal e adjudicatário de vários outros arrendamentos de impostos brasileiros, e estava ligado a uma firma que exportava tabaco para Espanha. Ocupou vários outros cargos administrativos e comerciais de grande importância, e estava estreitamente ligado pelo casamento e por laços de negócios com outros protegidos de Pombal, a rica família de empresários dos da Cruz. O seu contemporâneo Jacome Ratton diz-nos nas suas *Mémoires* que estas famílias introduziram na classe comercial «uma certa sociabilidade e delicadeza» que eram até então inexistentes na burguesia portuguesa. «Por outras palavras, introduziram o costume de dar festas, que se estendeu gradualmente a toda a classe comercial e, por imitação, a outras classes, o que contribuiu largamente para extinguir o que restava dos costumes mouriscos, e o que colocou a nação ao mesmo nível dos países mais educados da Europa.»

De um modo bastante estranho, Ratton, um mercador francês naturalizado português que vivia em Lisboa desde 1747, não menciona o decreto de Pombal de 1773, que abolia a vergonhosa distinção entre cristãos-novos e cristãos-velhos. No entanto, esta medida emancipatória deve ter feito mais para elevar a auto-estima da burguesia comercial lisboeta do que as *soirées* e recepções dadas pelos príncipes-mercadores

MERCADORES, MONOPOLISTAS E CONTRABANDISTAS

Quintela e da Cruz. Vimos atrás que, no princípio do século XVII, os termos «cristão-novo», «mercador» e «homem de negócios» eram praticamente sinónimos, tanto na terminologia popular, como nos documentos oficiais. Ao longo do século XVIII foi feita uma distinção entre homens de negócios, que eram essencialmente financeiros e usurários, e os mercadores e comerciantes vulgares que viviam geralmente nas suas lojas. A distinção nunca foi muito sólida e firme, bastando por vezes que um comerciante próspero vivesse «nobremente» numa casa que lhe pertencesse, a alguma distância da loja, para o habilitar à posição social superior de homem de negócios. Neste caso, eram denominados «homens de negócios e mercadores de sobrado, que não pesavam, mediam, vendiam, ou empacotavam mercadorias com as suas próprias mãos, mas empregavam assistentes especificamente para estes fins». Os comerciantes que eram cristãos-velhos genuínos, como por exemplo Manuel de Bastos Viana, esforçavam-se por tornar pública a sua pureza de sangue tornando-se membros de uma das irmandades leigas ou, de preferência, como ele fez, um Familiar da Inquisição. É claro que não se pode concluir que todos os indivíduos que se afirmava serem cristãos-novos eram na realidade de origem judaica, porque esta era uma difamação que rivais ou concorrentes invejosos podiam facilmente fazer de qualquer indivíduo com quem antipatizassem. No entanto, torna-se evidente a partir dos arquivos da Inquisição e de outros arquivos contemporâneos que uma elevada percentagem dos comerciantes e homens de negócios mais ricos pertenciam a esta categoria, impopular até ao século XVIII. Os embaixadores britânicos em Lisboa acentuaram repetidamente nos seus despachos, durante as três primeiras décadas desse século, que (para citar um de 1720) «só os ricos mercadores é que são suspeitos ou susceptíveis de suspeita de judaísmo aqui». A maioria deles tentava «conservar os seus bens noutros países ou tão secretamente guardados aqui que a Inquisição não possa tocar-lhes». Houve muitos, no entanto, que foram apanhados pelo Santo Ofício durante este período; e alguns dos felizardos conseguiram fugir, com ou sem o seu dinheiro, em navios ingleses, apesar das ordens reiteradas de que fugitivos da Inquisição não deviam ser recebidos a bordo. Mas, como lorde Tyrawly informou o seu governo em 1732, os comandantes ingleses ignoravam invariavelmente esta ordem «sempre que lhes era oferecida uma bolsa de ouro, o que sempre tem acontecido, e continuará a ser o motivo para estas práticas».

Esta emigração contínua do talento financeiro e comercial dos cristãos-novos desde o reinado de D. João III até ao reinado de D. João V foi vantajosa para a prosperidade de Amsterdão, Londres, Ruão e Leghorn, mas evidentemente desvantajosa para a economia portuguesa. Foi sem dúvida uma das razões, talvez a principal, pela qual as comunidades comerciais estrangeiras de Lisboa e do Porto, e sobretudo as feitorias

O IMPÉRIO MARÍTIMO PORTUGUÊS

inglesas dessas cidades, conseguiram uma parte tão preponderante do comércio de exportação de Portugal, incluindo o comércio com o Brasil.

Lorde Tyrawly afirmava em 1732 que «os maiores negociantes para Portugal dos nossos produtos de lã são os judeus de Londres», muitos dos quais eram refugiados da Inquisição portuguesa, mas que continuavam a negociar com Lisboa sob nomes falsos. Preferiam naturalmente negociar com os mercadores ingleses de Lisboa a fazê-lo com comerciantes portugueses, porquanto as suas mercadorias e capital estavam menos sujeitos ao confisco do Santo Ofício se estivessem nas mãos dos primeiros. Ratton afirmava que, em 1755, havia apenas três firmas portuguesas em Lisboa que tinham livros de registo com escrita em partidas dobradas, e cujos directores conheciam razoavelmente as moedas, pesos e medidas estrangeiros, e os movimentos comerciais e câmbios de Londres, Amsterdão e Paris. Além disso, estas três firmas (Bandeira, Ferreira e Brito) tinham todas sócios estrangeiros, e os mercadores estrangeiros de Lisboa enviavam todos os filhos ao estrangeiro para aprenderem técnicas comerciais, como Ratton fez com o seu próprio filho, em França e na Alemanha. Afirmava que a Aula do Comércio fundada por Pombal tinha feito um excelente trabalho na formação de indivíduos devidamente preparados, por volta do fim do século. Os relatórios dos cônsules franceses em Lisboa entre 1760 e 1790 mostram também claramente que, durante este período, o comércio de mercadores portugueses com o Brasil, por conta própria, se tornou cada vez mais activo e que estes já não eram como haviam sido muitos até então, simples agentes de firmas estrangeiras (sobretudo inglesas) estabelecidas na capital. Mas o desenvolvimento posterior de uma classe comercial bem qualificada e forte foi em grande parte entravado pelo envolvimento português nas guerras napoleónicas e pelas lutas e agitação subsequentes na metrópole.

As queixas portuguesas de que os mercadores estrangeiros e especialmente os ingleses estavam a monopolizar e a açambarcar o comércio de exportação de Portugal, se bem que fossem frequentemente exageradas, tiveram, como se pode demonstrar, razão de ser no século 1654-1764. A posição privilegiada dos mercadores ingleses, que datava da Idade Média, foi alargada e cimentada pelo tratado imposto por Cromwell ao desamparado rei D. João IV, em 1654 – um *Diktat*, se é que alguma vez houve algum. Descrito justamente pelo marquês de Abrantes em 1726 como «o mais pernicioso que jamais foi feito com uma cabeça coroada», o tratado de 1654 deu aos Ingleses uma grande variedade de isenções de impostos, imunidade de interferência da Inquisição, e uma larga medida de extraterritorialidade. A maioria destes privilégios foram posteriormente alargados a outros comerciantes estrangeiros em Portugal, a começar pelos Holandeses, em 1662. Quei-

MERCADORES, MONOPOLISTAS E CONTRABANDISTAS

xas contínuas feitas pelos ingleses afirmando que os seus privilégios estavam a ser constantemente infringidos, reduzidos ou positivamente desrespeitados, são em grande medida desmentidas pelo facto inegável de que o seu comércio se expandiu bastante em volume e em valor durante o mesmo período. Os Portugueses, por seu lado, queixavam-se com igual monotonia de que os Ingleses e (em menor escala) outros estrangeiros conduziam um activo comércio de contrabando com o Brasil, e faziam sair ilegalmente ouro em Lisboa a uma escala colossal, como já vimos que, de facto, faziam.

Tais práticas eram inevitáveis numa altura e numa época em que todos os Governos se esforçavam por fazer respeitar monopólios de qualquer espécie, e em que lançavam frequentemente direitos elevados sobre mercadorias de grande procura. Basta apenas recordarmos o desejo ávido de *brandy* e de tabaco contrabandeados, na Inglaterra setecentista, e a procura ainda maior de chá de contrabando antes da promulgação do Acto de Comutação, de Pitt, em 1784. A psicose de fraude, que Huguette e Pierre Chaunu documentaram de maneira tão impressionante no comércio transatlântico hispano-americano, estava presente em maior ou menor grau no comércio marítimo de todos os poderes coloniais e marítimos. Os Portugueses não constituíram excepção a esta regra geral, como já vimos, e basta apenas citarmos mais alguns exemplos típicos.

Afonso de Albuquerque, ao resumir de uma forma inimitável a tendência dos mal pagos funcionários coloniais para desviarem fundos, contrabandear e defraudar a Coroa sempre que podiam fazê-lo, disse a D. Manuel em 1510: «As pessoas na Índia têm consciências muito elásticas, e pensam que vão numa peregrinação a Jerusalém quando roubam». Durante a maior parte do período situado entre o reinado de D. Manuel e o de D. José, foram os cristãos-novos que aguentaram o peso das afirmações, verdadeiras ou falsas, de que eram não só monopolistas e açambarcadores mas também traficantes e contrabandistas inveterados. Durante os «sessenta anos de cativeiro», de 1580 a 1640, memorialistas espanhóis inundaram a Coroa de Castela com queixas de que os marranos portugueses estavam a monopolizar o comércio das vice-realezas do México e do Peru, «desde o mais vil negro africano até à pérola mais preciosa». Tais queixas eram sem dúvida frequentemente exageradas mas é um facto facilmente verificável que os comerciantes portugueses foram activos e influentes em locais como Cartagena das Índias, Cidade do México, Lima, Potosi e Buenos Aires.

Uma carta escrita por Gregorio Palma Hurtado, de Cartagena das Índias para a Coroa, em Junho de 1610, é típica destas queixas espanholas. Afirmava que um mercador português deste porto, Jorge Fernandes Gramaxo, era o centro de uma rede comercial cujos agentes

O IMPÉRIO MARÍTIMO PORTUGUÊS

estavam a defraudar o Tesouro dos seus direitos alfandegários levando nos navios «grandes quantidades de mercadorias de contrabando via Brasil», tal como nos navios negreiros portugueses autorizados de Cabo Verde e de todos os outros sítios. Fernandes Gramaxo mantinha os seus correspondentes de Lisboa ao corrente (através dos navios negreiros de regresso e de avisos que navegavam sem escolta) do estado dos mercados na América espanhola, para que pudessem fornecer mercadorias de acordo com a sua procura regional variável antes que os mercadores espanhóis o pudessem fazer nas *flotas* anuais. Hurtado instava com a Coroa para que esta deportasse todos os Portugueses que viviam na América espanhola, para que os monopolistas e açambarcadores de Lisboa se vissem privados dos agentes que tinham lá, uma vez que nada os levava a confiar em Castelhanos. Cartagena das Índias era o principal entreposto para os comerciantes esclavagistas portugueses, e os cristãos-novos que monopolizavam estes contratos de importação de escravos – precursores dos *asientos* de que os Ingleses dispuseram no século XVIII – tinham os seus agentes e correspondentes em todos os principais portos da Europa, bem como no Brasil. Os esforços feitos pelos governos ibéricos e pela Inquisição para acabar com esta rede através da perseguição dos indivíduos mais importantes em Espanha e em Portugal e da confiscação do seu capital contribuíram simplesmente para desviar a maior parte do seu comércio para as mãos dos mercadores ingleses de Lisboa que estavam legal e largamente imunes da atenção da Inquisição. O lugar dos mercadores e financeiros cristãos--novos podia só raras vezes ou nunca ser ocupado por cristãos-velhos, porquanto estes não tinham as ligações comerciais há muito estabelecidas nos principais portos europeus onde as comunidades de marranos refugiados se haviam fixado, e que os seus concorrentes estrangeiros possuíam.

Já vimos que foi o contrabando de ouro brasileiro que deu à Coroa portuguesa a sua maior dor de cabeça fiscal no século XVIII, e que este era um dos ramos de contrabando em que os Ingleses estavam muito profundamente envolvidos. Os navios de guerra da Marinha Real e os barcos da carreira regular entre Falmouth e Lisboa constituíam os meios favoritos de envio de moeda e de barras de ouro, pois estavam isentos de busca pelas autoridades portuguesas. As tripulações destes barcos andavam também armadas, apesar dos repetidos esforços feitos pelo governo português para impedir este costume, e da má vontade mútua causada por numerosas rixas nos cais, que eram sua consequência. O contrabando de ouro foi frequente a todos os níveis desde a produção de ouro aluvial pelos escravos negros em Minas Gerais até ao embarque clandestino de ouro em Lisboa feito pelos Ingleses, como é explicado por lorde Tyrawly em 1732:

324

MERCADORES, MONOPOLISTAS E CONTRABANDISTAS

«O castigo para o contrabando de ouro é muito grande, nada menos do que confisco com deportação ou galés, e a tentação para o fazer é também muito considerável. O quinto real e o imposto de cunhagem eram até ao ano passado 26³/⁴%, mas foram reduzidos por uma lei nova para cerca de 20%. Os comerciantes das Minas, considerando estes impostos muito pesados, decidiram durante vários anos correr o risco, o que têm feito até aqui com grande êxito, e o ouro que têm trazido desta maneira clandestina, tanto em pó como em barra, tem sido comprado principalmente pelos nossos agentes ingleses, e é com ele que a nossa Casa da Moeda da Torre tem sido de tempos a tempos tão bem fornecida».

Dois anos mais tarde, Tyrawly disse ao duque de Newcastle:

«Vossa Graça ignora talvez que não há um único barco de guerra inglês que, na viagem de regresso de qualquer ponto da bússola, não faça escala em Lisboa ao voltar à pátria, e mais especialmente se for numa altura em que sejam esperadas as frotas portuguesas da Bahia e do Rio de Janeiro. A razão para isto está na esperança de que quando as mercadorias das frotas forem distribuídas possam conseguir algum frete para transportar parte delas para Inglaterra. E isto, vossa senhoria, exaspera o rei de Portugal, porque infringe de maneira completa e descarada a proibição de transportar dinheiro e ouro em pó para fora do país».

Sete anos mais tarde, na véspera da sua partida para Lisboa, o irascível embaixador confiou ao duque de Newcastle: «Preferia ver a caixa de Pandora, com todos os males que os poetas inventaram que ela tinha, entrar neste rio a ver um dos nossos navios de guerra, cujo único objectivo está na procura de lucro para si mesmo, transportando para a pátria o dinheiro dos mercadores.» Tyrawly considerava que o contrabando de ouro devia ser deixado aos comandantes e às tripulações dos navios de carreira de Falmouth, que tinham muito mais tacto e o faziam menos descaradamente.

Se bem que os funcionários da Alfândega de Lisboa apreendessem periodicamente ouro ao revistar navios mercantes, estes funcionários mal pagos eram muitas vezes facilmente subornados e induzidos a devolver o dinheiro. Assim, o comércio de contrabando de ouro prosseguiu apenas com interrupções de menor importância, tal como o contrabando de todos os tipos de mercadorias tanto com destino a, como provenientes dos portos brasileiros, para fugir aos elevados direitos existentes. Como é natural, a Coroa oferecia recompensas a informadores, mas este tipo de gente não era evidentemente muito frequente no Brasil, porque tanto os colonos ricos como os pobres beneficiavam

O IMPÉRIO MARÍTIMO PORTUGUÊS

com a participação no comércio de contrabando. «Ser um informador é a pior desonra que pode acontecer a um homem aqui», escreveu um governador da Bahia no século XVIII. Os numerosos e repetidos decretos ameaçando terríveis castigos contra os traficantes e contrabandistas, que foram promulgados através de todo o Império Português durante mais de três séculos, reflectem com clareza a ineficácia da maioria deste edictos e a frequência com que foram infringidos ou ignorados. A psicose da fraude a que aludimos atrás tornou-se um hábito enraizado entre os marinheiros de todos os países, como lorde Macartney fez notar por ocasião da sua viagem diplomática à China em 1793-1794:

> «A paixão pelo contrabando é tão grande, e o hábito tão indestrutível para as pessoas acostumadas a fazê-lo, que W. N. Hamilton, segundo imediato do *Hindostan*, se bem que todas as mercadorias do navio estivessem isentas de direitos, não pôde deixar de fazer contrabando, ou de trazer debaixo do casaco um pacote com alguns relógios, que, vindos desta maneira, eram apreendidos pelos funcionários do imperador e confiscados, mas posteriormente restituídos quando reclamados. E no entanto queixamo-nos de extorsão e de injustiça deste povos em relação aos quais estamos constantemente a praticar fraudes e enganos muitas vezes, como neste caso, sem qualquer interesse ou justificação. Se N. H. o fez [concluía sua excelência] o que farão outros que têm motivos muito mais fortes?»

O quê, na verdade? A história fascinante do comércio de contrabando do ouro brasileiro, quando vier a ser escrita, fornecerá a resposta.

Capítulo XV

Os «Cafres da Europa», o Renascimento e o Iluminismo

O grande jesuíta padre António Vieira (1608-1697), se bem que o português mais patriótico que possa ter existido («*et Dieu sait si l'on est patriote au Portugal!*» ([1]), como observou recentemente um escritor belga acerca de Vieira), em momentos de exasperação chamava aos seus compatriotas os «cafres da Europa». José Bonifácio de Andrade, o patriarca da independência brasileira, estigmatizava em termos idênticos os seus compatriotas luso-brasileiros quando a corte de D. João VI estava ainda no Rio de Janeiro. Condenações tão radicais da falta de curiosidade intelectual dos Portugueses não devem ser tomadas muito a sério, mas reflectem uma acusação que foi feita à sociedade portuguesa em geral durante uns três séculos, tanto por intelectuais portugueses (como seriam chamados hoje em dia) como por visitantes e residentes estrangeiros. Humanistas destacados do Renascimento português, como por exemplo João de Barros, Sá de Miranda e Luís de Camões, afirmaram todos em termos praticamente idênticos que o sangue e os bens contavam mais do que a cultura e a literatura para os seus compatriotas, tanto na metrópole como no ultramar.

Em 1603, Diogo do Couto, ao escrever acerca de algumas passagens subterrâneas que acreditava erradamente existirem entre Salsete e Cambaia, afirmava que o fracasso em explorá-las era:

([1])«E sabe Deus que se é patriota em Portugal!», em francês no original (*N.T.*)

O IMPÉRIO MARÍTIMO PORTUGUÊS

«Devido à tacanhez e falta de curiosidade desta nossa nação portuguesa; porque até hoje não houve um vice-rei nem um capitão de Baçaim, nem qualquer outra pessoa que tentasse descobrir e investigar estes segredos, que é extremamente desejável que se conheçam. Isso não se passaria assim com estrangeiros, que são muito mais políticos e inteligentes do que nós, não só em coisas importantes como esta, mas também em assuntos muito mais banais, que não deixam de examinar e investigar até os compreenderem completamente».

Uns dois séculos depois, o brigadeiro Cunha Matos, depois de ter passado uma vida inteira na África Ocidental e no Brasil, lamentava-se:

«De facto, os Portugueses nem sempre podem fugir à acusação de estarem mal informados. Não sei se isto é devido a egocentrismo, ou a preguiça, ou à aversão de serem considerados meros escritores. Talvez também o elevado custo da publicação e a necessidade de submeter as obras não publicadas à apreciação dos censores do governo tendam a impedir os Portugueses de publicar as suas obras literárias quando estas colidem com qualquer coisa que tenha por título "razão de Estado" (...) As coisas correrão de facto mal para Portugal se os governadores das colónias não tentarem desenvolver o conhecimento político e geográfico dos países que lhes estão confiados. Pela parte que me toca, fiz o que pude, e teria feito mais se tivesse sido mais bem apoiado».

As críticas estrangeiras acerca da ignorância ou da indiferença dos Portugueses foram frequentemente ou maliciosas ou superficiais, mas muitos estrangeiros sensatos, que conheciam o país e o povo, exprimiram também opiniões idênticas. Francis Parry, o embaixador inglês em Lisboa em 1670, observou que «as pessoas são tão pouco curiosas que ninguém sabe mais do que o que é meramente necessário para si». Um século mais tarde, Jacome Ratton queixava-se de que:

«A geografia, tão bem tratada por Camões no seu poema épico, era tão pouco considerada na minha época que quando tentei comprar uns mapas a livreiros e vendedores de estampas, responderam todos que não tinham nenhuns, porque este artigo era vendido tão lentamente neste país que eles mandavam-no vir pouco a pouco em pequenas quantidades, devido ao tempo que ficavam nas lojas sem ser vendidos».

Adolfo Coelho (1847-1919), o primeiro filólogo português dos tempos modernos, afirmou que as actividades científicas e intelectuais,

328

OS «CAFRES DA EUROPA», O RENASCIMENTO E O ILUMINISMO

ou mesmo a simples curiosidade por elas, se desenvolveram apenas tardia e incompletamente em todas as classes em Portugal, em comparação com outros países. Não seria difícil reunir muito mais provas em apoio da afirmação de Mary Brearley de que «a grande maioria das pessoas se mostrava pouco inclinada à independência de pensamento e, salvo raras excepções, demasiado adversa à actividade intelectual que poria em questão o que haviam aprendido».

Algumas destas críticas estrangeiras poderiam ser feitas também, pelo menos em parte, acerca dos compatriotas dos indivíduos que as exprimiram. O fidalgo rural inglês médio bem nascido – ainda que não necessariamente bem educado – do século XVII estava de longe muito mais interessado nos cavalos e nos cães de caça (e nos copos) do que em livros e manuscritos. E devia considerar-se sem dúvida muito superior a qualquer professor de Oxford, quanto mais a um pastor de uma paróquia rural, a não ser que estes fossem provenientes de famílias com a mesma posição da sua. Do mesmo modo, a grande maioria dos leigos europeus que emigravam para o ultramar para os fortes, feitorias e colónias das respectivas nações, faziam-no com o objectivo de melhorar a sua situação económica e não com a intenção de escrever livros que pudessem alargar os horizontes do conhecimento. No entanto, quando se dá o devido desconto à tendência humana em ver os graves defeitos dos outros ignorando os nossos, a convicção de que Portugal era um país atrasado (ainda mais do que a Espanha) manteve-se em muita gente durante séculos. Isto passava-se tanto com os Franceses e Italianos católicos apostólicos romanos, como com os Ingleses e Holandeses protestantes; se bem que Giacome Leopardi (1795-1837) estivesse obviamente a exagerar um tanto quando escreveu que ninguém pensaria incluir os Espanhóis e os Portugueses entre os povos civilizados do Mundo. Estas severas acusações podem muito bem ter sido encorajadas pela fobia dos jesuítas de Pombal. Nos seus esforços para desacreditar a Companhia de Jesus, o ditador português salientou várias vezes na sua propaganda que as maquinações dos padres tinham reduzido Portugal ao nível intelectual «dos Malabares, dos Chineses, dos Japoneses, dos negros de África e dos índios da América».

As críticas acerca do atraso intelectual dos habitantes da metrópole eram inevitavelmente alargadas para incluir os das colónias e vale a pena considerar até que ponto eram justificadas. Tal consideração deve começar por salientar o papel preponderante desempenhado pela Igreja em Portugal e nas suas possessões ultramarinas, facto a que já aludimos frequentemente. A veneração tradicional e profundamente enraizada dos Portugueses pelo clero foi expressa de um modo exemplar pelo escritor luso-brasileiro Nuno Marques Pereira, cujo *Compêndio Narrativo do Peregrino da América* teve cinco edições entre 1728

O IMPÉRIO MARÍTIMO PORTUGUÊS

e 1765. Ao explicar por que é que a profissão sacerdotal é superior a todas as outras, escreveu:

«Se os anjos pudessem sentir inveja, parece que só teriam inveja dos padres. E vejam porquê. Com cinco palavras podem fazer descer Deus às suas mãos; e com outras cinco podem abrir as portas do Céu a um pecador e fechar as do Inferno; as cinco primeiras palavras são as da consagração e as cinco últimas as de absolvição. Como pode haver outro poder ou império maior em qualquer criatura humana? Muitos autores afirmaram que se vissem um anjo e um padre saudariam primeiro respeitosamente o padre, em virtude da sua autoridade».

Lembramo-nos da ênfase idêntica de James Joyce: «Nenhum rei ou imperador desta terra tem o poder do padre de Deus (...) o poder, a autoridade, para fazer o grande Deus do Céu descer ao altar e assumir a forma de pão e vinho».

Esta importância dada aos aspectos sacerdotal e sacro-mágicos da religião implicava naturalmente que o padre ordenado tivesse uma posição singularmente privilegiada na sociedade portuguesa, como o exemplifica o provérbio popular: «O pior padre é melhor do que o melhor leigo». O facto de o ensino superior estar quase inteiramente concentrado nas mãos da Igreja fortaleceu ainda mais a posição social do clero. Além disso, a Igreja era o melhor e mais fácil processo de ascensão na hierarquia social para um filho inteligente e ambicioso de uma família pobre – desde que pudesse provar que era de origem cristã-velha sem mácula, a partir de 1550. No topo da escala social, sucessivos monarcas conseguiram que um papado complacente concedesse aos filhos e sobrinhos – independentemente do facto de serem legítimos ou ilegítimos – altos cargos na Igreja. Os filhos segundos da mais alta nobreza estavam também frequentemente destinados a seguir uma carreira eclesiástica, como acontecia noutros países. Mesmo o profundamente devoto D. João III, enquanto pressionava vivamente o papado em Roma a emendar-se e a abolir o nepotismo, continuava a obter bispados e abadias para os descendentes da aristocracia que, muito frequentemente, não tinham capacidade para tal.

Se bem que, de maneira geral, o clero fosse mais bem educado do que os leigos, havia muitas excepções, especialmente nas zonas rurais mais remotas, onde não havia grande concorrência para os cargos. O arcebispo de Braga, depois de visitar as zonas rurais da sua diocese, lamentava em 1553 «o mal causado pela ignorância da maior parte do clero.» Sete anos mais tarde, o seu sucessor, o pio frei Bartolomeu dos Mártires, queixava-se que «depois de visitar pessoalmente uma grande parte da nossa arquidiocese, descobrimos, para além daquilo que já nos

330

OS «CAFRES DA EUROPA», O RENASCIMENTO E O ILUMINISMO

haviam dito anteriormente, que há uma grande necessidade de pessoas qualificadas para pregar a palavra de Deus e o catecismo, tanto entre o clero como entre os leigos», especialmente na província montanhosa de Trás-os-Montes. Um jesuíta contemporâneo afirmou que os habitantes das zonas rurais da Beira precisavam, quase tanto como os escravos negros recém-chegados da Guiné, de instrução religiosa elementar. A fundação de seminários, como ordenava o concílio de Trento, e ainda mais a acção dos jesuítas por preceitos e exemplo contribuíram para remediar este estado de coisas. Mas o baixo nível intelectual de muitos dos clérigos portugueses na metrópole e no ultramar continuou a provocar comentários desfavoráveis durante séculos. Em 1736, Dom Luís da Cunha foi ao ponto de deplorar que não existisse qualquer comunidade nativa de protestantes em Portugal, porquanto fora o desafio lançado pelos huguenotes que mantivera os clérigos católicos romanos franceses à altura e que os havia impedido de atingir o nível «sórdido» dos seus congéneres portugueses.

As condições existentes em Portugal reflectiram-se inevitavelmente na Igreja ultramarina. Já vimos que foram os jesuítas que, geralmente, mantiveram padrões mais elevados nas missões do que os seus colegas das Ordens Mendicantes e do que o clero secular. Conscientes da sua superioridade intelectual e moral, e orgulhosos do seu *esprit de corps* firmemente tecido, os jesuítas tinham tendência para mostrar-se ofensivos com a sua desdenhosa impaciência para com os homens de menor importância. Em 1639, um irmão leigo que havia sido expulso da Companhia gabava-se publicamente de que um cozinheiro de uma casa jesuíta era melhor teólogo do que um frade franciscano erudito. Em 1605, dois aventureiros frades dominicanos espanhóis das Filipinas, que haviam permanecido algum tempo em Goa aquando da viagem de regresso à Europa, relataram que, se bem que os jesuítas estivessem a utilizar métodos missionários muito duvidosos, ninguém se atrevia a criticá-los abertamente, porque o seu poder e influência junto do governo da metrópole eram perigosamente grandes. «Um vice-rei pensa que se os tiver como amigos não precisa de quaisquer outros agentes para os seus assuntos na corte de Sua Majestade, e que se os tiver como inimigos então terá o mundo inteiro contra ele.» Deve dar-se o devido desconto às críticas que os dominicanos faziam ao jesuítas, mas foram feitas nesta altura críticas idênticas pelos vereadores e pelos frades franciscanos de Goa. «A ponta de uma pena de um jesuíta é mais temível do que a ponta da espada de um árabe», dizia um provérbio da Índia portuguesa no final do século XVII. Os jesuítas eram frequentemente confessores dos governadores e de outros altos funcionários, que, por vezes, lhes pediam também conselhos acerca de assuntos terrenos. A sua influência era inegavelmente grande em todas as esferas da vida e do trabalho no mundo português.

O IMPÉRIO MARÍTIMO PORTUGUÊS

Em nenhuma outra era tão grande como na da educação. Haviam conseguido obter o controlo do Colégio das Artes, que era a instituição de ensino preparatório para a Universidade de Coimbra, em 1555, com o direito exclusivo de ensino público do Latim e da Filosofia. Era, portanto, a porta de entrada para a universidade propriamente dita, com as suas quatro Faculdades de Teologia, Direito Canónico, Direito Civil e Medicina. Uns anos mais tarde, o seu colégio de Évora foi promovido a universidade, com o mesmo estatuto e privilégios da de Coimbra, com a única excepção de que a de Évora não tinha Faculdade de Direito Civil nem de Medicina. Coimbra e Évora continuaram a ser as duas únicas universidades existentes no mundo português até ao momento em que Pombal suprimiu esta última, em 1759-1760, e reorganizou drasticamente a primeira em 1772. Coimbra voltou então ao seu estatuto inicial de única universidade portuguesa até ao momento em que o Governo republicano liberal criou as de Lisboa e do Porto em 1911. Tanto os jesuítas como os cidadãos da Bahia pediram variadas vezes à Coroa para elevar ao estatuto de universidade o colégio local dos jesuítas, mas sem qualquer êxito, em parte devido à oposição da Universidade e dos jesuítas de Coimbra. Esta atitude mesquinha em relação ao ensino nas colónias contrasta desfavoravelmente com as dos monarcas espanhóis, que encorajaram a fundação de universidades do Novo Mundo, no século XVI (Santo Domingo, 1511; Cidade do México, 1533; Lima, 1571).

Além das suas posições privilegiadas em Coimbra e Évora, os jesuítas tinham praticamente um monopólio do ensino superior através da rede de colégios que haviam fundado em Portugal e no seu império, literalmente desde o Maranhão até Macau. Estes colégios eram frequentados pelos filhos da aristocracia e nobreza locais, bem como pelos das classes médias, ou até, por vezes, pelos das classes trabalhadoras, que se mostravam ansiosas por que os seus filhos tivessem a melhor educação possível. Em todos estes colégios a educação era baseada no manual pedagógico jesuíta *Ratio Studiorum*, que conheceu a sua forma definitiva em 1599 e se manteve sem alterações essenciais até ao século XIX. A educação ministrada pelos jesuítas, se bem que fosse inicialmente a melhor da sua época e geração, como testemunhou Francis Bacon, não acompanhou a expansão do conhecimento e o fervilhar de ideias do século XVII. Salvo excepções de importância relativamente menor, tornou-se formalista, pedante e conservadora, com o latim como instrumento de instrução na maioria das disciplinas. Dedicava particular atenção ao ensino da gramática, da dialéctica (=lógica) e da retórica. Os seus objectivos principais eram desenvolver e aperfeiçoar a utilização do latim escrito e oral feita pelos alunos; encorajar a sua capacidade de argumentação escolástica dentro dos limites da mais estrita ortodoxia católica apostólica romana; e dar-lhes prazer no

332

OS «CAFRES DA EUROPA», O RENASCIMENTO E O ILUMINISMO

exagero rebuscado e no exibicionismo literário através de debates, de récitas e concursos, de representações teatrais, etc.

Tanto os professores como os alunos eram geralmente desencorajados de fazer fosse o que fosse que os levasse a adquirir um juízo crítico independente, ou a avançar propostas que não fossem apoiadas literalmente pelos textos das autoridades estabelecidas e reconhecidas, ou que pudessem pôr em dúvida os princípios e a autoridade filosóficos de Aristóteles e de São Tomás de Aquino. Macaulay não estava longe da verdade quanto fez a observação de que nenhuma comunidade religiosa conseguiu produzir uma lista de homens tão distintos pela instrução como os jesuítas, com a ressalva de que «os jesuítas parecem ter descoberto o ponto preciso até ao qual a cultura intelectual pode ser levada sem o risco de conduzir a uma emancipação intelectual». A concessão de licenciaturas em Direito Civil e em Medicina continuou a ser privilégio exclusivo da Universidade de Coimbra, mas, quando se pedia, os jesuítas ministravam nos seus colégios o ensino de História, Geografia e Matemática.

Um dos aspectos do humanismo que os jesuítas adaptaram foi a importância dada aos estudos clássicos, mas o seu culto entusiástico do latim (preocupavam-se muito menos com o grego e com o hebraico) não os levou a aceitar as ideias filosóficas gregas ou romanas que pudessem ir contra o cristianismo católico apostólico romano ortodoxo tal como o definiu o concílio de Trento. Como observou o tutor jesuíta do jovem rei D. Sebastião, Martim Gonçalves da Câmara, era melhor educar estudantes para serem «mais cristãos e católicos, ainda que menos latinos». Esta foi a atitude predominante durante séculos, mas, de qualquer modo, os jesuítas educaram muitos indivíduos que possuíam ambas as qualificações. As suas bibliotecas de Goa, Macau e Bahia estavam bem fornecidas com edições de Cícero, Salústio, Virgílio, Terêncio, Horácio, etc., tal como as de Coimbra, Lisboa e Portalegre. As Ordens Mendicantes tinham também colégios e escolas onde era ministrada uma instrução semelhante, mas estas instituições não eram geralmente nem tão numerosas nem tão eficientemente dirigidas como as dos jesuítas. As suas bibliotecas eram também geralmente menos notáveis, se bem que visitantes do mosteiro agostiniano de Goa afirmassem que este tinha uma biblioteca magnífica que rivalizava com a do colégio jesuíta de São Paulo.

O êxito que as autoridades civis e eclesiásticas tiveram ao assegurar (a partir de 1555) que toda a educação deveria ser ministrada dentro dos limites rigorosos da mais estrita ortodoxia católica apostólica romana, deveu-se em grande parte à organização de uma vigilante censura literária. O ramo português da Inquisição promulgou a sua primeira lista de livros proibidos em 1547. Esta lista foi sucessivamente aumentada nas edições posteriores, e culminou com uma extrema-

O IMPÉRIO MARÍTIMO PORTUGUÊS

mente longa em 1624. Entre livros proibidos estavam não só os livros de autores heréticos e livres-pensadores mas também alguns de autores tão devotamente católicos como Gil Vicente, João de Barros e frei Luís de Granada. A partir de 1550, não podia ser publicado em Portugal nenhum livro que não houvesse estado sujeito a uma tripla censura: à censura civil do Desembargo do Paço, ou Supremo Tribunal de Justiça; à censura da autoridade eclesiástica do respectivo bispado; e à do Santo Ofício da Inquisição. A importação de livros estrangeiros era cuidadosamente controlada por inspectores delegados pelo Santo Ofício, para examinarem todos os navios que chegavam e por uma inspecção periódica às livrarias e bibliotecas. Esta tripla censura funcionou tão vigilante como eficazmente durante a maior parte dos três séculos, se bem que tivesse começado a abrandar os seus esforços durante o reinado de D. João V (1706-1750). Esta forma de controlo rígido foi um entrave muito maior do que o que existiu noutros paises como, por exemplo, a Inglaterra e a França, onde a censura governamental existia mas não era tão rigorosa, ou na Holanda, onde funcionava a nível de província e era frequentemente uma mera farsa.

No que diz respeito ao império marítimo, praticamente todos os autores potenciais tinham de enviar as suas obras manuscritas a Portugal para serem submetidas à censura e publicadas, e este processo implicava naturalmente, para além do mais, demoras incómodas. Um empreendedor editor lisboeta fundou uma casa impressora em Goa em 1560, mas esta foi em breve ocupada pelos jesuítas, que também tiveram várias imprensas nas missões em várias épocas e locais, entre os quais no Japão, em Pequim, em Macau e em Malabar. Estas imprensas dedicavam-se naturalmente à publicação de obras que eram estritamente relevantes para os seus métodos missionários e do ensino. Uma verificação da lista dos livros publicados em Goa nos séculos XVI e XVII demonstra que apenas dois em quarenta livros foram escritos por leigos. Um destes foi o célebre *Colóquios dos Simples e Drogas, e Coisas Medicinais da Índia*, escrito pelo físico cristão-novo Garcia da Orta, que foi publicado em 1563; mas teve uma circulação muito maior no estrangeiro através das muitas traduções e adaptações feitas por Carolus Clausius [Carlos Clúsio] (1526-1609) do que em Portugal, onde ficou ignorado durante séculos.

As imprensas das missões jesuítas na Ásia publicaram uma grande variedade de gramáticas de línguas vernáculas, incluindo o tâmil, o japonês, e o marata-concani, pelas quais os missionários merecem enorme crédito. Mas o rigor da censura governamental e eclesiástica em Portugal contrasta outra vez desfavoravelmente com a atitude relativamente mais liberal dos reis de Castela. Os monarcas espanhóis autorizaram o funcionamento de casas editoras nas suas possessões americanas (submetidas a censura local, evidentemente) desde épo-

OS «CAFRES DA EUROPA», O RENASCIMENTO E O ILUMINISMO

cas relativamente remotas – no México, em 1539, no Peru, em 1584, nas Filipinas, em 1593. Em 1706, e novamente em 1747, o governo português suprimiu rapidamente duas tentativas feitas para começar a imprimir e a publicar no Brasil. Os missionários portugueses no Brasil e em Angola tinham de enviar as suas gramáticas, catecismos e dicionários de línguas nativas a Portugal para serem submetidos à censura, impressos e publicados. Os seus colegas espanhóis podiam e de facto obtinham os seus através das imprensas da Cidade do México, de Lima e de Manila. É característico do «déspota esclarecido» Pombal que, quando lhe pediram que considerasse o restabelecimento de uma casa impressora em Goa, tenha bruscamente recusado a sugestão.

A imposição de um controlo tão rígido e tão eficaz sobre a publicação e circulação de livros, a força permanente da ortodoxia religiosa portuguesa (Portugal foi o único país que aceitou sem quaisquer hesitações todas as decisões finais do concílio de Trento), e a índole naturalmente conservadora da grande maioria do povo – todos estes factores ajudam a explicar a razão pela qual o Renascimento teve um florescimento relativamente tão breve em Portugal. Durante os últimos anos do século XV e a primeira metade do século XVI, muitos Portugueses haviam ido estudar para o estrangeiro para as universidades de Espanha, França, Bélgica, Itália e (nalguns casos) Inglaterra; alguns à sua própria custa e outros subsidiados pela Coroa. Neste aspecto, D. João III foi um patrono particularmente generoso do ensino, mantendo um elevado número de estudantes portugueses na Universidade de Paris (*bolseiros del rei*) e convidando vários humanistas estrangeiros notáveis (entre os quais o flamengo Nicholas Cleynaerts e o escocês George Buchanan) para trabalhar e ensinar em Portugal. Mas a vaga crescente de heresia na Europa Setentrional, por um lado e a força progressivamente maior da Contra-Reforma, por outro, inclinaram-no mais para este último campo durante os anos derradeiros da sua vida, tal como acontecera com o imperador Carlos V alguns anos antes. Depois da sua morte, e com o poder crescente dos jesuítas e da Inquisição, o triunfo da ortodoxia religiosa tornou-se completo. Não se enviaram mais estudantes portugueses para universidades estrangeiras com a ideia de que, quando regressassem, se tornariam bons professores para Coimbra. Os ideais inspirados por Erasmo, que tinham florescido de forma modesta nas cortes de D. Manuel e de D. João III, já não eram abertamente professados em 1580, se bem que se pudessem ainda encontrar vestígios seus na literatura portuguesa até ao princípio do século XVII.

Nenhuma cultura nacional pode ter um crescimento saudável e contínuo sem ser periodicamente fertilizada por inspiração fresca e por ideias novas vindas do estrangeiro. Isto foi quase impossível em Portugal entre 1560 e 1715, devido aos factores mencionados atrás, o mais forte dos quais era o pavor da heresia estrangeira. Este perigo não

O IMPÉRIO MARÍTIMO PORTUGUÊS

existia em 1483, quando D. João II, o *Príncipe Perfeito*, autorizou dois livreiros franceses a importar todos os livros que quisessem isentos de direitos, «porque é bom para o bem comum ter muitos livros a circular no nosso reino». Um século mais tarde esta atitude esclarecida havia sido completamente alterada. A partir de então a ideia única da Igreja e do Estado foi proibir todos os livros estrangeiros, à excepção dos de direito canónico, hagiografia, e outros assuntos tão inofensivos como estes. A censura não foi, evidentemente, em toda a parte e em todas as épocas igualmente eficiente e igualmente implacável. Os jesuítas portugueses, ou alguns deles, parecem ter aceitado e mesmo ensinado a teoria de Harvey sobre a circulação sanguínea em Coimbra e na Bahia. Mas quando as descobertas científicas e as ideias filosóficas de Galileu, Bacon, Descartes, Newton, Huyghens, Hobbes, Leibnitz e outros estavam a ser mais ou menos livremente discutidas na Europa Setentrional e em Itália, os jesuítas portugueses (tal como os espanhóis) recusaram-se a difundi-las no seu ensino e proibiram expressamente a sua discussão até 1746.

Os Portugueses não utilizaram adequadamente as descobertas científicas para as quais os seus navegadores (Duarte Pacheco Pereira, Dom João de Castro), matemáticos (Pedro Nunes), médicos (Garcia da Orta) e outras figuras quatrocentistas e quinhentistas tinham dado contribuições tão notáveis. Foi um holandês, Linschoten, quem popularizou os roteiros portugueses, do mesmo modo que Clusius havia popularizado as obras botânicas de Garcia da Orta e de Cristóvão da Costa. De pioneiros na vanguarda da teoria e prática da navegação, os Portugueses passaram a retardatários que seguiam na retaguarda. No final do século XVII, vários dos seus pilotos da carreira da Índia eram estrangeiros e estavam a utilizar roteiros estrangeiros de preferência aos nacionais. Os jesuítas continuaram a manter uma *aula da esfera*, que incluía um curso de matemáticas e de navegação teórica no seu Colégio de Santo Antão em Lisboa, mas os seus dias áureos haviam terminado em finais do século XVI.

Deve dizer-se em abono dos jesuítas que estes não se limitavam a deter o controlo da educação dos colégios e das universidades, pois mantinham o equivalente a jardins-de-infância e escolas primárias que funcionavam em ligação com alguns dos seus Colégios, tanto na metrópole como no ultramar. Peter Mundy descreve-nos, de uma forma encantadora, uma peça representada por mais de cem crianças que viu no colégio jesuíta de Macau em Dezembro de 1637:

> «Era parte da vida de São Francisco Xavier, na qual havia diversas passagens lindas, a saber: uma dança chinesa interpretada por crianças vestidas com fatos chineses; uma batalha entre os Portugueses e os Holandeses num bailado, em que os Holandeses

OS «CAFRES DA EUROPA», O RENASCIMENTO E O ILUMINISMO

foram vencidos, mas sem qualquer discurso reprovador nem qualquer acção infamante contra essa nação; outra dança de caranguejos grandes, denominados vulgarmente caranguejos-chamarizes, com muitos rapazes tão bem disfarçados e com tanta graça que cantavam todos e tocavam instrumentos como se fossem outros tantos caranguejos. Outra dança de crianças tão pequenas que quase parecia impossível que pudesse ser dançada por elas (porque podia duvidar-se se algumas delas seriam capazes de continuar ou não), escolhidas com a intenção de causarem admiração. Finalmente, uma palhaçada em que um deles (o que havia desempenhado o papel de Francisco Xavier) demonstrava tal destreza com um tambor, fazendo-o saltar, volteando-o e fazendo-o rodopiar com uma rapidez tão grande, ao mesmo tempo que mantinha o ritmo e a cadência da música, que era admirável para os espectadores. As crianças eram muito, muito bonitas, e muito ricamente ornamentadas tanto no vestuário como nas jóias preciosas; estando a cargo dos pais embelezá-las para sua própria satisfação e honra, tal como estava a cargo dos jesuítas instruí-las, jesuítas estes que não só nesta mas também em todas as outras formas de educação são os tutores e têm a seu cargo a educação dos jovens e das crianças desta cidade, especialmente dos de qualidade. O teatro teve lugar na igreja e toda a representação foi realizada com a maior exactidão. Nem um entre tantos (embora se tratasse de crianças e a peça fosse longa) esteve muito tempo fora do seu papel. Porque de facto estava no palco um jesuíta que as orientava quando era necessário».

Mutatis mutandis, idênticos espectáculos teatrais não elaborados foram frequentemente representados em colégios jesuítas existentes em todo o mundo português, mesmo em locais tão pouco propícios como o centro de tráfico esclavagista de São Paulo de Luanda. As peças representadas pelos alunos mais velhos eram geralmente escritas e representadas em latim. Neste teatro neolatino os Portugueses demonstravam sem dúvida ser bons católicos e bons latinistas.

Apesar desta descrição idílica da vida colonial portuguesa incluída no diário de Peter Mundy, os jesuítas tiveram muitas vezes dificuldade em educar os seus alunos de uma forma adequada ao mundo tropical com o seu clima enervante e com a desmoralizante criadagem doméstica escrava. Um jesuíta que assistiu a uma peça latina representada pelos alunos do colégio de Goa, perante o vice-rei e um vasto público em Outubro de 1855, comentava:

«Pela bondade de Deus, tudo correu muito bem, e muito certinho, e toda a gente concordou que era uma coisa muito necessária

O IMPÉRIO MARÍTIMO PORTUGUÊS

e muito edificante. Porque deste modo os estudantes são encorajados a perseverar nos seus estudos, e os pais levados a enviar os seus filhos para a escola. Mas a educação é muito difícil nesta região, porque é muito quente e enervante e também porque as pessoas que vivem aqui não se preocupam vulgarmente com qualquer espécie de trabalho».

Uns vinte anos mais tarde, o visitador jesuíta Valignano observava desanimadamente que a Índia portuguesa era uma terra fronteiriça de guerra e de comércio, muito mais do que uma terra de ensino e estudo. Queixas idênticas vieram do Brasil, onde o santo Anchieta escreveu, na Bahia, em 1586: «Os estudantes neste país, para além de serem poucos, sabem também pouco, devido à falta de capacidade e de desejo de aplicação. E a própria natureza do país não ajuda, porque é depressiva, indolente e melancólica, de tal modo que todo o tempo é gasto em festas, em canções e em distracções». Os jesuítas persistiram, e deve-se-lhes atribuir todo o valor nesse aspecto pela obra educativa notável, ainda que intelectualmente rigidamente circunscrita, que realizaram no mundo tropical até à catástrofe de 1759-1760.

Uma vez que a influência eclesiástica era tão forte em todas as esferas da educação, desde o pároco de aldeia (ou do jardim-de-infância jesuíta) até à universidade, não é de surpreender que a pintura, o artesanato, a arquitectura e a música tivessem sido tão indelevelmente marcados por ela. Durante séculos, a pintura portuguesa consagrou-se quase inteiramente à representação de temas religiosos, sendo os retratos laicos muito raros, e as paisagens praticamente desconhecidas. Os principais patronos da arte eram os indivíduos que ocupavam os cargos mais elevados nas igrejas, nos mosteiros e nos conventos. Como é natural, encomendavam para a sua decoração interior unicamente pinturas religiosas, tanto em Portugal como no Brasil, na Ásia ou em África. Os reis, nobres e prelados portugueses parecem também ter preferido temas religiosos para as pinturas que tinham nos seus palácios e casas. Além disso, coleccionavam de preferência pinturas flamengas e italianas. O baixo estatuto social atribuído aos pintores profissionais, que eram desdenhosamente classificados como meros mecânicos, não contribuiu para fazer progredir a sua arte. Francisco de Holanda, o amigo e admirador português de Miguel Ângelo, queixava-se amargamente da falta de patronos aristocráticos na sua época, tal como o fizeram outros artistas portugueses até ao reinado de D. João V. Devido à sua modesta condição social, muitos deles não assinavam as suas obras, e isto, por seu turno, torna difícil a identificação.

As ordens religiosas recrutavam frequentemente os seus próprios pintores e artesãos entre os irmãos leigos, e formavam também alguns dos seus convertidos indígenas para pintores, escultores ou artesãos

338

OS «CAFRES DA EUROPA», O RENASCIMENTO E O ILUMINISMO

de vários tipos. Estes homens, quer se tratasse de europeus, asiáticos, africanos ou ameríndios, foram também considerados relativamente obscuros no esquema das coisas, e só poucos nomes perduraram. No entanto, algumas das suas obras que chegaram até nós revelam uma capacidade técnica e artística admiráveis, quer se trate de gravuras de marfim indo-portuguesas, quer de mobiliário de igreja do Brasil, África e Ásia, ou de trabalho de laca e biombos dourados japoneses influenciados por motivos artísticos europeus.

Encontram-se também arquitectos nas fileiras das ordens religiosas, sobre os quais exerceu uma grande atracção, entre 1590 e 1720, o arquitecto bolonhês Filippo Terzi, na época em que a influência italianizante estava no apogeu. A igreja colegial dos jesuítas em Macau constitui uma síntese interessante das influências e técnicas artísticas orientais e ocidentais. A sua planta foi feita por um jesuíta italiano, Carlo Spínola, posteriormente martirizado no Japão (1622), a decoração foi da autoria de artesãos chineses e japoneses sob a supervisão dos jesuítas, e provocou a admiração de Peter Mundy em 1637:

> «O telhado da igreja que pertence ao colégio (chamado São Paulo) tem o arco mais proporcionado que eu jamais me lembro de ter visto, um trabalho excelente, feito por chineses, gravado na madeira, curiosamente dourado e pintado com cores delicadas, como o vermelho, o azul-celeste, etc., dividido em quadrados; e na junção de cada quadrado, grandes rosas de muitas dobras ou folhas, mas debaixo das outras, diminuído até que todas acabam num botão; quase uma jarda na parte mais larga e uma jarda perpendicularmente ao botão, a partir do telhado para baixo. Por cima há um novo frontispício lindo para a dita igreja com uma espaçosa escada, de muitos degraus. Estas duas últimas coisas mencionadas são de pedra talhada».

Infelizmente, este soberbo edifício foi destruído por um incêndio em 1835, com excepção da fachada de pedra, que ainda está de pé com a sua curiosa mistura de motivos artísticos ocidentais e orientais.

A igreja ricamente decorada do Bom Jesus, na Velha Goa, que foi construída mais ou menos na mesma época, é um dos melhores exemplos que chegaram até nós da arquitectura e decoração das igrejas jesuítas no ultramar, mas muitas das capelas e eremitérios mais modestos foram igualmente notáveis à sua maneira. Como comentou um missionário português na Ásia em 1691: «As igrejas são maravilhosamente limpas, mesmo quando se trata dos eremitérios mais pequenos. Se Deus ainda nos conserva na Índia é por causa da grandeza, magnificência e ostentação com que as igrejas são mantidas e o culto divino é celebrado. A mais pequena igreja de aldeia daqui pode envergonhar as das

O IMPÉRIO MARÍTIMO PORTUGUÊS

melhores cidades de Portugal». A protestante convicta que foi a senhora Nathaniel Kindersley, que encontrou muito que criticar durante a sua estada na Bahia em 1764, viu-se obrigada a admitir acerca das igrejas que visitou:

«Algumas delas são grandes e soberbas, e como estão desembaraçadas de bancos, as suas filas duplas de pilares produzem um efeito muito belo, e dão a todo o coro um aspecto arejado e aberto que as nossas igrejas nunca têm. São conservadas em perfeita ordem e adornadas, particularmente os altares, com gravuras, pinturas, dourados e com candelabros e ornamentos de ouro e prata muito dispendiosos».

Se as igrejas, mosteiros e eremitérios renascentistas, maneiristas e barrocos que os Portugueses espalharam por todo o seu império ultramarino ainda constituem os seus monumentos históricos mais impressionantes, o mesmo acontece também com a cadeia de fortes e castelos costeiros que vai de Marrocos às Molucas (e ao rio da Prata). Na maioria dos casos, os arquitectos e engenheiros militares eram portugueses mas, entre 1550 e 1630, alguns dos melhores eram italianos, pois os Italianos eram nessa altura os mestres reconhecidos da arte da fortificação. O castelo de Diu ao largo da península de Catiavar, no Noroeste da Índia é, talvez, a mais impressionante das praças-fortes que ainda subsistem, lembrando as suas muralhas e baluartes ciclópicos as de Malta e Rodes. Mas Ceuta, Tânger, Mazagão, Ormuz, Mascate, Malaca, e Macau foram todas célebres na sua época e geração, tal como Moçambique e Mombaça, na costa oriental africana, estando estas últimas actualmente cuidadosamente restauradas e conservadas.

Mesmo na remota ilha de Solor, pertencente ao grupo das Sunda Menores, os Portugueses construíram um castelo cuja solidez surpreendeu os sitiantes holandeses em 1613. Havia outro na ilha indonésia ainda mais ignorada de Endeh, que tem uma lenda romântica ligada a ele ainda hoje. A ubiquidade destas fortificações costeiras na Ásia ajuda a explicar a razão pela qual quase todas as ruínas de pedra são atribuídas pelos habitantes locais aos Portugueses, do mesmo modo que os rústicos ingleses atribuem ruínas relativamente recentes aos «antigos monges» ou aos «Romanos». Estes fortes foram construídos por mão-de-obra local, mas sob a supervisão de mestres pedreiros portugueses. No caso de Moçambique (e provavelmente de Mombaça e também de outros fortes), foram utilizados, como trabalhadores contratados, pedreiros guzarates vindos de Diu. À excepção dos dois castelos da Mina e de Axim, na Guiné, as colónias portuguesas na África Ocidental e no Brasil não tinham quaisquer fortificações adequadas antes da guerra com os Holandeses, em 1600-1663. Os que constituem

OS «CAFRES DA EUROPA», O RENASCIMENTO E O ILUMINISMO

atracções turísticas hoje em dia datam do final do século XVII e do princípio do século XVIII.

As casas particulares portuguesas, como é natural, não possuíam o carácter monumental da arquitectura religiosa e militar. Os pobres viviam em cabanas térreas ou em habitações como sardinha em lata, tal como acontecia em qualquer parte. As casas urbanas da nobreza e da classe média, tal como as dos ricos mercadores, eram frequentemente grandes e espaçosas, mas as salas tinham tendência para estar mal decoradas e escassamente mobiladas, segundo o testemunho quase unânime dos visitantes estrangeiros de Lisboa, Bahia e Goa. Uma das poucas excepções é Peter Mundy, que elogiou as «casas muito lindas», ricamente mobiladas com objectos de arte chineses e japoneses, que visitou em Macau em 1673. Outra das excepções é constituída pelas deliciosas quintas e solares portugueses, construídos ou reconstruídos com o ouro do Brasil no século XVIII, e que ainda esperam pelo seu historiador de arte.

O século XVII em Portugal foi caracterizado pelo desenvolvimento de um nacionalismo fortemente crescente, assumindo formas como o sebastianismo e o messianismo, que são discutidas no capítulo seguinte. As guerras exaustivas com os Holandeses e com os Espanhóis, e a severa depressão económica que se lhes seguiu, não contribuíram particularmente para uma renovação de contactos intelectuais com o resto da Europa, embora a relação política estreita entre as Cortes de Portugal e de França facilitasse a infiltração das influências culturais francesas à custa das espanholas. O infeliz envolvimento de Portugal na Guerra da Sucessão espanhola foi mais um obstáculo ao progresso normal, mas os anos de paz inaugurados com o Tratado de Utreque coincidiram com a exploração das minas de ouro e de diamantes do Brasil. Estes acontecimentos deram não só a D. João V mas também a todo o país um sentimento de segurança e de autoconfiança. Isto, por sua vez, criou condições mais favoráveis para a recepção de ideias e influências estrangeiras. Na idade de ouro de D. João V deparamos, ainda que numa escala modesta, com uma sede de conhecimento e de interesse pelo mundo cultural além dos Pirinéus em alguns membros da aristocracia e da alta burguesia.

Estes indivíduos, que foram denominados muito depreciativamente estrangeirados, incluíam fidalgos como, por exemplo, Dom Luís da Cunha (1662-1740), o quarto (1673-1743) e quinto (1689-1742) condes da Ericeira e o terceiro conde de Assumar (1688-1756). Quer por terem residido no estrangeiro, quer por estudarem livros e ideias estrangeiros (sobretudo franceses), acabaram por ficar descontentes com o isolamento cultural de Portugal e desejaram elevar o seu país ao nível das nações mais evoluídas. A maioria dos estrangeirados, tanto os de origem aristocrática como os de origem burguesa, aceitaria muitas

O IMPÉRIO MARÍTIMO PORTUGUÊS

das ideias defendidas por Dom Luís da Cunha, que era de certo modo o seu «oráculo». Passou ao papel as suas ideias e críticas ao regime existente quase no fim da sua longa vida, e elas circularam confidencialmente entre os seus amigos e simpatizantes se bem que só tivessem sido impressas no século XIX.

Dom Luís criticava a atitude despótica de D. João V, que raramente utilizava o seu Conselho de Estado consultivo. Criticou os cristãos-velhos aristocráticos, que se intitulavam puritanos e se recusavam a casar com qualquer família que tivesse uma gota de sangue de cristão-novo. Criticava os processos cruéis do Santo Ofício e desprezava os fidalgos que competiam ardentemente pela honra de se tornarem Familiares da Inquisição. Criticou aquilo a que chamou a «ambição desenfreada» dos jesuítas e a sua teologia elástica, que, segundo afirmava, os tornava complacentes confessores dos reis e dos príncipes mas severos para com o povo. Denunciou a multiplicação das ordens religiosas, que, naquela época (afirmava ele), possuíam quase um terço das terras em Portugal, e criticou a ignorância dos frades e do clero secular. Declarou o fracasso do Governo em fomentar a agricultura e a indústria, reduzindo assim Portugal ao papel de «melhor e mais lucrativa colónia da Inglaterra».

Os estrangeirados quiseram introduzir as obras científicas e filosóficas de Bacon, Galileu, Newton, Gassendi e outros em Portugal, e reformar o ensino superior através da separação da Filosofia e da Teologia e da adopção de novas disciplinas no *curriculum*. Como é natural, divergiam uns dos outros nalguns assuntos, e vários defendiam que se devia ir consideravelmente mais longe e mais depressa do que outros. Martinho de Mendonça (1693-1743), que baseou os seus *Apontamentos para a Educação Dum Menino Nobre* (1734, reimpresso em 1761) sobretudo na obra de Locke, *Some thoughts concerning education*, que havia estudado numa versão francesa, era um cristão-velho constrangido, que se orgulhava de ser Familiar da Inquisição. Por outro lado, Alexandre de Gusmão (1695-1753), que era de origem cristã-nova, criticou muito mais severamente o obscurantismo eclesiástico. O mesmo se passou com o Dr. António Ribeiro Sanches (1699-1782), que inventou a expressão «parvoíce de frades», utilizada pelos liberais oitocentistas como seu grito de batalha, e cujas crenças religiosas acabaram por assumir, no fim da sua vida, uma forma de deísmo. Os dois condes da Ericeira, pai e filho, eram católicos apostólicos romanos sinceramente devotos; mas partilhavam a opinião da maioria dos estrangeirados segundo a qual se podia seguir as ideias de muitos autores heréticos e confiar nelas em tudo o que não pusesse directamente em questão os dogmas básicos da fé.

A atitude que D. João V teve face aos estrangeirados foi ambivalente, reflectindo a dicotomia do seu carácter. A sua personalidade

342

OS «CAFRES DA EUROPA», O RENASCIMENTO E O ILUMINISMO

estava dividida entre aquilo que lorde Tyrawly denominou a sua inteligência naturalmente rápida e viva e a sua forma de catolicismo quase cretina, que havia sido o resultado de uma educação ministrada por padres e por mulheres. Estava decidido a ser um monarca absoluto ao estilo de Luís XIV e, por esta razão, desconfiou de maneira geral da alta nobreza. Arranjou para seus conselheiros confidenciais todo o tipo e espécie de homens, desde um *valet de chambre*, o seu secretário particular, Alexandre de Gusmão, ao jesuíta italiano Carbone e ao cardeal da Mota. Numa ocasião expulsou quase toda a alta nobreza da Corte e dissimulava mal a sua aversão pessoal pelos dois «esclarecidos» condes da Ericeira. No entanto, pediu-lhes por vezes conselhos, embora nem sempre os aceitasse. Prometeu ao Ericeira mais velho que lhe pagaria a despesa de tradução e publicação de todas as obras de Francis Bacon em português – uma promessa que nunca chegou a cumprir.

Era anti-semita de um modo cruelmente reaccionário e um assíduo frequentador dos autos-de-fé; no entanto, auxiliou (à distância e durante algum tempo) o judeu exilado em Inglaterra Dr. Jacob de Castro Sarmento. Financiou prodigamente a biblioteca dos padres oratorianos em Lisboa e aprovou implicitamente os novos métodos que introduziram no ensino; mas, noutros aspectos, continuou a favorecer os jesuítas. Aceitou as propostas do engenheiro-chefe Azevedo Fortes (1660-1749) para uma renovação completa do ensino da matemática, da engenharia militar e da astronomia, tendo gasto somas avultadas na compra de mapas, cartas e instrumentos científicos vindos do estrangeiro, mas não financiou estes projectos até ao fim. Começou de uma forma excelente com a cartografia das regiões e das fronteiras interiores do Brasil, enviando uma equipa de peritos para fazerem levantamentos destinados a este fim; mas não cumpriu a promessa feita a Azevedo Fortes de que financiaria uma triangulação e um levantamento topográfico do Portugal metropolitano, apesar das constantes cartas de advertência escritas pelo descontente engenheiro-chefe. Fundou uma Real Academia de História em Lisboa, em 1720, cujos cinquenta membros estavam isentos de todas as formas de censura externa, incluindo a da Inquisição. Esta academia tinha como fim a compilação de uma história gigantesca de Portugal e das suas possessões ultramarinas, essencialmente do ponto de vista eclesiástico e político, mas incluiria também dados relevantes geográficos, etnográficos e de história natural. Infelizmente, muitos dos nobres e padres que foram nomeados membros não possuíam qualificações adequadas para esta tarefa; e permitiu que as suas reuniões degenerassem, na sua maior parte, em panegíricos bajuladores da família real e em elogios mútuos trocados entre os membros.

D. João V enviou Luís António Verney (1713-1792) a Roma com a intenção de que este elaborasse, na devida altura, um plano para a

O IMPÉRIO MARÍTIMO PORTUGUÊS

reforma total do sistema educacional português. Verney fê-lo de facto no seu *Verdadeiro Método de Estudar*, mas D. João V não apoiou a publicação desta obra, que teve de ser publicada anónima e clandestinamente em três edições (de 1746 a 1751). Neste célebre livro, Verney criticava violentamente os métodos pedagógicos dos jesuítas e os manuais utilizados no seu *curriculum*. Defendia que as matérias ensinadas nas escolas e nas universidades deviam ser seleccionadas sobretudo pela sua utilidade e relevância práticas na vida quotidiana. Acentuou a importância do ensino das línguas vernácula e estrangeiras modernas, especialmente o francês e o italiano. Insistiu na substituição da singularmente complicada gramática latina dos jesuítas, com as suas 247 regras em versos latinos só para a sintaxe dos substantivos. Defendia que o estudo da Filosofia devia ser completamente independente do da Teologia e sugeriu a inclusão da Historia e da Geografia no *curriculum*. Como Martinho de Mendonça, cuja obra pioneira de 1734 não menciona, foi enormemente influenciado pelos *Thoughts on education*, de John Locke, e adoptou ou adaptou muitas das ideias deste autor. Nalguns aspectos foi ainda muito mais longe. Defendeu a fundação de escolas primárias em todas as ruas principais ou, pelo menos, em todos os bairros. E, o que é o mais revolucionário de tudo isto, afirmou que as mulheres deviam ser educadas até um nível comparável ao dos homens. Quando apareceu pela primeira vez a sua obra seminal e altamente controversa, D. João V sofria já da doença que o iria vitimar quatro anos mais tarde; e isto pode explicar, pelo menos em parte, a razão por que não apoiou as propostas radicais de Verney.

D. João V foi mais bem-sucedido e mais pródigo no patrocínio que deu à música, pela qual, como quase todos os monarcas da Casa de Bragança, tinha uma paixão verdadeira e discriminativa. Fez da ópera de Lisboa a melhor da Europa fora da Itália, uma posição que se consolidou no início do reinado do seu filho e sucessor, que foi um adepto ainda mais fervoroso. O nível elevado da música sacra tocada nas igrejas durante este reinado pode concluir-se a partir de uma observação incluída no diário do comissário de bordo do navio H. M. S. *Winchester*, em 1719:

> «Estive nesta igreja [catedral] durante um grande festival, quando o rei, a rainha, toda a família real, e uma grande parte da corte e da nobreza estavam lá. Os eunucos do rei com um grande número de óptimos músicos tocavam admiravelmente, de tal maneira que, embora estivesse de pé mais de cinco horas, era impossível estar cansado; e se não fossem as vénias, os sinais da cruz e outros gestos de adoração dos padres que me parecem ser uma ridícula idolatria, porquanto se dirigiam a bocados de madeira e a pedras pintadas e douradas, consideraria que se tra-

OS «CAFRES DA EUROPA», O RENASCIMENTO E O ILUMINISMO

tou do melhor espectáculo musical que jamais ouvi em toda a minha vida».

A paixão dos reis portugueses pela música (porque vários monarcas da casa de Avis tinham também esta peculiaridade) foi partilhada por muitos dos seus súbditos. Levaram a música e as danças folclóricas portuguesas para a Ásia, a África e o Brasil. Algumas delas subsistem ainda hoje nas ilhas indonésias de Tidore, Amboíno e Flores, enquanto o Brasil é talvez o único país do mundo em que milhares de errantes tocadores de viola podem ganhar a vida a tocar no campo, pelo menos no Nordeste. Houve uma escola florescente de compositores e executantes mulatos de música sacra em Minas Gerais no fim do século XVIII; mas isto não aconteceu aparentemente em qualquer das outras capitanias do Brasil, se bem que alguns destes indivíduos tivessem também trabalhado no Rio de Janeiro.

A acção que os estrangeirados tiveram em Portugal não deixou de ter influência no ultramar, se bem que, como é natural, assumisse formas tardias e atenuadas. Foram fundadas academias literárias no Brasil, imitando as que abundavam no Portugal setecentista, mas a sua existência foi igualmente efémera e as suas efusões poéticas igualmente maçadoras. A Real Academia de História nomeou correspondentes no Brasil e na Índia portuguesa e em 1742 enviou dois representantes, um padre jesuíta e um frade franciscano, para fazerem bastantes transcrições dos documentos existentes nos arquivos de Macau. A Academia enviou questionários exaustivos aos governadores, bispos e Conselhos Municipais coloniais, pedindo-lhes que lhes fornecessem informações acerca dos arquivos que estavam a seu cargo e dos monumentos de interesse histórico e arqueológico. Nem todos se deram ao trabalho de responder, e outros puseram calmamente na prateleira os questionários depois de terem delicadamente acusado a sua recepção. Mas alguns indivíduos foram mais cooperantes, se bem que a maioria das informações que enviaram para Lisboa ainda continue nos arquivos desta cidade sem nunca ter sido trabalhada ou utilizada. Os padres portugueses de Pequim corresponderam-se com o quinto conde da Ericeira durante o período em que ocupou pela primeira vez o cargo de vice-rei da Índia (1717-1720), enviando-lhe informações acerca da China em troca de livros franceses e outros da sua biblioteca. Corresponderam-se também com o Dr. Ribeiro Sanches, quando este era médico na corte da Rússia, e receberam por seu intermédio as publicações da Academia Imperial de São Petersburgo.

Os padres de Pequim aproveitaram o mais possível o facto de estar livres de censura portuguesa, reunindo uma biblioteca que provocou a inveja dos seus colegas franceses. Um deles, Antoine Gaubil, escreveu ao procurador jesuíta em Paris:

O IMPÉRIO MARÍTIMO PORTUGUÊS

«Os padres portugueses têm uma biblioteca muito antiga, bem fornecida no que diz respeito à história, escritura, comentários, teologia, matemática, etc. Têm livros excelentes de medicina e cirurgia e livros latinos e franceses acerca de história natural, física, astronomia e geometria. Decidiram organizar uma biblioteca completa neste país e gastaram prodigamente para conseguir livros da Itália, Holanda, França e Inglaterra... Sei de fonte segura que os Portugueses decidiram suplantar-nos em tudo».

Entre os livros tão ardentemente coleccionados e que ainda hoje existem em Pequim (a menos que tenham recentemente sido destruidos pelos Guardas Vermelhos) avultam o *Verdadeiro Método*, de Verney, várias obras de Isaac Newton e uma edição em latim do *Ensaio Sobre o Entendimento Humano*, de John Locke.

Apesar destas e de outras manifestações de curiosidade e actividade intelectuais no mundo português, tem de admitir-se que o reinado de D. João V foi mais uma época de sementeira do que de colheita. As principais razões para este facto foram a falta de continuidade, a atitude ambivalente do rei e o facto de os estrangeirados compreenderem um pequeno grupo de indivíduos do topo (ou com acesso ao topo) da pirâmide social, cuja influência não teve tempo de se infiltrar em profundidade nos outros estratos sociais. Um caso característico da falta de continuidade foi a academia científica fundada com um grande floreado pelo inglês Lewis Baden, em Lisboa, em 1725. Preconizava um *curriculum* ambicioso de filosofia experimental para a nobreza e para a classe média, que incluía cursos de Física, Óptica, Química e Mecânica, mas só funcionou durante algumas semanas. Numa época de absolutismo, tinha de se depender necessariamente do apoio e auxílio reais. D. João V, como já vimos, tornou-se mais fanaticamente devoto nos últimos anos de vida, e menos preocupado com o progresso das artes e das ciências, salvo no que diz respeito à sua querida música, que apadrinhou até ao fim. Vários dos estrangeirados mais destacados, Castro Sarmento, Verney e Ribeiro Sanches, nunca mais voltaram a Portugal, tendo-se exilado voluntariamente. Outros, entre os quais os condes de Ericeira, morreram quase na mesma altura que o rei.

De qualquer modo, a semente havia sido deitada à terra, e quando o polémico *Verdadeiro Método de Estudar*, de Verney, apareceu, em 1746, obteve um êxito instantâneo e uma enorme circulação, apesar das violentas críticas que também provocou, e apesar da confiscação da primeira edição feita pela Inquisição de Lisboa. Na realidade, um dos inquisidores foi responsável pela impressão de uma edição clandestina feita na tipografia do mosteiro de Santo Elói! No mesmo ano de 1746, o reitor jesuíta do Colégio das Artes em Coimbra havia publicado um aviso severo contra o ensino ou a discussão de quaisquer ideias novas

OS «CAFRES DA EUROPA», O RENASCIMENTO E O ILUMINISMO

ou subversivas, «tais como as de Descartes, Gassendi, Newton e outros (...) ou contra quaisquer deduções que se oponham ao sistema de Aristóteles, que deve ser seguido nestas escolas, como tem sido repetidamente afirmado nos estatutos deste Colégio das Artes». As palavras desta admoestação mostram que a base da escolástica estava já a ser minada no seu próprio reduto em Coimbra. Sem dúvida que isto se devia sobretudo à disseminação das ideias propagadas pelos estrangeirados durante as três décadas anteriores.

Os estrangeirados ainda vivos ficaram na generalidade deliciados com a expulsão dos jesuítas ordenada por Pombal, e com a adopção feita pelo ditador de algumas (embora de maneira nenhuma todas) das suas ideias, como o demonstraram as reformas educativas que levou a cabo entre 1759 e 1772. O sistema educativo oficial ficou completamente laicizado, se bem que Pombal não tivesse conseguido encontrar ocupantes para muitas das cátedras autónomas de Latim, Grego, Retórica e Filosofia, que foram instituídas (no papel) em Portugal. Teve mesmo dificuldade em recrutar 500 professores para ensinarem nas novas escolas primárias. Deixaram-se apodrecer as bibliotecas confiscadas aos jesuítas ou então venderam-nas localmente por somas irrisórias, em vez de serem integradas nas de outras instituições. Em 1761, Pombal fundou o Colégio dos Nobres, mais de acordo com as directrizes defendidas por Ribeiro Sanches do que com as defendidas por Martinho de Mendonça. Enquanto este último, seguindo John Locke, tinha sobretudo em vista a educação do fidalgo rural, o primeiro tinha imaginado a formação de uma elite de indivíduos destinados a servir como oficiais do Exército e como diplomatas. Recordemos que Ribeiro Sanches foi um conselheiro influente na reorganização do corpo de cadetes da Rússia imperial em 1766. O *curriculum* do Colégio dos Nobres incluía línguas estrangeiras modernas, matemáticas, e ensino de ciências experimentais e de Física; mas o Colégio definhou após 1772, porquanto a maioria do seu pessoal docente foi transferida para a reorganizada Universidade de Coimbra, ainda que só tenha sido abolido em 1838.

Pombal foi mais bem-sucedido na reforma do sistema universitário. A universidade jesuíta de Évora foi totalmente abolida e a de Coimbra drasticamente reformada em 1772. Foram criadas Faculdades de Matemática e de Filosofia, sendo as faculdades já existentes, de Teologia, Direito e Medicina, modernizadas. Foram sucessivamente instalados um jardim botânico, um museu de história natural, um laboratório de física, um observatório e um anfiteatro anatómico, bem como um hospital escolar. Mais uma vez, dificuldades respeitantes ao pessoal impediram o cumprimento total das reformas pombalinas neste e noutros campos mas, pelo menos, elas abriram uma enorme brecha na escolástica. No entanto, ao condenar cegamente

O IMPÉRIO MARÍTIMO PORTUGUÊS

tudo o que os jesuítas haviam feito, Pombal, no seu zelo reformador, rejeitou frequentemente o essencial com o acessório. Além disso, muitas das reformas reflectiam o seu temperamento autoritário e as suas convicções ultra-absolutistas.

Aboliu a censura da Inquisição mas a Mesa Censória, que criou em sua substituição, continuou a proibir as obras de Bayle, Hobbes, Espinosa, Voltaire, Rousseau e de outros escritores controversos. Esta Mesa proibiu obras há muito esquecidas, como por exemplo o *Cordel Triplicado de Amor*, do italiano frei Ardizone Spínola – presumivelmente porque este livro (que havia sido aprovado e elogiado pela censura quando da sua primeira publicação) criticava severamente as autoridades portuguesas na Índia por causa da manutenção de uma descriminação racial rígida na Igreja e no Estado, acusação que frei Ardizone Spínola documentou de uma forma extremamente convincente. A censura pombalina fechou também a *Gazeta Literária*, um periódico editado e publicado por um cónego oratoriano no Porto em 1761-1762. A *Gazeta* tinha um âmbito admirável e era, de facto, o equivalente português do *Journal des Savants* e do *Philosophical Transactions*, dos quais dependia bastante, além de se manter a par dos livros publicados na Holanda, Dinamarca, Alemanha e Itália.

Se os resultados da expulsão dos jesuítas ordenada por Pombal e das suas subsequentes reformas educativas foram um pouco confusos no Portugal metropolitano, foram qualquer coisa de desastroso no império português, pelo menos durante várias décadas. Não havia ninguém para substituir os jesuítas, especialmente no Brasil, a não ser alguns membros de outras ordens religiosas, a maioria das quais estavam nesta altura num avançado estado de decadência, e os capelães dos senhores de engenho e das famílias ricas. Um decreto pombalino de 1772 estabeleceu o Subsídio Literário, que, como o nome indica, era um imposto instituído para subsidiar o ensino primário e secundário tanto em Portugal como no ultramar. Os resultados foram extremamente pobres, porquanto o dinheiro vinha lenta e irregularmente e continuava a ser difícil conseguir professores qualificados. O primeiro grande passo em frente foi tomado em 1798 com a fundação do Seminário de Olinda, pelo bispo Azeredo Coutinho. Esta instituição não estava exclusivamente limitada a estudantes que pretendiam seguir o sacerdócio e as matérias ensinadas (em termos surpreendentemente modernos) incluíam Grego, Francês, História, Física, Geometria, Desenho e História Natural, além da tradicional Gramática, Latim, Retórica e Filosofia. O Seminário de Olinda tornou-se rapidamente um viveiro de ideias liberais, muito mais do que o fundador, que se inspirara em precedentes pombalinos, havia tencionado. Muitos dos indivíduos nele formados desempenharam papéis preponderantes nos acontecimentos que culminaram com a independência do Brasil.

348

OS «CAFRES DA EUROPA», O RENASCIMENTO E O ILUMINISMO

Como foi mencionado no capítulo anterior, um número cada vez maior de jovens brasileiros ia à Europa para se formar em Teologia, Direito ou Medicina. A maioria deles ia para Coimbra, mas um número considerável estudava em universidades francesas e italianas, mais especialmente na Escola Médica de Montpellier, e alguns em universidades tão distantes como Edimburgo. Desde cerca de 1770, aqueles que o faziam estavam cada vez mais expostos às ideias dos *philosophes* e dos franco-mações. De um modo igualmente natural, levavam para o Brasil algumas destas ideias, e mesmo os livros que as exprimiam, porquanto a censura brasileira não era especialmente eficiente nesta altura. Mas estes indivíduos eram, é claro, uma pequena elite intelectual, numa colónia constituída sobretudo por iletrados; e os seus compatriotas que eram integralmente educados no Brasil recebiam uma educação ministrada segundo os moldes tradicionais. A educação colonial no Brasil, tanto quando os professores eram jesuítas como posteriormente, era essencialmente caracterizada, do princípio ao fim, por uma abordagem exclusivamente literária. Era baseada no estudo da gramática, da retórica e do latim, com a intenção de formar padres, advogados e burocratas. Não havia, inevitavelmente, lugar neste sistema, quer para as ciências naturais, quer para as línguas modernas. Nem havia grande interesse por estas matérias entre a grande maioria dos funcionários oficiais, senhores de engenho, proprietários de latifúndios e ricos mercadores das cidades costeiras que, juntamente com o clero, constituíam a elite colonial.

E havia ainda muito menos qualquer intenção de educar a massa do povo, os brancos pobres, o proletariado de cor e os negros, tanto os escravos como os livres. Os estrangeirados eram o produto de uma época autocrática e a maioria deles partilhava algumas destas concepções. O Dr. Ribeiro Sanches afirmava que não havia qualquer necessidade de fundar escolas primárias nas zonas rurais mais remotas, porquanto isto traria como consequência uma diminuição de trabalhadores rurais, tais como jornaleiros, pescadores e pastores. Os vereadores do Conselho Municipal de Lisboa exprimiram ideias idênticas em 1815, desta vez a respeito dos trabalhadores urbanos, e não é difícil encontrar outros exemplos semelhantes.

Ribeiro Sanches era também adepto do ponto de vista de que as colónias deviam ser consideradas apenas, se não exclusivamente, colónias de exploração. Criticou os seus compatriotas que estavam a tentar fazer de cada colónia «um pequeno Portugal». Insistiu no facto de os sectores da agricultura e da indústria autorizados no ultramar deverem ser sectores que não fizessem concorrência aos da metrópole. Em todos os aspectos, incluindo a esfera da educação, «uma colónia deveria ser considerada politicamente como uma aldeia em comparação com a cidade capital», para impedir os colonos de se tornarem outra coisa

O IMPÉRIO MARÍTIMO PORTUGUÊS

que não camponeses, mercadores e funcionários secundários. O conselheiro ultramarino António Rodrigues da Costa foi mais inteligente neste aspecto quando profetizou, em 1715, que o Brasil, que já era maior e mais rico do que Portugal, não se contentaria indefinidamente com um estatuto inferior.

Se a aristocracia brasileira de plantadores, padres e latifundiários estava, nalguns aspectos, mal preparada para conduzir os destinos do seu país quando surgiu o corte com Portugal, em 1822-1825, havia um número suficiente de indivíduos aptos e convenientemente instruídos entre eles para salvarem o novo império da fragmentação e do colapso. Teria talvez havido muitos mais indivíduos igualmente talentosos se os violentos métodos pombalinos de acabar com o monopólio do ensino superior que os jesuítas tinham, praticamente não tivessem destruído a estrutura existente antes de esta poder ser convenientemente substituída. «Sabe», escreveu o jesuíta frei Antoine Gaubil, da sua posição vantajosa em Pequim a um colega em Macau, «que os Portugueses são, de uma maneira geral, inteligentes, mas a maioria precisa de ser espicaçada para se manter à altura». Não estava no temperamento de Pombal tolerar qualquer tipo de oposição mas, se tivesse utilizado um espicaçar constante em vez da força bruta, talvez a transição do antigo para o novo houvesse sido mais eficaz e menos dolorosa para todos os nela implicados.

Capítulo XVI

Sebastianismo, Messianismo e Nacionalismo

«Que se pode esperar de uma nação em que metade anda à procura do Messias e a outra metade à espera de D. Sebastião, morto há quase dois séculos?» Esta observação sarcástica, atribuída umas vezes a um embaixador inglês, outras a um francês em Lisboa, no século XVIII, era uma piada evidentemente vulgar entre os estrangeiros que viviam em Lisboa, e que reflectia a crença de que a maioria dos Portugueses era ou cristãos-novos ou sebastianistas. A primeira afirmação já foi discutida no capítulo XI, e vamos, neste capítulo, considerar, de forma breve, a origem e a evolução da última.

D. Sebastião recebera o cognome de o *Desejado* quando ainda se encontrava no ventre da mãe. O pai morrera uns dias antes do seu nascimento, e os outros nove filhos de D. João III haviam morrido todos sem deixar quaisquer herdeiros legítimos. O único filho de D. Manuel I que ainda vivia, Dom Henrique, era um cardeal de idade muito avançada; portanto, uma criança do sexo masculino era a única esperança de salvar Portugal de uma eventual sucessão castelhana, Assim, como Diogo do Couto, na altura pajem no palácio real, recordou ao escrever dezassete anos mais tarde em Goa, D. Sebastião foi um rei «que havia sido pedido a Deus com muitas lágrimas, peregrinações, procissões e esmolas», tendo o seu nascimento sido assinalado por grandes manifestações de júbilo popular. A mãe partiu para Espanha pouco tempo depois do seu nascimento e nunca mais voltou a Portugal. Foi educado fundamentalmente pelos jesuítas, mas terminou os estudos quando assumiu o governo (até então nas mãos do seu tio) na data em que fez catorze anos (20 de Janeiro de 1568).

O jovem monarca tinha um temperamento fogoso e exaltado, que havia sido bastante excitado pelas leituras que fizera das façanhas portuguesas no ultramar, e ficou portanto extremamente perturbado com a evacuação das fortalezas costeiras marroquinas ordenada por seu avô em 1549-1550. Ainda em criança, planeava já a conquista de Marrocos, tendo escrito na folha inicial de um missal que os seus preceptores jesuítas lhe deram: «Padres, rezem a Deus para que Ele me faça muito casto e muito zeloso para expandir a Fé a todas as partes do mundo». O seu grande desejo era ser «um capitão de Cristo» e as instruções que deu ao vice-rei e ao arcebispo de Goa estão imbuídas de um espírito de conquistador e cruzado. Desde os dois anos sofria de uma doença física que o afligiu periodicamente até à morte, mas que não foi diagnosticada. Fosse o que fosse, afectou os seus órgãos sexuais, fê-lo não gostar de mulheres, e suscitou grandes dúvidas quanto à sua possibilidade de ter filhos. Vários projectos de casamento com uma princesa espanhola ou francesa acabaram por não se concretizar, tal como aconteceu com uma proposta de união com Maria Stuart da Escócia – a única por quem demonstrou algum interesse, porquanto atraía o seu temperamento de cavaleiro andante. Esta foi apenas uma fase passageira, e o embaixador espanhol em Lisboa relatou que «falar-lhe de casamento era como falar-lhe de morte». A sua fuga contínua a todas as sérias negociações matrimoniais deu origem a uma inquietação crescente dos seus súbditos.

A sua impotência física não o impediu de ter uma obsessão em manter a forma física, o que fazia praticando violentos exercícios sob quaisquer condições atmosféricas e durante horas seguidas – a caça, a falcoaria, os torneios, as touradas, etc., e passeios no mar, num barco pequeno, tentando passar a salvo tempestades. À medida que ia crescendo, ia recusando cada vez mais os conselhos da avó, do tio ou de qualquer outra pessoa com maior experiência do que ele, falando apenas com jovens aristocratas da sua idade que o lisonjeavam o máximo que era possível. Raras vezes visitava Lisboa, cidade que detestava solenemente, passando a maior parte do tempo a viajar pelo Alentejo e pelo Algarve, dedicando-se a exercícios físicos e a desportos de campo, passando frequentemente duas e três noites a fio sem dormir. Este comportamento estranho não contribuiu em nada para o tornar estimado da grande maioria dos seus súbditos e os cortesãos mais sensatos estavam alarmados com a sua obsessão crescente pela conquista de Marrocos. Esta mania culminou com a sua derrota e morte na batalha de Alcácer Quibir (em 4 de Agosto de 1578), depois de uma das mais mal conduzidas campanhas de que há memória. O seu cadáver, terrivelmente ferido e nu, foi encontrado no campo de batalha no dia seguinte, mas a sua

SEBASTIANISMO, MESSIANISMO E NACIONALISMO

identificação foi feita um tanto superficialmente, a sua rica armadura e armas nunca foram encontradas, e nenhum dos sobreviventes admitiu tê-lo visto morto.

Com a chegada de alguns fugitivos à cidade de Arzila, ao cair da noite do dia seguinte ao da batalha, começaram a circular boatos de que não havia realmente sido morto. Estes boatos tiveram crédito e espalharam-se rapidamente em Portugal, apesar de todos os esforços feitos pelo governo para os minimizar ou negar. A própria expedição havia sido extremamente impopular para a esmagadora maioria do povo e tinham sido utilizados os processos mais cruéis para recrutar o decrépito exército que partiu de Lisboa em Junho e Julho de 1578. A humilhante derrota e o desastroso aniquilamento da expedição não levaram, no entanto, o povo a acusar o rei pela sua obstinada loucura e incapacidade militar e ainda menos a detestar a sua memória. Pelo contrário, passou a ser considerado, de um modo geral, um herói trágico de proporções épicas, cujo desaparecimento era apenas temporário, e que voltaria um dia para redimir o desastre de Alcácer Quibir, conduzindo a nação a novos apogeus de conquista e glória.

Esta crença fundiu-se, com espantosa rapidez, com o ciclo lendário do rei Artur e com várias crenças e profecias messiânicas que eram correntes em Portugal. As versões que resultaram desta fusão assumiram diferentes formas, como por exemplo a de que D. Sebastião estava à espera da sua hora numa caverna ou numa ilha encoberta pela neblina no meio do Atlântico. Outras histórias afirmavam que andava a fazer penitência disfarçado de peregrino errante até expiar a sua responsabilidade por Alcácer Quibir. Corriam também boatos de que estava de facto prisioneiro dos mouros, ou mesmo dos Espanhóis, que o guardavam cheio de correntes, numa masmorra. Houve outras versões da sua sobrevivência que não vale a pena mencionar aqui, mas algumas deram pretextos e oportunidades a vários aventureiros do tipo de Perkin Warbeck, que tentaram fazer-se passar por D. Sebastião entre 1584 e 1603, e que conseguiram alguns partidários antes de serem capturados e enviados para a forca ou para as galés.

A lenda sebastianista em desenvolvimento acabou por se identificar, no espírito das pessoas, com as trovas proféticas, ou versos populares, do sapateiro-poeta de Trancoso, Gonçalo Anes (1500-1556), geralmente conhecido como o *Bandarra*. Estes versos baseavam-se em grande parte numa crença na vinda de um messias-rei, com origem no Antigo Testamento e também em reminiscências do ciclo lendário do rei Artur que haviam sobrevivido na memória popular. Revelam também traços de uma crença apocalíptica numa idade de ouro espiritual que haveria de surgir, crença esta propagada inicialmente pelo abade de Cister, Joaquim de Fiore (morto em 1202), que fora popularizada pelos franciscanos espirituais e que em muito influenciou Colombo.

O IMPÉRIO MARÍTIMO PORTUGUÊS

As trovas de Bandarra, como as profecias do Oráculo de Delfos, estavam escritas numa linguagem muito vaga e hermética. Por isso, qualquer pessoa podia ler nelas quase tudo o que quisesse, mas de qualquer modo elas criticavam implicitamente o estado de coisas existente. Anunciavam também a vinda (ou o regresso) de um futuro rei-redentor, que construiria um império mundial de direito e de justiça – a quinta monarquia mundial profetizada no *Livro de Daniel*, que seria acompanhada do reaparecimento das tribos perdidas de Israel e da conversão dos ateus ao cristianismo.

Na maior parte das versões das trovas, o rei-redentor era denominado o *Encuberto*, possivelmente por causa do chefe de uma revolta em Valência a quem foi dada esta alcunha, em 1532. As trovas circulavam larga e continuadamente, se bem que tivessem sido proibidas pela Inquisição, cujo tribunal obrigou também Bandarra a abjurá-las formalmente em 1541. A sua circulação não estava limitada às classes mais baixas, nem aos cristãos-novos, pois as trovas encontravam leitores ávidos em homens de todos os tipos e classes. Pouco tempo após Alcácer Quibir, D. Sebastião acabou por ser identificado com o *Encuberto* das trovas, o que deu um estímulo adicional à sua popularidade. Esta popularidade aumentou firmemente durante o «cativeiro espanhol» de 1580-1640, quando deu a muita gente a esperança de que aquela era a hora mais sombria antes da madrugada.

Alguns escritores portugueses modernos têm defendido que as influências arturianas e messiânicas das trovas se inserem respectivamente nas tendências céltica e judaica do carácter nacional, o que ajudaria a explicar a sua espantosa popularidade. António Sérgio e outros estudiosos negaram-no, fazendo notar que lendas idênticas eram correntes noutros países, se bem que pareça nunca terem tido uma tão grande aceitação, nem uma tão grande duração. De qualquer maneira, as pessoas podem sempre acreditar no que querem acreditar, ou naquilo em que lhes convém acreditar, como acontece com os milhões de indivíduos que acreditam numa vida depois da morte, sem nunca se terem dado ao trabalho de pensar muito acerca do assunto. As atitudes religiosas que predominaram em Portugal entre 1580 e 1640 predispuseram sem dúvida muitos indivíduos a ter esperança na vinda de um qualquer libertador messiânico. A intervenção divina directa na vida quotidiana era considerada uma coisa normal e podiam esperar-se ocorrências milagrosas quase todos os dias.

Com a Restauração portuguesa de 1640 e a subida de D. João IV ao trono foi sugerido que era ele, e não D. Sebastião, o rei-redentor prometido. O grande defensor desta interpretação das trovas foi o padre António Vieira, que a proclamou num sermão pregado perante e rei e a sua corte na capela real em Lisboa, no dia de Ano Novo, em 1642. Vieira insistia em que as profecias, tanto as bíblicas como as de

Bandarra, se aplicavam a D. João IV e não a D. Sebastião. Baseava os seus argumentos não só no *Livro de Daniel* e nas trovas, mas também em profecias bastante sombrias da idade das trevas e da Idade Média, como acontecia com as atribuídas a frei Gil e a santo Isidoro de Sevilha. Vieira e os sebastianistas convictos que ele tentava refutar e converter divergiam quanto à interpretação das trovas mas acreditavam todos que o sapateiro de Trancoso era um verdadeiro profeta, merecendo tanto crédito quanto os do Antigo Testamento.

Como muitos indivíduos da Europa seiscentista, tanto católicos como protestantes, Vieira acreditava firmemente que os livros proféticos do Antigo Testamento podiam ser em grande parte interpretados em termos do presente real e do futuro imediato. Não tinha qualquer inclinação para o pensamento abstracto, possuindo antes uma verdadeira paixão pelo saber messiânico e pelo comentário bíblico. Como fez notar o embaixador inglês em Lisboa em 1668, Vieira, «para além da sua natural eloquência, tem a arte de fazer as Escrituras dizerem o que lhe apetece». Como muitos dos seus contemporâneos puritanos ingleses, concentrou-se mais no Antigo do que no Novo Testamento. O seu Deus era, em muitos aspectos, o Deus das batalhas, como era talvez inevitável, numa época de violentos conflitos teológicos e confessionais. Por exemplo, concluiu o seu sermão de Ano Novo de 1642 com a esperança de que a luta fratricida com a Castela católica terminaria em breve, permitindo que os Portugueses vitoriosos banhassem as suas espadas «no sangue dos hereges na Europa, no sangue dos muçulmanos na África, no sangue dos pagãos na Ásia e na América, conquistando e subjugando todas as regiões da Terra debaixo de um único império para que pudessem todas, sob a égide de uma só coroa, ser gloriosamente colocadas aos pés do sucessor de São Pedro». Podemos sorrir de tais extravagâncias hoje em dia, mas Vieira foi um dos muitos pregadores que não se preocupavam com as incongruências que a sua devoção ao Antigo Testamento acarretavam. Basta apenas recordarmos os ministros calvinistas do exército dos Escoceses em Dunbar com o seu grito de batalha «Jesus e sem quartel» e o major-general Thomas Harrison e os seus homens da Quinta Monarquia que acreditavam que a Inglaterra estava destinada a desempenhar o papel que Vieira atribuía a Portugal.

A crença de Vieira de que Portugal seria a quinta monarquia universal foi muito fortalecida pela sua experiência pessoal como missionário nas regiões selvagens da América do Sul. Notou o número exíguo de missionários que, mesmo nas circunstâncias mais favoráveis, se conseguiria reunir para a evangelização dos muitos milhões de indivíduos dos três continentes e acentuou a impossibilidade prática de catequizar canibais armados de flechas envenenadas, que não deixavam ninguém aproximar-se, nas profundezas da selva amazónica.

O IMPÉRIO MARÍTIMO PORTUGUÊS

A partir destas premissas, argumentou que não se poderia esperar que a conversão do mundo ao cristianismo resultasse dos esforços de uns milhares de missionários europeus, por mais devotados que estes fossem. Esta consumação, que devia desejar-se com tanta devoção, tinha de esperar a intervenção directa de Deus, feita através do Seu reino escolhido de Portugal, como estava profetizado no Antigo Testamento, na aparição miraculosa de Cristo a Dom Afonso Henriques, em Ourique, e nas trovas de Bandarra.

A morte de D. João IV em Novembro de 1656 não conseguiu abalar a convicção de Vieira de que ele era o rei prometido que comandaria um dia Portugal contra os Turcos otomanos para a reconquista de Constantinopla e de Jerusalém, e que inauguraria assim a quinta monarquia universal. Pelo contrário, contribuiu para fortalecer a sua convicção, porquanto decidiu na altura que as trovas de Bandarra se aplicavam muito mais a um rei que ressuscitaria de entre os mortos, e havia inúmeros precedentes bíblicos para milagres deste género. A maioria dos sebastianistas não concordaram com ele neste aspecto mas conservaram (ou regressaram) a sua crença inicial, pois só muito dificilmente se poderia demonstrar que o notoriamente pacífico D. João IV era um rei-redentor conquistador. Continuavam a afirmar que D. Sebastião não morrera e que haveria de voltar do seu esconderijo encantado no meio do Atlântico para realizar as visões apocalípticas das Escrituras e das trovas.

Citei Vieira com algum pormenor porque ele foi o mais célebre e influente dos indivíduos que acreditavam que um destino glorioso aguardava Portugal num futuro muito próximo, quer através do regresso de D. Sebastião ou da ressurreição de D. João IV, quer através da vinda de qualquer outra figura messiânica (ainda não identificada) que cumpriria as profecias bíblicas e as de Bandarra. Como foi mencionado atrás, estas crenças messiânicas ou suas variantes estavam muito espalhadas em todas as classes da sociedade e eram aceites e propagadas por muitos jesuítas portugueses influentes, para além de Vieira. Entre eles, contavam-se frei Domingos Coelho, o provincial dos jesuítas no Brasil, que foi capturado pelos Holandeses na Bahia em 1624; frei João de Vasconcelos, o cronista (em quem não se pode de maneira alguma confiar) dos jesuítas no Brasil (1668); frei Nuno da Cunha, o anteriormente mencionado representante dos jesuítas portugueses em Roma; e frei Fernão de Queiroz, quando escreveu em Goa acerca da perda do Ceilão e das visões apocalípticas de um irmão-leigo local, Pedro de Basto (1689).

Uma vez que estas crenças messiânicas num futuro glorioso para Portugal foram propagadas por tantos dos mais notáveis educadores do império lusitano, não é de admirar que estas convicções fossem ainda mais acentuadas ente os leigos, literalmente do Maranhão a Macau.

356

SEBASTIANISMO, MESSIANISMO E NACIONALISMO

Os visitantes estrangeiros das colónias e postos comerciais portugueses fizeram frequentemente comentários acerca da predominância das crenças sebastianistas nessas regiões, mesmo quando pretendiam apenas ridicularizá-las. As regiões em que as crenças messiânicas duraram mais tempo e aquelas em que, de facto, sobreviveram até à actualidade, ainda que sob formas modificadas, são os sertões do Brasil, mais particularmente no vale do rio São Francisco e nos ermos áridos do Nordeste. Um dos clássicos da literatura brasileira, *Os Sertões*, de Euclides da Cunha, narra as campanhas que o governo republicano de 1896--1897 foi forçado a fazer contra os adeptos de António Conselheiro, um fanático religioso deste tipo messiânico, que lutaram literalmente até ao último homem. Estes indivíduos, que se intitulam a si próprios profetas ou redentores, ainda reaparecem de vez em quando nos sertões brasileiros.

Em Portugal e no seu império oriental, as crenças sebastianistas--messiânicas foram enfraquecendo gradualmente durante o século XVIII, mas só muito gradualmente. Em 1725, vemos o arcebispo de Goa, Dom Frei Inácio de Santa Teresa, um prelado singularmente bélico que lutou furiosamente contra vice-reis e jesuítas, firmemente convencido de que o início da monarquia universal portuguesa estava para breve.

> «E a razão é por que Deus escolheu deliberadamente os Portugueses de entre todas as outras nações para governarem e reformarem todo o mundo com comando, domínio, e império, tanto puro como mestiço, sobre todas as suas quatro partidas, e com promessas infalíveis para a subjugação de todo o globo, que será unificado e reduzido a um único império, do qual Portugal será a cabeça.»

Ao explicar por que é que Vieira se enganara ao calcular em determinada altura que esta monarquia começaria no ano de 1666, o arcebispo reformulou os números para provar que o tempo para o cumprimento das profecias bíblicas e de Bandarra viria na década de 1730-1740. Infelizmente para frei Inácio de Santa Teresa, que foi transferido de Goa para a Sé do Algarve em 1740, este foi justamente o período em que o poder marata em ascensão expulsou os Portugueses da província do Norte, e em que Goa só se salvou através do pagamento de uma pesada indemnização. Não sei se o confiante prelado modificou os seus cálculos depois de ter chegado ao Algarve. Mas é provável que o tivesse feito, porquanto sebastianistas e quejandos nunca se deram por vencidos por muito tempo por causa de erros aritméticos, exactamente como acontece hoje em dia com os judeus ingleses com os seus diversos cálculos da Grande Pirâmide.

O IMPÉRIO MARÍTIMO PORTUGUÊS

Era característico de Pombal que, no seu zelo reformador para desacreditar e extirpar as crenças sebastianistas (e outras parecidas), tenha acusado os jesuítas e Vieira de forjarem as trovas de Bandarra, se bem que fosse um facto facilmente verificável terem estes versos já uma enorme circulação antes de 1540, data em que a Companhia havia sido fundada em Portugal. A invasão francesa de 1808 deu ao sebastianismo um novo sopro de vida, tal como o tinham feito os acontecimentos traumatizantes de 1580 e 1640 mas, a partir de então, o seu culto restringiu-se às pessoas sem instrução. A sua atracção romântica está reflectida na obra de alguns dos mais célebres poetas portugueses, incluindo Guerra Junqueiro (1850-1923) e Fernando Pessoa (1888--1935). As trovas de Bandarra, que foram impressas pela primeira vez (o que é diferente da circulação em manuscrito) em França em 1603, foram reimpressas em Portugal de quando em quando ao longo de todo o século XIX e pelo menos até 1911. Estas versões não foram publicadas como obras eruditas, nem como textos para ser utilizados por intelectuais mas sim por causa da popularidade que tinham entre as classes mais baixas.

A persistência e a força das crenças sebastianistas e messiânicas em Portugal e no seu império ultramarino reforçaram, como é natural, o patriotismo ardente pelo qual há muito os Portugueses se haviam afirmado. Foi durante o «cativeiro espanhol» de sessenta anos que Os Lusíadas, de Luís de Camões, obtiveram o estatuto de poema épico nacional, nas onze edições que foram publicadas entre 1581 e 1640. Este período assistiu também ao nascimento de uma escola de historiógrafos monásticos em Alcobaça, que exerceu uma influência grande e duradoura, tanto nos contemporâneos como na posteriedade. Estes cronistas apresentam gradações profundas quanto ao seu sentido histórico e integridade profissional, mas todos aceitaram e propagaram a história da aparição milagrosa de Cristo a Dom Afonso Henriques em Ourique. Graças a eles, a lenda de Ourique foi elevada ao estatuto de indiscutível dogma nacional, e o papel dos Portugueses como povo escolhido de Deus foi afirmado com uma grande abundância de citações bíblicas e históricas (ou pseudo-históricas).

Fez-se remontar a ascendência dos reis portugueses, em linha directa, a Tubal, neto de Noé. Figuras mitológicas gregas, como Baco, Hércules e Atalanta, foram também invocadas como antepassados da nação portuguesa. As pretensões de Braga sobre Toledo como Sé primaz de toda a Península Ibérica foram também examinadas e exaltadas. Sobretudo, foi dado um grande realce à autonomia inerente e ao grandioso futuro de Portugal que vinham sido prometidos por Cristo a Dom Afonso Henriques na visão de Ourique: «que Ele nunca tiraria os olhos da Sua misericórdia dele nem dos seus povos, porque Ele os havia escolhido para Seus trabalhadores e ceifeiros, que ceifariam

358

para Ele uma grande colheita em diferentes regiões». Exactamente a mesma convicção animava frei Inácio de Santa Teresa quando escreveu em Goa, um século mais tarde: «Deus chamou a Portugal o seu reino escolhido para fundar o Seu firme e eterno império e para tornar conhecido o Seu nome nestas nações bárbaras e remotas (...) porque os Portugueses introduziram sempre e em toda a parte e continuarão a introduzir a luz da Fé e do Evangelho por meio das armas através do mundo inteiro».

A obra da escola de historiografia de Alcobaça durante os anos de 1580 a 1640 implicava claramente que Portugal se libertaria um dia da união com Castela; mas isto não impedia esses escritores de dedicarem as suas obras aos reis castelhanos nem impedia estes monarcas de as aceitarem. O exemplo mais curioso desta dicotomia é talvez fornecido pelas *Flores de España, Excelencias de Portugal*, escritas por um jovem jurista da corte, o Dr. António de Sousa de Macedo, e publicadas em Lisboa com uma dedicatória ao monarca reinante, Filipe II de Portugal, em 1631. O autor propõe-se provar, com uma enorme quantidade de citações, que os Espanhóis (especificamente os Castelhanos) eram superiores a todos os outros povos da Europa à excepção apenas dos Portugueses que, por sua vez, ultrapassavam os seus vizinhos em todos os aspectos. Duvido que haja alguma vez sido publicada uma obra mais histericamente nacionalista, se bem que o século XX possa fornecer alguns formidáveis concorrentes. Sousa de Macedo defende que, em vez de chamar a Camões «um segundo Homero ou um segundo Virgílio», seria mais correcto chamar aos poetas grego e romano os primeiros Camões. Pretendia que os Portugueses eram os primeiros e os mais resolutos convertidos ao cristianismo e que eram e são os propagadores, cruzados e defensores da Fé *par excellence*. A sua ortodoxia não deixava nada a desejar, porquanto haviam sido sempre grandes perseguidores de descrentes, a começar com Luso, ou Lusio, um capitão de Trajano, que se distinguiu pelo número de judeus que matou pessoalmente durante a conquista de Jerusalém. A situação geográfica e os recursos naturais de Portugal são comparados com os de Espanha e considerados muito superiores. Monarcas, poetas, conquistadores e mulheres, portugueses, eram, todos e cada qual, superiores aos seus correspondentes espanhóis. Este panegírico ultrapatriótico finaliza com o realce da origem e inspiração divinas do escudo das quinas.

O Dr. António de Sousa de Macedo não era nenhum escritor de segunda ou um iletrado, antes um indivíduo que desempenhou um papel na formulação da política governamental durante os reinados dos dois primeiros reis de Bragança, e que tinha viajado por França, Inglaterra e Países Baixos. Conservou durante toda a sua vida os sentimentos ultranacionalistas e imperialistas que exprimira quando jovem em 1631, visíveis nos papéis de Estado que assinou. Nem ele, nem o padre

O IMPÉRIO MARÍTIMO PORTUGUÊS

António Vieira, nem Frei Inácio de Santa Teresa podem ser rejeitados como patrioteiros ocos e sem influência, por causa do prestígio e da autoridade de que gozaram durante as suas vidas. Não há dúvida que a maioria dos seus compatriotas era fervorosamente nacionalista e que poucos contestavam a validade da lenda de Ourique. Um dos poucos que se contavam neste número era o estrangeirado Luís António Verney, que a recusou como fábula própria para crianças no seu *Verdadeiro Método de Estudar* (1746). Mas Verney era mais do que meio francês e era suficientemente patriótico para se deleitar com as notícias das vitórias do marquês de Alorna na Índia, que celebrou em epigramas latinos em Roma.

É uma generalização razoavelmente correcta afirmar que a grande massa dos indivíduos da maioria dos países se considera inerentemente superior aos de quaisquer outros. «Nenhuma nação pensa que é inferior a outra no que diz respeito à coragem», como observou o capitão João Ribeiro quando escreveu a sua história das guerras entre os Portugueses e os Holandeses no Ceilão, 1640-1658. Os Portugueses, que foram os pioneiros da expansão europeia, e os seus sucessores durante três séculos tinham sem dúvida esta convicção no devido grau e talvez em maior grau do que qualquer outra nação, na opinião de alguns observadores estrangeiros. A certeza de que Deus estava do seu lado e de que podia intervir e intervinha directamente em seu favor, foi sem dúvida um factor importante na conquista e manutenção de Ceuta, tal como nas viagens de descobrimentos e conquistas que se lhe seguiram. Quando a crença de que eram o povo escolhido por Deus para a expansão da Fé foi reforçada pela popularização da lenda de Ourique e pelas correntes sebastianistas e messiânicas delineadas acima, o resultado foi um nacionalismo de duração e firmeza excepcionais. Este nacionalismo exaltado ajuda a explicar as razões pelas quais se ativeram durante tanto tempo ao seu império marítimo e por que se mostram tão relutantes em renunciar a qualquer parte dele, hoje em dia, quer no que diz respeito às colónias economicamente viáveis (Angola, Moçambique) quer no que se refere às outras (Goa, Guiné).

APÊNDICES

Apêndice I

OS NAVIOS DA CARREIRA DA ÍNDIA PORTUGUESA COM DESTINO AO ORIENTE

Período de tempo	Partidas	Período de tempo	Partidas
1500-1509	138	1656-1660	14
1510-1519	96	1661-1666	9
1520-1529	76	1667-1670	12
1530-1539	80	1671-1675	12
1540-1549	61	1676-1680	13
1550-1559	51	1681-1685	13
1560-1569	49	1686-1690	5
1570-1579	54	1691-1695	10
1580-1589	56	1696-1700	13
1590-1599	44	1701-1705	13
1600-1609	68	1706-1710	9
1610-1619	56	1711-1715	11
1620-1629	67	1716-1720	9
1630-1635	16	1721-1725	10
1636-1640	14	1726-1730	9
1641-1645	18	1731-1735	11
1646-1650	26	1736-1740	13
1651-1655	18	1741-1745	11

Período de Tempo	Partidas	Comentários
1746-1750	16	
1751-1755	7	*Não há números disponíveis para 1753*
1756-1760	10	
1761-1765	9	
1766-1770	7	
1771-1775	7 ou 8	
1776-4780	5	
1781-1785	7	*Não há números disponíveis para 1784*
1786-1790	8	
1791-1795	4	*Não há números para 1793 nem para 1795*
1796-1800	5	*Não há números disponíveis para 1796*

Baseado nas listas dadas por Vitorino Magalhães Godinho, Os Descobrimentos e a Economia Mundial, *Vol. II, Lisboa, 1968, pp.77-79, e em* C. R. Boxer, The Principal ports of call in the Carreira da Índia *e nas fontes aí citadas. Embora hipotéticos nalguns casos, estes números são estimativas muito próximas e mais fiáveis do que quaisquer outras avaliações feitas até à data. Os números das viagens de regresso são mais escassos e mais hipotéticos mas V. Magalhães Godinho e C. R. Boxer, opera et loc. cit. dão estimativas que merecem confiança. Antes de 1510, a maioria dos navios da carreira fazia escala primeiro em Cochim, mas, depois de 1510, a esmagadora maioria ia directamente para Goa, se bem que os totais indicados acima incluam alguns casos isolados de navios para Malaca e para outros portos.*

Apêndice II

MONARCAS DE PORTUGAL (1385-1826)

Dinastia de Avis

Dom João I (6 de Abril de 1385 – 14 de Agosto de 1433)
Dom Duarte (1433 – 9 de Setembro de 1438)
Dom Afonso V (1438 – 28 de Agosto de 1481)
Dom João II (1481 – 25 de Outubro de 1495)
Dom Manuel I (1495 – 13 de Dezembro de 1521)
Dom João III (1521 – 11 de Junho de 1557)
Dom Sebastião (1557 – 4 de Agosto de 1578)
Dom Henrique (1578 – 31 de Janeiro de 1580)

Dinastia dos Habsburgo espanhóis

Filipe II (I de Portugal, 1580 – 13 de Setembro de 1598)
Filipe III (II de Portugal, 1598 – 31 de Março de 1621)
Filipe IV (III de Portugal, 1621 – 1 de Dezembro de 1640)

Dinastia de Bragança

Dom João IV (1640 – 6 de Novembro de 1656)
Dom Afonso VI (1656 – deposto em 22 de Novembro de 1667, morreu
   em 12 de Setembro de 1683)
Dom Pedro II (príncipe regente, Novembro de 1667 – 1683; rei, 1683
   – 9 de Dezembro de 1706)

Dom João V (1706 – 31 de Junho de 1750)
Dom José (1750 – 24 de Fevereiro de 1777)
Dona Maria I (1777 – declarada demente e interditada em 1792; morreu em 20 de Março de 1816)
Dom João VI (príncipe regente, 1792 – 1816; rei, 1816 – 10 de Março de 1826)

Dom João VI partiu do Brasil para Portugal em 22 de Abril de 1821, deixando o seu filho mais velho, Dom Pedro, como regente. Este último proclamou a independência do Brasil em 7 de Setembro de 1822, que seria reconhecida por Portugal em 29 de Outubro de 1825.

Apêndice III

IMPORTAÇÕES DE OURO E DIAMANTES DO BRASIL E DE MERCADORIAS INGLESAS PARA PORTUGAL – 1711-1750 (EM MILHARES DE LIBRAS ESTERLINAS)

Período de cinco anos	Ouro e diamantes brasileiros	Mercadorias inglesas
1711-1715	728 000	638
1716-1720	315 168	695
1721-1725	1 715 201	811
1726-1730	693 465	914
1731-1735	1 113 980	1024
1736-1740	1 311 175	1164
1741-1745	1 371 680	1115
1746-1750	?	1114

Tabela extraída de Jorge Borges de Macedo, Problemas de História da Indústria Portuguesa no século XVIII, *Lisboa, 1963, p. 56, e das fontes aí citadas. Devido à grande quantidade de contrabando implicada, todos estes cálculos devem ser considerados hipotéticos, e diferem todos uns dos outros, como se pode ver se se comparar com os do visconde de Carnaxide,* O Brasil na Administração Pombalina, *São Paulo, 1940, pp. 241-252 (para o rendimento do quinto, etc.); com os de Vitorino de Magalhães Godinho, «Le Portugal, les flotes du sucre et les flotes de l'or»,* in Annales *E.S.C., Abril-Junho de 1950, pp. 184--197; com os de C.R. Boxer,* The Golden Age of Brazil, 1695-1750, *California University Press, 1962, pp. 333-340; com os do artigo de F. Mauro do* Dicionário de História de Portugal, *vol. I, pp. 626-627. Os diamantes só foram oficialmente descobertos em 1729, mas foram decerto enviados alguns para Lisboa antes desta data.*

Apêndice IV

NÚMERO DE NAVIOS UTILIZADOS NO COMÉRCIO ENTRE A BAHIA E A ÁFRICA OCIDENTAL (1681-1710)

Período de cinco anos	Costa da Mina	Angola
1681-1685	11	5
1686-1690	32	3
1691-1696	49	6
1697-1700	60	2
1701-1705	102	1
1706-1710	114	0

De Pierre Verger, Bahia and the West Coast Trade, 1549-1581, *Ibadan University Press, 1964, p. 11, e as fontes aí citadas. Estes números devem também ser considerados com prudência e indicam mais uma tendência do que outra coisa, porquanto a correspondência do Conselho Municipal de Luanda deste período indica que estavam envolvidos neste comércio com a Bahia muito mais navios do que os poucos que constam da lista (Cf. C. R. Boxer,* Portuguese Society in the Tropics, The Municipal Councils of Goa, Macao, Bahia and Luanda, 1510-1800, *Wisconsin University Press, 1965, pp. 130-131, 193-195).*

Apêndice V

EXPORTAÇÕES DE ESCRAVOS DE ANGOLA E BENGUELA (1710-1748)

Ano	Nº	Ano	Nº
1710	3 549	1729-1730	?
1711	4 158	1731	5 808
1712	4 188	1732-1733	?
1713	5 617	1734	9 962
1714	5 581	1735	9 257
1715-1717	?	1736	12 250
1718	6 747	1737	9 900 (?)
1719	6 886	1738	8 809
1720	7 213	1739	?
1721	5 378	1740	8 484
1722	5 062	1741	8 693
1723	6 744	1742	10 130
1724	6 108	1743	?
1725	6 726	1744	8 849
1726	8 440	1745-1746	?
1727	?	1747	10 112
1728	8 542	1748	11 592

Extraído de David Birmingham, Trade and Conflict in Angola, *1483- -1790, Oxford, 1966, pp. 137-141. Estes números, como os das tabelas anteriores, não devem ser levados muito a sério, e são mais indicativos de tendências do que estatísticas fidedignas. Birmingham faz notar que não incluem o «número desconhecido de escravos que foi ilegalmente exportado tanto de Benguela como de Luanda». Além disso, não diz – e talvez as suas fontes não especifiquem – se os números individuais eram considerados* per capita *ou em peças da Índia, podendo neste último caso incluir de um a três escravos, consoante a idade, o sexo e as condições físicas. Ralph Delgado,* História de Angola, *vol. IV, Lobito, 1955, p. 437, afirma que entre 1 de Janeiro e 20 de Julho de 1733 (um dos anos que faltam na estatística de Birmingham) partiram de Angola (incluindo Benguela?) onze navios negreiros com destino ao Brasil, com um total de 3446 escravos e 514 crias por cabeça, mas em muitas outras ocasiões estes números eram contados em peças da Índia.*

Apêndice VI

VALOR DOS PRODUTOS MANUFACTURADOS PORTUGUESES EXPORTADOS PARA AS COLÓNIAS EM 1795-1820

Ano	Valor em milhares de cruzados	Ano	Valor em milhares de cruzados
1796	6 106	1809	1 129
1797	7 160	1810	1 079
1798	10 329	1811	974
1799	14 080	1812	995
1800	9 606	1813	1 388
1801	10 030	1814	1 855
1802	8 676	1815	2 348
1803	6 936	1816	2 895
1804	8 449	1817	2 829
1805	6 311	1818	3 350
1806	4 799	1819	3 106
1807	2 936	1820	2 589
1808	568		

Baseado nas tabelas de Adrien Balbi, Variétés politico-statistiques de la monarchie portugaise, *Paris, 1822, p. 49, e Jorge Borges de Macedo,* Problemas de História da Indústria Portuguesa, *Lisboa, 1963, pp. 237-238.*

Glossário

Muitas das palavras constantes deste glossário são do conhecimento do leitor português. Não quisemos deixar de incluí-lo, numa versão resumida, porque mesmo sendo do conhecimento geral, algumas palavras assumem, no texto de Charles Boxer, um significado que convirá explicar.

ALMOTACEL – Inspector de pesos e medidas.
ALMOTACEL DE LIMPEZA – Inspector sanitário.
ALVARÁ – Decreto real.
ARRIBADA – Viagem prematura.

BAHAR – Uma unidade de peso que variava muito nas diferentes regiões e também com os diferentes interesses com que era usada. No Extremo Oriente os Portugueses normalmente avaliavam-na em *três picul* ou seja, aproximadamente, 197 quilos.
BANDEIRANTE – Pioneiro, explorador ou corsário à procura de ameríndios para escravizar; normalmente, mas nem sempre, originário de São Paulo.

CABOCLO – (1) Cruzamento de branco com ameríndio. (2) Termo pejorativo para um indivíduo de classe inferior ou para um ameríndio «domesticado».
CANARIM – Termo aplicado pelos Portugueses aos naturais de Goa e seus vizinhos que, geograficamente, se localizavam entre Concanim-

O IMPÉRIO MARÍTIMO PORTUGUÊS

-Marati; etnicamente são indo-arianos e, linguisticamente, indo-
-europeus. Por meados do século XVII o termo adquiriu uma conotação pejorativa que ainda hoje se mantém.

CANDIL – Uma medida de peso indo-portuguesa correspondente a
pouco mais ou menos 500 arráteis portugueses mas muitas vezes
equivalente ao *bahar*.

CARIJÓS – Tribo ameríndia do Brasil cujo nome era generalizado a
todos os ameríndios, indiscriminadamente, durante o século XVIII.

CARTAZ – Licença de barco; espécie de passaporte.

CASTIÇO – Indivíduo nascido de pais brancos em colónia tropical.

COMPROMISSO – Estatuto de uma irmandade.

CRUZADO – Moeda portuguesa que valia 400 réis por alturas de 1517;
mais tarde, moeda de prata com o mesmo valor nominal mas de
grande diferença de valor intrínseco.

DESCENDENTES – Termo delicado para se chamar aos euro-asiáticos
(mestiços).

DOBRA – Moeda de ouro de valor variado.

DONATÁRIO – Proprietário; proprietário com jurisdição sobre uma
capitania no Brasil.

EMBOABA – Termo aplicado escarninhamente pelos paulistas em Minas
Gerais aos seus rivais provenientes de Portugal ou da Bahia.

ESTANCO – Monopólio.

FUMO – Chefe banto no Sudeste africano.

FUSTA – Embarcação comprida, estreita, de pequeno calado, borda
direita e proa de beque armada de esporão com paveses e um mastro onde se podia largar uma vela bastarda.

IRMÃO DE MAIOR CONDIÇÃO – Irmão de mais elevado estatuto
numa Misericórdia.

JUIZ DE FORA – Magistrado de distrito, inferior a um ouvidor.

JUIZ DOS ÓRFÃOS – Magistrado que velava pelos interesses dos
órfãos e viúvas.

LAZARIM – Soldado nativo na Índia portuguesa.

LIMPEZA DE SANGUE – A pureza de sangue proveniente ou da religião ou da raça.

GLOSSÁRIO

MAMELUCOS – Raça oriunda da mistura de brancos com ameríndios no Brasil (caboclo).

MANCHUA – Barco pequeno de remos, usado na costa da Índia e que podia armar uma vela quadrangular; semelhante a uma galeota.

MATRÍCULA – Relação nominal de todas as pessoas que compõem a tripulação de um barco mercante e onde se encontram as condições de prestação do serviço, número de cédulas marítimas, datas de embarque, etc.

MESTIÇOS – Raça de sangue misturado, que denominava os cruzamentos entre os brancos e os africanos (mulato), os ameríndios e os asiáticos.

MOEDA – Moeda luso-brasileira no valor de 4000 réis anglicizada sob o nome de *moidore*.

MOURISCO – Mouro residente na Península Ibérica após a reconquista desta pelos cristãos e nominalmente convertido ao Cristianismo.

ÓRFÃS DEL REI – Raparigas órfãs em idade de casar enviadas por Portugal para as colónias (principalmente para Goa) para se casarem a expensas da Coroa portuguesa.

OUVIDOR – Juiz da Coroa.

PAI DOS CRISTÃOS – Padre responsável pela segurança dos convertidos na Ásia portuguesa.

PARDAU – Moeda de ouro e de prata corrente na Índia portuguesa com o valor facial de 360 réis e 300 réis, respectivamente.

PARDO – Homem de cor, a maior parte das vezes negro de África.

PEÇA DA ÍNDIA – Medição e classificação dos escravos negros consoante a idade, sexo e condição física.

POMBEIRO – Comerciante-mercador de escravos em Angola.

PRAZO – Extensão de terra na Zambézia com características próximas do feudo.

PROCURADOR DA COROA – Funcionário da Coroa responsável pelos interesses financeiros (e outros) da Coroa.

QUILOMBO – Campo de guerra ou comunidade de escravos fugidos.

RAÇA INFECTA – Raça contaminada; na prática, pessoas com sangue judeu ou negro.

RECÔNCAVO – Fértil terreno de açúcar à volta da cidade de Salvador e da Bahia de Todos-os-Santos.

REINOL – Europeu nascido em Portugal.

SENHOR DO ENGENHO – Proprietário de uma plantação de açúcar.

SESMARIA – Concessão de terra geralmente explorada em nome da Coroa.

SOBA – Chefe tribal angolano.

TANGOMÃOS – Portugueses ou mulatos nascidos na costa da Guiné.

VÁRZEA – Plantação de açúcar na região de Pernambuco.

XERAFIM – Moeda indo-europeia, originariamente de ouro e mais tarde de prata com o valor facial de 300 réis mas que variava muito de peso e, consequentemente, de valor intrínseco.

Bibliografia

Nota Acerca das Fontes
e da Bibliografia

Como este livro é o produto de mais de quarenta anos de leitura, de investigação e reflexão de tudo o que se tem publicado sobre este assunto, seria impraticável e desnecessário fornecer uma lista de todos os documentos originais e obras publicadas que consultei durante todo esse tempo, as quais incluem cerca de 4000 livros e centenas de manuscritos não publicados, pertencentes à minha biblioteca privada. Forneço este elementos com receio de que o leitor possa pensar que algumas das minhas generalizações no texto sejam de alguma forma insustentáveis, o que não é o caso. Podem, de qualquer modo, estar erradas. Fui inadvertidamente desviado das minhas fontes e posso ter retirado conclusões erróneas, involuntariamente, de outras. Além disso, alguns (talvez a maioria) dos aspectos da história do colonialismo português exigem uma investigação mais pormenorizada e ser objecto de discussão antes de uma tomada de posição. Mesmo nestes tão explorados assuntos, como o desenvolvimento das descobertas do século XV e as origens da independência do Brasil, diferem amplamente as interpretações e conclusões obtidas por estudiosos que passaram toda a sua vida a analisar estes problemas. Esta reserva aplica-se ainda melhor a sectores controversos e delicados tais como as relações raciais e as atitudes religiosas. Serei a última pessoa a exigir que o presente livro seja a última palavra em todos ou alguns dos assuntos tratados. Mas exigirei que nenhuma das minhas declarações seja considerada superficial ou irresponsável.

O IMPÉRIO MARÍTIMO PORTUGUÊS

Tive também a vantagem de trabalhar intermitentemente em muitos e importantes arquivos históricos, incluindo os de Lisboa, Évora, Goa, Macau, Luanda, Bahia, Rio de Janeiro e Belo Horizonte. Agradeço aos directores e pessoal destes (e outros) arquivos as facilidades que me concederam entre 1928 e 1968. As numerosas citações que semeiam o meu texto são retiradas, na sua maioria, de fontes primárias (tanto manuscritas como obras editadas), mais do que de trabalhos secundários. Por isso, espero ter conseguido reter algo do pensar e sentir dessas gerações passadas.

Tendo em vista a anterior explicação, e o facto de este livro não ser dirigido essencialmente a leitores que esperem a documentação meticulosa de todas as afirmações e citações, a lista de livros publicados que se segue é limitada a uma pequena selecção daqueles que achei mais úteis, e que terão interesse para quem deseje aprofundar os tópicos discutidos nos dezasseis capítulos. Pela mesma razão, e no que respeita às obras secundárias, dei preferência àquelas que estão bem documentadas e contêm bibliografias adequadas.

Geral

Não existe um guia exaustivo para os recursos arquivistas de Portugal e do seu império ultramarino, tanto no passado como no presente, e muitos dos arquivos existentes possuem catalogações deficientes. As informações sobre o alcance e conteúdo de alguns dos mais importantes podem ser obtidas nos livros e artigos abaixo mencionados, os quais contêm igualmente referências a publicações mais recentes. Torno a realçar que esta é uma listagem selectiva e não exaustiva.

a) *Portugal*. J. H. da Cunha Rivara, *Catálogo dos manuscritos da Bibliotheca Publica Eborense*, I, *América, África e Ásia*, Lisboa. 1850; E. Axelson, *Report on the archives and libraries of Portugal*, páginas 184 a 229 do seu livro *South-East Africa, 1488-1530*, Londres, 1940; artigos de Virgínia Rau e Bailey W. Diffie em *The Proceedings of the International colloquium on Luso-Brazilian Studies*, Washington, 1950, Vanderbilt University Press, 1953, páginas 181 a 213; Georg Schurhammer, Companhia de Jesus, *Die Zeitgenössischen Quellen zur geschichte Portugiesisch-Asiens und seiner Nachbarländer, 1530--1552*, Roma, 1962, o qual cobre maior período de tempo do que é indicado nas datas-limite; A. F. C. Ryder, *Materials for West African History in Portuguese Archives*, Universidade de Londres, Athlone Press, 1965, cuja análise cobre um maior período de tempo do que indica o título.

BIBLIOGRAFIA

b) *Goa*. C. R. Boxer, «A Glimpse of the Goa Archives», no *Bulletin of the School of Oriental and African Studies*, Londres, Junho de 1952, páginas 299 a 324; Panduronga Pissurlencar, *Roteiro dos Arquivos da Índia Portuguesa*, Bastorá – Goa, 1955; V. T. Guné, «Perspectiva das instituições administrativas portuguesas nos territórios da Índia e a expansão dos seus arquivos centrais em Goa, dos séculos XVI a XIX», transcrito nas páginas 47 a 92, em *Studies in Indian History*, volume em homenagem ao Dr. A. G. Pawar, 1968.

c) *Macau*. Luís Gonzaga Gomes (org.), *Catálogo dos Manuscritos de Macau*, Lisboa, 1963.

d) *Luanda*. Inventários preliminares feitos por Carlos Dias Coimbra nos *Arquivos de Angola*, segunda série, vol. XVI, páginas 1 a 183, Luanda, 1959, e C. R. Boxer, *Portuguese Society in the Tropics, The municipal councils of Goa, Macao, Bahia and Luanda, 1510-1800*, Wisconsin University Press, 1965, páginas 220 a 224. Ver também José de Almeida Santos, *Raridades Bibliográficas Existentes no Arquivo e na Biblioteca Municipal de Luanda*, Luanda, 1965, e A. da Silva Rego (compilador), *Arquivo Histórico de Angola. Roteiro Topográfico dos Códices*, Luanda, 1966, embora este *Roteiro* se relacione sobretudo com os séculos XIX e XX.

e) *Bahia*. Uma busca intensiva dos principais arquivos da cidade de São Salvador da Bahia é dada por A. J. Russell-Wood, *Fidalgos and Philantropists. The Santa Casa da Misericórdia of Bahia, 1550-1755*, Londres, 1968, páginas 386 a 393.

f) *Rio de Janeiro*. Dauril Alden, *Royal Government in Colonial Brazil, with special reference to the administration of the Marquis of Lavradio, 1769-1779*, University of California Press, 1968, páginas 514 a 520. Cf. também A. J. Russell-Wood, *op. cit.*, páginas 393 a 440.

Da lista de bibliografia geral publicada e (em menor número) do material manuscrito, a mais útil e profunda é, de longe, a monumental *Bibliotheca Missionum*, coordenada sucessivamente por Robert Streit, O. M. I., Johannes Dindinger, O. M. I., *et al.*, em Aachen e Friburgo desde 1916 até à actualidade. Até agora já foram publicados vinte e cinco volumosos livros, e esta série impecável ainda pode continuar. O seu conteúdo vai mais longe do que o próprio título promete, dado que tanto os coordenadores como os compiladores interpretaram «história da missão» no sentido mais lato. Incluíram milhares de livros e artigos só remota ou indirectamente respeitantes aos esforços missionários; e seja quem for, ainda que ligado à história da expansão ultramarina europeia, não pode ignorar essa bibliografia. Além do mais, estes volumes

O IMPÉRIO MARÍTIMO PORTUGUÊS

estão admiravelmente indexados e incluem excelentes referências, as quais facilitam extraordinariamente a sua consulta.

O *Guia da Bibliografia Histórica Portuguesa*, editado sob os auspícios da Academia Portuguesa de História, parece ter desaparecido após a publicação de um único volume (Lisboa, 1954), que é de grande auxilio nas matérias que trata, particularmente na listagem de colecções de documentos publicados. De entre as publicações de arquivo e colecções ou calendários de documentos, serão muito úteis as seguintes:

J. J. de Andrade e Silva, *Collecção Chronologica de Legislação Portuguesa*, 9 vols., Lisboa, 1854-1859. Limitado ao período de 1603--1702, mas contendo muito material relativo tanto ao ultramar como a Portugal metropolitano. *Arquivo das Colónias, Publicação oficial*, 5 vols., Lisboa, 1917 a 1933. Publicado pelo (então) ministro das Colónias de uma forma desordenada, com intervalos em 1920-1921 e 1923-1928, contém uma ampla documentação, especialmente para o século XVIII, e para a África Oriental e Ocidental. António da Silva Rego, *Boletim da Filmoteca Ultramarina Portuguesa*, Lisboa, 1954. Publicação utilíssima admiravelmente indexada, que contém material de arquivos estrangeiros e portugueses. Centro de Estudos Históricos Ultramarinos, *Documentação Ultramarina Portuguesa*, Lisboa, 1960. Uma outra publicação admirável que cobre todo o ultramar português, embora inclua algumas repetições desnecessárias nos primeiros dois volumes, e de que se publicaram mais cinco volumes. J. H. da Cunha Rivara, *Archivo Portuguez Oriental*, 9 vols., Nova Goa, 1857-1876. Esta inestimável publicação, particularmente rica nos séculos XVI a XVIII, documentada nos arquivos de Goa, na Índia portuguesa, não deve ser confundida com a obra do mesmo nome abaixo indicada.

A. B. de Bragança Pereira, *Arquivo Português Oriental*, Nova Edição, 11 vols., Bastorá-Goa, 1936-1940. Ao contrário do que o subtítulo indica, não se trata de uma nova edição do *A. P. O.* de Cunha Rivara, pois é uma obra diferente, contendo muitos documentos não publicados, especialmente do século XVIII. Infelizmente, está editada com muito descuido, muitos erros e gralhas.

Documentos Remetidos da Índia ou Livros das Monções, 5 vols., Lisboa, 1880-1935. Editado pela Academia das Ciências de Lisboa, desapareceu depois da publicação de uma incalculável série de correspondência oficial entre Lisboa e Goa durante os anos de 1605 a 1619. Seria de desejar a continuação desta publicação.

Panduronga Pissurlencar, *Assentos do Conselho do Estado da Índia, 1618-1750*, 5 vols., Bastorá-Goa, 1953-1957. Particularmente preciosa para os anos 1618-1700, esta publicação preenche, em parte,

BIBLIOGRAFIA

a lacuna deixada pelo não publicado *Livro das Monções*, acima referido. Os originais estão nos arquivos de Goa. *Arquivos de Macau, Publicação Oficial*, Macau, 1929, 1ª série, 3 vols. 1929--1931; 2ª série, I vol., 1941-1942; 3ª série, 1964. Particularmente rico no período 1630-1644 e no século XVIII.

Documentos sobre os Portugueses em Moçambique e na África Central, 1497-1840, Documents on the Portuguese in Mozambique and Central Africa, 1497-1840, Lisboa, 1962. Editado sob os auspícios do Centro de Estudos Históricos Ultramarinos de Lisboa e os National Archives of Rhodesia, os cinco volumes desta admirável série bilingue cobrem os anos 1497-1518. *Arquivos de Angola*, Luanda, 1933. Esta obra foi interrompida em 1940-1942 entre a primeira e a segunda série. Uma sinopse dos volumes publicados depois de Outubro de 1954 pode encontrar-se no *Guia da Bibliografia Histórica Portuguesa*, I, páginas 22 a 24.

Documentos Históricos da Biblioteca Nacional do Rio de Janeiro, Rio de Janeiro, 1928. Mais de 120 volumes de documentos históricos foram publicados nesta série, que é particularmente rica no período entre 1650 e 1750 e no restante século XIX. Inclui transcrições tanto de arquivos portugueses como de materiais originais do Brasil. Pode encontrar-se um resumo dos vols. 1 a 110, inclusive, no *Guia da Bibliografia Histórica Portuguesa*, I, páginas 55-61.

E. de Castro e Almeida, *Inventário dos Documentos Relativos ao Brasil Existentes no Arquivo da Marinha e Ultramar de Lisboa*, 6 vols., Rio de Janeiro, 1913-1936. Os documentos aqui catalogados estão agora no Arquivo Histórico Ultramarino de Lisboa. Depois da morte do compilador, foram publicados cerca de 1343 artigos pertencentes ao Rio de Janeiro nos *Anais da Bibliotheca Nacional*, vol. LXXI, Rio de Janeiro, 1951. Virgínia Rau e Maria Fernanda Gomes da Silva, *Os Manuscritos do Arquivo da Casa de Cadaval Respeitantes ao Brasil*, 2 vols., Coimbra, 1956-1958. Os documentos aqui incluídos, de importância considerável, são principalmente dos séculos XVII e XVIII, mas incluem algum material relevante de 1641 em diante.

Os estudos cartográficos não se inserem no âmbito da história social, penso eu; mas desde que os estudiosos da expansão se preocuparam em estabelecer relações com o desenvolvimento histórico dos mapas e cartas, devem satisfazer a vossa curiosidade, no todo ou em parte, os seguintes:

A. Cortesão e A. C. Teixeira da Mota, *Portugaliae Monumenta Cartographica*, 6 vols., Coimbra, 1960-1963. Uma publicação sumptuosa e ilustrada, reproduzindo originais, a maioria a cores; A. C.

O IMPÉRIO MARÍTIMO PORTUGUÊS

Teixeira da Mota, *A Cartografia Antiga da África Central e a Travessia entre Angola e Moçambique, 1500-1860*, Lourenço Marques, 1964; Ida Adonais, *A Cartografia da Região Amazónica*, 2 vols., Rio de Janeiro, 1961-1963; Jaime Cortesão, *História do Brasil nos Velhos Mapas*, Rio de Janeiro, 1966.

Por fim, deve mencionar-se três grandes obras, ainda em preparação neste momento, e que são indispensáveis aos estudiosos da expansão ultramarina de Portugal:

Joel Serrão, (org.), *Dicionário da História de Portugal*, 3 vols., Lisboa, 1963-1968, com um 4º e final volume em preparação. Como acontece geralmente com todos os trabalhos de colaboração, os artigos são de qualidade variada; mas os melhores são de facto muito bons, como os de V. Magalhães Godinho, A. H. de Oliveira Marques, Jorge Borges de Macedo, Orlando Ribeiro e Luís de Albuquerque.

Vitorino Magalhães Godinho, *Os Descobrimentos e a Economia Mundial*, 2 vols., 1965-1968, uma obra ricamente documentada e profusamente ilustrada com novas perspectivas sobre o tema.

Studia. Revista semestral, Lisboa. 1958. Embora não seja dada qualquer indicação no título, este periódico, coordenado por A. da Silva Rego, director do Centro de Estudos Históricos Ultramarinos em Lisboa, dedica-se exclusivamente à história do ultramar português. Publica frequentemente documentos históricos *in extenso*, como dá a lume excelentes artigos e separatas. Vinte e três números foram publicados em vinte volumes até à presente data.

Prólogo:
A Orla Ocidental da Cristandade

A. H. de Oliveira Marques. *A Sociedade Medieval Portuguesa. Aspectos da Vida Quotidiana*, Lisboa, 1964, complementada pela sua recente *Introdução à História da Agricultura em Portugal. A Questão Cerealífera Durante a Idade Média*, Lisboa, 1967.

Orlando Ribeiro, *Portugal, o Mediterrâneo e o Atlântico*, Coimbra, 1945; *ibid.*, *Geografia e Civilização*, Lisboa, 1961.

Dan Stanislawski, *The Individuality of Portugal A study in historical-political geography*, University of Texas Press, 1959.

Virgínia Rau, *Subsídios para o Estudo das Feiras Medievais Portuguesas*, Lisboa, 1943.

Gilberto Freyre, *Brazil: An interpretation*, Nova Iorque, 1945.

António José Saraiva, *História da Cultura em Portugal*, 3 vols., Lisboa, 1950-1962, vol. I, que trata da Idade Média.

BIBLIOGRAFIA

Fernão Lopes, *Crónica do rei D. João I*, da qual existem diversas edições entre 1644 e 1949, nenhuma delas, porém, satisfatória ou adequadamente anotada.

Capítulo I:
O Ouro da Guiné e o Preste João

A. J. Dias Dinis, (org.), *Monumenta Henricina*, Coimbra, 1960. Os oito volumes desta magnífica colecção de documentos cobrem um período a partir de 1445.

F. M. Esteves Pereira (org.), *Crónica da Tomada de Ceuta por El-Rei D.João I, Composta por Gomes Eanes de Zurara*, Lisboa, 1915.

Leon Bourdon (org. e trad.), *Gomes Eanes de Zurara. Chronique de Guinée*, Ifan-Dacar, 1960.

Vitorino Magalhães Godinho, *A Economia dos Descobrimentos Henriquinos*, Lisboa, 1962, e a sua prévia selecção de *Documentos sobre a Expansão Portuguesa*, 3 vols., Lisboa, 1943-1956. O mesmo autor é igualmente responsável por muitos outros importantes livros e artigos, incluindo a sua edição anotada de Duarte Leite, *História dos Descobrimentos. Colectânea de Esparsos*, 2 vols., Lisboa, 1959-1962.

Charles-Martel de Witte, *Les Bulles Pontificales et l'expansion portugaise au XVe siècle*, Lovaina, 1958.

E. W. Bovill, *Caravans of the old Sahara*, Londres, 1933, que alguns consideram melhor livro do que a última obra, revista, *The Golden Trade of the Moors*, Nova Iorque e Londres, 1958.

R. Mauny, *Les navigations médievales sur les côtes Sahariennes antérieures à la découverte portugaise*, Lisboa, 1960; J. W. Blake, *Europeans in West Africa – 1450-1560*, 2 vols., 1941-1942, Hakluyt Society, 2ª série, vols. 86-87; P. E. Russell, *Prince Henry the Navigator*, Londres, 1960.

F. A. Chumovsky (org.) e M. Malkiel-Jirmounssky (trad.), *Três Roteiros Desconhecidos de Ahmad Ibn-Madjid, o Piloto Árabe de Vasco da Gama*, Lisboa, 1960. A. Fontoura da Costa (org.), *Roteiro da Primeira Viagem de Vasco da Gama, 1497-1499*, por Álvaro Velho, Lisboa, 1940.

Sobre os aspectos técnicos da navegação e financeiros, as obras seguintes fornecem uma excelente introdução a alguns aspectos, apenas aflorados neste livro:

M. Mollat, e Paul Adam (org..) *Les Aspects Internationaux de la découverte Océanique aux XVe et XVIe siècles*, Paris, 1966.

O IMPÉRIO MARÍTIMO PORTUGUÊS

J. H. Parry, *The age of reconaissance. Discovery, exploration and settlement, 1450 to 1650*, Nova Iorque, Londres, 1963, uma síntese primorosa, também importante para os capítulos II e V deste livro.

Capítulo II:
A Navegação e as Especiarias nos Mares da Ásia

A. Cortesão (org.), *The Suma Oriental of Tomé Pires and the Book of FranciscoRodrigues*, 2 vols., 1944, Hakluyt Society, 2ª série, vols. 89-90.

Cartas de Afonso de Albuquerque, seguidas de documentos que as elucidam, 7 vols., Lisboa, 1884-1935. Publicado pela Academia de Ciências de Lisboa. Elaine Sanceau (org.), *Cartas de D. João de Castro, 1538-1548*, Lisboa, 1954. Jan Huigen van Linschoten, *Itinerário*, Amsterdão, 1596. Frequentemente reimpresso em numerosas edições e traduções, este trabalho, em conjunto com o posterior *Voyage of Pyrard de Laval*, continua a ser um relato clássico da Goa «dourada» e da Ásia portuguesa no seu apogeu.

C. R. Boxer (org. e trad.) *South China in the sixteenth century*. As narrativas são de Galeote Pereira, frei Gaspar da Cruz, O. P., frei Martim de Rada, 1550-1575, Londres, 1953, Hakluyt, 2ª série, vol. 106.

—, *O Grande Navio de Amacon. Anais de Macau e do Comércio com o Antigo Japão, 1555-1640*, Lisboa, 1959. De valor incalculável pelos documentos publicados a páginas 173-333.

R. S. Whiteway, *The Rise of Portuguese Power in India*, 1497-1550, Londres, 1899. Ainda é a melhor introdução a este assunto.

V. Magalhães Godinho, *Os Descobrimentos e a Economia Medieval*, 2 vols., Lisboa, 1965-1968. O melhor e o mais completo tratamento deste tópico.

Orlando Ribeiro, *Aspectos e Problemas da Expansão Portuguesa*, Lisboa, 1962.

M. A. P. Meilink-Roelofsz, *Asian Trade and European influence in the Indonesian archipelago between 1500 and about 1630*, Haia, 1962. Fundamental.

D. Lach, *Asia and the making of Europe*, I, *The Century of Discovery*, 2 vols., University of Chicago Press, 1965. Uma análise fundamental da literatura do séc. XVI.

J. Bastin, *The changing balance of the early Southeast Asian pepper-trade*, Kuala Lumpur, 1960.

BIBLIOGRAFIA

Capitulo III:
Os Convertidos e o Clero na Ásia das Monções

António da Silva Rego (org.), *Documentação para a História das Missões do Padroado Português do Oriente*, Índia, Lisboa, 1947. Já foram publicados doze volumes desta obra fundamental.

Josef Wicki, C. J., *Documenta Indica*, Roma, 1948. Já foram publicados dez volumes desta obra indispensável que constitui o trabalho mais meticuloso publicado até à data.

Artur Basílio de Sá, *Documentação para a História das Missões do Padroado Português do Oriente. Insulíndia*, 5 vols., Lisboa, 1954--1958. Cobre o período entre 1506 a 1595, com alguns documentos do século XVII.

Georg Schurhammer, C. J., *Gesammelte Studien*, 4 vols., Roma, 1962. Estudos fundamentais em diversas línguas pelo mais erudito e fecundo dos historiadores jesuítas das missões asiáticas. Schurhammer é também o autor de uma volumosa biografia de S. Francisco Xavier.

Rodrigo de Lima Felner, *Subsídios para a História da Índia Portuguesa*, Lisboa, 1868.

Alessandro Valignano, C. J., Josef Wicki, C. J. (org.), *Historia del principio y progreso de la Compania de Jesús en las Indias Orientales 1542-1564*, Roma, 1944. E. Maclagan, *The Jesuits and the Great Moghul*, Londres, 1932. Tikiri Abeyasinghe, *Portuguese rule in Ceylan, 1594-1612*, Colombo, 1966. Pasquale M. D'Elia, C. J., *Fonte Ricciane. Documenti originali concernenti Matteo Ricci e la storia delle prime Relazione tra l'Europa e la Cina*, 1579-1615, 3 vols., Roma, 1942.

C. R. Boxer, *The Christian Century in Japan, 1549-1650*, University of California Press, 1951. D. Lach, *Asia in the making of Europe*, I, *The Century of Discovery*, 1965.

Capítulo IV:
Os Escravos e Açúcar no Atlântico Sul

W. B. Greenlee (org. e trad.), *The voyage of Pedro Alvares Cabral to Brazil and India. From contemporary documents and narratives*, 1937, Hakluyt Society, 2ª série, vol. 81.

Carlos Malheiros Dias (org.), *História da Colonização Portuguesa no Brasil*, 3 vols., Porto, 1921.

A. Marchant, *From Barter to Slavery. The economic relations of Portuguese and Indians in the settlement of Brazil, 1500-1580*, Baltimore, 1942. J. F. Almeida Prado, *Primeiros Povoadores do Brasil*,

387

O IMPÉRIO MARÍTIMO PORTUGUÊS

São Paulo, 1935. Fernão Cardim, C. I., *Tratados da Terra e Gente do Brasil*, (org.) Capistrano de Abreu *et al.*, Rio de Janeiro, 1925. Cardim foi preso por corsários ingleses e a sua obra foi primeiramente publicada numa tradução inglesa por Samuel Purchas, *Pilgrimes*, págs. 1289 a 1325 da edição de 1625. Cf. também Maria Odila Dias Curly, *Um texto de Cardim inédito em português*, na *Revista de História de São Paulo*, vol. XXVIII, 1964, págs. 455 e 482.

José António Gonsalves de Mello (org.), *Diálogos das Grandezas do Brasil, 1ª edição integral, segundo o apógrafo de Leiden*, Recife, 1962.

F. Mauro, *Le Portugal et l'Atlantique au XVIIe siècle, 1570-1670. Etude économique*, Paris, 1960. A melhor análise deste assunto.

António Brásio, C. S. S. P. (org.), *Monumenta Missionaria Africana. Africa Ocidental*, Lisboa, 1952. Os vols. 1 a 4 são importantes para o estudo do século XVI. Ralph Delgado, *História de Angola*, 4 vols., Benguela e Lobito, 1948-1955. D. Birmingham, *Trade and conflict in Angola. The Mbundu and their neighbours under the influence of the Portuguese, 1483-1790*, Nova Iorque e Oxford, 1966. Jan Vansina, *Kingdoms of the Savanna*, University of Wisconsin Press, 1966. Willy Bal, (org. e trad.), *Description du royaume de Congo et des contrées environnantes par Filippo Pigafetta & Duarte Lopes, 1591*, Lovaina e Paris, 1965. K. R. Andrews, *Elisabethan Privateering, 1585-1603*, Nova Iorque e Cambridge, 1964.

Capítulo V:
A Luta Global com os Holandeses

P. Pissurlencar (org.), *Assentos do Conselho do Estado da Índia*, vols. 1 a 4, cobrindo os anos 1618 a 1663. A contrapartida holandesa a este livro é da autoria de W. Philip Coolhaas (org.), *Generale Missiven van Gouverneurs-Generaal en Raden, 1610-1674*, 3 vols., Haia, 1960. Alfredo Botelho de Sousa, *Subsídios para a História Militar Marítima da Índia, 1585-1650*, 4 vols., Lisboa, 1930-1956, o qual analisa o ponto de vista português da guerra marítima no Oriente, tal como o ponto de vista holandês é dado por N. NacLeod, *De Oost-Indische Compagnie ale zeemogendheid in Azie, 1602-1652*, 2 vols., com atlas, Rijswijk, 1927. Ambos se baseiam em materiais recolhidos em arquivos. Fernão de Queiroz, *Historia da vida do venerauel Irmão Pedro de Basto... e da variedade de sucessos que Deos lhe manifestou*, Lisboa, 1689, contém pormenores que não se encontram em qualquer outro lado, tal como o conhecido clássico *Conquista Temporal e Espiritual de Ceylão*, ed. Colombo, 1916. Os pontos de vista de ambos os lados estão bem expressos por

BIBLIOGRAFIA

(a) João Ribeiro, *Fatalidade Histórica da Ilha de Ceilão*, completado em 1985, e por (b) Johann Saar, *Ost-Indianische Funfzehen--Jahrige Kriegs-dienst*, Nuremberga, 1662.

Para a guerra e as suas repercussões na região do Atlântico, consulte as seguintes obras e as fontes aí citadas, que tanto incluem arquivos como material publicado:

J. A. Gonsalves de Mello, *Tempo dos Flamengos. Influência da Ocupação Holandesa na Vida e Cultura do Norte do Brasil*, Rio de Janeiro, 1947.
—, *João Fernandes Vieira, Mestre de Campo do Terço de Infantaria de Pernambuco*, 2 vols., Recife, 1956.
José Honório Rodrigues, *Historiografia e Bibliografia do Domínio Holandês no Brasil*, Rio de Janeiro, 1949.
C. R. Boxer, *Salvador de Sá and the struggle for Brasil and Angola, 1602-1686*, Londres, 1952.
—, *The Dutch in Brazil, 1624-1654*, Nova Iorque e Oxford, 1957.
F. Mauro, *Le Portugal et l'Atlantique, 1570-1670*, Paris, 1960.
Sobre a rivalidade na linguagem, Marius F. Valkhoff, *Studies in Portuguese and Creole, with special references to South Africa*, Witwatersrand University Press, 1966.

Capítulo VI:
Estagnação e Contracção no Oriente

Manuel Godinho, *Relação do novo caminho que fez por terra e mar, vindo da Índia para Portugal no anno de 1663*, Lisboa, 1665.
P. Pissurlencar, *Assentos do Conselho do Estado da Índia*, vols. 4 e 5, cobrindo o período de 1659 a 1750. Germano da Silva Correia, *História da Colonização Portuguesa na Índia*, 6 vols., Lisboa, 1948. Para ser utilizado com precaução, dados os frequentes erros do autor que atribui uma origem europeia a mulheres que eram euro-asiáticas. Diogo do Couto, *Soldado Prático*, (org.) A. C. de Amaral, Lisboa, 1790; e, ainda melhor, a editada sob a organização de Rodrigues Lapa, Lisboa, 1937.
Felipe Nery Xavier (org.), *Instrução do Exmo Vice-Rei Marquez de Alorna ao Seu sucessor Exmo Vice-Rei Marquez de Tavora*, 1750, Nova Goa, 1856.
E. Axelson, *Portuguese in Southeast Africa, 1600-1700*, Witwatersrand University Press, 1960.
António Alberto de Andrade, *Relações de Moçambique Setecentista*, Lisboa, 1955.

O IMPÉRIO MARÍTIMO PORTUGUÊS

Alexandre Lobato, *Colonização Senhorial da Zambésia e outros Ensaios*, Lisboa, 1948.

Humberto Leitão, *Os Portugueses em Solor e Timor de 1515 a 1702*, Lisboa, 1948.

—, *Vinte e oito anos de História de Timor, 1696-1725*, Lisboa, 1952.

Surendranath Sen (org.), *Indian Travels of Thevenot and Careri*, Nova Deli, 1949.

Alexander Hamilton, *A New Account of the East Indies*, 2 vols., (org.) W. Foster, Londres, 1930.

John Ovington, *A voyage to Surat in 1689*, Londres, 1696.

José de Jesus Maria, O. F. M., *Azia Sinica e Japonica*, 1745, ed. 2 vols., Macau, 1941-50.

Capítulo VII:
Renascimento e Expansão no Ocidente

Public Record Office, Londres, *Correspondência dos enviados ingleses a Lisboa, 1663-1756* (S. P. 89/5 - S. P. 89/50).

Diário do comissário do navio real «Winchester», no Museu Marítimo Nacional de Greenwich (citado com a autorização dos conservadores).

D. Erskine (org.), *Augustus Hervey's Journal*, Londres, 1953.

João Lúcio d'Azevedo (org.), *Cartas do Padre António Vieira*, 3 vols., Coimbra, 1925.

Jaime Cortesão, *Alexandre de Gusmão e o Tratado de Madrid*, 9 vols., Rio de Janeiro, 1950.

Andrée Mansuy, (org. e trad.) André João Antonil, *Cultura e Opulência do Brasil por Suas Drogas e Minas. Texte de l'édition de 1711, traduction française et commentaire critique*, Paris, 1968. A edição definitiva desta obra fundamental foi publicada pela primeira vez em 1711, sob pseudónimo, pelo jesuíta italiano Giovanni Antonio Andreoni (1649-1716).

A. D. Francis, *The Methuens and Portugal, 1691-1708*, Cambridge, University Press, 1966.

H. E. S. Fischer, "Anglo-Portuguese Trade, 1700-1770", reeditado na *Economic History Review*, 2ª série, vol. XVII, Dezembro de 1963,págs. 219 a 233.

Gazeta de Lisboa, Lisboa, 1715-1750.

Ayres de Carvalho, *D. João V e a Arte do seu Tempo*, 2 vols., Mafra, 1960.

C. R. Boxer, *The Golden Age of Brazil, 1695-1750*, University of California Press, 1962.

Jorge Borges de Macedo, *Problemas de História da Indústria Portuguesa no Século XVIII*, Lisboa, 1963.

BIBLIOGRAFIA

Ralph Delgado, *História de Angola*, vols. 3 a 4.

Affonso de Escragnolle Taunay, *Subsídios para a História do Tráfico Africano no Brasil* (São Paulo, 1941).

Pierre Verger, *Flux et reflux de la traite des nègres entre le golfe de Bénin et Bahia de todos os santos du 17ᵉ au 19ᵉ siècle*, Paris e Haia, 1968.

Capítulo VIII:
A Ditadura Pombalina e as Suas Consequências

A maior parte das obras citadas na bibliografia do Capítulo VI são igualmente importantes para este capítulo, adicionando as seguintes:

PRO, Londres, S. P. 89/53, da entrevista de lord Kinnoull com Pombal, 11 de Outubro de 1760.

João Lúcio d'Azevedo, *O Marquês de Pombal e a sua Época*, Lisboa, 1922.

Jorge Borges de Macedo, *A Situação Económica no Tempo de Pombal. Alguns Aspectos*, Porto, 195 1.

V. Magalhães Godinho, *Prix et Monnaies au Portugal, 1750-1850*, Paris,1955.

Visconde de Carnaxide, *O Brasil na Administração Pombalina*, São Paulo, 1940.

José Augusto França, *Une ville des Lumières: la Lisbonne de Pombal*, Paris, 1965.

Dauril Alden, *Royal Government in Colonial Brazil With Special reference to the administration of the Marquis of Lavradio, Viceroy, 1769-1779*, University of California Press, 1968. É fundamental para a compreensão do século XVIII no Brasil.

Luís dos Santos Vilhena, *Notícias soteropolitanas e brasílicas*, (org.) Braz do Amaral, 3 vols., Salvador, Bahia, 1921.

Jacome Ratton, *Recordaçoens, 1747-1810*, Londres, 1813.

José António Caldas, *Notícia geral de toda esta capitania da Bahia*, 1759, edição em fac-símile, Bahia, 1949.

Caio Prado Junior, *Formação do Brasil contemporâneo: colónia*, 4ª edição, São Paulo, 1953. Traduzido por Suzete Macedo, com o título *The Colonial Background of Modern Brazil*, University of California Press, 1967.

Marcos Carneiro de Mendonça, *A Amazónia na Era Pombalina, 1751- -1759*, 3 vols., Rio de Janeiro, 1963.

Albert Silbert, *Le Portugal Mediterranée à la fin de l'ancien régime, XVIII ᵉ. – début du XIX ᵉ siècle. Contribution à l'histoire agraire comparée*, 2 vols., Paris, 1966.

O IMPÉRIO MARÍTIMO PORTUGUÊS

C. L. Monteiro de Barbuda, (org.), *Instrucções com que El-rei D. José I mandou passar ao Estado da Índia o Governador e Capitão Geral e o arcebispo Primaz do Oriente no anno de 1774*, Pangim, 1841.

J. H. da Cunha Rivara, *A Conjuração de 1787 em Goa e várias cousas desse tempo. Memoria Historica*, Nova Goa, 1875.

Fritz Hoppe, *Portugiesische-Ostafrika in der Zeit des Marquês de Pombal, 1750-1777*, Berlim, 1965.

José Mariano da Conceição Veloso, *O Fazendeiro do Brasil Melhorado na economia rural dos géneros já cultivados, e de outros, que se podem introduzir, e nas fábricas, que lhe são próprias, segundo o melhor que se tem escrito a este assumpto*, 10 vols., Lisboa, 1798--1806.

Sérgio Buarque de Holanda (org.), *História Geral de Civilização Brasileira*, vol. 1, *A Época Colonial*, vol. 2, *Administração, Economia e Sociedade*, São Paulo, 1960.

Capítulo IX:
As Frotas da Índia e as Frotas do Brasil

C. R. Boxer (org. e trad.), *The Tragic History of the Sea, 1589-1622*, e *Further Selections from the Tragic History of the Sea, 1559-1565*, Cambridge University Press, 1959 e 1968; Hakluyt Society, 2ª série, Vols. 112, 132.

James Duffy, *Shipwreck and Empire*, Harvard University Press, 1955.

W. L. Schurz, *The Manila Galleon*, Nova Iorque, 1939.

Quirino da Fonseca, *Os Portugueses no Mar, I, Ementa Histórica das Naus Portuguesas*, Lisboa, 1926.

—, (org.), *Diários da Navegação da carreira da Índia, nos anos de 1595, 1596, 1600 e 1603*, Lisboa, 1938.

Humberto Leitão (org.), *Viagens do Reino para a Índia e da Índia para o Reino, 1608-1612; Diários de Navegação Coligidos por D. António de Ataíde no século XVII*, 3 vols., Lisboa, 1957.

—, e J. Vicente Lopes, *Dicionário de Linguagem de Marinha Antiga e Actual*, Lisboa, 1963.

A. Frazão de Vasconcelos, *Subsídios para a História da Carreira da Índia no Tempo dos Filipes*, Lisboa, 1960.

Regimento dos Escrivaens das Náos da Carreira da Índia. Estes foram evidentemente publicados em data incerta durante o século XVI, mas só consultei os dos anos de 1611, 1640, 1756 e 1779.

Alberto Iria, *De Navegação Portuguesa no Índico no Século XVII, Documentos do Arquivo Histórico Ultramarino*, Lisboa, 1963.

Documentação Ultramarina Portuguesa, vol. IV, Lisboa, 1966.

Gazeta de Lisboa, Lisboa, 1715-1800.

BIBLIOGRAFIA

J. R. do Amaral Lapa, *A Bahia e a Carreira da Índia*, Marília, 1966.
Gustavo de Freitas, *A Companhia Geral do Comércio do Brasil, 1649--1720*, São Paulo, 1951.
Sebastião da Rocha Pitta, *História da America Portuguesa*, Lisboa, 1730.
António de Brito Freyre, "Assentos de todas as viagens principiadas no presente ano de 1727", Biblioteca Nacional, Lisboa, Fundo Geral, MS 485, e o seu "Livro das Viagens, 1733-1744", Biblioteca da Universidade de Coimbra.
Gonçalo Xavier de Barros Alvim, *Jornal de Várias Viagens, 1719--1738*, Tomo I (da colecção do autor). Não consegui localizar os últimos volumes, que provavelmente cobrem os serviços prestados pelo autor na esquadra do Brasil, de 1738 a 1760, altura em que foi nomeado comandante da guarnição da Bahia.

Capítulo X:
O Padroado da Coroa e as Missões Católicas

António da Silva Rego, *Documentação... Índia* (1947).
Josef Wicki, C.J. *Documenta Indica* (1948).
Artur de Sá, *Documentação... Insulíndia* (1954).
António Brásio, C.S. SP., *Monumenta Missionária... África Ocidental*, 1952.
J. L. d'Azevedo (org.), *Cartas de António Vieira*, 3 vols., 1925.
A. van den Wyngaert e G. Mensaert (orgs.), *Sinica Franciscana*, vols. 2-6 inclusive, Florença e Roma, 1933-1961.
Correspondência inédita dos missionários espanhóis no Sul da China, 1680-1720 (Indiana Univesity, Biblioteca de Lilly, Mss. 21524 (1) – 21524 (2).
Francisco Rodrigues, C.J., *História da Companhia de Jesus na Assistência de Portugal*, 4 vols., Porto, 1931-1950.
Serafim Leite, C.J., *História da Companhia de Jesus no Brasil, 1549--1760*, 10 vols., Rio de Janeiro, 1938.
M. da Costa Nunes (org.), *Documentação para a história da Congregação do Oratório de Santa Cruz dos Milagres do Clero natural de Goa*, Lisboa, 1966.
J. Cuvelier e L. Jadin (orgs.), *L'ancien Congo d'aprés les archives romaines, 1518-1640*, Bruxelas, 1959.
Instrucções... ao Governador.. e Arcebispo Primaz... no anno de 1774, Pangim, 1959.
Carlos Mercês de Melo, *The recruitment and formation of the native clergy in India. 16th-19th century, An historical-canonical study*, Lisboa, 1955.

O IMPÉRIO MARÍTIMO PORTUGUÊS

Eduardo Brazão, *D. João V e a Santa Sé. As relações diplomáticas de Portugal com o governo pontifício de 1706 a 1750*, Coimbra, 1937.
António Sisto Rosso, O. F. M., *Apostolic Legations to China of the 18th century*, Pasadena, 1948.
H. Chappoulie, *Aux origines d'une église. Rome et les missions d'Indochina au XVIIIe siècle*, 2 vols., Paris, 1943.
J. S. Cummins (org. e trad.), *The Travels and Controversies of Fr. Domingo Navarrete, 1618-1686*, 2 vols., Cambridge, 1962; Hakluyt Society, 2ª série, 118-119.
G. Schurhammer, *Gesammelte Studien*, 4 vols., Roma, 1962.
Numerosos artigos e recensões por Fr. Francisco Leite de Faria, in *Studia, passim.*

Capítulo XI:
«Pureza de Sangue» e «Raças Infectas»

A acrescer à maioria das obras citadas na bibliografia do Capítulo X, que são importantes para os problemas do clero crioulo, mestiço e indígena:

Gilberto Freyre, *Casa-Grande e Senzala*, Rio de Janeiro, 1943, juntamente com o seu *Sobrados e Mucambos*, Rio de Janeiro, 1936, são bastante representativos da sua volumosa obra no campo da antropologia social.
C. R. Boxer, *Race Relations in the Portuguese Empire, 1415-1825*, Oxford, 1963.
António Ardizone Spínola, *Cordel Triplicado de Amor... lançado em três livros de sermoens... pregou-os na India na Sé primacial de Goa, e em Lisboa na Capella Real*, Lisboa, 1680.
Theodore Ghesquière, *Mathieu de Castro, premier vicaire apostolique aux Indes. Une création de la Propaganda à ses débuts*, Lovaina, 1937.
Cónego Alcântara Guerreiro, *Quadros da História de Moçambique*, 2 vols., Lourenço Marques, 1954. Sebastião Monteiro da Vide, *Primeiras Constituições Synodais do Arcebispado da Bahia*, Lisboa, 1719. Jorge Benci, C. I., *Economia Cristã dos Senhores no governo dos escravos*, Roma, 1705. Organizado e anotado em nova edição por S. Leite, Porto, 1954.
Manuel Ribeiro Rocha, *Ethiope Resgatado, Empenhado, Sustentado, Corregido, Instruido e Libertado*, Lisboa, 1758.
Fernando Henrique Cardoso e Octavio Ianni, *Cor e Mobilidade Social em Florianópolis. Aspectos das relações entre Negros e Brancos numa comunidade do Brasil Meridional*, São Paulo, 1960.

BIBLIOGRAFIA

João Lúcio d'Azevedo, *História dos Cristãos Novos Portugueses*, Lisboa, 1921.

António José Saraiva, *A Inquisição Portuguesa*, Lisboa, 1956.

António Baião, *A Inquisição de Goa, 1569-1630*, 2 vols., Coimbra e Lisboa, 1930.

A. K. Priolkar, *The Goa Inquisition*, Bombaim, 1961.

Arnold Wiznitzer, *Jews in Colonial Brazil*, Columbia University Press, 1960.

I. S. Révah, numerosos artigos na *Revue des Études Juives* e outras publicações, 1955-1968.

Capítulo XII:
Conselheiros Municipais e Irmãos de Caridade

Eduardo Freire de Oliveira, *Elementos para a História do Município de Lisboa*, 19 vols., 1882-1943.

C. R. Boxer, *Portuguese Society in the Tropics. The municipal councils of Goa, Macau, Bahia and Luanda, 1510-1800*, University of Wisconsin Press, 1965.

Viriato de Albuquerque, *O Senado de Goa, Memória Histórico-Archeologica*, Nova Goa, 1909.

A voyage to the East Indies... written originally in French by Mr. Dellon, M. D., Londres, 1698.

Balthazar da Silva Lisboa, *Annaes do Rio de Janeiro*, 7 vols., 1834. É quase todo baseado em documentos do arquivo municipal.

Compromisso da Misericórdia de Lisboa (1618).

José F. Ferreira Martins, *História da Misericórdia de Goa*, 3 vols., Nova Goa, 1910.

José Caetano Soares, *Macau e a Assistência. Panorama Médico-Social*, Lisboa, 1950.

Fritz Teixeira de Salles, *Associações Religiosas no Ciclo do Ouro*, Belo Horizonte, 1963.

A. J. R. Russell-Wood, *Fidalgos and Philanthropists. The Santa Casa da Misericordia of Bahia, 1550-1755*, Berkley e Londres, 1968. Uma obra ricamente documentada.

Capítulo XIII:
Soldados, Colonos e Vagabundos

Diogo do Couto, *Soldado Prático*, edições de 1790 e 1937.

A. de S. S. Costa Lobo (org.), *Memorias de um soldado da Índia, 1585-1598, compiladas de um manuscrito portuguez do Museu*

O IMPÉRIO MARÍTIMO PORTUGUÊS

Britânico, Lisboa, 1877. Consultei também o original de Francisco Rodrigues da Silveira, de onde Costa Lobo retirou algumas passagens.

António Freire, O. S. A. (org.), *Primor e Honra da Vida Soldadesca no Estado da Índia*, Lisboa, 1630.

José Ribeiro, *Fatalidade Histórica da Ilha de Ceilão*, ed. 1835.

Panduronga Pissurlencar, *Assentos do Conselho do Estado da Índia, 1618-1750*, 5 vols.

F. Diniz de Ayala, *Goa Antiga e Moderna*, Lisboa, 1888.

The Travels of Peter Mundy in Europe and Asia, 1608-1667, 5 vols. Hakluyt Society, 1905-1936.

The Voyage of François Pyrard of Laval, 2 vols., Hakluyt Society, 1887-1889.

Nicolao Manucci, *Storia do Mogor or Mogul India, 1653-1708*, 4 vols., Londres, 1907-1908.

Antonil-Mansuy, *Cultura e Opulência do Brasil* (*vide* bibliografia do capítulo VII).

Luiz de Santos Vilhena, *Notícias Soteropolitanas* (*vide* bibliografia do capítulo VIII).

A. J. R. Russel-Wood, *Fidalgos and Philantropists*, 1968.

António de Oliveira de Cadornega, *História Geral das Guerras Angolanas*, 1680, 3 vols., Lisboa, 1940.

Adolfo Coelho, *Os Ciganos de Portugal*, Lisboa, 1892.

Damião de Góis, *Crónica do Príncipe Dom João*, Lisboa, 1567. Diversas edições.

Afonso do Paço, «A vida militar no cancioneiro popular português», publicado na *Revista de Etnografia*, vols. I-III, Porto, 1963.

Capítulo XIV:
Mercadores, Monopolistas e Contrabandistas

Muitas das obras citadas nas bibliografias dos capítulos I e XIII são igualmente relevantes para este, particularmente as de V. Magalhães Godinho, Jorge Borges de Macedo, J. R. do Amaral Lapa, e a correspondência dos enviados ingleses e cônsules em Lisboa, 1640 a 1750, no *PRO*, Londres.

Virgínia Rau, *A Exploração e o Comércio do Sal de Setúbal. Estudo de História Económica*, Lisboa, 1951.

—, *Estudos de História Económica*, Lisboa, 1961.

—, "Um grande mercador-banqueiro italiano em Portugal: Lucas Giraldi", nova publicação de 35 páginas de *Estudos Italianos em Portugal*, nº 24, 1956.

BIBLIOGRAFIA

—, O «*Livro de Rezão*» *de António Coelho Guerreiro*, Lisboa, 1956.
C. R. Boxer, *Francisco Vieira de Figueiredo: a Portuguese merchant adventurer in Southeast Asia, 1624-1667*, Haia, 1967.
F. Mauro, "La Bourgeoisie portugaise au XVIIe Siècle", *Bulletin de la Société d'Étude du XVIIIe Siècle,* N° 40, Paris, 1958, págs. 235--257.
J. Gentil da Silva, *Marchandises et finances, II, Lettres de Lisbonne, 1563-1578*, Paris, 1959.
Myriam Ellis, *O Monopólio do Sal no Estado do Brasil, 1631-1801*, São Paulo, 1955.
—, *O Abastecimento da Capitania das Minas Gerais no Século XVIII*, São Paulo, 1951.
—, *Aspectos da Pesca da Baleia no Brasil Colonial*, São Paulo, 1959.
Alice Piffer Canabrava, *O Comércio Português no Rio da Prata, 1580--1640*, São Paulo, 1944.
Huguette e Pierre Chaunu, *Séville et l'Atlantique, 1500-1650*, 8 vols., Paris, 1955, contém inúmeras referências às actividades dos comerciantes portugueses, mercadores de escravos e contrabandistas na América espanhola, além da alusão a Gramaxo transcrita no texto (*op. cit.*, IV, 346-347).

Capítulo XV:
Os «Cafres da Europa», o Renascimento e o Iluminismo

A citação do início é de Maxime Haubert, *L'église et la défense des «sauvages». Le Pére Antoine Vieira au Brésil*, Bruxelas, 1964.

António José Saraiva, *História da Cultura em Portugal*, vols. 2 e 3. Infelizmente, este magnífico trabalho, rico de novas perspectivas, termina um tanto abruptamente no ano de 1580.
Hernâni Cidade, *Lições de Cultura e Literatura Portuguesas, II, Da reacção contra o formalismo seiscentista ao advento do Romantismo*, Coimbra, 1943-1964.
—, *A Literatura Portuguesa e a expansão ultramarina*, 2 vols. Lisboa e Coimbra, 1943-1964.
J. S. da Silva Dias, *Correntes de Sentimento Religioso em Portugal. Séculos XV a XVIII*, 2 vols., Coimbra, 1960. Cobre exclusivamente o século XVI até à data.
Elisabeth Feist Hirsch, *Damião de Góis. The life and the thought of a Portuguese humanist, 1502-1574*, Haia, 1967.
M. Gonçalves Cerejeira, *Clenardo e a Sociedade Portuguesa do Seu Tempo*, Coimbra, 1929.

O IMPÉRIO MARÍTIMO PORTUGUÊS

António Alberto de Andrade, *Verney e a Cultura do Seu Tempo*, Coimbra, 1965.

Joaquim Ferreira Gomes, *Martinho de Mendonça e a sua obra pedagógica, com a edição crítica dos «Apontamentos para a educação de um menino nobre»*, Coimbra, 1964.

Maximiniano Lemos, *Ribeiro Sanches. A sua vida e a sua obra,* Porto, 1911.

David Willemse, *António Nunes Ribeiro Sanches, élève de Boerhaave et son importance pour la Russie*, Leiden, 1966.

Raimundo José da Cunha Matos, *Compêndio Histórico das Possessões de Portugal na África*, (org.) J. H. Rodrigues, Rio de Janeiro, 1963.

Fernando de Azevedo, (trad. de Rex Crawford), *Brazilian Culture*, Nova Iorque, 1950.

Pedro de Azevedo e António Baião (org.), *Instruções inéditas de D. Luís da Cunha e Marco António de Azevedo Coutinho*, Coimbra, 1929. Manuel Mendes, *Testamento Político de D. Luiz da Cunha*, Lisboa, 1943.

Não me aventurei excessivamente no campo da história da arte, mas os que estejam desejosos de o fazer encontrarão excelentes guias nas seguintes obras, as quais estão, de resto, todas lindamente ilustradas:

Robert C. Smith, *The Art of Portugal, 1500-1800*, Nova Iorque, 1968.

Carlos de Azevedo, *Arte Cristã na Índia Portuguesa*, Lisboa, 1959.

Gritli von Mitterwallner, *Chaul. Eine unerforschte Stadt an der West--kuste Indiens: Wehr-Sakral-und Profanarchitektur*, Berlim, 1964.

Germain Bazin, *L'Architecture Religieuse Baroque au Brésil*, 2 vols., Paris, 1956.

G. Kubler e M. Soria, *Art and Architecture in Spain and Portugal and their American dominions, 1500-1800*, Harmondsworth, 1959.

Serafim Leite, *Artes e Ofícios dos Jesuítas no Brasil, 1649-1760*, Lisboa, 1953, sendo as importantes ilustrações desta obra do autor no X volume da *História dos Jesuítas* (*vide* a bibliografia do capítulo X).

Capítulo XVI:
Sebastianismo, Messianismo e Nacionalismo

João Lúcio d'Azevedo, *A Evolução do Sebastianismo*, Lisboa, 1916.

Eugénio Asensio (org.), *D. Gaspar de Leão, Desengano de Perdidos*, 1573, Coimbra, 1958.

BIBLIOGRAFIA

Mary Elisabeth Brooks, *A King for Portugal; the Madrigal conspiracy, 1594-1595*, University of Wisconsin Press, 1964.

Fernão de Queiroz, *História da vida do Irmão Pedro de Basto*, Lisboa, 1689.

Raymond Cantel, *Prophétisme et Messianisme dans l'oeuvre d'António Vieira*, Paris, 1960.

Ignacio de Santa Teresa, "Estado do presente Estado da Índia. Meyos faceis, e efficazes para o seu augmento e reforma espiritual e temporal. Tractado Politico, Moral, Juridico, Theologico, Historico e Ascetico. Escrito na India no ano de 1725", mas circulou extensivamente em manuscrito. O autor era arcebispo primaz de Goa, 1721-1740. Não está publicado".

Hernâni Cidade, *A Literatura Autonomista sob os Felipes*, Lisboa, 1948.

M. Lopes de Almeida (org.), *Memorial de Pero Roĩz Soares*, 1565--1628, Coimbra, 1953.

Miguel Leitão de Andrade, *Miscellanea*, Lisboa, 1629.

Euclides da Cunha, *Os Sertões*, com numerosas edições.

R. B. Cunningham-Graham, *A Brazilian Mystic: being the life and miracles of Antonio Conselheiro*, Nova Iorque, 1925.

Waldemar Valente, *Misticismo e Religião. Aspectos do Sebastianismo Nordestino*, Recife, 1963.

Adenda do Autor à Bibliografia
para a Edição Portuguesa

GERAL

Panduronga Pissurlencar, *Assentos do Conselho do Estado da Índia*, 5 vols., Bastorá-Goa, 1953-1957. Posteriormente apareceram: V. T. Guiné (org.), *Assentos do Conselho do Estado (Proceedings of the State Council at Goa). Supplementary series*, vol. I, Part. I, *A detailed subject index and table of contents in brief*, vols. I-V (1618-1750), Panaji-Goa, 1972; vol. I., Part II, *Assentos do Conselho do Estado*, 1624-1627, Panaji-Goa, 1972.

A. Teixeira da Mota, *Mar, Álem-Mar. Estudos e ensaios de história e geografia*, I, 1944-1947 (Junta de Investigação do Ultramar, Lisboa, 1972). Esperamos a continuação e conclusão desta valiosa colectânea dos escritos de um especialista de renome mundial. Também é essencial consultar as obras e monografias publicadas por Teixeira da Mota, Luís de Albuquerque e outros especialistas, tanto portugueses como estrangeiros, na série das *Publicações do Agrupamento de Estudos de Cartografia Antiga*, quer pela secção de Coimbra, quer pela de Lisboa.

Infelizmente cessou a publicação do *Boletim da Filmoteca Ultramarina Portuguesa*, e da revista *Studia, sine die*; mas felizmente continua-se ainda com outra série valiosa publicada pela benemérita Fundação Calouste Gulbenkian, *Arquivos do Centro Cultural Português* (Paris), da qual saíram até 1976 nove volumes ou tomos. Joel Serrão (org.) *Dicionário de História de Portugal* (4 vols., Lisboa, 1963-1971).

O IMPÉRIO MARÍTIMO PORTUGUÊS

Capítulo I

Agora temos o texto da *Crónica del Rei D. João I* numa versão definitiva estabelecida pelo Prof. Dr. Lindley Cintra, Universidade de Coimbra, mas falta ainda um estudo crítico e notas.

Martins F. Valkhoff (org.), *Miscelânea Luso-Africana, Colectânea de Estudos*, Lisboa, 1975.

Capítulo II

Samuel Eliot Morrison, *The European Discovery of America. The Northern Voyages, A. D. 500-1600*, Nova Iorque, 1971, e *The Southern Voyages*, 1492-1616, Nova Iorque, 1974.

Jean Aubin (org.), *Mare Luso-Indicum. L'Ocean Indien, Les Pays Riverains et les Relations Internationales, XVIe-XVIIIe siècles*, 3 vols., Genebra e Paris, 1971-1976. Continua.

Geneviève Bouchon, *Marnale de Cananor. Un adversaire de l'Inde Portugaise, 1507-1528*, Genebra e Paris, 1975.

M. M. Pearson, *Merchants and Rulers in Gujarat. The Response to the Portuguese in the 16th century*, University of Califomia Press, 1976.

Capítulo III

Completava-se a publicação de Georg Schurhammer, *Franz Xavier. Sein Leben und seize zeit*, 2 vols., Friburgo, Roma e Lisboa, 1955--1973.

George Elison, *Deus Destroyed. The Image of Christianity in Early Modern Japan*, Harvard University Press, 1973.

Michael Cooper, C. J., *Rodrigues The Interpreter. An Early Jesuit in China and Japan*, Nova Iorque e Tóquio, 1974.

Hubert Th. M. Jacobo, C. J., *A Treatise on the Moluccas* c. 1544, texto português com tradução, comentário e notas em inglês.

Roma, 1971. *Ibidem, Documenta Malucensia, I, 1542-1576*, Roma, 1975, *Monumenta Historica Societatis Iesu*, Vol. 109. Continua. Josef. Wicki, C. J., *Missionskirche in Oriente*, Immensee, 1976.

402

ADENDA DO AUTOR À BIBLIOGRAFIA PARA A EDIÇÃO PORTUGUESA

Capítulo IV

Sérgio Buarque de Holanda, *Visão do Paraíso. Os Motivos Edênicos no Descobrimento e Colonização do Brasil*, 2ª edição revista e ampliada, São Paulo, 1969.

Capítulo V

Evaldo Cabral de Mello, *Olinda Restaurada. Guerra e Açúcar no Nordeste, 1630-1654*, São Paulo, 1975. Sem dúvida, o melhor livro sobre o assunto. C. R. S. *Salvador de Sá e a Luta pelo Brasil e Angola, 1602-1686* (tradução de Olivério M. de Oliveira Pinto), São Paulo, 1973. Série Brasiliana, volume 353.

S. D. Winius, *The Fatal History of Portuguese Ceylon. Transition to Dutch Rule*, Harvard University Press, 1971.

C. R. da Silva, *The Portuguese in Ceylon*, 1617-1638, Colombo, 1972.

Niels Steensgaard, *Canachs, Caravans and Companies: The Structural crisis in the European-Asian Trade in the early 17th century*, Copenhaga, 1973.

T. Bentley Duncan, *Atlantic Islands. Madeira, The Azores and The Cape Verde in 17th century commerce and navigation*, University of Chicago Press, 1972.

Capítulo VI

C. R. Boxer, *Ásia Portuguesa no Tempo do Vice-rei Conde da Ericeira, 1718-1720*, Macau, 1970.

Artur Teodoro de Matos, *Timor Português. Contribuição para a sua História 1515-1769*, Lisboa, 1974.

Capítulo VII

H. E. S. Fisher, *The Portugal Trade. A Study of Anglo-Portuguese Commerce 1700-1770*, Londres, 1971.

Stuart B. Schwartz, *Sovereignty and Society in Colonial Brazil. The Hight Court of Bahia and its Judges*, 1609-1751, University of California Press, 1973.

Luís Lisanti (org.), *Negócios Coloniais. Uma correspondência comercial do século XVIII*, 5 vols., São Paulo, 1979. Fundamental correspondência de Francisco Pinheiro de Lisboa com Brasil, África, ilhas e Europa, 1701-1749.

Capítulo VIII

Dauril Alden (org.), *Colonial Roots of Modern Brazil. Paper of the Newberry Library Conference*, University of California Press, 1963.

Kenneth R. Maxwell, *Conflicts and Conspiracies: Brazil and Portugal, 1750-1808*, Cambridge University Press, 1973.

Carlos Guilherme Mota (org.), *Brasil em Perspectiva*, São Paulo, 1968.

Ibidem, Atitudes de Inovação no Brasil, 1709-1801, Lisboa, s. d.

Ibidem, Nordeste 1817, São Paulo, 1972.

John Russell-Wood (org.). *From Colony to Nation. Essays on the Independence of Brazil, 1722-1822*, The John Hopkins University Press, 1975.

Capítulo IX

António Correia, *As Companhias Pombalinas de Navegação e o Tráfico de Escravos entre a Costa Africana e o Nordeste Brasileiro*, Porto, 1969.

Capítulo X

António Brásio, C. S. S. P., *História e Missiologia. Inéditos e Esparsos*, Lisboa, 1973.

Jacob Kollaparambil, *The Archdeacon of All-India*, Kottayan, Kerala, 1972.

Joseph Tekedathu, *The Troubled Days of Francisco Garcia S. J. Bishop of Cranganore, 1641-1659*, Roma, 1972.

Josef Wicki, C. J., *Missionskirche im Orient*, Immensee, 1976.

Capítulo XI

Allen J. Isaacman, *Mozambique. The Africanization of a European Institution, The Zambesi Prazos, 1750-1902*, University of Wisconsin Press, 1972.

M. D. D. Newitt, *Portuguese Settlement on the Zambesi. Exploration, land-tenure and colonial rule in East Africa*, Londres, 1973.

António Carreira, *Cabo Verde, Formação e Extinção de Uma Sociedade Escravocrata, 1460-1578*, Lisboa, 1971.

ADENDA DO AUTOR À BIBLIOGRAFIA PARA A EDIÇÃO PORTUGUESA

José Alípio Goulart, *Da Palmatória ao Patíbulo. Castigos de Escravos no Brasil*, Rio de Janeiro, 1971, e *ibidem*, *Da Fuga ao Suicídio. Aspectos da Rebeldia do Escravo no Brasil*, Rio de Janeiro, 1972.
Anita Novinsky, *Cristãos-Novos na Bahia, 1624-1654*, São Paulo, 1972.
José Gonçalves Salvador, *Cristãos-Novos, Jesuítas e Inquisição, 1530-1680*, São Paulo, 1972.
John Francis Maxwell, *Slavery and the Catholic Church*, Chichester, 1975.

Capítulo XIII

C. R. Boxer, *Mary and Misogyny. Women in Iberian Expansion overseas, 1415-1515. Some facts, fancies and personalities*, Londres, Duckworth, 1975.
Ann M. Pescatello, *Power and Pawn. The female in Iberian Families, Societies and Cultures*, Wesport, Greenwood Press, 1976.

Capítulo XIV

É sobretudo fundamental a obra organizada por Luís Lisanti, *Negócios Coloniais. Uma Correspondência Comercial do Século XVIII*, 5 vols., São Paulo, 1975, já citada na bibliografia do capítulo VII, acima.

Capítulo XV

S. S. da Silva Dias, *Os Descobrimentos e a Problemática Cultural do Século XVI*, Coimbra, 1973.
Luís de Sousa Rebelo, «Armas e Letras», artigo fundamental, incluindo um estudo inovador acerca da influência de Erasmo na obra de Diogo do Couto, publicado em João José Cochofel (org.), *Grande Dicionário da Literatura Portuguesa e da Teoria Literária*, Vol. I. Lisboa, 1973, pp. 426-453.
Carlos de Azevedo, *Solares Portugueses*, Lisboa, 1963; *A Arte de Goa, Damão e Diu*, Lisboa, 1970; *Baroque Organcases of Portugal*, Amesterdão, 1972.

O IMPÉRIO MARÍTIMO PORTUGUÊS

Capítulo XVI

Por lapso, foi omitida na bibliografia de 1969 a referência ao ensaio de Eugénio Asensio, «España en la épica Filipina. Al margen de um livro de Hernâni Cidade» (*A Literatura Autonomista sob os Filipes*, Lisboa, 1948), cuja leitura é essencial.

2 de Abril de 1977
C. R. Boxer

Índice das Ilustrações

1. *Moedas de ouro de Portugal e das províncias ultramarinas.*
2. Nau portuguesa do Atlas.
3. Carta do piloto-mor Gaspar Ferreira.
4. Gravura de Diogo do Couto.
5. Frontispício de um livro publicado em Goa, 1568.
6. Mapa de Goa, 1596.
7. Túmulo de S. Francisco Xavier, na Igreja do Bom Jesus, em Goa.
8. Entrada principal da muralha de Diu.
9. Igreja e convento jesuítas, em Diu.
10. Gravura de frei Ardizone Spinola celebrando a comunhão, em Goa, 1645.
11. Azulejo na ermida da Nazaré, em Luanda, com uma representação da batalha de Ambuíla, 1665.
12. Gravura do padre António Vieira.
13. Desenho de 1785 reproduzindo trajos brasileiros do século XVIII.
14. Trajos brasileiros do século XVIII.
15. Trajos brasileiros do século XVIII.
16. Manifesto de carga de uma esquadra que chegou a Lisboa, em 1785.
17. Mapa de Portugal, entre os séculos XVI e XVIII.
18. Mapa com a rota da carreira da Índia, do século XVI ao XVIII.
19. Mapa da costa de Angola e do reino do Congo, do século XVI ao XVIII.
20. Mapa das regiões colonizadas ou de influência portuguesa na África Ocidental e Oriental.
21. Mapa do Brasil e do Maranhão-Pará no século XVIII.
22. Mapa da costa da Guiné.
23. Mapa com os locais mais importantes assinalados no texto.

Índice Remissivo

Abbas I, xá da Pérsia, 131

Abissínia (Etiópia), 37, 49, 56, 80, 84, 242

Academia das Ciências, 196

Academia de História, Real, 343, 345

Achém e os seus habitantes, 58, 65

Açores, 33, 38, 43, 68, 98, 101, 171-2, 206, 208, 220, 224, descoberta e colonização dos, 33, 38, 43, 98; Flemings nos, 43; excesso de população e emigração dos, 68, 101, 171-2

Acosta, S. J., José de, 65

Açúcar, na Madeira, 43; em São Tomé, 98, 99, 106; no Brasil, 99, 101-2, 109-13, 115, 120-1, 155-57, 159-60, 162-3, 177, 192, 195-6, 220, 224-5

Adams, Richard, descreve a *Madre de Deus*, 208

Adém, 62, 70

Adoração dos santos, 21

Aduarte, O.P., Diego, 89

Afonso I, rei do Congo, 107-8

Afonso V, rei de Portugal, 39, 45; a sua elegia do cavaleirismo, 305

Afonso VI, rei de Portugal, 229

Afonso Henriques, rei de Portugal, 356, 358

Afrikaans, 126

Agricultura em Portugal, 67, 196, 200, 346, 349; no Brasil, 100, 196; na África Oriental, 349; na África Oci-dental, 156-7, 349. *Ver também* açúcar, tabaco

Akbar, imperador mogol, 92-3

Alba, duque, 116

Albergati, Antonio, núncio papal em Lisboa, 233

Albuquerque, Afonso de, conquistas de, 61-2, 64, 67; critica a corrupção das autoridades da Coroa, 149, 314, 323; e a disciplina militar, 67, 291; atitude para com os muçulmanos, 83-4; críticas à sua política de miscigenação, 69, 138, 293

Albuquerque, Jerónimo de, 104

Alcântara Guerreiro, cónego, citado, 254

Aldeia, 104,

Alfarrobeira, 35

Alferes, 229, 268

Algarve, reconquistado aos Mouros, 21, 28; influências mouriscas no, 28; e descobertas portuguesas no século XV, 43; pouco povoado, 68

Algodão, 46, 66, 102, 157, 192, 195, 215

Aljubarrota, 292

Almanza, batalha de, 163

Almeida, Dom Francisco de, vice-rei, 62-3, 291

Almeida, Dom Pedro de, conde de Assu-mar e marquês de Castelo-Novo e depois de Alorna, 139-40

O IMPÉRIO MARÍTIMO PORTUGUÊS

Almotacel, 268, 270, 273, 286, 375
Alvará, 110, 260, 313-4
Amboíno, 63, 66, 73, 90, 119, 128, 131, 133, 345
Ambuíla, batalha de, 172, 407
Anchieta, S. J., José de, 112, 232, 338
Andrade e Silva, José Bonifácio, 199, 327
Anes, Gonçalo, 353
Angola, comércio de escravos em, 105, 111, 113, 159, 173-4, 193, 201, 309, 371-2; ocupação holandesa e reconquista portuguesa de, 115, 120, 126, 128, 130, 132; clero nativo em, 25-4; missionários capuchinhos em, 242-3; Jesuítas em, 110, 315; e governorado de Sousa Coutinho, 193
Angrias, 139, 143
Anil, 195, 215
António I, rei do Congo, 172
Antuérpia, 72, 263, 319
Aqueduto das Águas Livres, 164-5
Árabes, na península Ibérica, 20; no oceano Índico, 56-7, 60, 63, 69, 73, 238. *Ver também* arquitectura omani, 339-41
Árabes omanis, guerra naval com os Portugueses, 238
Arcas de liberdade, 216
Arco-Verde, Maria do Santo Espírito, 104
Ardizone Spínola, Antonio, teatino italiano, citado, 249, 254, 348
Ardra, 105, 173
Arguim, 42, 44-5
Armada, 61, 63, 67, 140-2, 276
Arribada, 206, 375
Arroba, 99, 112, 195
Arroz, cultivo no Brasil, 192, 195
Arzila, 305, 353
Asientos, 324
Assumar, Dom Pedro de Almeida, conde de, 341
Ataíde, dom Luís de, 291
Auto-de-fé, 91, 189, 262-4, 343
Auxílio aos pobres, 280-86
Averia, 219
Axim, 45, 47, 340
Azambuja, Diogo de, 47-8
Azeredo Coutinho, bispo, 348

Azevedo Fortes, Manuel de, 343
Azurara, *ver* Zurara

Baab, sultão de Ternate, 70
Baçaim (Bassein), 81, 83, 85-6, 90, 136, 142-3, 209, 315, 328
Bacon, Francis, 332, 336, 342-3
Baden, Lewis, 346
Bagaço, 195-6
Bahadur (xá), rei de Gujarate, 64
Bahar, 73, 375-6
Bahia (Salvador), 97-8, 100-2, 105, 111, 113, 121, 155-160, 162, 169, 172-5, 177, 186, 198-9, 210-1, 219, 221, 224--5, 255, 259, 272-4, 276-9, 282-6, 299--301, 303, 304, 309, 311, 325-6, 332--3, 336, 338, 340-1, 369, 376-7, 380; relato de Dampier da, 159; comércio com a África Ocidental, 172-5; frotas de, 369; capital transferida para o Rio de Janeiro, 193; rebelião abortada na, 198; movimento de independência na, 199; carreira da Índia na, 211-19; conselho municipal da, 155-6, 272, 278; Misericórdia da, 274, 284-6; impopularidade do serviço militar na, 124; guarnição da, 199, 300-1; colégio jesuíta na, 332; interesses económicos jesuítas na, 265
Banda, 63, 66, 73
Bandarra, falso profeta, 353-8
Bandeira, 268, 288
Bandeira, família, 192
Bandeirante, 375
Banto, 56, 89, 100, 106-7, 109, 130, 132, 144, 147-8, 150, 172-4, 193, 242, 246, 249, 254, 376
Barreto, Francisco, Governador-Geral da Índia, 83, 315; Governador-Geral do Brasil, 316
Barreto, S. J., Manuel, citado, 145
Barros, João de, 41, 292, 327, 334
Barros Alvim, Gonçalo Xavier de, 225
Bassein, *ver* Baçaim
Basto Viana, Manuel de, 319, 321
Bayle, Pierre, 235, 348
Bazán, Don Alvaro de, marquês de Santa Cruz, 207

410

ÍNDICE REMISSIVO

Beneditinos no Brasil, 255-6
Bengala, 57, 60, 63, 90, 133, 144, 241
Benguela, 120, 128, 172, 174, 193, 273, 303, 371-2
Benim, 48, 105, 243
Bento XIV, papa, 242
Berberes, 20, 41, 43, 214, 219, 291
Bijapur, 57, 61, 131, 251
Binh, Felipe do Rosário, 244
Bisnaga, 57
Bissau, 191
Blake, Robert, almirante, 223
Bocarro, António, 131
Bom Jesus (Goa), 339, 407
Bombaim, 122, 140, 142-3, 152, 242, 249, 264
Bosman, Willem, citado, 115
Bragança, casa ducal, 35, 151, 197, 229, 232, 308, 344; Catarina de, 122, 143, 276, 283; dinastia de, 278, 359, 365
Bragança, Dom Constantino de, vice-rei, 83, 85, 209
Brâmane(s), 57, 81-2, 131, 149, 233, 241, 247, 250-1, 257, 294
Brandão, Ambrosio Fernandes, a sua descrição do Brasil, 101
Brasil, descoberta e colonização, 95-101; comparação com Portugal, 102-4, 112; população do, 97-8, 101, 112, 197; emigração para, 97-8, 101-2, 160-1, 170-2, 174; miscigenação no, 96, 104, 106, 112, 161-2, 175-6; discriminação racial no, 255-6, 260, 273-4, 285; conselhos municipais no, 271-8; indústria do açúcar no, 99-100, 112-3, 155-160; os Ingleses e o comércio com o Brasil no séc. XVIII, 169-70, 183-5, 321, 325; os Holandeses no, 120-1, 124, 126-8, 132; longevidade no, 101; portos abertos aos Ingleses no, 198-9; independência do, 199
Brearley, Mary (= Sra. Mary S.Jayne), citada, 329
Brito Freire, António de, 225
Buchanan, George, 335
Budismo e budistas, 57, 78-80, 84, 92, 131, 236-7, 241, 252

Bulas, papais: *Dum Diversas* (1452), 38; *Inter caetera* (1456), 38-9, 228; *Praecelsae devotionis* (1514), 244; *Praeclara charissimi* (155 I), 228; *Romanus Pontifex* (1455), 38-9
Burguesia, 329, 341

Cabo Bojador, 42
Cabo Branco, 42
Cabo da Boa Esperança, 19, 34, 49, 51-2, 56, 71, 117, 120, 133, 205-6, 230, 246, 280, 291
Cabo de Não, 34, 40
Cabo Verde, ilhas de, 43, 46, 51, 65, 98-9, 105, 243, 319, 324; *clero de cor de*, 254
Caboclo, 175, 375, 377
Cabral, Jorge, 137
Cabral, Pedro Álvares, 95, 302
Cadaval, Dom Nuno Álvares Pereira, duque de, citado, 163, 313
Cadornega, António de Oliveira de, citado, 303
Cáfila, 70
Caio Prado Junior, citado, 192
Calecute, 49-50, 52, 57, 61, 290
Calheta, condessa da, como monopolista do sabão, 310
Calisto III, papa, 39, 228
Câmara (Senado da Camara), 267, 269-72
Camarão, Dom Felipe, 127, 257
Cambambe, 120
Camões, Luís de, 29, 133, 296, 327-8, 358-9
Canárias, 33, 36, 38, 41, 43, 46
Canarim, 85, 250, 286, 294, 375
Candil, 209, 376
Canela, 52, 66, 71-2, 74, 115, 119
Canibais, 99, 103, 108, 121, 140, 355
Capitania, 97-8, 102, 110, 174, 177, 195, 220, 313, 316, 345, 376
Capuchinhos, italianos em Angola, 242-3, 254
Caravelas, 38, 40, 43-5, 48, 50-1, 219-22
Carbone, jesuíta italiano, 343
Cardim, S. J., Fernão, citado, 101-4, 112; sobre os maus-tratos aos ameríndios, 103-4
Caridade, 83, 213, 234, 267-86, 297, 315

O IMPÉRIO MARÍTIMO PORTUGUÊS

Carijó, 285, 304, 376
Carlos II, rei de Inglaterra, 122, 143, 259, 276, 283, 318
Carracas (Naus), 60, 63, 68-70, 75, 85, 207-9, 212, 218-9, 224
Carreira da Índia, 128, 153, 205-8, 210-1, 214-5, 218-9, 223-4, 319, 336, 363-4
Carrera das Filipinas, 205-6
Cartas marítimas e mapas, 34-7, 44, 46, 69, 206, 328, 343, 383, 407
Cartaz, 63, 376
Casa da Índia, 72, 215, 218
Casa da Mina, 46
Casa da Moeda, Lisboa, 41; indo-portuguesa, 72; brasileira, 158-9, 173, 325; Londres, 169, Ormuz, 57
Casa dos Vinte e Quatro, 268-9, 271-2, 279
Casado(s), 287, 289, 294, 296-7, 314
Cassanje, 172
Castanheda, Fernão Lopes de, 211
Castas, cristãs e hindus, 60, 82, 91-2, 129
Castiço, 246, 248, 376
Castro, Dom João de, 276, 319, 336
Castro, Matheus de, bispo titular de Crisópolis, 130, 233, 250-1
Castro, Sarmento, Dr. Jacob de, 343
Catarina de Bragança, 122, 143, 283
Cavaleiro, 23-4, 36, 40, 256-7, 294, 305, 309, 352
Ceilão, Portugueses no, 65, 74, 78, 84, 86, 90, 119, 123-4, 128, 151, 241, 291-2, 294, 311, 313, 356, 360; Holandeses no, 115, 119, 123-4, 126-8, 130-1, 133, 291, 360. *Ver também* Canela
Ceuta, 27-8, 33, 36, 38-41, 43, 65, 82, 120, 340, 360
Changamira, 144-5, 147
Chaul, 62, 70, 90, 136, 293, 316
Chaunu, Huguette e Pierre, 323
China, comércio português com a, 64, 74-5, 214-5; missões portuguesas na, 90-1, 93, 130, 235-40; comércio espanhol com, 207, 216. *Ver também* Macau, Pequim
Choiseul, duque de, 186
Ciganos, 303
Cingaleses, 57, 74, 127, 294
Clemente X, papa, 240

Clemente XI, papa, 236
Clemente XIV, Pipek 188
Clero, indígena, 240, 246, 248, 251-3, 394; secular, 23, 39, 78, 147, 231, 233, 243, 248, 250-1, 316, 331, 342; regular, 23, 40, 147, 233, 243, 247, 250, 252, 255, 316. *Ver também*, Jesuítas, Dominicanos, Franciscanos
Cleynaerts, Nicholas, 335
Clusius, Charles, 336
Cochim, 65, 67, 72, 90, 119, 128, 208, 211, 230, 291
Cochim, bispo, citado, 230, 252
Cochrane, lorde almirante, 199
Coelho, Adolfo, citado, 328
Coelho, Duarte, 104
Coelho Guerreiro, António, 314
Colaba, 143
Colégio das Artes (Coimbra), 322, 346, 347
Colégio de Santo Antão (Lisboa), 336
Colégio dos Nobres (Lisboa), 347
Colombo, Cristóvão, 33, 44, 51, 57, 96, 128
Colono, 43, 97-9, 101-5, 111, 128, 191, 193, 222, 287, 295, 304, 325, 349
Comboio naval, 70, 219, 224
Comércio de especiarias, 34-5, 46, 48, 52-3, 56, 58-9, 61-3, 66, 70-4, 77-8, 108, 113, 118, 215, 311, 319
Comércio de tecidos de lã, 169-71, 322
Companhia do Brasil, 221-3
Companhia do Vinho do Douro, 184
Companhia Pernambuco-Paraíba, 183, 320
Compromisso, 279, 281, 376
Concílios eclesiásticos, em Goa, 78-80, 82, 84, 116, 149, 259, 331, 333, 335
Concupiscência, 81
Congo, reino do, 48, 106-9, 130, 172, 242, 407
Conhecenças, 44
Conquistador(es), 20, 57, 64-5, 80, 89, 104, 110, 115, 151-2, 198, 291, 309, 352, 356, 359
Conquistas, 55, 62, 119-21, 125, 132, 136, 142, 152, 213, 231, 285, 310, 360
Conselheiro, António, 357

ÍNDICE REMISSIVO

Conselho Municipal, 138, 149, 156-7, 165, 194, 230, 267-8, 271, 273, 275, 278, 286, 293, 299, 316, 349

Conselho Ultramarino, 216, 225, 241

Construção naval, 29, 69, 207-11, 220-1

Consulado, 219

Correia, Gaspar, citado, 149, 313

Correia de Sá e Benevides, Salvador, 276

Corsários da Berbéria, 113

Cortes, 22-3, 27, 117, 144, 162, 199, 261, 308-9, 335, 341

Costa, Cristovão da, 336

Couto, Diogo do, sobre conquistadores, 64; sobre o Estado da Índia, 139, 140; sobre a injustiça e a corrupção, 149, 312; sobre marinheiros, 212-3; sobre pilotos, 217; sobre a taxa de mortalidade na carreira da Índia, 218-9; sobre o padroado, 227; sobre cargos por três anos, 289, 290; sobre a soldadesca indisciplinada, 290; sobre governadores, 312, 314; sobre a falta de curiosidade inteligente, 327-8; sobre a derrota e morte de D. Sebastião, 351

Covilhã, Pêro da, 49, 50

Covilhã, manufactura de tecidos, 176

Cravo-da-Índia, 52, 59, 63, 65-6, 71-3, 115, 119, 128

Cristão-novo, 191, 221-2, 256-7, 260-5, 274-5, 285, 309, 319-21, 323-4, 334, 342, 351, 354

Cristão-velho, 191, 255-6, 261, 264-5, 275, 320-1, 324, 342

Cristãos de São Tomás, 84, 90

Cruz, família, 320-1

Cruzado, 41, 46, 78, 156, 165, 169, 192, 221-2, 273, 276, 283, 320, 352, 359, 376

Cuiabá, 162, 174, 224

Culturas ameríndias no Brasil, 95-6; ameríndios e os colonos portugueses, 97-9, 102-5; e os missionários jesuítas, 104, 132, 186

Cunha, Dom Luís da, citado, 152, 166, 265, 282, 331, 341-2

Cunha, Euclides da, 357

Cunha, João Nunes da, conde de São Vicente, citado, 136, 234

Cunha, S.J., Padre Nuno da, citado, 231, 248, 356

Cunha Brochado, José da, citado, 167

Cunha Matos, brigadeiro, citado, 328

Cunhagem, 22, 36-7, 41, 158, 325

Dam, Pieter van, citado, 129-30

Damão, 90, 125, 136, 142, 150, 152, 209, 295

Dampier, William, citado, 148, 159

Daomé, 172-3

Daun, marechal, 181

Dedução Chronológica, 187-8

Degredados, 47, 97, 101, 217-8, 302-4, 318

Dellon, Charles, citado, 280, 282

Demmer, Gerrit, 133

Descendentes, 28, 47, 57, 83, 148, 151-2, 256-7, 260, 295, 319, 330, 376

Desembargador, 271

Diamantes, região dos, 161; comércio em Goa, 153-4

Dias, Bartolomeu, 49-51, 218, 330

Dias, Henrique, 121, 127, 257

Dias de Novais, Paulo, 109-10

Diemen, Antonio van, 122, 127, 130

Diniz d'Ayalla, Frederico, citado, 294

Diu, 62-3, 69, 80, 90, 136, 140, 150, 276, 295, 340, 407

Dízima, 318-9

Dízimo, 25, 98, 197, 228-9, 243, 311, 316-8

Dobra, 45, 376

Doenças, 67, 99, 102, 138, 217, 287; tropicais, 91, 108, 110, 138

Dominicanos, 89, 92, 119, 133, 147, 148, 212, 236, 238, 249, 254, 282, 331

Donatário, 97-8, 104, 110, 289, 376

Donativo, 165, 276

Dote,122, 136, 143, 165, 276, 289

Douro e Minho, província, excesso de população e emigração de, 28, 68, 101, 161, 171, 184, 299, 302

Duguay-Trouin, 163

Dume, bispo, 84

Educação, 107, 196, 199, 246, 296, 332-3, 336-8, 342-3, 349

O IMPÉRIO MARÍTIMO PORTUGUÊS

El-Ksar el-Kebir (Alcácer-Quibir), 116--7, 352-4
Elmina, *ver* Mina
Emboaba(s), 161-2, 299-300, 376
Emigração, de Portugal para a Índia e para o Oriente, 66-8, 135-9, 140; para o Brasil e a América, 97-8, 100-1, 171--2, 175; para a África Ocidental, 47-8, 100, 107-8, 110; para a África Oriental, 145; comparação com a Espanha no séc. XV, 66
Enciclopedistas, 196
Endeh, 340
Endogamia, 299
Epidemias, 100, 142, 172, 277
Erasmo, 265, 335
Ericeira, Dom Luís de Meneses, 3º conde da, 159; Dom Francisco Xavier de Meneses, 4º conde da, 34-3, 346; Dom Luís Carlos de Meneses, 5º conde da Ericeira, 1º marquês da Ericeira-Louriçal, e duas vezes vice-rei da Índia, 332
Escravatura, justificação bíblica para a, 258
Escravos, 39, 41-2, 45-8, 51, 56, 69, 75, 78, 81-2, 89, 98-9, 101, 105-12, 115, 132-3, 139, 145-6, 148, 153, 156, 161-2, 171-5, 177, 186, 191-3, 195, 197-8, 211, 214--5, 221, 245, 249, 257-60, 281-3, 285, 292-3, 295-8, 304, 306, 309, 311, 315--9, 324, 331, 349. *Ver também* Tráfico de escravos negros
Escrivão, 268, 281
Escudeiro, 23, 40, 49, 294
Estado da Índia, 55, 139, 144, 150, 152, 287
Estanco, 310, 376
Estrangeirados, 34-2, 345-347, 349
Estrutura de classes, 21, 23-5, 35, 92, 98, 101, 123, 129, 160, 165, 181, 184, 191, 198, 216, 221-2, 229, 238, 249, 250, 258, 261, 268-9, 271-2, 274, 277-9, 284-6, 295, 298-300, 307-8, 320, 322, 329, 332, 341, 346, 354, 356, 358, 375
Etiópia, 37, 49, 52, 63, 258, 308. *Ver também* Eurasianos abissínios, discriminação contra os, 292-4

Évora, Universidade Jesuíta em, 332, 347
Ex illa die, constituição papal (1715), 236-7
Ex quo singulari, constituição papal (1742), 236
Exército regular, 288, 295, 300

Falmouth-Lisboa, paquete, 167-9, 324, 325
Fazenda, 85
Febre-amarela, 100
Fedrici, Cesare, citado, 283
Feira, 147
Feitoria, 42, 44, 45, 47, 62, 65, 72, 169, 170, 182-4, 284, 289, 321, 329
Fernandes de Elvas, António, 319
Fernandes de Lucena, Vasco, 50
Fernandes Gramaxo, Jorge, 323-4
Fernandes Vieira, João, 121, 127
Fernando, Dom (o Infante Santo), 22, 43, 308
Fernando I, rei de Portugal, 22, 308
Fidalgo, 23-4, 81, 121, 123, 214, 216, 270--1, 277, 280-1, 287-8, 290-1, 294, 296, 298, 305, 309, 315, 320, 329, 341-2, 347, 381
Figueira de Serpa, Gaspar, 294
Filipe (I de Portugal e II de Espanha), 116-7, 210, 231, 365
Filipe (II de Portugal e III de Espanha), 359, 365
Filipe (III de Portugal e IV de Espanha), 365
Filipinas, 34, 59, 75, 118-9, 205, 210, 213, 231, 236, 239, 253, 331, 335
Fisiocratas, 196
Fitch, Ralph, citado, 73
Flores (Larantuka), 119, 148, 345
Flotas, espanholas, 212, 219, 223-4
Fontaney, S. J., Jean de, 238
Foro, 145
Fragata, 69, 141, 207, 209-10, 223-4
Franceses, atacam navios portugueses, 113; influências intelectuais no Brasil, 348; invasões de Portugal, 184-5, 198; rivalidade com os Portugueses no Brasil, 97-8; missionários na Ásia Oriental, 234, 236, 238, 240

414

ÍNDICE REMISSIVO

Franciscanos, 92, 236, 238, 247-50, 331, 353
Franklin, Benjamin, 194
Freitas de Abreu, Gaspar, citado, 265
Freyre, Gilberto, 20, 267, 274
Fumo, 145, 376
Fuquiém, 59, 74, 130, 238
Furtado de Mendonça, André, 291
Fusta, 69, 376

Gado e ranchos, 162, 174-5, 186, 258, 282, 298-300, 315-7
Galeões, 60, 68, 70, 73, 205, 207, 209-11, 215, 219
Galeotas, 69, 143, 315
Galveias, conde das, 174
Gama, Vasco da, 33, 49-52, 55, 57, 77, 180, 205, 302
Gasalhado, 215
Gaubil, S. J., Antoine, citado, 345, 350
Gazeta de Lisboa, 236, 303
Gazeta Literária, 348
Gemelli Careri, G. F., citado, 152, 205
Giraldi, Lucas, 319
Goa, conquista por Albuquerque, 61, 62, 65; estaleiros, 64; emigração para, 67-9, 140; declínio e queda de, 138, 194; abandonada por Panjim, 139; arquitectura das igrejas em, 152-3, 339; conselho municipal de, 271-2, 275-6, 278, 280; Misericórdia de, 278-86; grande cerco de, 70; condições religiosas em, 84ss; moedas de ouro de, 72; construção naval em, 209--10; soldados e colonos em, 287-297; conspiração republicana abortada em, 197-8
Godinho, S. J., Manuel, citado, 135-6, 152
Góis, Damião de, 68
Gomes, S. J., António, 247
Gomes, Diogo, 41
Gomes, Fernão, 45
Gonçalves da Câmara, S. J., Martim, 333
Gouveia, S. J., Francisco de, 109
Granada, P. O., Luís de, 93, 133, 334
Grócio, Hugo, 89
Guararapes, batalha de, 127
Guerra Junqueiro, 358

Guerras napoleónicas, envolvimento de Portugal nas, 198-200, 322
Guiné, 33-53, 66, 72, 95, 99, 105, 115, 117, 173-4, 191, 243, 292, 303, 314, 331, 340, 360, 378
Gusmão, Alexandre de, 178, 342-3
Guzarate e Guzarates, 56-8, 60-1, 63, 64, 66, 69, 71, 81, 84, 131-2, 246, 340

Hamilton, Alexander, citado, 130, 141, 152
Hamilton, W. N., contrabandista, 326
Hay, Edward, citado, 182
Hawkins, Sir Richard, citado, 217
Henrique (Infante Dom), *o Navegador,* 35, 38-40, 42-3, 45, 52, 116, 180, 228, 257, 307, 309
Henrique I (Dom Henrique), cardeal-rei de Portugal, 351, 365
Hervey, R. N., comandante Augustus, 168, 170, 212
Hindus, atitude dos Portugueses face aos, 50, 61, 77-8, 91-2, 148-9, 250, 252
Holanda, Francisco de, 338
Holandeses, rivalidade com os Portugueses na Ásia, l08-20, 127, 314-5; na África Ocidental, 120, 172-3; no Brasil, 120-1, 127, 264; os seus soldados comparados com os portugueses, 123--5; não conseguem conquistar Moçambique, 119; navegação comparada com os Portugueses, 122; atrocidades, 126-9; como colonizadores, 127-9; reacções na Ásia aos, 129-33; Companhia das Índias Ocidentais, 118 ss, 172
Homem, João, 211
Homem de negócio, 319, 321
Hormuz. *Ver* Ormuz
Huíla,193

Igreja Caridosa, 88
Igreja Militante, 78, 87, 110, 239; Igreja Mercantil, 87-8, 309; Igreja Triunfante, 335; organização no ultramar, 85, 227, 229-30, 235, 246, 331
Imposto do sal (gabela), 270, 310-1, 319--20
Inconfidência, 197-198

O IMPÉRIO MARÍTIMO PORTUGUÊS

Ínfima plebe, 197, 304

Ingleses, comércio com Portugal, 22, 167--71, 183-5, 322-3; rivalidade com os Portugueses na Índia, 119, 143-4, 242; e o comércio no Brasil, 113, 171, 176, 194-5, 198-9; concorrência industrial, 200; feitoria em Lisboa, 170; atitude de Pombal face os, 184-5; esforços para frustrar o desenvolvimento da indústria têxtil portuguesa, 159; e o contrabando de ouro, 168-70, 324-5

Ingoli, Francesco, 233, 251, 254

Inocêncio X, papa, 231-2

Inocêncio XI, papa, 251

Inquisição (Santo Ofício da), em Portugal, 84, 189, 261-2, 334-7, 342-3; e o *Verdadeiro Methodo* de Verney, 346-7; em Goa, 90, 262-4; no Brasil, 263-4; críticos da, 341-2; e a censura, 261, 334-5; e Pombal, 188, 26-4, 348

Irmandade(s), 256, 267, 279-81, 284-5, 297, 315, 321, 376

Irmão de maior condição, 279, 376

Irmão de menor condição, 279

Isenção de impostos, para estrangeiros em Lisboa, 323; por cultivar arroz no Brasil, 194-5

Islão, 21, 28, 57-8, 61

Ismael I, xá da Pérsia, 56

Jacinto de Deus, O. F. M., citado, 235

Jagas, 108, 110, 120

Japão, comércios dos Portugueses com o, 74-5, 88-9; missões portuguesas no, 88-93; Portugueses expulsos do, 119, 130; rivalidade com os Espanhóis no, 230-1

Java e os Javaneses, 58-9, 61, 63, 69, 71

Jesuítas, poder e influência em Portugal, 187, 332-3, 335, 356; na Ásia portuguesa, 331-2; missionários na Ásia, 77-8, 81-93, 231-243; em África, 109, 147, 242; no Brasil, 103-5, 112, 186; actividades económicos dos, 88-9, 186-7, 329; expulsos por Pombal, 187-8, 347-50; e o preconceito racial, 247-49; imprensa dos, 334; padres em Pequim, 149, 345-6; as bibliotecas dos

seus colégios, 333-4, 346; actividades educativas, 332-4, 336-8, 347; artísticas e arquitectónicas, 338-40

Jidda, 51

João I, rei de Portugal, 21-2, 40, 365

João II (o Príncipe Perfeito), rei de Portugal, 45, 48-52, 72, 309, 336, 365

João III, rei de Portugal, 84, 97, 108, 187, 261, 319, 321, 330, 335, 351, 365

João IV, rei de Portugal, 118, 121, 152, 216, 221-2, 231-3, 285, 313, 322; 354-6, 365; identificado como o rei-redentor Padre António Vieira, 354-6

João V, rei de Portugal, carácter de, 162, 164, 166-7; patrono das artes e da música, 164, 166, 343-6; grande gastador, 164-5, 167, 311-2; atitude face à nobreza, 342; e os estrangeirados, 341--6; e a Espanha, 163-5; e o monopólio do tabaco, 310; e os contrabandistas de ouro ingleses, 325; e a Igreja, 163-4; obtém o título de Sua Majestade Fidelíssima, 164; anti-semita, 342; ódio aos ciganos, 303; e a missão na China, 164, 236, 238; e o Padroado, 236, 238; construção do convento de Mafra, 164-5; não gosta de Pombal, 180

João VI, rei de Portugal e do Brasil, 196, 199, 307, 327, 366

Jorge II, rei de Inglaterra, 181

José I, rei de Portugal, 181-2, 185, 187, 189, 194, 264-5, 323

Joyce, James, 330

Judeus, no Portugal medieval, 27-8; conversão forçada dos, 260; e a Inquisição, 260-5; Portugueses habitualmente identificados com, 265. *Ver também* Cristãos-novos

Juiz de fora, 269-71, 376

Juiz do povo, 269, 271-2

Juiz dos orfãos, 273, 376

Juiz ordinário, 267-8

Junta do Comercio, 184

Jus Patronatum, 235

Justiça, falta de, 149

K'ang-hsi, imperador manchu da China, 237

ÍNDICE REMISSIVO

Keene, Benjamin, citado, 169
Kidd, capitão, 306
Kindersley, Sr.ª Nathaniel, citada, 340
Kinnoul, Thomas Hay, 8 ° conde, o seu encontro com Pombal, 184-5
Klings, 60
Kotte, 92
Kung, 284
Kunhali, 290

Lançados, 47-8
Lanchara, 59
Larin, 56
Lascarim, 127, 292
Lavanha, João Baptista, 256
Lavradio, marquês do, 195
Lavrador, 25, 271, 298
Leiva, Don Antonio de, 291
Lenda negra, 103
Leopardi, Giacome, 329
Lepanto, 70, 291
Levante, comércio de especiarias através do, 52, 58, 71-2
Lifão, 148
Lima, Dom Francisco de, 283
Limpeza de sangue, 245, 263, 271
Linschoten, Jan Huigen van, citado, 40, 74-5, 80, 129, 296, 336
Lisboa, como entreposto, 22, 65-6, 176; conselho municipal de, 267-72, 274--77; Câmara do Comércio, 184; terramoto, 182, 276; Misericórdia de, 278--81; feitoria inglesa em, 169-70, 182-5; Universidade de, 24; emigração de, 68; contrabando de ouro em, 168-9, 324-5
Livros, censura de, 79, 349, 261, 333-336; publicação de, 188, 334; importação incentivada por D. João II, 336; em bibliotecas jesuítas, 345-6; contrabandeados para o Brasil, 348
Lobo da Silveira, Dom Manuel, citado, 123
Locke, John, 342, 344, 346-7
Lopes, Fernão, 21
Luanda (São Paulo de Luanda), tráfico de escravos em, 111, 177, 276, 277; perdida para e reconquistada aos Holandeses, 120, 276, 277; miscigenação em, 303; academia militar em, 193; conselho municipal de, 271-5; Jesuítas em, 337; Sé do Congo transferida para, 243
Luís XIV, rei de França, apoia os Jesuítas franceses na China, 236, 238; imitado por D. João V, 164, 342-3
Luís, S.J., Pero, 247
Lunda, 172

Macartney, lorde, sobre os escravos no Rio de Janeiro, 259-60; sobre os mulatos instruídos, 255-6; sobre o contrabando feito por marinheiros, 326
Macau, origens de, 74; derrota holandesa em, 119, 292-3; Peter Mundy em, 336--7, 337, 339; investigação nos arquivos em, 345; comércio japonês com, 74-5, 315-6; pressão chinesa sobre, 148-9; conselho municipal de, 272--3, 278, 285; Misericórdia de, 280-1; 283-4; dependência total do comércio marítimo, 315-6; Colégio jesuíta em, 336-7, 339
Macis, 15, 63, 66, 71-2, 119
Madagáscar (São Lourenço), 174, 206
Madeira, 33, 38, 43, 66, 68, 98-9, 101, 121, 220, 230, 319
Madrid, Tratado de (1750), 177, 186
Maetsuyker, Johan, citado, 133
Mafra, 164-5, 176, 238
Magalhães Godinho, Vitorino, 24, 112, 218
Malabar, costa do, 37, 49, 57, 60, 63, 65-6, 71-2, 74, 87, 90, 115, 118-9, 123, 131, 151, 334
Malaca, empório de especiarias, 58, 59; conquista portuguesa do, 61-2, 65; base naval, 69-70; miscigenação em, 296; conselho municipal de, 272-3; conversos cristãos no, 89, 92; tomada pelos Holandeses, 119
Malagrida, S.J., padre Gabriel, 179, 187--8, 264
Malagueta, 45-6
Mali, 44
Mamelucos, 50, 56, 175, 304

O IMPÉRIO MARÍTIMO PORTUGUÊS

Manchua, 69
Mandingas, 105
Manila, 76, 89, 119, 205, 207, 210, 215, 239-40, 251, 286, 314, 335
Manso, 105
Mantimento, 288, 314
Manucci, Nicolao, 296
Manuel I, *o Venturoso*, rei de Portugal, 45, 50, 52-3, 63, 84, 96, 107, 109, 164, 228, 254, 260, 274, 309, 311, 314, 319, 323, 335, 351
Mapas catalães, 34
Marajó, ilha de, 174, 186, 317
Maranhão-Pará, 175, 177, 183, 186, 191-2, 199, 225, 313
Maratas, guerra com os Portugueses, 139-40, 142-4, 150, 238, 242, 294
Marchione, Bartolomeo, 72, 314
Marco Polo, 34, 59
Maria I, Rainha Dona, 190, 194, 252
Marinheiros, escassez de, 28-30, 66, 69, 122, 211-15, 225; discriminação social contra, 213-4
Marques Pereira, Nuno, citado, 329-30
Marranos. *Ver* Padrões matrimoniais dos cristãos-novos, 273-4
Marrocos, 23, 28, 37-8, 42, 46, 51, 60, 64-5, 95, 108, 116, 263, 303, 314, 340, 352
Mártires, Fr. Bartolomeu dos, citado, 330
Mascate, 69-70, 136, 140-2, 340
Massangano, 120
Matamba, 172, 177
Mato Grosso, 162, 174, 177, 224, 307
Matos de Aguiar, João de, 283
Matos Guerra, Gregório de, 274
Matrícula, 67, 288
Maynard, Thomas, citado, 155-6
Mazagão, 65, 303, 340
Mbanza Kongo (São Salvador), 106
Mbundu, 106, 108-9, 172
Mecânico, 141, 279, 307, 338
Melinde, 49, 62, 65, 69, 140
Mello, Dom Christovão de, citado, 139
Mello, Dom Francisco Manuel de, 125
Mello, Pedro de, 313
Mello e Castro, Martinho de, 194, 253
Mendes Pinto, Fernão, citado, 305-6

Mendonça de Pina e de Proença, Martinho de, 342, 344, 347
Mendonça Furtado, Francisco Xavier de, 186
Mercadores, baixo estatuto social em Portugal, 308; ascensão social dos, 320-23; mercadores ingleses em Portugal, 169-70, 322-3
Merop, Martha, 283
Merveilleux, Charles Frédéric de, citado, 165
Mesa, 281-2
Mesa do Bem Comum, 184
Mesteres, 268, 271-2, 275
Mestiço(s), 105, 112, 121, 160, 175, 197-8, 246-8, 251, 256, 285-6, 291, 293-5, 298, 357
Methuen, tratado de, 170-1, 176
Mezzabarba, núncio papal, 237
Miguel da Purificação, O. F. M., 248-9
Mina (São Jorge da Mina, Elmina), 45-8, 50, 66, 95, 105, 120, 172-4, 340, 369
Minas Gerais, no Brasil, 159-62, 171-5, 177, 197, 199, 219, 224, 229, 243, 274, 283, 285, 298-301, 304, 311, 318-9, 324, 345
Mineiro(s), 145, 160-1, 300
Mineração, 159-162, 174, 183, 193
Minhoto, 161, 299
Mir Ali Bey, 69
Miscigenação, 47, 67, 104, 174-5, 292-7, 303-4
Misericórdia, Santa Casa da, 267, 279, 282, 286
Missões, 78, 80, 83, 87-8, 91, 93, 107, 177, 186, 227-44, 246, 248, 252, 315-6, 331, 334
Moçambique, 49, 62-3, 69, 120, 136, 138, 140, 147, 149, 153, 174, 177, 193, 200-1, 206, 214-5, 251, 253-4, 272, 279, 297, 303, 340, 360; alta taxa de mortalidade em, 218; governadores que comerciam em, 283, 312-3
Moeda (moidore), 167-9
Mogol, império, 57, 92, 142; *mohurs*, 72
Molucas (ilhas de Especiarias), 42, 58-9, 62, 65, 73, 90-1, 115, 118-9, 128, 133, 289, 307, 340

ÍNDICE REMISSIVO

Mombaça, 49, 56, 65, 136, 140-2, 151, 276, 289, 340
Monnox, Edward, citado, 292
Monomotapa, 66, 115, 144-7, 249
Monopólio do sabão, 41, 193, 309-10
Monopólio do tabaco, 310
Monopolistas e vendedores a retalho, 192-3, 299, 308-14, 318-20, 322-4
Moplahs, 70, 290
Morador(es), 98-9, 103-4, 177, 255, 274
Morgadios, 146, 315
Mota, Aleixo da, citado, 206-7
Moura, Dom Francisco de, 291
Mourisco(s), 28, 255, 257, 285, 305, 320
Mouros, 20-1, 27-8, 33, 37-8, 41, 43-4, 60, 73, 81, 117, 246, 255-7, 283, 292, 306, 353. *Ver também* Muçulmanos
Mpinda, 109, 111
Muçulmanos, atitudes dos Portuguese face aos, 20-1, 35, 37-8, 40, 63-5, 69, 77 ss., 84-5, 90, 141, 148-9, 252, 255
Mulatos, na África Ocidental, 47, 100, 254, 273, 285, 303; na África Oriental, 146-7; na Índia, 296-7; no Brasil, 112, 255, 274, 298, 301-2, 304; discriminação legal e social contra, 255-8, 260, 274, 284, 304
Mulheres, portuguesas na Ásia, 67, 136-8, 139-40, 171-2, 273, 290; no Brasil, 101, 160-1, 273-4; na África Ocidental, 107-8, 273; na África Oriental, 145-6; eurasianas, 290, 292-7; ameríndias, 96, 104-5; macaenses, 207; hindus, 249-50, 296-7; atitudes dos muçulmanos para com as, 40, 50, 61; educação das, 344; licenciosidade sexual, 295-7, 303-4; superioridade das portuguesas relativamente às castelhanas, 359
Mundy, Peter, citado, 297, 336-9, 341
Murmuração, 312
Música, 166, 259, 297, 337-8, 344-6
Muxima, 120

Nagasáqui, 67, 69, 75-6, 90, 286
Nassau, Maurício, conde de, 128

Nau, 75, 207-9, 215
Navarrete, O. P., Domingo Fernández, citado, 212
Navegação, 39, 44, 51-2, 63, 69, 84, 100, 113, 129, 140, 143-4, 159, 169, 205, 216-7, 221-2, 224, 336
Navios (nomes): *Aguia*, 215; *Cinco Chagas*, 209; *Madre de Deus*, 208; *Nossa Senhora da Estrella*, 210; *Nossa Senhora do Livramento*, 210; *Nossa Senhora da Piedade*, 210
Navios (tipos), na carreira da Índia, 207-11; no comércio entre portos da Ásia, 60, 70; no comércio com o Brasil, 219-21, 223-4; navios ingleses em Lisboa, 168-70, 325. *Ver também* caravelas, galeões, naus
Ndongo, 109, 172
Negros, qualidades guerreiras dos, 291-293; preconceito contra, 85, 229-51, 254, 258-60, 302; o seu uso pelos Portugueses como marinheiros, 69, 213-4; elogio do clero negro pelo Padre António Vieira, 254
Neves, José Acúrcio das, citado, 200
Newcastle, duque de, 181, 325
Newton, Isaac, 336, 342, 346-7
Ngola, 106, 109-10
Nobili, S. J., Roberto de, 241
Nobre, 23, 35, 41-2, 107, 110, 216, 256, 279, 282, 298, 338, 343
Nobreza, 21, 23, 35, 43, 59, 98, 117, 142, 153, 160, 180, 187, 236, 262, 299, 320, 330, 332, 341, 343-4, 346
Noronha, Dom Álvaro de, 312
Noronha, Dom Antão de, 83
Noz moscada, 63, 66, 71-3, 115, 119
Nunes, Pedro, 336
Nzinga, rainha dos Matamba, 172

Odemira, vereadores municipais contaminados de, 271
Odorico de Pordenone, 34
Olinda, mortes e caos em, 304
Oliveira, Padre Fernando, a sua denúncia violenta do tráfico de escravos, 258

419

O IMPÉRIO MARÍTIMO PORTUGUÊS

Oratorianos, goeses, 241, 243
Oratorianos, patrocinados por D. João V, 343-4
Ordem de Aviz, 188, 228, 256
Ordem de Cristo, 39, 41, 188, 228-30, 256-7
Ordem de Santiago, 188, 228, 256-7
Ordenações, 86
Ordenado, 246-7, 250, 252, 254, 330
Ordenança, 300
Orfãos da Coroa, 136-7
Orfãs del Rei, 136-7
Ormuz, prosperidade de, 56, 58-9, 61; tomada portuguesa de, 61-2; bloqueio pelos Turcos, 69; muçulmanos tolerados em, 80-1; desleixo da guarnição de, 124-26; conquistada pelos Persas e os Ingleses, 119
Orta, Garcia da, 334, 336
Ourique, lenda de, 356, 358, 360
Ouro, desejo universal por, 166-7; exportado da África Ocidental, 24-5, 36, 44-7; da China, 65-6, 74; do Sudeste Africano, 65, 71-2, 130, 153, 312; de Samatra, 65, 72; cunhagem na Índia portuguesa, 72; moedas na Ásia, 57, 84; minas no Brasil, 159-61, 182; cunhagem no Brasil, 158, 224-5, 324--6; contrabando de, 168-9, 173, 219, 324-26; exportações para Inglaterra de Portugal, 167-70, 183-5, 324-6
Ouvidor, 269, 273, 376-7
Ovington, Rev. F., citado, 141

Pau-brasil, 95-8, 155
Permissividade sexual, 23, 67, 80-1, 96, 104-5, 148-9, 296-7, 303-4
Pérsia, 52, 56, 59, 63, 65-6, 70, 73, 92, 131-2, 234, 308
Pessoa, Fernando, 358
Peste Negra, 22, 26
Philosophes, 196
Piauí, 174-5, 186, 300
Pilotos, perícia dos, 43-4, 206-7, 217; escassez de, 69, 122, 336; críticas aos, 217
Pina Manique, Inácio de, 194
Pires, Tomé, 58

Piri Reis, 69
Planisfério de Cantino, 44
Plantadores de açúcar, 101-2, 156-7, 176, 177, 197, 220, 273-4, 282, 298-300
Poderosos, 57, 274, 277, 299, 300
Pombal, Sebastião José de Carvalho e Mello, conde de Oeiras e marquês de Pombal, carácter ambíguo de, 179, 180, 190; atitude face à aliança com os Ingleses, 181, 183-6, 194-5; tentativas para reduzir a preponderância económica dos Ingleses, 183-5; como homem de família, 181; a sua fobia dos jesuítas, 186-8, 190, 348-50; fomenta o desenvolvimento da burguesia portuguesa, 191, 320-23; e o terramoto de Lisboa, 182; abolição da discriminação racial no Oriente, 191, 251-2; não consegue formar um clero banto em Moçambique, 254; abolição da escravatura dos negros em Portugal, 191, 259-60; fomenta o tráfico de escravos com o Maranhão-Pará, 191-2; política brasileira de, 186-7, 191-3; reformas no ensino, 190-1, 347-50; e a censura, 347; ultra-regalismo de, 188-9, 228-9; abolição de cristãos novos e velhos, 191, 264-5; ruptura com o Vaticano, 189; a execução dos Távoras, 179, 188; execução de Malagrida, 179, 187-8, 264; e a Companhia do Vinho do Douro, 184; e a Deducção Chronológica, 187-8; denuncia os norte-americanos como rebeldes ímpios, 194, 195; ditadura de, 189-91; queda do poder, 189--90; estimativa de Ribeiro dos Santos, 190
Pombeiro, 110, 377
População de Portugal, 64, 66, 197; do Brasil; da Ásia portuguesa (brancos e eurasianos), 67, 136
Porcelana chinesa, 215, 219
Porto, 22, 24-7, 42, 136, 156-7, 171, 175-6, 180, 183-4, 207, 210, 220-2, 255, 268, 271-2, 321-2, 348
Portugaloisers [portugueses], 46
Povo, 23, 27, 117, 160, 163, 189, 256, 268--9, 271-2, 309, 349, 353,

420

ÍNDICE REMISSIVO

Prata, cunhagem no Portugal medieval, 22; hispano-americana, 156, 215--6; contrabando de em Sacramento, 159, 224; exportações do Japão, 65, 74, 76-7; procura de em Angola, 109; procura de no Brasil, 159-60
Prazo, 145-8, 193, 297, 300
Preconceito de raça, 105-6, 151, 245-65, 280, 285, 293, 376-7
Predikanten, ministros holandeses calvinistas, 131
Prestage, Professor Edgar, citado, 245
Preste João, lenda do, 37; busca pelo, 36-7, 49, 50-52
Pretos, 175, 254
Príncipe, ilha do, 98-9, 118, 120
Procurador, 268, 271-3, 275, 278, 345
Procurador da Coroa, 377
Proletariado, 25, 153, 197, 304, 349
Propaganda Fide, Sacro Colégio da, e as missões portuguesas, 233-6; e a formação de um clero nativo, 251
Propinas, 270, 318
Prostituição, 296, 303
Provedor, 281-2, 284
Província do Kwangtung, 74, 130
Província do Norte, 90, 142-4, 242, 294, 317, 357

Quadros, S. J. António de, citado, 81
Quartel, 288
Queiroz, Eça de, 21, 250
Queiroz, S. J., Fernão de, citado, 123, 283, 356
Quelimane, 145, 147
Querimba, ilhas, 147
Quinas, 270, 359
Quinta, 82, 105, 176, 316, 341
Quintal, 71-2
Quintela, Inácio Pedro, 320
Quinto Real, 161, 197, 325

Raça infecta, 245-265 *passim,* 377
Rajá Sinha II, rei de Cândia, 133
Ratton, Jacome, citado, 320, 322, 328
Rau, Virgínia, 319
Real Academia de História, 343, 345
Recife, 112, 121, 127, 155, 158, 175, 177, 198, 220-1, 223-4, 264, 299, 303

Recôncavo, 100, 274, 300
Regimento, 267, 271
Reinol (pl. Reinóis), 197, 246, 274, 288, 293
Relação, 269
Relações raciais, na península Ibérica, 20, 21, 26-28, 256-7, 277; na África Ocidental, 42, 47-8, 106 ss, 110, 254, 273; na África Oriental, 145, 253-4; na Índia, 129-31, 151-2, 198, 245-54, 285, 292-6; no Brasil, 96-101, 103-5, 175, 191, 254-6, 259-60, 274, 285, 302; em Timor, 148; em Nagasáqui, 75-6; em Macau, 285-6; bulas papais, 40
Resende, Garcia de, 68
Revolução Francesa, 196, 198, 244
Rhodes, S. J., Alexandre de, 240
Ribeira das Naus, 209
Ribeiro, capitão João, sobre condenados transformados em soldados, 124; sobre o governo arbitrário 312-3; sobre o nacionalismo, 360
Ribeiro dos Santos, António, sobre o marquês de Pombal, 190
Ribeiro, Orlando, 29
Ribeiro Rocha, Manuel, 259
Ribeiro Sanches, António Nunes, 342, 345-7, 349
Ricci, S. J., Matteo, 93, 232, 236, 240
Rio Cuango, 106
Rio Cuanza, 106, 109
Rio de Janeiro, 97, 105, 112, 120, 155, 158--60, 162-3, 169, 172, 174-5, 177, 192-3, 195, 198-9, 200, 211, 220-1, 224-5, 255, 259, 265, 272-4, 276-7, 299, 301, 304, 311, 313, 319-20, 325, 327, 345
Rio Grande do Sul, 100, 172, 174-5
Ritos chineses, problema dos, 164, 235--7, 242
Ritos do Malabar, 84, 242
Roça, 98
Rocha Pitta, Sebastião de, 225
Rodrigues da Costa, António, 350
Rodrigues da Silveira, Francisco, 125, 136, 290-1, 312
Rodrigues Lobo, Francisco, citado, 258
Rogers, Professor Francis, 84
Roteiro, 44, 206, 336

O IMPÉRIO MARÍTIMO PORTUGUÊS

Rott, Conrad, 214
Rubio, O. E. S. A., Fr. Miguel, 238
Russell-Wood, John, 282
Ruyter, M. A. de, almirante, 223

Sá de Miranda, Francisco de, 74, 327
Saar, cabo Johann, citado, 126-8
Sabugosa, Vasco César de Meneses, conde de, 173, 224
Sacramento, 158-9, 163, 177-8, 193, 224, 276, 301
Salvador. *Ver* Bahia
Samatra, 58, 60, 66, 71-2, 153
Sánchez, S. J., Alonso, 91
Santa Catarina (Florianópolis), 172, 317
Santa Fé (Goa), Seminário de, 246
Santa Helena, ilha de, 128, 206
Santa Teresa, arcebispo Inácio de, 357, 359-60
Santiago, grito de guerra português, 125
Santiago de Cabo Verde, clero de cor de, 254; depósito de escravos de, 105-6
Santos Vilhena, Luís de, citado, 298
São Jorge da Mina. *Ver* Mina
São Salvador (Mbanza Kongo), 106, 242
São Tomé, ilha de, 98-100, 105-111, 120, 254
São Tomé (moeda de ouro), 72
São Tomé de Mailapur (Meliapor), 241, 314
Sara, caravanas do Velho, 34, 41-2, 44-5, 50
Schouten, Willem, 129
Sebastianismo, evolução e declínio do, 341, 351-60
Sebastião (D.), rei de Portugal, 116, 263, 333, 351, 353-6
Sena, 145, 147
Senado da Câmara, 267, 269, 270-2
Senegal, 36, 39, 44, 47-8, 174
Senegâmbia, 38, 41-2, 105-6
Senhor de engenho, 101, 156, 177, 260, 273-4, 282, 298-9, 300, 309, 348-9
Sertão, 103, 298-9, 300-1, 311, 357
Serviço militar, impopularidade do, 301-2
Sesmarias, 300
Sete Anos, Guerra dos 183
Severim de Faria, Manuel, citado, 124, 126

Silves, 21
Siza, imposto, 318
Societé des Missions Etrangères de Paris, 234
Sofala, 49, 55, 62, 65, 67, 89, 90, 136, 147, 289
Solar, 23, 176, 341
Soldado, 38, 69, 123-5, 138-9, 141, 147, 198, 213, 215, 217-8, 225, 234, 270, 280, 287-8, 290-3, 295-6, 301-5, 307--8, 314
Soldo, 141, 214, 216, 288, 301-2
Solor, ilha de, 90, 119, 148, 340
Sousa, S. J., Francisco de, 150-1, 153, 296
Sousa, Martim Afonso de, citado, 212
Sousa Coutinho, Francisco Inocêncio de, 193
Sousa de Macedo, Dr. António de, 359
Sova, 110
Spinola, S. J., Carlo, 339
Suaíli, 19, 49, 55-6, 61, 65, 69, 140, 142, 145
Subcontratação de colecta de impostos, 196, 311, 318, 319
Sucessão espanhola, Guerra da, 70, 341
Sudão e Sudaneses, 19, 35-6, 42, 44-5, 100, 105, 173-4
Sundas Menores (ilhas), 90, 119, 130, 148

Tabaco, 156, 172-3
Tâmiles, 57-8, 60, 90, 241, 334
Tânger, 27, 43, 65, 82, 122, 340
Tangomãos, 47-8, 31-2
Tapuyá, 121, 132
Tavernier, Jean-Baptiste, citado, 128
Távora, marquês de, citado, 213; marquesa de, 137; família destruída por Pombal, 179, 187
Taxação, impostos 156-8, 161, 194-6, 309 ss., 318
Taxas alfandegárias, receitas da Coroa de, 63, 156, 158, 194-5, 311-2, 325
Teatinos, em Goa, 249, 251, 253
Tercio, 291
Terço, 291, 301
Ternate, 58-9, 62-3, 65, 70, 73-4, 119
Terra Nova, pesqueiros, 66
Terzi, Filippo, 339
Tete, 145, 147

ÍNDICE REMISSIVO

Tidore, 58, 63, 65-6, 73, 119, 261, 345
Timoja, 62
Timor, 56, 58, 115, 119, 148, 151, 244, 281, 300, 314-5
Toledo, Don Fradique de, 224
Tomar, 230
Tombuctu, 44-5
Tonelagem, 207-8, 221, 223
Tordesilhas, Tratado de, 76, 97, 177, 228
Toyotomi Hideyoshi, 63, 82
Tráfico de escravos negros, 38-9, 41-2, 46-7, 100, 105-6, 108-12, 162-3, 166-7, 172-5, 191-2, 258-60, 319; justificação bíblica para, 258
Trento, concílio de, 78-9, 84, 116, 331, 333, 335
Trindade, O.F.M., Paulo da, citado, 227
Trovas, 353-6, 358
Tupi, 95, 105, 121
Tupinambá, 97
Tupiniquins, 97
Turcos, no oceano Índico, 69-71, 73-4; no Egeu, 163
Tyrawly, James O'Hara, 2º barão, sobre D. João V, 166, 342; sobre os mercadores ingleses em Lisboa, 170; sobre o contrabando de ouro, 324-5; sobre comerciantes judaicos, 322; sobre o monopólio do tabaco, 310

Ultramar, 286
Universidades, 24, 180, 190-1, 196, 332-3, 335-6, 338, 344, 347, 349
Uolofes, 105
Urbano VIII, papa, 232
Utica, bispo congolês de, 107, 246
Utrecht, Tratado de, 163, 341

Valignano, S.J., Alessandro, sobre os métodos missionários de, 87; sobre o comércio dos Jesuítas, 88-9; sobre a carreira da Índia, 218; sobre a Índia Portuguesa, 338; defende a discriminação racial, 248
Van der Hagen, Steven, 73
Várzea, 100, 300
Vaz, José, oratoriano goês, 241, 248
Vaz, Miguel, 246

Vaz de Caminha, Pedro, citado, 96
Vaz Lobo, Gil, 310
Veloso, O. F. M., José Maria da Conceição, 196
Venda de cargos, 136-7, 289-90, 311-2
Vereador, 268-9, 270-5, 277-8, 284, 286, 297-8, 331, 349
Verney, Luís António, 343-4, 346, 360
Vicente, Gil, 229, 334
Vidal de Negreiros, André, 127
Vieira, S. J., Padre António, sobre a ignorância dos Portugueses, 327; sobre o clero de Cape Verde, 254; sobre governadores corruptos, 310; as crenças messiânicas, 354-7, 359, 360; defende o padroado; 234-5; e a formação da Companhia do Brasil, 221-3; sobre Deus e Mamona, 77; sobre o poder marítimos dos Holandeses, 122; sobre a crise económica brasileira, 157
Vieira de Figueiredo, Francisco, 314
Vietname, missões católicas no, 240
Vigários apostólicos, 233 ss
Vijayanagar, 57, 59, 61,72
Vinho e comércio do vinho, 23, 103, 155, 159, 164, 170-1, 176, 184, 215, 221-2, 270, 297
Viradeira, 194, 264
Vives, Luís, 213
Voltaire, 182, 187, 235, 348

Xavier, São Francisco, 75, 81, 87, 186, 247, 312, 336-7
Xerafim (ashraji), 56, 72

Yung-cheng, imperador manchu da China, 239

Warri, 105, 243
Wesley, Rev. John, citado, 167
Whydah (Ajudá), 172-4

Zaire (Congo), rio, 106
Zambésia, 91, 130, 145, 147, 150, 177, 186, 249, 297, 300
Zanzibar, 140, 151
Zumbo, 147-8
Zurara, Gomes Eanes de, 28, 40-1
Zwolle, 46

Índice

Agradecimentos 7

Prefácio 9

Introdução, por J. H. Plumb 11

Prólogo – A Orla Ocidental da Cristandade 19

Primeira Parte

VICISSITUDES DO IMPÉRIO

Cap. I – O Ouro da Guiné e o Preste João (1415-1499) 33

Cap. II – A Navegação e as Especiarias nos Mares da Ásia (1500-1600) 55

Cap. III – Os Convertidos e o Clero na Ásia das Monções (1500-1600) 77

Cap. IV – Os Escravos e o Açúcar no Atlântico Sul (1500-1600) 95

Cap. V – A Luta Global com os Holandeses (1600-1663) 115

Cap. VI – Estagnação e Contracção no Oriente (1663-1750) 135

Cap. VII – Renascimento e Expansão no Ocidente (1663-1750) 155

Cap. VIII – A Ditadura Pombalina e as Suas Consequências (1755-1825) 179

O IMPÉRIO MARÍTIMO PORTUGUÊS

Segunda Parte

CARACTERÍSTICAS DO IMPÉRIO

Cap.IX - As Frotas da Índia e as Frotas do Brasil 205
Cap. X – O Padroado da Coroa e as Missões Católicas. 227
Cap. XI - «Pureza de Sangue» e «Raças Infectas» 245
Cap. XII - Conselheiros Municipais e Irmãos de Caridade 267
Cap. XIII - Soldados, Colonos e Vagabundos 287
Cap. XIV - Mercadores, Monopolistas e Contrabandistas. 307
Cap. XV - Os «Cafres da Europa», o Renascimento e o Iluminismo 327
Cap. XVI - Sebastianismo, Messianismo e Nacionalismo 351

APÊNDICES

I. Os navios da carreira da Índia Portuguesa com destino ao Oriente 363
II. Monarcas de Portugal (1385-1826). 365
III. Importações de ouro e diamantes do Brasil e de mercadorias
    inglesas para Portugal 1711-1750 (em milhares de libras esterlinas) 367
IV. Número de navios utilizados no comércio entre a Bahia e a África
    Ocidental (1681-1710). 369
V. Exportações de escravos de Angola e de Benguela (1710-1748) 371
VI. Valor dos produtos manufacturados portugueses exportados para
    as colónias em 1795-1820. 373

Glossário 375
Bibliografia 379
Adenda do Autor à Bibliografia para a Edição Portuguesa 401
Índice das Ilustrações 407
Índice Remissivo 409